MUSKERRY CRITICAL EDITIONS
Vol. 3

AODH de RÓISTE
(a new edition in modern spelling)

.i. "Hugh Roach, The Ribbonman"
do scrígh
James Murphy

arna chur i nGaelainn do Dhónall Ó Ceócháin agus
Dónall Ó Céileachair

edited by David Webb

Copyright © 2024 David Webb

All rights reserved, save that book chapters may be reproduced for educational purposes.

ISBN: 978-1-7398872-2-3

Clár na gCaibidle

Preface..1
Caibidil 1...19
Caibidil 2...29
Caibidil 3...38
Caibidil 4...44
Caibidil 5...53
Caibidil 6...71
Caibidil 7...81
Caibidil 8...87
Caibidil 9...95
Caibidil 10...105
Caibidil 11...115
Caibidil 12...125
Caibidil 13...132
Caibidil 14...143
Caibidil 15...159
Caibidil 16...163
Caibidil 17...176
Caibidil 18...202
Caibidil 19...212
Caibidil 20...220
Caibidil 21...231
Caibidil 22...240
Caibidil 23...247
Caibidil 24...253
Caibidil 25...257
Caibidil 26...268
Caibidil 27...274
Caibidil 28...281
Caibidil 29...295
Caibidil 30...302
Caibidil 31...317
Caibidil 32...329
Caibidil 33...340
Caibidil 34...352

Caibidil 35	361
Caibidil 36	368
Caibidil 37	378
Caibidil 38	387
Caibidil 39	400
Index of Persons	406
Index of Placenames	411
Glossary	416

AODH de RÓISTE

Preface

Hugh Roach, the Ribbonman, the novel translated into Irish in 1933 by Dónall Bán Ó Céileachair (hereinafter DBÓC; 1871-1950) and Dónall Ó Ceócháin (1885-1956) as *Aodh de Róiste*, was published in English in 1887 by James Murphy (1839-1921), a native of Glynn, Co. Carlow. Not much seems to be known about Murphy, but he wrote at least six novels, and served in later life as Professor of Mathematics at the Catholic University in Dublin. Each of his novels has a nationalistic tone, often focusing on the behaviour of landlords in the pre-land reform era. *Hugh Roach* relates a story set in Co. Tipperary where tenants face eviction by the landlord's agent on instructions from an English lord who claimed to own the land they lived on.

Murphy highlights the absurdity of land ownership by English lords whose land titles often derived from those handed out by the king to one of his mistresses:

> Do tháinig an t-eastát, agus an teideal, chúthu le sínsireacht ó fhinne-bhean uasal bhreá, nú ar aon tslí ón rí a bhí i gcoróinn san am san. Nuair a coireadh é sin di siúd, thug sé le pósadh í do dhuine uasal onórach, agus leis an ngníomh mór san do scar sé le duine ' bhí beagán trioblóideach. Gan dabht, níor leis an t-eastát, ach le duine uasal den tseana-stoc Gaelach a bhí tar éis cabhrú go calma le muíntir a thíre san éirí amach i 1641. Ach mara bhfuil sé de chómhacht ag rí cuid den talamh atá fé a bhronnadh ar an té is maith leis, cad é an chabhair do bheith 'na rí? [p82 in this edition]

Curiously, land expropriations under Cromwell are not mentioned here. In later decades King Charles II (who reigned 1660-1685) did hand out Irish land and titles to his mistress, Barbara Villiers, but, in overall terms, this played a much less significant role in Irish land holdings than the Cromwellian seizures, which were only reversed

Preface

after the Restoration in a very limited fashion. Murphy continues to lampoon the aristocracy in the following fashion:

> Níl aon rud eile is sia a leanann d'ainm treabhchais ná iarla annrianta nú cúntaois a thugadh nimh do dhaoine a theacht rómpu go mbeadh a samhailt tar éis a mbáis le feiscint sa leabharlainn nú i seómra na bpeictiúirí agus go n-aireófaí ag siúl iad i meán oíche i gcúinní agus i bpóirsí an tí. Tis'eánann sé uaisleacht agus folaíocht uasal. [p83]

Finally, Gaelic lords who had fled abroad in many cases received a pardon for taking part in uprisings, but were destined for the gallows anyway on return to Ireland:

> An duine uasal Gaelach gur leis an t-eastát agus a scar leis ar an gcuma san, fuair sé féin a phárdún ó sna tiarnaí giúistíseachta a bhí ann san am san. D'fhíll sé thar n-ais ón Eóraip mar a raibh sé ar a theitheadh tar éis an éirí amach mór úd, agus gheall sé bheith dílis. Ach láithreach bonn, d'ainneóin an phárdúin, do gabhadh é agus do crochadh gan mhoíll é i gCaisleán Bhaile Átha Cliath. Ach ní haon ní é sin sa scéal. Ní bhaineann sé leis. Ach, mar sin féin, tis'eánann sé gliocas mhuíntir an rí in Éirinn sa tseana-shaol dhall san, agus a ghastacht a chuiridís deireadh le daoine ' bhíodh sa tslí orthu. [p83]

The British state (which succeeded the English state after 1707) was prepared to use its armed forces to defend private ownership of land that had been handed out to English landowners, even in circumstances where the tenants, should they have a dispute with the landlord, had nowhere else to go. A number of shocking facts about land disputes in Ireland run through the book. The first is that the benefit from improvements of the land conducted by a tenant would accrue entirely to the landlord. This was addressed by the Irish Land Act of 1870, which provided for the right to compensation for

Preface

buildings and drainage installed by the tenants—but did not prevent a loophole whereby the landlord could raise the rent, and then evict a tenant who had improved the land without compensation if he couldn't pay the higher rent. Another objectionable fact was the use of the army to force tenants off the land. A nation's armed forces are to be used to defend its external borders—not to enforce private ownership of a pre-existing resource (land) that everyone in society needs access to. This was not at all a system of court bailiffs—and the expense of lawsuits in 19th-century Ireland is yet another issue—but rather of soldiers enforcing private contracts—and this book portrays many English soldiers as being reluctant to play this role at all.

One of the most interesting passages of the book relates how a tenant whose family were evicted from their home had nowhere to go, and so the neighbours constructed her a roadside "den" in which to live, despite the landlord's agent's threats against anyone found to be helping her. Although this book is fictional, it is clearly based on real events. The preface to *Hugh Roach* reads as follows:

> This story first appeared some few years ago as a serial, in the pages of the *Weekly News*—published by T. D. Sullivan, M.P. It attracted considerable attention at the time in this country; but in America the interest it created was so great that there was scarcely a paper from the Atlantic to the Pacific shores addressing itself to Irish readers that did not republish it.
>
> The main incidents of the story are taken from facts; and the scenes among the mysterious Ribbon leaders are copies from life. Whether the causes that led to the inception of this extraordinary society have disappeared for evermore from Ireland the future only can show. Let us hope they have.
>
> Dublin, Dec. 1884.

Preface

The fact that the law had been devised in the interests of a few—not only landowners in England, but also the Anglo-Irish—created a conundrum, not least for those, including Roman Catholic clergymen, who were under pressure to uphold the law and oppose lawbreaking. We read in one passage here:

> Chuímhnigh an tAthair Ó Conchúir gur leis an dtiarna tailimh an fiach, le féachaint ar dhá thaobh an scéil de réir dlí Shasana, agus an t-iasc a shnámhann sa bhfarraige agus ná beirtar choíche air. Bia maith 'sea é, ach ná leómhfadh éinne breith air, mar is leis an dtiarna tailimh é sin, leis, de réir dlí. Mar an gcéanna is leis an talamh, an t-adhmad, óg agus críonna, ór, mianaigh de gach aon tsaghas, agus mar sin, cuid an tiarna tailimh iad go léir de réir dlí chómh maith. Agus tá sé d'fhéachaint ar gach éinne an dlí seo do ghabháil le n-ais. Ach 'siad na tiarnaí talúin a dhein an dlí, an uile phioc di. Ní raibh aon lámh ag an dtireóntaí inti. Pioc riamh. [p109]

Yet some Irish people, including an tAthair Ó Conchúir here, had an unrealistically simple and naive view of the situation. In Ch10, Murphy shows this priest as falling for the lord's own self-image as a great supporter of human rights, saying:

> Fear maith dea-chroíoch is ea an tiarna de réir a thuairisce, agus tá an-aidhm aige ar shaoirse ar fuaid an domhain uile. [p112]

With that, the priest dispatches Aodh de Róiste, a tenant who had accidentally injured the landlord's agent when the latter attempted to stop him from hunting hares, to London, to the lord's very own residence, a course of action likely to result in his arrest, or even execution, for "attacking" the landlord's agent.

Later in the book, the landlord's agent, who had recovered from his scuffle with Aodh de Róiste, is killed by someone else. It is

Preface

unsurprising that, from time to time, the landlords' agents overplayed their hands and ended up dead in a ditch (or shot in their estate offices, as seen in this book). It is difficult to think of a genuine moral principle that would not permit such action to be taken in circumstances where not only the dignity but the very lives of the tenants were in the balance if they were turfed out of their holdings. The onus is fully on the elite of any society not to govern in a manner that provokes a justifiable but extreme response. However, a religious view of morality seems to have created a difficulty for many Irishmen in supporting such actions, and so this book relates an almost comic "shocked" reaction of the tenants on hearing that the landlord's agent —someone who had been set on evicting them all—had been killed. Did the tenants not realise he had brought his fate on himself? Later on, Murphy does say *níorbh abhar mór cathaithe leó an gníomh a deineadh* (p361). Some of the shock may have related to expectations of a heavy-handed crackdown by the authorities in such circumstances.

Also of interest is this book's description of the British elite, a description that rings true to anyone who has lived in England, which to this day is ruled by an Establishment steeped in fake sanctimony (although this statement would be incomplete without referring to the very similar sanctimony of the "progressive" Irish elite in the Republic of Ireland today, faithfully aping all of the worst cultural trends in Britain and America). The final clause of the following passage brings home the English elite's humbug:

> Ní raibh d'aithne phearsanta ag an dtiarna ar a thireóntaithe ach go ndeintí ó am go ham—agus ní go fánach annamh é—go gcrochtí duine acu agus go gcuirtí achainí chuige féin ar mhaithe leis an gcime, á achainí go ndéanfadh sé fabhar do, ach má cuirtí féin, thugadh sé an t-eiteachas i gcónaí uaidh, *ar mhaithe leis an gcóir agus leis an gceart*. [p141; italics added]

Preface

It is interesting to read how a lord who had a reputation for opposing slavery was privately a very different character. I don't think many readers could fail to take pleasure from the way in which Aodh de Róiste made his escape from the lord's residence, leaving the lord and his butler quivering in a locked room. As Aodh warns the lord:

> Bí deimhnitheach de, a thiarna, agus ná bíodh aon dabht agat ann, ná go bhfuilim-se chun imeacht as an dtigh seo chómh saor agus chómh scaoilthe agus do thánag ann, is má shamhlaíonn tú a mhalairt, cuir as do cheann é. Thánag le haigne mhín mhacánta, agus mara n-oireann duit t'ainm féin agus ainm do thí ' bheith i mbéal na ndaoine ar fuaid an domhain fén dtaca so istoíche amáireach, ná dein aon chur isteach orm. [p142]

However, the plot thereafter meanders, as Aodh de Róiste is press-ganged into military service in the Crimea. The book therefore holds together only loosely as a single story, and is ultimately not really about the Ribbonmen movement at all.

The language of the book

Hugh Roach is an English-language novel that included many passages, particularly the dialogue, written in a form of Hiberno-English that is quite distant from standard English to the extent that the Irish translation completed by DBÓC, a Muskerry native, with the assistance of Dónall Ó Ceócháin, a Carbery native who taught in the school in Cúil Aodha and was one of the founders of the Dámhscoil Mhúscraí (the Bardic or Poetic School) in 1925[1], is in many places easier to understand than the "English" original. Spellings such as "sorra mather" (=it doesn't matter), "thrubbles" (=troubles), "childher" (=children), "darlint" (=darling) and "crathurs" (=creatures) illustrate the English of the dialogue passages of Murphy's work. On p50 of the English original we read: "who

---
[1] See a biography of Ó Ceócháin at https://www.ainm.ie/Bio.aspx?ID=494.

thought last rint-day that either o' these men be under notis to-day?" In another passage DBÓC's *imbriathar ach go rabhadar* translates the original "faix they wor". *Is geárr a bheidh an baile againn* ("we won't have a home to live in for long") translates the original text's "shure it's the short time we'll have a home". Presumably, Murphy, a university professor, did not speak this sort of English, but he seems to be trying to portray the linguistic reality of 19th-century Ireland, when many Irish speakers were adopting English.

Popularisers of Muskerry Irish such as Peadar Ua Laoghaire and his acolyte Gerald O'Nolan were insistent that good translations into Irish could not translate every element of a convoluted English sentence without producing a farcical translation. We see in DBÓC's translation of this work that many English phrases are simplified. "As soon as he ascertained these particulars" becomes *nuair a chuala sé an scéal*, without trying to find an Irish word for "the particulars". The reluctance to translate literally is particularly clear in the following passage and its corresponding translation:

> And laugh she did, until the carved figures on the old-fashioned sideboard—cherubs and angels, all fat and chubby, and looking anything at all but *spirituelle*—seemed to laugh in unison with her. [p48 of the English original]

> Do gháir sí chómh mór, chómh fairseag san gur bhain sí macalla as an dtigh, agus ba dhó' leat gur gháir na híomhácha beaga aingeal ar an seilp 'na teannta. [p70]

Another good example of translation that is not fully literal is found in Chapter 32:

> Other shades of expression had grown up in her face since; though an inquiring mind might possibly have found it difficult to answer why the pallid energy of the present day

Preface

> seems quite as pleasant as the rosy carelessness of the past. [p298 of the English original]

> Bhí athrach gné tagaithe uirthi ó shin, bíodh go mbeadh sé dian ar dhuine d'fhiosródh an scéal a léiriú cad fá nár lú taithneamhaí an aghaidh lí-bhán nua ná an ghnúis a bhí cheana aici go raibh an rós ag pléireacht leis an lil ann. [p330; *an rós ag pléireacht leis an lil* means "the rose cavorting with the lily", a phrase not found in the original]

The translation is occasionally unclear, as in the following passage in Chapter 3. The Irish version gives no indication who the *sé* refers to, but probably can be taken as referring to *an feirmeóir*, although there is no such (singular) noun to refer back to.

> Ní raibh aon teacht thar árachas san am san, go háirithe i measc na bhfeirmeóirí; do chaith sé an damáiste go léir d'fhulag é féin. [p42]

In Chapter 19, we read this:

> Agus 'na theannta san, nuair a bhídís ag cuímhneamh ar an slí go gcaithfidís féachaint rómpu féin chun martha insna cathracha móra san mhórthír thiar, is gan aon eólas acu orthu ná ar a slithe, agus gan aon tuiscint acu iontu. [p216]

There is no main clause in this sentence. The English original was "nor much less terrible were the contemplations of seeking to gain a livelihood in the great cities of the Western Continent, whose ways were so utterly out of their power to even fancy".

In Chapter 20, we read this:

> Do bhí an t-anaithe ag méadú fé mar a bhí uimhir na nguairí ag dul i laíghead, agus do shamhlaíodar ó cheann go ceann go

Preface

mbeadh an ceann maraitheach chúthu; agus nuair ná raibh gan tarrac ach dó nú trí ' cheannaibh, agus go rabhadar go léir ag dridiúint isteach leis, agus méireanna an té ' bhíodh ag tarrac ar baille-chrith, i dtreó gurbh ar éigin a bhíodh sé de bhrí ná de chumas iontu breith ar an nguaire agus é ' thabhairt leó. [p225]

Once again, there appears to be something missing from the translation: the *agus nuair ná raibh* clause appears to require a main clause that is then not given. Yet the English original has no such defect: "And when the bundle had at last diminished to two or three, the intensity of feeling grew to such a degree that those present could hardly be restrained without the circle they had formed, and the drawers' fingers trembled so that they could hardly steady them enough to lay hold on one of the few protruding bristles and draw it forth".

In Chapter 24, we read this:

Tánn tú 'om ghortú anois", arsan garsún de ghlór lag. [p257]

However, this is certainly a mistranslation, as the words, supposedly said in a weak voice, were uttered by someone who had just been hit by a bullet in the throat. The English original was "'it hurts me now', scrawled the youth". The original context makes clear he made this statement with the help of pencil and paper.

In Chapter 34, we read:

"Beannacht dílis Dé ar an ndream ban san".

Ba ghreannúr an phaidir í, agus déarfadh na húdair mhóra gur greannúr. [p360]

Preface

Yet the English original of the 'prayer' was "God bless—God!" (p330 of the English original), the unusual wording of which is not conveyed in the Irish translation, and consequently the remainder of Chapter 34, commenting further on the usually worded 'prayer', is incomprehensible in the translation as given here.

In addition to occasional infecilities in the translation, the published edition of *Aodh de Róiste* contains hundreds of "improvements" to DBÓC's Irish probably introduced by An Gúm (a government body set up in 1925, which published Irish works through Oifig Díolta Foillseacháin Rialtais), in a manner that amounted to a bowdlerisation of the Muskerry Irish the book should have had. These amendments reflect the way in which the Gaelic Revival fell under an establishment of non-native speakers in Dublin, who insisted (and still insist today) that their Irish was/is superior to that of native speakers in the Gaeltacht. The Caighdeán Oifigiúil—a so-called standard with no native speakers—was the ultimate product of this process. An article (signed "A. de R.") in the quarterly journal *An Músgraigheach* explains that the printed edition of *Aodh de Róiste* is not fully in Muskerry Irish:

> Tá a fhios ag an saoghal Fódlach gurab é Domhnall Ó Ceocháin sgiath chosanta na Gaeluinne i gCúil Aodha le fiche bliain anuas. Agus tá aithne mhaith ar Dhomhnall Bán Ó Céilleachair, leis, ó sgríbh sé "Sgéal mo Bheatha". Ar an adhbhar san, níor thógtha ar dhuine a chreideamhaint go mbeadh togha agus rogha na Gaeluinne in "Aodh de Róiste"— glan-Ghaeluinn Mhúsgraighe ar fad. Ach ní mar sin atá.
>
> Nuair a bhí an t-aistriú á dhéanamh, is amhlaidh do léigheadh an Ceochánach an téax Béarla do Dhomhnall Bán, agus do cuireadh san Gaeluinn air. Nuair a thárluigheadh téarma air ná féadfadh sé é rádh a Gaeluinn, bhíodh ar an gCeochánach focal fhagháil do i dtaobh éigin eile. Fágann san roinnt mhaith focal san aistriúchán ná baineann le Gaeluinn Mhúsgraighe.

Preface

> Ach ní héinní é sin seochas an sgrios do dhein muinntir an Ghúim ar an scríbhinn do chuir an Ceochánach chútha nuair a bhí deire déanta aige. Níorbh fholáir leo súd mórán athruighthe a dhéanamh cun riaghlacha gramadaighe a shásamh, mar dh'eadh, nú chun na Gaeluinne do thabhairt isteach níos géire le brí an Bhéarla. De bharr na hoibre sin go léir ní hí Gaeluinn Dhomhnaill Bháin in-aon chor atá sa leabhar fé mar atá sé i gcló. ["Aodh de Róiste", *An Músgraigheach*, Uimhir 3, pp15-16]

The article then goes on to list words found in *Aodh de Róiste* that are not genuine Muskerry Irish:

> Do léigheas féin an leabhar do Dhomhnall tamall ó shin. Do dheineas nótaí des na focail nár thuig sé agus des na ráidhte nár thait[h]n leis. Táim á gcur síos anso, sara samhlóchadh éinne gur Músgraigheachas ceart atá sa leabhar.
>
> Seo roinnt focal ná fuil aige i n-aon chor:—*cómbáidh, fé iadhamh, nua-aimsir, ion-c[h]omparáid, ailéar, fé na nuid, ráidhteas tionscnaimh, iorchain, éidearbhtha, éideimhnightheach, ar fionnraighe, cumair, léargus, dorrdha, díombuan, íogair, uailbhreas, adhairt, fionnaideach, goinideach, duibhthean, cuspa, maidir, danartha, forairí, torann, coinbhliocht, foluamhain*. Nílim á rádh ná fuil na focail sin ag éinne i Músgraighe, ach ná fuilid ag Domhnall Bán.
>
> Níor thuig sé ach chómh beag focail den tsórd so: *galtán, íoclainn, árachas, inneal feidhm capaill*. Na focail seo táid aige, ach is ó Bhéarlóirí d'fhoghluim sé iad: *lasán, uaireadóir, crinnlín, tudóg, sochar* (interest). [*Ibid*; *h* added in brackets here a couple of times]

Preface

The author of that article took the chance in two further issues of *An Músgraigheach* to spell out several hundred passages in *Aodh de Róiste* that had been ruined by An Gúm:

> Cuirfad i n-umhail anois na hathruighthe a deineadh ar chainnt Dhomhnaill, agus beidh iongna mo chroidhe orm mara ngéilleann gach duine gur "sgrios" ceart na hathruighthe céadna san. Tabharfad san chéad áit an chainnt atá sa leabhar, agus ansan an chainnt fé mar adéarfadh Domhnall í. Tá an leabhar le fagháil ar sgilling agus is maith ab fhiú do dhuine é cheannach agus stuidéar a dhéanamh air. Tuigfidh sé, go soiléir, má dheineann sé é sin, <u>cad é an deifridheacht mhór atá idir dhroch-Ghaeluinn chasta na leabhar agus fíor-Ghaeluinn nádúrtha na sean-daoine</u>. ["Aodh de Róiste", *An Músgraigheach*, Uimhir 4, p10; underlining added here]

We note in passing that the modern form (an even more bowdlerised form) of *droch-Ghaeluinn chasta na leabhar* is what the Standardisers insist is "Standard Irish" and the only correct Irish! An example of An Gúm's approach was to change *cur suas leis* in Ch11 to *fulang leis* (*cur suas leis* appears to be a calque of the English "put up with", but this usage is of long-standing in natural Gaeltacht Irish and is not to be regarded in the same light as the Béarlachas of weak learners of the language). On occasion, An Gúm introduces basic grammatical errors into the text. I have incorporated DBÓC's corrections in the main text of this edition, and have shown all the corrections in footnotes, casting a spotlight on the mess that An Gúm made of this book. Corrections made in *An Músgraigheach* to one passage are universally implemented here in any other relevant passages even where DBÓC does not separately comment on them again. Unexpected forms introduced by An Gúm are also not retained here where they clearly contradict other evidence as to DBÓC's Irish (e.g. by comparing the text here with the Irish of DBÓC's *Sgéal mo Bheatha*). Thus *téighrigh* is adjusted to *téir* and *tar* to *tair*.

Preface

The spelling system used in this edition is largely aligned with that pioneered by Dr Seán Ua Súilleabháin for Muskerry Irish in DBÓC's autobiography *Scéal mo Bheatha* (a re-editing of the 1940 *Sgéal mo Bheatha*). I will not list every change, but *lth* has been preferred to *lt* in words like *coíllthe* (this was largely implemented, albeit inconsistently, in the 1933 translation). Words where *lt* is final like *oscailt* (here, at any rate) and modern words such as *rialtas* and *bolta* do not have *lth*. Long vowels are all indicated, such as *sceón* and *ríghin*.

Lenition and non-lenition are the major difficulties of editing dialectal texts. Lenition of adjectives is largely retained as given in the original text. *Gan coinne* is adjusted to *gan choinne* (but *gan coinne leis* is retained) and *beirt clainne* adjusted to *beirt chlainne*. Both lenition and non-lenition are accepted with the conditional and past habitual autonomous forms (*a buailfaí* and *a chaithfaí*). *Ní fhágfar* is edited as *ní fágfar*. Foreign proper nouns are usually not lenited or slenderised in the genitive in this edition: *imshuí Sebastopol, Duke Parma, galthán Briostól, rí Siam*. This falls in line with the use of *iomshuidhe Sebastopol, galtán Briostól* and similar phrases in the original text. However, lenition is retained with such nouns after prepositions that lenite (*trí Phall Mall*).

Present autonomous endings presented a problem. The ending is usually *-tar*, with a broad *t*, but monosyllabic verb stems ending in a vowel may be an exception, at least in some speakers' Irish. In this edition we have *caitear, chítear*, but *beirtar, daortar, ceannaítar*. DBÓC's preference for *-faí* in the conditional autonomous is imposed throughout. Lack of h-prefixation in the present and future autonomous is accepted (*ní éilítar*), but *sarar airíodh* becomes *sarar hairíodh*. In the present tense, forms such as *tá na baínnc* are accepted (for *táid na baínnc*), but *beidh siad* and *beidh scéaltha* are adjusted to *beid siad* and *beid scéaltha*. This is largely in line with usage in *Scéal mo Bheatha*.

Preface

Other random editing decisions include: adjusting *ní fheacaigh sé* to *ní fheaca sé*; using *na hórdaithe* in the plural (the capricious insistence in the Caighdeán Oifigiúil that *ordaithe* and *orduithe* have different meanings is rejected; both are traditionally correct, with attested spellings such as *ordaighthe* and *orduighthe*, for both the genitive singular and the nominative plural); *seo duit* becomes *seo dhuit*; *sula* and *sara* are aligned as *sara*; the use of *tu* and *thu* follows the original; a grammatically incorrect infinitival particle (a particle that Irish does not have, although some native speakers consistently say *a bheith*, by analogy with other types of sentences) is not accepted (*chun a bheith ag machnamh* becomes *chun bheith ag machnamh*); the sole case of *ar an gcuma céanna* is adjusted to *ar an gcuma gcéanna*.

Omitted proleptic possessives are indicated with an apostrophe: *chun 'insint do*. As I do not wish to start a sentence with an apostrophe followed by a space, at the beginning of a sentence *bhfuil*, where the interrogative particle is omitted, becomes *'bhfuil*. A particular problem in the original text is over- and underuse of commas. In particular, objects separated from the verb governing them are usually set off in the original by commas: *d'innis an créatúir bocht so go raibh an bás ag dridim léi, scéal an dúnmharaithe dhóibh*. This makes the sentence hard to read (and suggests An Gúm didn't understand such sentences), and in all such circumstances the comma has been deleted. This sentence could have been drafted as *an créatúir bocht so go raibh an bás ag dridim léi, d'innis sí scéal an dúnmharaithe dhóibh*. Brackets have been used in a very few instances where a word or two seemed missing in the original text: *an oiread* is justed to *an oiread [san]* in one passage.

The extensive glossary (with 2,997 entries) attached here clarifies the relationship between the vocabulary found in *Aodh de Róiste* and that of the standardised form of Irish taught in Irish schools. The latter is referred to here, not as *an Caighdean Oifigiúil*, which ascribes to it an authority that it does not have, but as *Gaelainn Chaighdeánaithe* (GCh, an artificially standardised or constructed language). The

Preface

intention of the glossary is that learners of Cork Irish will adopt the forms used by good speakers of West Muskerry Irish, and not those found in dictionaries of GCh.

Finally, I'm an Englishman who has attended no classes in Irish and has made only three brief trips to Ireland, and I could not have completed the editing of this work without the constant assistance of Dr Seán Ua Súilleabháin (formerly of University College Cork). Dr Ua Súilleabháin, the leading member of Coiste Litríochta Mhúscraí, has answered hundreds of queries on the text and on vocabulary items found here. I cannot hold him responsible for any errors I may have allowed to creep into the final text, but hope that the final version will justify the time he has taken to help me.

I would also like to thank Darran McManus, who scanned in all eight issues of *An Músgraigheach* for me, and also scanned a few pages of *Aodh de Róiste* for me that were missing in my copy[2]. Preparation of the detailed glossary here was facilitated by the Royal Irish Academy's digital transcriptions of numerous works in Muskerry Irish that Eilís Ní Mhearraí kindly sent me. I can be contacted at foghlamthoir@gmail.com and would welcome notification of errors in the text.

David Webb

Lincolnshire

October 2024

---

[2] Many other useful resources scanned in by Darran can be found at https://corkirish.wordpress.com/supplied-by-darran/.

Preface

Abbreviations

AÓL: Amhlaoibh Ó Loingsigh.
CFBB: *Cnósach Focal ó Bhaile Bhúirne.*
DBÓC: Dónall Bán Ó Céileachair.
FGB: *Foclóir Gaeilge-Béarla.*
GCD: *Gaeilge Chorca Dhuibhne.*
GCh: *Gaelainn Chaighdeánaithe*, the Standardised form of Irish.
IWM: *The Irish of West Muskerry.*
LASID: *Linguistic Atlas and Survey of Irish Dialects*, Volume II.
LS: An Letiriú Shímplí (Simplified Spelling).
NIWU: *Notes on Irish Words and Usages.*
PSD: Patrick S. Dinneen and his dictionary.
PUL: Peadar Ua Laoghaire.
WM: West Muskerry.

References

"Aodh de Róiste" in *An Músgraigheach*, Uimhir 3, Nodlaig, 1943.
"Aodh de Róiste" in *An Músgraigheach*, Uimhir 4, Earrach, 1944.
"Aodh de Róiste" in *An Músgraigheach*, Uimhir 5, Samhradh, 1944.
de Bhaldraithe, Tomás. *English-Irish dictionary: with terminological additions and corrections*, Baile Átha Cliath: An Gúm, 1987.
Dinneen, Patrick S. *Foclóir Gaedhilge agus Béarla*, Dublin: The Irish Texts Society, 1927.
Kinglake, Andrew William. *Eothen*, Edinburgh: Blackwood, 1896.
Lhuyd, Edward. *Archæologia Britannica: giving some account additional to what has been hitherto publish'd, of the languages, histories and customs of the original inhabitants of Great Britain: Vol. I. Glossography*, Oxford: printed at the Theater for the author, 1707.
Murphy, James. *Hugh Roach: The Ribbonman*, Dublin: James Duffy & Co, 1909.
Ó Briain, Mícheál. *Cnósach Focal ó Bhaile Bhúirne*, Baile Átha Cliath: Institiúid Árd-léighinn Bhaile Átha Cliath, 1947.
Ó Céileachair, Dómhnall Bán and Ó Súilleabháin, Seán (ed). *Scéal mo Bheatha*, Baile Mhic Íre: Coiste Litríochta Mhúscraí, 2008.
Ó Céileachair, Dómhnall Bán. *Sgéal mo Bheatha*, Baile Átha Cliath: Oifig an tSoláthair, 1940.
Ó Cuív, Brian. *Irish Dialects and Irish-Speaking Districts*, Dublin: Dublin Institute for Advanced Studies, 1971.

Preface

Ó Ceochán, Dómhnall and Ó Céileachair, Dómhnall (tr). *Aodh de Róiste*, Baile Átha Cliath: Oifig Díolta Foillseacháin Rialtais, 1933.

Ó Cróinín, D. A. "Mod.IR. Maidir le, mar le", in *Ériu*, Vol 20, 1966.

Ó Cróinín, Donncha. "Scéalaíocht Amhlaoibh Í Luínse", in *Béaloideas*, Vol 35/36, 1967/1968.

Ó Cuív, Brian. *The Irish of West Muskerry, Co. Cork*, Dublin: The Dublin Institute for Advanced Studies, 1944.

Ó Dónaill, Niall. *Foclóir Gaeilge-Béarla*, Baile Átha Cliath: An Gúm, 1977.

Ó Laeri, Peaduir, *An Teagasc Crísdy*, Dublin: Browne and Nolan, 1922.

Ó Laeri, Peaduir. *Catilína: cúntas ar choga Chatilína*, Bleáclieh: Muíntir na Leour Gäluingi, 1913.

Ó Laeri, Peaduir. *Eshirt*, Bleáclieh: Muíntir na Leour Gäluingi, 1913.

Ó Laeri, Peaduir. *Mo shgiàl fén: Cuid a hän*, Bleáclieh: Brún agus Nólán, 1915.

Ó Laeri, Peaduir. *Shiàna*, Bleáclieh: Muíntir na Leour Gäluingi, 1914.

Ó Luínse, Amhlaoibh. *Seanachas Amhlaoibh Í Luínse*, Dublin: Comhairle Bhéaloideas Éireann, 1980.

Ó Mahúna, Dónal. *Cruinneas cainnte. Chúig céad abairt ó'n Athair Peadar féin agus a míniú sa Bhéarla*, Baile Átha Cliath: Brún agus Nólán, 1923.

Ó Sé, Diarmuid. *Gaeilge Chorca Dhuibhne*, Dublin: Institiúid Teangeolaíochta Éireann, 2000.

O'Nolan, Gerald. *A Key to the Exercises in Studies in Modern Irish (Part I)*, Dublin: Educational Co. of Ireland, 1920.

O'Nolan, Gerald. *Studies in Modern Irish: Part I*, Dublin: Educational Co. of Ireland, 1919.

O'Nolan, Gerald. *The New Era Grammar of Modern Irish*, Dublin, Cork: Education Co. of Ireland, 1934.

O'Rahilly, T. F. "Addenda to 'Miscellanea': maidir le", in *Ériu*, Vol 9, 1921-23.

O'Rahilly, T. F. "Miscellanea: Maidir le, Mar le", in *Ériu*, Vol 9, 1921-23.

Ua Laoghaire, Peadar (ed) and Ua Cathain, Uilliam. *An Teagasg Críosdaidhe*, Baile Átha Cliath: Brún agus Ó Nóláin, 1920.

Ua Laoghaire, Peadar, letter dated March 10th 1918, Gaelic manuscript collection G 1,277 (1) comprising correspondence of An tAthair Peadar Ua Laoghaire of Castlelyons (Caisleán Ua Liatháin), Co. Cork, with An tAthair Risteárd Pléimeann (Fr Richard Fleming), Shán Ó Cuív Papers, National Library of Ireland, Dublin.

Ua Laoghaire, Peadar. *Aesop a Tháinig go h-Éirinn*, Dublin: Brún agus Ó

Preface

Nóláin, 1909.

Ua Laoghaire, Peadar. *Cath Ruis na Rí for Bóinn*, Baile Átha Cliath: Brún agus Ó Nualláin, 1922.

Ua Laoghaire, Peadar. *Cómhairle Ár Leasa*, Baile Átha Cliath: Brún agus Ó Nóláin, 1923.

Ua Laoghaire, Peadar. *Don Cíochóté, Cuid a h-aon*, Baile Átha Cliath: Brún agus Ó Nóláin, 1921.

Ua Laoghaire, Peadar. *Mo Sgéal Féin*, Baile Átha Cliath: Brún agus Ó Nualláin, 1915.

Ua Laoghaire, Peadar. *Notes on Irish Words and Usages*, Dublin: Browne and Nolan, 1926.

Wagner, Heinrich. (1964) *Linguistic Atlas and Survey of Irish Dialects: Volume II. The Dialects of Munster*, Reprint, Dublin: Dublin Institute for Advanced Studies, 1982.

AODH de RÓISTE

Caibidil 1

"Agus cad 'duairt an t-aidhbhéardaí?"

"Duairt sé ná tógfadh sé é".

"Cíos na leath-bhliana, an ea?"

"'Sea. Ní thógfadh ná cíos bliana".

"Dar ndó', ní dócha go nduairt sé é sin".

"Ná duairt, is dó'? Is dó' liom-sa go nduairt. Bhíos ag éisteacht leis. Duairt. Duairt sé níos mó ná san. Duairt sé ná tógfadh sé an cíos in aon chor. Gurbh é a chuid tailimh a bhí uaidh agus go gcaithfeadh sé é ' fháil".

"Agus cad 'duairt seisean?"

"Pioc. Ba bheag an chabhair do bheith ag cainnt ná ag aighneas leis siúd".

"Ar innis sé dho i dtaobh na n-iomárdaí a ghoibh sé i rith na bliana—a chúigear clainne—an iothla do dódh air, agus na ba a mhairbh an bhruinne dhearg air?"

"Focal ar bith. Bhí ' fhios aige é sin, chómh maith leis féin, nú b'fhéidir ní b'fheárr. Dhearúid Mícheál Ó Duíbhir iad san go léir nuair ' sheasaimh sé ansúd ar aghaidh an aidhbhéardaí amach in oifig an chíosa".

"Sin é agaibh é, a bhuachaillí. D'ínseas san díbh fadó, agus ínsim díbh anois arís gurb é rud atá uathu ná sinn a chaitheamh amach ar an mbóthar idir chorp agus seana-bhalcais. Dar cnísc, níl eagla ná náire

Caibidil 1

orthu 'na thaobh. Is mithid dúinn féachaint rómhainn féin. Duart go minic cheana libh é. Chíonn sibh féin anois é".

Do ráinig an cómhrá so i mbothán ar chliathán cnuic i gCúntae Thiobrad Árann sa mbliain d'aois Ár dTiarna 1854. I mí an Mheithimh dob ea é. Tráthnóna breá brothaill, ach dá bhrothallaí a bhí sé, dob fheárr leis an gceathrar nú an cúigear fear a bhí bailithe i bhfochair a chéile bheith istigh sa bhothán anacrach ná fanúint amu' fén aer ghlan fhionnuar ar thaobh an tsléibhe.

Bhí dath dubh an deataigh ar an ndíon agus púcaí padhail anso agus ansúd ar na fraitheacha fliucha ciardhúbha, ar sileadh anuas. Chnósaíodh an úrmhaireacht 'na braonacha súigh ar feadh na dtaobhán agus thiteadh anuas i measc na cuideachtan 'na suí nú 'na luí dhóibh. B'fhada óna chéile deallramh an bhotháin duibh istigh agus an scéimh álainn ildathach a bhí ar an ndúthaigh, lasmu'.

Dá dtárlaíodh go mbainfeadh éinne de sna fearaibh seo an sop as an bhfinneóigín bhig gan pána gan pínsín, a bhí ar chliathán an bhotháin —finneóigín aon phána nár las gaoth ná grian ar aon ghloine inti leis na bliantaibh—agus féachaint amach tríthi ón bpoll dorcha 'na raibh sé, ba dheocair cur síos ar an ngleóiteacht agus an só lasmu' a dhallfadh a shúile.

Do chífeadh sé amach idir na frámaí lofa, a bhí clúdaithe le líon rúáin alla, machairí saibhre Thiobrad Árann. Móinéaracha gorma agus coíllthe dúbha, agus páirceanna fada fairseaga 'na raibh arbhar ag aibiú agus ag spréacharnaigh leis an ngréin. Eatarthu uile bhí glaise ghléineach ag gluaiseacht 'na casaí anonn agus anall i bhfuirm athar nímhe.

Ach níor chuímhnigh éinne laistigh ar a leithéid. Bhí brionglóidí eile ag gabháil dóibh i láthair na huaire sin. Bhí an radharc álainn sin feicithe acu ró-mhinic cheana, agus bhí an iomad aithne acu air. Níor chorraigh éinne as an áit 'na raibh sé. Tháinig drúcht deireanaí agus

Caibidil 1

meirg cheóigh ar an dtráthnóna fada Meithimh úd, agus do chlúdaigh an áilleacht go léir i ndorchadas.

"Duart cheana agus deirim arís libh é, go gcuirfar amach sinn ar nós na ngadhar. Imbriathar go ndéanfar. Agus dar mo leabhar gur dó' liom gur treise á thuilleamh sinn".

Fear beag fraochaí miotalach tímpall caogaid blian dob ea an cainnteóir. Bhí féasóg mí air, agus í 'na seasamh mar ' bheadh seana-scuab tínteáin. Do stad sé ar feadh tamaill ag feitheamh le freagra, ach níor labhair éinne.

Bhí a raibh láithreach ró-thógtha suas lena smaointe féin, i dtreó gur thrioblóideach le héinne acu é ' fhreagairt.

Bhí fear óg 'na luí ar an bhfraoch. Bhí sé níos dea-thabhartha-amach ná an chuid eile. D'éirigh sé aniar ar a leath-uillinn.

"'Bhfuil lasán agat, a Liam?", ar seisean. "Tá mo bhéal agus mo scórnach chómh triomaithe suas ag na scéaltha atá agam á chlos ná féadfainn an píopa do chimeád dearg".

"Seo ceann duit", arsa Liam, "agus, a Aodh, tá eagla orm go mbeid siad tirim agus ocrach leis agat mara gcorraír suas tu féin".

Do phreab Aodh aniar ar a chabhail nuair d'airigh sé na focail seo. Do cheap sé ar dtúis droch-bhéal a thabhairt uaidh ar an dtarcaisne do tugadh do, dar leis, ach do chuímhnigh arís ar an gcuma réidh 'na ndúradh an chainnt, agus go mb'fhéidir go raibh rud éigin eile i dtaobh thiar di, agus dá dheascaibh sin is amhlaidh a chúb sé chuige agus d'fhéach go cruínn seasmhach idir an dá shúil ar an bhfear a labhair, agus a phíopa 'na bhéal aige gan deargadh. Bhí Liam 'na sheasamh san áit chéanna ó tháinig sé isteach, a dhrom leis an sean-iarta go raibh rian na tine air, agus é á thabhairt fé ndeara conas a chuaigh a chainnt in achrann sa bhfear eile.

Caibidil 1

"Tirim agus ocrach, an ea? Cad 'tá i gceist agat?", ar seisean.

"Faic na ngrást, ach go bhfuair t'athair órdú inniu".

"M'athair? Diabhal éithigh é sin. Níl aon *arréars*[3] ar m'athair-se. Díolann sé a éilithe i gcónaí".

"Is cuma san".

"Ní féidir é ' chur amach nuair atá a chíos díoltha aige".

"An ea, mhuise? Is maith ' fhios agat".

"Ní féidir, agus 'na theannta san bhí sé i gcónaí cáirdiúil leis an aidhbhéardaí".

"Maith go ndeinidh sé dho. Tá an t-órdú fáltha aige ar a shon san. Ní ínseann an scolaíocht a fuarais i mBaile Átha Cliath gach aon rud duit, a Aodh".

"Féach anso chúm", arsan t-óganach, ag preabadh ar a chosaibh agus ag seasamh ar aghaidh an fhir eile amach. "Ní rabhas-sa riamh deifreach ná bruíonach ar aonach ná ar margadh[4] ná in aon áit eile. Tá ' fhios ag an saol é sin, agus ar a shon san is uile do chasfainn an scruig ort chómh tapaidh agus ' chasfainn ar ghiorrae. Ná hairím a thuilleadh den tsaghas san cainnte amach as do bhéal. Ní gheóbhad-sa le n-ais aon tarcaisne do m'ainm ná d'ainm m'athar ar fuaid na dútha".

"Imbriathar-sa nách mise 'tá chun iad a rith síos, a Aodh", arsan fear eile go cneasta. "Gheóbhair amach tuilleadh nuair a raghair abhaile, ach i dtaobh na ngiorraithe, b'fhéidir gur an iomad giorraithe go

---

3 See *An Músgraigheach* #4, p10. This is substituted for *níl aon chíos ar m'athair-se.*
4 See *An Músgraigheach* #4, p10. This is substituted for *ar mhargadh.*

Caibidil 1

bhfuil na scórnacha agat á chasadh orthu le déanaí", arsa Liam agus graibh air.

"An ndeireann tú gur fírinne atá ar siúl agat?"

"Mara n-ínsead aon éitheach níos mó ná san, ní bheidh aon mhoíll mhór ar Naomh Peadar an geata d'oscailt dom nuair a gheóbhad bás".

"Do tugadh órdú do m'athair?"

"Don diabhal a thuilleadh. ''Bhfuil an cíos agat, a Róistigh', arsan t-aidhbhéardaí.

'Tá, a dhuine uasail', ar seisean.

'A Róistigh, tá cathú orm ná fuil sé ceadaithe agam é ' ghlacadh'.

'Níl cead agat? Cad 'na thaobh?', arsa t'athair.

'Mar ná féadfainn', arsan t-aidhbhéardaí. 'Tá ceangailthe orm órdú ' thabhairt duit'.

'Cad é an t-órdú?'

'Órdú bheith amu''.

'Órdú bheith amu'!', arsa t'athair, agus é chómh mílítheach le cailc. 'Cad 'na thaobh go dtabharfá órdú bheith amu' dhom? Ná fuil mo chíos díoltha agam?'

'Bíonn i gcónaí. Tireóntaí maith dícheallach macánta dob ea thu. Do mhac fé ndeár é agus is oth liom é ' rá'.

'Mo mhac-sa, an ea?'

Caibidil 1

''Sea, do mhac gan dearmad'.

'Cad 'tá déanta aige?'

'Tá sé fáltha amach ag an dtiarna tailimh go mbíonn sé coitianta amu' ar an gcnuc lena ghadhar agus lena ghunna, agus ní féidir a leithéid sin do lamháil ar an eastát feasta'.

'Ní raibh sé ar an gcnuc le sé mhí ó buaileadh breóite a mháthair, agus nuair a bhíodh sé ar an gcnuc níor lámhaigh sé giorrae riamh ar ghabhálthas an tiarna'.

'Tá sé díreach chómh holc é ' lámhach in aon áit eile. 'Sé an droch-shampla so atá uaim a chur fé chois'.

'Mo lámh agus m'fhocal duit, a dhuine uasail, ná lámhfaidh sé giorrae ná coinín go deó arís sa ghabhálthas, ná in aon áit eile', arsa t'athair go síbhialta, ag síneadh an airgid treasna an bhúird chun an aidhbhéardaí, ach do chaith súd thar n-ais é mar a chaithfeadh sé franncach marbh".

Chuaigh an t-óganach cúpla ciscéim i ndiaidh a chúil mar a bheadh fanntais ag teacht air.

Do lean Liam dá chainnt.

"'Ná deirim leat go dtabharfaidh sé suas é, agus go bhfóiridh Dia air, cad é an cúmpórd eile a bhíonn aige nuair a thagann sé abhaile, agus cad é an díobháil cúpla giorrae do mharú ar na cuimíní cnuic?'

'Maraíonn sé bradáin istoíche'.

'Airiú, deineann gach éinne é sin. Ní le héinne an t-iasc'.

'Ní theastaíonn san ón dtiarna'.

Caibidil 1

'Dar ndó', is fuirist é ' stop, a dhuine uasail, agus conas a bheadh ' fhios ag Aodh go raibh aon díobháil ann nuair a chonaic sé gach éinne á dhéanamh?'

"Sea, a Róistigh, 'sé a fhaid agus a ghiorracht é, ní fhéadfainn do chíos do ghlacadh. An talamh atá uaim agus caithfead é ' fháil', agus leis sin d'fhágas-sa an oifig, ach bhí Mícheál anso ann im dhiaidh. Tá ' fhios aige sin conas a chríochnaigh sé, ach chómh fada lem thuairim níor athraigh an t-aidhbhéardaí a aigne. Nuair a thosnaíonn duine ar tu ' mholadh ar an gcuma san, bíonn droch-fhuadar fé agus is deocair é ' chur de".

Má bhí aghaidh mhílítheach ar an athair in oifig an chíosa, aghaidh luisniúil dob ea í seochas an aghaidh a bhí ar an óganach san am san. Tháinig driuch an bháis air, ach bhí conntráth na hoíche ann agus ní thug éinne fé ndeara é.

"Is ar éigin ' fhéadaim é ' chreidiúint", ar seisean, agus do thaibhsigh do go raibh na fallaí ag dúnadh isteach tímpall air i gcúntúirt é ' mhúchadh.

"Gheóbhair amach gur fíor é[5] sara mbeir i bhfad as so", arsan fear eile. "Chuirfinn mo cheann ar cheap ná fuil puínn sa logán ná go bhfuil a chúntas acu um an dtaca so".

"Gheóbhad amach é, ar aon tslí", arsan t-óganach ag déanamh ar an ndoras. "Go dtugaidh Dia tráthnóna maith dhíbh, a bhuachaillí".

"Go n-éirídh do bhóthar leat".

"Ná bíodh aon fhearg ort chúm i dtaobh ar ínseas duit, a Aodh", arsa Liam nuair d'éirigh an t-óganach chun imithe. "D'aireófá luath do dhóthain é, ar aon tslí".

---

5 See *An Músgraigheach* #4, p10. This is substituted for *gheóbhair amach é ' bheith fíor*.

Caibidil 1

"Níl aon fhearg orm. Cad ar a shon go mbeadh?", arsan t-ógánach go neamh-shuimiúil. Do labhair sé chómh bog réidh agus ná haithneódh éinne an árdfhearg a bhí ar fiuchaidh istigh 'na chroí.

"'Bhfeicfimíd arís tu, a Aodh?", arsa Liam.

"'Sea. Chífidh sibh. Is dó' liom é—ar aon chuma", ar seisean, ag teacht chuige féin óna smaointe trioblóideacha—"Is dó' liom go dtiocfad um thráthnóna amáireach".

"Ar an am gcéanna".

"'Sea, ar an am gcéanna".

"Féach, a Aodh", arsa Liam. "Éist liom. Ná feiceadh éinne thu. Goibh an cosán treasna an chnuic, agus bí aireach ar eagla go raghadh rudaí in olcas fós".

"Bead aireach", arsa Aodh, ag bualadh an doras amach. Bhí an oíche ag teacht, ach ba chosúil le meán lae é i gcúmparáid leis an nduíbheadas laistigh d'fhallaí an bhotháin.

"'Bhfuil san fíor?", arsa duine de sna fearaibh istigh nuair a bhí Aodh imithe.

"Chómh siúrálta agus 'tánn tú id shuí ansan. An dó' leat go gceapfainn a leithéid d'éitheach do?"

"Cé' chuímhneódh ar a leithéid agus an t-athair agus an t-aidhbhéardaí chómh mór le chéile?"

"Cuímhnigh ar pé rud is maith leat ach is fíor an uile fhocal de, agus amach a gheóbhaid chómh deimhnitheach agus 'tá sú ar chleith ailpín".

Caibidil 1

"Is cruaidh an deighleáil í mar gheall ar bheagán caitheamh aimsire".

"Deirim-se caitheamh aimsire leat", aduairt an fear beag dubh. "Ní mar gheall air sin a cuirfar amach iad. Glac m'fhocal leis. Teastaíonn an fheirm don aidhbhéardaí féin, nú do dhuine éigin eile".

"Sin é mo thuairim-se leis", arsa Mícheál. "Chífeadh éinne ná fuil i lámhach giorraithe ná gatháil bradán ach leathscéal. Chífeadh éinne é sin i súilibh an díolúnaigh nuair a bhí sé ag cainnt".

"Ní dhéanfaidh sé choíche é. Ní bheadh sé d'éadan air", aduairt fear eile.

"Ná déanfaidh, is dó'?", arsan fear beag go fíochmhar. "Fan leat, ní bheidh tásc ná tuairisc ar aon Róisteach ann sé mhí ó inniu".

"Más mar sin atá, níl duine againn sábháltha", arsa duine eile. "Dar ndó', ní raibh a leithéid siúd d'fheirmóir sa dúthaigh".

"D'ínseas-sa é sin díbh go minic cheana", aduairt Liam. "Nár ínseas díbh go gcuirfaí amach sinn, mar a chuirfidís na gínsealáin amach as an móinéar, agus ní hé an chéad duine é ná an duine deireanach a chaithfaí imeacht. Ná fuil siad ag méadú Tí na mBocht sa Teampall Mór? Ná fuilid ag déanamh beairice i nGortach? Cad chuige é sin?"

"Cad a dhéanfaimíd in ao' chor?", arsa fear acu agus é 'na sheasamh[6] go buartha brónach. Siúd is ná raibh baint ag an scéal ach le feirmeóir nú dhó i láthair na huaire sin, bhí sé ag cur crithnimh isteach 'na gcroí go léir, mar ní raibh de ghreim ag éinne acu ach ó fhéile go féile. Bhí an buille os cionn na hinchinne acu, agus ní raibh ' fhios acu ón uair go dtí an neómat cathain a buailfaí an buille maraitheach san orthu.

---

6 See *An Músgraigheach* #4, p10. This is substituted for *ag éirí dá shuíochán*.

Caibidil 1

"Cad 'tá againn le déanamh, an ea? Bheith ag fanúint agus ag feitheamh anso go gcaitear amach 'ár nduine is 'ár nduine sinn, agus go mbeidh cairt Tí na mBocht 'ár dtarrac[7] féin is ár gclainne go dtí an Teampall Mór, nú go mbeidh ár gclann go gioblach leath-nochtaithe ar an mbóthar ag lorg déarca ar na cómharsain a theangmhóidh leó insna lánaí i dTiobrad Árann? Cad 'tá againn le déanamh? An amhlaidh a fhanfaimíd go dtagaidh an sirriam agus a chuid fear, agus iad ag leagadh na dtithe orainn agus ár mná 'na suí ar an dtrioscán briste amu' ar an mbán, agus na páistí ag gol le hocras agus ag lorg bídh agus gan é ann dóibh? Agus——"

"In ainm Dé, stop, a Liam. Bain uait féin, más é do thoil é. Táimíd olc ár ndóthain agus gan sinn a dhéanamh níos measa. Tá sé luath do dhóthain fáilthiú roimis an ndiabhal nuair a bhuailfidh sé umat".

"Tá go breá, a tháilliúir", arsan fear beag go brostaithe. "Is feárr aon fhéachaint amháin rómhat ná dhá fhéachaint id dhiaidh—agus bheith lán-ollamh 'na cómhair.

"Tá aimsir ár ndóthain againn fós, agus im thaobh-sa dhe, fanfad go bhfeicead cad a thit amach in oifig an chíosa inniu".

Do thoilíodar go léir chuige sin.

"Ach má tháimíd go léir chun imeacht anois", arsa Liam, "is fearra dhúinn socrú ar cathain a thiocfam le chéile arís. Abair istoíche amáireach".

"Ní hea, ach istoíche Dé Domhnaigh. Sid í an Déardaoin agus go dtí san ní bheidh cúntas againn cad 'tá titithe amach".

Do thoilíodar chuige sin agus do scaipeadar go léir óna chéile láithreach, gach éinne acu ag tabhairt a bhóthair féin air chómh caothúil agus dob fhéidir leis, ar eagla go dtabharfaí fé ndeara é.

---

7 See *An Músgraigheach* #4, p10. This is substituted for *ár n-iompar féin*.

Caibidil 1

Bhí an tráthnóna deireanach ann. Bhí fásach aitinn fé bhláth i gcliatháin na gcnuc agus ar feadh na gcosán. Dhein san scáth ar feadh na slí abhaile dhóibh.

Caibidil 2

Nuair d'fhág Aodh bothán an chruinnithe ar thaobh an chnuic, do bhuail sé bóthar an fhaid a bhí sé 'na chosaibh fé dhéin tí a athar.

Agus ar thógaint a chínn do go hobann, do chonaic sé tigh feirmeóra tamall uaidh, ar an dtaobh deiseal de.

"Raghad anonn", ar seisean leis féin, "féachaint a' mbeadh aon scéal nua ag Mac Uí Dhuíbhir. Siúráltha, níl an saol iompaithe amach chómh cruaidh sin agus go gcaithfaí amach é sin".

Do phreab sé de dhruím an fháil a bhí ar thaobh na lámha deise go ditheansach chun gur shrois sé an t-abhallórd a bhí ag drom an tí. Nuair a bhí sé chun an strapa adhmaid a bhí ag an abhallórd do ghabháil, do tháinig stop roimis a chuir iúnadh agus áthas air. Cailín óg a bhí ag féachaint amach ón dtaobh eile agus í 'na seasamh i dteannta an strapa.

Tháinig fáth an gháire 'na bhéal agus gheal a chúntanós leis an gcéad radharc a fuair sé uirthi. Pé mí-shásamh a bhí in' aigne agus pé fearg a bhí 'na chroí, agus níor bheag dóibh araon a bhí air i láthair na huaire sin, d'imíodar gan a dtuairisc nuair a luigh a shúil ar aghaidh an chailín.

Ba dheocair d'éinne bheith dúr do-shásta i bhfianaise a leithéid siúd. Bhí os cionn an strapa stua d'eidhneán agus de dhrisleach fite fuaite 'na chéile. Bileóga gorma agus bileóga donna i bhfuirm fráma tímpall ar ghuaillibh agus ar cheann an chailín, gur chuma a haghaidh, le bláth na sláinte ' bhí inti, agus an áilleacht neamh-ghnáith a bhain léi, nú aghaidh mhaorga na Maighdine i bpeictiúirí Mhurillo. An ghruaig

Caibidil 2

shlaodach dhonn, in áirde os cionn a malann ba phéarlach bán, agus guirme na súl grínn ag rínce 'na ceann—radharc dob ea iad a thabharfadh taithneamh don chroí ba dhúire, ní áirím croí an ógánaigh a bhí láithreach.

"'Sea, a Aodh".

"'Sea, a Neilí".

"Ba mhithid duit do cheann do thógaint".

"Bhíos ró-thógtha suas ag machnamh".

"Bíodh geall go rabhais. Bhís ag cuímhneamh ar an mbradán is mó san abhainn nú ar an ngiorrae is breátha ar an gcnuc".

"Ní rabhas ag cuímhneamh ar aon taobh acu, a Neilí. Bhí rudaí eile ag déanamh buartha dhom".

"Cad iad féin?"

"B'fhéidir go rabhas ag cuímhneamh ort-sa i dteannta nithe eile".

Do gháir sí go meidhreach. "Neósfad duit cad air go rabhas-sa ag cuímhneamh".

"B'fhéidir go neósfá. Tá cathú orm i dtaobh a' scéil".

"I dtaobh cad é?"

"Innis dom, a Neilí", arsan t-óganach agus athrú obann air mar ' bheadh sé lán-dáiríribh, agus ag déanamh neamh-shuím dá cuid magaidh, "'bhfuil aon rud bun-os-cionn laistigh?", agus shín sé a lámh i dtreó an tí.

Caibidil 2

"Aon rud bun-os-cionn istigh? Níl. Cad fá go mbeadh?"

"An dtáinig t'athair abhaile?"

"Tháinig dhá uair a' chluig ó shin".

"'Rabhais ag cainnt leis?"

"Bhíos, dar ndó'".

"'Sea anois, a Neilí, ní raghad níos sia. B'fhéidir gur éitheach é go léir. Bhíos chun dul isteach ach anois ní raghad. Fágfad slán agat".

"Ó, go deimhin, ní fhágfair. Ó thánaís chómh cóngarach san, raghair isteach. Ná bí chómh coímhtheach san go n-imeófá gan dul isteach agus tu anso ag an ngeata. Beidh áthas ar mo mháthair tu d'fheiscint ó tá sé chómh fada ó bhís againn cheana".

"Tá cathú orm ná féadfainn é anois, a Neilí. Is amhlaidh mar atá an scéal", ar seisean nuair a chonaic sé an diomá a bhí uirthi, "tá beagán trioblóide againn thall, agus ní bheidh suí suaimhnis orm go mbeidh tuilleadh dá chúntas agam".

"Tá brath agam nách aon droch-ní é", arsa Neilí nuair a chonaic sí an driuch a bhí air.

"Tá sé olc a dhóthain má tá sé fíor", ar seisean, "ach neósfad duit é go léir nuair a chífead arís tu, agus is gearr go dtí san". Agus ansan d'fhág sé slán aici.

"Slán leat, a Aodh", ar sise, "nuair is ná tiocfá isteach, ach is dó' liom gurb olc uait é".

"Neósfad an chúis duit sara fada, a Neilí, agus ansan ní bheidh aon mhilleán agat orm. Slán agat, a Neilí. Slán agat".

Caibidil 2

"Go dtéir slán, a Aodh".

D'iompaigh sé ar a sháil. Shiúlaigh go mear ar feadh an fháil draíghin a bhí tímpall an abhallúird, do léim go cos-éadrom de dhruím claí isteach i bpáirc eile agus as go brách leis.

Tháinig fonn guil ar Neilí. Chuaigh sí abhaile go mall mí-shásta, tríd an abhallórd, agus isteach sa tigh.

Bhí a hathair sa phárlús ag lé' an pháipéir. Do chonaic Neilí go soiléir go raibh a smaointe agus a aigne tógtha suas le nithe éigin eile. Do tharraig sí cathaoir anonn len' ais. Chuir sí lámh léi ar a uillinn, a chuir isteach ar a smaointe. D'fhéach sé tímpall air.

Nuair ' chonaic sé cé ' bhí ann, tháinig fáth an gháire 'na bhéal.

"'Sea, a Neilí", ar seisean go ceanúil. "Tá an lá so imithe, geall leis, agus is dócha go bhfuileann tú cortha".

"Nílim, a Dhaid, ach tá eagla éigin orm".

"Cad do chuir an eagla ort, a Neilí?"

"Níl ach an méid seo, a Dhaid. Bhí Aodh de Róiste ag strapa an abhallúird agus ní thiocfadh sé isteach".

"Nách coímhtheach an iarracht aige é agus an fháilthe go léir atá againn roimis, ach ní gá dhuit aon eagla ' bheith ort 'na thaobh san".

"Ní hé sin, leis, a bhain dom, a Dhaid", arsa Neilí agus beagán mearathaill uirthi, "ach d'fhiafraigh sé dhíom an raibh aon bhuairt anso, agus nuair d'ínseas do ná raibh, duairt sé go raibh eagla buartha air féin sa bhaile agus d'imigh sé. 'Bhfuil aon bhuairt ort, a Dhaid? 'Bhfuil aon ní bun-os-cionn?"

Caibidil 2

"Cad a bheidh bun-os-cionn, a Neilí?"

"Ní fheadar, a Dhaid, agus tá ' fhios agam dá mbeadh go neósfá dhom é".

"Taoi ró-óg fós do bhuairt, a Neilí", ag cur lámha leis tímpall a mhiníl go ceanúil, "bhís i gcónaí id pheata agam, ach má gheallann tú dhom go gcimeádfair an rún ód mháthair agus ón gcuid eile, tabharfad duit é. Bhainfeadh sé an tocht dem chroí é ' ínsint do dhuine éigin".

"Coinneód-sa do rún, a Dhaid, ná bíodh ceist ort", agus tháinig an-eagla uirthi go raibh cúntúirt mhór éigin[8] rómpu, agus tháinig deóracha lena súile i dtreó gur dhóbair di tosnú ar ghol.

"Anois, dún doras an phárlúis agus tair chúm anall".

Do dhún Neilí doras an phárlúis. Do tháinig thar n-ais agus do shuigh ar ghlúin a hathar.

"A Neilí", ar seisean, "ná bíodh eagla ná iúnadh ort i dtaobh an méid atá agam le hínsint duit".

Do dhírigh na deóracha móra ar chnósach i súilibh Neilí, ach do choinnibh sí a ceann fúithi i dtreó gur fhéad sí iad do cheilt.

"Bhíos ag oifig an chíosa inniu, a Neilí, agus—'sí an fhírinne í—do fuaras—táimíd fé órdú gabháil amach".

Ba dhó' leat gur cheart go raghadh Neilí i bhfanntais nuair d'airigh sí an scéal so, ach ní mar sin a bhí. Do thriomaigh na deóracha lom láithreach. Do thriomaigh an lasair thine a phreab óna croí iad. Do dhírigh sí a súile suas air agus mílí ón eagla ar a gnúis.

"Órdú bheith amu', a Dhaid?"

---

8 See *An Músgraigheach* #4, p10. This is substituted for *cuntúirt éigin thar bárr*.

Caibidil 2

"'Sea, a Neilí, a ghrá", agus d'fháisc sé a lámh tímpall a miníl, "mara bhféadam rud a dhéanamh atá thar ár gcumas".

"Cad é sin, a Dhaid?"

"Cíos na bliana go hiomlán do dhíol agus cíos na féile reatha, agus 'na theannta san trí chéad púnt a dhíol ar an margadh d'athnóchaint".

"Ó, a Dhaid, ar ínsis do mar gheall ar na ba a cailleadh agus an iothla a dhóigh Seóirsín bocht orainn?"

"D'ínseas, a Neilí. Bhí a chúntas aige féin, ach oireann dóibh airgead a fháscadh asam nú tá daoine éigin eile á canntáil orm".

"Dia go deó linn, a Dhaid, dar ndó', ní dhéanfadh éinne é sin".

"Ní fheadar, a Neilí. Táim chómh mór ar mearathall ná feadar cad 'tá agam á dhéanamh. Tá mo cheann ag casadh mórthímpall i dtreó go gcreidfinn gach rud, agus ar neómat arís ná creidfinn aon ní".

"Mo Dhaid bocht", arsa Neilí, ag cur a dhá lámh tímpall a mhiníl agus á phógadh.

"Ní me féin is cás liom, a Neilí, siúd is go bhfuilim críonna agus gur mhaith liom maireachtaint agus bás d'fháil mar a raibh m'athair agus mo shínsear rómham, ach is tusa, a Neilí, a chuid, agus do mháthair agus do dhriotháracha agus do dhriféaracha atá ag déanamh buartha dhom. Nuair a chuímhním orthu, tagann i bhfuirm sméaróid den tine dheirg ar m'inchinn".

"Cuir do mhuinín as Dia, a Dhaid. Ní lamhálfaidh Sé a leithéid sin. Bithiúntaíol is ea é. Bithiúntaíol ghlan, 'sea san, ní lamhálfaidh Dia é. Tá Dia láidir agus máthair mhaith Aige".

Caibidil 2

"Is fíor san, a Neilí, céad glóire Leis. Ach an cuímhin leat Brian Ó Ciabháin?—agus cuireadh amach é. Peadar Thomáis—cuireadh amach é, agus féach Cormac Ó Dúill gur cuireadh amach é. An feárr mise ná éinne acu san?[9]"

"A Dhaid, cé ' bhí riamh mar tusa?", arsa Neilí go buartha agus go grách, agus d'éirigh sí 'na seasamh dá ghlúin, agus do rug greim air agus d'fháisc é le cion.

"Iad ar fad—b'fheárr iad, a Neilí", ar seisean go modhail, á bhogadh féin uaithi agus á cur 'na suí arís ar a ghlúin, "agus má cuireadh amach iad súd, cad 'na thaobh ná cuirfaí amach mise? Cad a dheineadar súd seochas mise? Agus cuireann san i gcuímhne dhom go bhfeaca duine de chlaínn Chormaic i lána sa Teampall Mór roinnt laethanta ó shin, cos-lomnochta, a d'iarraidh déarca. Do tháinig sí chúm. Níor aithin sí me ar dtúis, ach nuair d'aithin sí me, do chuir sí liach aisti agus do chaith beann dá fallaing tímpall a cínn agus do rith síos an lána".

"Go bhfóiridh Dia orainn, an páiste bocht. Cad a dheinis, a Dhaid?"

"Do leanas í. Thánag suas léi agus chuireas sabharn óir isteach 'na glaic agus duart léi gan ínsint d'éinne cé ' thug di é. Ba mhór an t-athrú saeil é do Chormac bocht ón oíche ' rínceas ag á phósadh, agus lánú níos meidhrí agus níos misniúla níor rínc riamh ag á bpósadh féin ná Cormac agus a bhean an oíche úd".

"Mhuise, ' Neilí, an anso 'taoi? Bhí iúnadh orm cá rabhais", arsa a máthair, ag oscailt dorais an tseómra, "tair aníos agus cuir na páistí a chodladh".

D'éirigh Neilí go húmhal chun déanamh[10] mar adúradh léi. Siúd is go raibh sí ocht mbliana déag d'aois, bhí an chuid eile den chlaínn i

---

9 See *An Músgraigheach* #4, p10. This is substituted for *cá feárr ...?*
10 See *An Músgraigheach* #4, p10. This is substituted for *chun a dhéanamh*.

Caibidil 2

bhfad níos óige. Cailleadh cuid mhaith den chlaínn a bhí ann i ndiaidh Neilí, 'na bpáistí. Bhí na páistí ana-cheanúil ar Neilí, agus ó tháinig sí abhaile ó scoil, ní leómhfadh éinne eile iad do chur a chodladh ach í.

Sarar lean sí a máthair, do chogair sí lena hathair. "Ná téir a chodladh, a Dhaid, go bhfillead-sa arís".

Do shuigh sé ar fhinneóig an phárlúis go suaite seirgthe ó thrioblóidí an lae, do dhearg a phíopa an fhaid a bhí sé ag feitheamh le Neilí, ag brath go dtabharfadh sí misneach nú cúmpórd do.

D'fhéach sé amach ar an abhallórd dathannach. Tráthnóna breá Meithimh dob ea é. Bhí na bláthanna ar tí titim. Ní raibh radharc maith aige orthu. Bhí conntráth na hoíche ann.

Is greannúr an scéal é. Ní har a thrioblóid féin a bhí sé ag cuímhneamh, ná ar thrioblóidí a chlainne, ná ar Neilí. Is é an rud a bhí ag rith trín' aigne ná gur chuímhin leis, an uair' bhí sé 'na gharsún óg ag sodar le cois a mháthar, bheith ag faire ar na fearaibh ag cur na gcrann úll céanna úd. Do chuímhnigh sé chómh maith is dá mb'inné é ar gach aon rud a thit amach san am san. Chuímhnigh sé ar an mbuin fhiain a bhris isteach san abhallórd nua-churtha, ar na craínn a bhris sí, agus ar an gcuma gur dhóbair dá mháthair dul i bhfanntais, ar an rínce' bhí acu sa scioból nuair' bhí an obair críochnaithe, agus ar an rínce a dhein a athair agus a mháthair le solas na gcoinneal insna coínnleóiríbh a bhí ar crochadh ar feadh an fhalla sa scioból.

Na craínn úll a chuireadh móráil ar a chroí gach tráthnóna Earraigh, agus iad ag scéith, agus ag gormú, agus ag aibiú fé ghréin bhuí an tSamhraidh, na beacha ag obair go himníoch ar fuaid na mbláthanna breátha gléigeala.

Caibidil 2

Tharraig sé osna buartha nuair a chuímhnigh gur bhaolach go mbeidís ag duine éigin eile 'na dhiaidh, nú go dtiocfadh ropaire éigin a réabfadh as an gcré iad i gcómhair tine.

Ach cad a bhí le déanamh sa scéal? Cad as go raibh cabhair nú cúnamh le teacht? Ní raibh aon bhrath aige ar a leithéid. Bhí teideal an aidhbhéardaí ró-láidir: ní raibh dul uaidh aige, agus má oir an fheirm do, chaithfeadh sé í d'fháil. Bhí ' fhios san ag Mícheál Ó Duíbhir chómh maith agus ' bhí fhios aitheanta a chreidimh aige, chómh siúráltha leis an mbás, leis an mbreith agus leis an síoraíocht. Do stop sé de bheith ag machnamh air. Do theip air aon bhrí a bhaint as an scéal. Ní fhéadfadh sé leanúint a thuilleadh ag cuímhneamh air in' aonar. D'fhan sé go dtáinig Neilí thar n-ais, ag brath go dtiocfadh léi, lena slithe[11] cneasta ceannsa, cuid den chrá do thógaint dá aigne dhóite.

Ba mhór an iúntaoibh a bhí aige as a cuideachtain chun suaimhneas aigne a thabhairt do. Bhí árdmheas aige ar a máthair, ach ar a shon san ba mhó an iúntaoibh a bhí aige as Neilí sa chúrsa so. Do ghoibh sé míle baochas le Dia na Glóire ' chionn a leithéid a thabhairt do mar chúmpórd agus mar theannta is gach trioblóid aigne ' bhíodh air.

Ar deireadh, d'fhíll Neilí nuair ' bhí na páistí curtha a chodladh aici, agus an líon tí go léir 'na luí. Tháinig sí go dtí an párlús, agus bhí a hathair ann ar an gcuma gcéanna 'nar fhág sí é, ag ól tobac agus ag cuímhneamh agus ag machnamh agus ag cur 's ag cúiteamh in' aigne. Bhí a cheann agus a chroí chómh mór trí chéile go raibh teipithe air, baileach glan, a aigne a dhíriú cruínn díreach ar an dtubaist agus ar cad ba cheart do a dhéanamh, nú go gcaithfeadh sé an scéal a bhreithniú dá ainneóin.

---

11 See *An Músgraigheach* #4, p10. This is substituted for *slíte*.

Caibidil 3

"'Sea, a Dhaid", arsa Neilí, ag teacht isteach agus ag suí ar a ghlúin, "cad 'tá ceapaithe agat a dhéanamh?"

"Ní fheadar, a Neilí, ní fheicim cad ' fhéadfainn a dhéanamh ná cad 'tá le déanamh agam".

"Caithfar rud éigin a dhéanamh, a Dhaid, 'sea, caithfar rud éigin a dhéanamh. Ní bheimíd sásta le gabháil amach ar thaobh an bhóthair. An bhféadfá an t-aidhbhéardaí d'fheiscint arís?"

"Cad é an chabhair dom é ' fheiscint? Ná feaca cheana inniu é?"

"Bhís go maith agus go tuisceanach i gcónaí, a Dhaid, agus níor theip riamh ort cuímhneamh ar sheift, agus ní theipfidh anois leis ort, le cúnamh Dé, chun teacht as. Ní foláir nú go bhfeiceann sé an obair atá déanta agat ar an bhfeirm—agus do chuid allais agus saothrúcháin. Is dóin, a Dhaid, cuímhnigh ar na páirceanna thíos cois na habhann, ná bíodh iontu deich mbliana ó shin ach aiteann glas, agus féach anois ar na guirt bhreátha cruithneachtan a bhíonn iontu. Ná feicfidh sé conas a shaothraís iad?"

"Sin mar is measa dhómh-sa é, a Neilí. Dá ndeininn luach dhá phúnt an t-acra dhíobh in inead luach leath-choróinneach, nách cuma leis siúd mar gheall air sin. Sin mar is fearra dho san é, mar is é a chuid siúd a bhí agam á saothrú agus á leasú".

"A chuid siúd, an ea, a Dhaid?", arsa Neilí, "ní hea, ach do chuid féin. Cuímhnigh ar do chuid airgid agus aimsire agus sclábhaíochta".

"Do súd, a Neilí—do súd amháin. Anois a thuigim é go cruínn. Ba cheart dom é ' thuiscint fadó. Gheóbhad-sa an cor céanna a fuair

Caibidil 3

daoine eile, siúd is nár chuímhníos riamh go raibh a leithéid i ndán dom".

Do chiúnaigh an bheirt le bárr buartha, agus ar feadh an chiúnais, is mó ' luigh sé ar aigne Neilí a hathair agus a máthair a bheith le cur amach ná í féin agus a driotháracha agus a driféaracha.

Do thosnaigh an t-athair ag cainnt arís. "Ba mhór an trua", ar seisean, "mar a dhóigh Seóirsín an iothla. D'fhéadfaimís teacht as, agus an rud go léir do dhíol mara mbeadh san".

"An leanbh bocht", arsa Neilí go hatruach. "Is ceart dúinn bheith baoch nuair nár dódh é féin". Agus chun na fírinne d'ínsint do dófaí é mara mbeadh Neilí féin a dhul i bhfiúntar a hanama leis. Ach d'fhuilig sí roinnt de chlogaibh dóite ar a lámha chun an pháiste bhoicht a thabhairt saor ón gcaíorthaíol uathásaigh a bhí adaithe aige féin, ach ní duairt sí pioc mar gheall air sin.

Do phreab Neilí as a machnamh. "Tá agam anois, a Dhaid, tá agam", agus do léim sí de ghlúin a hathar agus chuir a lámha tímpall a mhiníl,—"an t-airgead a cuireadh sa bhannc dómh-sa fadó".

"Ná trácht air, a Neilí. Ní éistfinn leis. Ní bhuailfinn méar air dá gcuireadh sé suas go Flaithis Dé me".

"Ach caithfir é ' dhéanamh, a Dhaid. Nách mór an iúnadh nár chuímhníos air fadó".

"A Neilí, tá ' fhios agat cad chuige gur fhág t'úncail, an sagart, an t-airgead san id chómhair. Sin é do chuid-se dá mbeithá ag dul go dtí an clochar nú chun pósadh aon uair go brách, le toil Dé".

Do dhearg Neilí suas agus do chrom sí a ceann ar feadh tamaill.

Caibidil 3

"Anois, a Dhaid, nílim-se ag dul sa chlochar agus tá an t-airgead againn. Caithfir é ' úsáid, agus is maith an bhail orainn é ' bheith againn, baochas le Dia".

"Mhuise, nuair a bhí t'úncail ag fáil bháis, do gheallas do, óm chroí, ná teangmhóinn leis an airgead san, agus oireann dom an gheallúint do chómhlíonadh go prínseabáltha[12], pé rud a thiocfaidh. Is agat-sa do fágadh é agus is agat-sa ' chaithfidh sé ' bheith. Coir dhamanta, i láthair Dé, dob ea baint leis".

"Ba mhó an choir gan é ' úsáid nuair atá an gátar ró-mhór leis", aduairt Neilí go seasmhach, "agus cad é an úsáid ab fheárr ab fhéidir a bhaint as ná é ' úsáid duit féin agus do sna páistí".

"Ní labharfaimíd a thuilleadh ar an scéal anois. Cómhlíonfad an gheallúint a thugas do ar leabaidh a bháis. Móid dob ea í, geall leis".

"A Dhaid, móid nú gan móid, caithfir é ' thógaint. Tá gá leis agus caithfir é ' úsáid".

"Téir[13] a chodladh, a Neilí. Ní fheadraís cad 'tá ar siúl agat", agus lena línn sin d'éirigh sé 'na sheasamh.

"Ach tá ' fhios, a Dhaid, agus is agam atá ' fhios. Agus ní fhágfair an áit seo go ngeallair dom é ' thógaint. Mara dtógair, a Dhaid", ar sise go paisiúnta, agus lena línn sin chonaic sí cúntanós daingean seasmhach ar a hathair, "raghad ar maidin amáireach go dtí an tAthair Ó Conchúir agus tabharfad an leabhar ar bhior mo dhá ghlún ná teangmhód choíche leis, ná féachfad air, is ná raghad 'na ghaire go brách arís".

"Ní dhéanfair aon ní dá shaghas".

---

12 See *An Músgraigheach* #4, p10. This is substituted for *prínsiobálach*.
13 See *An Músgraigheach* #4, p10. This is substituted for *téighridh*.

Caibidil 3

"Déanfad, a Dhaid, mara ngeallair dom é ' ghlacadh agus é ' úsáid duit féin".

"'Sea, tá roinnt sheachtainí againn fós chun bheith ag machnamh, agus táim-se cortha, agus is dó' liom go raghad a chodladh, agus dein-se an rud céanna, a Neilí".

"Ní chorród as an áit seo", arsa Neilí, ag breith ar sciorta a chasóige lena dhá láimh, "chun go ngeallair dom go dtógfair an t-airgead so agus é ' úsáid duit féin. Geall dom é ar an spota".

D'fhéach an t-athair síos ar an dá ghéig gheala go raibh an greim dúid acu air, agus ar an aghaidh dhathúil dháiríribh a bhí ar an gcailín óg, agus níor fhéad sé gan gáire dá mhéid buairt aigne a bhí air. Do gháir an iníon leis, agus do chuir an bheirt a leithéid de sceartadh astu gur dhúisíodar a raibh sa tigh.

"Cad é seo? Cad 'na thaobh ná téann tú a chodladh, a Neilí?", arsan mháthair ón leabaidh.

"Éist", aduairt Neilí, ag cur a méire suas ar a béal fé mar a bainfaí preab aisti, "níor shíleas go raibh sé chómh déanach. Caithfead cur díom, ach faighim an rud d'iarras. Tabhair dom an gheallúint sara n-imíod".

"'Sea, a Neilí, geallfad an méid seo dhuit. Úsáidfead é níos túisce ná mar a cuirfaí amach sinn. Ach is dó' liom gur ar éigin a shábhálfadh san, leis, sinn, agus rud eile, táim ag dul go dtí an t-aidhbhéardaí arís amáireach agus féadfair-se dul lem chois, agus beidh marcaíocht agat, agus beimíd ag cainnt air ar feadh na slí. Go gcuiridh Dia ar do leas tu. Téir a chodladh dhuit féin go maidean".

Bhí greim ag Neilí ar chába a chasóige, agus tharraig sí chúithi anuas é agus dhein é ' phógadh. Ansan do bhain di a bróga, d'oscail doras an phárlúis go réidh i dtreó ná haireódh a máthair í, do shiúlaigh

Caibidil 3

treasna na cistean 'na buímpéisí agus ar a bairricíní, isteach i seómra mar a raibh a beirt driotháracha beaga 'na gcodladh agus mar a raibh a leabaidh féin.

Bhí duine acu agus a cheann ar sileadh leis an gcnaiste[14] agus é 'na shámh-chodladh, agus ar sileadh 'na theannta do bhí lasc a bhí déanta de ghéig feórais agus córda ceangailthe uirthi, agus í tabhartha leis sa leabaidh aige. Shleamhnaigh sé amach de dhruím an chnaiste. Thug sé fé í ' leanúint agus é 'na chodladh go dtí go raibh sé i gcúntúirt titim amach ar bhior a chínn agus a mhineál a bhriseadh.

Do thuig Neilí conas mar a thárla. Do chuir sí an lasc a bhí ar fán uaidh, i láimh leis, do rug ar láimh eile air agus tháinig ar a glúinibh ag cnaiste na leapan agus duairt a paidreacha len' ais.

Ní raibh puínn acu ráite aici nuair do dhírigh sí ar dhul amú le meascán mearaí 'na haigne de dheascaibh na ndroch-scéal a bhí cloiste aici ar feadh an tráthnóna, agus ansan, ag dridiúint a cínn isteach leis, do chuímhnigh sí ar an ndamáiste agus ar an mbuairt a chuir an páiste bocht céanna a bhí go sámh gan aithne orthu. Do chuaigh a liathróid bheag amú uaidh san iothlainn, isteach fé stáca arbhair. Bhí a chroí sa bhréagán agus le bárr imní agus dithnis chun í ' fháil, do las sé lasán á lorg. Ar neómat na baise bhí caíorthaíol thine go hárd is go leathan ar fuaid na hiothlann.

Níorbh fhéidir í ' shábháil, agus 'na theannta san chuaigh an lasair i stábla na gcapall agus i gcró na mbó. D'imíodar go léir 'na ngríosaigh. Ní raibh aon teacht thar árachas san am san, go háirithe i measc na bhfeirmeóirí; do chaith sé an damáiste go léir d'fhulag é féin. Níor chuir san aon rud i bhfuirm géar-uireasa air, ach 'na thaobh san is uile b'in imithe uaidh aon strus breise ' bhí aige.

---

14 See *An Músgraigheach* #4, p10. This is substituted for *thar an gcnaiste amach*.

Caibidil 3

Nuair a chonaiceatheas an tine, bhí Seóirsín bocht chómh dícheallach ag lorg na liathróide a bhí caillthe aige gur le cúntúirt mhóir a sábháladh é féin.

Níor fhéad Neilí gan gáire agus í ar a glúine nuair a chuímhnigh sí ar an gcuma 'na raibh Seóirsín ag lógóireacht i ndiaidh na liathróide, agus an chuid eile acu i gcúntúirt titim i gceann a gcos i laige nuair a chonaiceadar an sceímhle agus an creachadh a bhí imithe orthu.

"Seóirsín bocht", ar sise, ag éirí dá glúinibh. Do phóg sí san éadan é, agus thosnaigh ar ollmhú chun dul a chodladh.

Sara ndeighidh sí a chodladh, d'fhéach sí amach tríd an bhfinneóig. Bhí an ghealach éirithe agus í ag treabhadh léi go glan gléineach tríd an spéir gan smúit gan ceó. Ní raibh scamall le feiscint in aon treó baíll ag déanamh aon dorchú ar an spéir bhreá réiltheanach a bhí os a cionn—an ghealach go bán gléigeal fén ndíon gorm lastuas di.

Ba dhó' leat gur sneachta a bhí ar an dtalamh, bhí sé chómh breá, chómh geal san, le taithneamh na gealaí, agus anso agus ansúd doirín ag stop an tsolais lena mbileógaibh creathánacha i dtreó ná feicfá bun na gcrann sa doircheacht. Bhí an radharc chómh breá, chómh taithneamhach, gur mhór an niamhaireacht féachaint air. Bhí glaise bheag tamall síos. Ba dheallraitheach le stríoc d'airgead leachta[15] í gan aon rud ag baint di, ach amháin scáil na gcrann caite crosta anonn.

Níor chuímhnigh Neilí riamh roimis sin ar an gcúmpórd agus ar an aoibhneas do dhuine maireachtaint agus bás d'fháil san áit álainn sin. Ach anois bhí an dainnséar agus an neamh-shuaimhneas ag dridiúint léi, agus bhí scamall dubh dorcha ar a haigne le scannradh go dtomáinfaí as an áit iad.

---

15 See *An Músgraigheach* #4, p10. This is substituted for *stríoc leachta d'airgead bhán*.

Caibidil 3

"Tá Dia láidir agus máthair mhaith Aige", arsa Neilí léi féin go sásta. Láithreach bonn d'athraigh a haigne, mar do chonaic sí i bhfuirm fir ag siúl go mall ar feadh na fálach. Bhí an oíche chómh geal san gur fhéad sí gach ball dá chuid éadaigh d'fheiscint, agus nuair ' thaithneadh an ghealach air, bhíodh gach aon phioc dá chúntanós chómh soiléir is dá mb'é an lá a bheadh ann. Do sheasaimh sé ar feadh tamaill, d'fhéach sé ar thigh na muíntire agus ar na tithe lasmu', agus ansan thug sé a bhóthar air.

Níorbh aon iúnadh daoine d'fheiscint ag gabháil an tslí sin de ló ná d'oíche. Ní bhíonn aon leisce ar mhuíntir na tuatha cóngar do ghabháil, agus ó bhí tigh Mhic Uí Dhuíbhir i lúib idir dhá bhóthar, ba ghnáth leó an cóngar san a ghabháil go minic. Ach tháinig saghas crith-eagla ar Neilí. Is ar éigin ' bhí ' fhios aici cad fá. Ach, mar sin féin, ní raibh leigheas aici air. Bhí sí milleánach uirthi féin toisc ná deighidh sí a chodladh cruínn díreach gan an mí-shuaimhneas do tharrac uirthi féin. Do dhún sí cómhlanna na finneóige, agus d'éalaigh anonn sa doircheacht agus chuaigh a chodladh.

Caibidil 4

Ar maidin lar-na-mháireach bhí Neilí agus a hathair ar a slí go dtí an Teampall Mór[16]. Carráiste ' bhí acu i gcómhair an bhóthair, agus do shuigh duine acu ar gach taobh de. Do thomáineadar leó go sítheach ar feadh na slí. Bhí an mhaidean chómh breá gur dheocair do bhuairt ná do bhrón fanúint i bhfad ar chroí éinne. Dá bhfaigheadh an príosúnach a bheadh ag fulag i gcarcair, nú an duine breóite ' bheadh ag snoí in otharlainn, a shúile a leagadh ar an radharc álainn a bhí ansúd leata amach os cómhair súl na beirte, d'imeódh a dtrioblóidí go léir 'na cheó ar fuaid an chnuic.

Bhí drisleacha agus tuir ar feadh an bhóthair, agus iad fite fuaite trína chéile, iad clúdaithe ag neadacha na rúán alla i bhfuirm fallainge. Ar an bhfallaing sin bhí an drúcht le feiscint, agus le teas na gréine bhí

---

16 See *An Músgraigheach* #4, p10. This is substituted for *don Teampall Mór*.

Caibidil 4

gal an drúchta ag éirí 'na dhathanna, dathanna ná beadh aon bhreith ag láimh duine a thabhairt amach. B'iúntach agus ba niamhaireach an radharc na crainn tímpall tithe na bhfeirmeóirí ar feadh na slí anso agus ansúd, agus na dathanna malartacha ' bhí orthu.

Ghoibh balaithe cúmhartha na mbláth agus na sceiche gile agus an fhéir nua-bhainte chúthu. Anois is arís[17] castí orthu beach nú dhó ' bhí níos imní ná a gcomrádaithe, agus níos dea-ghnóthaí agus níos mochóirí[18]. Bhídís ag gnúsarnaigh tímpall na carráiste ar feadh tamaill, agus do thúirligidís ar *chocaod* bhán a bhí i hata Neilí, nú go bhfaighidís amach ná raibh aon ní ann dóibh ach díomhaointeas, agus go rabhadar ag tabhairt faillí 'na ngnó agus a gcomrádaithe ag obair go dícheallach. D'imídís sa spéir ag gnúsarnaigh go mí-shásta leó féin, agus ag cur milleáin ar an ndaonnaí a dhein bláthanna bréagacha, chun beacha símplí díomhaoine do mhealladh.

Bhí grian na maidine ag taithneamh go geal ar feadh na slí, agus rothaí na carráiste ag déanamh scáileanna ar an mbóthar. Do thaithneadh sí orthu trí sna fálanna tiúbha anois agus arís. Do chaitheadh sí lonnradh buí ar dhrom an chapaill, agus ar an gcarráiste, agus ar ghúna Neilí. Do thagadh sí orthu de dhruím na bhfallaí árda, ach do chuireadh na crainn mhóra agus na fálanna tiúbha i bhfolach uathu í, ach bhíodh sí rómpu arís ag an gcúinne, 'na lán-taithneamh, go geal gléineach brothallach chun aoibhnis a chur orthu.

"Nách álainn é seo, a Dhaid", arsa Neilí, ag iompáil anonn ar a hathair sa charráiste, ach níor airigh sé na focail sa cheart ag fothram agus macalla a dhein cruite capaill ar cos in áirde ag cúinne an bhóthair. Do ghoibh an marcach ar thaobh Neilí den charráiste, agus d'fhéach uirthi go dána droch-mhúinte. Bhí rud éigin neamh-choitianta sa bhféachaint sin, dánacht agus mí-mhéinn, ionas gur chrom Neilí a

---

17 See *An Músgraigheach* #4, p10. This is substituted for *ó thráth go chéile*.
18 See *An Músgraigheach* #4, p10. *Mochóirí* is substituted in that journal article for *mochóirithighe*.

Caibidil 4

ceann láithreach mar ní raibh aon taithí aici ar a leithéid. Do las sí suas go dtí an dá chluais. Ar iompáil na baise bhí an marcach imithe.

"Cé hé féin, a Dhaid?", aduairt Neilí, ag iompáil arís ar a hathair agus eisean ag socrú a hata ar a cheann tar éis úmhlú don mharcach.

"Sin é an t-aidhbhéardaí, a Neilí".

"An t-aidhbhéardaí, a Dhaid?"

"'Sea, sin é an t-aidhbhéardaí".

"Ní foláir nú chonac é in áit éigin cheana".

"Ní dó' liom go bhfeacaís, mar le trí nú ceathair de bhlianaibh ní thagann sé anso ach amháin chun an cíos a thógaint[19]".

"Samhlaím go bhfeaca. An dó' leat go bhfeicfir inniu é?"

"Beidh sé san oifig ar a haondéag a chlog. Níl aige á dhéanamh anois ach cúrsa roim bricfeast".

"Tá brath agam go mbeidh araí mhaith air nuair a fhíllfidh sé".

"Tá brath agam go mbeidh, a Neilí".

"Má bhíonn sé dea-araíonach ba mhór an suairceas orainn é ag dul abhaile".

"Tá brath agam gur mar sin a bheidh, a Neilí".

Ní dúradar a thuilleadh mar do chonaiceadar fear beag dubh ar an mbóthar rómpu.

---

19 See *An Músgraigheach* #4, p10. This is substituted for *ach chun an cíos a thógaint amháin.*

Caibidil 4

"Dia dhuit, a Liam".

"Dia is Muire dhuit, a Mhic Uí Dhuíbhir".

"'Bhfuileann tú ag dul 'on Teampall Mór?"

"Sin é díreach an áit go bhfuilim ag dul ann", aduairt Liam.

"'Sea, más ea, suigh in áirde ansúd i dteannta Neilí, agus déanfaidh sibh araon an charráiste a chothromú".

"Is maith é sin", arsa Liam. "Is mó duine go mbeadh áthas air marcaíocht den tsaghas so d'fháil", ar seisean[20], ag suí i dteannta Neilí sa charráiste.

"Ba mhaith le héinne marcaíocht d'fháil nuair a bheadh sé cortha", arsa Neilí, ag leogaint uirthi nár thuig sí an rud a bhí i gceist aige.

"B'fhéidir é", ar seisean, agus thug sé féachaint ghrínn uirthi. "Ar aon tslí, tá áthas orm í d'fháil go dtí an Teampall Mór. Is dócha go bhfuilir ag dul ann".

"'Sea, táimíd ag dul ann", arsa Mac Uí Dhuíbhir.

"Chun an aidhbhéardaí d'fheiscint?", arsa Liam.

"'Sea, is dó' liom go bhféadfar é ' fheiscint ar a haondéag. Sin mar aduairt sé inné nuair ' bhíos ag scarúint leis".

"Ghoibh sé anso ó chiainibh", arsa Liam.

"Do ghoibh leis, ach fíllfidh sé láithreach".

"Fear galánta an t-aidhbhéardaí sin", arsa Liam go scigiúil.

---

20 See *An Músgraigheach* #4, p10. This is substituted for *ar sé*.

Caibidil 4

"Ar son Dé, cuir uait, a Liam", aduairt Mac Uí Dhuíbhir, ag síneadh treasna na carráiste agus ag cur an chogair isteach 'na chluais, "ní fheadraís cé ' bheadh ag éisteacht leat".

"Tá an ceart go maith agat ansan", arsa Liam, ag crothadh a chínn, "níl puínn le cailliúint agam-sa, ach ní mar sin do dhaoinibh eile".

"Ní rabhais mar sin, lá dá rabhais", arsa Mac Uí Dhuíbhir.

"Is fíor san", arsa Liam, "ní raibh aon ní chómh maith leis gealltha dhom. Mara mbeadh san, do fágfaí agam é".

Bhí ' fhios ag Mac Uí Dhuíbhir go raibh an cómhrá so teinn. 'Na dhiaidh san, níor fhéad sé gan ' fhiafraí dhe: "An dtéann tú go dtí an sean-áitreabh anois, a Liam?"

"Mhuise, ní théim choíche, agus neósfad rud greannúr duit. Nuair a bhíos in America, ní fhéadfainn an oíche do chodladh gan bheith ag cuímhneamh air, pé áit ann go mbeinn, peocu New York nú New Orleans, Kansas nú California é, ba mhar a chéile é. Nuair a dhúisínn i lár na hoíche, do shamhlaínn gur cheart dom an choigilt d'fheiscint sa tínteán mar a chínn nuair a bhíos im gharsún. Nuair ' éirínn ar maidin agus ' théinn go doras, chaithinn mo shúile ' chimilt mar shamhlaínn gurbh é Sliabh na mBan, agus na móinéaracha agus na bóithríní a bhíodh os cómhair mo shúl. Ach nuair a chimlínn mo shúile agus ' chínn na tithe ar an dtaobh thall den tsráid, nú na cnuic dá mbeinn i gKansas, do thabharfainn saibhreas New York ar aon amharc amháin eile d'fháil ar an sean-áitreabh".

"Agus ní dheighis chun na sean-áite ann ó thanaís thar n-ais", arsa Neilí go hatruach.

"Ní dheigheas, a Neilí. Sin é an chuid is greannúire dhe. Do shíleas go gcaillfinn mo mheabhair dá bhfanainn in America, ach nuair a thánag thar n-ais, ní chuirfeadh an saol ann me. Ní chuirfeadh", ar seisean,

Caibidil 4

agus do chroith é fein. "Dá bhfaighthá daichead capall agus iad do cheangal díom, iad féin agus a slabhraí agus a gcuingeacha, agus iad a chur ag tarrac ar a ndícheall, ní bhéarfaidís ann me".

Duairt sé an méid seo chómh láidir agus chómh neamaitheach san, nár fhéad Neilí gan smiota gáire ' chur aisti.

"Is fíor é, a Neilí, tóg m'fhocal leis. Níl aon rud chómh cruaidh leis an mbaile d'fhágaint agus fanúint as i gcoinnibh do thoile. Bíonn ana-dhúil ag mórán daoine an baile d'fhágaint, ach bhí aithne agam-sa ar chuid mhaith acu in America a bhí chómh holc liom féin, nú b'fhéidir níos measa. Bhí aithne agam ar fhear ó Thiobrad Árann. Bhí sé ag obair d'fheirmeóir i New Jersey agus gach aon mhaidean Domhnaigh a théadh sé go dtí an tAifreann go Brooklyn, do shamhlaíodh sé gur isteach go Cluain Meala a bhíodh sé ag dul, agus é ag cainnt lena mhnaoi agus lena bheirt chlainne ar feadh na slí, agus iad san curtha i reilig an Chlochair, go ndeinidh Dia trócaire orthu, agus do labhradh sé le gach éinne a bhuaileadh uime ar feadh an bhóthair. Shamhlaíodh sé gur seana-chómharsain iad go léir, ag dul go dtí an tAifreann mar a bhídís fadó, agus deireadh sé, 'Nách breá borb atá na garraithe, céad glóire le Dia. Ní bheidh slí a ndóthain i margadh Dhúrlais dá mbeidh de chnaistirní[21] ann i mbliana le toil Dé'. Ní chnósaíodh sé a mheabhair go dtí maidean Dé Luain".

"Ní foláir ná gur mór an buaireamh aigne ' bhí ag an mbaile á dhéanamh don fhear san, agus an cor san á thabhairt do", arsa Mac Uí Dhuíbhir go híseal as a mhachnamh.

"Go bhfóiridh Dia air", arsa Neilí go hatruach.

"Amen, a Thiarna, a Neilí, agus ní hé siúd amháin, ach na céadta mílthe nách é. Dá mbeadh ' fhios agat a bhfuiligeann siad, ní le hocras ná aon ní mar sin é, ach an dúil mharaitheach a bhíonn acu chun aon radharc amháin d'fháil ar an mbaile arís. Do chuirfeadh sé trua id

---

21 See *An Músgraigheach* #4, p10. This is substituted for *chnaip*.

Caibidil 4

chroí. Agus is measa ná san é nuair ná bíonn aon leigheas le fáil do. Is dó' liom gurb é sin is trúig bháis do leath na nÉireannach insna hoileánaibh iasachta".

"Túirlig-se anso, a Neilí", aduairt an t-athair, ag stop ag doras tí tábhairne i bpríomh-shráid an Teampaill Mhóir. "Beidh uair a' chluig moille orainn go n-osclaídh an oifig. Téir-se isteach agus fan liom an fhaid a bhead-sa ag scur an chapaill".

Do tháinig Neilí amach as an gcarráiste, agus choinnibh Liam an capall an fhaid a bhí sí féin agus a hathair istigh sa tigh. Bhí áthas mór ar bhean an tí í ' fheiscint, mar b'é an chéad uair a chonaic sí Neilí ó fhág sí scoil an chlochair, agus do mhaímh sí go hárd as a dathúlacht. B'fhéidir go raibh abhar trua[22] ann, leis, i dtaobh an órdú a bhí tabhartha ag an aidhbhéardaí dá hathair inné roimis sin. Bhí an scéal rite fada fairseag, agus an tsráid go léir ag cainnt air.

"Agus ní tháinig éinne fós riamh isteach chúm go mbeadh an oiread fáilthe agam roimis is 'tá agam rómhat féin, a chuisle. Agus is tu atá ag fás suas go breá leabhair dathúil, agus is ar do mháthair is ceart an mhóráil a bheith. Airiú, do leithéid níl i gCúntae Thiobrad Árann le chéile. Bain díot do chlóca agus téanam in áirde an staighre. Airiú, tá an oiread fáilthe rómhat anso agus ' bheadh i dtigh do mháthar. Tá— agus dá mb'fhéidir níos mó".

"Caithfidh Neilí fanúint go fóill, a bhean an tí", arsan t-athair, "caithfead-sa an t-aidhbhéardaí ' fheiscint agus ní bheidh an oifig oscailthe go dtí a haondéag".

Tháinig mala throm ar bhean an tí. "Mhuise, go scuabaidh an diabhal chun sléibhe é féin agus an oifig", ar sise, "agus sin é mo rá-sa leis. Ní thagann sé chúinn choíche gan buairt agus mí-fhoirtiún a chur ar chréatúir éigin, mo ghraidhin iad".

---

22 See *An Músgraigheach* #4, p10. This is substituted for *abhar truaí*.

Caibidil 4

"Ní chuirfimíd aon fheabhas air le bheith ag troid ná ag badhbóireacht", arsa Mac Uí Dhuíbhir.

"Ó, ní cuirfar, ní cuirfar", arsa bean an tí go mailíseach, "dá ndeineadh droch-bhéal agus eascainithe aon tairbhe, tá a ndóthain díobh san acu dá fháil—oiread agus a chuirfeadh ag lobhadh fé chré thailimh iad".

"B'fheárr liom gan labhairt in aon chor air, a bhean an tí", arsa Mac Uí Dhuíbhir, ag tabhairt strac-fhéachaint tímpall air. "Dá n-airíodh sé go rabhas-sa ag éisteacht leat ag rá na cainnte sin, níorbh fheárr-de me é, ó tá mo lámh i mbéal an mhadra".

"Cad 'tá déanta ag na créatúirí", ar sise go teasaí, agus gan suím ar bith aici in eagla an fhir eile, "go mbeadh an oiread san scannradh agus annró agus bróin 'na gcómhair gach ceann féile ar feadh a saeil? Is iúntach liom conas ' lamhálann Dia a leithéid in aon chor".

"Ciúnaigh", ar seisean, ach nuair do thuig sé ná raibh aon tseans aige srian a chur leis an rilleadh cainnte ' bhí ag bean an tí, do bhagair sé ar Neilí gabháil an staighre in áirde, agus ansan d'iompaigh an bhean chun freastail ar Neilí, agus i gcionn cúpla neómat bhí Neilí socair síos i seómra suite a bhí ag féachaint amach ar an sráid. Do shuigh bean an tí agus Mac Uí Dhuíbhir in aice búird i lár an tseómra, i dtreó ná féadfadh éinne iad d'aireachtaint.

Bhí buidéal ar an mbórd, agus dhrid bean an tí é féin agus gloine anonn chuige.

"Ní thógfad anois é, go méadaídh Dia thu", ar seisean, is do dhrid uaidh thar n-ais go réidh é. "Níor mhaith leis an aidhbhéardaí me ' bheith ag ól chómh moch. B'fhéidir go n-aireódh sé a bhalaithe uaim".

"Féach arís", ar sise, "ní háil libh pioc riamh ach an rud a thaithneann leis an aidhbhéardaí. Ní thaithneann so leis an aidhbhéardaí, agus ní

Caibidil 4

thaithneann súd leis an aidhbhéardaí. Ná fuil sé maith a dhóthain do dhuine a chíos a dhíol, nú an méid a fhéadfadh, ach caithfidh sé bheith ag crith 'na chroiceann ansúd ar a aghaidh amach. Cad eile a fhéadfadh duine a dhéanamh dá mba is gur i láthair Dé na Glóire féin ' bheadh sé?"

"Cad é ár leigheas air?", ar seisean go leathscéalach.

"Cad é úr leigheas air? Dar ndó', dá gcuireadh sibh go léir le chéile, bheadh leigheas agaibh. Níl ann ach éinne amháin anois. Cad is fiú é sin? Téann an chuid eile abhaile. Táid siad sábhálta. Ní mheáchann an duine amháin brobh. An chéad lá cíosa eile bíonn an scéal céanna ag duine nú beirt eile. An lá san arís téann an chuid eile abhaile sásta. Fé cheann leath-bhliana eile arís cúpla duine eile nua, agus mar sin dóibh. Tá an cor céanna i ndán dóibh go léir i ndiaidh ar ndiaidh. Ó, na créatúirí bochta atá feicithe agam sa tseómra so, 'na suí ar an gcathaoir chéanna san mar a bhfuileann tusa, agus eagla orthu dul abhaile go dtí a muíntir leis an scéal scannrúil a bhíodh acu. Creid me leis, gur minic a bhíodh eagla orm gur báite san abhainn a gheófaí iad ar maidin tar éis na hoíche. 'Conas a raghaimís abhaile, a bhean an tí? Dar ndó', is geárr a bheidh an baile againn, go bhfóiridh Dia orainn'—an scéal céanna gach aon lá cíosa".

"'Sea, ní haon chabhair dúinn bheith ag cainnt", arsa Mac Uí Dhuíbhir go ciúin. "Níl againn ach éisteacht agus déanamh mar ' fhéadfam. Níl aon dul as againn".

"Níl, ná ní bheidh choíche", aduairt sí go fíochmhar, "nú go mbeidh a ndeireadh ruagtha amach as an ndúthaigh, na seana-chómharsain go léir, nú iad brúite síos go talamh le hualaí cíosa".

D'éirigh Mícheál 'na sheasamh. "Tá sé ag tarrac ar a haondéag", ar seisean, "is fearra dhom dul go dtí an oifig".

Caibidil 4

"'Sea, go gcuiridh Dia an rath ort, ar aon tslí", arsa bean an tí go so-mheanmnach. "Ach is annamh a bhíonn aon scéal fónta ag éinne ag teacht thar n-ais uaidh siúd. B'fhéidir go séidfeadh an diabhal fé chun dea-ghníomh a dhéanamh uair éigin. Ní fhéadfadh éinne eile é ' dhéanamh".

Caibidil 5

Ní ró-shuaimhneasach a bhí Mícheál Ó Duíbhir. Níor leog sé san air i láthair na hiníne agus bean an tábhairne. Bhí a chroí ag crith ag gabháil suas an tsráid agus ag dul isteach ar lic táirsí oifig an chíosa.

Tigh beag neamh-thuairimeach dob ea é, dhá fhinneóig ar aoirde ann, agus a aghaidh amach ar an bpríomh-shráid. Bhí scáileán stáin ar an bhfinneóig, i leith na lámha deise, agus an dá fhocal so "Estate Office" air, i leitreachaibh a bhí órga tráth, ach a bhí seana-chaite um an dtaca so. Bhí clár bán os cionn an dorais agus an dá fhocal chéanna air i leitreacha dúbha.

Ní raibh aon ní bagarthach dian in' fhéachaint. Ní bheadh ' fhios agat ná gur Oifig Puist é, nú íoclann, mara mbeadh an dá fhocal úd, bhí féachaint chómh símplí, chómh neamh-thuairimeach san, air. Ní gá dhom a rá ná raibh aon arm ar gárda ann, aon fhear claímh, ná gunna mór ag an ndoras. Agus dá ainneóin sin, is minic a sheasaimh fir ghroí chumasacha ag an dtáirsigh ag crith 'na gcroiceann le heagla dul isteach. Fir a thabharfadh a n-aghaidh gan arm ná éide ar ar ghoibh riamh d'órdanás as Beairic Portobello agus a iúnsódh an rampar is tiúbha go mbeadh gunnaí móra ag dranntú[23] ar a bhárr níos túisce ná ' thabharfaidís aghaidh ar an nduine uasal deas macánta so a thugadh breith orthu chómh deas, chómh síbhialtha—ní horthu féin amháin, ach ar a mná agus ar a bpáistí, agus do dhaoradh iad chun Tí na mBocht, bás den ghorta, nú chun fáin fada thar farraige.

---

23 See *An Músgraigheach* #4, p10. This is substituted for *drannadh*.

Caibidil 5

Bhí ' fhios san ag Mícheál Ó Duíbhir go dian-mhaith. Nuair do sheasaimh sé ag an ndoras go lag-fáiseach, do chuímhnigh sé ar na daoine a bhí imithe leis na blianta. D'fhéadfadh sé iad d'áireamh 'na bhfichidíbh. Daoine ' bhí go seascair cúmpórdach ar a dtínteánaibh féin, agus a tomáineadh le fuacht agus le fán i dtithe na mbocht, nú go dtí na hoileán iasachta, nú a bhí curtha fé chré thailimh ag tabhairt an fhéir ghlais. Tháinig na rudaí seo go léir os cómhair a shúl, chómh glan is dá mba inné roimis sin a thitfidís amach.

Níorbh aon chabhair do bheith anonn 's anall. Do ghlac sé misneach agus isteach leis.

Bhí an t-aidhbhéardaí 'na shuí in' aonar ar chathaoir uilleann in aice le bórd mór fada. Bhí carn leabhar ar thaobh a lámha deise agus lena n-ais do bhí mála leathan láidir leathair, agus ceanglacha práis ar a chúinníbh. Is istigh ann a tugadh na leabhair ó Bhaile Átha Cliath.

Bhí bórd oifige os a chómhair amach. Bhí póirsíní ann 'na raibh páipéir leitreach agus clúdaigh agus gach aon tsaghas gréithre a bheadh in oifig. Do bhí fráma beag 'na raibh clog den ghnáth-shaghas in áirde air sin ar a aghaidh amach. Do bhí dealbh fir dhuibh déanta de chré-úmha suite ar bhárr an chluig agus é ar a chorragiob: a ghealshúilí móra bána ag glinniúint cruínn díreach ort, mar ' bheadh síor-sceón 'na chroí: a cheann agus a chabhail sáite chút amach mar ' bheadh sé ar tí léimt chút a thúisce ' gheóbhadh sé caoi. Cuímhneamh greannúr cnáidiúil é ag an gceárdaí a dhein é, agus do cheangail súile Mhíchíl de, chómh luath in Éirinn agus ' bhí beannaithe aige don fhear istigh[24].

"Dia dhuit, a Dhuíbhrigh".

---

24 See *An Músgraigheach* #4, p10. This is substituted for *chómh luath in Éirinn agus ' bhí beannaithe aige isteach*.

Caibidil 5

D'éirigh an t-aidhbhéardaí 'na sheasamh agus thug a dhrom leis an dtine, siúd is go raibh lá breá samhraidh ann. Bhí tine mhaith dhearg ann. Do leath sé a chosa óna chéile agus do dhírigh ar é féin a thé'.

"Cad é an gnó ' thug anso inniu tu, a Dhuíbhrigh?"

"Is dóin, le toil t'onóra—is cuímhin leat go ndúraís inné go mbeithfá anso ar a haondéag a chlog inniu", arsa Mícheál, agus iúnadh a chroí air i dtaobh dearúid an fhir eile, agus do mhéadaigh a dhroch-iúntaoibh 'na thaobh.

"A' nduart?", ar seisean, ag bualadh cúpla cnag dá iongain ar bhosca na snaoise sara dtógfadh a phínse. "Ach bím anso gach aon lá ar a haondéag a chlog an fhaid a bhead ann".

Do stop sé, thóg pínse snaoise, do leath a chosa tuilleadh agus do dhírigh ar fhéachaint cruínn díreach ar dhá shúil fhiaine an fhir dhuibh gan aon tsuím aige i Mícheál.

Do dhaingnigh súile Mhíchíl ar an bhfear ndubh leis. Bhí tromán an chluig anonn is anall is "tic, tic" aige. Bhí Mícheál ag cur 's ag cúiteamh in' aigne, a d'iarraidh cuímhneamh ar rud éigin a bhrisfeadh an ciúnas. Do shamhlaigh sé gur airigh sé "ha-ha, ha-ha", agus cheap sé dáiríribh gurbh é an fear dubh a labhair, agus gur fhéad sé é ' aireachtaint. Níor mhair an rud go léir neómat.

Thóg sé a shúile den fhear dubh. "Le toil t'onóra", ar seisean agus tocht danartha ann.

Do chnósaigh an t-aidhbhéardaí a mheabhair agus do chuir uaidh an neamh-shuím. Do tháinig mar ' bheadh iúnadh air nuair a chonaic sé Mícheál fós 'na láthair.

Ní thug san puínn misnigh do, ach ar a shon san do lean sé air:

Caibidil 5

"Do thánag chun labhairt leat mar gheall ar an bhfeirm—an áit".

Do chroith an t-aidhbhéardaí a cheann.

"Do thairgeas do t'onóir an méid cíosa d'fhéadfainn—cíos leath-bhliana. Níl orm ach cíos bliana".

"Agus a fhéile reatha", arsan t-aidhbhéardaí, á dhíriú féin, agus á leogaint féin siar, agus ag teannadh a uchta amach, agus ag féachaint suas go tuirseach ar an síleáil, agus á shearradh féin mar a bheadh an méid sin cainnte ró-thrioblóideach do.

"Ach le toil t'onóra, ní éilítar choíche é sin", arsa Mícheál, agus d'fhéach sé suas air, ach bhí aghaidh an duine uasail coitianta suas ar an síleáil, "agus 'na theannta san is maith liom ' ínsint duit rud ná raibh uain agam ar an iomlán a ínsint[25] inné, nú uain agat-sa éisteacht leis. Do dódh a raibh den tsaol agam lasmu' de thigh na muíntire—na capaill, na ba, an iothla, féar, coirce, cruithneacht—gach aon rud a bhí agam—dódh iad".

Do stad Mícheál.

Do chrom an t-aidhbhéardaí a cheann agus d'fhéach sé ar an bhfear ndubh agus do dhein Mícheál an rud céanna. Agus arís do thosnaigh an chainnt—arís, arís, "ha-ha, ha-ha, ha-ha", ach in inead "ha-ha", 'sé an rud aduairt, "Tuilleadh cíosa. Tulleadh cíosa".

D'fhonn ná beadh sé ag éisteacht leis an nglór ghránna so a bhí ar tí é ' thomáint as a mheabhair, do labhair Mícheál arís leis an aidhbhéardaí.

"Ach", ar seisean, "níorbh é sin an chuid ba mheasa dhe, ach le pé beagán airgid a bhí spáráltha agam le roinnt bhlianta agus a thuilleadh a thógas ar iasacht, do cheannaíos stoc nua. Agus ansan

---

25 See *An Músgraigheach* #4, p10. This is substituted for *ar a ínsint san iomláine*.

Caibidil 5

arís peocu is amhlaidh a bhí iomad innír ar an dtalamh agus é ró-bhorbh, nú an galar a thabhairt leó, do cailleadh cuid acu, agus dhein san damáiste throm eile dhom".

Do stad Mícheál arís. Agus arís do labhair an fear dubh agus na súile i gcúntúirt léimt amach as a cheann agus, "Tuilleadh cíosa. Tuilleadh cíosa. Tuilleadh cíosa" aige, le gach aon bhuille den tromán.

"Díolfad le t'onóir cíos bliana anois, agus is ag Dia atá ' fhios gur mó san ná mar a dheineas féin le bliain anuas, agus gan trácht ar na bárthanaí ' ghoibh me. Agus díolfad cíos bliana nuair a thiocfad arís agus táim siúráltha ná hiarrfaidh t'onóir a thuilleadh orm".

D'fhéach an t-aidhbhéardaí air go cruínn ansan den chéad uair, le línn é ' fhreagairt.

"Tá feirm bhreá agat, a Dhuíbhrigh", ar seisean.

"Ach cé ' dhein breá é, le toil t'onóra? Cad dob fhiú an dá pháirc deich n-acra atá thíos cois na habhann fiche bliain ó shin nuair a phósas? Tuinneacha go bhféadfá—agus is dó' liom gur minic a dheinis—lachain fhiaine nú naoscaigh a lámhach ann. Fiche acra saothraithe a portach agus a riasc".

Do bhuail an t-aidhbhéardaí cnag eile ar bhosca na snaoise.

"Agus cad é sin dómh-sa, a Dhuíbhrigh?", ar seisean.

Do bhuail an fear dubh níos crua, agus do shíl Mícheál go raibh sé ag tarrac a chos chuige ar tí léimt isteach i mbaclainn an aidhbhéardaí le bárr áthais agus mórála, agus in inead "Tuilleadh cíosa. Tuilleadh cíosa", gurbh é an rud a bhí aige á rá—"Bí amu'. Bí amu'. Bí amu'". Do shíl Mícheál, leis an méid céille nú cuímhne a bhí fanta aige, gur shaghas éigin deamhain coímhdeachta é a bhí ag an aidhbhéardaí.

Caibidil 5

"Agus cé eile go mbaineann sé leis ach leat-sa?", ar seisean, ag breith brabúis ar chainnt an aidhbhéardaí, mar nár fhéad sé cuímhneamh ar aon rud eile adéarfadh sé.

"Tuigim, tuigim", arsan t-aidhbhéardaí.

"Is é adeirim", arsa Mícheál, "cad 'na thaobh ná bainfeadh sé leat-sa chómh maith is ' bhaineann sé[26] liom-sa?"

Duairt sé an méid seo go teann mí-chéatach mar do chonaic sé gur bhain freagra an aidhbhéardaí an fód óna chosaibh, agus mar go dtuigfaí gurbh é an t-aidhbhéardaí amháin go raibh cúram na feirmeach go léir air. Ach níor dhein san aon fhuascailt do, mar b'é an freagra neamh-shuimiúil a fuair sé ón aidhbhéardaí:—

"Ó, tuigim".

"Féach, a dhuine uasail", arsa Mícheál agus a chroí ag crith le feirg, mar chonaic sé ná raibh aon choimirce le fáil aige, "tá mo chíos díoltha agam go prínseabáltha le fiche bliain chómh maith le, nú níos feárr ná, aon fhear eile san eastát. Tá tubaistí móra tar éis me ' ghabháil i rith na bliana, gan aon leigheas agam orthu, is má tá beagáinín fiach titithe orm is geárr a bheidh. Tá feabhsú déanta ar an dtalamh agam—i dteannta an dá pháirc deich n-acra, do shaothraíos an t-athphortach ná cothaíodh an spiodóg féin, agus tá sé anois ar chuma gur ar éigin a fhéadfá an speal a chur tríd. Táim ag brath go gcuirfidh t'onóir suím insna rudaíbh seo go léir".

"Cad ar a shon?"

Ceist níos gránna ná níos deiliúsaí níorbh fhéidir a chur ar Mhícheál bocht ar an neómat san. Bhain sí beatha na n-éag as. Do stop na focail 'na scórnaigh, agus d'iompaíodar síos 'na chroí 'na stailc feirge.

---

26 See *An Músgraigheach* #4, p10. This is substituted for *chómh maith is baineann sé*.

Caibidil 5

"Cad ar a shon?" Cé ' fhéadfadh é ' fhreagairt?

"'Sea, ní déarfad a thuilleadh mar gheall air ach so, go bhfuil an cíos ag dul duit ó cheart agus caithfir é ' fháil. Ní haon díobháil mhór duit fanúint go ceann sé mhí eile. Dá mbeinn ag déanamh aon díobhála don talamh nú á chur chun deiridh ba rud éigin duit bheith ag cainnt. Ach nílim. Tá ' fhios ag gach éinne sa bharúntacht é sin go dian-mhaith. Is é an rud atá agam le déanamh ná cíos leath-bhliana a thabhairt duit anois, cíos leath-bhliana eile um Nollaig, agus an fhéile reatha".

"Tá feirm bhreá agat, a Dhuíbhrigh", arsan t-aidhbhéardaí, ag casadh thar n-ais go tuirseach ar an rud a bhí ráite cheana aige, agus gan cluas aige á thabhairt do chainnt Mhíchíl ach chómh beag is ná haireódh sé riamh é, ach ní bodhaire ' bhí sé ach neamh-shuím. "Feirm ana-bhreá. Feirm ar a bhfaighinn-se céad púnt sa mbliain níos mó ná mar 'tá agat-sa á dhíol—airgead síos!"

"Ach cad é sin dómh-sa san?", arsa Mícheál go tur. "Is liom-sa an fheirm. Is me ' dhein feirm di".

"Airgead síos", arsan t-aidhbhéardaí, gan aon tsuím sa méid a bhí ráite ag Míchéal. "Agus ó thireóntaí mhaith airgeadúil, leis. Agus cad ar a shon ná tabharfainn do í?"

"Mar gur liom-sa í. 'Sé mo chuid allais agus mo chuid saothair a dhein feirm di mar a chíonn tú féin", arsan tireóntaí fé thocht chráite.

"Ní leat. Is linn-na í—leis an dTiarna Othorpe, adeirim. Do dheinis-se an feabhsú chun do thairbhe féin. Tá toradh do shaothair agat cheana féin, agus is leis siúd an talamh".

D'fhéach Mícheál an turas san ar an bhfear ndubh. Bhí dhá sceadshúil air níos fiaine ná riamh. Do labhair sé níos soiléire agus 'sé port ' bhí aige ná "Bí amu', bí amu'".

Caibidil 5

"'Sea, a dhuine uasail, cad a cheapann tú a dhéanamh?"

"Bhís anso inné, a Dhuíbhrigh?"

"'Sea, a dhuine uasail, bhíos".

"Cad 'duart leat?"

"Ach, dar ndó', ní leanfaidh t'onóir de sna coinníollacha san?"

"Cad 'duart leat?"

"An cíos a dhíol, agus trí chéad púnt do dhíol as an léas d'athnóchaint".

"Sid é breith mo bhéil-se".

"Dar ndó', ní oireann do t'onóir me ' chreachadh".

"Ní oireann. Níl uainn ach ár gcuid féin. Tabhair uait seilbh na feirmeach, agus déanfaidh san an gnó chómh maith, nú b'fhéidir níos feárr".

"Agus cad a dhéanfad lem pháistí beaga?"

"Níl aon ní againn le rá leis sin. Níl uainn ach ár gcuid féin".

"Ach ní hé do chuid féin é. Ní leat mo chuid saothrúcháin-se".

"Tá saor-chead agat iad a thógaint leat, más maith leat é", arsan t-aidhbhéardaí, ag cur drannadh beag gáire as. Do bhí an duine uasal chómh cneasta, chómh muínteartha san, gur mheas Mícheál go raibh rud éigin fónta aige á thairiscint do.

Caibidil 5

"Conas ' fhéadfainn iad a bhreith liom? Níor chás dom. Táid thíos sa talamh idir aol is clocha is draeiní[27] agus leasú aoiligh".

D'árdaigh an t-aidhbhéardaí a lámh go réidh ag cur stop leis an gcómhrá.

"Tá ár ndóthain ráite againn anois, a Dhuíbhrigh, agus tá tuilleadh daoine ag feitheamh chun mise d'fheiscint. Lá maith agat".

"Ná neósfá dhom, le toil t'onóra, cad 'tá agat le déanamh liom?"

"D'ínseas cheana dhuit é".

"Mar 'dúraís inné, an ea?"

Do bhagair an t-aidhbhéardaí a cheann ag cur deireadh leis an ngach re 'sea. D'iompaigh anonn, d'oscail ceann de sna leabhraibh cúntais a bhí aige, agus do dhírigh ar iniúchadh isteach ann.

Do thóg Mícheál a lámh den bhórd. Bhí sé idir dhá chómhairle agus é ag méaráil an bhúird. Do shiúlaigh go leasc go dtí an doras. Bhí san leath-oscailthe aige.

Do labhair an t-aidhbhéardaí go hobann.

"An iníon duit a bhí led chois sa charráiste ag teacht ar maidin, a Dhuíbhrigh?"

D'iompaigh an tireóntaí ar a sháil go tapaidh.

"'Sea, a dhuine uasail".

"Is breá an cailín í".

---

27 See *An Músgraigheach* #4, p10. This is substituted for *caidhséirí tíormaigh*.

Caibidil 5

"Agus is maith, leis", arsa Mícheál, ag brath go mbogfadh a chroí don chlaínn nuair ná déanfadh do féin.

"An sa bhaile a bhíonn sí?"

"Ní hea, a dhuine uasail. Níl sí ach leath-bhliain sa bhaile ó scoil an chlochair".

"Nách maith atá sé de ghustal agat scolaíocht a thabhairt do t'inín sa chlochar!"

"Airgead mo dhriothár a dhíol aisti", arsa Mícheál.

"Is deas an bhé í, ar aon tslí. Cad é an t-aos í?"

"Tá sí ag caitheamh a naoidéag[28], a dhuine uasail", arsa Mícheál, agus eagla air go raibh tarcaisne insna ceisteanna, agus gur cheart do cur 'na choinnibh, ach nár dhein.

"Is dócha go bhfuil tabhairt suas maith uirthi?"

"Tá, a dhuine uasail".

D'fhan sé le tuilleadh ceisteanna ón nduine uasal, ach do chrom an t-aidhbhéardaí a cheann agus do dhírigh ar a chuid leabhar. Chuir san deireadh leis an gcómhrá[29].

Nuair a ghoibh an tireóntaí amach doras na hoifige a bhí ar leath-oscailt, bhí Aodh de Róiste agus a athair amu', ag feitheamh le dul isteach. Nuair a ghoibh sé amach, do chuadar san isteach.

Tháinig saghas náire agus ceann-fé air nuair a chuímhnigh sé go rabhadar ag éisteacht leis an gcómhrá idir é féin agus an

---

28 See *An Músgraigheach* #4, p10. This is substituted for *tá ochtdéag caite aici*.
29 See *An Músgraigheach* #4, p10. This is substituted for *agallamh*.

Caibidil 5

t-aidhbhéardaí i dtaobh na hiníne. Bhí tuairim aige, cé ná feadair sé cad ar a shon, gur rud náireach do ainm na hiníne a thabhairt i gceist sa deighleáil idir é féin agus an t-aidhbhéardaí.

Do bhí sé chómh mór trí chéile mar gheall ar an méid sin, ag filleadh ar an inín, gur dhearúid sé ar fad an trioblóid eile, fé mar ' bheadh buairt amháin tar éis an chínn eile a chlúdach. Bhí an bhuairt i dtaobh na hiníne ag dul chómh holc san do, go raibh fonn air a leathscéal a ghabháil léi san am gur shrois sé an tigh. Ba mheasa leis é ná gnó a thurais a bheith in aistear. Ach ar aon tslí, do cheap sé gur chóir do cúntanós grianach síbhialta a bheith air, i dtreó ná tabharfaidís aon ní fé ndeara.

"Tá scéal éigin fónta agat", arsa bean an tí nuair a chonaic sí chúthu isteach é, agus féachaint chómh meidhreach san air.

"'Sea, níl sé níos measa ar aon chuma", ar seisean.

"Bhís go maith agus go gasta i gcónaí", arsa Neilí, ag dul anonn ag triall air, agus ag cur a lámh tímpall air agus á phógadh. "Ní fhéadfadh éinne thu d'eiteach, mar ní raibh uait riamh ach an ceart a dhéanamh".

"'Sea, níl bac ort braon d'ól anois. An diabhal aidhbhéardaí san—Dia idir sinn agus an t-olc—ní fhéadfaidh sé teacht anso isteach chun a fhéachaint cad 'tá againn á dhéanamh", arsa bean an tí le gáire muínteartha mioscaiseach, ag dridim an uisce bheirithe agus an ghloine anonn chuige. Do bhog sé é féin ó ghreim barróige Neilí agus do shuigh síos.

"Ólfad braon anois", ar seisean, "agus is í an fhírinne í go bhfuil mo bhéal agus mo scórnach chómh tirim is dá mbeinn ag cáitheadh cruithneachtan le mí".

Caibidil 5

"Mo Dhaid bocht", arsa Neilí léi féin, ag suí ag an bhfinneóig agus ag féachaint amach ar an sráid.

"Agus fuarais téarmaí maithe ón ndiabhal nú an bhfuarais?", arsa bean an tí, agus do shuigh sí ar a aghaidh anonn ar an dtaobh eile den bhórd, agus gloine púins déanta aici.

Do chrom Mícheál a cheann mar bhí leisce air[30] aon fhreagra ' thabhairt uaidh.

"Tá áthas orm. Ní dó' liom go raibh a leithéid d'áthas riamh orm".

"Táim siúráltha dhe sin, a bhean an tí".

"Ní rabhas riamh chómh sásta. An fhaid a bhís amu', ní fhéadfainn gan bheith ag cuímhneamh ar—". Do stop bean an tí agus thug sí súil-fhéachaint ar Neilí 'na suí ag an bhfinneóig. Ach bhí Neilí ag féachaint amach ar an sráid le neamh-spéis, ag machnamh di féin, agus gan aon tsuím aici sa bheirt eile.

"Ar Neilí Ní Chorcoráin", arsa bean an tí de chogar treasna an bhúird.

Do bhagair sé uirthi go hobann lena láimh agus chuir stop léi, mar do bhí rud éigin ag baint leis an ainm sin a mhúscail seana-chuímhne fuilithe, agus do thuig sé ansan cad é an rud íogair fé ndeara dho col a ghlacadh le hainm a Neilí féin a bheith dá lua ag an aidhbhéardaí. Níor oir do labhairt a thuilleadh air. D'fhonn scarúint leis na smaointe teinne sin do tharraig sé scéal eile chuige.

"An bhfuil aon scéal nua ar fuaid na sráide, a bhean an tí?"

"Níl blúire. Tá ag éirí go maith linn go léir, moladh le Dia".

"Conas 'tá sé féin?"

---

30 See *An Músgraigheach* #4, p10. This is substituted for *ba leasc leis*.

Caibidil 5

"Ó, ní fhéadfadh sé bheith níos feárr. Tá sé 'na theachtaire sa bhannc coitianta. Tá tuarastal maith dho, agus gan puínn le déanamh aige, agus cad eile ' bheadh uaidh?"

"Ca bhfuil Tomás?"

"Tá Tomás i Lúndain i dteannta an mháistir, agus saol duine uasail aige, ag imeacht lena chois ó áit go háit, agus radharc aige ar gach aon ní. Ní raghadh sé in aon áit gan é. Is air a bhí an seans, míle baochas le Dia".

"Gan aon easnamh airgid air, is dócha?"

"Ó, ambasa, ná fuil. Tá sé ag déanamh oiread agus is maith leis. Níl aon teóra lena thuilleamh. Theastaigh uaidh é ' chur abhaile, ach duart-sa leis é ' fhágaint ar láimh an mháistir. Sin í an áit is feárr agus is sábháltha é".

"Is fíor san, a bhean an tí. An dtagann an máistir anall in aon chor?"

"Is annamh é. Ach tagann rud is feárr ná é—na cáirne óir chun an bhaínnc. Go gcuiridh Dia an rath air, níl bac air bheith mórálach i measc na ndaoine móra i Lúndain".

"Táid siad ag díol go maith sa bhannc anso", ar seisean.

"Ó, ambasa, nách miste dhuit é sin a rá", ar sise. "Níl aon áit in Éirinn a dhíolann an oiread brabaigh is ' dhíolann an bannc so. Tá sé ag déanamh cáirne airgid i Lúndain. Níl feirmeóir as so go Ráth Luirc ná cuireann an uile leathphinge ' fhéadaid siad a scríobadh le chéile sa bhannc".

"Deinid siad airgead air sin".

Caibidil 5

"Ó, ní miste dhuit a rá ná go ndeinid. Ach admhaím", ar sise ag machnamh di, "dá mbeadh muíntir an bhaínnc beagáinín níos réasúnta chun an airgid a leogaint ar iasacht chun na bhfeirmeóirí nuair a theastódh sé uathu chun stuic a cheannach nú chun gnó dá leithéid, is dó' liom go mbeadh níos mó tairbhe acu á dhéanamh do sna feirmeóirí".

"Á thabhairt ar iasacht, a bhean an tí? Ar ndó', níl bac orthu é ' tharrac pé uair is maith leó. Is leó féin é".

"Tá ' fhios agam", ar sise, "ach ní maith leó é ' tharrac. Bheidís ag cailliúint an bhrabaigh. Féadaid siad ocht nú deich fén gcéad d'fháil ar a gcuid airgid sa bhannc. Ach nuair a thógann siad é, nú nuair a théid in urrús ar a chéile, ní bhíonn orthu a dhíol ach cúig fén gcéad, agus féach ar an mbúntáiste a bhíonn acu. Ach is deocair leis an mbannc é ' leogaint chúthu".

"Is olc an tslí chun airgid a dhéanamh é sin", arsa Mícheál as a mhachnamh, "don bhannc, adeirim".

"An deamhan é", ar sise go mear. "Deirtar liom as gach céad púnt a cuirtar sa bhannc go ndeineann sé céad eile i Lúndain air, agus ansan tugann sé an méid sin búntáiste do sna feirmeóirí a bhíonn ag deighleáil leis abhus".

"Ó, 'sea, tá san maith go leór".

"Gan amhras, tá sé maith go leór. Cad é an gnó eile ' bheadh ag bannc? Ach mar aduart cheana, ní leogaid a ndóthain de amach".

"Ní maith é sin, a bhean an tí".

"Ní maith. Ach is deocair locht d'fháil air nuair a fhéadann sé airgead a dhéanamh de i Lúndain chómh tiubh agus is maith leis é. Is deocair do gan é ' chimeád an fhaid ' fhéadfaidh sé é. Agus nuair a bheidh a

Caibidil 5

dhóthain déanta aige, 'sé is dóichí go dtabharfaidh sé ar iasacht é ar leath a bhfuil aige á éileamh anois. Agus ansan is deallraitheach go dtabharfaidh sé cúnamh dóibh seo d'fhág a gcuid airgid sa bhannc ag cabhrú leis. Féach, má fhéadann duine fiche púnt a dhéanamh ar aonach a céad a thóg sé, agus gan air a dhíol as ach púnt, féach an t-airgead a fhéadfadh sé a dhéanamh. Na tiarnaí talúin—"

"Ó", arsa Neilí ag an bhfinneóig. Chuir san stop le cúrsaí airgid ag bean an tí.

Bhí sí ag féachaint amach le fada ar shlua mhór daoine ag cosaráil síos suas ar fuaid na sráide an fhaid a bhí a hathair agus bean an tí ag cainnt. Ach go hobann cé ' chífeadh sí ach Billy ag teacht anuas an tsráid. Do ghoibh sé anonn go dtí an taobh eile, agus láithreach 'na dhiaidh chonaic sí Aodh de Róiste. Do cheap sí an fhinneóig do bhualadh chun í féin a chur in úil do. Ach tháinig náire uirthi roim a hathair agus roim bean an tí. Do chuímhnigh sí láithreach ná beadh sé béasach san a dhéanamh, agus do chrap sí an lámh a bhí sínte aici chun na finneóige sara raibh an pána buailte aici, ach d'fhair sí go cruínn é 'na thaobh san. Do lean sé Liam anonn go dtí an taobh thall, agus do bhuail lámh ar a ghualainn, agus do chainntigh an bheirt go cruínn dáiríribh[31] le chéile. Níor leanadh den chómhrá i bhfad, ach nuair a chroitheadar lámha agus scaradar, do scannraigh Neilí nuair a chonaic sí an driuch a bhí ar Aodh.

Aghaidh bhreá bhog gheanúil sholasmhar a bhí air nuair ' chonaic sí cheana é, ach anois bhí sé chómh mílítheach le páipéar. A dhá shúil bhreátha mhóra ghlana, bhíodar anois dearg agus iad leath-dhúnta. Bhí sé roimis seo, agus le fíor-dhéanaí, go deas agus go dea-éadaigh. Anois, bhí a charbhat casta siar fé bhun a chluaise, a léine líonta d'fhurcaíbh agus d'fhíllthíníbh. Chífeadh éinne ón ndriuch a bhí air go raibh sé suaite seirgthe suasánach[32].

---

31 See *An Músgraigheach* #4, p10. This is substituted for *go mór dáiríribh*.
32 See *An Músgraigheach* #4, p10. This is substituted for *neamh-shuimiúil*.

Caibidil 5

Do chonaic sí an méid seo go léir ar an gcéad amharc, agus nuair d'fhéach sí níos géire ar a cheannatha, agus ó bhí uain aici é d'iniúchadh, chonaic sí an t-athrú éachtach a bhí tagaithe air. B'éachtach an t-athrú é. Bhí éadóchas, mioscais, fearg, sceón, agus iad go léir i dteannta ' chéile 'na chúntanós. Níorbh aon iúnadh gur chuir Neilí liú aisti a bhain preab as an mbeirt eile nuair a chonaic sí é.

"Cad é seo ort, a Neilí?", arsan t-athair, ag preabadh anonn chúithi.

"Ó, pioc ar domhan, a athair", arsa Neilí agus an driuch céanna ar a haghaidh a chonaic sí ar aghaidh an duine amu'.

"Tá rud éigin ann, a Neilí", arsan t-athair nuair a chonaic sé an t-athrú a bhí uirthi. Do chuímhnigh sé gurbh é an t-aidhbhéardaí, b'fhéidir, a thug droch-fhéachaint uirthi a scannraigh í, mar bhí súd i gcónaí ag déanamh buartha dho. "Tá rud éigin ann, a Neilí. Cad é féin?"

"Aodh de Róiste, a Dhaid", arsa Neilí, ag cur a dá láimh suas ar a haghaidh. "Ach tá féachaint chómh héachtach, chómh scannraitheach san, aige—"

"Cad é an ghreannúire sin ort?", ar seisean go feargach i dtaobh na preibe gan gátar a bhí bainte aici as.

"Ó, go bhfóiridh Dia orainn", arsa bean an tí go dea-chroíoch, "ní haon iúnadh go mbeadh scárd ann. Táid siad fé órdú gabháil amach".

"Órdú gabháil amach. Cé 'duairt é sin?", arsa Mícheál.

"Ambasa go bhfuil sé leata ar fuaid na sráide, agus is fíor é, leis".

"Ó, ' Dhia, níor airíos go dtí so é".

Caibidil 5

"Dá mbeithá anso inné d'aireófá é. Órdú gabháil amach, agus amach a gheóbhaid, chómh siúráltha agus 'tá bianna ar bhata bacaigh".

"Ach níl aon chíos titithe amu' orthu súd".

"Ach is cuma san".

"Má ghabhaid siad amach, geóbham go léir amach", arsa Mícheál, agus do chuir an smaoineamh san buaireamh mór air.

"Níor mhiste dhuit an leabhar san a thabhairt ar a bhfuil de Bhíoblaí i gColáiste na Tríonóide chómh maith, agus ní bheadh aon leabhar éithigh tabhartha agat ann. Réabfaid siad amach gach aon phréamh den tseana-threibh as an dtalamh".

Ach nuair a chonaic sí an sceón a bhí i súile Neilí, d'athraigh sí an port de phreib.

"Ach ní féidir iad go léir a chur amach. De réir deallraimh 'siad an dream is sia agus is dána ' sheasódh, an dream is feárr a thiocfaidh as. Go dtugaidh Dia cabhair dúinn go léir".

"Ólfad braon eile", arsa Mícheál. "Ní fheadar conas atá an scéal, ach tá mo bhéal agus mo scórnach tirim scóltha".

Bhí ' fhios ag bean an tí cad 'na thaobh go rabhadar amhlaidh. Bhí mórán dá shaghas feicithe go minic cheana aici, laethanta cíosa. Ní tart le hobair ná le teas a thagann ó chroí bhuartha, ach tart nách féidir a mhúchadh. Bíonn sé níos trioma agus níos do-mhúchta ná mar ' bheadh ar dhuine lá brothaill i lár díthreibh in Africa.

Tá rud éigin den tsaghas san feicithe ag gach éinne ar a raibh trioblóid, trioblóid a imeódh leis an aimsir, ach cad mar gheall ar thrioblóid ná bíonn ach ag tosnú agus ná himeóidh in aon chor, agus

Caibidil 5

ná leighisfidh aimsir ná foighne é, ach é 'na thosach ar chiapadh agus ar anacra don té go dtagann air.

"Tá sé in am dul abhaile, a Neilí", ar seisean, ag éirí 'na sheasamh.

"Mar is maith leat, a Dhaid", arsa Neilí.

"Geóbhad-sa an capall".

"Tá go maith, a Dhaid".

Do bhuail Mícheál amach fé dhéin an chapaill, agus d'fhág bean an tí agus Neilí 'na n-aonar.

"'Sea, a Neilí, a ghrá ghil", arsa bean an tí agus í ag cur a clóca uirthi, agus ag ceangal stropaí a caidhpe féna smig. "Ná bíodh scáth ná eagla ort roim aon rud. Bíodh coráiste mhaith ort, agus nuair a bheidh aon rud ag déanamh buartha dhuit, tair chúm-sa. Agus ná feicim go brách tu dúbhach ná troma-chroíoch ach mar 'taoi ar an neómat so, bail ó Dhia ort. Cuireann sé óige ar mo chroí féachaint ort".

Duairt sí an méid sin cainnte chómh breá, chómh bog, chómh grámhar, ag cur coráiste ar Neilí, agus do dhein í ' phógadh, nár fhéad Neilí gan sceartadh gáire ' chur aisti. Do gháir sí chómh mór, chómh fairseag san, gur bhain sí macalla as an dtigh, agus ba dhó' leat gur gháir na híomhácha[33] beaga aingeal ar an seilp 'na teannta.

Ach ar aon tslí, marar gháireadar san, do gháir an bhean tí dhea-chroíoch, agus bhí san an uile phioc chómh maith, nú b'fhéidir ní b'fheárr.

---

33 See *An Músgraigheach* #4, p10. This is substituted for *híomhágha*.

AODH de RÓISTE

Caibidil 6

Is é an Domhnach é. Táimíd arís sa bhothán céanna ar chliathán an chnuic, mar a rabhamair cheana. Tá clog an teampaill ag bualadh go glan agus go soiléir, ag glaoch ar na daoine chun úrnaithe. Táid siad ag teacht idir fhear, bean agus páiste trí sna lánaí glasa mar a bhfuil fáltha aitinn[34] ag buíochtaint fé bhláth buí ar gach taobh díobh, agus trí sna móinéaracha atá go bog agus go mín féna gcosa agus iad ag déanamh ceann ar aghaidh ar an séipéal.

Ba mhór an trua dochraid ná trioblóid ' fheiscint in aon dúthaigh chómh breá ná ar aon daoine chómh síochánta, chómh déabhóideach.

Bhí an bothán ar an gcuma gcéanna chómh fuar, chómh folamh, chómh salach, chómh hainnis ' bhí sé riamh, agus clog an tséipéil ag bualadh go bínn 'nár gcluasaibh. Bhí an sú fliuch salach ag sileadh anuas ó sna taobháin stangtha[35], is bhí na fir chéanna láithreach, agus cúpla duine eile 'na dteannta. Bhí Billy an Bearbóir agus Aodh de Róiste ann.

"'Sea, a Aodh", arsa Liam, "is dócha go bhfuil ' fhios agat gur hínseadh an fhírinne dhuit, nuair a bhíomair anso cheana?"

"Do hínseadh", arsa Aodh agus é 'na shuí ar bhínse tuí.

"Agus dá olcas a bhí an ínsint, bhí sé níos seacht measa nuair a shroisis an baile".

"Sin mar ' bhí", arsa Aodh.

"Anois, a bhuachaillí", arsa Billy. "An airíonn sibh an méid sin? Nách é sin aduart libh go minic cheana. Ní fágfar fear sa dúthaigh gan

---

34 See *An Músgraigheach* #4, p10. This is substituted for *fáltha d'aiteann*.
35 See *An Músgraigheach* #4, p10. This is substituted for *stannta*.

Caibidil 6

caitheamh amach. Cad a dhein Feidhlim de Róiste chun é
' chaitheamh amach ar thaobh an bhóthair? Nár dhíol sé a chíos? Nár
thug sé aire mhaith don fheirm? Tá ' fhios agaibh go léir gur dhein.
An dtug sé aon easonóir don aidhbhéardaí? Ná raibh sé go mór leis i
gcónaí[36]? An gcosnóidh san é?"

D'fhéach sé tímpall air go mustrach. Ní raibh drud astu. Ní raibh aon
ghá na ceisteanna so ' fhreagairt. Is ró-mhaith ' bhí ' fhios acu an
fhírinne ghlan a bheith aige.

"Féachaidh go léir ar Mhícheál Ó Duíbhir. An raibh aon fhear chómh
maith leis ar an mbaile seo, ná ar an mbaile is giorra dho chun tailimh
a shaothrú? Nár chuir sé féar breá árd ag fás ar an seana-phortach?
Nár thriomaigh sé an tuínn bháite cois na habhann (mar ar dhóbair
go mbáfaí me go minic agus me im gharsún, agus an tuínn ar bogadh
fém chosaibh agus me ag iascaireacht ar eascúnaibh) i dtreó go bhfuil
sé ar an dtalamh cruithneachtan is feárr i dTiobrad Árann? An raibh
sé chun deiridh riamh lá an chíosa? Ní raibh. Ní raibh fós riamh go
dtí so, nú gur dódh an iothla agus a chuid stuic air le tionóisc[37]. Ná
tabharfadh aon fhear a bheadh ag fáil cíosa gan ceisneamh uaidh le
mórán blianta cúnamh do? Ná tabharfadh an fear siopa i dTiobrad
Árann, i nDúrlas nú i gCluain Meala, a bheadh ag fáil a chuid airgid
le triochaid bliain, agus ón' athair roimis an fhaid chéanna, ná
tabharfadh sé airgead ar iasacht do? Thabharfadh gan dearmad chun
é ' chur ar a bhonnaibh arís. Cad a dheineann an tiarna tailimh?
Cabhrú leis, an ea? Airgead a thabhairt do agus ' fhios aige go
bhfaigheadh sé thar n-ais é as a chuid allais agus sclábhaíochta agus
saothrúcháin nuair a thiocfadh sé chuige féin[38]? Ó, 'sea, neósfad-sa
dhíbh cad 'tá aige le déanamh is tá ' fhios agaibh féin go maith é. Tá
sé chun é ' chur amach ar an gcarn aoiligh, é fein agus a bhean agus a

---

36 See *An Músgraigheach* #4, p10. This is substituted for *i gcónaí go mór leis*.
37 See *An Músgraigheach* #4, p10. This is substituted for *dódh a iothla agus a chuid stór trí thionóisc*.
38 See *An Músgraigheach* #4, p10. This is substituted for *ach a dtiocfadh sé chuige féin*.

Caibidil 6

chlann, agus leogaint dóibh dul go dtí lánaí Thiobrad Árann go dtí Tigh na mBocht nú dul ag lorg déarca nú fán fada farraige ' thabhairt air féin is ar a chlaínn mar a thug sé ar na mílthe eile roimis".

D'fhéach an cainnteóir tímpall ó dhuine go duine. Ní raibh focal astu ach iad ag féachaint go droch-araíonach. Bhí cuid acu 'na seasamh agus a lámha 'na bpócaí, tuilleadh acu ag ól tobac go neamh-shuimiúil. Níor chuir éinne cor de.

"Cé ' cheapfadh lá an chíosa go mbeadh órdú ar éinne acu súd inniu? Ní fios cé ' bheidh fé órdú an chéad lá cíosa eile. A' gcimeádfaidh díol cíosa istigh iad? Ní chimeádfaidh. Do dhíol Feidhlim de Róiste a chíos i gcónaí agus é ábaltha air. A' ndéanfaidh saothrúchán ná aon fheabhsú eile a fhéadfadh sé a dhéanamh an gnó? Imbriathar ná déanfaidh. Féach ar Mhícheál Ó Duíbhir bocht. Féachaídh, a bhuachaillí, táim á rá libh agus ní déarfad arís é, más áil libh maireachtaint i dTiobrad Árann, caithfidh sibh déanamh mar adéarfad-sa libh. Agus anois ínsidh dom a' bhfuileann sibh chun dul sa chumann".

Is deocair cur síos ar an neart agus ar an bhfuinneamh a bhí sa chainnt gharbh san aduairt Billy leis an gcuideachtain úd.

"'Sea, innis dúinn conas 'tá san le déanamh?", arsan fear óg a labhair cheana.

"Neósfad-sa san díbh, a bhuachaillí, cad 'tá le déanamh. Agus táim chun a thuilleadh a rá libh", agus d'ísligh a ghlór, "mara dtoilíonn sibh leis—agus is chun úr dtairbhe féin é—dá mhéid cion atá agam ar na coíllthe, ar na páirceanna agus ar na cnuic mar a rugadh agus a tógadh me, ní chuirfead mo chos ar aon fhód de thalamh Thiobrad Árann ar feadh mo shaeil arís. Seo mar a déanfar é. Tagaimís go léir i dteannta a chéile, a bhfuil anso agus an méid eile ' fhéadfam ' fháil chun bheith sa chumann, agus glacaimís móid orainn féin. Níl ann ach dearbhú bheith dílis dá chéile, agus seasamh go dána ar son na

Caibidil 6

tíre agus an chirt, agus órdú do ghabháil le n-ais agus an rún do chimeád. Mo lámh agus m'fhocal díbh má dheineann sibh san, cuirfidh sibh áthas agus suaimhneas aigne ar mhórán daoine go bhfuil buairt orthu inniu. Fanfaidh ár gcailíní agus ár mbuachaillí sa bhaile agus pósfar ann iad, agus mairfid siad go seascair agus cuirfar iad i dteannta a sínsear féin in inead bheith thall ag siúl na sráideanna i Nua Eabhrac ag tabhairt náire agus scannail d'Éirinn.

Peocu ' sprioc an chainnt seo Aodh nú go raibh a aigne déanta suas aige roim ré, ní féidir a rá, ach d'éirigh sé den tuí, do chuir a phíopa i bpóca a veiste agus do labhair go cruínn dáiríribh agus duairt:

"Glacfad-sa an mhóid".

"Mise, leis", arsa óganách eile a bhí tar éis labhairt cheana.

"Agus mise, leis". "Agus mise". "Mise". "Mise", ar fuaid an tseómra.

"Mo chroí sibh, a bhuachaillí", arsa Billy go misniúil. "Sid é an obair Dhomhnaigh is feárr a deineadh riamh fós i dTiobrad Árann. Paidreacha—huf! Paidreacha gan dea-oibreacha. Deirim-se libh mara ndeintar rud éigin, beid na séipéil folamh sara fada. Beid siad mar sheómraí láimhte ag na tiarnaí talúin nú mar chróite bó ag bodaigh na bhféarán. Anois, a bhuachaillí, má tá éinne anso ná hoireann do an mhóid do ghlacadh, fágadh sé an seómra".

Níor chorraigh éinne agus do lean Billy air:

"Is maith é sin, a bhuachaillí. Cé is túisce a ghlacfaidh é? Caithfidh sibh go léir é ' dhéanamh 'úr nduine is 'úr nduine".

"Mise ar dtúis", arsa Aodh.

"Togha fir", arsa Billy go móralach, "agus imbriathar mhóide ná féadfadh an siúinéir is feárr sa dúthaigh ceann níos daingne a chur ar

Caibidil 6

thigh ná an daingean atá agat-sa á chur ar cheann an tí os cionn t'athar agus do mháthar ar an neómat so. Tóg an leabhar".

Do shín sé chuige leabhar beag a bhí geall le bheith cómh-chruínn, na cúinní agus na ciúmhaiseanna caite air ó bheith i bhfad 'na phóca.

"Anois abair na focail. 'Dearbhaím i láthair Dé, dar an Soíscéal Naofa, bheith dílis don Chumann so—a rún do chimeád, órdú a dhéanamh go hiomlán[39] gan ceisneamh, bheith báidhiúil leis an laige, cabhrú leis na bochtaibh, agus bheith ollamh i gcónaí chun seasaimh i gcoinnibh lucht fóirnirt[40], agus ar son cúise mo thíre'. Póg an leabhar".

Bhí creathán beag i nglór Aodha i dtosach na bhfocal do, agus duairt sé bréithre na móide go cruínn siar go deireadh.

"Cé eile?"

"Mise", arsan fear óg a labhair i ndiaidh Aodha.

"Tá go maith, a Mhicil", arsa Billy. "Seasaimh anso. Tóg an leabhar", agus dúradh na focail chéanna arís.

Ar an gcuma gcéanna do thóg a raibh láithreach an leabhar i ndiaidh a chéile.

"Anois, a bhuachaillí", arsa Billy nuair a bhí san críochnaithe acu. "Féadfaidh sibh éinne is maith libh a thógaint isteach agus é ' dhearbhú sibh féin. Agus anois féadfaimíd imeacht. Nuair a oirfidh dúinn glaoch oraibh arís, gheóbhaidh sibh scéala ag geata an tséipéil

---

39 See *An Músgraigheach* #4, p10. This is substituted for *órdú go hiomlán a dhéanamh*.
40 See *An Músgraigheach* #4, p10. This is substituted for *in aghaidh lucht fóirnirt*.

Caibidil 6

Dé Domhnaigh, agus ná labhraidh focal mar gheall ar an méid seo fiú amháin eadraibh féin". Do luíodar ar imeacht[41].

"Fan neómat", arsa Billy nuair a shrois an chéad duine an doras. "Má thagann fear iasachta chun órdú ' thabhairt díbh agus ná bead-sa láithreach, 'sé an chuma go n-aithneóidh sibh é—Seasóidh sé ag geata an tséipéil agus a dhrom leis an bpolla aige—an polla go bhfuil cuid dá bhárr leagaithe. Beidh a lámha ' dtaobh thiar dá dhrom aige. Cimleóidh sé fabhraí a shúl trí huaire lena láimh chlé. Má bheannaíonn tú dho, déarfaidh sé: 'Lá breá, moladh le Dia'. Abair-se 'Bhí drúcht ann aréir'. Déarfaidh sé: 'Déanfaidh san an gnó in inead na báistí'. Abair-se: 'Tá eagla orm go mbeidh an oíche scamallach'. Ansan siúlaigh leat agus i gcionn tamaillín bhig crom síos ag dúnadh do bhróg, agus tuigfidh sé tu ansan. Leanfaidh sé tu i gcionn tamaill agus neósfaidh sé dhuit áit an chruinnithe agus ínsidh féin dá chéile é. 'Sea, an dó' libh go gcuímhneóidh sibh air sin? 'Sea, a Mhicil, cá mbeidh an fear 'na sheasamh?"

"Ag geata an tséipéil, ag an bpolla go bhfuil cuid dá bhárr leagaithe agus a dhá láimh ' dtaobh thiar dá dhrom", arsan fear óg a bhí á cheistiú, agus é ag leamh-gháirí mar do chuir sé i gcuímhne dho ceisteanna símplí na scoile.

"'Sea anois, cuirim i gcás gur mise an fear", arsa Billy, "agus gurb é seo an polla briste. Anois déarfad:

"Is breá an lá é, moladh le Dia".

"Bhí drúcht ann aréir", arsan fear eile.

"Déanfaidh san an gnó in inead na báistí".

"Tá eagla orm go mbeidh sé scamallach anocht".

---

41 See *An Músgraigheach* #4, p10. This is substituted for *thosnaíodar ag imeacht*.

Caibidil 6

Nuair a bhí deireadh leis an gcómhrá, sheasaimh Micil mar a raibh sé. Do liúigh a raibh láithreach air.

"Cad 'na thaobh ná siúlaíonn tú leat, a dhuine, agus cromadh síos?"

Agus chuireadar a lámha leis chun é ' chur ar siúl.

"B'fhearra dhuit é ' fhoghlaim níos tapúla", arsa Billy. "Nuair atá an príosún agus an gad[42] ag faire ort, is fearra dhuit an mhothaolaíocht a chur uait. Anois, a bhuachaillí, cuímhnídh go léir ar na focail. Má dheineann sibh an t-athrú is lú, ní labharfaidh sé libh, agus i mórán slitibh eile bheadh sé cúntúrthach gan bheith cruínn beacht".

Bhí cómhrac lae is oíche ann fén am san. Do scaip an ghasra mar a dheineadar cheana. D'imíodar ó chéile, gach éinne a shlí féin, 'na nduine is 'na nduine.

Bhuail Aodh de Róiste treasna an chnuic tríd an bhfraoch in' aonar. Ní raibh aon ghá le heólaí ná cosán aige. Bhí aithne aige ar an uile órlach den áit.

"'Sea", ar seisean, "tá an méid sin déanta agam, téadh sé go maith nú go holc dom. Agus éinne 'déarfadh liom sé mhí ó shin go mbeadh leabhar an ribín tógtha agam inniu, do chuirfinn ' fhéachaint air a bhéal a chimeád dúnta ar feadh tamaill. Is greannúr an saol é. 'Sea, pé rud a thitfidh amach dom, ní fhéadfadh sé bheith níos measa ná sinn a chur amach. Cad a dhéanfadh mo mháthair bhocht dá gcaití amach ar thaobh an bhóthair í. In ainm Dé, cad a dhéanfadh sí?", ar seisean leis féin, agus siúd allas amach trín' éadan leis an anaithe aigne do chuir an machnamh san air.

"'Sea, ní fhéadfainn bheith níos measa. Dob fheárr liom me ' chrochadh is a tharrac idir chapaill ná í ' fheiscint amu'. Agus dá

---

[42] See *An Músgraigheach* #4, p10. This is substituted for *an príosún agus gad*.

Caibidil 6

bhféadfainn an chleith a chimeád os ár gcionn ar an gcuma so[43]—mar níl aon tslí eile ar an dtalamh chun é ' dhéanamh chómh fada is ' chím-se", aduairt Aodh leis féin, "is maith is fiú dhom dul i gcúntúirt mo chínn agus mo mhiníl chuige sin. Ní bhodharfad me féin ag cuímhneamh air a thuilleadh, ach bíodh mar a bheidh".

"Agus 'na theannta san", ar seisean leis féin, ag athrú go hobann, "bead ag déanamh tairbhe do dhaoine eile, do Mhícheál Ó Duíbhir, dá líon tí agus do Neilí. Cad é siúd aduairt sé mar gheall ar chailíní Nua Eabhrac?" Do stop sé dá shiúl agus tháinig creathán scannrúil air.

"Díon Dé orainn. 'Sea, ní chuímhneód a thuilleadh air. Ca bhfuilim in aon chor? Ó, 'sea. Tá ' fhios agam. Sin í Carraig na Móna suas uaim. Ba cheart do ghiorrae bheith i ngnáthóig sa luachair ann. Is annamh a bhí an áit in' iúnais. Is fada nár bhuaileas pléasc ar aon cheann acu anois. Caithfead é ' chuardach".

Lena línn sin, d'iompaigh suas go bun na carraige ag siúl go réidh ar an bhfraoch, i dtreó ná braifaí é. Nuair a shrois sé an áit, d'fhéach sé go cruínn tríd an luachair agus bhí an giorrae ann go seascair 'na chodladh sa ghnáthóig. D'árdaigh Aodh a bhata chun é ' bhualadh. D'airigh an giorrae sians an bhata agus do sciúrd sé amach. D'aimsigh Aodh é agus chuir ag ríleadh ruaille le fánaidh é. Bhí sé ag crothadh a chos agus sarar éirigh leis iad ' chur fé arís, thug Aodh buille eile dho a chuir deireadh leis. Cheangail sé a dhá chois deiridh dá chéile, chroch ar a bhata é agus chaith ar a ghualainn é, agus chuir de go mórálach abhaile.

Tar éis an chnuic a chur de, do shrois sé an bóthar. Bhí air é sin a shiúl nú go raghadh sé go dtí an cosán cóngair fé dhéin an bhaile.

Siúd is gur dhein sé suas a aigne gan cuímhneamh a thuilleadh ar ghnó an tráthnóna, bhí ag teip air scarúint leis, i dtreó nár airigh sé fothram carráiste ag teacht 'na dhiaidh nú go dtáinig sí suas leis.

---

43 See *An Músgraigheach* #4, p11. This is substituted for *ar an gcuma seo*.

Caibidil 6

D'iompaigh sé a cheann chun féachaint le línn í ' ghabháil thairis. Do baineadh preab a hAodh, mar láithreach bonn do léim an duine uasal amach chuige tar éis an tsriain a chaitheamh chun an tseirbhísigh, agus do chuaigh in achrann sa ghiorrae. Thit san amach chómh hobann san ná raibh aon uain aige ar chuímhneamh, is do rug sé greim daingean ar an ngiorrae is do sciob as lámha an fhir eile é.

"Tabhair dom an giorrae sin, a bhithiúnaigh fhiagaí".

"Ná 'on diabhal a dtabharfad", arsa Aodh go fíochmhar.

"Cé hé seo tu, a bhioránaigh?"

"Agus cé hé sa diabhal tusa?"

"Aithním anois tu, tusa an Róisteach".

"'Sea, agus más me?", arsa Aodh.

D'árdaigh an duine uasal an bata chun é ' bhualadh, ach chaith an Róisteach uaidh an giorrae, chuaigh in achrann sa bhata, is dhein an bheirt a ndícheall bháis a d'iarraidh é ' bhaint dá chéile.

Bhí Aodh ró-maith d'iomrascálaí chun an ghráscair a sheasamh i bhfad, chuir sé a chos ' dtaobh thiar den fhear eile, agus thug cor coise dho, agus do bhain dá bhonnaibh é, do bhog a ghreim den bhata, agus do bhain turraing throm as ar fleasc a dhroma ar an mbóthar. Do buaileadh cúl a chínn ar chloich, agus bhí sé gan aithne gan úrlabhra.

"Do-bheirim 'on diabhal", arsan cóisteóir, ag léimt anuas, "go bhfuil sé marbh agat".

"Cé hé féin?", arsa Aodh, agus sceón ann nuair a chonaic sé an deireadh a tháinig ar an iomrascáil.

Caibidil 6

"Cé hé féin, an ea? 'Sé Mr. Clender é, aidhbhéardaí Lord Othorpe".

"A Thiarna", arsa Aodh, "is é go díreach. Dar ndó' ba cheart dom é ' aithint. 'Bhfuil sé gortaithe?"

"Gortaithe. Tá sé marbh. Féach go bhfuil sé marbh agat, a dhuine".

"Ó, níl, tiocfaidh sé chuige féin", arsa Aodh, agus is ar éigin a bhí sé ábalta ar labhairt.

Ach bhí sé gortaithe agus ana-ghortaithe, agus nuair ' oir dóibh é ' thógaint suas bhí sé gan aithne gan úrlabhra, agus é á tharrac ar feadh an tailimh acu.

"Cad a dhéanfam?", arsa Aodh agus é ag crith le scannradh.

"'Sé rud a dhéanfair ná cabhrú liom chun é ' chur anso isteach go mbeiread liom go dtí an dochtúir é. Ach 'sé mo thuairim ná fuil aon chabhair ann—ná déanfaidh a bhfuil de dhochtúirí in Éirinn aon tairbhe dho".

Agus leis an gcainnt sóláis sin 'na thaobh, chuir Aodh agus an cóisteóir a lámha féna dhrom, do thóg suas é, is do chuir isteach sa charráiste é.

"An gcaithfead dul leat chun é a chimeád", arsa Aodh leis an gcóisteóir.

"Tóg m'fhocal leis, a dhuine mhacánta", arsan cóisteóir, ag labhairt go mall so-thuigithe, "gur fearra dhuit-se féachaint chút féin chómh tapaidh is is féidir leat é. Beidh iúnadh croí orm-sa mara mbeir go daingean i bpríosún sara gcuirir puínn eile aimsire dhíot, agus ar an mbóthar chun na croiche leis".

"Ó, Dia linn! Agus an chuma le símplíocht gur thit sé amach".

Caibidil 6

"Ní déarfaidh an Grand Jury go raibh sé símplí nuair a gheóbhaid siad cionntach tu", arsan cóisteóir, is do chuir a lámh tímpall ar an aidhbhéardaí is do thomáin leis fé dhéin na sráide.

"An dó' leat go bhfuil sé go holc?"

"Go holc, an ea? Tá an fear ag fáil bháis. Ní mhairfidh sé le haon dochtúir d'fheiscint".

"Ní mharódh turraing mar í sin é", arsa Aodh agus é ana-bhuartha, is níor bhuairt go dtí é mar bhí allas amach tríd an uile phioc de le scannradh agus le hanaithe, na braonacha móra ag cnósach ar a éadan agus iad ag sileadh anuas leis.

"A Dhia na Glóire", arsan cóisteóir. "Sid é an tarna fear agam á fheiscint á chrochadh. Ní fheadar 'en domhan cad é an mí-fhoirtiún atá orm. An máistir deireanach a bhí agam, do tarraigeadh amach as an gcóiste é agus do lámhadh é. Ach i Luimne do crochadh an fear san. Is dócha gur i gCluain Meala a crochfar tusa[44]".

Agus nuair a bhí ualach na targaireachta sólásaí sin curtha aige dhe, do thomáin ar a shuaimhneas, agus d'fhág Aodh ansan 'na sheasamh ar an mbóthar 'na stalca, agus sceón 'na dhá shúil.

"Is olc an obair í seo, agus is mí-fhoirtiúnach". Sin ar fhéad Aodh a rá. "Droch-obair, droch-obair. Cad a dhéanfad?"

Caibidil 7

Bhí an t-áras taibhseach i gCarlton Terrace 'na bhladhm solais. Bhí gach aon fhinneóg ar a aghaidh bhreá fhairseag 'na lóchrann, agus na lampaí móra ildathacha sa phóirse ag caitheamh soílse breátha ar gach saghas datha tímpall an bhaíll. Carráistí ag teacht i ndiaidh a

---

[44] See *An Músgraigheach* #4, p11. This is substituted for *Is dó' gur i gCluain Meala a crochfar tusa*.

Caibidil 7

chéile ar seól, agus ag leogaint na bhfionna-bhan nú na sár-fhear a bhíodh iontu amach ag an ndoras—nú mná agus fir—mar is in éineacht ba ghnáthaí leó teacht[45]. Gach aon chóisteóir ansan ag cur de go mear, agus amach an geata ar an dtaobh eile den leath-árdán chun slí a dhéanamh don chuid eile a bhí ag teacht go ditheansach lena shálaibh. Píléirí[46] 'na seasamh anso agus ansúd ag féachaint 'na ndiaidh i dtreó ná déanfadh na cóisteóirí aon leadrán chun cainnte a dhúnfadh an tslí. Ní leómhfadh aon achrann ná tranglam ' bheith tímpall na háite nuair a thabharfadh an tiarna uasal fleadh uaidh. Níor mhiste brú nú cur trí chéile a bheith ann nuair a thabharfadh Iarla Lanark scoraíocht uaidh, nú an Tiarna Durham i gceárnóig Portland, ach ní ceadófaí a leithéid anso.

Tá an tiarna uasal in' iarla ar chúntae i Sasana. Tá sé 'na K.C.B.; tá sé 'na K.G.; tá sé 'na Thiarna Inid ar Bhroadshire agus 'na Bharún Teampall Mór sa Teampall Mór, i gCúntae Thiobrad Árann in Éirinn, mar a bhfuil eastát fada fairseag aige. Ní has a chnámhaibh féin nú as a chuid allais a bhuaigh sé é. Ba dho nár ghá, mar do thánadar chuige le hoidhreacht ó sna sínsir a tháinig roimis. Agus ní raibh aon ghá ag éinne acu súd aon tsníomh ná casadh a dhéanamh ná ' fhios acu conas, dá ráiníodh go mbeadh sé air acu. Do tháinig an t-eastát, agus an teideal, chúthu le sínsireacht ó fhinne-bhean uasal bhreá, nú ar aon tslí ón rí a bhí i gcoróinn san am san. Nuair a coireadh é sin di siúd, thug sé le pósadh í do dhuine uasal onórach, agus leis an ngníomh mór san do scar sé le duine ' bhí beagán trioblóideach. Gan dabht, níor leis an t-eastát, ach le duine uasal den tseana-stoc Gaelach a bhí tar éis cabhrú go calma le muíntir a thíre san éirí amach i 1641. Ach mara bhfuil sé de chómhacht ag rí cuid den talamh atá fé a bhronnadh ar an té is maith leis, cad é an chabhair do bheith 'na rí?

---

45 See *An Músgraigheach* #4, p11. This is substituted for *ba ghnáthaí ag teacht iad*.
46 See *An Músgraigheach* #4, p11. This is substituted for *póilíní* (here and throughout).

Caibidil 7

Ach peocu ' bhí sé 'na chumas nú ná raibh, is mar a chéile é sin don té go bhfuil an talamh san 'na sheilbh anois. Ní dheineann sé aon deifir cad é an cháil a bhí ar na daoine a bhí ann roimis, ná a fuair iad. Dob fheárr-de an ainm, agus ba mhóide an cur amach ar threabhchas Chaisleáin Turnhill é dá maraíodh an bhean uasal úd a máthair, agus dá dtugadh sí nimh dá hathair, agus gach aon choir eile dá shaghas. Níl aon rud eile is sia a leanann d'ainm treabhchais ná iarla annrianta nú cúntaois a thugadh nimh do dhaoine a theacht rómpu go mbeadh a samhailt tar éis a mbáis le feiscint sa leabharlainn nú i seómra na bpeictiúirí agus go n-aireófaí ag siúl iad i meán oíche i gcúinní agus i bpóirsí an tí. Tis'eánann sé uaisleacht agus folaíocht uasal.

An duine uasal Gaelach gur leis an t-eastát agus a scar leis ar an gcuma san, fuair sé féin a phárdún ó sna tiarnaí giúistíseachta a bhí ann san am san. D'fhíll sé thar n-ais ón Eóraip mar a raibh sé ar a theitheadh tar éis an éirí amach mór úd, agus gheall sé bheith dílis. Ach láithreach bonn, d'ainneóin an phárdúin, do gabhadh é agus do crochadh gan mhoíll é i gCaisleán Bhaile Átha Cliath. Ach ní haon ní é sin sa scéal. Ní bhaineann sé leis. Ach, mar sin féin, tis'eánann sé gliocas mhuíntir an rí in Éirinn sa tseana-shaol dhall san, agus a ghastacht a chuiridís deireadh le daoine ' bhíodh sa tslí orthu.

Ach tá níos mó teidealachta ag an dtiarna uasal ná K.G., agus K.C.B. agus K.T. Bhí sé in' aire ag an rí. Bhí sé 'na rúnaí ar ghnóthaíbh coigríoch. Is é ' scrígh na scéaltha móra úd ag tabhairt cúntais ar thíorántas rialtais an Phápa, a cuireadh i gcló sa Leabhar Gorm, agus gur dhein páipéir nuachta Shasana iúnadh agus uathás de, idir Whig agus Tory. Bhí sé d'ainm air bheith 'na namhaid nímhneach ag rialtas America gan aon chúis, ach toisc é ' bheith de shíor i gcoinnibh daoirse na ndaoine ndúbha. In aon fhocal amháin, fear ab ea é a bhí idir chorp is anam a d'iarraidh saoirse ' thabhairt do gach dream daoine pé dath ' bheadh orthu. Bhí priúnsaí beaga na hIodáile ag crith 'na gcroiceann roimis, agus ba ró-dhóbair do cogadh ' fhógairt ar Rí Naiple i dtaobh príosúin a thabhairt do dhuine uasal cróga de sna *Carbonari*, agus gan de chúis air ach sagart a bhualadh le buille

Caibidil 7

maraitheach ag doras an tséipéil maidean Domhnaigh tar éis Aifrinn i gcathair Naiple, agus é ' fhágaint ansan féna chosaibh fuar marbh.

Bhí an tiarna uasal, dá bhrí sin, in' fhear mhór stáit. Agus níorbh iúnadh go mbíodh leath phíléirí Lúndain ar gárda tímpall a thí nuair a thugadh sé fleadh uaidh. Ach bhí sé ró-mhór dá ghustal. Bhí géar-uireaspa airgid[47] air.

Sin mar aduairt duine den bheirt daoine uaisle a bhí 'na seasamh i bpóirse le hais árthaigh a bhí lán de bhláthanna iasachta a tháinig ón Iodáil i gcómhair na hócáide, agus iad ag cainnt agus ag faire ar na huaisle fé mar a thánadar amach as na carráistí. Do ráinig dóibh seo teacht 'na gcóistíbh féin, tamall roimis an gcuid eile, agus do stopadar ag cainnt ar feadh tamaill sara ndeigheadar isteach i seómra na fleá.

"'Bhfuil sé i dteannta?", arsa duine acu go raibh aghaidh Ghiúdaígh air. Fear é a bhí ana-chreidiúnach sa chathair.

"Creidim go bhfuil", arsan fear eile go mall. "Ní foláir nú tá ana-chostas air".

"An raibh aon deighleáil agat leis?"

"'Sea, tá sé iarrtha aige ar mo bhannc-sa céad míle a leogaint chuige agus a eastát in Éirinn in urrús air[48], agus an t-airgead san a bheith 'na chéad éileamh, agus tá cuid de chun dul ag díol sean-éilithe!"

"An bhfuil farasbárr maith ann?", arsan fear eile go géarchúiseach.

"Tá. Chuireas meastóirí príobháideacha amach, agus 'sé tuairisc a fuaras gurbh fhiú dúbailt an éilimh é".

---

47 See *An Músgraigheach* #4, p11. This is substituted for *teirce tubaisteach airgid*.
48 See *An Músgraigheach* #4, p11. This is substituted for *mar urra air*.

Caibidil 7

"Cad é an tairiscint a thug sé?"

"Fiche fén gcéad. Na cuirp-fhiacha do laígheadú ar feadh chúig mblian de réir deich míle sa mbliain".

"Ach do dhéanfadh san ann féin fiche míle an chéad bhliain. Níorbh fhéidir do é ' dhíol choíche, nú conas a cheapann sé é ' dhéanamh?"

"Níor chuireas an cheist sin chuige fós. Nílimíd ach ag breithniú ar an dtairiscint. Ach, an dtuigeann tú?, is mór an t-airgead é sin amu', agus tá mórán eile dhe amu' againn fé láthair".

"Is dócha é".

"'Sea, tá aon bhóthar iarainn amháin ó Mhoscow go hOdessa tar éis ocht gcéad míle a thógaint uainn, agus bhí an Priúnsa Romanoff i m'fhochair an lá fé dheireadh agus é a d'iarraidh chúig céad míle púnt eile mar chúnamh".

"Do thug sé tairiscint mhaith uaidh mar is gnáth leis na Rúiseánaigh a dhéanamh?"

"Ó, 'sea, thug sé búntáistí maithe uaidh. Tabharfaidh an rialtas tríocha fén gcéad as an airgead agus an teacht isteach a bheidh as an mbóthar iarainn ar feadh fiche blian. Beidh ana-chuid gnótha ar an mbóthar iarainn. Beidh mórchuid arbhair ann[49]. Ba chóir go nglanfaí na costaisí laistigh de chúig bliana".

D'fhéach fear na cathrach suas ar an nduine iúntach so—fear mór an airgid. "Agus", ar seisean, "is iúntach ar fad an toradh é sin".

"'Sea, go deimhin", arsan fear eile, "ach, mar sin féin, is deocair an méid sin airgid d'fhágaint sáite ann. Agus ansan na mianaigh seo sa

---

49 See *An Músgraigheach* #4, p11. This is substituted for *is mór é a mbeidh de ghrán ann*.

Caibidil 7

tSáirdín, níl na codracha san ollamh againn le cur ar an margadh fós. Tá suas le sé chéad míle púnt caite leó. Tá deich míle is trí fichid againn i mianach Chnuc Jura. Ansan tá ana-chuid airgid leagaithe againn chun ceannaithe an tobac i New Orleans agus i San Louis ar bharra na bliana so, i dtreó go mbeimíd 'nár máistríbh ar an margadh nuair a bheidh sé aibidh, agus ar an gcuma gcéanna le ceannaithe na siúicre i San Domingo; tá an barra go léir ceannaithe againn i mbliana agus tabharfaidh san teacht isteach mór chúinn. Agus ansan tá ana-chuid de ghnóthaí beaga eile againn agus ó fiche go tríocha agus caogaid míle is gach ceann acu agus caithfimíd mórchuid airgid a bheith i dtaisce againn i gcómhair costais reatha an bhaínnc".

"Bhí ' fhíos agam go raibh úr ngnó fairseag ach níor shíleas riamh go raibh baint agaibh le gnóthaí chómh fada san ó bhaile, ná chómh trom".

"Fanaimíd i gcónaí ar an bhfód sábháltha", arsa fear an airgid.

"An dul chun cínn atá déanta agaibh go dtí so, tis'eánann sé an méid sin", arsan Giúdaíoch le hurraim.

"'Sea, ní chuirimíd airgead in aon rud choíche gan tuairisc cruínn d'fháil air. Ní spárálaimíd aon airgead ná trioblóid chun teachtairí cruinne a chur ag bailiú cúntas ar fuaid cheithre háirde an domhain. Fuaramair tuairisc cruínn ar bhreibh chúig mhíle púnt a thugamair don árdinnealthóir i dtaobh féith óir sa Jura, cé go raibh sé dearbhaithe aige sna daoine gur leó é an rún do chimeád. Dá dheascaibh sin, do cheannaíomair a gcuid morgáistí, agus chuireamair ' fhéachaint orthu díol linn".

"Ba mhaith é", arsan Giúdaíoch. "B'in beart dána", agus do gháir sé go fairseag i dtaobh a fheabhas d'imir fear an airgid a chártaí sa chluiche sin. Do gháireadar araon in éineacht.

Caibidil 7

"Agus má theastaíonn a thuilleadh tuairisce uainn aon uair, gheóbham amach é", ar seisean, ag crothadh a chínn chun an tí go raibh an dínnéar le bheith ann, "trí sna consail agus na feadhmannaigh coigríoch. Níl aon chuir 'na choinnibh[50] ag taidhleóirí ár ndóthain tuairiscí a thabhairt dúinn, agus geallaim-se dhuit gur cailleadh níos mó d'aimsir agus fuaradh níos mó de thrioblóid chun tuairisce d'fháil i dtaobh bóthair iarainn Mhoscow agus Odessa ná mar a fuaradh i dtaobh an chonnartha idir Nioclás agus an Ostair.

Caibidil 8

Do sheasaimh an Giúdaíoch go hurraimiúil os cómhair an fhathaigh seo a bhí 'na mháistir ar ghnóthaí an domhain mhóir, agus ' fhios go maith aige ná raibh aon éitheach aige á ínsint. Is minic a bhíodh sé ag cuímhneamh cérbh iad gur leó na feadhmannaigh a cheannaíodh na morgáistí agus na cairteacha[51] teidil ón dtiarna so agus ón dtiarna úd, urrúistí an bhaínnc seo thar lear, agus na last-chairteacha ar luingeas an cheannaí mhóir eile seo. Nuair ' gheibheadh sé amach é, mar do gheibheadh i gcónaí, chíodh sé gurbh é an tigh mór a bhain le fear an airgid a dheineadh é go léir lena chéadta mílthe púnt.

"Sin cúis eile gur cheart duit comaoin a chur ar an dtiarna", arsan Giúdaíoch, ag bagairt a chínn chun an tí.

"Táid siad go léir fé lais agam", arsa fear an airgid, ag cur a dhá lámh ' dtaobh thiar dá dhrom mar ba ghnáth leis, agus á dhíriú féin suas go mórálach. "Ach ní foláir dom ' admháil go bhfuil fonn orm úmhlaíocht a dhéanamh don tiarna. Nuair a dhéanfam airgead san earrach so chúinn, beimíd á leogaint chun na mianaigh phráis atá i Sléibhte Urail, agus ó bheidh an cogadh críochnaithe san am san, ba mhaith linn a chúnamh so chun dul ag deighleáil le rialtas na Rúise".

"Ná déanfá gnó le Romanoff?"

---

50 See *An Músgraigheach* #4, p11. This is substituted for *chuir 'na gcoinnibh*.
51 See *An Músgraigheach* #4, p11. This is substituted for *cairt*.

Caibidil 8

"Do chosnódh san an iomad", arsan fear eile agus do chroith sé a shlinneáin. "Tá na Tartaraigh amplach mar ba dhual dá ndúthaigh dúchais, agus iad fiain gan teóra".

"Ba mhaith liom tairiscint an tiarna a bheith agam", arsan Giúdaíoch go mall, agus a chroí ar sciolpaidh chun cómhacht polaitíochta agus chun seó shaeil de mhargaí maithe i dtíortha eile le cúnamh agus le cómhairle an tiarna.

"Ní bhainfeadh sé leat—ná tóg orm é ' rá leat, a Wilkinson—ní le haon droch-mheas adeirim é", arsa fear an airgid, ag cur a lámha ar ghualainn an Ghiúdaígh go caradach, "ach níl aon tigh sa chathair go mbainfeadh sé leis ach ár dtigh-na". Do stop sé ar feadh tamaill agus duairt, "má tá dúil agat do chuid airgid a chur sa ghnó, bheadh fonn orm—ó bhí gnóthaí eadrainn go minic cheana—bheith mar chúnamh agat sa ghnó agus na cairteacha a thabhairt duit".

"Tabharfad duit an t-airgead agus fáilthe", arsan Giúdaíoch, agus fonn air coitianta aithris a dhéanamh ar Gholiath so an airgid. Bhí iúntaoibh gan teóra aige as a chiall agus as a éirim roim ré ar rudaí.

"'Sea, más ea. Fan anois. Sid é an Luan. Críochnód an margadh leat Dé Céadaoin. Ach deirim leat gan focal de d'ínsint fiú amháin do mhuíntir do bhaínnc. Tá an sochar mór agus bí sásta leis. Ní cheadóinn ar dhúbailt an airgid go n-aireódh an tiarna é".

"Ní thráchtfad air", arsan Giúdaíoch. Do chroitheadar lámha agus scaradar.

Do chuir fear an airgid a lámha ar an dtaobh thiar dá dhrom agus bhuail suas an staighre leathan marmair go dtí an t-áras mór.

Nuair a luigh solas na lampaí ar a aghaidh, do chífá go soiléir na fáibrí cruagálacha doimhne a bhí tímpall a bhéil. Bhí aghaidh bhán

Caibidil 8

dhroch-shnóch air mar ba ghnáthach leis, gruaig agus féasóg chiardhubh.

Ní raibh sásamh ná aon chómhartha eile le feiscint in' aghaidh i dtaobh an mhargaidh a bhí déanta aige. Ní thabharfadh éinne fé ndeara aon tsuathadh d'aon tsaghas air.

Bhí fo-dhuine ag gabháil suas agus ag dul isteach, mar do bhí deireadh tagaithe. Thosnaíodar ar bheith ag tis'eáint an fhir iúntaigh seo dá chéile, mar go raibh a ainm i mbéal na ndaoine agus lámh aige is gach aon mhianach san Eóraip agus san Asia, agus a chuid airgid ag déanamh bóithre iarainn an domhain go léir.

Níor chuir sé aon tsuím 'na ráitibh ach do shiúlaigh suas go socair agus isteach sa tseómra.

Bhí an seómra mór maisiúil úd lán de shoílse breátha. Ní raibh aon náisiún ná treabhchas gan a dteachtaire ' bheith ann. Bhí *fez* dearg ar theachtaire an tSultain; aghaidh choirtithe ar fhear inid Rí Siam; a gculaitheanna airm ar thaoisigh mór-ríthe na hEórpa; éadach choiteann ar an muíntir a tháinig ón náisiún mór thar lear; caipín dearg ar dhuine de phriúnsaí na hEaglaise—bhíodar uile go léir ann. An *Rajah* ó sna hIndiachaibh agus cloch lómhar[52] ag spréacharnaigh ar a bhrollach agus ar dhornchla a chlaímh, agus é 'na sheasamh in aice Phriúnsa na nDanar go raibh cómhartha ruithneach Úird Adolphuis dá chaitheamh aige. Agus bhí daoine ba mhór le rá sa bhFrainnc agus an Ostair ag caoin-chómhrá, díreach fé mar ná buailfaí cath[53] Austerlitz riamh eatarthu. Do bhuail an Priúnsa Coímhdeachta síos suas 'na measc, ag cainnt thall 's abhus le gach éinne. Bhí aon fhear mór amháin in easnamh ar an gcuideachtain— agus ba thugtha fé ndeara an t-easnamh san—b'é sin teachtaire na Rúise, mar bhí Sasana agus an Fhrainnc i gcogadh leis an Rúis san am

---

52 See *An Músgraigheach* #4, p11. This is substituted for *luachmhar*.
53 See *An Músgraigheach* #4, p11. This is substituted for *fearfi cath*.

Caibidil 8

san, agus bhí na céadta gunnaí ag stealladh piléar is sliogán de ló agus d'oíche isteach i Sebastopol, is í tímpallaithe acu.

Dá bhreáthacht an deallramh, agus dá mhéid le rá na daoine a bhí ann, nuair a ghoibh an tÉireannach buí-ghné na gruaige duíbhe agus an airgid mhóir isteach, d'fhéachadar go léir air. Níor chuir sé aon tsuím iontu; do bhuail suas i dtreó na tine; aghaidh stuama dáiríribh air go n-aithneófá le féachaint uirthi go raibh gnóthaí móra ag déanamh buartha don inchinn a bhí laistiar di. Bhí an tiarna onórach agus fear inid na Frainnce 'na seasamh ag cainnt le chéile. Dhrideadar i leataoibh chun slí a dhéanamh do.

"Sid é rialtas an lae inniu, a dhaoine uaisle. Is cuma cé hé an rí a bheidh i gcoróinn", arsan tiarna nuair a tháinig fear an airgid chúthu. "Sid é a dheineann na bóithre iarainn agus na cathracha agus ' chuireann mianaigh an domhain ag obair".

"Ba mhaith liom go ndéanfadh sé cuid acu dhúinn-na", arsan Franncach. "Teastaíonn siad uainn go géar".

"B'fhéidir go ndéanfadh", arsan duine uasal go raibh na hórnáidí go léir ar a bhrollach, "dá bhféadthá ' insint do cad é an rialtas a bheadh i gcómhacht nuair a bheidís críochnaithe".

"Ba ghiorra do bhunús an scéil é dá bhféadthá a ínsint conas a bheidh ag *Rentes* na Frainnce san am san", arsa fear an airgid.

"Nú dá bhféadthá ' insint cad é an tír[54] go mbeidís i gcogadh léi. B'fhéidir go ndíolfadh mianaigh iarainn agus mianaigh eile as easnamh na tráchtála eile a thárlódh", arsan tiarna go séimh.

Tar éis roinnt eile cainnte do dhrid an tiarna agus fear an airgid i leataoibh ón gcuid eile. Bhí gasraí nua ag síor-chnósach agus ag

---

54 See *An Músgraigheach* #4, p11. This is substituted for *cá tír*.

Caibidil 8

scaipeadh arís. Do bhuail an bheirt go dtí an fhinneóg i bhfuirm grianáin a bhí ag féachaint amach ar an ngáirdín.

"Bhí imní mhór orm chun tu ' dh'fheiscint", arsan tiarna, ag tosnú ar chómhrá.

"Sin é ' thug anso me", arsa fear an airgid go gairid[55].

"Go raibh maith agat. Tá ' fhios agam go bhfuileann tú ana-thógtha suas le gnóthaí móra troma chun puínn de t'aimsir a chaitheamh le gnóthaí dícéille". Siúd is go nduairt an tiarna an méid seo plámáis, ní raibh sé dáiríribh. Bhí móráil air i dtaobh na cuideachtan a bhí cruinnithe 'na slua iomadach tímpall air, d'uaislibh dathúla dea-ghléasta.

"Ba mhaith liom labhairt leat mar gheall ar an morgáiste úd", arsan tiarna.

"'Sea", arsan fear eile.

"An mór a leogfá chúm ar m'eastát in Éirinn?"

"An mór a bheadh uait?"

"Dhá chéad míle ar a bheag".

"Ní féidir é, a thiarna", arsa fear an airgid, "ní fiú an méid sin é".

"Cad 'na thaobh? Is fiú chúig céad míle iad".

"Ní dó' liom é, a thiarna".

---

55 See *An Músgraigheach* #4, p11. This is substituted for *go grod*. The same change is implemented here throughout.

Caibidil 8

"Táid leogaithe ar chíos ró-bheag. Deir an t-aidhbhéardaí liom gurbh fhéidir é ' dhúbailt agus go mbeidís saor 'na dhiaidh san".

"Bíonn dá thaobh ar mhargadh den tsaghas san".

"Dhá thaobh! Cé ' bheadh ar an dtaobh eile?", arsan tiarna, agus tháinig muc ar gach malainn leis.

"Na tireóntaithe", arsa fear an airgid go gairid.

"Na tireóntaithe", arsan tiarna agus scárd ann. "Na tireóntaithe. Cad 'tá acu san le rá sa scéal[56]?"

"Is dóin, ós iad a chaithfidh an t-airgead a chur le chéile, is dó' liom go n-admhóidh do Shoílse go bhfuil".

"Ní admhód aon ní dá shaghas", arsan tiarna go mórchúiseach. "Agus tá iúnadh mo chroí orm tusa thar éinne eile a rá a leithéid[57]. Is liom-sa an talamh. Liom-sa. Agus más maith leó fanúint ann, caithfid díol mar adéarfad-sa leó".

"Ach cuirim i gcás ná féadfaidís é".

"Pú. Ná deir an t-aidhbhéardaí go bhféadfaidís? Oibrídís níos crua agus mairidís níos cruagálaí. Táim ar tí an cíos d'árdú orthu go léir, ní d'aon iarracht amháin é, ach i ndiaidh ar ndiaidh. Seo liost atá agam [asna bhfuil] tógtha anso is ansúd tímpall le leath-dosaen ainmneacha, agus a chuireas go dtí an t-aidhbhéardaí an tseachtain seo gofa thorainn".

"Ach má bhochtanaíonn tú na tireóntaithe, 'sé an t-eastát ' fhuiliceóidh".

---

56 See *An Músgraigheach* #4, p11. This is substituted for *le rá leis*.
57 See *An Músgraigheach* #4, p11. This is substituted for *a leithéide*.

Caibidil 8

"Conas?"

"Beid na tireóntaithe scriosta dealbh".

"Dealbh, an ea? Ní féidir iad a dheánamh ró-dhealbh. Oibrídís níos crua. Oibrídís an talamh níos feárr. Deinidís—". Bhí sé chun a rá "deinidís troscadh, ná hithidís agus ná hólaidís an oiread [san]", ach stop an chainnt 'na scórnaigh.

Do gháir fear an airgid go scigiúil.

"Ní oireann dom dul níos sia ar an gcómhrá so gan gátar. Ach, a thiarna, margadh is ea margadh, agus mar urrús ar an airgead atá uait, caithfead a fhiafraí arís: cuirim i gcás ná díolfaidís nú ná féadfaidís an t-éileamh a dhíol?"

"Cuirfead amach as mo chuid tailimh iad", arsan tiarna le tocht feirge. "A' leogfad do shlua dhíomhaoin, dhroch-ghnóthach a bheith 'na gcónaí im chuid tailimh agus gan an cíos a dhíol?"

"Dá mbeadh feabhsú déanta ag cuid acu?"

"Feabhsú? Nách liom-sa an talamh agus a bhfuil air? Ba cheart dóibh bheith baoch díom agus iad d'fhágaint 'na gcónaí ann in ao' chor. Nách cirte dhóibh cíos a thabhairt dómh-sa ná bheith ag díol agus ag cothú sagart. Feabhsú, mar dhea!"

"Tá go maith, a thiarna. Ach ag tagairt don airgead ..."

"'Sea, leis", arsan tiarna agus gan smacht fós aige ar a chuid feirge i dtaobh na dtireóntaithe. "An chéad chur 'na choinnibh a dhéanfaid siad, glanfad amach iad mar a ghlanfainn soráin. Tá cathú orm nár dheineas fadó é. Na bithiúnaigh dhíomhaoine chaiteacha[58]".

---

58 See *An Músgraigheach* #4, p11. This is substituted for *díomhaoine caiteacha.*

Caibidil 8

Do gháir fear an airgid go ríghin agus go réidh, agus duairt arís: "Ach i dtaobh an airgid?"

"Caithfir dhá chéad míle a thabhairt dom. Caillfead fiche míle leis an *villa* i gComo. Tá sé pas costasúil, ach ní bheadh Polly sásta lena mhalairt. An cuímhin leat Polly?"

"Is oth liom a rá nách cuímhin, a thiarna".

"An cailín gleóite úd a bhí ag amhrán anso san amharclainn cúpla bliain ó shin".

"Á! Tuigim", arsa fear an airgid.

"Do bhí geall ana-throm agam ar an nDerby an uair dhéanach[59] agus chailleas é. Gan rath air. Caithfead féachaint chuige sin láithreach".

"'Sea".

"Ansan caithfar luamh a dheisiú, nú ceann nua a dhéanamh don bhantiarna chun dul go dtí an Mheán-mhuir i mbliana. Cosnóidh san airgead".

"Gan dabht".

"Ansan tá aidhm agam amharclann a chur suas i Lúndain, amharclann bheag chruínn mar La Scala úd i Milan. Agus tabharfad anall fuireann de lucht coiméide ón bhFrainnc—tá Lúndain ana-mhór chun deiridh seochas Paris i nithe beaga den tsaghas so.

"'Sea".

"Tá brath agam anois go bhfeiceann tú go bhfuil géar-ghátar agus dithneas leis an airgead".

---
59 See *An Músgraigheach* #4, p11. This is substituted for *an uair dheireanach*.

Caibidil 8

"Tuigim tu go dian-mhaith", arsa fear an airgid go doimhinn dáiríribh mar ba ghnáth leis nuair a bhíodh cúrsaí airgid[60] sa cheist. "Agus i dtaobh an ghátair agus an dithnis sin adúraís, tabharfad duit céad míle, agus is baol liom gurb in é an chuid is mó d'fhéadfadh mo thigh a thabhairt duit", agus do bhog sé chun gluaiseacht.

"Tá go maith", arsan tiarna, "déanfaidh san an gnó. Cuirfead anonn na cairteacha amaireach agus cuir-se an t-airgead isteach i mBannc Shasana i m'ainm".

"Féachfad 'na dhiaidh, a thiarna", arsa fear an airgid agus do scaradar.

Caibidil 9

Do shiúlaigh fear an airgid síos an staighre leathan marmair ón dtigh mór.

Ní raibh aon aidhm aige fanúint i measc na cuideachtan úd a bhí chómh haerach soílseach san. Bhí a cheann agus a aigne ró-thógta suas le gnóthaíbh eile. Bíonn trioblóidí aigne agus grifileáin[61] ag lucht mórmhaoine féin. Ar an abhar san, do bhagair sé ar a chóisteóir é ' leanúint. Do shiúlaigh sé go mall síos Regent Street.

Is greannúr an scéal é, ach ní hé a ghnó féin a bhí ag déanamh buartha dho. Is ar an gcómhrá a thárla idir é féin agus an tiarna a bhí sé ag cuímhneamh.

"An cíos d'árdú orthu go léir—daoine díomhaoine droch-ghnóthacha —feabhsú, mar dhea—leis féin an talamh—iad a chaitheamh amach nú cíos d'árdú—agus fiche míle chun tí mhóir a chur suas do mhéirdreach—amhránaí *blasé*—agus a dhá oiread san caillthe aige ar an nDerby—thabharfainn an leabhar ann. Is greannúr an saol é, is ea go deimhin".

---

60 See *An Músgraigheach* #4, p11. This is substituted for *airgead*.
61 See *An Músgraigheach* #4, p11. This is substituted for *abhar imní*.

Caibidil 9

Dob ea, leis—agus is ea fós. Ach bhí fear an airgid féin, ar a shlí abhaile dho, ag ceapadh na coda ba ghreannúire dhe.

Do bhí Regent Street lán de dhaoine. Bhí sluaite daoine iasachta ann. Fir a bhí tar éis lá cruaidh oibre a dhéanamh ag tógaint a suaimhnis fé sna háirsí agus na stuanna cómh-chruinne. Fir dhubh-fhéasógacha iasachta ag féachaint ar chosán na gcoisithe agus á gcur i gcúmparáid le cosáin a gcathrach féin sa bhaile. Feisirí ón dtigh íochtair ag cur 's ag cúiteamh go tuirseach i dtaobh meastachán na hIndia, agus ag feitheamh go neamh-fhoighneach go mbeadh deireadh leis an ndíospóireacht, agus a nguthanna ag teastabháil. Mná óga dathaithe agus iad go ré-bhéasach ré-nósach. Lucht siúil oíche, fir agus mná idir óg agus aosta, bhíodar ann.

Ach níor chuir fear an airgid aon tsuím iontu. Bhí sé díreach chómh mór in' aonar leis féin[62] is dá mbeadh sé i gcoíll nú i gcnuc in iarthar America, bhí a aigne chómh tógtha suas san leis na smaointe a bhain leis féin.

D'fhéach sé ar a uaireadóir. Bhí sé ag tarrac ar a dódhéag a chlog.

"Tomáinfead go lána Niocláis", ar seisean leis féin. "B'fhéidir ná feicfinn amáireach ná amanathar é. B'fhéidir go n-aimseóinn in' oifig anocht é. Amáireach lá socraithe cúntaisí".

Dá réir sin, d'fhan sé lena chóiste a bhí ag teacht 'na dhiaidh go mall, chuaigh isteach ann, agus d'innis don chóisteóir cá ngeóbhadh sé, do leog siar é féin, agus do thosnaigh ag cuímhneamh go cruínn ar an ngnó a bhí idir lámhaibh aige.

Do chonaic sé gaethe solais trí scoiltheacha cómhlann na finneóige, agus do dheimhnigh san do go raibh an fear a bhí uaidh istigh.

---

62 See *An Músgraigheach* #4, p11. This is substituted for *chómh haonarúil leis féin*.

Caibidil 9

Phreab sé amach as a chóiste; do bhuail ag an ndoras. Do hoscladh é go tapaidh. Díreach an fear a bhí uaidh, 'sé ' bhí ann, agus a chasóg de.

Tháinig iúnadh ar an mbeirt.

"Is tusa, a fhir an airgid".

"'Sea, táim beagán déanach", arsa fear an airgid, agus dhein sé smiota gáire.

"Níl aon uair ró-dhéanach chun gnótha a dhéanamh".

"Chím go bhfuileann tú ag obair ana-dhícheallach".

"Táim. Chuireas airgead 'na lán gnóthaí le déanaí, is tá ag rith liom go maith. Buail isteach".

Ní raibh éinne istigh ach an brócaer féin san oifig phríobháidigh. Bhí sé tagaithe óna thigh cónaithe i gKensington agus len' eochair féin d'oscail sé cómhra na leabhar cúntais, agus bhí sé ag obair. Is dócha go raibh na cléirigh i measc na scothanna amu' ar fuaid Regent Street. Ní oibríodh éinne acu chómh cruaidh leis an mbrócaer féin. Bhí an chómhra phríobháideach oscailthe agus an leabhar cúntais agus an eochair os a chómhair ar an mbórd.

"Cheapas go mbeifá-sa——", arsa fear an airgid, ag tabhairt súil-fhéachaint ar an leabhar.

"Anso ag socrú cúntaisí i gcómhair an lae amáirigh", arsan brócaer, ag críochnú cainnte an fhir eile.

"'Sea".

Caibidil 9

"D'fhéadfainn na leabhair a dhúnadh go ceann coicís agus dul amach fén dtuaith go dtí an chéad lá cúntais eile".

"Taoi ag déanamh go maith, is dócha".

"'Sea. Táim seansúil le déanaí".

"Deighleáil mhór?"

"Ana-mhór".

"Cois baile?"

"Ní hea—thar lear".

"Turcaigh?"

"Ní hea, ach a mhalairt ar fad—Rúiseánaigh".

"Rúiseánaigh, an ea?"

"'Sea".

"An bhfuil siad chun buachtaint ar na hairm aontaithe?"

"Nílid".

"'Bhfuil siad chun géilleadh?"

"Nílid".

"Admhaím ná tuigim tu".

"'Sea, ó táim chómh caothúil, b'fhéidir nár mhiste dhom rún a thabhairt duit".

Caibidil 9

"Coinneód-sa é", arsa fear an airgid, is do tháinig fáth an gháire 'na chúntanós, mar ba ghnáth leis nuair d'imíodh ualach gnótha dá aigne ar feadh tamaill.

"Coinneód-sa é", ar seisean arís. Bhí ' fhios aige go dian-mhaith gur thúisce leis an bhfear doimhinn bunúsach a bhí os a chómhair a anam a chailliúint ná rún gnótha a leogaint uaidh[63].

"Táimíd ag tabhairt gnótha an Rúiseánaigh anuas le seachtain".

"Cad é an chuma? Bhí sé anuas a dhóthain cheana féin!"

"Do cháineamair earraí an Rúiseánaigh agus a chuid gnótha insna páipéir le seachtain. Má leanann na Rúiseánaigh ar chogadh, tiocfaidh éirí amach. Má theipeann siad, imeóidh an ímpireacht 'na smidiríní[64]. Ar aon tslí, tá a gcuid airgid caite".

"'Sea, conas a dheiniúir é?"

"Do bhreabamair na heagarthóirí thoir, thiar agus thall. Oiriúnaíonn sé aigne na ndaoine i láthair na huaire seo. Dob uiriste é ' dhéanamh".

"'Sea".

"'Sea, ' bhfuil aon dabht agat ann?"

"Níl pioc. Ach ní thuigim cad chuige an gnó san".

"Is dóin, do fuaramair amach go príobháideach ná féadfadh an cogadh seasamh dhá mhí eile".

"Agus ansan?"

---

63 See *An Músgraigheach* #4, p11. This is substituted for *rún gnótha a scaoileadh*.
64 See *An Músgraigheach* #4, p11. This is substituted for *'na brúscar*.

Caibidil 9

"Ansan tiocfaidh éirí thar meón ar an airgead".

"An dó' leat go stopfaidh an cogadh?"

"Stopfaidh sé nuair a tógfar Sebastopol, 'sé sin i gcionn cúpla mí—níl aon dabht san méid sin. Tá cúntas príobháideach agam air sin, ó sna húdair is feárr agus is aoirde".

"'Sea".

"Dar liom ort ná creideann tú me".

"Ó, creidim, creidim. Cathain a cheapann tú díol amach?"

"I gcionn dhá mhí nú trí tar éis an chogaidh".

"Tánn tú ollamh 'na chómhair sin?"

"Táim".

"An ndéanfadh sé aon cheataí dhuit do lámh a staonadh níos sia?"

"Do dhéanfadh".

"'Sea, más ea, do chómhairleóinn duit díol amach láithreach bonn".

"Cad 'na thaobh?"

"Ní sibhse 'tá á rith síos".

"Ní sinn? Cé eile?"

"Mise", arsa fear an airgid is gáire crua-aigeanta dá dhéanamh aige.

"Tusa?"

Caibidil 9

"'Sea, mise".

"Ní hea?"

"Deirim leat gur me".

"Táim-se féin ag gabháil do, bí deimhnitheach de".

"Ní fiú biorán a bhféadfá a dhéanamh", arsa fear an airgid. "Má bhís ag obair le hinneall feidhm capaill, bhí feidhm deich míle capall i m'inneall-sa. Féach i leith chúm".

Do tharraig sé amach beart páipéar[65] as póca a oscaille. Admhálacha airgid ab ea iad, agus airgead mór, leis, ó eagarthóirí páipéar i Lúndain. Thuig an brócaer go maith iad mar bhí an saghas céanna aige féin, ach le hairgead i bhfad níos lú.

"Cuireann tú iúnadh orm", arsan brócaer, agus do leath a shúile air le méid an airgid, agus go raibh an cleas céanna á imirt a bhí aige féin.

"Ach mo chreach! Tá gach éinne ag gabháil do anois. Is olc an bhail ar chuid acu é".

"Cad 'na thaobh?", arsan brócaer agus tháinig fuar-allas tríd amach.

"Tabharfad-sa rún duit má choinníonn tú é", arsa fear an airgid, agus an gáire grínn céanna 'na chúntanós[66].

"Ó, 'sea, cuir uait an magadh. Tá baint ró-ghéar ag an scéal liom-sa", arsan fear eile go dáiríribh.

---

65 See *An Músgraigheach* #4, p11. This is substituted for *beart pháipéar*.
66 See *An Músgraigheach* #4, p11. This is substituted for *an gáire ... ar a aghaidh*.

Caibidil 9

"Dá mba dhó' liom ná beadh, ní bheinn anso anocht", arsa fear an airgid, go lán-dáiríribh.

"Táim deimhnitheach de sin".

"'Sea, díol amach láithreach bonn. Ní bheidh deireadh le himshuí na cathrach go ceann bliana, agus tomáinfeam linn ar an mbóthar gcéanna—agus dá ísleacht atá na *consola*—is ar éigin atá caogaid anois orthu, ní bheidh a fiche orthu sa bhFómhar. Beidh bertha go docht ar an muíntir a thosnaigh é, agus bertha go holc, leis, orthu".

"Táim ana-bhaoch díot mar gheall ar an rabhadh[67] a thabhairt dom".

"Dein beart dá réir".

"A' bhfuileann tú deimhnitheach ná beidh an t-imshuí i leataoibh?"

"Táim. Tá a lán connradh socair i dtaobh mórchuid púdair, ach ní bhfaghfar é. Táimíd-na tar éis féachaint 'na dhiaidh san. Tá connratha déanta i dtaobh piléar agus pléascán is ní lú ná mar ' gheóbhfar iad san. Tá an rud céanna le rá i dtaobh Paris, ach ní bhfaighid siad é go dtí gur maith linn-na é".

"Agus dá dheascaibh sin, caithfidh an t-arm bás ' fháil le hannró agus le hocras", arsan brócaer as a mhachnamh neamh-shuaimhneasach nuair do chuímhnigh sé ar a mhac a bhí in' oifigeach innealthóirí san arm, lasmu' den chathair a bhí tímpallaithe.

Do chroith fear an airgid a shlinneáin. "*Que voulez-vous?*", ar seisean.

"'Sea, táim baoch díot de bhárr an chúntais".

"Ná cuímhnigh gur chun cúntaisí a thabhairt duit a thánag, ach chun gnótha a bhain liom féin".

---

67 See *An Músgraigheach* #4, p11. This is substituted for *leid*.

Caibidil 9

"Beidh áthas orm má dheineann tú gnó liom".

"Táim ag tabhairt céad míle ar iasacht don Tiarna Othorpe amáireach. A eastát in Éirinn mar urrús air, tosach éilimh air. Ba mhaith liom é ' iompáil anonn ort-sa. Bheadh áthas orm dá gcuirthá an t-airgead san sa bhannc i m'ainm".

"Gan dabht cuirfead. Ach níor shíleas riamh go raibh uireasa airgid ar an dtiarna uasal".

"Tá mórán rudaí sa tsaol i ganfhios duit", arsa fear an airgid, is do gháir sé go mórálach.

"Admhaím go macánta go bhfuil", arsan brócaer, agus do thosnaigh sé ar chuímhneamh gur seanndraoi nú fear feasa ' bhí ag cainnt leis.

"'Sea, ní mhoilleód a thuilleadh thu", arsa fear an airgid, is do bhuail sé amach.

Chuaigh an brócaer leis go doras go hurraimiúil. Do chuaigh fear an airgid isteach 'na charráiste is do thug crothadh lámh do le bárr baochais[68].

"Díol amach amáireach", arsa fear an airgid, is do tharraig sé an tsrang sa chóiste. Duairt leis an gcóisteóir: "Abhaile leat".

Chuaigh an brócaer isteach san oifig; do dhún an doras; chuir an leabhar cúntais fé ghlas go daingean sa chómhrainn iarainn. Ansan thóg amach todóg as bosca a bhí ar bharra na cómhrann, is do thóg amach buidéal fíona a cupúrd sa tseómra céanna go raibh mórán neadacha rúán alla agus smúite air. Do líon amach gloine is do shuigh ag an mbórd.

---

68 See *An Músgraigheach* #4, p11. This is substituted for *go baoch*.

Caibidil 9

Bhí iúnadh a chroí air i dtaobh fear an airgid a theacht chuige. Bhí sé ag déanamh buartha dho. Bhí iúnadh a chroí air nuair ' chonaic sé an tslí ghasta lenar fhéad fear an airgid gnóthaí náisiúnta a chasadh ar a mhéir: agus an t-airgead mór go léir curtha chun feidhme aige is gach aon chúinne, agus ar an gcómhacht a bhí aige is gach aon áit, agus dá chómhartha san féin[69], an deighleáil seo a bhí aige leis an dTiarna Othorpe—aire na ngnóthaí coigríoch.

Bhí sé ana-bhaoch i dtaobh na dtuairisc' a fuair sé uaidh, a chuir ar an mbóthar ceart é, agus a chosain ar an lom-scrios é. Ba mhór an ceann-fé dho a thuiscint a shuaraí de dhuine é féin i ngnóthaí móra airgid an tsaeil. Do tuigeadh do a usacht d'fhear mór an airgid é ' bhá —conas mar ' shúfaí é féin mar a bheadh brobh tuí fén gcuilithe, is go gcaithfaí anonn is anall é, agus gan é 'na chumas é féin d'fhuascailt.

Ach 'na dhiaidh san go léir, do chuímhnigh sé ar rud eile. Do chuímhnigh sé ar an gcathair mhóir a bhí na céadta míle ó bhaile, agus í tímpallaithe ag armaibh cheithre náisiún. Bhí puirt agus gunnaí móra mar ' bheadh slabhra crua tímpall uirthi, agus iad ag síor-stealladh gráin agus piléar agus sliogán isteach inti. Agus bhí á cosaint na puirt agus na daingeanacha ba threise agus ba mhó agus ba thréine dár deineadh fós riamh chun aon chathair a chosaint.

Ní raibh iontu san ach na mion-chúrsaí[70] a bhain leis an bpeictiúir. I dtosach an pheictiúra san bhí óganach dathúil d'oifigeach airm. B'é sin mac an bhrócaera. Buachaill breá misniúil óg gurbh é a éirim bheith 'na shaighdiúir mhaith chróga neamh-eaglach. Ach bhí a anam i mbaol gach aon neómat ó oíche go maidean, agus ó mhaidin go hoíche, insna trínsí maraitheacha. Tháinig buairt agus tocht buartha[71] croí air nuair a chuímhnigh sé ar a gharsún, ar an gcuma go raibh a anam i gcúntúirt ar mhaithe le *bulls agus bears* lucht tráchtála an

---

69 See *An Músgraigheach* #4, p11. This is substituted for *mar chómhartha air sin*.
70 See *An Músgraigheach* #4, p11. This is substituted for *mionghnéithe*.
71 See *An Músgraigheach* #4, p11. This is substituted for *diomá*.

Caibidil 9

airgid, agus an fhuil dob fheárr agus dob uaisle sa tír á dortadh gan mhaith chun tairbhe lucht margaíochta. Ach ní raibh leigheas aige air. Do tharraig sé osna throm, d'ól suas a ghloine fíona is do chaith bun a thodóige isteach sa ghráta, do bhuail a chasóg air, agus d'fhág an oifig.

Caibidil 10

Do sheasaimh Aodh agus mearathall thar bárr air[72] ar feadh tamaill tar éis an chóisteóra d'imeacht. Ní fheadair sé cad ba mhaith dho ' dhéanamh. Do theip air cuímhneamh ar aon ní, bhí sé chómh mór trí chéile[73]. Ar dtúis do chuímhnigh sé go mb'fhearra dho dul chun cainnte le Mícheál Ó Duíbhir chun a chómhairle d'fháil ar cad ba cheart do a dhéanamh. Ar an íntinn sin, d'iompaigh sé ar a sháil ó thigh a athar chun dul féna dhéin, agus do chaith sé an giorrae de dhruím an fháil isteach sa pháirc go mí-chéatach.

Ní raibh sé dultha i bhfad fé dhéin tí an fheirmeóra nuair a dhírigh sé ar mhachnamh. Siúd is gur duine ana-charadach leis[74] Mícheál Ó Duíbhir, agus go raibh sé 'na chómharsain mhaith, is ar éigin gurbh é an duine ab fheárr é chun a chómhairliú i dtaobh teacht as an dtrioblóid 'na raibh sé fé láthair. Do thuig sé ná raibh sé tuisceanach a dhóthain[75]—ar a dháltha féin—don chás trioblóideach a bhí tithe amach. Cad a dhéanfadh sé? Do stop sé ag machnamh. Do shiúlaigh sé anonn agus anall go neamh-shuaimhneasach, agus ní fheadair sé cad ba mhaith dho a dhéanamh. Ní deintí[76] aon iúnadh de phlaosc bhriste i dTiobrad Árann san am san, ná in aon chúntae in Éirinn ach chómh beag. Ach teangmháil le plaosc aidhbhéardaí, duine de

---

72 See *An Músgraigheach* #4, p11. This is substituted for *fé mhearathall thar bárr.*
73 See *An Músgraigheach* #4, p11. This is substituted for *chómh mór san curtha trí chéile.*
74 See *An Músgraigheach* #4, p11. This is substituted for *ana-mhuínteartha dho.*
75 See *An Músgraigheach* #4, p11. This is substituted for *ná raibh a dhóthain eólais ar an saol aige.*
76 See *An Músgraigheach* #4, p11. This is substituted for *déantaí.*

Caibidil 10

dheisceabalaibh na dlí agus cosantóir cirt agus maoine! Do sheasaimh an ghruaig ar cheann Aodha nuair a chuímhnigh sé air.

I ndeireadh bára tháinig smaoineamh in' aigne, agus is minic roimis sin a tháinig cuímhneamh dá shaghas do dhaoine go mbeadh buairt nú trí chéile orthu, agus go dtugaidh Dia cabhair d'aon duine ná tagann smaoineamh dá leithéid chuige. Tháinig iúnadh ar Aodh nár chuímhnigh sé air níos túisce, agus d'iompaigh sé le croí éadrom ar thaobh na lámha deise. Do léim sé clathacha agus fálanna chómh cos-éadrom le cuin, agus tháinig suaimhneas mór ar a aigne.

"Raghad chun cainnte leis an Athair Ó Conchúir, sagart na paróiste".

Bhí sé dhá mhíle uaidh. Ní raibh sé i bhfad á gcur de, agus do bhuail sé go héadrom ag an ndoras.

D'oscail an sagart féin do. Bhí sé tógtha suas ag lé' a phortúis, agus níor dhein sé ach cómhartha d'Aodh chun suí, do dhún an doras agus do lean dá léitheóireacht ar feadh tímpall deich neómataí.

"'Sea, a Aodh", ar seisean, ag dúnadh an phortúis agus ag suí ar a aghaidh amach.

"Is dócha go bhfuil iúnadh ort me d'fheiscint anso chómh déanach", arsa Aodh.

"Bhíos ag brath ar tu d'fheiscint, ach ní chómh déanach so é. D'airíos mar gheall ar an dtrioblóid so a tháinig oraibh".

"Tá eagla orm nár airís mar gheall ar an dtrioblóid a thug mise anois chút".

"Trioblóid eile?"

Caibidil 10

"Trioblóid nua. Ní fhéadfadh sé bheith puínn níos nua", arsa Aodh agus leisc' air an scéal d'ínsint.

"Tá súil agam nách aon ní mór é", arsan sagart agus é ana-dháiríribh[77].

"Tá brath agam nách ea—ach tá eagla orm roimis".

"Cad é féin? Níor airíos pioc de".

"Imbriathar, nár airís, a Athair, ná éinne eile fós".

"Cad é féin?"

"Do mharaíos an t-aidhbhéardaí", arsa Aodh go hana-dháiríribh.

Do baineadh preab as an sagart, do chuir sé suas an portús chun a éadain chun Fíor na Croise a dhéanamh air féin leis. Ach do stop a lámh, agus do tháinig aghaidh mhí-chéatach air, mar do chuímhnigh sé láithreach gur ag stealla-mhagadh fé a bhí sé.

Ach do labhair Aodh nuair a chonaic sé an fhearg 'na ghnúis, agus dithneas air chun an scéil d'ínsint do. "Tá sé geall le bheith marbh agam[78]", ar seisean, agus ansan do thosnaigh sé ar é go léir a ínsint don Athair Ó Conchúir, ach níor innis sé aon ní dho i dtaobh an chruinniú a bhí acu sa bhothán ar chliathán an chnuic.

D'éist an sagart go stuama agus go haireach leis.

"Cás ana-throm é sin, a Aodh".

---

77 See *An Músgraigheach* #4, p11. This is substituted for *go mór dáiríribh*. This is adopted throughout here.
78 See *An Músgraigheach* #4, p11. This is substituted for *tá sé nách mór marbh agam*.

Caibidil 10

"Is baolach gurb ea, a Athair".

"'Sea, go deimhin. Tá ' fhios agam-sa gurb ea".

"Ach chíonn tú a shímplíocht a thit sé amach".

"Ach chonac-sa daoine á dtomáint an loch amach le cúis níos lú", arsan sagart. "Ní thabharfainn tráithnín ar do sheans má tá aon droch-ní air. Déanfar dúnmharú glan de. Agus má thagann sé chuige féin, cuirfar id leith go raibh fút é ' mharú. 'Bhfuil aithne ag an gcóisteóir ort?"

"Do ghlaeigh an t-aidhbhéardaí m'ainm".

"An ndearbhódh sé an fhírinne? Ach cad é an chabhair bheith dhá fhiafraí sin? Ní dheineann san aon deifir. Má dhearbhaíonn sé go rabhais chun é ' mharú, creidfar é. Mara ndeinidh, áireófar go raibh sé páirteach[79]. Is mór an seans do sna giúistísí a leithéid a thitim amach. Táid siad le fada a d'iarraidh airm mhóir do chur ar buannacht sa chúntae, ach ní fhéadfaidís a this'eáint go raibh aon chál leis, bhí na daoine ró-mhacánta. Tabharfaidh so leathscéal dóibh. Méadóid siad an cás agus déanfaid siad úsáid de".

"Cad 'tá le déanamh agam-sa?", arsa Aodh nuair a bhí toradh a ghnímh mínithe ag an sagart do.

Do shiúlaigh an sagart síos suas an párlús beag, agus a lámha i dtaobh thiar dá dhrom aige. Bhí cathú a chroí air, paróisteánach creidiúnach mar Aodh d'fheiscint sáite 'na leithéid de choir, agus chuímhnigh sé in' aigne féin ná glanfadh a raibh d'uisce sa bhfarraige é i láthair fearmadóirí dúbha Thiobrad Árann, nú má ghlanfadh féin, ná leogaidís do é. Chuir sé suím mhór ann, mar bhí sé ceanúil ar Aodh. 'Sé phós a athair agus a mháthair. 'Sé a bhaist é féin. D'éist sé a chéad fhaoistin, agus ar feadh na mblianta agus é ag éirí suas 'na gharsún,

---

[79] See *An Músgraigheach* #4, p11. This is substituted for *i bpáirt leat-sa*.

Caibidil 10

d'fhreagraíodh Aodh an tAifreann do gach aon Domhnach. Nuair d'fhás sé suas in' fhear, bhí sé spridiúil aerach, agus ana-dhúil i sealgaireacht aige. Ach má mhairbh sé níos mó de ghiorraithe agus de bhradáin ná mar ba cheart do, níorbh aon locht mór é sin air. Má bhí sé i gcoinnibh dlí Shasana, ní raibh sé i gcoinnibh dlí nádúrtha. Is mó a bhí sé i gcoinnibh seanmóin an abhcóidí cúnta ná i gcoinnibh seanmóna an Chreidimh.

Chuímhnigh an tAthair Ó Conchúir gur leis an dtiarna tailimh an fiach, le féachaint ar dhá thaobh an scéil de réir dlí Shasana, agus an t-iasc a shnámhann sa bhfarraige agus ná beirtar choíche air. Bia maith 'sea é, ach ná leómhfadh éinne breith air, mar is leis an dtiarna tailimh é sin, leis, de réir dlí. Mar an gcéanna is leis an talamh, an t-adhmad, óg agus críonna, ór, mianaigh de gach aon tsaghas, agus mar sin, cuid an tiarna tailimh iad go léir de réir dlí chómh maith[80]. Agus tá sé d'fhéachaint ar gach éinne an dlí seo do ghabháil le n-ais. Ach 'siad na tiarnaí talúin a dhein an dlí, an uile phioc di. Ní raibh aon lámh ag an dtireóntaí inti. Pioc riamh.

"Ansan cuirim i gcás gur leis an dtiarna gach aon tobar fíoruisce a bhíonn ag éirí 'na gcuid tailimh, gach aon tsruthán agus gach aon ghlaise agus abha a ghabhann tríd an ndúthaigh agus isteach sa bhfarraige, ansan an mbeadh sé an-dleathach deoch de d'ól gan cead, nú breith ar an iasc a shnámhann gan tairbhe d'éinne iontu? Ca bhfuilimíd chun teóra chruinn a tharrac idir dhlí Shasana agus dlí nádúrtha na ndaoine?"

Sid iad na rudaí a bhíodh ag rith trí aigne an Athar Uí Chonchúir i dtaobh bearta Aodha roimis sin, ach ní haon argóintí gan tábhacht mar sin a bhí in' aigne i láthair na huaire seo. 'Sé an rud is mó a bhí ag déanamh buartha dho, ná cad ba cheart a dhéanamh sa chás[81] trioblóideach a bhí acu.

---

80 See *An Músgraigheach* #4, p11. This is substituted for *freisin*.
81 See *An Músgraigheach* #4, p11. This is substituted for *ar an gcás*.

Caibidil 10

Do stop sé go hobann dá shiúl ar fuid an phárlúis.

"A Aodh".

"'Sea, a Athair", arsa Aodh, á chorraí féin suas as a mhachnamh duairc.

"Ní rabhais riamh i Lúndain?"

"Ní rabhas, a Athair".

"Caithfir dul ann anois".

"Go Lúndain, an ea, a Athair?"

"Is ea".

"Cad 'tá agam le déanamh ann?"

"Caithfir an Tiarna Othorpe ' fheiscint[82], agus mínigh an scéal ar fad do".

"An Tiarna Othorpe", arsa Aodh, agus tháinig sceón ann i dtaobh cuímhneamh ar a leithéid.

"Is ea. Is feárr dul go dtí bunsprioc[83]. Níl aon toradh aige siúd ar na rudaí suaracha so a dheineann imní don dream so abhus".

"Ach níl aon aithne agam air. Ní fheaca riamh im shúilibh cínn é", arsa Aodh. "Níl aon phioc cúntais agam ar Lúndain". Dob usa leis go mór aghaidh a thabhairt ar Chalifornia.

---

82 See *An Músgraigheach* #4, p11. This is substituted for *feic an Tiarna Othorpe tu féin*.
83 See *An Músgraigheach* #4, p11. This is substituted for *ceann sprice*.

Caibidil 10

Níor labhair an sagart a thuilleadh, ach do bhuail an cluigín.

Do buaileadh doras an phárlúis, an doras ba ghiorra don chistin. Do leath-oscail an sagart féin é.

"A Thaidhg", ar seisean leis an seirbhíseach a bhí ar an dtaobh amu'. "Goibh an charráiste éadrom agus nuair a bheidh san déanta agat, ceangail an láir amu' ag an ngeata, agus téir a chodladh. Ní fhíllfead-sa go maidean".

"Glaoch ola éigin", arsa Tadhg leis féin, ag imeacht.

"Anois, a Aodh", arsan sagart, ag suí síos. "Níl aon chabhair duit fanúint anso chun bheith sa phríosún fé mhaidean. Dein mar adeirim leat. Éistfidh an Tiarna Othorpe leat go maith agus ní bheidh sé á chur amú ag fearmadóireacht shuarach an dreama Oráisteach Buí atá anso tímpall orainn. Éistfidh sé leat agus creidfidh sé tu, agus 'na theannta san má tánn tú chómh maith agus chómh dea-thabhartha-amach agus a shamhlaíonn tú, déanfair tairbhe gan teóra d'fheirmeóirí ainnise an eastáit".

"A' gcaithfead imeacht—níleann tú á rá liom imeacht anois?", arsa Aodh, agus iúnadh a chroí air.

"Beimíd ag gluaiseacht i gcionn deich neómataí", arsan sagart. "Beidh galthán Briostól ag imeacht ó Phort Láirge ar maidin amáireach. Caithfimíd bheith in am. Is fearra dhuit bheith ar leabaidh sa bhád istoíche amáireach, ná i gcíll phríosúin Thiobrad Árann".

"Bíodh 'na mhargadh", arsa Aodh. "Déanfad do chómhairle".

"Bhíos ag cuímhneamh ar dhul ann me féin roinnt laethanta ó shin, ag brath ar rud éigin a dhéanamh dom pharóisteánaigh, mar chím go bhfuil an t-aidhbhéardaí ró-chruaidh orthu i láthair na huaire seo.

Caibidil 10

Ach féadfair-se an gnó a dhéanamh chómh maith, nú b'fhéidir níos feárr".

"Tá eagla orm ná déanfad", arsa Aodh, is gan aon iúntaoibh aige as féin.

"Samhlaím-se a mhalairt[84]. Fear maith dea-chroíoch is ea an tiarna de réir a thuairisce, agus tá an-aidhm aige ar shaoirse ar fuaid an domhain uile. Sin é an ainm atá air, ar aon tslí. Éistfidh sé leat-sa, agus neósfair do scéal do go mín macánta fírinneach, agus tuigfidh sé uait an cor atá ar na tireóntaithe anso abhus ag an aidhbhéardaí, agus chífir le cúnamh Dé go ndéanfair tairbhe".

"Ach nílim ollamh ar imeacht", arsa Aodh, "níl aon—"

"Fág fúm-sa é sin", arsan sagart, ag éirí 'na sheasamh, ag tógaint sparáin as an gcupúrd, agus á chur 'na phóca. "Cuir umat an cóta mór so. Beidh an oíche fuar, agus cuirfead-sa orm é seo".

Buaileadh doras an phárlúis arís.

"'Sea, a Thaidhg?"

"Tá an láir gofa, agus í ceangailthe den gheata, a Athair".

"Tá go maith, a Thaidhg. Téir a chodladh anois. Daingneód-sa an geata im dhiaidh. Ní hé go bhfeacaigh éinne ag teacht isteach tu?", ar seisean le hAodh.

"Ní dó' liom go bhfeacaigh".

---

84 See *An Músgraigheach* #4, p11. This is substituted for *samhlaíonn a mhalairt dómh-sa*.

Caibidil 10

"Is maith é sin. Is deocair le daoine a dteanga a chimeád acu féin[85] go minic. Anois, cuir umat do chóta mór. Clutharaigh suas tu féin go maith. Is fada an bóthar é go Port Láirge".

Chuir an sagart uime a chasóg féin, agus do thóg an lasc 'na láimh.

"Fan go fóill, a Aodh", ar seisean, nuair a bhíodar ollamh chun gluaiste. "Ní dhéanfaidh scíobas beag de seo aon díobháil duit", ag líonadh gloine uisce beatha dho, agus do líon buidéal beag eile i gcómhair an bhóthair. "Níl aon taithí agat ar an bhfarraige. Tá rómhat fós eólas d'fháil ar bhreóiteacht farraige. Déanfaidh braon de seo tairbhe dhuit".

D'fháisceadar a gcasóga orthu. Dhúnadar an doras 'na ndiaidh, agus amach leó tríd an ngáirdín go dtí an geata. Bhí an charráiste ollamh ansan rómpu.

Chun bóthair leó chómh tiubh agus dob fhéidir fé dhéin Phort Láirge.

Bhí an lá ag breacadh agus iad ag gabháil thar an Siúir agus an ghrian bhuí ag taithneamh ar thúir árda agus ar chloigtheacha an *Urbs Intacta* mórchlú, cathair bhreá na bhfear gcróga agus na mban álainn, agus iad féin agus a sínsear ann chómh fada leis na trí haibhní gléineacha atá ag gabháil tríd, agus a n-ainmneacha scríofa i leabhraibh seanchais i bhfad sarar threaibh luingeas na Miléiseach[86] tonnta gorma na Mara Toirrian ar lorg Oileáin Fódla ar fuaid na farraige fuaire.

Bhí cluig an ghaltháin ag bualadh agus iad ag gabháil síos ar feadh an phuirt.

---

85 See *An Músgraigheach* #4, p11. This is substituted for *a dteanga a chimeád socair.*
86 See *An Músgraigheach* #4, p11. This is substituted for *luingeas na Miléisigh.*

Caibidil 10

"Is mór an iarracht í sin, a Aodh. Níl capall eile i dTiobrad Árann a dhéanfadh an cúrsa ach Saidhbhín", arsan sagart, agus do chimil a lámh di go ceanúil le línn túirleacan do. "Níl aon aimsir spártha agat, a Aodh. Níl aon ghnó agam-sa dul leat níos cóngaraí don ghalthán. Faigh do phas agus téir sa leabaidh i dtreó ná tabharfar fé ndeara thu. Beir leat an sparán so, tá do dhóthain airgid ann. Bíodh misneach maith ort agus innis do scéal don tiarna go cruínn díreach dáiríribh, ní hamháin id thaobh féin ach i dtaobh na droch-úsáide atá aige sna daoine go léir á fháil, agus an mí-chúmpórd éachtach atá orthu. Ná tis'eáin go ró-mhór tu féin go sroisir an taobh thall. Slán beó leat agus go dtugaidh Dia cabhair duit, a fhir bhoicht".

Tháinig Aodh ar a ghlúinibh chun a bheannacht d'fháil. Chroith sé a lámh go ceanúil agus d'imigh go ditheansach i dtreó ná tabharfaí fé ndeara na deóracha a bhí ag cnósach i gcúinníbh a shúl. Bhí sé díreach luath a dhóthain chun a phas d'fháil agus dul ar bórd nuair a tarraigeadh an clár bórdála agus do ghluais an t-árthach chun siúil. D'ainneóin chómhairle an tsagairt, d'fhan sé ar an leibheann nú gur ghoibh sé thar an bPasáiste is gur chaill sé radharc ar chathair bhreá na dtrí n-abhann agus ansan d'imigh sé síos. Bhí na cúrsaí gur ghoibh sé tríothu le roinnt laethanta ag rith anonn agus anall trín' aigne agus trína cheann a bhí traochta ag an gcodladh[87], agus do bhain sé scluigeóg as an mbuidéal a bhí fáltha aige ón sagart, mar bhí fuacht ag teacht air.

D'fhéach sé go maith ar imeall na tíre uaidh isteach, agus duairt leis féin ná raibh aon bhrath mhór aige ar na háiteanna san d'fheiscint go brách arís, ach bheith ag brath ar thoil Dé. D'imigh leis síos ansan.

Do shín sé thairis, thit sé 'na chodladh[88]. Níor chodladh suaimhneasach é. Bhí suathadh an bháid agus bualadh na n-inneall ag déanamh mearathaill do. Do dhírigh sé ar thaibhreamh. Bhí Billy an

---
87 See *An Músgraigheach* #4, p11. This is substituted for *trína cheann a bhí trom aige le heaspa codlata*.
88 See *An Músgraigheach* #4, p11. This is substituted for *thit sé á chodladh*.

Bearbóir, agus Cumann an Ribín, Neill Ní Dhuíbhir, an tAthair Ó Conchúir, an t-aidhbhéardaí—iad go léir—anonn agus anall trín' aigne go mearathalach.

Caibidil 11

Chuaigh fear an airgid abhaile. Chuaigh isteach in' oifig féin. Bhí tine bhreá dhearg ann. Bhí na finneóga ag féachaint amach ar Hyde Park, agus iad ar oscailt, agus siúd is gurbh é an samhradh ' bhí ann, do dhún sé iad go léir sarar shuigh sé ag á chrínnlín.

Ní tuisce suite é ná d'éirigh arís agus bhuail cluigín airgid a bhí ann.

D'oscail fear óg an doras láithreach.

"A Thomáis".

"'Sea, a mháistir".

"Ar ghlaeigh éinne anso ó shin?"

"Níor ghlaeigh, a mháistir".

"Aon tsrangscéal?"

"Tá, a mháistir, roinnt acu agus leitreacha iasachta".

"Aon ní eile?"

"Níl, a mháistir".

"'Sea, más ea, bíodh leó go maidean".

"Tá go maith, a mháistir".

Caibidil 11

Do sheasaimh Tomás ag an ndoras agus a lámh ar an laiste. Do shuigh fear an airgid sa chathaoir ag dian-mhachnamh.

"Aon ní eile, a mháistir?", ar seisean, ar eagla go raibh sé á dhearúd[89].

"Níl a thuilleadh", ar seisean go neamh-shuimiúil. "Níl aon ní eile i láthair na huaire seo. Ní gá dhuit teacht a thuilleadh go nglaod ort. Ach mara nglaod ort, tair arís ar a dó. Cad é an t-am anois é?"

"Ag tarrac ar a haon[90], a mháistir".

"'Sea, tair arís ar a dó", agus leis sin do dhún Tomás an doras go haireach[91] agus d'imigh.

Shuigh fear an airgid ar feadh tamaill, chuir a uilleanna ar an mbórd is chlúdaigh a aghaidh lena bhasaibh.

D'éirigh sé 'na sheasamh, tharraig na cruitíní treasna ar na finneóga is do thóg anuas bosca stáin a bhí lán de phíosaí páir gan scríbhinn, agus d'fhéach orthu go cruínn. Bhíodar doirtithe, modartha agus athraithe 'na ndath mar a bheidís céad bliain d'aois. Do thriail sé iad le buidéal duibh.

Ní raibh sé sásta leis an iarracht. Do chroith sé a cheann.

"Ní dhéanfaidh san an gnó. Nílid críonna a ndóthain fós", ar seisean leis féin, agus é ag féachaint orthu idir é agus an solas.

---

89 See *An Músgraigheach* #4, p11. This is substituted for *ag déanamh dearúid air*.
90 See *An Músgraigheach* #4, p11. This is substituted for *tarrac ar a haon* (which stood without *ag* in the original text). An alternative *ag déanamh ar a haon* is also given.
91 See *An Músgraigheach* #4, p11. This is substituted for *go ciúin*.

Caibidil 11

Ansan thóg sé anuas crúsca a bhí lán de stuif dhorcha, d'fhíll sé suas na páipéir agus do thúm ann iad, agus tar éis roinnt neómataí nuair a bhíodar súite go maith, do thóg sé amach iad agus do thriomaigh iad go haireach leis an dtine.

Do bhuail sé anonn go dtí an fhinneóg, do tharraig an cruitín ' dtaobh thiar de, agus d'fhéach amach sa pháirc.

"Dá mbeadh sé mhí eile dhíom", ar seisean leis féin, "aon sé mhí amháin, is nách fada ' fhéachann siad rómhat amach chun bheith ag cuímhneamh ar na cúntúirtí míorúiltheacha! 'Sé an diabhal buí bheith ag machnamh ar na rudaí 'tá rómhat agus ná feadraís cad 'tá le teacht".

Bhí an ghealach ag taithneamh go gléineach ar an bpáirc mhóir fhairsing ar a aghaidh amah, ach ba chuma leis ceocu geal nú dorcha í, níor chuir sé aon tsuím inti.

"Sé mhí, sé mhí", ar seisean arís agus arís eile. "Ach dá bhféadaimís na rudaí sin d'fháil thar n-ais in am".

Ní fheadar ar chuímhnigh éinne den mhuíntir a bhí i ngleannta breátha Thiobrad Árann nú i gCeatharlach síochánta an oíche ghealaí úd, agus iad 'na gcodladh go sámh 'na dtithe cínn tuí agus fallaí feidín, agus an ghealach ag taithneamh go gléineach anuas orthu, nú ar taibhríodh nú ar tis'eánadh roim ré dhóibh aon chuid de sna cúntúirtí a bhí á dtuar dóibh; nú go raibh Fear so an Airgid mar a bheadh fear stiúrtha cinniúna á n-iúndramháil; nú a' bhfeacadar an tsamhail úd a bhí 'na sheasamh ag á fhinneóig féin an oíche ghealaí úd, ag féachaint amach ar an bpáirc fhada fhairsing i Lúndain.

D'iompaigh sé thar n-ais chun na tine ón bhfinneóig. Do bhí na páir tirim agus do thóg sé iad, do thástáil iad le dubh agus do sháisíodar é, do chuir fé ghlas iad go haireach sa chómhrainn, do chuir an crúsca arís sa chupúrd, chuir glas air sin, leis, agus do thóg anuas buidéal, do

Caibidil 11

líon gloine, do chuir roinnt bhraonacha ó shileadh snáthaide a buidéilín beag isteach ann.

"Tá brath agam go gcuirfidh so codladh orm, agus dar fia, tá gá agam leis. Is deocair cur suas leis[92] an saghas so saeil". D'ól sé an deoch go mall, agus chuaigh suas go dtí a leabaidh.

Ar a dó a chlog tháinig Tomás agus bhuail ag an ndoras, ach ní bhfuair aon fhreagra. D'oscail sé é agus chonaic go raibh a mháistir dultha a chodladh.

Níor éirigh fear an airgid ar maidin. Thug sé an oíche go neamh-shuaimhneasach. Bhí solas an lae isteach sa tseómra trí sna cruitíní sarar thit néal ar a shúil.

Bhí sé ag déanamh ar a trí a chlog nuair a tháinig an seirbhíseach isteach sa tseómra is do dhúisigh é.

"'Bhfuil sé déanach, a Thomáis?", ar seisean, ag dúiseacht do.

"Tá, a mháistir".

"Cad é an t-am é?"

"Tímpall a trí, a mháistir".

"Tá an *Exchange* dúnta cheana féin", ar seisean leis féin. Ansan do labhair sé ós árd.

"Ar ghlaeigh éinne?"

"Do ghlaeigh mórchuid, agus d'fhágadar a gcártaí 'na ndiaidh. Agus tháinig bosca beag stáin ón dTiarna Othorpe".

---

92 See *An Músgraigheach* #4, p11. This is substituted for *fulag leis*.

Caibidil 11

"Ca bhfuil sé?"

"I seómra na leabhar".

"'Sea, faigh cupa té. Bead chút síos láithreach. Má ghlaonn éinne, abair go bhfuilim gan bheith ar fónamh agus ná fuilim oiriúnach ar éinne ' fheiscint inniu ná anocht. Faigh na cártaí d'fhágadar súd 'na ndiaidh. 'Bhfuil an tine dearg?"

"Tá, a mháistir".

"Is maith é sin. Déanfaidh san an gnó".

D'éirigh fear an airgid; do chuir uime; chuaigh síos go dtí seómra na leabhar; d'ól cupa té a bhí ann 'na chómhair; d'fhéach ar na hainmneacha a bhí ar na cártaí is do chaith isteach sa tine iad go tarcaisneach.

Ansan do bhain an glas den bhosca stáin a bhí curtha ag triall air ag an dtiarna. Do thóg amach na cairteacha a bhí ann; do chuir glas ar an ndoras go haireach; do shuigh síos 'na chathaoir uilleann agus dhírigh ar iad d'iniúchadh.

Bhí clúmh liath orthu le críonnacht agus rian duibh anso is ansúd mar a bheadh duine éigin á láimhseáil go mbeadh a rian fliuch ar a mhéireanna. Bhí rian an stampa imithe le fada agus an snáth síoda a bhí á bhfuadh, bhí a dhath tréigthe ar fad as go raibh anois go buí ruamtha.

Nuair a léigh sé iad, do thug sé fé ndeara na rudaí seo go léir. D'fhéach sé go cruinn ar na ciúmhaiseanna caite, agus ar na fillthíní, agus ar an ndubh a bhí doirtithe le críonnacht agus ar an ndath modartha a bhí orthu. Nuair a bhí gach aon rud iniúchta aige, d'éirigh sé 'na sheasamh, agus fuair na cairteacha a bhí socair aige ón oíche roimis sin.

Caibidil 11

Do chuir sé i gcúmparáid a ndoirtitheacht leis na cairteacha eile: d'fhéach go cruínn orthu ag an bhfinneóig; do dhún sé na cómhlanna is do dhoirchigh an seómra; do las an gas, agus do thriail iad leis an solas san. I ndeireadh bára d'oscail na cómhlanna, do shuigh ag an gcrínnlín is do thosnaigh ar scríbhneóireacht, agus do thoibh go haireach a buidéilín an saghas duibh d'oiriúnaigh iad[93].

Thug sé an tráthnóna go léir agus tamall den oíche le solas lampa ag obair go dícheallach gan stop. Níorbh aon trioblóid leis é. Bhí taithí mhaith aige ar an ngnó san, mar atúrnae ab ea é i dtosach a shaeil, agus nuair a bhí sé ag tabhairt a théarma, do bhíodh sé suite ar a fhuarma ó dhubh dubh, ag athscrí' cáipéasaí[94] dlí, agus dá dheascaibh sin ní raibh mí-fhoighne ná tuirse air. Bhí seana-thaithí aige air.

Um a haon a chlog istoíche, bhí dhá chóip críochnaithe aige gan éirí den fhuarma ach amháin uair nú dhó gur éirigh sé chun braon brannda d'ól.

Do chaith sé uaidh an ceann deireanach acu nuair a bhí sé sínithe aige, is do tharraig sé osna fhada throm. Ach ní raibh an obair críochnaithe fós. Do chimil sé gach taobh den mheamram le múscán ' bhí túmtha in *acid*, do thriomaigh, agus do chrap suas an dubh is do chuir dath críonna doirtithe air, i dtreó gur dhó' le haon duine gur seana-mheamram é a bhí scríofa agus fíllthe ar a chéile i gcupúrd daingean éigin leis na cianta.

Ansan, sara rabhadar tirim 'na gceart, d'fhíll sé suas iad díreach ar an gcuma gcéanna go raibh na seana-chairteacha. Chuir sé i bhfáisceán iad. Nuair a bhíodar fada a ndóthain ann, do thóg amach iad is do cheangail iad le seana-shraíng rua-dhóite, agus do thosnaigh ar iad a shailiú agus do dhroch-úsáid díreach ar an gcuma gcéanna 'na raibh na seana-mheamraim. Ansan do thug sé fé ndeara balaithe tobac ó sna seana-pháipéir. Do dhearg sé todóg, do dhírigh ar é ' ól agus do

---

93 See *An Músgraigheach* #4, p11. This is substituted for *d'oiriúnaigh dóibh*.
94 See *An Músgraigheach* #4, p11. This is substituted for *cáipéisí*.

Caibidil 11

chuir buthairí deataigh isteach insna fíllthíní. I ndeireadh bára do chuir sé bun na todóige isteach idir an dá chóip is do cheangail le straoillín iad, is do chuir isteach iad go léir i mbosca stáin ar an gclabhar os cionn na tine. Do dhearg sé todóg eile, do líon tómhas mór brannda agus thug bonn a chos leis an dtine go sásta.

Bhí lá cruaidh curtha síos aige, níos déine ná aon duine eile sa chathair—ní hea, ach do bhí obair seachtaine déanta aige i ndeich n-uaire a' chluig, agus an obair déanta chómh cruínn agus chómh haireach agus chómh cosúil leis na seana-pháipéir is go raibh sé tuirseach lag ó bhárr aireachais, agus dúil aige braon d'ól chun na tuirse a bhaint de.

Bhí aghaidh bhuí air i gcónaí, ach anois do bhí sé suaite mílítheach agus do chífá an deifir go léir a bhí idir í agus an ghruaig agus an fhéasóg chiardhubh. Bhí na fáibrí tímpall a bhéil doimhnithe mar ' bheidís oibrithe ag siséal snoíodóra.

Ní tháinig aon éadromú ar a aigne mar ' thiocfadh ar dhuine go mbeadh ualach mór curtha aige dhe. Obair chruaidh thrioblóideach ghátarach dob ea í, agus níor dhein sé éadromú ná faeiseamh dá aigne í ' bheith críochnaithe. Do shuigh sé go troma-chroíoch ag ól tobac agus ag fliuchadh a bhéil anois is arís le scíobas brannda, agus ag machnamh leis féin chun gur bhuail an clog marmair a bhí os a chionn ar an gclabhar a dó, agus do chorraigh san suas é.

D'éirigh sé 'na sheasamh, do mhúch an gas agus do las coinneal céarach ar an mbórd agus do chuir na cairteacha idir nua agus críonna fé ghlas sa bhosca stáin, do dhaingnigh an doras, chuir na heochracha 'na phóca agus duairt le Tomás a bhí sa halla glaoch air ar a naoi a chlog go cruínn ar maidin, agus chuaigh a chodladh.

Nuair ' éirigh sé ar maidin, chuaigh sé go dtí seómra na leabhar. 'Sé an chéad rud a dhein sé cómhlanna na bhfinneóg d'oscailt, dhrid i

Caibidil 11

leataoibh na cruitíní, d'fhéach ar na cóipeanna agus do chuir i gcúmparáid iad leis na bunchairteacha.

Do dhein sé smiota gáire, bhí an t-athscrí' chómh cruínn agus chómh beacht san ón órnáid 'na dtosach go dtí an síniú 'na ndeireadh. Macasamhail chruínn dob ea iad. Gach aon rian méire agus marc duibh, gach aon athrú datha, gach aon spota clúimh léith, bhíodar uile go léir ann 'na lán-chruinne. Níor cuireadh riamh súil i gceann duine ' aithneódh aon deifríocht eatarthu.

D'órdaigh sé carráiste ' ghabháil.

"Ná híosfair do bhricfeast, a mháistir?", arsa Tomás.

"Ní íosfad", ar seisean. "Níl aon ghoile agam ar maidin".

"Agus níor ithis aon dínnéar inné", arsa Tomás leis féin. "Tá sé ag obair ró-chruaidh. Dar fia, ní feárr bheith saibhir ná bocht má chaitheann na daoine saibhre oibriú chómh cruaidh sin".

Is feárr go mór, a Thomáis. Do thuigfá níos feárr é dá mbeadh ' fhios agat a bhfuil ag gabháil anonn agus anall trína cheann agus trín' aigne, agus sceón 'na dhá shúil nuair a léigh sé an srangscéal ó Bhaile Átha Cliath a thugais do.

Do thóg sé leis ceann de sna cóipeanna. Isteach leis sa charráiste; duairt leis an gcóisteóir é ' thomáint go lána Niocláis.

Bhí an brócaer san oifig roimis. Bhí na cléirigh i bhfeighilth a ngnótha agus isteach leis go dtí an seómra ba shia isteach.

"Nách luath a thánaís", arsan brócaer is thug crothadh lámh do.

"Ní bhíonn sé ró-luath choíche chun gnótha. Bíonn gnó oiriúnach do gach aon am", arsa fear an airgid go socair séimh.

Caibidil 11

"Do dheinis mo chómhairle?", ar seisean.

"Dheineas. Do dhíolas amach mo stoc Rúiseach ar fad inné".

"Chaillis mórán ann, is dócha?"

"Chailleas. Táid siad titithe mórán".

"Tiocfaid siad anuas tuilleadh[95]", arsa fear an airgid go dearfa.

"Ní dheinim aon dabht de", arsan brócaer, "de réir mar adeireann tú liom. Is táim ollamh ar dhíol fé thuairim na titime inniu, agus dul ar mo sheans le ceannaitheóireacht dá réir 'na dhiaidh san".

"Tá an ceart ansan agat", arsa fear an airgid.

"Sid iad cairteacha an tiarna, is dócha", arsan brócaer, ag féachaint ar bhirtín a bhí i láimh an fhir eile.

"'Siad. Thugas liom iad ó bhíos ag dul sa chathair. Cheapas gurbh fhearra dhom gan bheith ar iúntaoibh teachtaire".

"Is fíor san", arsan brócaer, agus, tar éis súil-fhéachaint[96] a thabhairt orthu, do chuir sé isteach sa chómhrainn iad.

"A' dtabharfad duit an tseic anois?"

"Ná tabhair", ar seisean. "Ní bhead 'om bodhradh féin léi anois. Táim ró-bhruidiúil inniu chun glaoch go dtí an bannc".

Chuímhnigh an brócaer gur mhór, ní foláir, méid a ghnótha nuair nárbh fhiú leis dul go dtí an bannc le céad míle púnt.

---

95 See *An Músgraigheach* #4, p11. This is substituted for *tiocfaidh siad anuas a thuilleadh*.
96 See *An Músgraigheach* #4, p11. This is substituted for *féachaint reatha*.

Caibidil 11

Dá mbeadh cúntas aige ar an sraíngscéal a chuir a dhriotháir chuige ó Bhaile Átha Cliath an mhaidean san, agus a bhí anois i bpóca an duine eile, bheadh a mhalairt de thuairim aige, b'fhéidir.

"Is maith an bhail ort", arsan brócaer, "ná fuil sa méid sin ach neamhní dhuit, ach im thaobh-sa—"

Do chroith fear an airgid a shlinneáin lena neamh-shuím sa scéal, agus ar shlí a chuir 'na luí ar an nduine eile an saibhreas thar teórainn a bhí aige.

"Cuirfead isteach é i t'ainm láithreach—ar an gcéad ghnó ' dhéanfad", arsan brócaer.

Ach do chuir fear an airgid in úil nárbh fhiú bheith ag teacht thairis a thuilleadh ná aon rud chómh suarach leis, agus do thosnaigh sé ag cainnt ar ghnáth-chúrsaí na cathrach, agus tar éis braon beag Maraschino d'ól in éineacht[97], d'imigh fear an airgid.

D'fhéach na cléirigh 'na dhiaidh, agus iúnadh a gcroí orthu.

"Sin é an fear is iúntaí le fáil", arsan t-árdchléireach, agus gurbh fhonn leis aithris a dhéanamh air lá éigin.

"Airím", arsa fear eile, "nách lú ná luach céad míle púnt de ghnó a chuireann sé sin dá láimh ar laethanta áirithe".

"Céad míle", arsan t-árdchléireach le dímheas agus le fonn chun a chuid eólais ar an *Exchange* a chur in úil. "Dá n-abarthá leath-mhilleón ba chóngaraí don mharc é. Do dhíol Ovres, Ogg, agus a chuideachta bannaí Rúiseacha dho aon lá amháin tímpall le mí ó shin ar cheithre chéad agus caogaid míle púnt".

---

97 See *An Músgraigheach* #4, p11. This is substituted for *le chéile*.

Caibidil 12

Níor chuir fear an airgid aon tsuím iontu ach tomáint leis abhaile arís.

Do fuair na seana-cháipéasaí, chuaigh isteach 'na charráiste agus do thomáin leis go tigh an Ghiúdaígh úd a bhí ag cainnt leis ag fleadh mhóir an Tiarna Othorpe. Bhí áthas mór ar an nGiúdaíoch é ' fheiscint. Bhí moíll níos mó ansan air ná san oifig eile, agus bhí sé ag sárú a dó a chlog nuair ' ghluais sé arís agus an tseic 'na phóca. Do thomáin sé go géar go dtí an bannc, do fuair nótaí céad púnt an ceann uirthi, chuir 'na mhála iad, agus arís do thomáin leis abhaile go ditheansach.

Ansan do thóg sé leis na cóipeanna eile de sna cairteacha agus do thomáin chómh tiubh agus d'fhéad sé é go dtí an chathair, go dtí an banncaer. Bhí céad míle púnt curtha isteach ann in' ainm ag an mbrócaer. Chuir sé féin isteach an t-airgead a bhí 'na mhála, agus ansan fuair sé tuilleadh creidiúna ar na cairteacha d'fhág sé ann, agus duairt leis an mbanncaer srangscéal a chur go Bannc na hÉireann i mBaile Átha Cliath creidiúint a thabhairt do ar dhá chéad míle agus d'imigh.

Do stop sé ag St. Martin's-le-Grand chun srangscéal a chur chun a dhriothár i mBaile Átha Cliath. Bhí sé gairid go leór. Ní raibh ann ach:—

> "Saor ó bhaol. Órdú ar Bhannc na hÉireann ar chéad míle amáireach".

Nuair a bhí so déanta, d'imigh sé abhaile.

Bhí carráiste ann roimis ag tomáint síos suas, agus peictiúir na coróinneach ar an ndoras.

Caibidil 12

Níorbh aon iúnadh é sin: ba ghnáth lena leithéid a bheith ann. "Rudaire mór gátarach éigin go n-oireann do lacáiste d'fháil 'na bhille", ar seisean leis féin.

Ach do tháinig iúnadh air nuair a chuaigh sé isteach. An Tiarna Othorpe a bhí ann ag feitheamh leis.

"Cearrúchas ana-ghéar", ar seisean leis féin go teinn.

Ach do bhuail sé chuige suas go neamh-iúntach, agus do thug crothadh lámh do.

"Tá brath agam ná fuil do shoílse i bhfad ag feitheamh liom?"

"Ó, nílim ach tar éis teacht", arsan tiarna.

"Táim ana-bhaoch díot i dtaobh glaoch chúm gan choinne".

"Do thánag mar gheall ar thuairisc a fuaras inniu—uair a' chluig ó shin".

Do dhein stalca d'fhear an airgid. Tháinig eagla air go raibh deighleáil an lae fáltha amach aige ar shlí éigin greannúr. Tháinig luas croí air. Tháinig scannradh air go bhfaighfaí fios a ghnótha go léir agus go mbeadh sé creachta go brách. "Ach aon ní amháin", ar seisean leis féin. "Tá na baínnc dúnta anois, baochas le Dia. Níl baol orm ó Éirinn".

Nuair a chonaic an tiarna nár labhair fear an airgid, "an teachtaireacht so a fuaras ó m'aidhbhéardaí in Éirinn, uair a' chluig ó shin", ar seisean.

D'imigh an t-ualach de chroí fhir an airgid nuair ' airigh sé an méid sin. Do tháinig a chainnt agus a mhisneach do arís.

Caibidil 12

"Tá brath agam ná fuil aon ní bun-os-cionn, a thiarna?"

"Gach aon rud bun-os-cionn", arsan tiarna. "Fiú amháin do tugadh fé m'aidhbhéardaí a mharú".

"Tabhartha fé é ' mharú", arsa fear an airgid, agus snag 'na ghlór le scannradh, agus do bhagair ar Thomás beathuisce agus fíon a chur ar an mbórd. "T'aidhbhéardaí a mharú".

"Éist leis an méid seo: 'Is oth liom a ínsint do t'onóir gur tugadh fogha géar fén aidhbhéardaí—Mr. Clender—a mharú istoíche Dé Domhnaigh seo ' ghoibh thorainn, agus gur mhac do dhuine det thireóntaithe féin dárab ainm Róisteach a dhein é. Dá mb'é toil t'onóra ' ínsint dúinn cad is ceart a dhéanamh ar an ócáid'. Cad é do mheas air sin?"

"Samhlaím gur choir mhí-chuíosach í, agus ná fuil aon phionós ró-throm don chuirpeach", arsa fear an airgid, agus is mó an iúnadh ' bhí air go mór an tiarna do theacht ag triall air leis an scéal ná mar a bhí air i dtaobh an scéil féin. Ar an neómat san ní chuirfeadh sé aon chorrabhuais air dá lámhtí gach aidhbhéardaí in Éirinn, beag agus mór. Is mó go mór a bhí sé ag déanamh buartha dho conas a sheasódh sé an tarrac a bheadh ar bhannc Cheatharlach, agus socrú a dhéanamh 'na chómhair sin gan mhoíll.

"'Sea. Is mar gheall air a thánag chun cainnte leat. Is dócha gur cuímhin leat go rabhamair á chur trí chéile an oíche fé dheireadh. Ní raibh aon choinne againn go dtitfeadh an rud uathásach so amach".

Do bhagair fear an airgid a cheann á chur in úil gur chuímhin leis é go maith.

"Anois an t-aidhbhéardaí so, togha fir, fear a bhí ana-dhúthrachtach im ghnó-sa. Tá so le fada ag tathant orm athrúcháin a dhéanamh ar m'eastát in Éirinn. Bhí sé á chómhairliú dhom na fuairthnéil

Caibidil 12

dhíomhaoine dhroch-ghnóthacha go dtugtar feirmeóirí orthu in Éirinn a chaitheamh amach, a mbotháin súigh atá ag tabhairt náire don dúthaigh a leagadh, agus feirmeacha móra fairseaga féaránach a chur 'na n-inead a dhéanfadh feabhas agus maise don áit agus dúbailt cíosa dhómh-sa. Níl aon rud a dhíolann in Éirinn i láthair na huaire seo chómh maith le tógaint stuic, agus d'fhéadfadh a leithéidí sin a bheadh ag tógaint mórán stuic aon chíos ba mhaith leó a dhíol a talamh fónta".

Do chrom fear an airgid a cheann á chur in úil gur thuig sé cainnt an tiarna, agus iúnadh air cad air go raibh a dhul amach.

"Tá m'aigne déanta suas agam déanamh mar adeir sé agus an chómhairle a fuaras uaidh fadó do ghlacadh—na daoine seo do ghlanadh amach idir chorp ceairt, anois nú riamh, gan a dtuairisc d'fhágaint ann. An dó' leat ná go bhfuil an ceart agam?"

"Cionntach agus neamh-chionntach, a thiarna?"

"Neamh-chionntach! Níl iontu ach paca díolúnach nách ceart trua ná taise a bheith dhóibh. Agus dá dheascaibh sin, tá scéala curtha agam chuige an dlí a chómhlíonadh leó agus iad go léir a chur amach. Díreach mar a dhein an Tiarna fadó leis na hAmaleicítigh, tomáinfead na daoine droch-mhúinte droch-bheathacha so as an oileán. Tá órdaithe agam nú d'iarras ar Rúnaí an Chogaidh cúpla cipe do chur anonn go dtí an áit sin, dá ghátaraí atáimíd leó in áiteannaibh eile, chun na hórdaithe sin a chur i bhfeidhm".

Do chrom fear an airgid a cheann agus do stop an tiarna, tharraig a anál agus do thóg píns snaoise. Tháinig iúnadh ar fhear an airgid agus do dhírigh sé ar chuímhneamh cad a bhí ar aigne an tiarna.

"Do cheapas i m'aigne ó bhí deighleáil agat-sa le hÉirinn, agus leis an gcúntae sin go speisialtha ná hoiriúnódh an obair sin tu. Do chuímhníos 'na theannta san nuair a bheadh an t-athriarú nú an

Caibidil 12

t-athleogaint á dhéanamh, go mbeadh sé riachtanach orainn na cairteacha a bhreithniú go minic, agus iad a bheith ar láimh m'atúrnae-se chun an ghnótha a chur chun cínn sa cheart".

Do stop an tiarna agus do thóg tuilleadh snaoise. Tháinig meadhrán i gceann fhir an airgid go hobann. Do thosnaigh na fallaí, na búird, agus na scátháin ar steille-rínce—fiú amháin an tiarna féin 'na shuí go stuama sa chathaoir os cómhair a shúl. Ach bhí toil dhaingean agus inchinn láidir ag fear an airgid, agus do choinnibh sé a mhisneach le feidhm a thola agus a éirime aigne. Do bhí sé chómh dian san air gur shamhlaigh sé go raibh lúithreacha a inchinne ag tabhairt, ach do chruinnigh sé a mheabhair chun freagairt. Bhí ' fhios aige go maith— ní raibh éinne gurbh fheárr ab eól do é—ná raibh aon bhreith ar na cairteacha ' thabhairt do i láthair na huaire sin, ná go ceann cúpla mí eile, go raibh san bun-os-cionn leis, chómh bun-os-cionn is ' bhí an adharc leis an muic.

Do labhair sé go réidh agus duairt: "Ní bheidh aon lámh agam i riarú t'eastáit. Níl aon teideal agam chuige ach díreach chómh beag agus do bheadh ag duine eile a lámh a chur im ghnó-sa. Agus go deimhin chun na fírinne d'ínsint duit, bhíos ar aigne céad agus caogaid míle púnt a leogaint chút le muinín as an riarú nua a bhí agat le déanamh. Níl bac ar t'atúrnae na cairteacha d'fheiscint aon uair is maith leis é, nú aon duine eile a gheóbhaidh údarás uait".

Do sháisimh san an tiarna.

"Ach dá mb'fheárr le t'onóir na cairteacha ' fháil in inead an airgid, cuirfead chút thar n-ais iad agus fáilthe, i dtaobh is go bhfuil an tseic líonta im leabhar".

Tháinig toradh maith láithreach as an ráiteas dána san a gineadh as éadóchas agus eagla croí.

Caibidil 12

Do dhírigh an tiarna ar chuímhneamh ar an gcéad go leith míle púnt a bheadh le caitheamh aige ar *villa* i gComo, ar luamh i gcómhair na Meán-mhara, agus ar a amharclainn bhig ar dhéanamh an La Scála i Milan chun muíntir Lúndain a theagasc i gcúrsaí drámaíochta coiméide. Do bhain san an fhearg go léir de, agus níor chuímhnigh sé a thuilleadh ar an aidhbhéardaí maslaithe.

"Bhí ' fhios agam i gcónaí", arsan tiarna, "go rabhais tuisceanach dea-thabhartha-amach i gcúrsaí gnótha, agus nách aon iúnadh go bhfuil t'ainm in áirde ar fuaid an domhain le héirim aigne agus le toradh-bheart, agus gur maith a thaithneann leat, dá bhrí sin, an riarú nua so atá le déanamh ar m'eastát in Éirinn, chómh luath agus is féidir é, agus i dtaobh na socraithe atá déanta eadrainn, níl aon ghá iad d'athrú ón gcuma go bhfuil siad".

Agus tar éis an méid sin cainnte do rá, d'éirigh Iarla Othorpe, K.G. agus K.T. chun gluaiste.

Chuaigh fear an airgid leis go cúirtéiseach go dtí an cóiste agus d'fhíll thar n-ais tuirseach tnáite buailthe amach, agus do chaith sé é féin ar an dtolg sa tseómra suite.

"'Sea. Cúntúirt mhór eile curtha agam díom. Dá dtugadh Dia go mbeadh deireadh leis seo go léir. Sé mhí eile rómham. Má fhéadaim é ' sheasamh".

Do ghlaeigh sé ar an seirbhíseach.

"Tabhair chúm an brannda ón leabharlainn, agus an buidéal beag eile féach' an bhféadfainn greas a chodladh. Táim tuirseach tnáite".

"A' mbeidh aon dínnéar agat, a dhuine uasail?"

"Ní bheidh. Ní fhéadfainn baint leis. Táim tar éis oibriú ró-dhian".

Caibidil 12

Agus dob fhíor do.

Chuaigh an tiarna go dtí díospóireacht i dTigh na bPiaraí an tráthnóna san. Níor labhair sé riamh roimis sin ní ba líofa. Do chuir sé síos ar ghnóthaí na hEórpa go tuisceanach agus go héirimiúil. Agus arís do dhein sé staracha móra cainnte ag tis'eáint tíorántachta agus rialú danartha Naiple, agus i dtaobh fir a daoradh chun báis an aois seo den tsaol ná raibh aon ní déanta as an slí aige ach coir pholaitíochta. Agus do labhair sé le húdarás duine go mbeadh an náisiún go léir mar theannta ar a chúlaibh, agus d'innis sé dhóibh go gunta an iarracht a bhí aige féin á thabhairt, agus brath aige ar chúnamh Shasana chun stop a chur leis an allthacht san ar son maitheasa na cine-daonna, agus do hárdaíodh geóin mhór á mholadh dá dheascaibh.

Ach nuair a labhradh sé ar rialtas an Phápa, ba ghnáth leis labhairt go tarcaisneach. "Na daoine bochta so go bhfuil cos-ar-bolg á dhéanamh orthu ag gliocas sagart", ar seisean, "iad brúite go talamh le cíos agus cáin agus taos a gcuid aráin á mheascadh lena ndeóra guirte féin i dtír ghrianaigh sin na hIodáile".

Ní duairt sé go rabhadar socair sámh beathaithe agus ná díolaidís aon chíos, go ndíolaidís a gcáin lena rialtas féin agus ná raibh orthu an deichiú cuid a dhíol a bhí ar mhuíntir na hÉireann á dhíol le rialtas coigríche.

"Is ar éigin a chreidfeadh sibh, a thiarnaí uaisle", ar seisean, "ní féidir é ' chreidiúint, mar tá sé ró-uathásach le creidiúint i náisiún 'na bhfuil saoirse mar atá againn-na; nách amháin go ndeintar uair sa mbliain é, ach tá údarás agam lena rá go ndeintar dhá uair sa mbliain é—go ngabhann na Rialthóirí atá ar an dtír mhí-ámharaigh úd—'sé sin na sagairt—mórthímpall ó thigh go tigh féachaint an mbíonn diúité na Nollag nú diúité na Cásca déanta acu go léir. Saghas éigin nóis mí-ámharaigh piseógaigh atá curtha i bhfeidhm orthu ag an Eaglais Rómhánaigh.

Caibidil 12

"Ar airigh éinne riamh a leithéid de chos-ar-bolg gan gá gan riachtanas á dhéanamh ar shaoirse na ndaoine? Cad é sin ach an Chéastúnacht thar n-ais arís? Ní hea, ach rud is measa ná an Chéastúnacht. Níor chuir an Chéastúnacht fé chois ach an cholann, ach cuireann an rud nua so fé chois idir cholainn agus aigne, ar shlí éigin fuilithe ná gabhann le héirim na Sasanach".

Bhí sé iarrtha aige ar Thiarna Minto labhairt le Cardinal Antonelli agus ' ínsint do go raibh gráin ag muíntir Shasana ar an nós san, agus nárbh fhéidir cur suas leis níos sia i dtír mhuínteartha, agus i gcionn roinnt laethanta eile go gcuirfaí gearán ana-láidir go rialtas an Phápa.

Nuair a bhí an chainnt uasal laochta críochnaithe aige, do hárdaíodh liú go dtí na fraitheacha á mholadh mar gheall ar an óráid bhreá a bhí tabhartha aige uaidh. Chuir sé air a chasóg, do thóg a hata leis 'na láimh agus d'fhág an seómra órga úd. Do bhuail sé ar a shuaimhneas trí Phall Mall, shiúlaigh suas an Haymarket, d'iompaigh isteach chun Argyll Rooms chun féachaint ar na rínceóirí. Ach ní raibh an rínceóir a oir do le feiscint ann, agus d'imigh sé láithreach.

D'iompaigh sé isteach i Windmill Street, do shiúlaigh leis suas gur shrois sé tigh go raibh solas le feiscint sa bhfinneóig trí shiúntaí na cómhlann, do bhuail ag an ndoras agus do leogadh isteach é.

Bhí an ghrian go hárd ar an spéir lar-na-mháireach nuair a ghoibh sé amach, agus a phíopa 'na bhéal, agus do bhuail sé síos ar a shuaimhneas go Piccadilly agus isteach go dtína Chlub.

Caibidil 13

Do shrois Aodh Lúndain an tríú lá tar éis Port Láirge ' fhágaint do. B'é an chéad ghnó a dhein sé ná Carlton Terrace d'fháil amach, mar ar chónaigh an Tiarna onórach Othorpe, an t-aire ar ghnóthaí coigríoch.

Caibidil 13

Do tháinig troma-chroí air nuair ' fhéach sé suas ar an dtigh mór agus ar na breáthachtaí a bhí tímpall air. Do shiúlaigh sé soir siar thairis, agus d'fhéach go maith air ón dtaobh amu' agus tháinig lag-fáisí air nuair a chuímhnigh sé ar a leithéid féin de dhuine le suaraí ag dul isteach i dtigh chómh hálainn leis siúd, agus ag dul chun cainnte leis an dtiarna féin a bhí 'na chónaí ann.

"Tá cathú mo chroí orm nár leogas don Athair Ó Conchúr féin teacht", ar seisean leis féin, "ba mhór an díth céille dhom é ' tharrac orm. Ní dócha go leogfaidh sé 'na ghaire me. Má leogann, cad 'déarfad? Nú conas a thosnód in aon chor?"

Do chuímhníodh sé ar chainnt agus ar fhocail áirithe a tharraiceódh sé chuige, agus a bheadh oiriúnach chun cómhrá a thosnú leis an dtiarna, ach b'é donas an scéil, pé cuma 'na ngluaiseódh a smaointe, bheadh baint éigin acu le Billy an Bearbóir nú le Neill Ní Dhuíbhir, agus nuair ' bhíodh sé críochnaithe, bhíodh a thosach dearúdta aige, agus chaitheadh sé tosnú ar cheapadh arís. D'imigh so air chómh minic sin go dtáinig fearg aige chuige féin toisc fánaíocht agus éidearfacht a smaointe, agus go nduairt sé leis féin go hobann:

"Níl anso ach díth céille. Is fearra dhom dul ar an spota agus é ' fheiscint. Cad a thug me? Cad leis go bhfuilim ag feitheamh? Ná fuil sé chómh maith agam a chúram a chur díom ó tharraigeas orm é?"

Do rith mórán rudaí trín' aigne, agus d'imeódh an rud céanna ar aon fhear a bheadh in' inead.

D'fháisc sé suas é féin agus do shiúlaigh isteach go doras go ditheansach, i dtreó ná tabharfadh sé uain dá mhisneach chun teip air, agus tháinig go dtí na céimeanna marmair agus suas leis chun an dorais. Do thug sé fé ndeara dhá chlog ag an ndoras, ceann do sna seirbhísigh agus ceann do lucht cuarda. Do bhuail sé an ceann deiridh seo go dána.

Caibidil 13

Ní raibh sé i bhfad ag feitheamh, agus é ag cuímhneamh in' aigne féin a' ngabhadh puínn dá shaghas féin chúthu, nuair do hoscladh an doras agus do chonaic sé halla mór os a chómhair agus é chómh fairseag agus go bhféadfá an cóiste cheithre gcapall ba mhó a chonaiceatheas riamh i dTiobrad Árann do thomáint agus do chasadh ann ar do shuaimhneas—é sin go léir déanta leis an airgead a bhí fáiscithe aige as na tireóntaithe—agus bhí fear dea-éadaigh álainn 'na sheasamh ann, agus é ag féachaint go cruínn air le hiúnadh, corraíocht agus sé troithe ar aoirde ann, púdar ar a ghruaig i dtreó gur shíl Aodh go raibh sé liath, casóg ghealdatha air, bríste glún, stocaí fada, bróga ísle agus búclaí iontu, i dtreó gur shamhlaigh Aodh gur árdoifigeach airm é ar a bheag.

Do sheasaimh sé ar feadh tamaill ag féachaint ar an nduine álainn a bhí ar a aghaidh amach agus ná feadair sé conas labhairt leis ná cad 'déarfadh sé. Do bhain aghaidh scigiúil an duine uasail a bhí os a chómhair amach a mheabhair de.

Do labhair an duine uasal, agus ní go ró-shíbhialtha é:

"*Well?*"

Ní túisce a bhí an focal as a bhéal ná thuig Aodh ar chuma éigin cad é a phost sa tigh.

"Greadadh chuige", ar seisean leis féin, "níl ann ach seirbhíseach. Shíleas gurbh é an tiarna féin é".

"*Well?*", arsan t-oifigeach istigh arís go do-thíosach nuair ná raibh aon fhreagra aige á fháil. Bhí Aodh ag cuímhneamh, agus ní raibh uain aige ar fhreagairt. Bhí an duine eile chun an dorais a dhúnadh nuair aduairt Aodh:

"Oireann dom an Tiarna Othorpe d'fheiscint".

Caibidil 13

"Níl éinne dá fheiscint inniu aige", arsan t-oifigeach agus scuimh air, ag cur a lámh ar an ndoras chun é ' dhúnadh.

"Cad é an chúis ná feicfidh sé daoine inniu?", arsa Aodh, agus scannradh air go raibh a chúrsa go léir in aistear. Do chuir sé a lámh ar an ndoras i ganfhios do féin, fé mar a bheadh sé chun é ' chimeád oscailthe. Do bhuail sé isteach sa halla. "Chífidh sé mise. Abair leis go bhfuilim anso".

"A Shoílse, an Taidhleóir ón bhFrainnc—nú cad é an áit gurb as duit?", arsan fear istigh le searús agus le tarcaisne i dteannta a chéile, ach, mar sin féin, níor dhún sé an doras.

Tháinig fearg ar Aodh nuair a chonaic sé an deiliús agus an tarcaisne, ach do bhrúigh sé fé í, agus duairt go neamh-chéasta:

"Innis don tiarna go bhfuil tireóntaí anso, tireóntaí ón' eastát in Éirinn, agus go n-oireann do é ' fheiscint láithreach ar ghnó thábhachtach".

Peocu ag magadh a bhí an t-oifigeach ag leogaint air an doras a dhúnadh nú nách ea, nú Aodh ' bheith chómh seasmhach, nú ná feaca sé riamh roimis sin duine dá shaghas 'na sheasamh ag an ndoras san, ní féidir a rá, ach d'imigh an giolla in áirde an staighre agus do tháinig thar n-ais á rá le hAodh dul suas.

Má bhí iúnadh ar an oifigeach nuair a chonaic sé Aodh ag an ndoras ag bualadh an chluig go láidir, bhí iúnadh ba mhó ná san air anois, nuair a chonaic sé é ag gabháil suas an staighre ag dul fé dhéin an tseómra go raibh an tiarna ann. Is beag ná raibh a mheabhair caillthe aige, nú sin é ' cheapfadh duine a chífeadh an chuma agus an fhéachaint annspianta a bhí ar a aghaidh.

Bhí doras an tseómra oscailthe ar a aghaidh amach. D'fhéach Aodh ar an oifigeach chun fios d'fháil an ansúd isteach a raghadh. Lena línn

Caibidil 13

sin 'sea bhí an chuma annspianta úd ar aghaidh an ghiolla. Leis sin stad Aodh agus d'fhéach sé. Nuair a chonaic an t-oifigeach an droch-fhéachaint a thug sé air, tháinig eagla air roimis. Do chúb sé chuige, thuig sé go mb'fhearra dho bheith síbhialta leis an Éireannach fiain seo agus duairt:

"Ansan. Ansan istigh atá an tiarna".

Do thug Aodh féachaint fhiain eile ar an oifigeach agus do bhuail isteach. Chómh luath agus ' bhí scartha ag an oifigeach leis, d'árdaigh sé suas a dhá láimh thar mullach a chínn, mar a dhéanfadh duine a bheadh tar éis gabháil thar chúntúirt éachtach éigin, agus nuair a fuair sé caoi ar é ' ínsint do sna seirbhísigh eile, duairt sé leó go raibh áthas a chroí air nár thit sé 'na chnaip.

Bhí an tiarna ag ithe a bhricfeaist. Bhí sé ag áirneán aréir roimis sin. Bhí sé ag scrí' go dtí Duke Parma mar gheall ar dhá Shasanach a bhí ag válcaeireacht sa chathair sin, agus chuaigh isteach in Árd-Eaglais go raibh Aifreann Árd á rá ann. D'oir dóibh féachaint ar bhreáthachtaí an taoibh istigh[98]. Chromadar ar shiúl mórthímpall ann, agus ar fhéachaint ar na peictiúirí, ar an gcórú a bhí ar na sagairt, agus ar chainnt le chéile ós árd mar gheall air, agus a hataí orthu ag lochtú na sagart, na halthórach agus gach aon rud a chonaiceadar agus d'airíodar. Bhí an béas so ag Sasanaigh óga fhuadracha le fada roimis sin is gach áit go ngabhaidís ar fuaid na hEórpa, is go mór mór insna cathracha móra.

Bhí sé de sheans orthu nár thuig an pobal Béarla, ná na hasacháin agus na piseóga a bhí acu á gcasadh leó: ach 'na dhiaidh san is uile, do chonaiceadar go soiléir go rabhadar ag cainnt agus ag cur trí chéile, agus ag tabhairt tarcaisne don Aifreann: agus rug roinnt den phobal orthu, agus do chaith amach an doras iad chun saothrú a dhéanamh ar a gcuid eólais agus ealaíon in áit éigin eile. Is

---

98 See *An Músgraigheach* #4, p11. This is substituted for *na taoibhe istigh*.

Caibidil 13

deallraitheach dá dtuigidís iad, ná scarfaidís chómh bog leó. Ach fé mar a bhí, do cuireadh amach iad go tur agus go tarcaisneach.

Bhí an oíche roimis sin tabhartha ag an dtiarna ag scrí' i dtaobh an scéil sin go dtí an náisiún san, agus do scrígh sé meamram fada bagarthach i dtaobh an mhasla agus na tarcaisne a bhí tabhartha acu do Shasana, agus ag fógairt mara dtugaidís sásamh uathu ann, go ndéanfaí é ' agairt orthu. Bhí an tiarna tuirseach, agus d'fhan sé sa leabaidh go déanach an mhaidean san. Bhí sé ag caitheamh a bhricfeaist[99], agus an páipéar nuachta—*The Times*—os a chómhair amach, nuair a bhuail Aodh chuige isteach.

Do thóg sé a shúile den pháipéar agus d'fhéach ar Aodh ag siúl treasna an tseómra. Ní fheaca sé riamh roimis sin éinne dá thireóntaithibh ó Éirinn[100]. Is dócha gur shamhlaigh sé gur daoine fiaine gan teóra iad, gan léann gan eólas, ach i bhfuirm ápaí nú ainmhealach[101] den tsaghas[102] san: ach tháinig iúnadh air nuair a bhuail chuige treasna an tseómra, fear breá groí cumasach, cos-éadrom, aghaidh bhreá dhathúil air, ach go raibh an aghaidh sin beagáinín lasta i dtaobh na feirge ' chuir an t-oifigeach air lena chuid drannaireachta magaidh. Baineadh a leithéid de phreib as gur dhearúid sé cuireadh ' thabhairt do chun suite, agus ba mhór an iúnadh é ' imeacht ar fhear dá eólas agus dá thabhairt amach. Níor dhein an K.C.B. agus an K.G. agus an K.T. agus an chuid eile acu an gnó dho.

"*Well?*", ar seisean, nuair a tháinig Aodh go bórd. Do chuímhnigh Aodh ar chanúin an oifigigh agus duairt leis féin gur dócha gurbh é

---

99 See *An Músgraigheach* #4, p11. This is substituted for *ag caitheamh a bhricfeasta*. This change is adopted throughout here.
100 See *An Músgraigheach* #4, p11. This is substituted for *éinne dá thineóntaithibh Éireannacha*.
101 See *An Músgraigheach* #4, p11. This is substituted for *feithide*.
102 See *An Músgraigheach* #4, p11. This is substituted for *chineál*.

Caibidil 13

sin an tosach a bhí acu go léir ar gach aon scéal agus cómhrá, agus thosnaigh sé ar chainnt láithreach.

"Thánag ó Éirinn, a thiarna uasail. Mac do dhuine ded thireóntaithibh is ea me".

"'Sea", arsan tiarna, ag cromadh a chínn mar a bheadh á cheistiú. Níor chuir an focal san aon choráiste mhór ar Aodh, ach 'na dhiaidh san do lean sé ar chainnt.

"Do thánag, a thiarna, nú ba cheart dom a rá do hiarradh orm teacht im theachtaire chun a ínsint dod Shoílse an cor atá ar do thireóntaithibh, san áit 'na gcónaím-se, ar aon tslí, le dealús agus le cruatan, agus le neamh-shuaimhneas. Is dó' liom dá mbeadh ' fhios ageat onóir é, go bhféachfá 'na dhiaidh agus go dtabharfá iarracht ar stop do chur leis".

Níor chorraigh an tiarna. Dhein stalca dhe le hiúnadh. Dá fhaid a bhí sé in' aire phlámásach ghlic, níor bhain aon ní a chainnt de chómh hiomlán san.

"Seo anois mar atá an scéal", arsa Aodh, gan stop chun anál a tharrac ar eagla go dtiocfadh a chainnt don tiarna agus go gcuirfeadh sé amú é. "Má dheineann an tireóntaí aon fheabhsú ar aon tsaghas cuma, árdófar an cíos air láithreach. An bhfuil san cóir ná ceart ná cothromúil? Má tá an tigh i gcúntúirt titim air féin agus ar a pháistíbh, agus go ndéanfaidh sé suas é, falla cloch in inead falla feidín, agus ceann slinne a chur air in inead ceann tuí, nuair a bheidh san déanta aige, árdófar an cíos air lom láithreach. An bhfuil san cóir ná ceart ná cothromúil? Má thriomaíonn sé portach nú má thugann sé isteach tuínn ar bogadh a bheadh i gcúntúirt na mbó do bhá air, má dheineann sé aon tsaghas tí lasmu', fiú amháin tigh chun na speal agus na gcorrán agus na n-arm eile a chur isteach ann in inead iad a bheith ag lobhadh agus ag cur meirge dhíobh i ngabhal crainn, árdófar an cíos dá réir sin air. Tá mórán cainnte mar gheall ar na

Caibidil 13

hÉireannaigh, ar an ndroch-threó atá orthu féin agus ar a dtithibh; ach cad é an leigheas atá acu air? Aon fhear acu go mbeadh ciall ná tuiscint aige, ná aon toradh aige ar a leas féin ná leas a chlainne, ní dhéanfaidh sé aon fheabhsú. Bíonn fonn síoraí ar an bhfeirmeóir in Éirinn feabhsú agus athfheabhsú—agus deirim go daingean san—ach má dheineann, ní hea amháin go n-árdófar an cíos air, ach beidh sé i gcúntúirt, nuair a chífar an fheirm agus na tithe ag féachaint níos feárr ná cuid na gcómharsan, go dtiocfaidh duine sainntiúil éigin á channtáil air, agus go dtarraiceóidh sé cíos níos mó do t'aidhbhéardaí, agus go gcuirfar amach é—scannraíonn san é".

Do stop Aodh nuair a bhí an chainnt fhada san ráite aige. Chuir an rilleadh cainnte[103] a bhí curtha aige dhe iúnadh ar an dtiarna. Riamh roimis sin níor éist fear mór stáit chómh cruínn le scéal dá shaghas, amu' ná i mbaile.

"'Sea", arsa Aodh, "ní bheidh síocháin ná cúmpórd ná pioc ach neamh-shuaimhneas, achrann agus toirmeasc i measc do thireóntaí an fhaid a leanfaidh san ann. Díreach fé mar a mhúin na daoine féin na páistí, nuair a cuirfaí pionós orthu i dtaobh iad do chur ar scoil, agus díol le fáil ar cheann an oide fé mar ' bhí ar cheann machtíre. Is é an scéal céanna acu é, déanfaid feabhsú ar thalamh—déanfaid siad é—'sé a nádúr é—siúd is gur árdú cíosa nú iad a chur amach as seilbh a bheidh dá bhárr acu".

"Agus deirim leat anois", arsa Aodh agus an chainnt ag rith go bríomhar chuige, "má tá suaimhneas ná síocháin le bheith i dTiobrad Árann, má fhéadann fear dul a chodladh istoíche gan bheith ag taibhreamh ar dhúnmharú, agus ag éirí ar maidin do bheith siúráltha ná feicfidh sé fuil fén oíche, caithfir an t-aidhbhéardaí atá agat do dhíbirt, agus a mhalairt do thoghadh a fhágfaidh na daoine i seilbh agus a thabharfaidh síocháin dóibh. Tá mórán daoine go mb'fheárr leó iad a chrochadh nú aon tsaghas eile báis d'fhulag—ach amháin iad féin á n-ídiú féin—ná dul isteach i dTigh na mBocht. An eól duit Tigh

---

103 See *An Músgraigheach* #4, p11. This is substituted for *an tuile cainnte*.

Caibidil 13

na mBocht in Éirinn? 'Sé an saghas áite é, áit go bhfuil tréithe fuafara an phríosúin agus an dúinsiúin agus margaidh na sclábhaíochta i dteannta a chéile ann. Ifreann 'na steille-bheathaidh é. Ba cheart na focail seo a scrí' os cionn an dorais ann:

'Bás don dóchas teacht anso'.

"Tá cómhartha ar gach éinne a théann ann ná scarann choíche leis san áit scannrúil sin. Tá a rian le feiscint ar a gcúntanós fé mar ' cuirfaí orthu é le hiarann dearg. Tá an tireóntaí a cuirtar as a thalamh 'na measc so, é féin agus a líon tí, i gculaith an bhacaigh, an lánú phósta scartha óna chéile, agus an bheirt óna gclainn chómh glan agus do dhein Legree riamh é. Iad ag siúl síos suas trí phóirsí gránna uaigneacha gan a chéile d'fheiscint gan aon chaoi amháin coidrimh eatarthu a thabharfadh aon chúmpórd aigne dhóibh. Ach ansan nuair a chíd siad a chéile, cad é an cúmpórd a bhíonn acu, ach a ndóthain do ghol i dtaobh na tubaiste agus an donais a bhíonn orthu, agus gan aon chaoi acu ar dhul uaidh choíche. Cuímhnigh ar an líon tí a bheadh 'na gcónaí i bhfochair a chéile go caradach agus go súáilceach, agus a cuirfar ó chéile ar an gcuma san. Agus cé 'tá á dhéanamh san go léir—le sainnt chun airgid—mar a díoltí na daoir i New Orleans? Tu féin agus t'aidhbhéardaí".

Um an am san, bhí an tiarna séimh ag cnósach a mheabhrach agus ag teacht chuige féin ón iúntas mór a chuir mearathall air go dtí san, i dtreó gur thuig sé cad a bhí ar siúl ag an eadargálaí iúntach so a bhí ag cainnt leis. Chorraigh sé suas é féin, d'fhéach sé ar árthaí an bhricfeaist a bhí ar an mbórd, agus ar an *Times*, agus thug strac-fhéachaint ar Aodh, agus é 'na sheasamh ar a aghaidh amach go teasaí agus go feargach, agus é ag crith le gach aon fhocal paisiúnta a bhí ag teacht as a bhéal, agus duairt:

"Cad is ainm duit?"

"Aodh de Róiste".

Caibidil 13

"Róisteach—Róisteach", arsan tiarna ag machnamh agus a uille ar an mbórd, agus a mhéar thosaigh i gcoinnibh a éadain. "'Róisteach'. Is dó' liom gur airíos an ainm cheana. Do crochadh duine den ainm sin le coir éigin".

Ní raibh d'aithne phearsanta[104] ag an dtiarna ar a thireóntaithe ach go ndeintí ó am go ham—agus ní go fánach annamh é—go gcrochtí duine acu agus go gcuirtí achainí[105] chuige féin ar mhaithe leis an gcime, á achainí go ndéanfadh sé fabhar do, ach má cuirtí féin, thugadh sé an t-eiteachas i gcónaí uaidh, ar mhaithe leis an gcóir agus leis an gceart.

"Níor crochadh éinne acu fós ar aon chuma", arsa Aodh.

"Róisteach", arsan tiarna ag machnamh, "Ó, ní dócha gur tu an fear a thug fogha fé m'aidhbhéardaí a mharú. An tu?"

"Bhí bruíon eadrainn, ach ní raibh aon aidhm agam ar é ' mharú. 'Sé cuid den ghnó a thug anso me chun fírinne an scéil sin a ínsint do t'onóir, mar bhí ' fhios agam go gcuirfeadh an t-aidhbhéardaí éitheach orm, agus neósfad duit an scéal tríd síos".

Ach in inead éisteacht leis, d'éirigh an tiarna 'na sheasamh agus duairt:

"Níor shíleas go raibh rudaí chómh suarach san agus go bhféadfadh fear a thug iarracht ar m'aidhbhéardaí a mharú teacht anso isteach im thigh".

---

104 See *An Músgraigheach* #4, p11. This is substituted for *d'aitheantas pearsantúil.*
105 See *An Músgraigheach* #4, p11. This is substituted for *éileamh.* However, the suggested substitution may not have taken account of the fact that *achainí* also occurs in the very next clause here.

Caibidil 13

Tháinig droch-ghnúis ar an dtiarna le feirg, agus do bhuail anonn go dtí srang síoda a bhí ar crochadh leis an bhfalla chun an chluig do bhualadh.

Ach do bhí ' fhios go maith ag Aodh 'na chroí agus in aigne cad a bhí chuige dá mbuailtí an clog. Phreab sé anonn agus rug ar chuislinn air.

"Tá brath agam, a thiarna, go n-éistfir liom. Suigh síos. Éist le hiomláine an scéil. Ná buail an clog san".

Bhí glór íseal[106] cúntúrthach aige le bárr feirge de dheascaibh a chúrsa ' bheith in aistear, agus tháinig na focail ag crith as a bhéal creathánach le glór neamh-choitianta éigin a chuirfeadh eagla ar dhuine, níos mó ná an gháir chatha is bagarthaí dár chuir Índiathach barbartha riamh as.

Do chuir sé a lámh ar ghualainn an tiarna go haireach daingean, agus do dhrid i ndiaidh a chúil é go dtí an chathaoir.

"Bí deimhnitheach de, a thiarna, agus ná bíodh aon dabht agat ann, ná go bhfuilim-se chun imeacht as an dtigh seo chómh saor agus chómh scaoilthe agus do thánag ann, is má shamhlaíonn tú a mhalairt, cuir as do cheann é. Thánag le haigne mhín mhacánta, agus mara n-oireann duit t'ainm féin agus ainm do thí ' bheith i mbéal na ndaoine ar fuaid an domhain fén dtaca so istoíche amáireach, ná dein aon chur isteach orm. Níl aon fhulag anois agam chun—"

Peocu le feirg i dtaobh cainnt bhagarthach Aodha, nú le heagla go raibh sé féin i gcúntúirt fé ndeár é, do chuir an tiarna a mhéar ar chluigín airgid a bhí ar an mbórd a dhein gliogram beag, agus láithreach tháinig fothram ciscéimí isteach sa tseómra.

---

106 See *An Músgraigheach* #4, p11. This is substituted for *glór ciúin*.

Caibidil 13

D'fhéach Aodh ar an dtaobh thiar de[107]. Chonaic sé oifigeach an chínn ghléigil púdair ag teacht fé dhéin an tiarna agus ag úmhlú dho go húmhal.

"A Jenkins", arsan tiarna, "cuir chúm aníos—"

"Ní dhéanfair a leithéid, a Jenkins", arsa Aodh go modhail, "ach suífir ansan agus ceapfair do shuaimhneas".

Caibidil 14

"Ní dhéanfair aon rud in aon chor dá shaghas, a Jenkins", arsa Aodh, "suífir síos ansan ar an gcathaoir".

D'fhéach Jenkins ó dhuine go duine acu go neamh-shuaimhneasach.

"Buail an clog agus glaeigh na seirbhísigh eile", arsan tiarna.

Bhí an t-oifigeach ag dul fé dhéin an chluig, ach tháinig Aodh roimis, chuir lámh leis agus cos i dtaobh thiar de, agus le bárr nirt do leag go tapaidh i ndiaidh a chúil isteach i gcathaoir uilleann é, le tuairt chómh trom san, ar a shon go raibh an chathaoir go breá bog fé, gur rínc a dhá shúil mar a bheidís ar tí léimt amach as a cheann, agus do las a aghaidh suas díreach chómh dearg leis an gcasóig scárlóide a bhí air. Ar aon chuma, sin mar a bhíodar nuair ' fhéach Aodh air, agus do chonaic sé 'na theannta san ná raibh aon deallramh go n-éireódh sé as an gcathaoir go fóill, is do lean sé mar a bhí sé ag cainnt leis an dtiarna.

"Ach i dtaobh aon aidhm a bheith agam ar an aidhbhéardaí do mharú", ar seisean, agus greim daingean aige ar an gcathaoir a bhí len' ais, "sin éitheach, agus tá ' fhios ag an aidhbhéardaí gurb ea. Seo mar a thit sé amach", ar seisean, ag tabhairt súil-fhéachaint ar an

---

107 See *An Músgraigheach* #4, p11. This is substituted for *i dtaobh thiar de*.

Caibidil 14

dtiarna. Ní aithneófá ar a dheallramh[108] go raibh aon tsuím aige sin ann, mar bhí ruag curtha ar gach ní eile ag an iúnadh mhóir a ghoibh é.

"Bhíos ar an mbóthar poiblí ag teacht abhaile um thráthnóna agus giorrae caite ar mo ghualainn agam. B'fhéidir ná raibh sé ceart agam giorrae a bheith agam, nílim á rá go raibh, ach ar aon tslí níor leat-sa é, ná leis siúd ach chómh beag, ní har do chuid a mharaíos é. Do ghoibh an t-aidhbhéardaí thoram, do léim anuas dá charráiste, do rug ar an ngiorrae gan oiread agus "i gcead duit-se" a rá, agus do thosnaigh iomrascáil eadrainn. Chuireas mo chos i dtaobh thiar de, mar a dheineas le Jenkins ansan, agus leis an gcor coise do leagas é. Tháinig a chúl ar chloich agus do thárla gur gortaíodh é. Ní raibh aon aidhm agam é ' mharú ach chómh beag is ' bhí agam Jenkins a mharú ó chiainibh".

An té ' fhéachfadh ar aghaidh Jenkins ar an neómat san, do chífeadh sé go raibh sé chómh scannraithe is dá dtugtí iarracht láidir ar é ' mharú, agus de réir na smaointe a bhí ag gabháil trín' aigne agus trína cheann, go raibh sé ceart coimisiún na mbreitheamh ó sna cúirteanna Exchequer, Chancery agus Common Pleas i Sasana do chur ar bun, agus cómhacht a thabhairt dóibh é ' thriail, agus ní le haon chúis dúnmharaithe amháin, ach le mórchuid díobh.

Ach níor chuir Aodh aon tsuím san oifigeach, ach do lean air.

"Tá an méid a bhí agam le rá ráite agam, agus dein dlúth-mhachnamh air, agus 'na theannta san cuímhnigh, agus cuímhnigh-se leis, a Jenkins", agus d'iompaigh sé air sin, ach ní raibh aon ghá a chuímhne a ghéarú ag an nduine sin, "go bhfuilim ar aigne an tigh seo ' fhágaint chómh saor is a thánag ann. Ní thánag anso chun díobháil ná dochar a dhéanamh d'éinne, agus imeód ar an gcuma gcéanna. Ná buail an clog san is ná corraídh as úr suíocháin go mbead-sa imithe ón dtigh".

---

108 See *An Músgraigheach* #4, p11. This is substituted for *ní shamhlófí ar a dheallramh*.

Caibidil 14

D'úmhlaigh don tiarna, do thug féachaint ar an oifigeach. Ní raibh aon phléisiúr ná cumaí aisteacha in aghaidh an oifigigh fén am san. 'Na n-inead san, bhí sceón agus scannradh air. Bhuail Aodh amach as an seómra.

Agus ar ámharaí an tsaeil bhí an eochair sa taobh amu' den doras. Do chuir Aodh an glas ar an ndoras is chuir an eochair 'na phóca. Do bhuail sé síos an staighre ar a shuaimhneas. Bhí roinnt d'oifigeachaibh eile thíos, díreach mar an oifigeach a bhí fágtha 'na dhiaidh aige. Bhíodar ag obair nú á leogaint orthu go rabhadar, ag glanadh nú ag stúáil an bhaíll. Ach 'sé rud is mó a bhí uathu, radharc maith d'fháil ar Aodh, mar bhí beagán dá thuairisc acu ón oifigeach a bhí fé ghlas lastuas. As na strac-fhéachaintí a thugadar air, féna mailíbh agus é ag gabháil chúthu síos, do thuig sé gurbh in a raibh uathu.

"Níor mhaith liom ' bheith orm gabháil tríothu so go léir, dá mbeadh sé air agam", arsa Aodh leis féin, ag tabhairt súil-fhéachaint tímpall air.

Do sheasaimh sé ag bun an staighre.

"An airíonn sibh me?", ar seisean, agus do chuir an oiread nirt agus údaráis agus d'fhéad sé 'na ghlór, "tá an tiarna agaibh á chur trí chéile leis an bhfothram atá agaibh á dhéanamh. Duairt sé libh dul go dtí úr n-áit féin. Tá sé gan bheith ar fónamh agus ba cheart díbh bheith níos tuisceanaí".

Nuair a bhí an méid seo de chainnt thóirtéiseach ráite aige, do scaip an ghasra seirbhíseach láithreach. Níor fhan ach duine acu—oifigeach a dó—chun an dorais d'oscailt do, is do bhuail Aodh amach go neamh-thuairimeach is d'úmhlaigh an t-oifigeach do le línn scarúint leis. Bhí ' fhios ag Aodh ná raibh ann ach magadh, siúd is nár fhéach sé air. Sara raibh an doras dúnta 'na dhiaidh, d'airigh Aodh na cluig go léir dá mbualadh.

Caibidil 14

Nuair ' fhág sé an tigh, do chuir sé dhe go mear as an leath-árdán gur shrois sé an tsráid phoiblí. Do chaith sé an eochair sa spéir ar feadh na slí, is do bhrúigh sé tríd an slua. Ní hamhlaidh a bhí aon aidhm ar chuideachtain aige, bhí a aigne ró-thógtha suas lena ghnó féin. Bheadh sé chómh maith aige bheith sa bhóithrín ab uaigní i dTiobrad Árann, chómh fada is do chuaigh cuideachtanas.

Bhí sé ana-mhór trí chéile i dtaobh a chúrsa ' bheith in aistear. Ní hé an t-aistear ba chás leis, ach gur mhó an díobháil ná an tairbhe a bhí déanta aige, agus rud ba mheasa ná san, gur air féin a bhí mórán den locht, mar go raibh sé ró-mhear, ró-theasaí, ró-dhroch-mhiotalach, is ná raibh a dhóthain foighne ná stuaim aige mar ' oirfeadh do dhuine ar a leithéid d'ócáid.

"Dheinis do bhotún, ' Aodh; dheinis go cruínn", ar seisean agus é ag cainnt leis féin. Nách tu an fear chun tu ' chur amach ar a leithéid seo de ghnó. Do dhéanfadh príntíseach a ceártain Sheáin Gabha in Eanach Gluair i bhfad níos feárr".

Níor dhein na smaointe seo aon tairbhe dho, ná aon éadromú ar a aigne, ach d'iompaigh sé ar *chabman* a bhí 'na sheasamh in aice leis is d'fhiafraigh de:

"An bhfuil ' fhios agat ca bhfuil Gloucester Place?"

"Tá ' fhios".

"Tomáin ann me agus stop ag an gcúinne".

Fé cheann roinnt neómataí bhí sé ag an gcúinne. Do stop an charráiste is tháinig sé amach. Tharraig sé amach ladhar airgid chun píosa oiriúnach ' fháil chun fear na carráiste ' dhíol. Cuireadh lámh go láidir ar a ghualainn, do baineadh a leithéid de chrothadh as gur dhóbair don airgead léimt dá bhais.

Caibidil 14

"Ní tu Aodh?", arsan fear agus iúnadh air, ag dul i ndiaidh a chúil cúpla ciscéim.

"Is me. Cé hé seo?", arsa Aodh, is thóg a shúil den airgead, agus d'fhéach ar an bhfear do labhair. "Is tu Tomás, an fear céanna ' bhí uaim. Is feárr liom tu ' fheiscint ar an neómat so ná—ná Naomh Peadar", arsa Aodh, is do theip air cuímhneamh ar aon fhocal eile ach do shín a lámh chuige.

"Is tánn tú ansan agam", arsa Tomás, "i lár Lúndain", nuair a bhí fear an chóiste imithe agus iad ag siúl le cois a chéile, "cad é an donas a thug tu?"

"Tá scéal fada air sin", arsa Aodh.

"Ceapaim go bhfuil. Tá rud éigin ag baint duit, a Aodh. Tá ' fhios agam go bhfuil, ach níor fhiafraíos díot fós an raibh béal ort. Is túisce deoch ná scéal. Sid é mo thigh-se. Tair isteach".

Níor iarr Aodh aon tathant. D'oir bia agus deoch do, agus anál do tharrac tar éis an chúrsa fhada a bhí tabhartha aige.

"'Sea, a Aodh, do thánaís go Lúndain", arsa Tomás, ag cur buidéil d'uisce beatha ó Éirinn agus buidéal fíona agus dhá shaghas feóla os a chómhair. "An miste dhom a fhiafraí cad a thug anso tu? Ach ar an gcéad rud, conas 'táid siad go léir sa bhaile i dTiobrad Árann?"

"Táid siad go léir go maith", arsa Aodh, "slán go rabhair. Ach i dtaobh teacht anso dhom, is dó', thánag chun an Tiarna Othorpe d'fheiscint".

"Thánaís chun an Tiarna Othorpe d'fheiscint!" arsa Tomás agus tháinig sceón ann. "Cad é an gnó a bhí agat de sin?"

Caibidil 14

"'Sea, 'sé a fhaid ar a ghiorracht é, thánag chun é ' fheiscint ar son na dtireóntaithe agus ar mo shon féin. Saghas eadargálaí go dtí an tiarna", arsa Aodh go símplí.

An iúnadh ' bhí ar Thomás d'imigh sí, agus do chuir sé racht gáire as, do leog siar é féin sa chathaoir, do gháir a dhóthain agus Aodh ag caitheamh a lóin.

"Agus do chuais i t'fhear eadargála go dtí an Tiarna Othorpe", arsa Tomás, ag ciúnú beagán. "Conas a ghoibh sé le n-ais tu? Nú ar fhéadais aon cheart a bhaint de?"

"Tá eagla orm nár fhéadas", arsa Aodh go dáiríribh, agus ansan do phléasc Tomás arís ar gháirí.

"Tá brath agam nár éirís chuige", arsa Tomás, mar chonaic sé féachaint neamaitheach ag Aodh.

"Níor éiríos", arsa Aodh, agus do chrom sé ar an scéal d'insint do tríd síos, nú an méid ' fhéad sé dhe, mar bhí Tomás á chosc go coitianta lena chuid gáirí.

"Agus, a Aodh, an miste ' fhiafraí dhíot cé ' chómhairligh duit-se teacht ann ar an ngnó san?", arsa Tomás, ag teacht chuige féin.

"An tAthair Ó Conchúir", arsa Aodh.

"Agus cad 'duairt sé leat a dhéanamh anso, a Aodh, nú an miste dhom a fhiafraí?", arsa Tomás, ag cnósach a mheabhrach.

"Chun an Tiarna Othorpe d'fheiscint", arsa Aodh.

"'Sea?"

Caibidil 14

"Agus chun ' ínsint do an toirmeasc a tharraigeas orm féin—ar ínseas duit an bhruíon a bhí agam leis an aidhbhéardaí?"

"Níor ínsis, ach d'airíos i t'éaghmais é".

"Conas d'airís é?"

"Ó, tá sé sin ró-fhada mar scéal chun é ' ínsint i láthair na huaire seo, ach lean leat".

"B'fhéidir ó airís in aon chor é", arsa Aodh, "go bhféadfá ' ínsint dom conas 'tá an fear gortaithe".

"Scaile na ngrást níl air, chómh fada lem thuairim. Ní bhfuair sé leath a dhóthain", arsa Tomás, "ach lean leat. Tá ana-dhúil agam aireachtaint conas a rith leat i láthair an tiarna. Thánaís chun ' ínsint do i dtaobh na bruíne—agus—

"Agus chun ' ínsint do", arsa Aodh, "an cor atá ar na tireóntaithe idir é féin agus an aidhbhéardaí—rud a dheineas".

"Ar éist sé leat?"

"D'éist, agus ná raibh maith aige".

"Tá brath agam ná deighis chun feirge".

"Is díreach go ndeigheas", arsa Aodh go leath-bhrónach.

"Ní thugais droch-bhéal do, an dtugais?"

"Do dheineas níos mó ná san", arsa Aodh, "mar nuair a chuaigh sé chun an chluig a bhualadh, ag glaoch ar chúnamh chun me ' ghabháil[109], chuireas ' fhéachaint air suí síos, é féin agus a bhonnaire

---

[109] See *An Músgraigheach* #4, p11. This is substituted for *chun me ' fháil gofa*.

Caibidil 14

—fear mór sé dtroithe ar aoirde—chaitheas isteach sa chathaoir é nuair ná déanfadh sé mar aduart leis".

Ansan d'innis sé an scéal tríd síos do Thomás, focal ar fhocal, fé mar a thit amach, agus níor dhearúid sé an chuma 'nar chuir sé an glas ar an ndoras agus gur dhein sé príosúnaigh den bheirt.

"'Sea", arsa Tomás, nuair ' fhéad sé teacht chuige fein ó sna gáirí agus an scéal go léir airithe aige. "Go maithidh Dia don Athair Ó Conchúir é, 'sé sin má tá aon ghá le maithiúnachas aige, ach is dó' liom ná fuil bac air a bhfuil de pheacaíbh ann a dhéanamh agus ná tabharfaí aon bhreith dhamanta air, tá sé chómh símplí sin[110]. Aon fhear ' fhéadfadh i lár an lae ghil ghléigil, agus a dhá shúil ar oscailt aige, fear fiain ó Thiobrad Árann, agus dúnmharú 'na leith, a thomáint anso anall chun eadargála ' dhéanamh leis an dtiarna Othorpe, tá sé oiriúnach ar bheith in' Árd-Aingeal insna Flaitheasaibh le bárr saontachta. Níl sé oiriúnach don tsaol so". Agus do chuaigh Tomás insna trithíbh arís ag gáirí.

"'Sea, a Aodh, dheinis túaiplis. Do ghabhais de chosaibh ann baileach glan. Ba mhaith an bhail ar na tireóntaithibh go mbéarfaidís ar chéas cínn ort ar an mbóthar go Port Láirge agus tu ' chrochadh díreach ar an spota. Dar ndó', a dhuine, ní raibh sé riamh chómh himeartha chun iad a chur amach is mar a bheidh sé anois".

"Tá eagla orm", arsa Aodh go dúbhach, "go mb'fhéarr me ' fhágaint sa bhaile, ach ní lem thoil a thánag".

"'Sea, a Aodh, tóg braon eile biotáille. Ní haon chabhair bheith go mí-mhisniúil. Ní fheadraís ná gur tairbhe ' thiocfadh as. Fiú amháin déanfaidh sé tairbhe do sna páipéir nuachta. Is olc an ghaoth ná séideann do dhuine éigin. Beid scéaltha móra scannrúla acu i gcló trom dubh", arsa Tomás. "Cad a cheapann tú a dhéanamh?"

---

110 See *An Músgraigheach* #4, p11. This is substituted for *de bhárr a chuid símplíochta*.

Caibidil 14

"Ceapaim dul abhaile láithreach".

"Agus conas ' fhéadfá dul abhaile?", arsa Tomás.

"Ar an gcuma gcéanna a thánag, is dócha".

"Ar an gcuma gcéanna a thánaís, a Aodh? An dó' leat gur mar a chéile *station* traenach i Lúndain agus bóithrín ar chliathán Shliabh na mBan, ná beadh agat ach do cheann a chromadh fé scairt chun bheith i bhfolach. Is dó', níl bleachtaire i Lúndain ná beidh ar do thóir".

"Níor chuímhníos ar an méid sin", arsa Aodh.

"'Sea, tóg m'fhocal leis gurb in mar atá. Tánn tú sábháltha anso go dtí anocht, agus ansan féachfam cad is féidir a dhéanamh. Agus is dó' liom anois", arsa Tomás, "gurb é sin an rud is fearra dhuit a dhéanamh—dul i bhfolach go ceann roinnt laethanta agus leogaint don scéal fuaradh. Tá ' fhios agam áit ar thaobh Surrey den abhainn mar a bhfuil duine muínteartha dhom—fear ó Thiobrad Árann leis—do gheóbhaidh le n-ais tu go toiltheanach mar a mbeir sábháltha go maith".

"Tá go maith. Déanfad pé rud adéarfair-se", arsa Aodh. "Is feárr ' fhios agat-sa cad is ceart a dhéanamh".

"'Sea, tá socair againn air sin. 'Bhfuil aon scéal nua eile agat ó Thiobrad Árann? Is fada ná fuaras aon tuairisc uathu".

Do chaitheadar an chuid eile den tráthnóna ag seanchaíocht go dtáinig titim oíche. Do buaileadh clog ansan. D'imigh Tomás an staighre in áirde chun é ' fhreagairt, is d'fhíll sé thar n-ais gan puínn moille.

Caibidil 14

"Táim ag dul in éineacht leis an máistir go dtí an chathair", ar seisean. "Bead gnóthach ar feadh cúpla uair a' chluig, agus is fearra dhuit-se carráiste ' thógaint agus fanúint liom-sa i Sráid Threadneedle, sa chathair. Féadfair siúl mórthímpall duit féin go dtagad chút. Fan liom ag Bannc Shasana. Áit uaigneach is ea í nuair a bhíonn gnó i leataoibh. Ní bheir i bhfad ag feitheamh má fhéadaim é. Tabharfad carráiste go doras 'ot iarraidh".

I gceann roinnt neómataí bhí Aodh ag dul fé dhéin na háite sin. Nuair a shrois sé í, do tháinig amach as an gcarráiste, shiúlaigh síos suas ag féachaint ar na tithe móra árda agus ag déanamh iúnadh dhíobh lena méid agus len' aoirde seochas aon tigh eile dá bhfeaca sé riamh.

Do shamhlaigh an aimsir bheith an-fhada. Do coireadh é de bheith ag féachaint ar na tithe is do dhírigh ar chuímhneamh go neamh-shuaimhneasach ar Thiobrad Árann agus ar an gcómhrá a bhí idir é fein agus an tiarna. Táinig diomá air nuair a chuímhnigh sé ar an gcuma 'nar thóg an tiarna é, agus níos mó ná san nuair a chuímhnigh sé ar an saghas fáilthe ' chuir an t-oifigeach roimis.

"Dá mb'áil liom teinneas cluaise a thabhairt do san", ar seisean leis féin, "ba mhór an sásamh aigne dhom é".

I lár an mhachnaimh sin do thug sé fé ndeara beirt nú triúr d'fhearaibh garbha ag guailleáil ar fuaid an bhaíll le línn do féin bheith ag siúl síos suas. Bhíodar á thabhairt fé ndeara féna mailíbh. D'fhair sé iad go maith, agus níor leog sé aon ní air.

"Níl aon fhuadar fónta fúthu", ar seisean, nuair a thug sé fé ndeara a gcasóga gairide, scuimheanna a mbéil, a n-aghaidh leathan, agus a gcaipíní clúmhacha tarraicthe anuas ar a súilibh. Chuadar i bhfolach sa doircheacht le hais polla lampa, in áit ná raibh puínn radhairc orthu. Ó nár oir a gcuideachta dho, ná a thuilleadh trioblóide, agus ó bhí droch-iúntaoibh aige astu agus gur chuímhnigh sé ar chainnt Thomáis i dtaobh bleachtairí, do bhuail sé síos thar cúinne go Sráid

Caibidil 14

Lombard mar a bhfeaca sé iúnaí eile, agus do dhearúid sé iad baileach glan.

Tháinig cuímhnithe éigin 'na cheann a chorraigh a aigne i dtreó gur árdaigh sé a lámh san aer.

D'ísligh go brostaithe arís í le línn do dhuine uasal gabháil thairis a chonaic, fé sholas an lampa, an aghaidh lasta a bhí air, mar a raibh na dathanna ag teacht is ag imeacht fé mar' bheadh ar pháirc mhóinéir lá scamallach gaoithe i mí na Beallthaine. D'fhéach an duine an tarna huair go greannúr suairc air.

Bhí Aodh ana-mhór trí chéile toisc nár fhéad sé a aigne ná a aghaidh a smachtú ar chuma ná tabharfaí fé ndeara é, agus do bheartaigh sé gan leogaint dá aigne an lámh uachtair' fháil air. Leis sin do chuir uaidh an buaireamh, do chuir a lámha i dtaobh thiar dá dhrom, is do dhírigh ar bheith ag breithniú ar na tithe móra árda a bhí' seacht nú ' hocht d'fhinneógaibh ar aoirde os a chionn. Ní raibh a mbárr le feiscint sa doircheacht, ach amháin mar a bheadh solas i bhfinneóig a dheimhneódh go raibh cimeádaí an tí thuas i ndorchadas an bhaíll.

"Nách uaigneach atá an tsráid", arsa Aodh leis féin, ach ní raibh 'fhios aige ná fuil sa chathair féin ach oifigí agus baínnc a bhíonn lán de dhaoinibh an fhaid a bhíonn gnó ar siúl, ach tar éis an ghnótha a bheith ar leataoibh, ná bíonn ach boltaí is glais a chur orthu agus iad d'fhágaint fé chúram an chúnstábla a bhíonn ag siúl na sráide ar feadh na hoíche.

"A Phíléirí. Murdal. Robáil. A Phíléirí".

Do tháinig an liú ón dtaobh thiar de. Do bhain sé preab as. Do tháinig sé chómh hobann san go raibh dabht aige an raibh a éisteacht sa cheart, nú an amhlaidh do samhlaíodh an liú dho.

Caibidil 14

Do stop ar feadh tamaill féachaint an aireódh sé arís é. Tháinig an liú arís, ach níor thuig sé aon fhocal ach mar a bheadh[111] greim ar scórnaigh ar an té ' bhí ag liúirigh.

Ní foláir nú gur dhearúid sé ná raibh aon bhaint aige le bruíonta agus le hachrann na cathrach coímhthí seo, mar siúd ar aghaidh le hAodh go dtí an áit as a dtáinig an liú. Nuair a shrois sé í, chonaic sé triúr nú ceathrar fear in achrann 'na chéile, ach nuair a dhrid sé leó, do chonaic sé gurb iad an triúr céanna iad gurb áil leis éaló uathu sa tsráid eile. Bhíodar ag iomrascáil le fear, ar tí a robáil. Ní raibh leisce riamh air lámh chúnta do thabhairt i dtroid—go mór mór don té a bheadh thíos. Do phreab Aodh is do rug ar chába ar fhear a bhí cromtha anuas ar an té a bhí sínte, do chaith le fuinneamh nímhe é i gcoinnibh na rálach. Thug an tarna fear fé bhuille ' thabhairt do le bata lódáltha le luadha, ach bhí Aodh ró-thapaidh do. D'aimsigh le dorn é fé bhun na cluaise, chuir ar fleasc a dhroma é i lár na sráide.

Do rith an bheirt an fhaid is ' bhí sé 'na gcosaibh[112]. Nuair a fuair an tríú fear é féin in' aonar, rug sé na cosa leis sara dtáinig Aodh in aon chóngar do.

Níor fhéach Aodh 'na ndiaidh, ach do thóg sé[113] an fear a bhí ar lár is chuir a lámh tímpall air chun é do chimeád 'na shuí.

Bhí sé tamall ar an gcuma san sara dtáinig sé chuige féin. Do dhein na bithiúnaigh a ghnó go tuatach. In inead é ' leagadh gan anam gan anál i dtosach bára, níor dheineadar ach é ' bhatráil agus é ' ghortú.

"Tá brath agam ná fuileann tú gortaithe, a dhuine uasail", arsa Aodh, nuair a chabhraigh sé leis éirí.

---

111 See *An Músgraigheach* #4, p11. This is substituted for *amhail is dá mbeadh*.
112 See *An Músgraigheach* #4, p12. This is substituted for *chómh luath is ' bhí 'na gcosaibh*.
113 See *An Músgraigheach* #4, p12. This is substituted for *d'árdaigh sé*.

Caibidil 14

"Tá eagla orm go bhfuilim", arsan duine uasal. "Tá mo dhrom gortaithe. Is ar éigin atáim ábaltha ar sheasamh".

"Ar sciobadar aon rud uait?"

Do chuardaigh sé an póca laistigh dá chóta.

"Tá mo thiachán sábháltha, ar aon tslí. Bhí mórchuid airgid ann, billí agus seiceanna iasachta. Do choinníos greim daingean air, ach ní bheadh sé i bhfad im sheilbh mara mbeadh do chúnamh fearúil-se. Do bheadh sé imithe agus me féin marbh um an dtaca so. Rugadar leó mo sparán. Bhí roinnt óir agus airgid bháin ann".

"An dó' leat go bhféadfá siúl gan cúnamh anois?", arsa Aodh tar éis bheith 'na theannta ar feadh tamaill. Ansan do rith sé leis go mb'fhéidir go mbeadh Tomás ag feitheamh leis ag áit an choinne. "An dó' leat go bhféadfá siúl abhaile?"

"A' dtabharfá cúnamh dom síos go stad na gcóistí ag cúinne na sráide? I dteannta a bhfuil déanta agat dom cheana, do bheinn ana-bhaoch díot".

Thoiligh Aodh láithreach, is chuir a lámh fén' oscaill is rug leis é go dtí an cóiste ag an stad. Do thug an duine uasal do a chárta agus ghoibh míle baochas leis. B'éigean d'Aodh geallúint do go mbuailfeadh sé isteach san oifig chuige ar maidin, do thug sé don chairréirí an seóladh gur mhian leis dul ann, do bhagair sé a lámh chun Aodha agus bhí sé imithe.

"Dá mbeinn i bhfad i Lúndain", arsa Aodh leis féin, "do bheadh an oiread eachtraí gofa tríd agam is do dhéanfadh scéal fada fiannaíochta d'éinne gur mhaith leis é ' scrí'. Tá an bua mór agam chun achrainn a tharrac orm féin le déanaí—greadadh chúthu. Agus do shiúlaigh thar n-ais chómh tapaidh is d'fhéad sé ó stad na gcóistí go dtí áit an choinne.

Caibidil 14

"Sid í an áit 'nar thit sé amach", ar seisean, nuair a tháinig sé go dtí áit na robála. "Sid é an ball a thoghadar—áit mhaith chaothúil chuige. Is dócha go rabhadar ag feitheamh leis ar feadh tamaill. Ach cad é seo?", ar seisean, nuair a chonaic sé roidín gléineach ag taithneamh sa bhóithreán féna chosaibh.

"Fáinne, dar fia. Seód-fháinne, dar liom, de réir a lonnradh. Ní foláir nú gur thit sé uathu, nú gur chaill an duine uasal é san achrann. Táim á chuímhneamh gur chailleadar saibhreas saolta nuair a chailleadar é seo. Béarfad go dtí an duine uasal é ar maidin. Cuirfead ar mo mhéir é go dtí san. Is lú an baol a bheidh air ann[114] ná in aon áit eile", ar seisean. Dá réir sin, chuir sé ar a mhéir é. Ach is minic a thiteann sé amach gurb usa fáinne ' chur suas ná é ' bhaint anuas, agus b'in é a dháltha so, mar ní túisce a bhí sé curtha suas thar rúitín ná ' chonaic sé go cruínn ná bainfeadh Dú Dara na n-adharc anuas é.

Seo mar a bhí sé ag cuímhneamh nuair a bhuail Tomás chuige agus é ag siúl go fuadrach.

"Is fearra dhom gan pioc de seo ' ínsint do Thomás", arsa Aodh, "nú raghaidh sé i dtrithíbh gáirí, agus tabharfaidh sé fear fiain ó Thiobrad Árann orm anois nú riamh".

"Tá brath agam ná fuileann tú i bhfad ag feitheamh liom, a Aodh?", arsa Tomás, nuair a tháinig sé suas chuige.

"Ní rabhas", arsa Aodh. "Thaithn an áit seo liom. Bhíos ag féachaint tímpall orm i m'aonar. Níor mhothaíos an aimsir ag gabháil thoram".

"'Sea", arsa Tomás, "cheapas go mbeadh an tsráid seo caothúil uaigneach, is ná tabharfadh éinne fé ndeara thu".

"Tá sí caothúil", arsa Aodh, "ana-chiúin agus ana-mhacánta", agus do shíl Tomás go raibh sé lom dáiríribh.

---

114 See *An Músgraigheach* #4, p12. This is substituted for *is lú de bhaol do ann*.

Caibidil 14

"Tá", arsa Tomás. "Sid é an chúis gur thoghas an áit seo, mar bhí ' fhios agam ná beadh aon ní ann chun cur isteach ort. Cad é sin id láimh agat?"

"Cárta a fuaras ar an dtalamh", arsa Aodh, á shíneadh chuige.

"Greadadh chuige is nách greannúr é sin. Sin é an duine uasal a bhí agam féin agus ag fear an airgid á lorg[115]. Bhí sé as baile, theip orainn é ' fháil, agus sin é ' choinnibh me chómh fada".

"Cé hé féin?"

"Sin é an fear gambín i Sráid Nioclás. An fear is mó le rá sa chathair, agus an fear is saibhre leis. Nách greannúr an scéal gurb é a chárta é?"

"Is greannúr", arsa Aodh, á rá leis féinig, "bheadh sé i bhfad níos greannúire, a Thomáis, dá mbeadh an scéal ar fad agat".

"'Sea anois, a Aodh", arsa Tomás, ag síneadh an chárta chuige, "i dtaobh[116] áit chun lonnaithe ann go ceann tamaill, tá áit ar an dtaobh eile den abhainn, ach, de réir gach deallraimh tá farairí ar na droichid, agus mar sin caithfeam dul anonn i mbád beag. Ach mo dhearúd. 'Bhfuil ' fhios agat go bhfuil an scéal a bhí idir tu féin agus an tiarna ar maidin inniu i bpáipéaraibh an tráthnóna?"

"I bpáipéaraibh an tráthnóna, an ea?"

---

115 See *An Músgraigheach* #4, p12. This is substituted for *sin é an duine uasal a bhí mé féin agus Fear an Airgid á lorg*. This sentence was highlighted in bold in this passage in *An Músgraigheach*, showing this to be one of the most egregious destructions of DBÓC's Irish in *Aodh de Róiste* as published in 1933. As the synthetic forms of the verb are used in Munster, *bhí mé féin* cannot be accepted. In addition, the construction with *á lorg* requires *a bhí agam féin*.

116 See *An Músgraigheach* #4, p12. This is substituted for *maidir le*.

Caibidil 14

"'Sea, fogha tugaithe fén dtiarna, agus gur bhuaigh an tiarna le stuamacht agus le meanmnacht. Sin mar a ritheann sé. Is dóin, a dhuine mhacánta, is feárr is eól dá bhfuil de dhaoinibh i Lúndain Aodh de Róiste i láthair na huaire ná na tiarnaí is mó cáil sa chathair. Is suarach le rá é imshuí Sebastopol seochas imshuí tí mhóir an tiarna".

"Ach níor dheineas aon ní dá shórd", arsa Aodh go searbh.

"Is cuma san. Sin é sa pháipéar é i gcló chómh suaitheantach agus is féidir é ' bheith, is feiceam cé ' bhréagnóidh é. A' mbréagnóir-se é?"

"Gabhaim-se orm, bréagnód", arsa Aodh.

"Níl fear i Lúndain a chreidfidh thu, agus 'na theannta san beir i ngreim nách fuiriste dhuit teacht as, agus dá luaithe ' bheam thíos ag an abhainn 'sé do bhuac é. Seo—carráiste!"

Ghlaeigh Tomás ar fhear carráiste a bhí ag gabháil thairis, agus d'órdaigh do iad a thomáint síos go sráid ar bhruach na habhann.

"Ba cheart don bhád bheith anso. Tair isteach ar dtúis agus bíodh deoch agat", arsa Tomás is d'iompaigh sé isteach i dtigh tábhairne.

Bhí an bád ag feitheamh ag an gcaladh is ní raibh sé chómh saoráideach dul isteach sa bhád san áit sin an uair úd agus 'tá sé anois. Ní raibh falla ná bóthar ann mar atá anois, ach láib agus feamnach, agus ní gan trioblóid a chuadar ar bórd.

Do rug fear an bháid agus Tomás ar na maidí rámha agus thosnaíodar ag iomramh treasna na habhann agus Aodh ag féachaint tímpall air, ar na hiúntaisí agus ar na soílse go léir ar feadh na mílthe slí is gach treó baíll, suas i dtreó Teampaill Naomh Pól, as san go dtí na cnuic agus ar feadh na mílthe slí síos ar feadh na habhann. Bhí an chathair mhór fhairseag 'na lóchrann lena milleóin lampaí ag spréacharnaigh.

Caibidil 14

"Nách míorúiltheach an áit é", ar seisean leis féin. Ar iompáil na baise do bhuail rud éigin buic ar an mbád do chaith tón-tar-ceann[117] é, agus sara bhfeadair Aodh cá raibh sé, bhí sé ag únthairt in uisce na Tuime.

Caibidil 15

Nuair a fuair Aodh a mheabhair, d'fhéach sé 'na thímpall. Bhí sé sínte ar leabaidh bhig iarainn i seómra beag geal mar a raibh mórán leapacha eile.

Bhí sé 'na dhúiseacht ar feadh tamaill sarar thuig sé pioc dá raibh ar siúl tímpall air, ach amháin go raibh sé 'na bheathaidh. Fé mar a bhí sé ag teacht chuige féin, bhí sé a d'iarraidh cuímhneamh ar cad a thit amach do. Ba chuímhin leis go maith an abha agus an galthán a bhuail an bád beag agus do chaith amach é nuair a bhí sé féin is Tomás ag gabháil treasna na habhann, ach níor fhéad sé cuímhneamh ar a thuilleadh le haon tsaghas cruinnis.

Siúd is ná raibh cuímhne cheart aige ar aon rud, bhí nithe eile ag rith trína cheann mar a bheadh taibhrithe greannúra i dtaobh áiteanna ' bhí feicithe aige. Bhí saghas cuímhne aige i dtaobh seómra i dtigh ósta éigin, tine agus roinnt fhear tímpall uirthi, agus ragairne ar siúl acu, agus cuid acu ag cur dí éigin siar air chun é ' thabhairt chuige féin. Cheap sé in' aigne gur bhrannda é. Chuímhnigh sé ar chúrsa éigin a thug sé, ar bheith ag siúl síos suas ag feitheamh—agus ní fheadair sé cad leis—go neamh-shuaimhneasach, agus 'na dhiaidh san ar shaghas éigin bruíne, ach chuaigh de a thuilleadh do thabhairt chun a chuímhne.

"Cad d'imigh orm nú cad a bhain dom?", ar seisean leis féin, is chrom sé ar mhachnamh. "Cad a shábháil me? Cad a thug anso me? Conas a thánag ann? An aréir ' thit sé amach, nú cathain?"

---

117 See *An Músgraigheach* #4, p12. This is substituted for *tón-thar-ceann*.

Caibidil 15

Ní bhfuair sé aon eólas ón gceistiúchán so, ach fé mar a chuaigh sé i bhfeabhas, do mhéadaigh a dhúil chun tuilleadh cúntais d'fháil, is do cheap sé stró do chur ar an gcéad duine a gheóbhadh chuige agus ceist a chur air. Do rith rud éigin trín' aigne go raibh mórchuid eile sa scéal a bhain leis féin, dá bhféadfadh sé cuímhneamh air.

An fhaid a bhí sé a d'iarraidh cuímhneamh ar na nithe seo agus a shúile leath-dhúnta, d'airigh sé coisíocht in aice na leapa. D'fhéach sé suas agus iúnadh air. Cad a bheadh ann ach saighdiúir 'na chulaith airm.

"Ca bhfuilim?", arsa Aodh.

"Tánn tú anso díreach", arsan saighdiúir.

"Is cad é an áit é seo? An otharlann é?", arsa Aodh, is níor chuir sé aon tsuím i ndoicheall an tsaighdiúra, mar ba mhaith leis[118] a thuairisc féin ' fháil.

"Otharlann is ea é, ná feiceann tú gurb ea? Otharlann airm".

"Otharlann airm?", arsa Aodh go hanaithiúil. "Cad a thug isteach anso me?"

"Cad a thugann éinne 'na leithéid d'áit? Cuir ceist ar an sáirsint", arsan saighdiúir, ag bagairt ar fhear a bhí 'na sheasamh ag cnaiste na leapa agus ná raibh feicithe ag Aodh go dtí san, agus nuair ' iniúch sé go cruínn é, cheap sé go bhfeaca sé go minic cheana é.

"An bhféadfá ' ínsint dom, led thoil, cad a thug anso me?", arsa Aodh, ag labhairt leis an bhfear san.

---

118 See *An Músgraigheach* #4, p12. This is substituted for *dob áil leis*.

Caibidil 15

"D'fhéadfainn", ar seisean, agus d'aithneódh éinne ar a chainnt gur Sasanach é. "Tánn tú liostáltha[119] san arm, agus dá mbeadh ' fhios agam-sa cad é an saghas duine thu is fada go dtabharfainn duit scilling na Bannríne".

"San arm!", arsa Aodh, is d'éirigh sé aniar ar a leath-uillinn sa leabaidh le scannradh agus chun féachaint níos cruinne ar an té ' bhí ag cainnt leis. "San arm?"

"'Sea. Agus tá brath agam ná casfar do leithéid d'earca orm arís", arsan saighdiúir. Is ansan do chonaic Aodh gur earcaire a bhí ag cainnt leis, mar chonaic sé an caipín céanna ar a leithéid go minic cheana sa Teampall Mór agus i mbailthibh eile i dTiobrad Árann.

"Conas ab fhéidir liom liostáil? Ní rabhas ábaltha ar sheasamh ó thiteas isteach san abhainn aréir".

"Aréir!", arsan saighdiúir, is do phléasc an dá shaighdiúir ar gháirí. "Is dó', tá sé geall le coicíos ó tógadh amach as an abhainn thu leath-bháite, agus rugadh isteach tu i bpárlús an White Hart. Ach do tháinig sé chuige féin ana-thapaidh", arsan t-earcaire, ag labhairt leis an saighdiúir eile.

"'Sea. Bheadh sé marbh mara mbeadh sinn-na. Ach do dhein an brannda an cleas. Do shábháil san é", arsan fear eile.

"Ach má shábháil sé é, is beag nár mhairbh sé sinn-na, mar ní túisce ' bhí an scilling tógtha aige, agus an leabhar tabhartha aige ná ' thosnaigh sé ag bruíon leis an ngárda, agus le gach aon fhear a tháinig 'na ghaire. Is iúntach nár maraíodh é féin sarar leagadh é".

"Is fíor san", arsan tarna saighdiúir, ag tógaint a chaipín dá cheann, agus ag tis'eáint banndaí na bhfáisceán a bhí fillthe air. "Ach a bhuí le Dia ná fuil an scéal níos measa agam".

---

119 See *An Músgraigheach* #4, p12. This is substituted for *do liostáil tú*.

Caibidil 15

"Agus ná fuil níos measa aige féin leis", arsan sáirsint, ag tagairt do cheann Aodha.

Bhí Aodh ar a leath-uillinn sa leabaidh, agus é a d'iarraidh a lámh chlé a chur suas ar a cheann, féachaint cad do bhain do, ach is air a bhí an iúnadh nuair a fuair sé go raibh fáisceáin fíllthe chómh daingean san[120] ar a ghéig nár fhéad sé í ' chorraí.

Do shín sé siar agus scannradh a chroí air, agus do thuig sé láithreach bonn go raibh lom na fírinne dhá ínsint ag na fearaibh. Ach cad d'imigh air gur chaill sé a mheabhair chómh baileach glan agus iompáil amach chómh hamadántúil sin[121]?

"Tá lámh bhriste ag duine de sna fearaibh a bhí ar gárda", arsan sáirsint. Do thosnaigh sé ar na máchailí go léir d'áireamh. "Tá dhá shúil dhúbha ag an bhfaraire, chómh dubh le caipín gabha, agus tá caínncín mór a dhóthain d'fhathach ar an sáirsint a bhí ar gárda sa tseómra. Ach b'é toil Dé ná fuarais greim ar aon arm tine, mar do lámhfá a raibh sa bheairic. Do bhris an faraire stoc a ghunna ar do phlaosc, in inead thu ' shá leis an mbeaignit. Mara mbeadh san, ní fios cad a thitfeadh amach. Ba dhóbair dho deich lá ' fháil i bpríosún agus gan de bhia aige ach arán is uisce de dheascaibh an ghunna a bhriseadh, ach is mó is fiú fear i láthair na huaire seo ná gunna. Mara mbeadh san, is dócha go gcuirfaí i bpríosún é".

"B'é an brannda fé ndeár é go léir", arsan fear eile. "Fuair sé an iomad de tar éis teacht as an abhainn!"

"Pé scéal é, is maith an locht ar fhear bheith láidir misniúil", arsan sáirsint le hAodh. "Oirfidh an neart go léir duit láithreach. Beidh an chipe ag dul go dtí an Crimea chómh luath is ' bheidh na hearcaí nua ollamh, is dá luaithe a thiocfair chút féin, 'sé do bhuac é. Tabhair do san pé rud ' oirfidh do".

---

120 See *An Músgraigheach* #4, p12. This is substituted for *chómh daingean sin*.
121 See *An Músgraigheach* #4, p12. This is substituted for *chómh hamadánta sin*.

Caibidil 15

Lena línn sin, d'imigh an t-earcaire agus d'fhág sé an saighdiúir in' fheighilth, agus d'innis san d'Aodh gach aon rud a bhí dearúdta aige féin i dtaobh na rudaí a thit amach do.

"B'é an brannda fé ndeár é go léir, dob é sin", arsan saighdiúir.

Caibidil 16

I ndeireadh bára bhí Aodh agus an chuid eile den chipe ag gluaiseacht fé dhéin daingean mór Sebastopol. Níor fhéad sé gan cuímhneamh ar an gcuma gur sheasaimh sé dhá mhí ó shin, agus bheith á cur i gcúmparáid leis an dtreó 'na raibh sé anois. San am úd, bhí leacain ghlasa Shliabh na mBan uaidh suas, guirt thorthúla agus páirceanna breátha Ghleann na Meala sínte ar a aghaidh amach, iad breacaithe le craínn agus mion-choíllthe, abhallúird anso is ansúd, agus tithe gléigeala feirmeóirí, srutháin, le cuir agus casaí, ag taithneamh go criostalach, bóithre clúdaithe ag bóithreán gléigeal an tsamhraidh fé mar a crothfaí plúr orthu idir na machairí fada fairseaga i bhfothain na gcrann.

Anois—bhí sé ar an mbóthar ó Bhalaklava go lár an chatha[122]. Bhí sé beagán i gcoinnibh an chnuic ón Muir Dhuibh trí thalamh lom réidh. Bhí an ghrian os a chionn in áirde, agus í á róstadh. Ar feadh na sé míle sin de shlí, bhí rian cogaidh is gach aon treó baíll gur fhéach sé. Cnublaigh capall a cailleadh ann, agus iad piocaithe glan ag madraíbh fiaine na háite. Turcailí agus rothaí briste agus iad clúdaithe le guta triomaithe. Caipíní agus casóga saighdiúirí, claimhte briste, ceaintíní agus gach aon tsaghas earraí cogaidh.

Anso is ansúd ar feadh na slí bhíodh umar adhmaid ar thaobh an bhóthair is é leath-lán d'uisce, agus na saighdiúirí ag stop chun dí ' ól as. Anois is arís castí air cipe oibre de shaighdiúirí na Frainnce, ag ól le mugaí stáin a bhíodh ceangailthe ar a nguaillibh. Uair eile castí air

---

122 See *An Músgraigheach* #4, p12. This is substituted for *cró an chatha*. This change is adopted throughout. An alternative is also given: *páirc an chatha*.

Caibidil 16

cipe de shaighdiúiríbh Shasana i bhfeighilth scata miúileanna ag dul go Balaklava a d'iarraidh lóin. Thug Aodh fé ndeara gurbh annamh a labhair na dreamanna so den dá arm le chéile. Chuir san saghas iúnadh air.

B'uathásach an tart a bhí orthu[123], agus nuair a théidís go dtí an t-uisce, do luídís ar é ' shlogadh gan cead gan órdú, agus d'óladar an t-uisce salach le neart íota.

Agus ar feadh na slí go léir bhí torann trom na ngunnaí móra 'na chluasaibh.

"Más é seo imshuí mór Sebastopol", arsa Aodh leis féin, "tá mórán á chur leis". Fiú amháin nuair a tháinig sé ana-chóngarach don daingean, níor dhein sé puínn iúnadh d'fhuaim na ngunnaí móra, mar do sháraigh an fothram a bhíodh len' ais í.

I ndeireadh bára do thánadar le hais cnuic agus, ar an dtaobh chlé dhe, do ghabhadar síos go cnucán eile a bhí clúdaithe le cábáin chómh tiubh le lubhóga sneachtaidh lá geímhridh: 'na líníbh[124] i ndiaidh a chéile, 'na mbraisilíbh, agus in áiteannaibh caite isteach i gclab a chéile, gur dhó' leat gurb amhlaidh a thit cith dhíobh anuas as an spéir. Bhí cábáin na n-armacha aontaithe ar feadh na mílthe ar an dtaobh chlé.

Nuair a chuadar thar bárr an chnuic agus síos ar an dtaobh eile, bhí fuaim na ngunnaí i bhfad níos treise 'na chluasaibh.

Ní raibh d'uain aige ach strac-fhéachaint do thabhairt ar an rí-rá tímpall air nuair do bhuail oifigeach óg chúthu ar muin capaill.

---

123 See *An Músgraigheach* #4, p12. This is substituted for *bhí an tart go huathásach*.
124 See *An Músgraigheach* #4, p12. This is substituted for *líntíbh*.

Caibidil 16

Ní raibh puínn den ghabháil éadaigh air a bheadh ar oifigeach. A chaipín líonta d'fhurcaíbh, cóta gan crios, a bhríste geall leis fuilithe[125] ag buataisí árda a bhí ag dul i bhfad suas thar na glúine air, agus iad clúdaithe le guta triomaithe. Do bhuail sé chun an taoisigh a bhí ar ceann na cipe. Ach d'ainneóin an droch-éadaigh a bhí air, bhí sé go misniúil anamúil agus crot saighdiúra air. Tharraig sé srian lena chapall, chuir lámh lena chaipín, agus labhair leis an dtaoiseach.

"Na hinnealthóirí?"

"'Sea", arsan taoiseach á fhreagairt.

"'Sé órdú Árdtaoiseach Simpson do bhuíon-sa a dhul go dtí na cábáin ar an dtaobh thiar den chnuc", arsan t-oifigeach, ag síneadh a mhéire fé dhéin an chnucáin a bhí clúdaithe le cábáin. "Tá slí ansan dod chuid fear. Cuirfead cuid de sna sáirsintí atá ar an bhfuirinn chun bualadh umat".

Bhí sé díreach chun gluaiseacht nuair a labhair an taoiseach leis.

"Aon scéal nua ó lár an chatha?"

"Ó, an seana-scéal", arsan t-oifigeach ag casadh an chapaill mórthímpall. "Táimíd ag stealladh leis na dúnta i gcónaí, ach ní fheadair éinne cad é an dul chun cínn atá déanta againn".

"Ná fuil beárnaí déanta agaibh?"

"Beárnaí. Go bhfóiridh Dia orainn. Is ar an aimsir úd de Vauban atánn tú ag cuímhneamh. Ní le fallaí daingne atáimíd ag plé ach le dhá

---

125 See *An Músgraigheach* #4, p12. This is substituted for *folaithe*. This change is adopted throughout.

Caibidil 16

chárnán cré[126]—ní miste tulacha do thabhairt orthu. Fan go bhfeicir iad".

"Agus cad é an donas atá ar na fearaibh go léir, nú cad 'tá ar siúl acu le deich mí", arsan taoiseach, ag síneadh a lámha agus ag féachaint uaidh ar an ndoilíonach fear agus cábán a bhí scaipithe ar fuaid na dútha tímpall air, "go bhfuil teipithe oraibh an áit a ghabháil?"

"A dhuine mhacánta, i dtaobh iad a ghabháil—conas a thabharfá-sa féna ngabháil?"

"Sciúrdadh a thabhairt isteach chúthu. Cad eile?"

Bhí an taoiseach féin páirteach i ngabháil Badajoz agus tuairimí ar longphuirt den tseana-shaol a bhí aige.

"Cad iad go dtabharfá sciúrdadh iontu?"

"Na dúnta".

"A dhuine mhacánta, níl aon ghá leis sin mar níl geata ná falla na longphort le leagadh. D'fhéadfadh páiste deich mblian dul dá ndruím. D'fhéadfá féin dul ann agus do lámha id phócaí agat".

"Agus cad 'na thaobh ná deineann sibh san?"

"Mar, a thaoisigh, ní féidir dul in aon chóngar dóibh", agus do gháir sé go fairseag.

"Dul in aon chóngar dóibh!", arsan sean-oifigeach, agus é ar tí mionn a spalpadh i dtaobh uilceas[127] agus meatacht saighdiúrí an lae inniu.

---

126 See *An Músgraigheach* #4, p12. This is substituted for *ní fallaí daingnithe a bhfuilimíd ag plé leó, ach dhá chárnán cré*.

127 See *An Músgraigheach* #4, p12. This is substituted for *agus é i riocht mionn do spalpadh fé olcas*.

Caibidil 16

"Beidh ciall cheannaigh agat amáireach", arsan fear eile, agus do gháir sé arís go meidhreach nuair a chonaic sé an stiúir a bhí ar an dtaoiseach. "'Sea ' chómhairleóinn duit dul go dtí na cábáin is sia suas ar an dtaobh thiar. Táid siad cúmpórdach. Tá fothain ann ó Chnuc Cathcart", agus shín sé a mhéar fé dhéin an chnuic iúntaigh sin mar ar mhairbh na Rúiseánaigh an t-oifigeach Cathcart agus a bhuíon fear an lá áir úd, Inkerman.

"Cérbh é Cathcart?", arsa Aodh le saighdiúir a bhí ag siúl len' ais.

"Árdtaoiseach ab ea é a tháinig ó sna hÍnniachaibh go Sasana, cruínn díreach in am chun é do chur anso amach. Bhí sé anso lá nú dhó roimis an gcath, agus do dhein Rúiseánach dhá leath dá cheann agus é 'na sheasamh ar an gcnuc ag stiúrú a bhriogáide".

"Dáltha an scéil", arsan t-oifigeach ag iompáil siar, "a' mbeadh fear nú beirt agat oiriúnach don oifig? Cailleadh beirt fhear orainn inné le galar scaoilthe".

"Is dó' liom gur togha fir é seo", arsan taoiseach, ag síneadh a mhéire chun Aodha a bhí ag siúl thórsu.

"Bíodh mar sin. Cuir chúm é ar maidin go hoifig an Árdtaoisigh Simpson". Do bheannaigh do lena lasc, agus do chuir de go mear tríd an smúit.

Nuair a bhí sé ag cainnt, bhí Aodh á iniúchadh go cruínn. Cheap sé go raibh sé ana-dheallraitheach le duine éigin aithnide dho[128], ach do theip air cuímhneamh[129] cathain nú cad é an áit. Fiú amháin a shiúl, agus a imeacht agus an chuma go gcroitheadh sé a cheann, chuireadh sé duine éigin i gcuímhne dho.

---

128 See *An Músgraigheach* #4, p12. This is substituted for *duine éigin ab aithnid do.*
129 See *An Músgraigheach* #4, p12. This is substituted for *theip air ' fháil amach.*

Caibidil 16

Ní raibh aon chabhair bheith ag cuímhneamh ná ag machnamh, theip air a dhéanamh amach cérbh é féin, agus i gcionn tamaill chuir na rudaí a bhí le feiscint tímpall air as a cheann glan é.

Bhí cnuc na n-innealthóirí ar a aghaidh amach, fé ghréin bhuí an tsamhraidh. Bhí trí taoibheanna dhe clúdaithe le cábáin bhána, agus iad chómh cóngarach dá chéile ná féadfá aon phioc den talamh ' fheiscint eatarthu. Bhí an leaca a bhí ar an dtaobh deiseal folamh.

I lár na gcábán istigh bhí tigh ceathair-chúinneach déanta de chlochaibh geárrtha. Ní fhéadfadh éinne gan é ' thabhairt fé ndeara i measc na mílthe cábán bán a bhí tímpall air. Do dhein na hinnealthóirí é dá n-oifigeach, agus chuir Aodh aithne mhaith air 'na dhiaidh san.

"D'airís cad 'duairt an t-oifigeach?", arsan taoiseach, ag bualadh Aodha sa ghualainn lena lasc marcaíochta.

"Níor airíos, a dhuine uasail", arsa Aodh, mar chun na fírinne ' ínsint, níor airigh sé sa cheart é.

"'Sea, téir féna dhéin ar maidin agus déarfainn go mbeidh seans agat". Do mháirseáladar leó fé dhéin an chnuic, trí chosáin chama anonn 's anall idir na cábáin gur bhuail an máistir beairice úmpu. Do this'eáin sé an áit dóibh agus shocraíodar chun codlata ar an úrlár cré gan a gcuid éadaigh a bhaint díobh.

Bhí staighre gairid ag dul síos isteach insna cábáin. Toisc go raibh an díon an-íseal, bhí an t-úrlár doimhnithe dá throigh nú trí, i dtreó go mbeadh slí ag na fearaibh árda chun seasaimh iontu.

Bhí díg troigh ar doimhneas tímpall gach cábáin chun go rithfeadh an t-uisce[130]. Ní raibh aon rud a bhain le trioscán ann, is chuir gach fear a

---

130 See *An Músgraigheach* #4, p12. This is substituted for *chun an uisce do*

Caibidil 16

mhealbhóg ar an úrlár, chuir a chasóg féna cheann, agus bhí formhór na cipe 'na sámh-chodladh láithreach.

Ní bhíodh an iomad smachta[131] ar na fearaibh nuair a thagaidís ann ar dtúis, agus nuair a bhí greas beag codlata ag Aodh, d'éirigh sé, agus thomáin leis trí sna cábáin agus na stuiceacha agus na téadracha, agus níor stad cos de gur shrois sé Cnuc Cathcart chun féachaint mórthímpall ar an áit.

B'iúntach an radharc é ó mhullach an chnuic. Ar an dtaobh chlé dhe bhí soílse campaí an dá arm, mar a bheadh a raibh d'fhúirnéisí i Sasana ar lasadh i dteannta a chéile, agus 'na dteannta san a raibh de thínteacha agus de shoílse i dTiobrad Árann, agus iad san do dhúbailt, d'athdhúbailt, do threas-dhúbailt—agus iad go léir do bheith ar a aghaidh amach síos faid a radhairc. Bhí gleann íseal dorcha ceóch, agus solas beag anso is ansúd, ana-dheifir idir iad féin agus na soílse móra lastuas. Do chaith neart na soílse thuas doircheacht ar an ngleann thíos, agus 'na theannta san bhí tulca ceóigh sínte sa spás eatarthu. Anois is arís thagadh go hobann spréach de thine dhearg[132] sa spéir i bhfuirm réilthín an eireabaill, agus chuireadh sé scréach aisti mar a chuirfeadh srang aibhléise lá gaoithe. Sciúrdadh sí sa spéir, agus ansan chun tailimh léi ar an dtaobh eile, agus í ag casadh agus ag síor-chasadh chun go bpléascadh sí 'na smidiríní. B'in iad na sliogáin á stealladh ó sna trínsí fé dhéin an bhaile mhóir[133].

Go hana-mhinic bhíodh rud eile den tsaghas céanna á bhfreagairt ó sna portáin chré, nú ón mbaile, fé dhéin na dtrínsí, agus ba minic dóibh gabháil thar a chéile i dtreó an bhaile nú fé dhéin na dtrínsí, agus ag pléascadh san am gcéanna.

---

thaoscadh uathu.
131 See *An Músgraigheach* #4, p12. This is substituted for *aon ró-smacht*.
132 See *An Músgraigheach* #4, p12. This is substituted for *spréach dhearg thine*.
133 See *An Músgraigheach* #4, p12. This is substituted for *fé dhéin an bhaile*.

Caibidil 16

Uaireanta d'airíodh sé fothram ana-mhór. D'fhéachadh sé tímpall air. Chíodh sé ceathair nú cúig de shliogánaibh ag éirí in éineacht ó sna trínsí. Ní bhíodh fead ná scread acu, ach saghas gnúsarnaí tríd an aer ag casadh agus ag únthairt agus ag imeacht go mall i dtreó gur cheap Aodh ná maireóidís éinne mar go mbeadh fuíollach aimsire aige chun teitheadh uathu.

Siúd is go mbídís go mall, dheinidís fothram níos mó ná tóirthneach istigh sa tsráid, ach sara mbíodh an fothram éachtach san i leataoibh, do bhíodh mórán de splanncacha dearga tine stealltha as an sráid thíos, agus ag éirí sa spéir go mall agus ag gabháil thar a chéile ansan ag titim 'na gcith splínncreacha[134] iarainn insna trínsí.

Ansan bheadh ciúnas, gan aon ní in aon chor le haireachtaint, ach mar a n-aireófaí streanncán ceóil ó bhuín cheóil a bhí i gcampa na bhFranncach.

"Ach sid é imshuí míorúiltheach Sebastopol, go bhfuil an chainnt go léir mar gheall air", agus d'fhéach sé ar na soílse go léir ar feadh na mílthe mórthímpall, agus cluas air ag feitheamh[135] le búirth eile ó sna gunnaí móra, ach níor airigh sé a thuilleadh an oíche sin.

Bhí na sapaeirí ag obair go dícheallach insna trínsíbh ag tóch[136] rómpu chómh ciúin agus dob fhéidir leó, agus do thaibhsigh do go raibh lucht na ngunnaí ar gach taobh 'na sámh-chodladh. Do ghluais sé thar n-ais. Dhein sé a shlí le soílse na gcábán go dtí gur shrois sé áit a chipe féin, shocraigh síos ann, is bhí 'na chodladh láithreach.

Ar a cúig a chlog ar maidin, do chuir fuaim an stuic isteach ar a chuid taibhrithe ar an mbaile agus ar Neilí Ní Dhuíbhir. Bhí na saighdiúirí

---

134 See *An Músgraigheach* #4, p12. This is substituted for *splínncí*.
135 See *An Músgraigheach* #4, p12. This is substituted for *ag coinne le*.
136 See *An Músgraigheach* #4, p12. This is substituted for *tochailt*. Other alternatives given are *baint* and *réabadh*.

Caibidil 16

ag bailiú le chéile i ranganna chun cúntais d'fháil ar obair an lae agus chaith Aodh brostú chun dul in' áit féin.

An túisce go raibh sé ann, d'órdaigh an t-oifigeach do dul go dtí an taoiseach. Do chuaigh, agus chuir seisean go hÁras an Árdtaoisigh é, fé chúram máistir na beairice.

"Cad é an gnó atá acu dhíom?", arsa Aodh lena chomrádaí, is iad ag imeacht agus ag titim thar téadrachaibh na gcábán.

"Is féidir leat scrí'. Nách féidir?"

"Is féidir", arsa Aodh.

"'Sea, más ea, gheóbhair obair san oifig—agus is maith an bhail ort féin sin", arsan máistir.

"Cad 'na thaobh?"

"Cimeádfaidh sé amach as na trínsí thu istoíche".

"An mbeidh saol níos feárr agam[137]?", arsa Aodh, mar ní raibh puínn eólais aige ar chúrsaí na dtrínsí.

"Tá ' fhios agat cad é an saghas iad na trínsí[138]—dar ndó' tá ' fhios".

"Táim dall orthu".

"Bhuel, neósfad-sa dhuit 'na dtaobh. Tá—seasamh ansúd ag obair le piocóid agus le sluasaid agus le ringear ar feadh dhá uair dhéag a' chluig—ó chúig go cúig—istigh i ndíg, guta agus uisce suas go

---

137 See *An Músgraigheach* #4, p12. This is substituted for *an mbeidh mé níos feárr as?*

138 See *An Músgraigheach* #4, p12. This is substituted for *cad é an saghas na trínsí?*

Caibidil 16

glúinibh ort, nú b'fhéidir go cromán gan aon tseans ar shuí—caithfar an obair a chur chun cínn—agus liathróidí tine ag léimrigh tímpall ort agus an áit á lasadh suas chómh geal le solas an lae. Dá mbeadh órlach ded chaipín le feiscint, bheadh leath-dosaen piléar de dhruím an bhaínnc tríd, nú b'fhéidir trí t'inchinn, sliogáin ag screadaigh os do chionn, is dá dtiteadh ceann acu isteach sa trínse agus pléascadh, bheadh an uile fhear ann marbh. Ní bheadh aon dul as acu. Sin mar a bhíonn de ló is istoíche. Sin é an saol insna trínsíbh. 'Sé rud a bheidh agat-sa le déanamh san oifig cúntas a chimeád ar a mbeidh marbh agus rudaí eile nách é. Tánn tú ábaltha ar scrí' go maith, ná fuileann tú?"

"Táim", arsa Aodh.

"'Sea, tá an t-ádh leat. Ní raghair ag obair in aon trínse choíche".

"Cad 'na thaobh?"

"Tá an iomarca gá[139] led leithéid-se san Árd-Oifig. D'fhéadfadh gach éinne trínsí a rómhar agus piléar na Rúiseánach a stop. Ach is beag duine atá oiriúnach ar ghnó na hoifige a dhéanamh[140]. Tá an t-ádh leat. Isteach leat".

Bhíodar lasmu' de thigh mhór cloiche na dtrí úrlár a chuir iúnadh ar Aodh an oíche roimis sin.

Chuaigh Aodh isteach i seómra breá mór cúmpórdach, mar a raibh roinnt shaighdiúirí gan casóga orthu, agus iad ag scrí' go dícheallach. Bhí tine mhór i ngráta ann, agus mórán luatha fúithi. Do thuig Aodh

---

[139] See *An Músgraigheach* #4, p12. DBÓC here adjusts *gáidh* to *gádh*, showing that there is no slender g pronounced in the genitive, albeit traditionally spelt *gábhaidh*.
[140] See *An Músgraigheach* #4, p12. This is substituted for *inniúil do ghnó na hoifige*. An alternative offered is *ábalta ar ghnó na hoifige a dhéanamh*.

Caibidil 16

ón méid luatha ' chonaic sé ann, agus ó chómharthaí eile, go rabhadar ag obair ann i gcaitheamh na hoíche, agus bhíodar, leis.

An t-oifigeach a bhí i mbun na hoibre ann, ní raibh sé le feiscint. Bhí sé imithe síos go dtí na trínsí ag meas na hoibre a bhí déanta tar éis na hoíche, agus ag leagaint amach treó na dtrínsí nua. Ní raibh sé chun filleadh go ceann tamaill mhaith, agus do shuigh Aodh cois tine ag feitheamh leis.

Ón lá a rugadh é, níor bhain sé, dar leis, an oiread taithnimh as tine agus do bhain anois. Bhí tuirse air tar éis siúil an lae inné agus, dá dheascaibh sin, do chodail sé go sámh ar an úrlár cré, ach do chuaigh an fuacht go smior is gach cnámh[141] dá raibh 'na chorp, i dtreó go raibh sé 'na chloich nách mór. Ach do thomáin teas na tine an fuacht agus an staf amach as a chnámha agus as a chorp is bhí sé ag teacht chuige féin go tiubh.

Níor chuir na saighdiúirí eile aon tsuím ann. Bhíodar ag scrí' leó gan stad, agus ag cainnt anois is arís ar na nithe a bhí acu á scrí'.

"Droch-oíche, dar fia", arsa duine acu agus é ag críochnú cuid den chúntas.

"Níl ach deich slata de thrínse déanta, agus dhá chéad fear agus triochaid marbh, agus céad agus cheithre fichid gunta".

"A' ndeireann tú liom é?", arsa beirt nú triúr eile.

"Deirim go deimhin. Sid é an cúntas".

"Is dócha gurb amhlaidh ' thugadar rúid i ganfhios".

"Níor airíos aon ghunna gairid aréir. Pioc ach gunnaí móra".

---

141 See *An Músgraigheach* #4, p12. This is substituted for *go smior gach chnáimh*.

Caibidil 16

"Bhí rud éigin neamh-choitianta ann. Mara mbeadh go raibh, ní bheadh an oiread san marbh".

"Beidh scéal againn nuair a thiocfaidh an captaein isteach".

Bhí Aodh ag éisteacht leis na focail seo is do ghoibh sé a bhaochas le Dia ná raibh sé insna trínsíbh aréir, agus do ghuigh sé go dúthrachtach chun Dé é ' chimeád mar a raibh sé an fhaid a bheadh sé i Sebastopol agus gan é ' chur go lár an chatha.

Ní raibh saighdiúireacht ná crógacht sa chainnt sin, ach ar an neómat san do thabharfadh sé mórán ar bheith sa bhaile sa Churrach Mhór gan buairt gan brón, mar a raibh sé trí mhí roimis sin. B'fheárr leis bheith ann ná bheith in' árdtaoiseach ar chipe innealthóirí na Bannríne. Ní raibh grá ná taithneamh aige do cháil saighdiúra. An mhuíntir go raibh aithne air, b'fheárr leó marbh é ná casóg dhearg ' fheiscint air, agus dá mbronntí na céadta onóracha air, do mheas Aodh, dá bhfaigheadh sé cead a chos, go mb'fheárr leis a gcuid bonn agus cros a chaitheamh isteach i bpoll portaigh ná iad a this'eáint i dTiobrad Árann.

Bhí sé ag cur is ag cúiteamh mar seo agus é 'na shuí cois na tine nuair a tháinig an t-oifigeach isteach. Bhí casóg mhór liath caite fáiscithe air agus í líonta de ghuta, agus bróga suas go dtína ghlúine agus iad fliuch salach. Do chaith sé dhe an chasóg nuair a tháinig sé isteach is do bhuail anonn chun an bhúird.

Nuair a chonaic Aodh é, do shamhlaigh sé ná feaca sé riamh ógánach chómh breá ná chómh misniúil leis, ciscéim fuinte éadrom, seasamh díreach, agus é slinneánach. B'fhuirist ' aithint air go raibh neart agus fuinneamh ann. Bhí a cheannatha[142] chómh hodhraithe sin ag an ngréin agus ag an aer, ná féadfadh sé aon tuairim a thabhairt fén'

---

142 See *An Músgraigheach* #4, p12. DBÓC corrects the frequently found misspelling of this word as *ceannaighthe*.

Caibidil 16

aois. Ní raibh d'fhéasóig air ach croiméal éadrom dubh. Do cheap Aodh gur tímpall cómhnaos[143] do féin é—bliain nú dhá bhliain is fiche.

"An bhfuil siad so ollamh agaibh?", ar seisean leis na saighdiúirí.

"Táid, a dhuin' uasail. Sid é an t-áireamh, idir mharbh agus gunta".

"Tá sé ana-mhór", arsan t-oifigeach, ag tabhairt súil-fhéachaint air.

"Tá san, a dhuin' uasail. An raibh aon ní neamh-choitianta?"

"Neamh-choitianta, an ea? Ní miste dhuit a rá ná go raibh".

"Rúid, is dócha?"

"'Sea. Rúid, agus le harm mór".

"I ganfhios?"

"'Sea, i ganfhios. Do thánadar 'na mbuíontaibh troma ó dhún Redan, agus cirteacha casta ar a mbrógaibh i dtreó go rabhadar ag ropadh ár bhfear le beaignití insna trínsí sarar hairíodh iad".

"Chím go bhfuil Captaein Pechel marbh, a dhuin' uasail".

"Tá. Tháinig sé anso dhá lá ó shin, agus aréir an chéad uair a chuaigh sé insna trínsí".

"An amhlaidh a lámhadh[144] é?"

"Ní hea, is amhlaidh a ropadh é le beaignit".

"Ar deineadh aon díobháil do sna trínsí?"

---

143 See *An Músgraigheach* #4, p12. This is substituted for *chómh aois*.
144 See *An Músgraigheach* #4, p12. This is substituted for *lámhchadh*.

Caibidil 16

"Do deineadh. Do dúnadh suas mórán díobh, agus rud níos measa ná san do briseadh an pasáiste clúdaithe[145]. Caithfead féachaint chuige sin láithreach. Cuir cóip den chúntas go dtí an taoiseach, go dtí an tÁrdtaoiseach Simpson agus go dtí an ceann-urraid, agus tabhair aire dá[146] bhfuil scríofa agam ar imeall an pháipéir, is caithfidh fear dul liom chun an *theodolite* agus rudaí eile a bhreith go Cnuc Cathcart. 'Bhfuil éinne díomhaoin?"

Ní raibh éinne díomhaoin. Bhíodar go léir bruidiúil ag scríbhneóireacht. Ach d'fhéach an saighdiúir a bhí i gceannas na coda eile i dtreó na tine mar a raibh Aodh 'na shuí. D'fhéach an t-oifigeach sa treó chéanna agus d'iompaigh go hobann[147] nuair a chonaic sé Aodh.

Caibidil 17

"Cé hé tusa? Cad a thug tusa anso?" D'éirigh Aodh 'na sheasamh go mall ríghin. Bhí staf 'na chnámha.

"Is amhlaidh do chuir—"

"Ó 'sea, is cuímhin liom. Tánn tú ábaltha ar scrí' go maith".

"Táim, a dhuin' uasail".

"Tá deallramh maith lúfar ort. An fada dhuit san arm?"

"Tímpall le dhá mhí".

"Agus sin é an saghas fear atá á gcur amach anso chúinn chun cogaidh a dhéanamh leis na Rúiseánaigh seo, an dream atá chómh

---

145 See *An Músgraigheach* #4, p12. This is substituted for *an pasáiste folaithe*. An alternative given is *an pasáiste fé thalamh*.
146 See *An Músgraigheach* #4, p12. This is substituted for *caith t'aire le*.
147 See *An Músgraigheach* #4, p12. This is substituted for *do chas go hobann*.

Caibidil 17

hoilthe is go ngluaiseann deich míle acu i dteannta ' chéile chómh cruínn le hinneall. Ach ní tusa fé ndeár san. 'Bhfuil aithne agat ar Chnuc Cathcart?"

"Tá, a dhuin' uasail. Bhíos ann aréir".

"'Sea, tóg leat an *theodolite* sin agus buail umam ann i gcionn uair a' chluig. Caithfidh mé obair a dhéanamh leis an ngléas san ann".

Thóg Aodh leis an gléas. Níor mhór an dua ' bheadh air dul ansan.

Ach sara raibh sé dultha i bhfad, do shleamhnaigh duine de sna saighdiúirí a bhí ag scrí' 'na dhiaidh, agus a chasóg de.

"An airíonn tú leat me?", ar seisean, "inné a thánaís i dteannta na n-innealthóirí, dar liom".

"'Sea", arsa Aodh ag iompáil[148] chun an té a labhair.

"Ní gá a fhiafraí dhíot a bhfuarais aon ní le n-ithe?"

"Ní bhfuaras", arsa Aodh, agus ansan díreach is ea ' chuímhnigh sé nár ith sé pioc ó mhaidin inné, agus gurbh é an troscadh fé ndeara dho bheith chómh lag agus chómh sithléice agus ' bhí sé.

"Sin mar a cheapas", arsan saighdiúir, "sin é an chuma 'na ndeintar an gnó anso. Seo dhuit an buidéal so. Níl puínn ann, ach is feárr é ná bheith gan pioc. Tá ' fhios agam-sa go maith cad is tart agus ocras ann ó thánag anso. Beir san oifig 'nár dteannta agus chífead arís tu".

Ní raibh Aodh i bhfad ag folmhú an bhuidéil a fuair sé ón mbuachaill dea-chroíoch. Do chuaigh an deoch i bhfeidhm air láithreach bonn. Do mhothaigh sé ag gluaiseacht trína bhallaibh beatha é. Do théigh sé

---

148 See *An Músgraigheach* #4, p12. This is substituted for *iompó*.

Caibidil 17

suas é agus dhein ana-thairbhe dho. Ní raibh sé chómh maith ná chómh misniúil ó chuaigh sé san arm.

Nuair a shrois sé an cnuc, bhí an t-oifigeach ann ag feitheamh leis, agus é ag féachaint le mórshuím trí fhad-radharcán ar rud éigin a bhí i bhfad uaidh. An fhaid a bhí sé ag gabháil do, do ghoibh oifigeach eile chuige a bhí tagaithe leis an gcipe nua, agus do dhíríodar ar chainnt le chéile.

Bhí Aodh ag glinniúint go cruínn ar an sráid a bhí fé bhun míle uaidh thíos sa ghleann, agus fánaidh mhín réidh síos chúithi. D'áirimh sé ná tógfadh sé fiche neómat uaidh í ' shroisint[149]. B'álainn an radharc í agus grian na maidine ag lonnradh uirthi. Fallaí agus tithe breátha geala agus spuaiceanna árda. Chuímhnigh Aodh gur mhór an scrupall ualaí sliogán ' bheith á gcaitheamh 'na measc in aghaidh an lae. Do bhí góilín mara isteach tríd an sráid, is treasna an ghóilín sin bhí a lán bád curtha as a chéile i bhfuirm droichid, agus thar an ndroichead san bhí na saighdiúirí agus na turcailí ag gabháil gan stad gan staonadh.

Bhí leithead cuain i mbéal an ghóilín agus bhí an chabhlach Rúiseánach—"An Dá Aspal Déag"—sínte treasna ann agus é chómh cóngarach do gur fhéad sé na saighdiúirí agus na máirnéalaigh d'fheiscint ar bórd na n-árthaí gan cúnamh gloine.

Bhí an tsráid beagán i leith na lámha deise ón gcnuc, agus ní raibh le feiscint i leith na lámha clé ach cábáin na n-arm aontaithe—Franncaigh, Sasanaigh, Turcaigh agus Sáirdínigh. Díreach os a chómhair amach thug sé fé ndeara falla beag cré, ceathair nú cúig de throithibh ar aoirde, díreach mar a bheadh falla feidín i dTiobrad Árann agus a ceathair nú a cúig de phollaibh i bhfuirm finneóga ann. Bhí soc gunna mhóir sáite amach trí gach poll. Bhí na sraitheanna gunnaí suite in órd uimhreach a I, a II, a III, agus mar sin dóibh i gcuar-líne go deireadh longphort na Sasanach mar a raibh na

---

149 See *An Músgraigheach* #4, p12. This is substituted for *ná bainfeadh sé fiche neómat de í ' shroisint.*

Caibidil 17

Franncaigh. As san amach bhí na gunnaí móra le feiscint mar ' bheadh spotaí dúbha os cómhair líní bána na gcábán.

B'é cómhrá an dá oifigeach a chabhraigh leis chun an eólais sin do bhaint amach.

Bhí iúnadh air cad 'na thaobh ná buailfidís rómpu síos agus an baile do ghabháil. Ní fheaca sé puínn idir iad agus an áit, ach an leaca mhín réidh mar a raibh roinnt thúrtóga nú cnucáin idir an slua líonmhar cábán agus fallaí bána na sráide. Chómh fada is ' fhéad sé ' fheiscint, ní raibh aon bhac orthu fogha do thabhairt fén mbaile agus é do ghabháil den iarracht san.

"Ceocu dhíobh san an Malakoff?", arsan té a tháinig i láthair.

"Chíonn tú an cnucán san thall", ag síneadh a lámha fé dhéin campaí na bhFranncach.

D'fhéach Aodh i dtreó na háite úd. Ar an leacain bhí cnapóg ar a raibh roinnt d'fhallaí cré a bhí stracaithe, beárnach, suarach. Ní rabhadar thar leath-mhíle ó champa na bhFranncach.

D'fhéach Aodh go cruínn ar an gcnucán. Bhí sé tabhartha fé ndeara aige roimis sin. Ba chosúil le bóna é, dar leis, a chífá i sráidín i dTiobrad Árann, agus do shíl sé gur ghnó éigin den tsaghas san a bhí ag an arm de, ach nuair d'iniúch sé níos cruinne é, do shamhlaíodar do díreach mar a bheadh na tithe cré a bhíodh déanta i bhfochair a chéile in aimsir na gorta[150], agus go mbíodh na daoine iontu tar éis bháis den ocras agus go mbaineadh an tiarna tailimh an ceann díobh i dtreó ná féadfadh daoine eile dul chun cónaithe iontu—na fallaí ag titim as a chéile fén bhfearthainn agus fén stoirm go dtí ná bíodh le feiscint ach amháin cuid den fhalla tosaigh ' bhí á gceangal le chéile.

---

150 See *An Músgraigheach* #4, p12. *In aimsir na gorta* is there substituted for *i mblianta na gortann*.

Caibidil 17

"A' ndeireann tú liom gurb é sin an Malakoff?", arsan t-oifigeach, agus chuir sé sceartadh gáire as, agus d'aithneófá air nách go maith a chreid sé é.

"Sin é é", arsan fear eile.

"Agus is dócha gurb é seo an Redan", ag díriú a mhéire i dtreó fallaí beaga eile go raibh cuma níos suaraí orthu ar árdán beag a bhí níos cóngaraí dhóibh.

"'Sea. Sin é an Redan".

Bhí iomaire beag cúpla troigh ar aoirde idir an dá chnósach de chreatlaigh fothrach, agus bhí falla cré tógtha ar an iomaire sin.

"Gabhaim párdún agat", arsan t-oifigeach nua, tar éis féachaint orthu go léir go cruínn. "Ar ndó', ní hiad na rudaí beaga neafaiseacha san—fallaí beaga cré—atá ag cimeád dhá chéad míle fear amach as an sráid sin thíos?"

"Is iad, cad eile?, mara n-áireófá deich míle is cheithre fichid Rúiseánach atá i Sebastopol agus ar an dtaobh thuaidh de".

"Ná féadfá na dúnta do ghabháil de ruaig?"

"A dhuine mhacánta, do thrialamair é ar an ochtú lá déag de Mheitheamh agus buadh orainn, agus do chailleamair mórchuid fear".

"Féachann sé ana-ghreannúr dom[151]".

"Ní shamhlóidh sé chómh greannúr san duit nuair a bheidh seachtain tabhartha insna trínsí agat, 'sé sin, má thugann tú an tseachtain ann. B'fhéidir ná tabharfá".

---

151 See *An Músgraigheach* #4, p12. This is substituted for *samhlaíonn sé ana-ghreannúr dom*.

Caibidil 17

"Cad 'na thaobh?"

"An bhfeiceann tú na líní fada san",—ag tis'eáint fallaí eile dho ag cosaint na ngunnaí. Bhíodar tabhartha fé ndeara ag Aodh roimis sin.

"Chím".

"Táid siad geall le bheith críochnaithe againn. Fé cheann roinnt laethanta eile, beidh an trí líne sin de chlabaibh iarainn ag raideadh piléar agus sliogán ar na dúnta cré agus ar an sráid ghléigeal san thíos, agus nuair a bheid siad briste brúite againn, ansan tabharfam fogha gabhála fúthu".

"Tá áthas orm bheith ann 'na chómhair", arsan t-oifigeach go neamh-iúntach, chroith sé lámh leis an bhfear eile, do dhearg gal, agus thomáin leis fé dhéin a chipe.

"Anois", arsan t-oifigeach le hAodh. "Socraigh an *theodolite* ar a chosa. Cad is ainm duit? Is neamh-áiseach é gan fios ainme dhuine ' bheith agat".

"Aodh de Róiste".

"Éireannach, dar ndó'. Bí imníoch. Chím lucht na ngunnaí laistíos á n-ollmhú féin chun raon na ngunnaí móra ann a thriail, agus ní mór dúinn ár ngnó a dhéanamh sara dtosnaíd siad.

Dhein Aodh mar adúradh leis. D'fhéach sé síos fé dhéin inead na ngunnaí móra, beagán ar thaobh na lámha deise. Chonaic sé roinnt fhear ag socrú na ngunnaí go ditheansach, agus iad ar a gcromara, i gcaoi ná feicfeadh an namhaid iad.

Is ar éigin a bhíodar ollamh leis an mbreithniúchán nuair a chonaic sé puth beag deataigh ag éirí agus d'fhéach sé féna dhéin. Phreab sé 'na sheasamh agus láithreach bonn d'airigh sé fothram a bhí chómh láidir

Caibidil 17

agus gur shamhlaigh sé gur bhris rud éigin 'na chluasa. Bhí a dó nú a trí de shliogánaibh ag gluaiseacht fé dhéin an Redan.

Láithreach bonn d'éirigh deatach eile agus do ghluais an oiread céanna sliogán thar n-ais ón Redan mar fhreagra. Bhí Aodh ag féachaint orthu ag teacht de dhruím inead na ngunnaí. An mhuíntir a bhí 'na bhfeighilth, bhíodar caite ar a mbéal is ar a n-aghaidh ar an dtalamh, do sciúrd an rud dá dhruím le fead-fhuaim agus do thit liathróid ar an dtalamh i dtaobh thiar de agus d'imigh ag treabhadh agus ag athléimrigh mar a bheadh liathróid camáin, i bhfad ó bhaile uaidh.

B'é a chéad aidhm ná é féin do chaitheamh ar an dtalamh. Nuair a chonaic an t-oifigeach é, do gháir sé.

"Tá an chúntúirt imithe anois, a chara", ar seisean, ag díriú a mhéire san áit gur ghoibh[152] an liathróid. "Ní dhéanfair aon iúnadh dhíobh san i gcionn roinnt laethanta eile. Féach, sin ceann eile", ar seisean. Lena línn sin, do bhuail liathróid eile ar an dtalamh lena n-ais. "Ní oireann dár gcómharsain, na Rúiseánaigh, sinn ' fhágaint anso. Ó tá ár ngnó déanta againn, fágaimís an áit".

Do bhuail Aodh an *theodolite* ar a ghualainn agus d'imíodar le fánaidh an chnuic.

Bhíodar ag siúl le cois a chéile fé dhéin na gcábán, lámh dheas Aodha casta ar sháfaigh an *theodolite* nuair aduairt an t-oifigeach:

"Is annamh a chítear fáinne mar é sin ar mhéir shaighdiúra. Fáinne seóid agus ceann ana-dhaor leis[153]. Cá bhfuarais é?"

"Ní liom féin é", arsa Aodh. "Fuaras é ar shlí ana-ghreannúr".

---

152 See *An Músgraigheach* #4, p12. This is substituted for *san áit ar ghoibh*.
153 See *An Músgraigheach* #4, p12. This is substituted for *ceann thar bárr leis*.

Caibidil 17

"Samhlaíonn sé gur fáinne ana-bhreá é. Tis'eáin dom é".

"Ní fhéadfainn é ' bhaint anuas. Mara mbeadh san, ní bheadh sé orm", ar seisean, ag síneadh a mhéire chuige.

D'fhéach an t-oifigeach air, is do bhreithnigh é go cruínn.

"Is dó', dar fia", ar seisean, ach lena línn sin tháinig fothram eile ó sna gunnaí a bhodhair a chuid cainnte go ceann tamaill.

"Sin é fáinne m'athar".

Níor fhéad Aodh gan gáire uime.

"Ach is é. Bí deimhnitheach gurb é. Ní fhéadfadh aon dearúd a bheith orm. Féach cínn-leitreacha a ainme, G.T. George Thunder. Sin é ainm m'athar. Cá bhfuarais é?"

"I Lúndain".

"I Lúndain. Darca Dia. Conas?"

"Bronnadh orm é", arsa Aodh agus leath-ghreann ón scéal fós air.

"Bronnadh", arsan t-oifigeach le díchreideamh.

"Tabharthas", arsa Aodh, agus gan aon dithneas air chun an scéil d'ínsint.

"Gabhaim párdún agat—níl aon dabht agam ann, ach tá greannúire éigin sa ghnó ná féadaim a thuiscint".

"Do ráinig sé greannúr go maith go deimhin agus go mí-fhoirtiúnach, leis, agus is é fé ndeár dómh-sa bheith anso".

Caibidil 17

"B'fhéidir nár mhiste leat an scéal d'ínsint dom?"

"Níor mhiste", arsa Aodh, agus le línn iad a bheith ag siúl leó d'innis sé dho tríd síos mar a thit amach i gCannon Street. Ní raibh sé críochnaithe ar fad aige nuair a shroiseadar áit na n-innealthóirí. Do stopadar ag an ndoras gur chríochnaigh Aodh an scéal.

"Sin é m'athair", arsan captaein nuair a chríochnaigh Aodh an scéal.

"Chím anois go bhfuil an chosúlacht ann. Chonac um thráthnóna inné é nuair a bhís ag cainnt leis an dtaoiseach, ach do theip orm a dhéanamh amach cé leis go raibh an chosúlacht agat[154]".

"Ná hinnis focal de d'éinne laistigh anso, ach áirimh mise i measc do cháirde feasta".

Chuadar isteach san oifig. Bhí athrach gasra ag obair go dícheallach ag scrí' cúntais ar bhearta agus ar ghnóthaí na maidine. Bhí gasra na hoíche dultha a chodladh.

"Téir isteach ansan agus ith do bhricfeast", arsan t-oifigeach ag díriú a mhéire fé dhéin seómra a bhí níos sia isteach uathu. Bhí balaithe feóla rósta chuige amach. "An cuireadh is feárr", arsa Aodh, "a fuaras riamh". Bhí sé geall le mí ó ith sé aon ghreim feóla, is bhí sé geall le cheithre huaire fichead 'na throscadh an uair sin féin. Dá dheascaibh sin, bhí a ghoile go maith aige, agus é oiriúnach ar a chion a bhreith leis de pé saghas bídh a bhí ar an mbórd.

Nuair a bhí sé ag ithe, chuímhnigh sé ar an athrú saeil a bhí aige, agus níor fhéad sé gan cuímhneamh cad é an saghas saeil a bhí sa bhaile i dTiobrad Árann—conas a bhí a athair agus a mháthair, agus conas a bhí Mícheál Ó Duíbhir agus Neilí.

---

154 See *An Músgraigheach* #4, p12. This is substituted for *cé leis ba chosúil tu*.

Caibidil 17

Neilí bhocht. Ní fheadar 'en tsaol conas a gheóbhaidh sí le n-ais é féin a bheith imithe, nú a bhfeicfeadh sé go brách arís í. Chuímhnigh sé in' aigne ar an oíche úd a bhí sé ag cainnt léi ag strapa an abhallúird, agus an chuma gur eitigh sé dul isteach chun tamaill a chaitheamh ann, toisc an trioblóid aigne[155] a bhí air féin. Chuímhnigh sé ar shuarachas na dtrioblóidí sin seochas an greim daingean 'na raibh sé anois, agus é corraíocht is trí mhíle míle ó bhaile. Chuímhnigh sé ar an áthas croí a chuirfeadh sé air í ' fheiscint, a guth bínn d'aireachtaint agus a gáire meidhreach. "Ó", ar seisean, "dá bhféadfainn ainnise agus cómhluadar na gcábán so d'fhágaint ar feadh uair a' chluig, agus bheith 'na teannta i dTiobrad Árann chun siúil léi insna bóithríní glasa, nú a haghaidh dhathúil d'fheiscint cromtha os cionn a leabhair úrnaithe sa tséipéal ar maidin Dé Domhnaigh, a lámh a chrothadh ag doras an tséipéil nuair a bheadh an tAifreann ráite agus siúl abhaile léi; grian an tsamhraidh ag taithneamh mórthímpall ag buíochtaint agus ag aibiú an arbhair insna páirceanna agus ag corcrú an fhraoigh ar chliathán Shliabh na mBan".

"Aon órdaithe?", arsan t-oifigeach leis an té ' bhí mar cheann ar na saighdiúirí a bhí i mbun an chléarcais, nuair a bhí Aodh imithe isteach chun a bhricfeaist.

"Tá teachtaire ón Árd-Taoiseach ag feitheamh le cúntaisí", arsan cléireach ag díriú a mhéire chun saighdiúra d'éirigh ar an neómat san, agus do shín leitir chuige.

D'oscail Captaein Thunder í agus do léigh.

"Cathain a tháinig sí seo? An fada atánn tú ag feitheamh?"

"Tímpall leath-uair a' chluig, a chaptaein".

---

155 See *An Músgraigheach* #4, p12. This is substituted for *toisc na trioblóide aigne*.

Caibidil 17

Do shuigh an t-oifigeach ag an mbórd agus do scrígh freagra ar pháipéar mhór oifigiúil, d'fhíll suas agus dhún go haireach é agus do shín chun an teachtaire é.

"Beir leat é sin go dtí an tÁrd-Taoiseach gan mhoíll".

D'imigh an teachtaire. Thóg an t-oifigeach anuas mapa[156] na dtrínsí, a bhí ar crochadh ar an bhfalla, agus do thosnaigh ar thrínse eile a shíneadh amach air ar uillinn 45° leis an gceann a bhí le feiscint ar an mapa, agus a bhí geall le bheith críochnaithe de réir eólais.

"Tá an talamh bog anso, is dó' liom", ar seisean le sapaeir a bhí 'na sheasamh len' ais ag faire na hoibre.

"Tá, a chaptaein".

"Más ea, bíodh an leithead so ann".

"Sin dhá leithead na dtrínsí eile agus na cómh-threóraigh".

"Dein mar adeirim leat. Cuir chúig céad fear ag obair ann anocht. Agus féach. Coinnibh an uimhir sin ann go maidean. Caithfar é ' dhéanamh mór a dhóthain go mbeidh slí do dhá mhíle fear in éineacht ann[157]".

"Tá go maith, a dhuine uasail".

"Caithfar é ' oibriú gan staonadh gan stop. An dtuigeann tú?"

---

156 See *An Músgraigheach* #4, p12. This is substituted for *léarscáil*.
157 See *An Músgraigheach* #4, p12. This is substituted for *caithfar é ' bheith déanta chómh fada is go raghaidh dhá mhíle fear in éineacht*. This sentence was highlighted in bold in this passage in *An Músgraigheach*, showing this to be one of the most egregious destructions of DBÓC's Irish in *Aodh de Róiste* as published in 1933. An alternative *fada a dhóthain* is also given there.

Caibidil 17

"Tuigim, a dhuine uasail".

"Más ea, dein beart dá réir. A' bhféadfaidh piléir na namhad é ' scuabadh?"

"Ní fhéadfaidh. Tá sé ar fiar ró-mhór ó chúinne an Redan. Ní fhéadfaidh aon ní ach sliogáin é ' aimsiú".

"Tá go maith. Cuir chun cínn an obair chómh tapaidh is is féidir é. Cuir na fir is feárr agat san obair, agus bíodh úirlisí maithe acu, agus athraigh iad gach aon trí huaire a' chluig. Má bhíonn éinne 'om lorg, abair go bhfuilim insna trínsí agus go mbead ann go ceann trí huaire an chluig. Cad é an t-am é?"

"Ag tarrac ar a haondéag".

Chuir an t-oifigeach a chasóg mhór air arís, mar bhí ceófrán fuar ann, agus ansan d'iompaigh isteach sa tseómra go raibh Aodh tar éis a bhricfeaist a chaitheamh ann, agus é ag cuímhneamh ar Thiobrad Árann.

"'Bhfuileann tú ollamh?", arsan t-oifigeach, agus d'oscail sé cupúrd agus do líon gloine mhór brannda chuige féin.

"Táim lán-ollamh, a dhuine uasail".

"'Sea, téanam lem chois go dtí na trínsí. Tá sos cómhraic againn chun na ndaoine marbha a chur tar éis ruag na hoíche aréir".

"Tá go maith, a dhuine uasail".

"'Bhfuil aon phiostail agat?"

"Níl, a dhuine uasail".

Caibidil 17

"Buail ort an crios so. Ní hamhlaidh go bhfuil aon ghá leis, ach ar eagla go mbeadh, is mór an teannta dhuit é, fiú amháin dá mbeithá i gcathair Lúndain, ó tá ' fhios agat féin é sin. Tá sé i bhfad níos gátaraí nuair is Rúiseánaigh atá ar t'aghaidh amach", agus chuir sé sceartadh gáire as.

Do shín sé crios chun Aodha go raibh gunna sé n-urchar ann. D'fháisc Aodh an crios air agus do thomáineadar leó. Do shiúlaíodar leó trí sna sraitheanna cábán a bhí 'na dtímpall, tuilthe de shaighdiúiríbh, cuid acu 'na gcodladh ar an úrlár cré, agus tuilleadh acu, agus a gcasóga dhíobh, ag glanadh a ngunnaí agus a gcóracha eile. Chuadar isteach sa chéad trínse.

Na trínsí scannrúla úd go raibh mórán cloiste agus léite ag Aodh mar gheall orthu le breis agus bliain, tháinig iúnadh air nuair a chonaic sé iad, a shuaraí agus a neafaisí ' bhíodar. An chéad trínse go ndeigheadar isteach ann, is ar éigin a bhí sé leathan a dhóthain chun triúr fear a shiúl ann guala ar ghualainn. Ach i dtaobh an doimhnis a bhí iontu, agus na cré a bhí curtha amach ar an bport, do dheineadar ana-scáth agus ana-chosaint ar na piléir a thagadh ó dhún chosanta a namhad. De réir mar a dhrideadar isteach, bhí na trínsí ag dul i leithead, agus ag casadh anonn is anall i dtreó gur ar éigin a bhí aon tseans ag piléar an namhad duine d'aimsiú iontu.

Bhí lúb leathan anso is ansúd i gcliathán an trínse mar a bhfanadh dream ar gárda an fhaid a bhíodh na fir eile ag obair, nú chun caoi a thabhairt do sna fir chun dul isteach ann nuair a bheadh sliogáin ag pléascadh. I mórán de sna háiteanna so bhí meascán cré is fola ann i ndiaidh na bhfear a maraíodh, nú do beirtí ann chun báis d'fháil, mar, pé aireachas a thabharfadh duine do féin dá bhfaightí radharc ar a chaipín, nú ar a láimh, nuair a bheadh sé ag obair le sluasaid, nú le piocóid, thiocfadh cith piléar féna dhéin. Bhí a oiread slisneacha agus splínncreacha pléascán in achrann i gcliathánaibh na dtrínsí is nár ghá dhuit a thuilleadh dá thuairisc a chur. Cad é an chúntúirt 'na mbíodh na fir a bhíodh ag obair ann!

Caibidil 17

De réir mar a dhrideadar isteach, chaithidís seasamh i leataoibh ó dhreamanna beaga a bhí ag breith na bhfear ngunta amach tar éis catha na hoíche aréir. Tháinig crithneamh i gcroí Aodha, nuair a chonaic sé an cor a bhí ar chuid acu. Chonaic sé fear ag gabháil thairis, a dhá chois ar sileadh leis, gan á gceangal ach an croiceann tar éis piléir mealláin á mbriseadh, ach is é an rud is mó a chuir iúnadh air, ní fheaca sé aon deallraimh teinnis air le línn gabháil thairis do.

"Do bhain an phreab an mothú as, agus tá sé lagaithe le heasnamh fola ar chuma ná mothaíonn sé an teinneas", arsan t-oifigeach. Bhí a leithéid feicithe aige sin go minic cheana.

Bhí fear eile ag teacht 'na gcoinnibh, agus beirt i dtaca fén' oscallaibh. Bhí sé ropaithe le beaignit sa bholg, agus an fhuil ag taoscadh amach tróna chuid éadaigh. Bhí sé ag lúbarnaigh le teinneas agus é ' d'iarraidh síneadh, ach ná leogfaí dho é. I gcionn tamaill eile isteach, casadh duine de sna hinnealthóirí oibre air, gan aon chasóg, agus an lámh bainte dhe ón dtaobh thuas den uillinn ag splínnc ó shliogán, ciarsúir bán casta uirthi, ach ní bán a bhí sé anois ach dearg le fuil, agus níos sia suas bhí fáisceán curtha ag an ndochtúir ar a chuislinn chun na fola do stop.

Is gach aon áit gur ghabhadar, ní raibh aon rud le haireachtaint ach, "Uisce", "Uisce", "Uisce", ach ní raibh braon ann dóibh níos cóngaraí ná na hotharlainn.

Sid iad, agus a leithéidí eile a casadh orthu, is gach aon trínse gur ghabhadar.

Chuir fear eile a casadh orthu an-iúnadh ar Aodh. Chonaic sé fear éachtach téagartha sínte ar chlár ná raibh níos mó ná troigh ar leithead, ceathrar á bhreith leó, agus duine ag siúl len' ais chun é ' chimeád gan titim de. Bhí taobh dá aghaidh ón smigín go cluais, scuabtha glan de ag smut de shliogán, smut den tsliogán céanna a bhain an lámh den fhear eile. Bhí sé ar fleasc a dhroma; ní raibh aon

Caibidil 17

mheabhair aige; nuair a chorraíodh an ghaoth an t-éadach a bhí ag clúdach a chínn, chífá é brúite stracaithe gan aon phioc deallraimh aige leis an aghaidh dhaonna a chuir Dia na Glóire air. Tháinig cradhscal agus luas croí ar Aodh.

Is daor an ceannach é glóire catha.

Nuair a shroiseadar áit leathan a bhí i gceann an phasáiste, casadh orthu roinnt oifigeach i bhfochair a chéile ar a gcromara i bhfolach, i dtrínse, agus mórán fear eile 'na dteannta.

Níorbh uiriste iad d'aithint ó chéile mara mbeadh go raibh claimhte gearra ag na hoifigigh. Aon *epauletti* gualann ní raibh orthu, agus níorbh aon áit na trínsí i gcómhair éidí suaithinseacha.

Ní raibh aon lámhach le tamall go dtí gur shroiseadar ceann an riain. Do tháinig raideadh beag piléar ó *ríflí* an dúin ar feadh roinnt neómataí. Níor deineadh aon díobháil toisc go raibh gach éinne i bhfolach.

"Seo chúinn sliogán, luídh síos, a fheara", arsa duine de sna hoifigigh nuair ' airigh sé fead géar an tsliogáin ag teacht, agus láithreach bonn, bhíodar go léir caite ar a mbéal is ar a n-aghaidh. Do bhuail sé rúideadh ar phort an trínse: do bhúirth agus d'éirigh suas i bhfuirm splainnce, agus do phléasc agus do shéid cith de shlisneachaibh iarainn. Sin a dtug Aodh fé ndeara ón áit 'na raibh sé 'na luí, ach do chonaic sé a dhóthain chun ' fhios a bheith aige cad é an marú a dhéanfadh sé dá ráiníodh do pléascadh i measc slua fear a bheadh 'na seasamh.

Nuair a bhí so i leataoibh, do chiúnaigh gach aon ní sa dún, agus d'éirigh na hoifigigh 'na seasamh arís.

Caibidil 17

"Cad é sin?", arsa Aodh, agus iúnadh air nuair a thug sé fé ndeara oifigeach ag féachaint go crúinn ar rud éigin i bhfuirm scátháin a bhí ar fhalla an trínse.

"Féachaint cathain a árdófar brat an tsosa cómhraic ag an ndún. A dódhéag an uair atá ainmnithe, ach aon neómat roimis dá gcuirfá cor díot chun go bhfeicir an brat[158], b'fhéidir go bhfaighfá cith gráin".

"Tá an brat in áirde, a fheara", arsan t-oifigeach a bhí ag faire an scátháin agus láithreach bonn bhíodar ag léimrigh amach as na trínsíbh idir fhear agus oifigeach, agus ag siúl ar fuaid an tailimh oscailthe a bhí idir an trínse tosaigh agus *réadúit* an namhad.

Ar an neómat chéanna bhí scata Rúiseánach amach as a n-áit féin, agus láithreach bonn do mharcáil gach taobh acu talamh ná leómhfadh an taobh eile dul ann.

Sa talamh núdráltha lasmu' den méid sin, ba chead do gach taobh siúl mar ba mhaith leó, agus bheith ag cainnt le chéile—rud a dheineadar. Tháinig roinnt d'oifigigh Fhranncacha anuas óna n-áit féin os cómhair an Mhalakoff. D'oir dóibh féachaint cad é an toradh ' bhí ar fhogha na hoíche aréir, an fhaid a bhí an tsíocháin ann, mar d'airíodar fothram an chatha. Do dhearg na hoifigigh tobac idir Rúiseánaigh is uile, agus do tharraigeadar galanna dá chéile, agus do thosnaigh gach re 'sea[159] eatarthu, rud dar le hAodh nár oiriúnaigh in aon chor an radharc a bhí 'na dtímpall. Ach ní hamhlaidh ná raibh trua ag na hoifigigh do sna daoine gortaithe a bhí ag fulag. Fonn agus faitíos chun baint le rud neamh-cheadmhach a bhí ag cur orthu.

"'Sea, a dhaoine uaisle", arsa oifigeach Rúiseánach le Captaein Thunder. "Cathain a cheapann sibh teacht isteach?"

---

158 See *An Músgraigheach* #4, p12. This is substituted for *dá gcorraíthá nú go bhfeicir an brat.*
159 See *An Músgraigheach* #4, p12. This is substituted for *griogadh beag grínn.*

Caibidil 17

"Nú cathain atánn sibh chun imeacht libh féin?", arsa Rúiseánach óg eile, go raibh muinichle dá chasóig folamh.

"Tá an aimsir ró-bhreá ar an leacain seo chun é ' fhágaint agus dul isteach i gcathair", arsa Captaein Thunder chómh meidhreach leó.

"Conas atánn sibh i dtaobh bídh?", arsan fear eile. "Airímíd ná fuil an saol ar fónamh agaibh ar an gcuma san".

"'Sea, chómh fada is ' théann feóil rósta Shasana, fíon na Frainnce, torthaí na hIodáile, agus na Mara Toirrian, tá ár luingeas lán i mBalaklava", arsan captaein ag tarrac a chuid tobac amach agus á thairiscint dóibh, is do thógadar é go héasca.

"Tá aon ní amháin ar aon tslí, tá easpa codlata oraibh chómh fada lem thuairim", arsan chéad fhear a labhair, is do gháir sé go fairseag. "Bainfimíd-na an mhíogarnach díobh".

"Táimíd-na á chúiteamh libh, is dó' liom", arsan captaein go deisbhéalach.

Nuair a bhí féachta go maith ag Aodh ar oifigigh na Rúise—fir bhreátha ghroí chumasacha, éadach nua orthu, léinteacha chómh geal is dá mb'amach as an bpárlús a gheóbhaidís, agus ana-dheifir idir é agus éadach na Sasanach—dhírigh sé ar fhéachaint ar na fearaibh a bhí titithe tímpall air tar éis catha na hoíche aréir. Níor thaithn an mheidhríocht leis i láthair a leithéid de radharc thruamhéileach.

Bhí na fir a bhí ag cur na ndaoine marbha ag obair go dícheallach, mar bhí na cuirp ann 'na gcáirnibh caite crosta ar a chéile. Do bhí, len' ais, carn Rúiseánach a leagadh i dteannta a chéile le cith gráin, le línn filleadh thar n-ais dóibh. Bhíodar ar a ndrom, nú ar a mbéal is ar a n-aghaidh, fé mar a thiteadar. Bhí garsún ann ná raibh níos mó ná ocht mbliana déag d'aois, agus cuirp anuas air, agus a lámha agus a

Caibidil 17

chosa briste, agus é 'na bheathaidh. Bhí fáth an gháire ar a chúntanós[160]. Thug sé iarracht ar labhairt le hAodh. Do chrom Aodh anuas chun é d'aireachtaint ach pé rud aduairt sé, níor fhéad Aodh an teanga iasachta ' thuiscint, ach dhein sé cómharthaí dho go bhféachfadh sé 'na dhiaidh.

Ach do bhí liú ós gach aon treó baíll, ag lorg cúnaimh.

Bhí mórán marbh in aon áit amháin, ropaithe ag na Rúiseánaigh nuair a bhíodar ag dul ar aghaidh, a gceann agus a gcosa chun a chéile, agus d'aithneófá gur gabhadh treasna orthu tar éis titim dóibh, mar do bhí a gceann agus a gcorp curtha síos tríd an gcré bhuig tar éis gasraí fear de gach taobh a shiúl orthu.

In áit eile, i ngiorracht roinnt troithe don trínse, bhí cuid mhaith fear a bhí tar éis na Rúiseánach a chur i ndiaidh a gcúil, sínte agus iad chómh cóngarach san don fhothain, nuair a tháinig cith gráin orthu ón Redan is do bhuail ar lár iad in aon ghasra amháin. Dá bhfaighidís soicind eile, bheidís istigh sa trínse. A ceathair nú a cúig de throithibh eile agus bheidís ar scáth gruanna an trínse, mara mbeidís sábhálta. Ach ní bhfuaradar an tréimhse sin.

"Ní fheadar cad as iad, nú ca bhfuil a ndaoine muínteartha! Ní fheadar ar tis'eánadh aon ní dhóibh aréir nuair a stealladh an grán 'na measc so!", arsa Aodh leis féin.

Bhí na fir ag obair go dícheallach ag tarrac na bhfear a bhí marbh, agus iad so a bhí gortaithe, leó. Do caitheadh cuid mhaith aimsire leis sin. Bhí gach taobh ag breith a gcoda féin leó.

Bhí Aodh tamall ag siúl agus ag feitheamh go cradhscalach ar an dtruamhéil. D'aithníodh sé ceocu láimhte nú ropaithe ' bhídís. Bhíodh cúntanós deas, nú fáth an gháire ar an té ' bhíodh láimhte. Bhí aon

---

160 See *An Músgraigheach* #4, p12. This is substituted for *fáth an gháire ar a bhéal*.

Caibidil 17

fhear amháin ar a leath-ghlúin, díreach ollamh chun caite, a dhóirne fáiscithe ar an ngunna, a cheann cromtha síos díreach mar a bheadh sé ag breithniú an raibh an gléas tine i dtreó ar a ghunna.

Shíl Aodh gur 'na chodladh a bhí sé. Chuir sé a lámh ar a ghualainn. Bhí caise fola síos ar a mhineál agus fuil ar a chaipín. Nuair a thóg sé an caipín dá cheann, chonaic sé blúire beag d'fhuil reóite[161] agus cuid den inchinn san áit gur bhuail an piléar é.

Ach an chuid a bhíodh marbh ó ropadh, bhíodh droch-ghnúis orthu, a súile ar dian-leathadh, crot scannraithe orthu, agus d'aithneófá gur fhuiligeadar a lán teinnis le línn bháis dóibh. Bhíodh cuid acu ag scríobadh na cré le pian an teinnis. Bhí aon fhear amháin go háirithe ann. Bhí greim dúid aige ar ghruaig air féin, agus an lámh eile in áirde, a dhorn lán den fhéar ghlas a staith sé den talamh le línn bháis do.

Chonaic Aodh go cruínn agus go soiléir an áit gur shiúlaigh an slua Rúiseánach ag dul agus ag teacht san oíche. Bhí an talamh cosaráltha 'na ghuta le neart an tsluaigh, agus féar glas le feiscint ar gach taobh de.

Bhí dhá uair a' chluig tabhartha aige ag glas-válcaeireacht ar fuaid an bhaíll, agus d'fhíll sé agus a chroí cráite ciapaithe go dtí an áit mar a raibh na hoifigigh fós ag cainnt go meidhreach[162].

Bhí dhá uair a' chluig imithe, ach do bhí an Rúiseánach óg 'na luí san áit chéanna gan corraí. Chuir na radharcanna eile a chonaic sé as a cheann é. Bhí an aghaidh gháireatach mhílítheach chéanna air. Duairt sé na focail chéanna le hAodh agus gluthar 'na scórnaigh. Bhí sé sínte i dteannta a chomrádaithe marbha i gclais, agus is dócha gur dá dheascaibh sin ná feacathas é.

---

161 See *An Músgraigheach* #4, p12. This is substituted for *d'fhuil triomaithe*.
162 See *An Músgraigheach* #4, p12. This is substituted for *meidhréiseach*.

Caibidil 17

Do tháinig náire ar Aodh i dtaobh é ' dhearúd, do rith sé anonn go dtí an t-oifigeach Rúiseánach a bhí ag cainnt leis an gcaptaein, agus d'innis an scéal do.

Chuaigh an triúr féna dhéin.

Chómh luath agus ' chonaic an t-oifigeach Rúiseánach é, tháinig sé ar a ghlúinibh len' ais agus do phóg é.

Do this'eáin sé ana-chion do, ach an chainnt aduairt sé 'na theangain féin níor thuig an bheirt eile í, ach do thuigeadar go maith gur mhór an ciapadh agus an bhuairt a tháinig air.

Do phóg sé arís is arís eile, agus ba léir go raibh a chroí á shníomh. Ach i dtaobh an gharsúin ghortaithe, ba dhó' leat gur imigh an teinneas go léir de, tháinig a leithéid sin d'áthas air a chomrádaí d'fheiscint.

"Daoine muínteartha is ea iad", arsa Aodh leis féin, nuair a chonaic sé an cion go léir agus an bhuairt, "nú, b'fhéidir, comrádaithe".

Nuair ' éirigh an t-oifigeach dá ghlúine do ghlaeigh sé ar dhuine den lucht oibre.

"Féach! Soláthair deoch i dtaobh éigin".

"Seo dhuit mo bhuidéal-sa", arsan captaein, "mara bhfuil aon chur 'na choinnibh agat. Ná spáráil é. An duine muínteartha dhuit é?"

"Is é mo dhriotháir é", arsan t-oifigeach.

"Ó, Dia linn", arsan Sasanach. "An bhfuil sé gortaithe go holc[163]?"

---

163 See *An Músgraigheach* #4, p12. This is substituted for *gortaithe go mór*.

Caibidil 17

Chrom an Rúiseánach síos agus d'árdaigh ceann an gharsúin go haireach, agus choinnibh an deoch brannda leis. Nuair a bhí braon den bhrannda óltha aige, dhein sé cómhartha é ' leogaint siar arís agus do dhein an driotháir amhlaidh.

"Níl aon anam 'na chosa ná 'na lámha", arsan Rúiseánach, "is ceapaim dá réir sin go bhfuil siad briste. Do phléasc sliogán orthu is iad ag dul i ndiaidh a gcúil, do leag ar lár iad díreach mar ' chíonn tú iad. Caithfidh mé glaoch ar na fearaibh oibre chun na gcorp so ' thógaint de agus é ' bhreith go dtí an dún. Ó, Ivan! Ivan!"

"Tabharfam-na cúnamh duit", arsan captaein, agus chabhraigh sé féin agus Aodh leis an oifigeach mbuartha chun na gcorp a thógaint den gharsún ghunta. Bhí fear mór trom caite crosta ar a ucht, agus a aghaidh síos tríd an gcré bhuig, a dhá láimh sínte amach, agus greim daingean ar an ngunna aige, agus beaignit ar a bharra, agus í smeartha le fuil thirim. Ba dheocair é ' thógaint suas agus a ghreim dúid a bhogadh den ghunna. Nuair d'iompaíodar ar fleasc a dhroma é, bhí aghaidh shuaimhneasach air. Bhí féasóg fhada dhú-rua síos ar a chliabh, agus a bhéal dúnta, ach bhí a shúile ar dian-leathadh ag féachaint suas ar an spéir. Do tuigeadh d'Aodh go mb'fhéidir gurbh amhlaidh a chonaic sé rud éigin a scannraigh é, le línn an anama a scarúint lena cholainn, nú go dtáinig sceón ann i dtaobh é ' dhíbirt as an saol so, i lár a shaeil agus a shláinte, agus b'fhéidir gur mar sin a bhí. Bhí cliabh leathan láidir aige, agus éadan chómh bán le sneachta, mar atá ar fhormhór na Rúiseánach. D'fhéach Aodh go maith air, agus é sínte ar an dtalamh, agus duairt leis féin gurbh é an fear ba threise é dá bhfeaca sé riamh, agus nárbh fholáir ná gurbh olc an dó' é ' léimt isteach i dtrínse chút.

Nuair d'aistríodar na cuirp eile, do thógadar an fear gortaithe as an áit 'na raibh sé 'na luí. Bhí an áit sin lán d'fhuil agus de ghuta, agus dá mhéid aireachas a thugadar do, do chuaigh sé i laige sara raibh sé leogaithe anuas arís acu. Ní raibh aon anam 'na chosaibh, ach iad ar sileadh leis, agus do chaith Aodh a lámha do chimeád suas an fhaid a

Caibidil 17

bhíodar á aistriú, agus ansan iad a shocrú anuas ar a chliabh. Bhí a lámha agus a chosa briste, agus, rud dob iúnadh, ná raibh aon ghortú eile air.

Tháinig an captaein ar a ghlúine len' ais agus an driotháir ar a ghlúine ar an dtaobh eile dhe, agus chuireadar roinnt bhraonacha brannda isteach 'na bhéal.

"Is iúntach ná raibh ' fhios agat go raibh sé gunta", arsan captaein leis an Rúiseánach, nuair a bhí an tocht curtha aige dhe.

"Ní foláir nú chuaigh sé sa rúid seo lena thoil. Ní raibh aon chúntas agam air. Ní hó sna dúnta a thánadar ach ón sráid".

"An raibh aon chéim ceannais aige?"

"Bhí. Bhí sé ar oifigigh an Árdtaoisigh Menschikoff".

"Níl an éide sin air".

"Níl. Deallraíonn an scéal go dtáinig sé ann lena thoil féin, 'na shaighdiúir shingil".

"An fear bocht. Ní foláir nú tá mórán fuilicthe aige, sínte ansan óna dódhéag a chlog aréir", arsan Sasanach.

"Ní gá dhuit ach féachaint air", arsan driotháir go buartha, ag síneadh a mhéire chuige.

Do tháinig an lucht freastail, agus do thógadar leó an garsún gunta, gan húm ná hám ann, agus d'imigh an t-oifigeach lena gcois tar éis a mhíle baochas a ghabháil leis an Sasanach agus le hAodh. Do dhein an Sasanach a thathant air an buidéal brannda a bhreith leis i gcómhair an fhir ghortaithe.

Caibidil 17

"'Sea, a Aodh", arsan Sasanach, "siúlaímís go mear. Is gairid go mbeidh tréimhse an tsosa caite. Chaitheamair gan mhaith an méid sin de[164], ach b'fheidir nách amú ar fad a chuireamair é, mar do dheineamair comaoin ar an bhfear bocht úd".

"Níl ann ach garsún", arsa Aodh.

"Is beag 'na theannta é. Ní foláir nú tá céim an-árd aige agus bheith fé Mhenschikoff".

"Tá a lámha chómh beag agus chómh geal le lámha gearrachaile", arsa Aodh. "Déarfainn nár dhein sé aon obair chruaidh san iúnsaí".

"Is dócha nár dhein", arsan captaein. "Bhí bannda seóid ar a rí, mar a bheadh ar mhnaoi uasail, is dá bhfeiceadh ár bhfir-na é, ní bheadh sé i bhfad ann, geallaim duit".

"Ba dheas an chreach ghadaíochta é".

"Agus b'fhiú duine ' mharú mar gheall air, leis", arsan t-oifigeach go fáthach. "Ní fhéadaim a thuiscint cad fé ndeár do sna Rúiseánaigh seo rudaí daora den tsaghas san a chur orthu ar pháirc an chatha, ag tarrac na mbeagnití 'na dtreó".

Do shiúlaíodar leó ar an dtalamh núdráltha[165], an t-oifigeach á leogaint air bheith ag stiúrú lucht cuardaigh, ach is mó a bhí sé ag breithniú an treó a bhí ar na Rúiseánachaibh. Bhí a shúile coitianta ar phrapa agus ar bheárnacha an Redan, agus sluaite saighdiúirí 'na suí air, ag ól tobac ar a suaimhneas, agus nár dhó' le duine orthu go n-éireódh gal púdair go brách arís ó bhéalaibh na ngunnaí a bhí ann. Do bhreithnigh sé an tslí ó sna trínsí go dtí an dún, agus an treó go

---

164 See *An Músgraigheach* #4, p12. This is substituted for *chaitheamair amú an méid sin de*.
165 See *An Músgraigheach* #4, p12. This is substituted for *neódrúil*. This change is adopted throughout.

Caibidil 17

bhféadfaí dul ó sna gunnaí móra nuair a bheifaí[166] ar an sciúird iúnsaithe. San am go raibh san déanta aige, bhí sé roinnt neómataí chun a trí a chlog, bhí na cuirp go léir curtha, agus na daoine leóinte bertha chun siúil. Bhí na hoifigigh Fhranncacha ag dul go dtí a n-áit féin agus na sluaite Rúiseánach ag gabháil suas prapaí an Redan, agus ag dul i bhfolach insna campaí a bhí idir é agus an tsráid, agus na Sasanaigh ag dul isteach 'na dtrínsíbh féin.

"Dar fia, táimíd 'nár n-aonar", arsan t-oifigeach. D'fhéach sé tímpall air agus chonaic sé an áit glan.

"Bhíos ceapaithe ar a rá leat", arsa Aodh, "aire a thabhairt don am".

"Ó", arsan t-oifigeach, ag féachaint ar an uaireadóir.

"Dar an bportús, níl againn ach cúpla neómat. Rithimís".

Thug Aodh súil-fhéachaint tímpall air. Ní raibh duine le feiscint ar phort an dúin ná fiú amháin baitheas caipín.

"Táimíd 'nár n-aonar", ar seisean, agus do rith sé an fhaid a bhí sé 'na chosaibh, fé dhéin na dtrínsí. Ní raibh aon radharc aige orthu, ach bhí ' fhios aige nár mhar sin don oifigeach, agus do lean sé é cois ar chois.

Níor thuig Aodh an chúntúirt 'na rabhadar chómh maith agus ' thuig an t-oifigeach é. Ach do thuig sé ón ngeit a chonaic sé in aghaidh an oifigigh go raibh cúntúirt mhór ann. Bhí a chroí ag bualadh le hanaithe agus le háthas nuair a léim sé isteach sa trínse tar éis dhá chéad slat a rith gan anál a tharrac ná féachaint 'na dhiaidh.

"Tánn sibh istigh in am mhaith", arsan t-oifigeach a bhí láithreach. "Ba mhór an díth céille dhíbh dul sa chúntúirt sin".

---

166 In *An Músgraigheach* #4, p12. This is substituted for *nuair a beifí*.

Caibidil 17

"D'imigh batalang orainn. Níor airíos an aimsir ag gabháil thoram", arsan captaein, agus do leog sé é féin i gcoinnibh cliatháin an trínse agus é buailthe amach.

"'Sea, do shábháil leath-neómat úr n-anam—leath-neómat eile is bhí úr gcion-sa den iúnsaí críochnaithe. Samhlaím", ar seisean go do-thíosach, "gur cheart díbh gan sníomh chómh caol san a dhéanamh ar an aimsir. Is fiú níos mó ná san anam duine, fiú amháin ar pháirc an chatha, chun é ' chailliúint chómh símplí sin".

"Creid me leis nách le neamh-aireachas ná le haon tsaghas buaileam sciath a thit sé amach dúinn". Do ghriog cainnt an oifigigh é. "Ach 'sé a fhaid ar a ghiorracht scéil go rabhas á thabhairt fé ndeara go raibh ár dtrínsí cómh-threómhara tarraicthe amach go neamh-cheart, agus is ag féachaint air sin a bhíos nuair a shleamhnaigh an aimsir orainn".

"Sin é anuas an brat, a fheara", arsan t-oifigeach a bhí ag faire ar an scátḥán. Is ar éigin a bhí sé as a radharc nuair ' éirigh tulca de dheatach bhán sa spéir ó sna trínsí agus ón Malakoff, agus sarar airíodar aon fhothram, do bhuail cith gráin port an trínse, agus tuilleadh dhe os a chionn, agus é ag déanamh fothraim mar a dhéanfadh scata mion-éan a sceinnfeadh thart. Mo thrua an plaosc a bheadh leath-órlach os cionn an phuirt, nú an lámh ' bheadh ag oibriú sluaiste nú piocóide agus a cuirfaí suas le haon tionóisc.

"Ba luath an gníomh san", arsan Cornal.

Thug Aodh fé ndeara gur chrith na fir go léir nuair a ghoibh an sciúirse thórsu. D'fhiafraigh Aodh den chaptaein cad fé ndeár é.

"Ní chuireann aon rud scannradh ar shaighdiúir", arsan captaein, "mar a chuireann an grán. Is é an ciúnas míllteach atá ann a scannraíonn é. Nuair a thagann cith dhíobh 'na threó, níl dul as aige. Chífidh sé liathróid an ghunna mhóir ag teacht. Chífidh sé an sliogán ag éirí sa spéir agus é ag gnúsarnaigh. Féadfaidh sé luí síos uathu. Ní

Caibidil 17

chuirfidh cnagarnach na ngunnaí ngeárr scannradh air, ach nuair ' airítar cith gráin, sin é deireadh an scéil. Stracann sé agus maraíonn sé na fir a bhuaileann uime. Ní fhágann sé pioc 'na dhiaidh in aon áit dá ngabhann sé ach ciorrú agus bás, agus braithfir féin fós é, b'fhéidir".

"Tá freagra fáltha acu go tapaidh", arsa fear eile nuair do phléasc gunnaí na Sasanach agus chuireadar sliogáin san aer. Thit cuid acu thíos sa tsráid agus tuilleadh acu i lár an dúin istigh.

Tar éis beagán cainnte a dhéanamh leis an dtaoiseach i dtaobh na dtrínsí nua, agus an chuma gur cheart iad do rith, de réir mar ' chonaic sé le línn an tsosa cómhraic, do ghluais an captaein agus Aodh fé dhéin na ceann-cheathrún. Bhí ar an gcaptaein graf reatha a tharrac[167] ar an dtrínse nua a bhí le gearradh mar stiúrú do sna fearaibh a bheadh 'na bhun.

Pé áit go mbeadh casadh nú cúinne ' bheadh os cómhair an dúin, bhí cúntúirt coitianta ó philéir an namhad ann. Insna háiteanna san bhíodh na trínsí déanta níos doimhne chun scáth a dhéanamh. Ach dá ainneóin sin is uile, do caití lámhacán insna casaíocha cúntúrthacha san.

"Goibh mo leathscéal", arsan t-oifigeach óg nuair d'fhilleadar, "i dtaobh tu ' chur 'na leithéid de chúntúirt gan gá sa ghnó a bhí idir lámhaibh agam, ach is i ganfhios dom féin a chuireas ann tu. Ach gnó gátarach ab ea é, ní miste liom a ínsint duit. Agus neósfaidh mé rún eile dhuit, tosnóimíd ar an dtrom-ghunnadóireacht amáireach, agus trialfam na dúnta a thógaint an lá 'na dhiaidh san. Raghaidh ar na hinnealthóirí an chuid is truime den obair a dhéanamh. Má tá aon daoine muínteartha agat le scrí' chúthu, bíodh an chuid eile den tráthnóna agat chuige sin, nú chun aon rud eile 'tá le réiteach agat, mar ní tógfar na dúnta san gan cailliúint go maith leó—má tógtar in

---

167 See *An Músgraigheach* #4, p12. This is substituted for *grafreatha a dhearadh*.

aon chor iad, agus ar do bhás, bí anso agam-sa ar a ceathair a chlog ar maidin. Tosnófar ar an ngunnadóireacht ar a cúig".

Is le línn é sin a rá, do scaradar, an t-oifigeach chun inead na dtrínsí nua do bhreacadh, is do bhuail Aodh ag glas-válcaeireacht[168] do féin.

Caibidil 18

Le línn na lampaí a lasadh ar fuaid cathrach Bhaile Átha Cliath, do shuigh cúigear fear i bhfochair a chéile i seómra bheag in imeall na cathrach.

Ní raibh crot[169] ar an seómra, seómra tí tábhairne, ach an crot suarach a bhí ar an dtigh agus ar gach aon ní eile a bhí tímpall air. Ní raibh de sholas acu ach coinneal bheag a bhí i lár liúnggáin búird sa chúinne. Seómra ólacháin ab ea é, go suíodh lucht oibre ann laethanta Domhnaigh, nú laethanta saoire, an dream a bhí 'na gcónaí insna fothracha seana-thithe[170] a bhí tímpall an bhaíll. Ar feadh laethanta eile na seachtaine, ní bhíodh gabháil éinne ann.

An tráthnóna áirithe seo ní dheallródh an scéal gur bhuaigh an tábhairne puínn leis an gcúigear so. Bhí piúnt leanna ar aghaidh gach éinne acu amach. D'aithneófaí ar na hárthaí ná raibh éinne acu tar éis é ' bhlaiseadh, siúd is go rabhadar ann le tamall. Bhíodar go ciúin socair. Do dheallródh go raibh cínseal ag duine acu ar an gcuid eile. Do léigh sé páipéar dóibh ós árd, ach ní aireódh éinne i dtaobh amu' den chuideachtain é.

D'aithneódh éinne le féachaint orthu nár bhaineadar leis an áit. Cótaí troma bréide orthu, mar a bheadh ar fheirmeóirí nú lucht féarán a tháinig go dtí an chathair ar ghnó éigin, agus 'na theannta san bhí an tigh tábhairne úd cóngarach don mhargadh—do ceapfaí gur ar an

---

168 See *An Músgraigheach* #4, p12. This is substituted for *ar fiarlóid*.
169 See *An Músgraigheach* #4, p12. This is substituted for *de chruith*.
170 See *An Músgraigheach* #4, p12. This is substituted for *sean-tithe*.

Caibidil 18

margadh ' bhíodar—ach d'aithneófá le scathamh det shúil[171] gur leis an gcathair a bhain an léitheóir. Bhí deallramh ceannaí nú cléirigh air. Bhí a lámha mín geal. Bhí léine bhán lín-éadaigh air, agus culaith d'éadach mhín-dubh, agus chífá láithreach go raibh slí mhartha éigin níos feárr aige ná mar a bhí ag an gcuid eile. Ach i dtaobh aoise, nuair ' fhéachfá ar a cheannathaibh, déarfá go raibh sé fé bhun deich mbliana is daichead. Ach nuair ' fhéachfá arís ar an dtulca de ghruaig léith a bhí ar a éadan, déarfá go raibh sé blianta os a chionn. Fear deas dathúil, agus crot anamúil meidhreach air. Do bhí deallramh mín cneasta air, agus ceapfaí óna dheallramh ná raibh aon ghnó eile ar siúl aige ach cléarcas.

Chríochnaigh sé pé rud a bhí idir lámhaibh aige, agus shín an leabhar anonn chun na coda eile chun a n-ainmneacha do chur leis, agus dheineadar amhlaidh. Nuair a bhí san déanta, d'iompaigh sé an bhileóg agus duairt:

"'Sea anois; tuairisc Thiobrad Árann". Do léigh sé tríd síos go bun go ciúin; thóg sé a cheann ansan agus do labhair go híseal; ba gheall le cogar é.

"Tá rudaí go holc ansúd. Tá sé anso thíos go bhfuil na tireóntaithe go léir sa Ghort Mhór, agus sa Ghleann Bheag, le cur amach mar gheall ar rud éigin a dhein duine de sna tireóntaithe leis an aidhbhéardaí, tireóntaí dárab ainm Aodh de Róiste, duine atá 'na bhall dár gcumann-na. Leis an dTiarna Othorpe is ea an tEastát. Duine de rialtas Shasana é, agus droch-ainm air chun cíosa ' árdú agus chun daoine a chur ar fán. Tugadh an fogha so tráthnóna Domhnaigh cúpla mí ó shin, ach níl aon chúntas cruínn againn air, mar d'imigh an té ' dhein é thar lear, nú i bhfolach. Creidtar gur thar lear é, mar ní fheacaigh aon duine dár gcumann-na é ó shin".

---

[171] See *An Músgraigheach* #4, p12. This is substituted for *ba léir ar an gcéad amharc*.

Caibidil 18

"An raibh údarás aige an fogha san a thabhairt?", arsa duine de sna fearaibh, i gcogar.

"Ní raibh", arsan cathaoirleach.

"Tá na rialacha briste aige mar sin", arsan fear.

"Níl cúntas cruínn againn air sin", arsan cathaoirleach.

"'Sé a fhaid ar a ghiorracht, má thit sé amach in aon chor, ná fuil ann ach leathscéal chun an rud a bhí ar a aigne le fada a chur i bhfeidhm, 'sé sin an seana-threabhchas a ghlanadh amach, agus caoire agus ba seasca a chur ag inníor 'na n-inead agus árdú cíosa d'fháil.

"Tá órdú chun gabháil amach fáltha acu go léir ach ag aon fhear amháin, 'sé sin, Mícheál Ó Duíbhir an Ghleanna Bhig, agus pé cúis ná fuair sé sin é, níl ' fhios againn-na i láthair na huaire seo. 'Sé an méid cúntais atá againn nách le toil an tiarna tailimh é".

"Seo cóip den leitir a dheineamair sarar fhág sí an post. Tháinig sí ó Thigh na Feise i Lúndain—áit mhaith oiriúnach don tsaghas san scéil do theacht as:

> "A chara, dhein sé ana-chur trí chéile orm nuair d'airíos an fogha fíochmhar a tugadh fút. Tá áthas orm, áfach, a chlos uait féin nár imigh puínn ort, ach ar aon tslí, dheinis an ceart agus an scéal a mhéadú oiread agus dob fhéidir, agus admhaím go bhfuil an ceart agat gur maith an chaoi dhúinn é chun an ruda a mholais dom go minic cheana a chur i bhfeidhm, 'sé sin na daoine a ghlanadh as an Eastát, agus é ' athleogaint ar chíos níos aoirde. Tá gá cruaidh agam le hairgead i láthair na huaire seo, agus bead níos mó in' easnamh[172] sara fada. Socraigh nithe láithreach bonn chun iad

---

[172] See *An Músgraigheach* #4, p12. This is substituted for *is mó a bhead 'na phráinn*.

Caibidil 18

go léir a chur amach, agus 'na dhiaidh san féadfair an talamh a leogaint chun aon duine de sna grásaeirí, nú feirmeóirí móra na Mí—nú ó aon áit eile—a bheadh sásta le níos mó cíosa a dhíol, agus a dhíolfadh airgead baise. Tá an talamh in órdú mhaith[173] agus is fiú cíos níos mó é—dúbailt an tseana-chíosa. Beidh do dhóthain saighdiúirí agus píléirí le fáil agat[174]. Tá dhá chipe saighdiúirí[175] le m'órdú-sa curtha ag an rialtas go dtí an cúntae sin—an costas le bheith ar mhuíntir an bhaíll.

Othorpe!"

"Sid í an leitir, agus leitir mhaith is ea í, go deimhin[176]. Tugadh toradh uirthi gan mhoíll agus tá na hórdaithe fáltha acu cheana féin, agus is féidir bheith á gcur amach láithreach".

"Is dócha go bhfuil na saighdiúirí curtha ann?"

"Tá cóip d'órdú an Chaisleáin againn—ó dhuine dár bhfearaibh atá ag obair ann, agus chímíd go bhfuil dhá chipe de shaighdiúirí Shasana órdaithe go Tiobrad Árann chun na ndaoine a chur fé chois agus iad do scannrú. Agus tá tuilleadh le teacht agus tuilleadh fós chómh luath agus ' gheóbhaid siad cead a gcos ag Sebastopol, agus is geárr go dtí san".

Do chiúnaíodar ar feadh tamaill nuair a bhí an méid sin ráite.

"An bhfuil an t-aidhbhéardaí sin i bhfad ann?"

---

173 See *An Músgraigheach* #4, p12. This is substituted for *in órdú maith*.
174 See *An Músgraigheach* #4, p12. This is substituted for *ar fáil duit*.
175 See *An Músgraigheach* #4, p13. This is substituted for *shaighdiúirí*.
176 See *An Músgraigheach* #4, p13. This is substituted for *leitir fhónta í go deimhin*.

Caibidil 18

"Tá. Tá a thuairisc[177] go léir anso againn", arsan cathaoirleach ag cur a lámha ar leabhar fada caol a bhí leath-dhúnta aige tar éis an scéil a chríochnú dho.

"An fada dho ann?", arsan fear eile.

"Fiche bliain—nú níos mó".

"Cad é an teist atá air go dtí so?"

"Droch-theist".

"Droch-theist—conas?"

"Fear díothaithe daoine agus fear árdaithe cíosa, dáltha a athar roimis", arsan t-uachtarán.

"Léigh an cúntas", arsan fear eile.

"Sid é é", arsan t-uachtarán ag oscailt an leabhair arís is ag tosnú ar lé'.

> "'Meán Fhómhair a 5, 1848, Tomás Clifton. Curtha amach as a chuid tailimh le cíos bliana a bhí gan díol[178]. Do leagadh a thigh. Cailleadh i dtigh na nGealt é. Cailleadh a bhean i dTigh na mBocht. Cailleadh beirt dá chlaínn san áit chéanna. Beirt eile acu ag siúl Thiobrad Árann ar lorg déarca—duine acu in aimsir. Cáil an Chliftonaigh go maith'.
>
> "'Uimhir a 2. Éamonn Ó Floínn, curtha amach an lá céanna ar an gcúis[179] gcéanna. I slí fir oibre anois sa Teampall Mór, agus

---

177 See *An Músgraigheach* #4, p13. This is substituted for *thuarascabháil*.
178 See *An Músgraigheach* #4, p13. This is substituted for *gan íoc*.
179 See *An Músgraigheach* #4, p13. This is substituted for *ar an bhfáth céanna*.

Caibidil 18

ceaptar gur cailleadh a bhean agus beirt dá chlaínn den ghorta. Teist Uí Fhloínn: fear mín macánta'.

"'Uimhir a 3, ar an gcuma gcéanna; uimhir a 4, agus as san síos go huimhir a 8, an rud céanna. Ansan táimíd ag uimhir a 9'.

"'Uimhir a 9. Simeon Ó Corcoráin. Dhíoladh sé a chíos go féiliúil[180]. Cuireadh amach é chun a thailimh a thabhairt don Chaptaein Seymour, mar do theastaigh tuilleadh fairsinge uaidh sin. Deirtar go bhfuil dúbailt an chíosa ag Seymour á dhíol. Iníon an Chorcoránaigh in aimsir ag Clender. Thug sé chun scannail í. A bhean anois i scailp ar thaobh an bhóthair sa Ghleann Bheag. Bháigh an Corcoránach é féin sa tSiúir le náire i dtaobh a iníne. An chlann scaipithe. Iníon eile imithe le droch-chómhluadar i gCorcaigh. Duine eile níos óige ná í ar an gcuma gcéanna i mBaile Átha Cliath. Teist an Chorcoránaigh—galánta macánta dea-chreidimh'".

"Is dó' liom nách beag san", arsan t-uachtarán is do leath-dhún an leabhar.

"Is dó' liom-sa leis é", arsa fear nár labhair go dtí san, ag síneadh a lámha chun an phínt[181] is ag baint scíobais as.

"Is dó' liom féin leis é", arsa fear eile.

"Ní dó' liom-sa é", arsan ceisteóir, "léigh go bun. Tá na rudaí seo ag titim amach is gach aon áit, nú is gach aon eastát. Léigh leat".

"'Uimhir a 10 agus a 11, agus uimhir a 12 díreach mar uimhir a 1. Uimhir a 13 ar athrach cuma'.

---

180 See *An Músgraigheach* #4, p13. This is substituted for *dhíol sé a chíos go dea-thráthúil*.
181 See *An Músgraigheach* #4, p13. This is substituted for *chun an phiúint*.

Caibidil 18

"'Uimhir a 13. Liam Ó Faoláin, nú Billy an Bearbóir mar a tugtar air. Curtha amach i lár an gheímhridh i dtaobh giorrae a lámhach ar a chuid féin. Cailleadh a bhean i dtrioblóid chlainne ar an mbán an lá ' cuireadh amach é. Teist Liam—ar a fheabhas, duine dár mbuín is ea é. Fear dílis leis, chómh dílis le crua-iarann'".

"Is dó' liom nách beag san", arsan t-uachtarán agus do stad sé[182].

"Is dó' liom san", arsan fear a labhair cheana.

"Is dó' liom-sa leis é", arsa uimhir a 2.

"Ní dó' liom-sa é", arsan ceisteóir arís. "Caithfeam triail chothrom a thabhairt do. Léigh leat go bun".

"'Uimhir a 14. Beirt ghearrachailí a bhí i bhfeighilth a sean-athar a bhí dall. Curtha amach a bothán a bhí ar thaobh an bhóthair, gan aon chúis ach amháin go raibh uilceas an bhotháin ag cur náire ar an aidhbhéardaí. Cailleadh an triúr i dTigh na mBocht. Uimhir a 15. Garsún beag a seirbheáladh le brosna a bhailiú sa choíll an t-ochtú lá déag de Mhí na Nollag, 1852. Bhí a dhriotháracha agus a dhriféaracha gan bia gan deoch an lá sneachtaidh sin, gan bhróg gan stoca orthu. Thriail na giúistísí é. Gearradh dhá mhí príosúin le dú-sclábhaíocht air, tráthnóna na Nollag, 1852'".

"Is dó' liom nách beag san", arsan cathaoirleach arís.

"Ceapaim féin sin", arsa uimhir a 1.

"Mise leis", arsa uimhir a 2.

"Nílim-se sásta", arsan ceisteóir. "Léigh leat. Léigh leat go bun".

---
182 See *An Músgraigheach* #4, p13. This is substituted for *ag stad do*.

Caibidil 18

"'Uimhir a 16. Cás Thaidhg Uí Dhúill. Muiríon mhór óg. Iníon seacht mbliana déag d'aois, in aimsir ag Clender. D'fhág sí é le hórdú an tsagairt. A muíntir curtha amach ar an mbóthar nuair nár fhan sí ann. D'imigh go hAmerica le cúnamh duine muínteartha dhi. Bádh ar an slí amach í. Uimhir a 17. Neil Ní Dhúill, drifiúr Thaidhg, curtha amach mar thug sí bheith istigh do chlaínn a driothár nuair a bhíodar amu' sa tsneachta. Fuair sí bás i dTigh na mBocht. Chuaigh a beirt iníon go hAmerica. Cailleadh duine acu tar éis dul i dtír. Thit an duine eile chun donais ar an luíng ag dul anonn, agus deir Billy Ó Faoláin go bhfeaca sé í ar fuaid na sráideanna i Nua Eabhrac'".

"Is dó' liom go ndéanfaidh san an gnó", arsan cathaoirleach, ag dúnadh an leabhair mar a dhein sé cheana.

"Ceapaim é", arsa uimhir a 1.

"Mise leis", arsa uimhir a 2.

"Agus mise", arsan ceisteóir i ndeireadh bára.

"Is dó' liom-sa leis é", arsa uimhir a 4.

Nuair a fuair an cathaoirleach cead, do dhún sé an leabhar.

"'Sea, a cháirde?"

Níor labhair éinne.

"'Sea, a cháirde, ' bhfuil sibh ollamh chun guthaíochta?"

Ní bhfuair sé aon fhreagra, ach d'óladar go léir a bpiúnt.

"An méid ' aontaíonn[183], cuiridís suas a lámha".

---

183 See *An Músgraigheach* #4, p13. This is substituted for *iad so ' aontaíonn*.

Caibidil 18

Tháinig stad beag.

"An fén dTarna Breith a raghaidh?", arsan cathaoirleach, agus duairt sé na focail go socair agus go dearfa.

Níor fhreagair éinne agus níor cuireadh suas aon lámh. Do stop sé ar feadh tamaill.

"An fén gCéad Bhreith a raghaidh?"

Duairt sé an méid seo níos ré agus níos sollúnta.

D'árdaigh gach fear a lámh dheas thar a cheann agus ansan d'íslíodar arís iad go mall i dteannta a chéile.

Do stopadar ansan ar feadh tamaill mhaith.

Do labhair an t-uachtarán arís:

"An é an Chéad Bhreith a thabharfam air?"

Do dheineadar an rud céanna arís. Chuir gach fear suas a lámh dheas, gan a shúile ' thógaint den bhórd agus d'ísligh arís í in éineacht.

Do dheineadar machnamh níos sia an turas so agus duairt an cathaoirleach arís:

"An é an Chéad Bhreith a thabharfam air?"

Do hárdaíodh agus do híslíodh na lámha arís.

Ansan do tharraig an t-uachtarán amach leabhar beag a póca a oscaille agus d'oscail bileóg go raibh ciúmhais leathan uirthi, agus do scrígh go cruínn agus go haireach ann: "Aontaithe d'aon ghuth. Trí huaire i ndiaidh a chéile: Henry Mervyn Clender".

Caibidil 18

Do shín sé an leabhar chúthu. D'fhéachadar go léir air go cruínn 'na nduine is 'na nduine. Thugadar thar n-ais é. Do dhún sé é agus do chuir thar n-ais i bpóca a oscaille é.

Ansan do thóg sé amach as an leabhar mór cúntais chúig cínn de ghuairíbh ar nós na nguairí a bhíonn ag gréasaí ar bhárr an tsnátha chéarach, chuir le chéile go cruínn iad, agus shín chúthu iad. Do tharraig gach duine acu i ndiaidh a chéile ceann. Ach do ráinig gur tharraig an ceisteóir ceann go raibh bun dubh air, agus nuair a chonaiceadar é sin, do síneadh an chuid eile acu chun an cheisteóra, d'fhíll sé suas iad agus chuir 'na phóca iad.

Do chríochnaigh san an gnó. Glaodh deoch eile, agus do chromadar ar chómhrá i dtaobh stuic agus arbhair agus ar an gcuma go raibh na margaí agus an aimsir. Níor thráchtadar a thuilleadh ar an ngnó a thug le chéile iad.

D'fhágadar an áit 'na nduine is 'na nduine, fé mar ba mhaith leó, go dtí ná raibh ann ach an ceisteóir. Ghlaeigh sé ar chnagaire uisce beatha. Chaith sé isteach i ngloine mhór[184] é agus d'ól é d'aon iarracht amháin, gan é ' thógaint dá cheann. D'fháisc sé a chasóg bhréide tímpall air, agus do dhún í, mar do bhí an oíche cruaidh glas, agus d'fhág sé an tigh.

D'iompaigh isteach fé dhéin na cathrach, ag siúl go socair neamh-shuimiúil nú gur fhág sé bruach-bhaile na ndroch-thithe[185] chun gur shrois sé na sráideanna móra go raibh mórán daoine iontu. Ansan do shiúlaigh sé níos mire nú gur shrois sé an cé. Thug sé a aghaidh ar an dtaobh theas, síos trí sna mion-shráideanna caola atá ar an dtaobh thall de thigh an Chustaim chun gur shrois é spéalán de thigh mór ainnis a bhí i lár baíll i gceann de sna lánaí ba chúinge ann. Do stop sé ar feadh tamaill ag an ndoras leath-bhriste, ag éisteacht. Do sháigh sé roimis isteach é, do bhuail suas an staighre guagach

---

184 See *An Músgraigheach* #4, p13. This is substituted for *i ngloine mhóir*.
185 See *An Músgraigheach* #4, p13. This is substituted for *na dtithe mbriste*.

agus isteach i seómra. Bhí sé folamh dorcha, ach amháin go raibh tine i ngráta ann agus í go maith dearg agus solas uaithi tímpall an tínteáin.

"Iad ar fad amu'—glacfad mo shuaimhneas anso chun go bhfillid siad", ar seisean leis féin, agus do tharraig liúnggán cathaoireach anonn chun na tine, fuair a phíopa is do dhearg é, agus dhírigh ar fhéachaint isteach sa tine, ag míogarnaigh, ag feitheamh le Duine Éigin—ag feitheamh le Duine Éigin.

Caibidil 19

"Maidean bhreá, a Bhilly".

"'Sea, a Mhicil, baochas le Dia", arsa Billy, is do léim sé trí chlaí aitinn amach ar an mbóthar go dtí Micil, an fear úd go rabhamair ag teacht thairis cheana, agus é ag siúl le ciscéim fada lúfar[186] ag dul go dtí an tAifreann. Maidean Domhnaigh ab ea í. Bhí na daoine ag gluaiseacht ar feadh na mbóithre trí sna páirceanna as gach aon treó baíll—cuid acu 'na n-aonar agus daoine eile 'na ndreamannaibh[187], de réir mar a ráiníodh leó.

"Aon scéal nua, a Bhilly?"

"Níl pioc. 'Bhfuil aon chúntas ar Aodh de Róiste?"

"Níl focal. Níl tásc ná tuairisc air, pé rud a thit amach do".

"Cad fé ndeara dho tabhairt fén aidhbhéardaí?"

---

186 See *An Músgraigheach* #4, p13. This is substituted for *de chiscéimí lúfara fada*.
187 See *An Músgraigheach* #4, p13. This is substituted for *duine in' aonar agus daoine eile in éineacht.*

Caibidil 19

"Ní fheadair éinne, ach táthar á lorg[188] de ló is d'oíche. Ní bheadh coinín i bhfolach ar fuaid na dútha, ní áirím fear, i ganfhios dóibh, táid siad á chuardach chómh mion san".

"An rabhadar amu' aréir?"

"Imbriathar ach go rabhadar—leath-chéad acu. Ba dhó' leat gur ceart dóibh Sebastopol a thógaint, bhí a leithéid sin d'fhuadar fúthu. Chuireadar fir ar gárda is gach aon áit tímpall tí a athar, i dtreó ná féadfadh cat gabháil amach i ganfhios dóibh sarar bhuaileadar ag an ndoras, is níor fhágadar cupúrd ná leabaidh ná cúinne gan réabadh agus gan ropadh le beaigniti ó bhun bárr, agus má tá san déanta aon uair amháin acu, tá sé déanta fiche uair le dhá mhí, ach bheadh sé chómh maith acu bheith díomhaoin, mar ná fuil sé ann agus ná raibh ón oíche úd".

"Ní fheadar cad d'imigh air?"

"Ní fhéadfadh éinne beó ' ínsint duit, ar fuaid an bhaíll seo, ar aon tslí".

"Deir siad gur chaith sé leis le piostal".

"Sin éitheach, mar ní raibh a leithéid aige an tráthnóna úd nuair a fhág sé sinn-na, agus táim siúráltha deimhnitheach ná raibh aon choinne aige leis an aidhbhéardaí an tráthnóna san".

"Sin é an scéal atá leata acu, ar aon tslí".

"'Sea, tá ' fhios agat-sa agus tá ' fhios agam-sa an mór den fhírinne atá ansan. Ní dó' liom go raibh aon ghortú ar an aidhbhéardaí in aon chor, mar do chuaigh sé síos go Baile Átha Cliath lá nú dhó 'na dhiaidh san, agus tá sé anso againn arís chómh maith agus a bhí sé riamh".

---

188 See *An Músgraigheach* #4, p13. This is substituted for *ar a lorg*.

Caibidil 19

"Ní mheáchann san brobh[189] d'Aodh má beirtar air".

"Ní miste dhuit é sin a rá. Ní shiúlóidh a chos puínn d'fhód Thiobrad Árann go brách arís má gheibhtar greim air".

"Is olc an bhail ar na tireóntaithe é, ar aon chuma", arsa Micil.

"An iad na hórdaithe atá ar siúl agat?", arsa Billy.

"Is iad", arsa Micil. "Deir gach éinne é".

"Tá dearúd mór orthu sa méid sin", arsa Billy. "Do gheóbhaidís iad san luath nú mall. Ní bhfaighidís i dteannta a chéile iad fé mar 'táid anois, ach 'na nduine is 'na nduine, agus b'in mar ba mheasa é. Chíonn gach éinne cad 'tá 'na chómhair anois: ach ar an gcuma eile, bheidís go léir sábhálta, dar leó, ach an triúr nú an ceathrar a bheadh seirbheálta, agus triúr nú ceathrar arís, agus mar sin dóibh, chun go mbeadh a ndeireadh díbeartha. B'é an chrích chéanna a bheadh ar an scéal i ndeireadh bára[190]".

"Ach, do bheadh lá fada acu, agus anois beid siad go léir ar an bhforaíor fé Nollaig", arsa Micil.

"Ní fheadraís", arsa Bill, "cad a thitfeadh amach fén Nollaig, dá ghiorracht uait í[191]".

"An diabhar pioc", arsa Micil, "más ag brath ar aon ní fónta 'tánn tú. Tháinig cipe saighdiúirí go Teampall Mór aréir, agus táid siad ag socrú áite i dTiobrad Árann i gcómhair a oiread eile. Is feiceam cad 'fhéadfaid na daoine a dhéanamh ach dul isteach i dTigh na mBocht, nú bailiú leó go hAmerica".

---

189 See *An Músgraigheach* #4, p13. This is substituted for *ní mheánn san brobh.*
190 See *An Músgraigheach* #4, p13. This is substituted for *ar deireadh thiar.*
191 See *An Músgraigheach* #4, p13. This is substituted for *dá ghiorracht uait é.*

Caibidil 19

"Ná bí chómh siúráltha san de[192]", arsa Billy. "Ní hé seo an seana-shaol; agus eadrainn féin, a Mhicil, do ráineódh go mbeadh na daoine chómh seascair 'na dtithibh féin bliain ón dtaca so agus 'táid siad inniu, d'ainneóin a gcuid saighdiúirí agus órdaithe".

"Ba mhaith liom gurbh fhíor é", arsa Micil. Bhí a mhuíntir féin ar na daoine a bhí le cur amach. "Déarfainn ná raibh oiread buartha agus trioblóide riamh ar fuaid na dútha, agus 'tá ar an neómat so tímpall ort. Ní fheadar cad é an saghas saeil é in aon chor, a rá go bhféadfar créatúirí bochta a chaitheamh amach ar mhullach a gcínn as a n-áiteanna féin, gan chúis gan abhar. Dar ndó', b'fhearra dhóibh go lámhfadh na saighdiúirí iad go léir, beag is mór, óg is críonna, i dteannta a chéile. Cad ' fhéadfadh duine a dhéanamh chun martha? Is uiriste 'Imigh ort go hAmerica' a rá[193], ach in ainm Dé na Glóire conas a raghadh fear go hAmerica agus cúigear nú seisear clainne tímpall air, agus gan éinne acu ábaltha ar a bhalcaisí a chur uime, agus má théann sé féin ann, cá raghaid siad chun go bhféadaidh sé aon chabhair a chur chúthu—(má fhéadann choíche)—cá raghaidís ach i dTigh na mBocht? Ní bheadh sé de chroí ag éinne imeacht agus iad d'fhágaint 'na dhiaidh ar an gcuma san, is má fhanann sé sa bhaile, ag déanamh lá oibre anso is ansúd fé mar a gheóbhaidh sé insna sráideanna, níl ann ach ag dul in aois agus in uilceas chun go mbeidh sé briste ar fad, agus ansan caithfidh sé dul isteach i dTigh na mBocht. B'fhéidir go bhféadfadh na buachaillí agus na cailíní óga imeacht anonn, ach cad ' dhéanfaid na páistí agus na seandaoine. Deirim leat", arsa Micil, agus do thit an lug ar an lag aige, "gurbh fheárr go mór dá gcuireadh Dia na Glóire an díle orainn arís, agus sinn go léir a bhá, ná bheith ag fulag ar an gcuma san".

Bhí an fhírinne ghlan ag Micil san méid sin. Ní raibh athair ná máthair san eastát fada fairseag san ag dul go dtí an tAifreann an mhaidean Domhnaigh úd ná go raibh ag fulag buartha agus bróin,

---

192 See *An Músgraigheach* #4, p13. This is substituted for *ná dein deimhin de sin*.
193 See *An Músgraigheach* #4, p13. This is substituted for *is fuiriste 'Téiridh go hAmerica' a rá*.

Caibidil 19

agus gurbh uiriste é ' aithint ar an ndriuch a bhí orthu. Bhí cion a gcroí acu ar a n-áiteanna dúchais. Bhíodar ceangailthe dhíobh le ceanglacha gur dheocair iad d'áireamh, agus gan pioc le feiscint acu sa tsaol a bhí rómpu ach cruatan, dealús, déirc agus ionnarbadh, agus na háiteanna iasachta eile rómpu amach, gan chabhair gan chúnamh, gan pinginn 'na bpóca, gan éinne chun iad a stiúrú, na céadta míle slí idir iad agus America, an turas úd a chuireadh scannradh agus crithneamh 'na gcroí ag lucht meán-tíre. Bhíodar 'na gcónaí i bhfad isteach sa tír is ní fheacaigh a bhformhór fiú aon radharc amháin den fharraige ar feadh a saeil.

Agus 'na theannta san, nuair a bhídís ag cuímhneamh ar an slí go gcaithfidís féachaint rómpu féin chun martha insna cathracha móra san mhórthír thiar, is gan aon eólas acu orthu ná ar a slithe, agus gan aon tuiscint acu iontu[194]. Dream mar iad a tógadh le feirmeóireacht, nú go raibh leath a saeil caite, cad é an chaoi a bheadh acu san ar puínn[195] a dhéanamh dóibh féin, ná dá muiríonacha móra óga?

Agus gan teacht thar ar fhuiligeadar de bhuairt 'na gcroí, agus 'na n-aigne trí fhágaint an bhaíll mar a rugadh agus mar ar tógadh iad; feirmeacha ná raibh crann ná scairt iontu ná go raibh cion acu orthu; an séipéal go dtéidís chun Aifrinn ann gach aon Domhnach, ó fhéadadar siúl le cois a n-athar agus a máthar, agus thairis an méid sin uile go léir, an reilig go raibh cnámha a sínsear sínte inti tar éis trioblóide agus cruatan an tsaeil seo a chur díobh, agus gan aon chaoi acu féin bheith 'na dteannta an fhaid a bheadh an saol 'na shaol.

Ó! A dhaoine úd do shil deóra ag uisce na Babaileóine sa tseana-shaol i dtaobh an Ierúsalem ná féachfadh úr súile arís go brách air, nách mó uair atá scéal dá shaghas le hínsint 'nár ndúthaigh-na—Israel eile. Nách minic an mháthair díbeartha ón áit 'nar fhás sí, agus 'nar pósadh í, í tomáinte ar bórd árthaigh imirce fé bhuairt, gan aon ní 'na

---

194 See *An Músgraigheach* #5, p6. This is substituted for *gan aon tuiscint acu 'na dtaobh*.
195 See *An Músgraigheach* #5, p6. This is substituted for *ar phuínn*.

Caibidil 19

tímpall ach tonntacha gorma na farraige fuaire, agus gaoth an Mhárta ag feadaíol go cruaidh trí chrannaíl agus téadracha na luinge. Do chonaic sí a garsún groí a bhí ag éirí suas go leabhair láidir dathúil, agus é ag tuar bheith in' fhear mhaith, nú an gearrachaile mín mánla agus a gcorp á leogaint síos os cómhair a súl i lár na farraige móire, i bhfad ó reilig a sean agus a sínsear.

Is minic a thit sé amach i bhfásach fiain na cathrach san Nua Eabhrac, go ndeintar fionóid fúthu i dtaobh a slí símplí, agus go ngoileann aithreacha agus máithreacha go huaigneach, agus go haonarúil mar gheall ar an mbuachaill a bhí chómh grianach agus chómh geallúnach sa bhaile in Éirinn, agus é iompaithe amach anois 'na chuirpeach mhí-ámharach[196], ó chúinne go cúinne ar fuaid na sráide; nú an gearrachaile a bhí chómh deas, agus chómh dathúil le bláthanna an Earraigh 'na ngleann féin sa bhaile, agus í anois titithe chun droch-bheatha agus droch-chómhluadair.

Ó, a thiarnaí talúin na hÉireann, do chrithfeadh na págánaigh is measa 'na gcroiceann roimis na déithe le heagla díolthais i dtaobh na buartha agus na trioblóide seo agaibh á dhéanamh i measc na ndaoine, mar ' bheadh ' fhios acu go dtiocfadh iarsmaí na ndroch-bheart go dtí a ndóirse féin luath nú mall chómh deimhnitheach is 'tá grian sa spéir[197], nú le teacht agus imeacht na taoide!

"'Sea, a Mhicil", arsa Billy, nuair a shroiseadar geata an tséipéil, "chómhairleóinn duit gan bheith chómh heaglach. 'An rud ba mheasa leat ná do bhás, ní fheadraís ná gurbh é corplár do leasa', agus, mara bhfuil dearúd orm, tá an chuid ba mheasa feicithe agat".

"Go dtugaidh Dia san", arsa Micil go brónach, d'imigh i measc na ndaoine is do bhuail isteach sa tséipéal.

---

196 See *An Músgraigheach* #5, p6. This is substituted for *éirithe suas 'na chuirpeach mhí-ámharach*.
197 See *An Músgraigheach* #5, p6. This is substituted for *chómh deimhnitheach le grian ar spéir*.

Caibidil 19

Ní dúradh riamh paidreacha i ndaingean a bheadh tímpallaithe, nú i gcathair ghalair, chómh dúthrachtach ag lorg cabhartha agus cúnta leis na húrnaithe adúradh ag an séipéal so. Níor hofráladh suas riamh roimis sin achainithe chun Dé chómh dúthrachtach ó chroíthe buartha neamh-chionntacha.

Ní raibh pláig ná cogadh sa dúthaigh álainn mórthímpall, ná arm faoir ná tine á hiúnsaí ná claíomh ná gunna mór chun iad a scrios.

Dá bhféachadh éinne a bheadh ar a ghlúinibh ar úrlár cré an tséipéil bhig úd, amach trí sna finneóga ísle, do chífeadh sé dúthaigh bhreá thorthúil, páirceanna breátha, agus stácaí arbhair; páirceanna glasa fosaíochta agus bláthanna seamair go saibhir iontu; cnuic clúdaithe le fraoch corcar á dheargadh le gréin; coíllthe go raibh a nduilleóga ag buíochtaint le gréin bhuí an fhómhair—sid iad na rudaí a chífeadh sé.

Bhí gach ní socair suaimhneasach, ach croíthe na ndaoine.

Ó, a thiarnaí talúin! A thiarnaí talúin!

Nuair a bhí an tAifreann ráite agus na húrnaithe 'na dhiaidh ráite, bhí na daoine ag scaipeadh fé dhéin an bhaile, na mná go mór mór, go raibh dínnéar le hollmhú acu dá líon tí. D'fhan na fir, gasraí acu, anso is ansúd, i bhfaiche an tséipéil, nú ar an mbóthar lasmu', ag cur is ag cúiteamh ar chúrsaí na seachtaine, mar ba ghnáth leó.

Bhí Micil 'na measc, ach bhí a chroí ró-throm chun puínn a rá. Bhí a cheann fé. Fuair sé barra-thuisle ag geata an tséipéil is do bhuail sé de thurraic i gcoinnibh fir eile, is chuir san d'fhiachaibh air a cheann a thógaint, agus nuair a dhein, do ráinig do féachaint ar pholla an gheataigh go raibh an leac bhriste ar a bharra, agus díreach nuair a dhein, do baineadh preab as.

Caibidil 19

Bhí fear iasachta 'na sheasamh leis an bpolla, nú leogaithe 'na choinnibh, a lámha i dtaobh thiar dá dhrom aige ar an gcuma gcéanna go nduairt Billy ' bheadh an stróinséir.

Fear óg, dea-éadaigh, glan-bheárrtha, mílítheach, agus mar a cheap Micil, ba dheallraitheach nár bhain sé leis an dtuaith, agus nárbh éinne eile é ach an Duine Éigin úd go raibh an ceisteóir ag feitheamh leis ag an dtine dhearg sa tseana-thigh i mBaile Átha Cliath, sa chaibidil roimis seo.

D'fhéach Micil tímpall air, féachaint an raibh éinne de mhuíntir bhotháin an chnuic ann, ach ní raibh, fiú Billy féin.

Nuair a chonaic Micil é, chuímhnigh sé ar an leabhar a thóg sé, do chas sé ar a sháil agus isteach leis sa tséipéil ag lorg paidrín, mar dhea; do bhuail sé amach arís ar a shuaimhneas, do stop le hais an pholla, is do thóg amach a phíopa.

Thóg sé ciscéim eile is do tháinig os cómhair an pholla. Bhí an stróinséir ann coitianta is a lámha i dtaobh thiar dá dhrom aige.

D'iarr Micil lasán air is fuair sé é go héasca.

Do dhearg Micil a phíopa, agus an fhaid a bhí sé á chur i dtiúin, do labhair sé ós íseal:

"Lá breá. Céad Glóire le Dia".

"Bhí drúcht ann aréir", arsan stróinséir go ciúin.

"Déanfaidh san an gnó in inead clagair", arsa Micil.

"Tá eagla orm go mbeidh an oíche scamallach".

Caibidil 19

Bhí a phíopa i dtiúin ag Micil, shiúlaigh sé leis tamall; do chrom sé ag dúnadh a bhróige. Nuair a bhí san déanta aige, thomáin sé leis fé dhéin an bhaile. Ní raibh sé dultha i bhfad, nuair ' airigh sé ciscéim éadrom 'na dhiaidh. D'fhéach sé 'na dhiaidh.

Bhí an fear iasachta ann.

Do shiúlaíodar le cois a chéile ar feadh tamaill, chuadar isteach i bpáirc, trí strapa, is do shiúlaíodar ar chosán a bhí fé scáth crann.

Tar éis leath-uair a' chluig a thabhairt ag cainnt, do scaradar. Chuaigh Micil abhaile go ditheansach, d'ith a dhínnéar agus d'imigh amach i measc na gcómharsan. Chuaigh an stróinséir go tigh ósta sa bhaile bheag agus do chaith dínnéar in' aonar.

Nuair a bhí sé ite aige, dhearg sé tobac, d'fhéach sé go cruínn ar bhirtín bheag guairí, rudaí éigin mar iad san a bheadh ceangailthe de dhúán baoite ag iascaire, ach go rabhadar so i bhfad níos giorra. Nuair a chonaic sé go rabhadar sa cheart, chuir sé isteach arís i bpoca a oscaille é.

Caibidil 20

Táimíd i mbothán an chnuic arís den uair dheireanaigh. Níl puínn athraithe ar an ndúthaigh ó bhíomair ann cheana, ach amháin go bhfuil an t-arbhar a bhí 'na gheamhar an uair cheana bainte anois 'na stácaí nú 'na stiúicíníbh, agus duilleóga na gcrann ag buíochtaint.

Tá clog an tséipéil ag bualadh, agus na daoine ag teacht go tiubh trí sna páirceanna agus trí sna móinéarachaibh ag gabháil na cóngair fé dhéin úrnaithe an tráthnóna. Bhí an ghrian ag taithneamh go breá te ar an mbothán cínn tuí, agus ar an bhfraoch agus ar na scairteacha mórthímpall. Bhí na fir chéanna ann, geall leis, a bhí ann an uair cheana, trí mhí ó shin. Bhí beirt nú triúr nua tagaithe, ach bhí beirt nú triúr eile in easnamh, agus Aodh de Róiste orthu san.

Caibidil 20

Ní raibh aon fhocal ann ach ciúnas nuair a labhair an stróinséir do bhí ag geata an tséipéil am Aifrinn, agus duairt:

"Máistir na paróiste".

"Táim anso", arsa Billy, ag éirí 'na sheasamh.

"An mbaineann a bhfuil láithreach lenár gcumann?"

"Baineann".

"'Bhfuileann tú[198] deimhnitheach?"

"Táim deimhnitheach sealbhaithe", arsa Billy.

"Éinne in easnamh?"

"Tá triúr".

"An bhféadfá ' ínsint cad é an chúis?"

D'oscail Billy bileóg 'na leabhar paidreacha.

"Tá Muircheartach Ó Súilleabháin i mbéalaibh báis[199]".

"An bhféadfá é sin a dheimhniú[200]?"

"D'fhéadfainn. Cuireadh an ola air ar maidin inniu".

"Tomáin leat".

---

198 See *An Músgraigheach* #5, p6. This is substituted for ' *bhfuil tú?*
199 See *An Músgraigheach* #5, p6. This is substituted for *i mbéal báis.*
200 See *An Músgraigheach* #5, p6. This is substituted for *deimhniú a thabhairt leis sin.*

Caibidil 20

"Fear eile", arsa Billy. "Pádraig Ó Faoláin. Tá a chos briste".

"An bhféadfá é sin a dheimhniú?"

"D'fhéadfainn. Bhíos ag cur cléithe léi".

Bhí ciúnas ar feadh tamaill.

"An tríú fear?"

"An tríú fear", arsa Billy, "ní fheadramair ca bhfuil sé. Bhí achrann éigin láidir idir é féin agus aidhbhéardaí Othorpe, agus ní fheadair éinne cár ghoibh sé ó shin".

"An raibh údarás aige chun an ruda san a dhéanamh?"

"Ní raibh", arsa Billy.

"Caithfir an cúntas san a chur isteach air", arsan stróinséir, agus do chroith a cheann. "Tá na rialacha briste aige. Tarraiceóimíd crann do chómh maith is dá mbeadh sé láithreach".

"Táim á chuímhneamh go bhfuil sé i bhfolach", arsa Billy, ' d'iarraidh leathscéil a ghabháil. "Mara mbeadh san, bheadh sé anso".

"Ní thógaimíd-na aon leathscéal", arsan stróinséir. "Tarraiceód-sa crann do".

"Ach ní bheidh sé ann agus ní fhéadfaidh a bheith", arsa Billy, mar bhí ' fhios aige go maith cad é an íde uathásach a bhí i ndán d'aon duine acu[201] go mbeadh meatacht ná feall le cur 'na leith.

"Cion a dhearúid air féin", arsan stróinséir. "Caithfar na rialacha a chómhlíonadh agus san go cruínn, leis".

---
201 See *An Músgraigheach* #5, p6. This is substituted for *don duine acu*.

Caibidil 20

"Ach má tá sé imithe as an ndúthaigh", arsa Billy, mar bhí ana-dhúil aige creidiúint a charad a chosaint.

"Níl aon deimhne againn air sin", arsan stróinseir.

"Má ghlacaimíd le leathscéalacha den tsaghas san, ní chimeádfaimíd an cumann le chéile".

"Táim nách mór deimhnitheach go bhfuil sé imithe", arsa Billy, ag tabhairt iarracht' eile ar a leathscéal a ghabháil.

"Tarraiceód crann do", arsan stróinséir go dearfa. "'Sé a dhiúité é an gnó a dhéanamh. Má thiteann an crann air, tá sé dearbhaithe chuige. Seasaídh amach 'núr nduine is 'núr nduine agus abraidh an dearbhú im dhiaidh".

Do sheasaimh Billy amach agus duairt na focail i ndiaidh an stróinséara, agus do chuir sé breis fuinnimh leis an méid seo focal "bheith dílis don chumann agus a rúin do chimeád".

Dhein an chuid eile an rud céanna 'na nduine is 'na nduine.

Nuair a bhí san críochnaithe acu, duairt an stróinséir:

"Caithfar dul ar chrannaibh anois is an té go dtitfidh an crann air, beidh air an t-órdú a chur i bhfeidhm". Tharraig sé amach rudaí i bhfuirm guairí a bheadh ar dhúán baoite, "gur thráchtamair cheana air". "Tá bun dubh ar cheann acu so, agus pé duine a tharraiceóidh é sin, is air a bheidh an crann titithe, agus i gcás ná beidh aon fhabhar le héinne, coinníodh duine agaibh féin iad, agus tarraiceóidh an chuid eile agaibh 'na nduine is 'na nduine. 'Sea, cé ' choinneóidh iad?"

Ach níor labhair éinne, ná níor labhair éinne acu focal ó thosach ach an formal do rá i ndiaidh an stróinséara, agus an méid aduairt Billy ag freagairt na gceisteanna.

Caibidil 20

Ach do thóg Micil iad nuair ' tháinig náire air iad go léir a bheith chómh ciúin. Bhí eagla air go samhlófaí don stróinséir go rabhadar meata.

"Déanfad-sa é", ar seisean.

"'Sea, más ea", arsan stróinséir. "Coinnibh mar seo iad".

Bhí radharc ar chínn na nguairí agus páipéar bán casta ar a mbun.

"Tarraiceód féin ar dtúis thar cheann Aodh de Róiste", arsan stróinséir, agus dhein chómh maith. D'fhéach sé ar an nguaire gan labhairt, agus chuir 'na phóca é.

"Is maith an bhail air gur mar sin atá", ar seisean.

"Cé eile anois?"

"Mise", arsa Billy.

"Bíodh mar sin. Sín chuige iad".

Shín Micil an birtín chun an fhir bhig dhuibh. Thoibh sé ceann agus tharraig amach go socair é, is d'fhéach sé go cruínn air idir é agus an solas. Bhí a raibh de shúilibh ann ag faire air, mar aon le súile an stróinséara. Chuireadar glór imní agus corraitheachta astu le línn Billy á this'eáint mórthímpall, gan aon spota dubh air ach bán ó cheann ceann.

"An chéad duine eile?", arsan stróinséir.

"Mise", arsa fear beag suarach, duine den mhuíntir a bhí le cur amach.

"Tá sé ag Peadar", arsan chuideachta go léir le línn é á tharrac. Bhíodar ag tosnú ar bheith glórach, agus bhí a gcainnt ag teacht

Caibidil 20

dóibh, agus b'fhéidir eagla orthu leis, i dtreó gur shamhlaigh cuid acu go bhfeacadar an duíbhe, agus d'iompaigh Peadar anonn chun an tsolais é, agus chonaiceadar ansan go raibh sé bán ó cheann ceann, dáltha na coda eile.

"Níl fós", arsan stróinséir, ag déanamh cínn de féin.

"Cé eile anois?"

"Mise", arsa garsún.

"Seo, tarraig".

Ansan arís do síneadh an bheart chúntúrthach chun duine eile, agus do tharraig san ceann eile a bhí bán.

Do tháinig ciúnas ar fuaid an tí an fhaid a bhí ceann eile á tharrac is tharraigeadar go léir anál fhada throm, mar bhí ' fhios acu go raibh an ceann dubh gan tarrac fós.

Do bhí an t-anaithe ag méadú fé mar a bhí uimhir na nguairí ag dul i laíghead, agus do shamhlaíodar ó cheann go ceann go mbeadh an ceann maraitheach chúthu; agus nuair ná raibh gan tarrac ach dó nú trí ' cheannaibh, agus go rabhadar go léir ag dridiúint isteach leis, agus méireanna an té ' bhíodh ag tarrac ar baille-chrith, i dtreó gurbh ar éigin a bhíodh sé de bhrí ná de chumas iontu breith ar an nguaire agus é ' thabhairt leó.

"Tá sé ag Tomás". Do liúdar go léir amach, agus sceón iontu, ar an dtríú ceann deireanach.

"An bhfuil sé agat, a Thomáis? Tis'eáin é. Cad é an saghas é?", arsan chuideachta go léir.

Caibidil 20

Is ar éigin a bhí sé de bhrí i méireanna Thomáis é ' chimeád, ach mar a bheadh fuairthneamh iontu lá seaca, agus thit an guaire ar an dtalamh uaidh le mairbhití[202].

"Sin é, sin é", arsan chuideachta go léir, agus do shíleadar go raibh bun dubh air, bhí oiread san anaithe agus mallachar radhairc orthu.

Ach ghlac an stróinséir é go socair neamh-anaithiúil. Thóg sé suas é idir a mhéireannaibh, agus bhí sé chómh glan leis an gcuid eile.

"'Sea, tusa nú Murchadh, a Mhicil. Níl ach beirt agaibh chuige anois", arsan chuideachta go léir. Do shín an fear óg an páipéar chúthu, agus gan ann ach dá ghuaire.

Tháinig an líon-rith arís orthu. Do tarraigeadh ceann. Do féachadh air. Bhí sé gan teímheal.

"'Sea, is liom-sa é, a bhuachaillí", arsa Micil, ag breith ar an bpáipéar 'na láimh chlé, agus ag tarrac an chínn dheireanaigh leis an láimh eile.

Bhí an leath deiridh de chómh dubh le sméar, nuair a thóg sé suas é. Chuireadar go léir sciúng astu, peocu le scannradh, le hiúnadh, le háthas nú le faeiseamh aigne é, nú b'fhéidir iad go léir in éineacht.

"'Sea, a bhuachaillí, tá áthas orm é ' bheith críochnaithe, ar aon tslí", arsa Micil, is do chimil sé na braonacha móra allais dá éadan bán lena chiarsúir. "Tá brath agam go mbeidh mé chómh maith le héinne eile".

"Déanfaidh san an gnó, a fheara. Féadfaidh sibh dul abhaile anois", arsan stróinséir, is do scaip sé an cruinniú. "Neósfaidh máistir na paróiste dhíbh cathain a bheidh sibh ag teastabháil anso arís. Tabharfaidh sé scéala dhíbh agus na cómharthaí nua".

---

202 See *An Músgraigheach* #5, p6. This is substituted for *mairbhitíocht*.

Caibidil 20

"Cad chuige é?", arsa duine de sna fearaibh, agus iúnadh a chroí air cad é an saghas gnótha a bhí idir lámhaibh, nú cad chuige gur glaodh i bhfochair a chéile iad.

"Ná cuir aon cheist. Tá sé i gcoinnibh na rialacha. Bí sásta leis an méid a neósfar duit, agus ná loirg a thuilleadh[203]".

Do scaip an cruinniú. Bhí áthas ar a bhformhór gabháil amach fén spéir, agus a n-anál do tharrac tar éis an anaithe a cuireadh orthu, agus le fírinne, bhí áthas a gcroí orthu go léir bheith scartha le guaire na bó duíbhe, i dtaobh is ná raibh aon chúntas ag éinne acu i dtaobh an ghnótha ' thug ann iad, nú cad iad na geasa a bhí le cur ar an té a tharraig é, ach go raibh rud éigin trioblóideach nú cúntúrthach ag baint leis. Do this'eáin an discréid agus an cheilt agus an t-aireachas an méid sin dóibh.

"Fan-se agam", arsan stróinséir le Micil a bhí 'na sheasamh go neamh-shuaimhneasach len' ais.

"An bhfanfad-sa?", arsa Billy, agus é an-ollamh chun cabhraithe leó.

"Ná fan", arsan stróinséir go tur, "níl uaim ach duine". Do thomáin Billy leis i ndiaidh a chomrádaithe a bhí scaipithe 'na nduine agus 'na nduine san am san.

"'Bhfuil aithne agat ar an gcosán go dtí an *station*?"

"Tá", arsa Micil.

"'Sea, tá sé chómh maith againn an tslí sin a chur dínn gan mhoíll. Caithfead-sa imeacht leis an dtraein anocht, agus míneóidh mé do ghnó dhuit ar feadh na slí".

---

203 See *An Músgraigheach* #5, p6. This is substituted for *ná cuardaigh dá thuilleadh*.

Caibidil 20

Thoiligh Micil, is do bhuaileadar síos an cnuc go socair, ag cainnt go dlúth-ghéar.

Leath slí síos do stop Micil agus do shuigh ar thúrtóig.

"Tá brath agam ná fuilir breóite", arsan stróinséir, nuair a chonaic sé conas mar a chaith sé é féin.

Pé scéal a bhí ínsithe ag an stróinséir, nú pé geasa a chuir sé air, de dheascaibh an chraínn a thitim air, ní fios é, ach do luigh sé go dian ar a aigne, mar do shuigh sé ar an dtúrtóig ar nós duine ' bheadh chun dul i bhfanntais.

"Tá brath agam ná fuilir breóite?", arsan stróinséir arís, mar ní bhfuair sé aon fhreagra.

"Ó, nílim", arsa Micil, ag teacht chuige féin beagán. "Nílim, ach go bhfuil laige agus tuirse orm. Do shiúlaíos an iomad tar éis scarúint leat-sa am Aifrinn. Chaitheas scéala ' thabhairt dóibh go léir agus táim lag le tuirse".

"Tá áthas orm gan a thuilleadh ' bheith ort", arsan stróinséir go síbhialtha, ach bhí ' fhios ag Micil gur thuig sé go maith go raibh níos mó ná san ag baint do, ar an gcuma go nduairt sé an chainnt. "Tóg braon de seo, is tiocfair chút féin. Thabharfainn an leabhar ná faighthá a leithéid ar fuaid an bhaíll seo".

Do líon sé tímpall le cnagaire isteach i gcupa stáin a bhí ag gabháil leis an mbuidéal, agus do shín chun Micil é.

Níor dhein Micil ach é ' bhlaiseadh. "Caith suas an uile bhraon de", agus dhein Micil amhlaidh nuair adúradh leis é.

Caibidil 20

Nuair a bhí sé go léir óltha aige, bhraith sé go raibh an braon an uile phioc chómh maith agus aduairt an stróinséir, mar do tháinig sé chuige féin i neart agus i misneach láithreach bonn.

"Beir leat é seo, leis. Ní chaillfidh sé ort mara gcaillir air".

Do shín sé chuige cás geal glan snasta, is chuir Micil 'na phóca é gan pioc a rá.

Ní dúradh a thuilleadh i dtaobh gnó an tráthnóna. Dhíríodar ar chainnt i dtaobh rudaí eile, agus chuireadar díobh an bóthar go héasca gur shroiseadar an Teampall Mór.

"'Bhfuileann tú ag dul go Baile Átha Cliath?", arsa Micil.

"Nílim, ach go Luimne".

"Shíleas go rabhais ag dul go Baile Átha Cliath".

"An nduart é?"

"Samhlaíonn dom go ndúraís".

"Táim tar éis m'aigne d'athrú. Caithfead dul go Luimne, ach glaofad anso arís ar mo theacht thar n-ais. Fan anois—inniu an Domhnach. Chífead arís tu coicíos ó inniu".

"Ní fios cá mbead-sa an uair sin", is do tháinig creathán ann.

"Chífead-sa thu", arsan stróinséir, "pé áit go mbeir".

"B'fhéidir gur sa phríosún a bheinn", arsa Micil go ciúin.

"Chífinn ansan, leis, thu", arsan stróinséir. "Níl aon áit dúnta orm-sa".

Caibidil 20

"Is ar éigin ' fhéadfá dul 'om fhéachaint ansan".

"Dá mbeadh sé chómh fuiriste sin sinn a stop, bheadh sé chómh maith ag an gcumann tabhairt suas. Tá cead dul isteach againn is gach aon am agus is gach aon áit. Féadfaimíd gach aon áit a shroisint".

Bhíodar ag dul isteach sa *station* um an am san. D'fhéach Micil ar aghaidh a chomrádaí le solas na lampaí. Chonaic sé ag raibh sé ana-mhílítheach, níos mílithí ná mar ba ghnáth, agus deallramh na feirge agus na dúire in' aghaidh, a bhéal fáiscithe le bárr seasmhachta i dtreó gur chuir sé iúnadh a chroí ar Mhicil.

Nuair ' fhéach Micil air, do chreid sé ná stopfadh fallaí an phríosúin é, ná trí sraith gárdaí na beairice, bhí sé chómh neamaitheach, chómh dáiríribh chun gnótha an chumainn a dhéanamh, ná stopfadh geataí daingeana é, ná fallaí árda, ná farairí ag gluaiseacht, bhí sprid an díolthais chómh himeartha san ann.

"Deinimíd-na ár ngnó go héifeachtúil, agus dá réir sin, caithfidh gach éinne a thoghfam chun gnótha é ' dhéanamh ar an gcuma gcéanna".

Do tharraig sé srian leis féin nuair a bhraith sé go raibh fearg ag teacht air, is do thosnaigh sé arís ar chainnt neamh-shuimiúil mar ' bhí aige ar feadh an lae.

"Tóg braon eile dhe seo. Beidh an traein anso láithreach".

Do líon sé tómhas eile chun Micil, agus ceann chuige féin, agus chaith sé siar é.

Fé mar aduairt sé, bhí an traein ag teacht—na soílse dearga 'na radharc tímpall an chasadh[204]. Shíl Micil go raibh sí 'na stad, ach do shleamhnaigh sí thairis síos go dtí an ceann eile den árdán.

---

204 See *An Músgraigheach* #5, p6. This is substituted for *tímpall an chasta*.

Caibidil 20

"Chífead arís thu i gcionn coicís. Go n-éirídh leat go geal go dtí san".

Do phreab sé isteach sa traein, dhún an doras, agus do tharraig na dallóga, is bhí a radharc na ndaoine. Sheasaimh Micil ag an *station* gur bhuail an cluigín is gur séideadh an fheadóg, gur ghluais an traein roinnt súncanna ar dtúis agus gur imigh chun bóthair.

Bhí Micil ag féachaint 'na diaidh chun go raibh sí féin agus a soílse as a radharc, agus gur cuireadh in éag na lampaí sa *station*. Ansan do thug aghaidh ar an mbaile.

Caibidil 21

Bhí Mícheál Ó Duíbhir ag siúl ar fuaid na feirmeach um thráthnóna ag féachaint ar na fearaibh ag tarrac arbhair isteach san iothlainn. Ba léir ar gach taobh de go raibh feirmeóireacht éifeachtúil á dhéanamh, agus go raibh gach aon bharra go maith dá réir sin. Bhí na guirt lán de stácaí. Chuirfeadh sé áthas ar éinne féachaint orthu, agus go mór mór ar an té gur leis iad.

B'amhlaidh do Neilí[205] a bhí ag siúl lena chois. Ba ghéire í siúd ná a hathair chun na háilleachta a thabhairt fé ndeara[206], na dathanna aoibhinne i gcéin i measc na gcnuc agus na gcoíllthe agus Sliabh na mBan os a cómhair amach, go grianach ag éirí go spéir.

"Nách breá an áit é seo dá bhféadadh duine a shaol go léir a chaitheamh ann?", arsa Neilí. Sid iad na smaointe ba ghiorra dá croí san am san[207].

"Sin é díreach go rabhas féin ag cuímhneamh air, a Neilí", arsan t-athair. "Ní fheadar cad a dhéanfaidh an t-aidhbhéardaí linn?"

---

205 See *An Músgraigheach* #5, p6. This is substituted for *mar sin, leis, do Neilí*.
206 See *An Músgraigheach* #5, p6. This is substituted for *ba mhó dob oilthe í siúd, ná a hathair chun na háilleachta d'aimsiú*.
207 See *An Músgraigheach* #5, p6. This is substituted for *ar an am san*.

Caibidil 21

"Glac m'fhocal leis, a Dhaid, ná corróidh sé sinn".

"Ach féach ar an méid atá le corraí aige, a Neilí", ar seisean go ciúin. "Nách mór an scannradh cuímhneamh air".

"'Sé an sceímhle é, a Dhaid, gan chúis gan abhar".

"Ba mhór an trua mar a thug Aodh fén aidhbhéardaí", arsan t-athair. "Féach ar an dtrioblóid a tharraig an t-amadán bocht ar an ndúthaigh go léir".

"Ní fheadar 'en domhan cad a thit amach do, a Dhaid. Nách iúntach ná gabhann sé an treó, go bhfeicfeadh duine éigin é a raghadh chun cainnte leis".

"Is cuma ca bhfuil sé, a Neilí. Tá níos mó díobhála déanta aige, agus níos mó toirmisc tarraicthe aige ar na daoinibh ná a dhein éinne leis na cianta".

"Chuirfinn geall, dá mbeadh fios an scéil le fáil, nách é Aodh fé ndeár é. Ca bhfios d'éinne nár tharraig an t-aidhbhéardaí air é. Ní fhéadfadh éinne an scéal ' ínsint ach Aodh féin. Mo ghraidhin é an buachaill bocht", arsa Neilí léi féin.

"'Sea, a Neilí, níl ach leónú Dé[208] ná fuilimíd féin ag gabháil amach i dteannta na coda eile".

"Ní fheadar, a Dhaid", arsa Neilí de chogar, agus eagla uirthi dar leat go n-aireódh na préacháin í, is go scéifidís uirthi, "cad é an chúis nár sheirbheáil sé sinn-na le hórdú i dteannta na coda eile? Do mhaímh sé seirbheáil orainn i bhfad rómpu san".

"Ní fheadar, a Neilí, ach tá ' fhios agam ná fuil sé déanta fós aige agus, le cúnamh Dé, b'fhéidir ná déanfadh".

---
208 See *An Músgraigheach* #5, p6. This is substituted for *deónú Dé*.

Caibidil 21

"An rabhais ag cainnt leis ó shin, a Dhaid?"

Ach sara raibh sé d'uain aige í ' fhreagairt, siúd is go raibh an focal ar bhárr a theangan aige, do liúigh sí.

"Ó, a Dhaid, a Dhaid, cad é seo?"

Bhain a guth preab as. D'fhéach sé sa treó go raibh sise ag féachaint, is do chonaic sé ar an dtaobh eile den fhál, spréacharnach na gréine ar bheaignití agus ar chasóga dearga.

"Cad é féin, a Dhaid? Nú cad 'tá le himeacht orainn?"

"Ní fheadar, a Neilí", ar seisean. "Ach saighdiúirí 'sea iad".

"Cad 'tá uathu, a Dhaid? Nú an amhlaidh a bheidís chun sinn a chur amach?"

Do chrith an uile phioc di, is do lúb a cosa fúithi agus le bárr scannradh chaith sí í féin ar a glúine len' ais.

Nuair a chonaic sé an scannradh a bhí uirthi, chuir sé a lámh tímpall uirthi is do thóg suas í.

"Ní hé sin, ar aon tslí". B'áil leis coráiste a chur uirthi cé ná raibh puínn de aige féin[209]. "Ní fhéadfaid siad é sin a dhéanamh gan an t-órdú ' fháil ar dtúis. Ach", ar seisean in' aigne féin, "cé 'tá chun iad a stop? Tá an chroch is an chúirt ar a gcumas féin acu".

"Ó, a Dhaid. Rithimís abhaile nú titfidh an t-anam asam leis an eagla. Tá mo chroí i gcúntúirt gabháil amach tríom chliabh le hanaithe. Ca bhfios duit cad a bheadh ag titim amach sa bhaile?"

---

209 See *An Músgraigheach* #5, p6. This is substituted for *b'áil leis muinín a mhúscailt ná raibh ann féin ach beagán de.*

Caibidil 21

Bhíodar i ngiorracht páirce nú dhó don tigh, an bheirt ag siúl go géar, agus greim ag an inín ar chuislinn a hathar mar theannta.

Nuair a shroiseadar an bán, bhí sé lán de shaighdiúirí. B'ionann scéal ag an abhallórd é, is do leath a radharc ar Neilí nuair a chonaic sí iad ag teacht amach as an scioból, a cró na mbó, as an áit go gcodlaíodh na fir, as an stábla, a tigh na muíntire, as gach áit go raibh aon díon air.

"Ná bíodh eagla ort, a Neilí", arsan t-athair, mar do rith smaoineamh chuige. "Ag lorg Aodha de Róiste 'sea 'táid. Sin é atá uathu. Shíleadar go raibh sé i bhfolach anso. Téimís isteach".

Chreid sí an méid sin. Bhí ' fhios aici ná raibh Aodh ann, ná tímpall an bhaíll, agus chuir san suaimhneas aigne uirthi.

Tháinig iúnadh orthu nuair a chuadar isteach. Cé ' bheadh rómpu ach an t-aidhbhéardaí? Is le mí-mhuinín d'fhéach Neilí air, ach do this'eáin a hathair gach aon tsaghas ómóis ab fhéidir do. Níorbh fhéidir do a mhalairt a dhéanamh i láthair na huaire sin, i bhfianaise na cómhachta ar fad a bhí ar a láimh siúd.

"Tá áthas orm tu d'fheiscint san áit bhoicht so agam-sa", agus dob aithnid ar a ghuth iomad den úmhlaíocht a bheith ann. "Arbh é toil t'onóra suí agus t'anál a tharrac, nú an dtiocfá anuas sa phárlús?"

Ach ní thug an duine uasal puínn toradh ar a chainnt, ach bhí sé ag féachaint ar aghaidh Neilí go raibh luisne 'na ceannathaibh le gaoth fhionnuar an tráthnóna, agus í ag féachaint níos solasmhaire ná mar ba ghnáth léi tar éis an scannradh a bhí curtha uirthi.

Do shiúlaigh sé anonn agus chroith lámh léi. "Ba mhaith liom me féin a chur in aithne dhuit, a iníon ó. Is mise Mr. Clender, an t-aidhbhéardaí. Is dócha gur airís trácht orm".

Caibidil 21

D'admhaigh Neilí gur airigh.

"Molaim do dhathúlacht, a óig-bhean. D'airíos daoine ag maíomh as do scéimh, ach chím féin anois go bhfuileann tú i bhfad níos feárr ná an maíomh".

Níor fhéad Neilí aon fhreagra ' thabhairt ar an gcainnt seo, ach do dhearg sí agus chrom a ceann. Do choinnibh sé greim ar a láimh, agus bhí á hiniúchadh idir an dá shúil go droch-mhúinte—an líon tí go léir láithreach agus na páistí, agus greim acu ar aprún a máthar, is do bhí a leithéid de ghráin ag Neilí air is d'fhonn scarúint leis thug sí cuireadh dho dul sa phárlús chun suí ar feadh tamaill, agus chun rud éigin d'ól. Do ghlac sé an cuireadh agus d'imigh i dtreó an phárlúis.

Chuir a mhí-iompar diomblas uirthi. Thuig sí go maith go raibh sé dána droch-mhúinte, agus dá mbeadh éinne eile ann in' inead, thabharfadh sí an freagra air a bhí tuíllthe aige, ach bhí eagla uirthi roimis an aidhbhéardaí go ndéanfadh sé é ' agairt ar an líon tí, is dá dheascaibh sin do bhrúigh sí uirthi féin chun cur suas leis.

"Tá áthas orm, a Dhuíbhrigh, a leithéid sin d'inín le deiseacht a bheith agat", ar seisean, is gan aon tsuím aige i múineadh ná i mbéasa.

"Cailín maith is ea í", arsa Mícheál agus é chómh dóite in' aigne le Neilí féin.

"Ní fheaca a leithéid de shúile ná de cheannatha leis na blianta, dar fia", arsan t-aidhbhéardaí, agus ón slí a labhair sé, bhraith Neilí í féin mar a bheadh daor ar an margadh á moladh ag reiceadóir a bheadh á díol.

"A Dhuíbhrigh, nár mhór an trua an ceann a bhaint den tigh 'nar tógadh í. Nách dó' leat é, a Dhuíbhrigh?"

Caibidil 21

"Ba mhór, a dhuine uasail". Cheap sé in' aigne a rá gur mhór an trua an ceann a bhaint den tigh ar aon chréatúir bocht; ach do bhí ' fhios aige ná taithnfeadh san leis an aidhbhéardaí, is do chúb sé chuige.

"Agus mar gheall air sin, fágfam an díon os a cionn go seascair agus go cúmpórdach. Ní bheadh aon tigh ró-mhaith dhi. Ní bheadh san".

"Ná hólfá deoch, a dhuine uasail?", arsa Neilí. D'oir leathscéal di chun éirí.

"Ní eiteóinn aon rud as do lámhaibh, a chailín óig", ar seisean le plámás a chuir déistean uirthi.

Thug Neilí léi an buidéal is do chuir os a chómhair ar an mbórd é. Do dhrid i leataoibh is do shuigh tamall uaidh, is do dhein suas a haigne gan a this'eáint go raibh sí cráite.

"Tá sí ró-dhathúil chun í ' fhágaint anso, a Mhic Uí Dhuíbhir", arsan t-aidhbhéardaí go hana-shíbhialta. "Ná leogfá go Baile Átha Cliath í?"

"Bhí sí i mBaile Átha Cliath cheana, i scoil an chlochair, a dhuine uasail", arsa Mícheál.

"Ó ní hé sin adeirim", ar seisean le droch-mheas. "Níor mhór di tuilleadh den tsaol d'fheiscint, dul i gcómhluadar, go bhfeiceadh sí an áilleacht agus go molfaí an áilleacht atá inti féin".

"Tá sí ró-óg fós, a dhuine uasail, d'áit den tsaghas san", arsa Mícheál. Sin é an freagra is cóngaraí a tháinig chuige.

"Heit! Anois an t-am di chun ógánaigh na cathrach d'fheiscint agus caradas a dhéanamh leó, agus aithne ' chur orthu agus mar sin. Níl aon ghnó anso aici. Caithfir í ' leogaint go Baile Átha Cliath. Níor mhór di an áit d'fheiscint".

Caibidil 21

"Níl aithne aici ar éinne i mBaile Átha Cliath ach ar na mná rialtha", arsa Mícheál.

"Ó, greadadh chúthu san", arsan t-aidhbhéardaí. "Ach tá mo dhrifiúr im theannta-sa mar chimeádaí tí. Bheadh áthas uirthi í ' ghabháil chúithi. Níor mhór di comrádaí éigin. Níl an tsláinte ró-mhaith aici. Do this'eánfadh sí saol na cathrach di. Táim deimhnitheach, a Dhuíbhrigh, go mb'fhearra dhuit í ' leogaint ag triall uirthi", arsan t-aidhbhéardaí.

"'Sea, déanfad machnamh ar an scéal, a dhuine uasail", arsa Mícheál.

"Sin é an rud is fearra dhuit a dhéanamh di, is é go deimhin. Níor ghá dhi a thuilleadh spré. Ar mhaith leat dul ann, a chuid?"

"Níor mhaith. B'fheárr liom fanúint anso", arsa Neilí, agus í go mór trí chéile.

"Ó, sin mar a bhíonn i gcónaí", ar seisean, "ag na cailíní óga go léir, nú go bhfaighid siad taithí ar an gcómhluadar agus ar an saol ar feadh tamaill, agus ansan nuair a chíd na hógánaigh go léir ag lútáil tímpall orthu, ní thabharfaidís suas é ar aon mhargadh. Agus 'na theannta san, a Mhic Uí Dhuíbhir", ar seisean, "tá mórán muiríne ort, agus dá luathacht a thosnóir ar iad a chur i mbun a gcúram féin, 'sé is fearra dhuit. Níl aon rud is feárr a thaithneann leis an dTiarna Othorpe ná daoine ' fheiscint dea-ghnóthach, toradh-bheartúil, agus ag imeacht ag déanamh foirtiúin dóibh féin in inead fanúint sa bhaile go díomhaoin, beag-mhaitheasach, ar thalamh an tiarna".

"Ní bhíonn Neilí díomhaoin, ach ag obair go cruaidh ag cabhrú lena máthair", arsa Mícheál.

"Ó, ach nuair a raghaidh sí in áit go mbeidh caoi aici ar dhéanamh níos feárr", arsa Clender, "ní bheadh sé ceart aici é ' eiteach, agus 'na theannta san", ar seisean i gcogar, "d'fhéadfainn-se caoi a thabhairt

Caibidil 21

duit-se ar an áit seo a dhéanamh níos cúmpórdaí; agus imbriathar go bhfuilim tar éis labhairt cheana féin leis an dTiarna Othorpe, agus go bhfuilim ag brath go bhféadfad an áit seo ' fhágaint agat ar an seana-mhargadh, nú b'fhéidir ar mhargadh níos feárr".

"Go raibh maith agat, a dhuine uasail", arsa Mícheál, is d'imigh cuid den ualach dá chroí, "is ag Dia atá ' fhios go bhfuilimíd ag obair go cruaidh dícheallach chun an chíosa a dhéanamh, is ná féadfaimís a thuilleadh ' dhéanamh".

"Tá ' fhios agam é sin", arsan t-aidhbhéardaí, "agus is mar gheall air sin a bhíos ag tógaint do pháirt', agus gheóbhad tuilleadh ded dhua mar gheall ar an gcailín deas d'iníon atá agat. Is dó', a dhuine mhacánta, is 'na mnaoi uasail is ceart di bheith, agus is mar sin a chaithfidh sí bheith".

"Faid saeil chút, a dhuine uasail", arsa Mícheál. "Ba mhaith uait cuímhneamh uirthi. Ach tá sí ró-óg go ceann bliana nú dhó eile, agus is dó' liom ná déanfadh a máthair an gnó 'na hiúnais go n-aosaíd na páistí tuilleadh[210]".

"Is mór an scrupall leogaint di a thuilleadh den tsaghas san gnótha a dhéanamh. Dhéanfadh cailín aimsire an gnó 'na hinead. Tá sí oiriúnach do ghnó níos tairbhí. Ar an dtaobh eile dhe", ar seisean, agus beagán de mhí-shásamh ag teacht air, de dheallramh, "má fhéadann tusa treó níos feárr a chur uirthi, bíodh leat, agus goibh mo leathscéal i dtaobh aon lámh a chur id ghnó".

"Ó, ní fhéadfainn é, a dhuine uasail", arsa Mac Uí Dhuíbhir go hanaithiúil. "Táimíd ana-bhaoch díot de bhárr do thrioblóide, go raibh míle maith agat. Déanfad mo dhícheall ar an méid sin a chur in úil duit".

---

210 See *An Músgraigheach* #5, p6. This is substituted for *a thuilleadh*.

Caibidil 21

"Tá go maith. Tóg t'aimsir, is bí ag cuímhneamh air ar feadh tamaill", ar seisean, ag éirí chun imithe. "Déanfad-sa cion duine muínteartha dhuit agus chíonn tú féin go bhfuil san déanta agam cheana féin. Tiocfad arís i rith na seachtaine".

"Tá an-áthas orainn tu ' ghlaoch chúinn, a dhuine uasail", arsa Mac Uí Dhuíbhir, is d'éirigh sé féin is Neilí in éineacht.

"Ó, cuireann san i gcuímhne dhom go bhfuil na saighdiúirí coinnithe ag feitheamh ró-fhada agam".

Bhíodar dearúdta aige agus do dhearúid sé an gnó a thug é, mar dhea.

"Ó, táimíd ag lorg díolúnach de ropaire de mhuíntir Róiste. An bhfuil aithne agaibh air?"

"Tá", arsa Mícheál. "Tá aithne againn ar na daoine go léir ar fuaid an cheanntair seo".

"Is dócha gur airiúir an chuma gur thug sé fúm?"

"D'airíomair", arsa Mícheál.

"Ó, an cuirpeach", arsan t-aidhbhéardaí. "Do rugas air ag fiach agus giorrae ar a ghualainn aige. Chaith sé fé dhó liom. Do bhuail ceann de sna piléir sa chúl me. Do bhí an rath go léir orm nár ghoibh sé trí m'inchinn. Ní har siúd is ceart dom a bhaochas a bheith. Ní hea san, an dúnmharaitheóir fíll[211]".

Ní duairt Mícheál ná Neilí aon ní, ach do chabhraigh Mícheál leis go fústrach chun a chóta mór a chur air; thug do a lasc; d'oscail doras an phárlúis agus do bhí go síbhialta ómósach leis.

---

211 See *An Músgraigheach* #5, p6. This is substituted for *dúnmharaitheóir feallthúil*.

Caibidil 21

I ndeireadh bára d'fhág sé slán acu. Do choinnibh greim ar láimh Neilí tamall maith. Ansan chuaigh sé de léim san iallait; d'imigh i dtosach na bhfear; agus thug a aghaidh ar an mbaile go dtí an Teampall Mór.

"Cailín ana-dheas is ea í, ana-dheas go léir", ar seisean is é ag cainnt leis féin. "Ana-dhathúil ar fad. Deallraíd siad gur thaithn mo thairiscint go maith leó".

Caibidil 22

Gach aon lá nú gach aon tarna lá 'na dhiaidh san, thagadh an t-aidhbhéardaí go tigh Mhíchíl Uí Dhuíbhir, ag leogaint air bheith ar lorg Aodha de Róiste.

Do bhí sé ag déanamh dhá ghnótha in éineacht. Ar an gcéad dul síos, thug sé caoi dho ar bheith á this'eáint féin ag an dtigh, agus 'na theannta san bhíodh sé sábhálta ann. Bhí namhaid[212] go tiubh aige ar fuaid na dútha. Bhí an oiread san tireóntaithe le cur amach go raibh na daoine ana-chorraithe. Bíodh ná raibh ar a gcumas aon chosc do chur leis an ndroch-obair, mar sin féin, bhí oiread san uilc orthu go mbeadh sé cúntúrthach do san bheith 'na measc gan gárda tiúnlacan. Bhí an gárda á dtis'eáint féin ar fuaid na dútha, i leith is go raibh dúnmharaitheóir acu á chluicheadh chun é a thabhairt chun lámha, agus gan baint ar bith acu, mar dheà, le cosaint an aidhbhéardaí.

Ach is greannúr an scéal é, dá mhinicí ' tháinig sé, ná raibh aon chrích aige á chur ar an gcluiche. Bhí Mícheál coitianta ag tabhairt na síbhialthachta dho; ag úmhlú dho agus ag tabhairt gach aon urrama dho. Níor ghá dho ach bagairt chuige, bhí sé chómh húmhal do is do bheadh daor Críostaí i láthair Rí Turcach[213] sa Bhulgáir—ach amháin nárbh fhéidir a áiteamh air scarúint leis an inín[214]. Bhíodh leathscéal

---

212 See *An Músgraigheach* #5, p6. This is substituted for *naímhde*.
213 See *An Músgraigheach* #5, p6. This is substituted for *Rí de Thurcaigh*.
214 See *An Músgraigheach* #5, p6. This is substituted for *a thabhairt air scarúint*

Caibidil 22

éigin aige i gcónaí chun é ' mhoilliú, nú é ' chur siar. Ní túisce a bhíodh leathscéal curtha i leataoibh ag an aidhbhéardaí ná go mbíodh ceann eile tarraicthe chuige aige in' inead.

Dob ionann scéal do féin agus dá inín, iad ollamh i gcónaí chun bheith go fáiltheach roimis, agus á leogaint orthu bheith go háthasach i dtaobh an tsaeil bhreá a bheadh ag Neilí i dteannta a dhriféar, mar a bhí geallta aige; ach bhí teipithe air aon deimhniú d'fháil cathain a raghadh sí ann. Ceist ab ea í nár mhaith leis tagairt di go minic, mar nuair a dheineadh, do gheibhtí scéal thairis éigin chun bheith ag trácht air. Dá dtéadh sé ró-fhada air, chaithfeadh sé an diomblas a this'eáint, is dá dheascaibh sin, bhíodh saghas leisce air bheith á tharrac anuas ach go hannamh.

Bhí sé ag filleadh abhaile ag ceann an airm tráthnóna áirithe, tímpall le coicíos tar éis an chéad chuarda, agus é lán d'fheirg agus d'olc agus de dhroch-aigne chun Míchíl Uí Dhuíbhir agus a iníne.

"Cneastacht, mar dhea. Ní haon chabhair bheith cneasta leis an bhfear so ná len' inín", ar seisean leis féin. "Chím go bhfuil siad a d'iarraidh teacht as an scéal. Más mar sin é, dar—, cuirfead-sa amach ar an mbóthar iad mar a chuirfinn an gadhar. Ní fhágfad cleith os a gcionn. Ní fhágfad ná cloch ar muin cloiche san áit. Ruaigfead amach as an eastát iad i dteannta na coda eile. Aithním uirthi nuair a labhraim ar an ndíolúnach san de mhuíntir Róiste go bhfuil cion aici air. Do ghoilfeadh sí ar a shon, mara mbeadh me ' bheith láithreach— aithním ar a haghaidh é. D'airíos cheana é, ach anois tá sé os cómhair mo shúl. Ach déanfaid siad mar adeirim-se leó, nú mara ndeinid, cuirfar fán fada orthu".

Ní raibh araí ró-mhaith air ag teacht anuas dá chapall do, ag doras na beairice. Do shín sé an tsrian chun an tseirbhísigh. Do shiúlaigh i dtreó na hoifige ag cuardach 'na phócaí go neamh-chúramach ag lorg na heochrach.

---

len' inín.

Caibidil 22

Bhí a aigne chómh tógtha suas san gur baineadh preab as nuair a chonaic sé bean 'na seasamh le hais na rálach, díreach san áit go raibh sé ag dul suas na céimeanna cloch aoil, fé dhéin an dorais.

Do bhí sí droch-éadaigh[215] 'na seasamh ansan roimis, fallaing chaite thanaí ar a ceann agus ar a guaillibh, lámh léi á fáscadh féna giall, agus lámh eile leogaithe i gcoinnibh na rálach. Bhí an fhallaing casta ar a ceann agus ag clúdach a ceannatha, i dtreó ná féadfadh sé aon tuairim a thabhairt san leath-dhoircheacht cérbh í féin.

Ach chonaic sé gurbh áil léi labhairt leis. Bhí a lámh ar an ráil agus í 'na seasamh sa tslí roimis.

"'Sea, a bhean mhaith, cad 'tá uait?", ar seisean go searbh[216], is do chuaigh sé i leataoibh chun gabháil tháirsti.

"Tusa ' fheiscint", arsan bhean agus glór caol lag aici mar a bheadh ag duine breóite.

"Ní fhéadfainn éinne d'fheiscint anois. Fág mo shlí", ar seisean níos seirbhe fós.

"Níl sé d'uain agat labhairt fiú amháin liom-sa?", ar sise go lag. Do bhog den fhallaing agus do this'eáin a haghaidh.

Chuaigh sé i ndiaidh a chúil cúpla ciscéim.

"Ó", ar seisean agus iúnadh air, "an tusa atá ann?"

"Is me, a Mhr. Clender", ar sise go socair.

---

215 See *An Músgraigheach* #5, p6. This is substituted for *fé dhroch-éadach*.
216 See *An Músgraigheach* #5, p6. This is substituted for *garg*. An alternative is offered: *borb*.

Caibidil 22

"Agus cad é an diabhal gnótha a thug anso thu?", ar seisean, ag teacht chuige féin go tapaidh tar éis na preibe a bhain sí as. "Nár órdaíos duit gan teacht?"

"D'órdaís".

"Agus cad 'na thaobh duit teacht—mar do thug an diabhal ann tu, is dócha?"

"Is dócha é", ar sise go socair.

"Cad 'tá uait?", ar seisean go fíochmhar.

"Chun tu ' fheiscint".

"'Sea; ná feiceann tú me? Ach fiafraím cad 'tá uait?"

"Airgead".

"Airgead. An dó' leat go mbead ag tabhairt airgid duit i gcónaí, nú an dó' leat ná teastaíonn aon rud uaim féin? Ná féadfá é ' thuilleamh i dtaobh éigin?"

"Ní fhéadfainn déanamh in' iúnais[217]. Bhíos breóite—ana-bhreóite; ní fhéadfainn aon ní a dhéanamh is táim ana-ghátarach".

"Cad é sin dómh-sa, a bhean? Ná fuil mórán tabhartha agam duit cheana?"

"Tá cathú orm aon leathphinge riamh ' fháil uait", ar sise.

"'Sea, lean den mhian san anois, más sea", ar seisean le magadh searúsach.

---

217 See *An Músgraigheach* #5, p6. This is substituted for *déanamh dá iúnais*.

Caibidil 22

"Ní fhéadfainn", ar sise. "Ní thiocfainn anso dá bhféadfainn é ' sheachaint".

"Is minic cheana 'dúraís an rud céanna. An fada eile ' bheir 'om chrá led chuid iarrataisí?"

"An uair seo amháin", ar sise le húmhlaíocht.

"Cad 'na thaobh ná fágann tú an dúthaigh ar fad? Nú cad 'na thaobh ná téann tú go hAmerica?"

"Mar ná féadfainn é".

"Cad 'na thaobh?", ar seisean.

Ní duairt sí pioc.

"Neósfad-sa dhuit. Mar samhlaíonn tú go mbead-sa ag tabhairt airgid duit i gcónaí. Ach ní bhead—ná feóirling—ná leathphinge. Tá sé chómh maith agam tosnú anois. Glaofad ar na píléirí agus geófar thu[218]".

"Imbriathar ná déanfair", ar sise agus daingne ag teacht 'na guth.

"Chífir go ndéanfad", ar seisean, is do thug cúpla ciscéim. Ní raibh an áit ach treasna na sráide uaidh.

"Ní raghair agus ní leómhfair dul".

Do labhair sí go bagarthach. D'éist sé léi ar feadh tamaill.

"Fanfair go fóill sara ndeinir é sin. Fanfair go mbeidh post fáltha agat do Neilí Ní Dhuíbhir mar a fuarais dómh-sa".

---

218 See *An Músgraigheach* #5, p6. This is substituted for *cuirfead gabháil ort*.

Caibidil 22

Do bhain san preab as, mar a bhainfeadh cealg ón athair nímhe.

"Cé 'duairt é sin leat?", ar seisean, ag baint casadh as féin.

"D'airíos é", ar sise.

"D'innis na Duíbhrigh duit é", ar seisean.

"Níor ínseadar".

"Cé eile[219], más ea?"

"Ní dheineann sé aon deifir cé ' innis dom é, ach faighim an t-airgead atá uaim go diair, nú seasód ag doras an tséipéil Dé Domhnaigh, agus ní fhágfad duine sa phobal gan mo scéal d'ínsint do".

"Is beag é mo bheann orthu", ar seisean, ag cúbadh beagán.

"An beag?", ar sise, agus d'árdaigh sí a glór nuair a chonaic sí eisean ag ciúnú. "An beag, mhuise? Is feárr ' fhios agam-sa é. Ní bheidh páipéar in Éirinn ná beidh sé ann, agus má théann sé air dom, seasód istigh sa tséipéal i lár an Aifrinn agus neósfad é. Féach ansan conas a bheir os cómhair na n-oifigeach agus na ndaoine móra. Féach mar a gheóbhaidh Neilí Ní Dhuíbhir a baochas le Dia ná raibh aon bhaint aici leat".

"Ní chreidfidís tu", ar seisean. Bhí an mhóráil bainte dhe, agus do chrom sé chun argóna léi. "Is amhlaidh a tógfaí tu agus cuirfaí isteach i dtigh na ngealt tu. Agus 'na theannta san[220], ní chreidfinn go ndéanfá a leithéid, a Chití. Tá ' fhios agam ná déanfá. Bhíomair ró-charadach le chéile ar feadh i bhfad. Agus bhíos-sa ró-dhroch-araíonach ó chiainibh nuair a labhrais liom. Ach tá ' fhios agat ná fuil aon chuímhneamh agam tu ' eiteach".

---

219 See *An Músgraigheach* #5, p6. This is substituted for *cé heile?*
220 See *An Músgraigheach* #5, p6. This is substituted for *dá éaghmais sin*.

Caibidil 22

"Ní fheadar é sin", ar sise go stalcach.

"Ar eitíos riamh tu i dtaobh airgid?"

"Is annamh ' iarras ort é", ar sise. "Agus ní iarrfainn anois leis é ach le bárr gátair".

"Tá éagóir agat á dhéanamh orm ansan, a Chití. An mór atá uait?"

"Deich bpúint ar a bheag", ar sise go daingean.

"Airgead mór deich bpúint", ar seisean.

"Is beag an chuid é dhómh-sa in inead mo chlú is mo shaeil", ar sise, is tháinig faobhar uirthi, "ná fiche púnt, ná céad, ná míle. Ní dhíolfadh sé mise as m'ainm agus as mo shaol atá caillthe agam".

"Níl agam ach roinnt sóinseála anois", ar seisean, á shíneadh chúithi, "agus ní fhéadfainn é ' fháil anocht. Táim ag ollmhú chun dul ar dínnéar go dtí na hoifigigh. Ach má thagann tú istoíche amáireach, beidh sé le fáil agat".

"Istoíche amáireach", ar sise.

"'Sea, gheóbhair ansan é, beagáinín níos déanaí ná so—tímpall a deich a chlog—agus beidh an doras gan aon daingean air".

"Tá go maith", ar sise. "Ná dein aon dearúd 'na thaobh", is do thosnaigh ar imeacht.

"Ní bheidh aon dearúd orm, a Chití. Tair ar a deich. Ní bheidh aon ghlas ar an ndoras. Féadfair é ' shá rómhat. Ná hinnis pioc ar fuaid na sráide. Go n-éirídh an oíche leat, a Chití".

Caibidil 22

Sid í Cití Ní Chorcoráin go raibh a hainm sa chúntas a léigh an cathaoirleach sa tseómra i dtigh an tábhairne i mBaile Átha Cliath. Do thomáin sí léi gan focal eile a rá. Chas sí an tseana-chiarsúir tímpall a cínn, agus chuir sí dhi fé dhéin cúinne den tsráid go gcónaíonn daoine dealbha ann.

Do chaith sí an t-airgead síos 'na póca. Do dhein sé an-fhothram mar a thitfeadh sé anuas ar iarann, ach dá mbeadh ' fhios ag an aidhbhéardaí cad a bhí sa phóca, ní chodlódh sé sámh an oíche sin.

Caibidil 23

Ar a cúig a chlog ar maidin lar-na-mháireach, bhí captaein na n-innealthóirí agus Aodh 'na seasamh ar Chnuc Cathcart.

Bhí an captaein imníoch, agus le mochóirí na maidine bhí sé ag iniúchadh na cathrach a bhí tímpallaithe, agus na dtrínsí agus na ngunnaí móra i dtaobh thíos de, agus ansan, d'fhéach sé go cruínn ar an sraith de ghunnaí na Frainnce ' bhí ar thaobh na lámha clé.

Nuair a chonaic Aodh ag féachaint chómh neamh-shuaimhneasach é, níor fhéad sé foighneamh gan ' fhiafraí dhe an raibh aon rud bun-os-cionn.

"Níl pioc in aon chor ach an méid seo", ar seisean, "ná fuilimíd ollamh chun gunnadóireachta fós, ach tá ár gcómh-pháirtithe ollamh ar thosnú, agus le socrú éigin tubaisteach a deineadh idir an dá thaoiseach inné, féadfaidh ár gcáirde tosnú lena lán-neart, agus ní fhéadfaimíd-na aon ghunna amháin d'úsáid in aghaidh an dosaen gunna leó san".

"Ná féadfar é ' dhéanamh 'na dhiaidh san?"

"Nách é sin an scéal, nuair ná féadfam. Ní féadfar leanúint den ghunnadóireacht ach beagán laethanta, agus ansan, téadh sí olc nú

Caibidil 23

maith dhúinn, caithfeam an ruag iúnsaithe a thabhairt, agus ní fhéadfaimíd go brách teacht suas leis an aimsir atá caillthe againn. Mo mhallacht ar ár lucht ceannais sa bhaile ná féadfaidís rudaí a shocrú chómh maith agus a dheineann na Franncaigh, agus mallacht Dé ar an mbéas gránna san a chuireann gaolta bochta a bhíonn ag *Dukes* agus ag Iarlaí mar chínn ar ár n-arm chun sinn-na a thabhairt fé dhroch-mheas, agus anamnacha na bhfear gcróga a chur ar anaiste".

Ní raibh onóir an tSasanaigh ag déanamh aon bhuartha d'Aodh, ach do luigh sé air anam na bhfear a ídiú gan tairbhe, agus do ghoíll trioblóid aigne an oifigigh air, agus d'innis sé san do.

"Agus féach, ' Aodh", ar seisean, agus ón mbaol 'na rabhadar araon níor fhan eidirdhealú céime ná uaisleachta 'na n-aigne. "Do bhíos ag brath ar theideal cornail a bheith agam tar éis na hiarrachta so, agus féach anois tar éis mo dhíchill go léir go mbeidh san caillthe agam de dheascaibh na n-amadán san atá againn sa bhaile".

"Nách ciúin atá gach aon ní sa tsráid", arsa Aodh, ag brath go dtabharfadh scéal eile suaimhneas dá aigne ón gcrá. Do dhírigh a mhéar síos ar Shebastopol a bhí ró-íseal do ghréin na maidine chun taithneamh fós uirthi.

"Is fíor san", arsan t-oifigeach. "Ach féach anois is chífir go bhfuil siad ana-bhruidiúil ar thaobh na lámha deise".

D'fhéach Aodh síos leis an ngloine, agus do chonaic sé i ndaingean na Sasanach agus insna trínsí fir 'na suí síos ar scáth na bhfallaí cré, nú ag siúl ar a suaimhneas insna háiteanna go raibh fothain acu. Scuainí ainmhithe ag tarrac vaigíní ón gcampa síos go dtí an daingean; gasraí beaga fear ag gabháil síos, agus fir eile ag gabháil aníos—an mhuíntir, dar leis, a bhí i bhfeighilth na ngunnaí móra istoíche ag gabháil aníos, agus fir an lae ag gabháil síos. Bhí éirithe as obair na dtrínsí i láthair

Caibidil 23

na huaire de réir deallraimh. Bhí na fir 'na suí ag ól tobac, nú ag siúl chun iad féin a thé', ach d'fhanaidís coitianta sa scáth.

Ní raibh puth deataigh le feiscint. Bhí an mhaidean go breá bog mar a bheadh maidean shamraidh ar chliathán Shliabh na mBan, ag féachaint síos ar mhachairí shaibhre Luimne. Ní raibh duilleóg ag corraí, ach an ghrian ag taithneamh go breá brothallach agus ciúnas agus suaimhneas an Domhnaigh is gach áit mórthímpall agus ar na cábáin a bhí sínte ar feadh na mílthe slí is gach aon treó baíll.

"Níl siad ró-bhruidiúil ansúd thíos", arsa Aodh.

"Nílid", arsan captaein. "Ach féach níos sia uait, sa treó eile, mar a bhfuil campaí na bhFranncach".

D'fhéach Aodh sa treó san, agus chonaic sé daingean na bhFranncach lán d'fhearaibh, agus na trínsí ar an gcuma gcéanna fé mar a bheadh eagla orthu go dtabharfaí fogha fúthu amach agus go gcaithfidís é ' shárú. Bhíodar 'na saithíbh san dá áit, agus iad i bhfolach ó radharc an namhad. Na scáthanna folaigh a bhí déanta ar na sraitheanna gunnaí le roinnt laethanta, bhíodar gan corraí, agus na gunnaí móra acu á bhfolachadh.

"Tá obair ar siúl ansúd", arsa Aodh nuair a bhí sé iniúchta go maith aige; na sluaite fear anonn 's anall, agus síos suas thar a chéile, gan aon fhothram acu á dhéanamh, ná aon radharc ag an namhaid le fáil orthu.

"Táim á chuímhneamh go bhfuil", arsan t-oifigeach go neamh-shuimiúil, tar éis féachaint ar shraith fhada de champaí Franncacha, agus ansan d'iompaigh sé a ghloine arís ar na dúnta.

Bhí sé foghlamtha ag Aodh, fé mar ' fhoghlamaíonn gach aon tsaighdiúir eile, aithris a dhéanamh ar an oifigeach, agus mar gheall air sin, d'iompaigh sé a ghloine féin orthu ar an gcuma gcéanna.

Caibidil 23

Bhí gach ní ciúin socair, ach amháin go bhfeicfá Rúiseánach liath-chasóige anois is arís ag an gceann theas den daingean, agus mála gainímhe aige ag deisiú pé damáiste a bhí déanta ann.

D'iompaigh sé a shúile ansan ar an gcuan, mar a raibh "An Dá Aspal Déag", agus na crainn seóil ag éirí san aer as an gceó liath a bhí ar an uisce. Ní raibh an ghrian árd a dóthain fós chun é ' ghlanadh.

"An bhfeiceann tú leis an ngloine sin?"

"Tá sé ag dul dian orm chun—". Ní raibh an focal as a bhéal nuair a tógadh ó thalamh é agus do coisceadh 'na scórnaigh aon fhocal eile cainnte ba mhian leis a rá. D'éirigh cnagarnach i bhfuirm thóirthní, ach nár tháinig aon tóirthneacha riamh chómh tiubh san i ndiaidh a chéile. Sara raibh uain aige cuímhneamh cad a bhí ann, do bhí screadach ag sliogáin agus ag piléir, ag mealláin agus ag pléascáin ag imeacht, gach aon tsaghas fothraim acu, ag stracadh agus ag réabadh an aeir rómpu 'na réim tíntí.

Do leog sé uaidh an gloine is chuir a lámha suas lena chluasaibh chun iad a chosaint ar an bpléascadh, agus do dhírigh sé a shúile síos ar na líní.

Chonaic sé ansúd síog lasrach tine agus deatach bán ag imeacht ar luas aibhléise ar feadh líní na bhFranncach. Bhí an deatach dultha leath slí nuair a chonaic sé ar dtúis é, agus sara raibh uain aige é ' bhreithniú sa cheart, le luas na gunnadóireachta, bhí an lámhach tar éis sroisint go dtí an ceann eile de shraith daingean trí míle ó bhaile—ag léimrigh ó loc go loc le mire uathásach.

Ní raibh sé d'uain aige a aigne a shocrú ar aon rud fé leith[221], bhíodar ag teacht chómh tiubh san i ndiaidh a chéile, idir scread agus scréach, fead agus glam ó sna sliogáin a bhí ag pléascadh mórthímpall, ag

---

221 See *An Músgraigheach* #5, p6. This is substituted for *ní raibh aga aige a aire a dhíriú ar aon rud fé leith*.

Caibidil 23

screadaigh tríd an aer 'na gcith deamhan ndamanta, ag stracadh rómpu fé dhéin na sráide, ag pléascadh 'na mbrúscar os cionn na ndún; agus an tulca trom-deataigh[222] mar a bheadh bratacha[223] d'olainn dhuibh ag clúdach na ndaingean ar feadh líní na bhFranncach. Nuair a phléasc ó cheann ceann na líne, ba dhó' leat gur chrith an cnuc lena neart. Ar feadh tamaill tar éis an chéad chómh-phléasc san, bhí ciúnas iomlán ann tamall, fé mar[224] ' bainfaí stad iúntais agus eagla as dúilí an domhain leis an oll-fhothram árrachtach úd.

Riamh roimis sin ó cruthaíodh an domhan[225] níor hairíodh a leithéid d'fhothram ná a leithéid de stoirm piléar ag marú agus ag réabadh a dtáinig rómpu isteach go dtí an chathair. Riamh roimis sin ní fheacathas trí chéad gunna mór i dteannta a chéile ag raideadh piléar ar cómh-iarracht, agus ag díriú a gcuid urchar ar aon spota amháin.

"Is mór an éacht é", arsa Aodh agus é geall leis ceangailthe den talamh le draíocht an scéil.

"Níl aon dabht", arsan t-oifigeach, "ná go bhfuil sé éachtach uathásach go maith".

Bhí Aodh 'na sheasamh agus é fé anaithe iúntais ag éisteacht leis an bhfothram nárbh fhéidir cur síos air, ag teacht gan stad gan faeiseamh ó ghunnaíbh na bhFranncach, gan ach stop beag á dhéanamh acu anois is arís an fhaid a bheadh na gunnadóirí ag ollmhú. Bhí a chomrádaí ag faire go cruínn[226] féachaint cad é toradh na bpiléar ar dhaingnibh an namhad.

---

222 See *An Músgraigheach* #5, p6. This is substituted for *lomra trom-deataigh*.
223 See *An Músgraigheach* #5, p6. This is substituted for *brait*.
224 See *An Músgraigheach* #5, p6. This is substituted for *amhail mar*.
225 See *An Músgraigheach* #5, p6. This is substituted for *ó cruthaíodh an saol*.
226 See *An Músgraigheach* #5, p6. This is substituted for *go grínn*.

Caibidil 23

Do scuab an cith iarainn de dhruím na ndún isteach sa chathair ag stealladh cáirne cré agus smúite, ag leagadh tithe, ag leibhéalú fallaí agus ag dul síos go doimhinn san abhainn, agus i ndugaí na long, agus ag taoscadh uisce na céadta troithe sa spéir.

Do ghlanadar na rampair agus na dúnta, do bhuaileadar puíll na ngunnaí móra agus do chuadar go doimhinn insna fallaí tiúbha cré gan puínn díobhála a dhéanamh dóibh, ach amháin puíll bheaga. Na puíll agus na scoiltheacha a thagadh mar a mbuaileadh na piléir go tiubh, do shamhlófá orthu[227] gurbh amhlaidh a bhídís a d'iarraidh a thuilleadh d'fháil le slogadh. Ach i dtaobh fallaí cloch agus iarainn, do leagadh iad mar a leagfaí craínn le buillí tuaigh[228].

"Dar mo bhriathar ach go sloigfeadh na diabhail fhallaí cré sin a bhfuil d'iarann agus do phúdar i Sasana, gan aon díobháil a dhéanamh dóibh", arsan t-oifigeach, agus é ana-chráite in' aigne tar éis leath-uair a' chluig a thabhairt ag faire éifeacht na ngunnaí.

"Táid siad ag fanúint ana-mhacánta ansúd, ar aon tslí", arsa Aodh, mar ní fheaca sé oiread agus puth deataigh ag teacht ón dá dhún mhóra. Bhíodar ciúin. Do ceapfaí orthu gurbh amhlaidh ná raibh éinne fanta iontu.

"Do bhain an méid seo preab astu", arsan t-oifigeach. "Agus chómh luath agus ' bheid siad tagaithe uaidh sin, chífir go dtiocfaidh a gcainnt dóibh".

Ba dhó' leat nár cheart d'aon rud bheith 'na bheathaidh ann tar éis a leithéid de stoirm piléar agus sliogán, ag scuabadh gach aon chúinne géar agus lúb agus rampar, i dtreó ná creidfá go bhféadfadh luch bheith in aon pháirt den daingean gan bheith 'na rilleán ag piléaraibh, ná fiú istigh i lár baíll, mar ar cheart do gach aon rud a

---

227 See *An Músgraigheach* #5, p6. This is substituted for *do ceapfí orthu*.
228 See *An Músgraigheach* #5, p6. *Buillí tuaigh* is substituted for *de bhuillí tuaighe*.

Caibidil 23

bheadh ann a bheith stracaithe as a chéile ó shliogáin ag titim isteach ann agus ag pléascadh gan stad gan faeiseamh.

Dá ainneóin sin is uile, fé mar aduairt an t-oifigeach, d'éirigh tulcaí deataigh ón Redan is beagán eile ón Malakoff, agus i gcionn tamaill bhí lucht na ngunnaí móra ag obair go cruínn agus go stuidéartha ag stealladh fé dhéin oibreacha na bhFranncach.

Dá neamh-thuairimí mar a thosnaigh sé, d'aithneófá gur dhein sé mearathall do ghunnadóirí na bhFranncach. Ba léir uaireanta iad ag léimrigh go dtí a ngunnaí, agus ar feadh a ceathair nú a cúig de neómataí, bhídís ag loscadh agus ag fothramáil i dteannta a chéile go hanamúil[229]—a leithéid níor hairíodh riamh roimis sin. An fhaid a bhíodh san ar siúl, bhíodh mar a bheadh arm deamhan aeir sa spéir ag iomrascáil, ag screadaigh, ag scréachaigh, agus ag pléascadh fé mar ' bheadh ifreann 'na steille-bheathaidh sa spéir.

"'Sea anois, féachaimís cad leis gur deallraitheach an rud go léir", arsan t-oifigeach nuair a tháinig ciúnú beag ar lámhach na bhFranncach. "Tá na Franncaigh chun leogaint dá ngunnaí fuaradh agus chun a mbricfeast d'ithe. Féachaimís cad 'tá déanta acu".

Caibidil 24

Leis sin d'imigh an captaein le fánaidh an chnuic go mear. Bhain sé amach na trínsí, agus do bhailigh leis gur shrois sé an trínse tosaigh, do bhuail a ghloine ar an mbannc, agus duairt le duine de sna sapaeirí an bannc d'árdú a thuilleadh os a chionn, ach gan an ceann ba shia uaidh de a chlúdach. D'fhéach sé go cruínn cad é an damáiste a bhí déanta ag lámhach na bhFranncach ar an Malakoff, agus d'fhéach sé an beagán riain a bhí ó philéaraibh na Sasanach ar an Redan.

"Samhlaítar dom", ar seisean le hoifigeach a tháinig chun cainnte leis, "gur suarach an toradh atá air go léir. Tá cliatháin agus faobhar an

---

229 See *An Músgraigheach* #5, p6. This is substituted for *go lasánta*.

Caibidil 24

rampair polltha ag na piléir a chuaigh in achrann iontu. Tá cúinní slachtmhara na *mbaistion* greadaithe go maith, agus tá cínn na mbataí nochtaithe, agus an chré caite dhíobh. Sin a bhfuil".

"Is beag an bhrí é sin", arsan t-oifigeach. "Mara bhfuil ach an méid sin déanta ag an méid atá caite le dhá uair a' chluig, is fada go n-íosfam ár mbricfeast i Sebastopol".

"Cad é an diabhal é sin agat á dhéanamh, a Phróinséis?", arsan t-innealthóir le hoifigeach óg.

"Nílim ach ag tabhairt sceadshúil orthu tríd an bpoll so d'fhág do ghloine-se sa chré bhuig", arsan fear eile.

"Ná dein aon ní dá shaghas. Do chífidís tu idir an dá sholas. Seasaimh i leataoibh—seasaimh i leataoibh, adeirim leat".

Ach níor chuir an t-oifigeach óg suím ann. Bhí árdfhonn air féachaint, agus bhí sé tamall ag iniúchadh tríd an bpoll.

"Táid siad súisteáltha go maith, mar sin féin", ar seisean agus a shúil leis an bpoll aige. "Bheadh sé i bhfad níos usa dul in áirde iontu anois ná mar ' bhí sé inné, bhíodar chómh sleamhain sin".

"Cuireann sé iúnadh orm féin", arsan t-innealthóir, "a bhfaighid siad dá ndua ag slíomadh is ag sleamhnú na gcliathán, is ag géarú na gcúinní gach aon oíche, agus ' fhios acu go loitfar arís iad lar-na-mháireach, agus an chúntúirt anama ' bhíonn ar na fearaibh ag gabháil do".

"Deirim gur slacht é go bhfuil ana-chúntúirt á leanúint", arsan fear eile agus é coitianta ag féachaint tríd an bpoll, "agus mara bhfuil aon lagachar ar mo radharc, táid siad ag gabháil do anois féin. Chím iad ag éaló amach, agus iad ag deisiú an bhaíll, agus ag crothadh málaí

Caibidil 24

gainímhe ón *mbanquette* ar an dtaobh amu' den rampar ag líonadh na bpoll atá déanta ag na piléir agus ag na sliogáin".

"Más mar sin atá, tá sé tuíllthe acu buachtaint ar aon arm eile ach orainn-na", arsan t-innealthóir le bárr scaothaireachta[230]. "Leog dom súil a thabhairt orthu. Is fiú féachaint orthu", agus níor chuímhnigh sé go raibh sé á chosc san ar an bhfear eile roinnt neómataí roimis sin.

"Fan neómat", arsan t-oifigeach óg á dhridiúint i leataoibh lena láimh, agus a shúil féin coitianta leis an bpoll. "Dar fia ach go bhfuil árdoifigeach díreach ar aghaidh ár ngunnaí-na amach ag stiúrú na hoibre. Tá sé ag tis'eáint na n-áiteanna loitithe dhóibh le bárr a chlaímh. Tá an Chros Iarainn tuíllthe ag an bhfear san—tá san. Anois tair agus féach".

Do thóg sé a shúil den pholl agus do sheasaimh suas díreach agus lena línn sin do hairíodh gluthar 'na scórnaigh agus liach.

Bhí an t-innealthóir chun féachaint tríd an bpoll, d'ainneóin an chosc a cheap sé a chur leis an bhfear eile, ach do baineadh geit as mar do thit an t-oifigeach óg 'na choinnibh agus do shéid caise fola ar a lámha agus ar an ngloine.

"Cad 'tá ort, a Phróinséis?", ar seisean, is do rug greim air á chimeád suas. Do shíl sé gur rud éigin a bhain tuisle as. Do rug Próinséis greim ar láimh air, is do chuir suas chun a scórnaí í, is do this'eáin san do cad a bhí titithe amach.

Díreach agus é ag tógaint a chínn ón bpoll beag a bhí i ndiaidh na gloine, do tháinig piléar tríd a gheárr a scórnach. Bhí an fhuil ag taoscadh amach aisti, í 'na bolmacaibh 'na bhéal á thachtadh.

---

230 See *An Músgraigheach* #5, p6. This is substituted for *le greann aidhmolthóireachta*.

Caibidil 24

Ní fhéadfadh sé ach an créacht a this'eáint—bhí sé gan úrlabhra.

"Ó, Dia linn[231], a Phróinséis, cad d'imigh ort?" Sin ar fhéad an t-innealthóir a rá ar an gcéad amharc a fuair sé ar a chara sa droch-threó 'na raibh sé.

"Is tubaisteach an créacht é", ar seisean, nuair a chonaic sé ná féadfadh an fear eile labhairt. "Rith, a Aodh, agus tabhair leat an dochtúir. Ritheadh duine éigin go bhfuil eólas na slí aige. Tabhair anso go tapaidh[232] é. Tá sé insna trínsíbh in áit éigin. Rith!—rith!—brostaigh".

Bhí sé a d'iarraidh na fola a stop lena chiarsúir, agus í ag teacht 'na caisíbh. Chuir sé an fear gunta 'na shuí ar a ghlúin, agus a dhrom i gcoinnibh cliatháin an trínse, agus bhí ag feitheamh go neamh-fhoighneach leis an ndochtúir a bhí ar diúité.

Ní raibh se i bhfad ag teacht agus bhí tuilleadh oifigeach 'na theannta. Do chuardaigh an dochtúir an poll is do chroith a cheann. Do bhí a mheabhair ag an bhfear gunta. Do thuig sé go maith an treó 'na raibh sé, ach ní raibh sé ábaltha ar labhairt. Dhein sé cómharthaí chun peann luadha agus páipéar a thabhairt do.

Do scrígh sé go creathánach ar chuma gur dheocair é ' lé' agus a lámh sínte uaidh aige chun ná titfeadh an fhuil ar an bpáipéar, agus na hoifigigh eile mórthímpall ag féachaint air go buartha. Sid iad na focail a scrígh sé: "An bhfuil aon tseans agam?"

Duairt an dochtúir go truamhéileach agus é ag cuardach an chréachta:— "Ní fhéadfainn ' ínsint duit, ach cuir in úil dom nuair a ghortód tu".

---

231 See *An Músgraigheach* #5, p6. This is substituted for *a Dhia*.
232 See *An Músgraigheach* #5, p6. This is substituted for *um á luaithe*.

Caibidil 24

"Tánn tú 'om ghortú anois", arsan garsún de ghlór lag, agus do thit sé siar buailthe amach, gan mheabhair, i mbaclainn an oifigigh.

"Tá sé ag imeacht anois", arsan dochtúir, nuair a chonaic sé dua ag teacht ar a chliabh agus ar a cheann: do chaith sé suas roinnt fola[233], is do thit ar a chliathán i mbaclainn an innealthóra agus eisean ar a leath-ghlúin agus é á chimeád suas leis an nglúin eile.

"An fear bocht", arsan duine acu. "Níl a chipe ach tar éis teacht".

"Sid é an tarna lá aige insna trínsí", arsan t-innealthóir go brónach.

"Sin deireadh[234] le treabhchas mórchlú agus le sealúchaisí móra", arsan fear eile. "Is suarach an deireadh é—piléar Rúiseánaigh".

Caibidil 25

An lá tar éis bheith ag cainnt le Cití, do bhuail an t-aidhbhéardaí amach mar ba ghnáth leis, ag ceartú agus ag cur dlí i bhfeidhm, agus á leogaint air bheith ag cuardach d'Aodh de Róiste, agus chuaigh sé aon uair amháin eile go tigh Mhic Uí Dhuíbhir, den turas deiridh choíche agus go brách. Duairt sé leis féin go bhfaigheadh sé amach ceocu ' dhéanfaidís mar aduairt sé leó, nú ná déanfaidís.

Bhí dabht aige ann, agus níor mhiste dho san, mar, siúd is go ngabhtí le n-ais é go grámhar síbhialta, níorbh fhéidir aon gheallúint ' fháil ó Mhícheál ar aon lá áirithe, ná ar aon am go raghadh a iníon go Baile Átha Cliath go dtí an t-inead nua a bhí ann di. Ba lú ná san an seans ' bhí ar aon gheallúint ' fháil ó Neilí.

---

233 See *An Músgraigheach* #5, p6. This is substituted for *do chaith sé in áirde roinnt fola*. This sentence was highlighted in bold in this passage in *An Músgraigheach*, showing this to be one of the most egregious destructions of DBÓC's Irish in *Aodh de Róiste* as published in 1933.

234 See *An Músgraigheach* #5, p6. This is substituted for *sin é deireadh*.

Caibidil 25

Bhí sí i gcónaí go séimh gáireatach ar gach aon tsaghas slí, agus do gheóbhadh sí is gach aon treó baíll, ach san áit 'narbh áil leis an aidhbhéardaí í ' dhul.

Níor shamhlaigh sé riamh roimis sin í a bheith chómh gleóite, ná chómh dathúil is do bhí sí an turas so. Bhí a gáire níos meidhrí—siúd is nách óna croí é—nuair a shrois sé an tigh, a héadan níos gile, agus a gruaig dhonn os a chionn ag cur leis an ndathúlacht. Bhí a haghaidh álainn chómh hóg agus chómh bláfar san, agus a deilbh mar ' bheadh íomhá marmair Ghréigeach, agus an lil agus an rós ag coímheascar in éineacht, gur chaill sé a mheabhair baileach glan.

"Dá mbeadh beagáinín eile de choidreamh an tsaeil cleachtaithe aici", ar seisean leis féin, "do bheinn sásta léi mar mhnaoi", agus do chuaigh a dathúlacht níos mó in achrann ann gach aon uair a chonaic sé í, agus chuir san níos mó ag machnamh é. "Ná déanfadh sí an gnó mar atá sí? Is cuma i dtaobh cúrsaí coidrimh ná uaisleachta, ní bhuafadh aon ní dá bhfuil acu uirthi. A' bhfuil a leithéid le tis'eáint ag aon líon tí i measc na n-uasal ar fuad na dútha?"

Do tháinig beirithean[235] ann leis na smaointe sin. Bhíodar ag neartú in' aigne ó am go ham, agus ó chuaird go cuaird fé mar a thagadh sé. Bhíodh sé ag taibhreamh orthu istoíche, agus ag machnamh orthu sa ló. Siúd is go raibh sé ag imirt ar a aigne ná raibh sí maith a dhóthain do, agus go dtabharfadh sé náire dho i measc na n-uasal i mBaile Átha Cliath, agus go mbeadh sé cortha dhi fé cheann mí, agus ní bheadh ansan ach—ach do bhí a aigne déanta suas aige an ceann a bhaint den scéal go léir an lá so.

Ní raibh aon choinne aige go raibh aon bhreith go raibh an t-eiteachas le fáil aige. Ní raibh aon tsúil lena leithéid aige; níor chuímhnigh sé amháin ar an dtaobh san den scéal. 'Sé an rud is mó a bhí ag déanamh buartha dho, conas ' thiocfadh sé ar an scéal do

---

235 See *An Músgraigheach* #5, p6. This is substituted for *bruthadh*.

Caibidil 25

thosnú i dtreó, dá n-athraíodh sé a aigne 'na dhiaidh san, go mbeadh teacht as aige.

Ar an lá áirithe seo, bhí a aigne déanta suas aige go gcaithfaí an gnó a shocrú, go gcaithfeadh sí dul go Baile Átha Cliath ar dtúis, agus ar an abhar san níor mhiste ceist an phósta ' fhágaint i leataoibh go dtí uair éigin eile.

Ach dáltha an uisce gur fuiriste rian a chur ar a uachtar ach nách féidir rian mairtheanach a fhágaint ann, b'in é dáltha Mhíchíl Uí Dhuíbhir. Níorbh fhéidir aon mhargadh críochnaithe a dhéanamh leis.

Níorbh amhlaidh gur labhair an t-athair agus Neilí riamh ar an ngnó. Bhí teacht agus imeacht an aidhbhéardaí mar a bheadh gluaiseacht Pasha Turcaigh in oirthear na hEórpa, ag triall ar dhaor bhocht a bheadh ag crith—turasanna gránna mí-thaithneamhacha go leór, agus iad cúntúrthach leis, b'fhéidir. "Fan ar an dtaobh caoch de mhadra uilc go mbeir gofa thairis", b'in canúinn a bhí cloiste go minic ag Mícheál, agus b'é a ghníomh déanamh dá réir. Níor labhair sé féin ná an iníon focal riamh le chéile i dtaobh teacht agus imeacht an aidhbhéardaí. Bhí rud éigin 'na n-aigne a chuir cosc leis. Bhíodar féna láimh, agus a n-aigne trí chéile dá dheascaibh, is chuireadh san stop leó. Ba mhó rud in iompar an aidhbhéardaí a dheineadh buairt dóibh, ach bhí rudaí eile dá samhlú dhóibh a chuireadh as a gceann é, 'sé sin an tigh gan ceann, páistí ocracha, agus eagla roim póirsí thí na mbocht. Do thagadh creathán 'na gcroí agus ní fhéadfaidís leanúint ag cuímhneamh air.

Tháinig an t-aidhbhéardaí isteach agus bróga árda air, agus spuir, agus do bhuail síos sa phárlús. "'Sea, a Dhuíbhrigh", ar seisean, "do thánag chun tu ' fheiscint sara n-imíod. Ní bhead anso go fóill arís—geall leis go Nollaig, nú b'fhéidir go mbeadh na hórdaithe le cur i bhfeidhm agus na daoine le cur amach".

Caibidil 25

"Táim ana-bhaoch de t'onóir i dtaobh glaoch chúm. Beidh fáilthe rómhat i gcónaí anso".

"'Sea, a Iníon Uí Dhuíbhir", ar seisean go muínteartha, is níor éist sé in aon chor lena hathair, agus chuir sé na súile tríthi nuair a chuaigh sé isteach sa phárlús. "Táir ag féachaint níos dathúla ná mar a chonac riamh tu. Is mór an trua tu ' bheith anso, mar a bhfuil t'áilleacht á chur ar anaiste. Nách breá ' fhéachfá i seómra suite i mBaile Átha Cliath—éadach breá ort, sraith péarlaí ar do bhráid, is banndaí seóid ar do rítheacha—hé?"

Bhí sé tar éis beagán d'ól i dteannta na n-oifigeach ar feadh na slí, is chuir san roidín breis anama 'na shamhlaíocht aigne. Thug sé iarracht ar a lámh a chur tímpall uirthi. Bhí greim ar a láimh aige, ach do shleamhnaigh sí uaidh go dtí an taobh eile den bhórd, agus do thosnaigh ar bhuidéal agus gloiní ' fháil do féin is dá hathair.

"Hé!—náireach fós. An créatúir bocht. Tiocfair uaidh sin nuair a ragham go Baile Átha Cliath. Féachann tuataíocht go holc i gcuideachtain", ar seisean ós árd, agus do cheap sé tosnú ar bhéasa a mhúineadh dhi. "Nuair a raghair i gcuideachtain daoine móra, dea-thabhartha-suas, sin é an uair ' fhoghlamóir bheith—"

Ach d'imigh Neilí go dtí an chistin a d'iarraidh uisce te chun puins a dhéanamh don bheirt, agus do stad den rosc cainnte ' bhí ar siúl aige.

"'Sea, a Dhuíbhrigh", arsan t-aidhbhéardaí, "cathain atá tú ceapaithe ar an gcailín breá so a leogaint ag triall ar mo dhrifír? Tabharfar aire mhaith dhi. Beidh ana-chion uirthi agus múinfar béasa agus cultúr di, agus beidh sí oiriúnach don tsaol atá roímpi".

Do chorraigh Mícheál é féin go neamh-shuaimhneasach, agus ní duairt sé aon ní.

Caibidil 25

"Agus mo chuímhne é", arsan t-aidhbhéardaí, "cuireann san i gcuímhne dhom go dtugas órdú don atúrnae léas nua do tharrac duit ar an bhfeirm go ceann aon bhliain déag ar fhichid, agus an cíos a laígheadú i dtreó go mbeifá seascair cúmpórdach an chuid eile ded shaol. Beidh sé ollamh duit an chéad lá a raghair féin agus t'iníon go dtí an tsráid. Glanfar amach an chuid eile den eastát i lár mí na Nollag le hórdú an tiarna".

"Chómh luath san, an ea, a dhuine uasail?", arsa Mícheál Ó Duíbhir.

"Chómh luath san", arsan t-aidhbhéardaí go feargach. "Cad 'na thaobh a rá 'chómh luath'?"

An méid eólais a bhí i ndeireadh na cainnte sin a bhí ráite aige, ní chun argóna ná treasnaíola a dhéanamh 'na thaobh a thug sé uaidh é. Níor theastaigh uaidh go ndéanfaí a thuilleadh cainnte ar an rud san, agus chuir an méid aduairt Mícheál Ó Duíbhir an-fhearg air, agus 'na theannta san tharraig sé anuas scéal thairis chun dul ó fhreagra—agus b'in rud nár oir don aidhbhéardaí.

"Gabhaim párdún agat, a dhuine uasail", arsa Mícheál; "nách olc an t-am é, díreach le línn na Nollag".

"Is ceart duit áthas a bheith ort cara a bheith agat, nú do bheifá ar aon dul leó", ar seisean. "Agus tá beartaithe agam bheith im charaid agat i gcónaí, agus tá an léas ollamh agam duit chun t'ainm' a chur leis nuair a raghair go Baile Átha Cliath. Cathain a raghair ann?"

Theip ar Mhícheál a aigne ' dhéanamh suas, agus ansan duairt sé:

"Ní fheadar, a dhuine uasail".

"Ní fheadraís, an ea? Cad 'na thaobh? An amhlaidh ná fuil t'aigne déanta suas agat?"

Caibidil 25

"Níl, a dhuine uasail".

"Níl? Cad 'tá 'od stop?"

"Is dó', a dhuine uasail, tá na páistí go léir ró-óg, agus níl a máthair chómh hóg ná chómh láidir is do bhíodh sí, is níl éinne acu ábaltha ar aon ní a dhéanamh ach Neilí, agus ní fhéadfaimís scarúint léi i láthair na huaire seo".

"Agus a' ndeireann tú liom", arsan t-aidhbhéardaí, ag lasadh le feirg, "go n-oireann duit an margadh atá eadrainn a bhriseadh?"

"Fé cheann bliana nú dhó, beidh na páistí níos seana-chríonna".

"Bliain nú dho", arsa Clender, "bliain nú dhó. An ag magadh fúm atáir?"

"Ní dó' liom go bhféadfaimís scarúint léi níos túisce, a dhuine uasail", arsa Mícheál, is do theip air cuímhneamh ar aon leathscéal níos feárr i láthair na huaire sin.

"An é sin freagra t'iníne, leis?", arsan t-aidhbhéardaí go feargach, le linn Neilí do theacht isteach sa phárlús le citeal uisce go raibh gal as. "An é sin do fhreagra-sa, leis, a óig-bhean?"

Bhí Neilí ag teacht isteach go meidhreach, agus go fáiltheach, ach do baineadh preab aisti.

Leis an scannradh ' tháinig uirthi d'imigh an luisne as a ceannatha, nuair a chonaic sí go raibh fuadar bruíne nú toirmisc fén mbeirt. Do thuig sí láithreach cad ba bhun leis, agus le scannradh do theip uirthi aon fhocal a labhairt; do dhein stalca dhi díreach mar a raibh sí.

"An é sin do fhreagra-sa, a óig-bhean? Ná fuilir toiltheanach chun dul go Baile Átha Cliath, mar a shocraíomair?"

Caibidil 25

"Pé rud adéarfaidh m'athair", ar sise. Níor fhéad sí cuímhneamh ar aon leathscéal eile. Bhí sí i gcúntúirt[236] titim i gceann a cos le hanaithe.

"Glacfad é sin mar fhreagra", arsan t-aidhbhéardaí, is do tháinig na focail go garg as a bhéal leis an bhfeirg agus an diomá a tháinig air. "Glacfad é sin mar fhreagra. Chím go bhfuil an choímhirse agus an dei-mhéinn a bhí agam díbh caite soir siar. Ní dhéanfad a thuilleadh dhe. Déanfad toil an tiarna tailimh agus gheóbhaidh sibh an bóthar i dteannta na coda eile".

Do thóg sé a lasc den bhórd agus do léim sé amach as an seómra.

Is ar éigin a bhí Neilí ábaltha ar an gciteal a chur ar an mbórd. Shuigh sí ar chathaoir le lagachar. Díbheirg agus cómhacht an aidhbhéardaí, buairt, brón agus cur amach: dealús dá hathair is dá máthair agus do sna páistíbh; sid iad na rudaí a rith trína haigne agus luigh ar a croí go trom.

"Cad 'tá déanta ag m'athair a chuir fearg air? Cad ' fhéadfadh sé a dhéanamh an fhaid a bhíos sa chistin? A Dhia na bhFeart is a Mháthair Bheannaithe, saor sinn".

Do lean Mícheál an t-aidhbhéardaí amach ar an mbán[237]. Bhí súd ar muin a chapaill cheana féin.

"A dhuine uasail onóraigh, tá súil agam ná fuil fearg ort chúm ag—"

"Fág mo shlí. Fág mo shlí, a dhuine", arsan t-aidhbhéardaí, ag cur a chapaill i ndiaidh a chúil is ag árdú a laisc.

"An bhfuil aon ní eile seochas an rud san a fhéadfaimís a dhéanamh chun t'onóir a shásamh—"

---

236 See *An Músgraigheach* #5, p6. This is substituted for *i mbaol*.
237 See *An Músgraigheach* #5, p6. This is substituted for *sa bhán*.

Caibidil 25

"Fág mo shlí, fág mo shlí láithreach", arsan t-aidhbhéardaí. "An dteastaíonn uait cath a chur orm?"

"Dhéanfainn aon ní chun t'onóir a shásamh, ach ní féidir—"

"Scrios, a chuirpigh", arsa Clender le búirth, agus d'árdaigh a lasc, is do bhuail ar feadh an bhéil é. "An amhlaidh a cheapann tusa tabhairt fúm leis? 'Sea, a fheara, tomáinidh libh".

"Ó, ná himigh i bhfeirg uaim", arsa Mícheál, ag cur lámh len' aghaidh san áit gur bhuail an lasc é. Bhí griofadach beag ann, ach níor mhothaigh Mícheál é le bárr buartha agus trí chéile, ach mar a bheadh greim seangáin.

"'Sea, a fheara, féachaidh! Tá an fear so tar éis catha a chur orm. Bog a ghreim den tsriain sin. Cuirpeach eile is ea é. Cuirpigh agus dúnmharaitheóirí is ea iad go léir anso. Bog a ghreim den tsriain. Bog an greim sin".

B'fhuiriste a ghreim a bhogadh. Nuair a bhuail saighdiúir chuige do scaoil sé uaidh an tsrian. Is i ganfhios do féin a bhí sé ag cimeád greama uirthi, leis an mearaí a bhí air. Nuair a leog sé uaidh í, do léim an capall ar aghaidh mar bhí na spuir á dtomáint trína mhaothánaibh le feirg. Do leagadh Mícheál is d'imigh an capall dá dhruím le buile, agus sara raibh sé d'uain aige éirí 'na sheasamh bhí an t-aidhbhéardaí amach beárna an bháin ar cos in áirde agus na saighdiúirí 'na dhiaidh.

Nuair d'airigh Neilí an clampar, chuaigh sí go finneóig is chonaic sí a hathair á leagadh agus rith sí féna dhéin.

"Ó, cad d'imigh ort, a Dhaid, cad d'imigh ort?", ar sise go scannrúil.

"Ní fheadar, a Neilí. Ná fiafraigh díom é. Téanam isteach", ar seisean, ag éirí agus á chrothadh féin. Ní raibh aon ghortú air.

Caibidil 25

"Conas a chuiris an fhearg air, a Dhaid?"

"Ná fiafraigh díom é", arsa Mícheál; do tharraig sé cathaoir anonn go dtí an bórd, do shuigh uirthi, chrom a cheann agus chuir a bhasa suas ar a aghaidh.

Tharraig Neilí cathaoir eile anonn, is do shuigh len' ais, is do chuir a dhá láimh tímpall a mhiníl.

"Ná bac é, a Dhaid. Cuir do mhuinín as Dia na Glóire", ar sise, a d'iarraidh coráiste a chur air[238]. Bhí dúil ag Neilí an focal maith a bheith aici, ach bhí sí féin chómh creathánach le héinne eile.

Níor thóg sé a cheann is níor thug sé aon fhreagra uirthi.

"An bhfuilir gortaithe, a Dhaid?", ar sise go ceannsa. "Tá súil agam ná fuilir. B'in é an t-iomárd ba mheasa dhúinn ar fad. Tá brath agam ná fuilir, a Dhaid".

"Nílim, a Neilí. Nílim", ar seisean, ag tógaint a chínn. "Níor ghortaigh an titim me, ach, ó, a Neilí, cad a dhéanfam anois? Tá sé imithe uainn le feirg mhóir agus cad é mo leigheas air? Cad 'fhéadfainn a dhéanamh?"

"Dia linn, Dia linn. A Dhaid, cad chuige gur cuireadh ar an saol sinn in aon chor, nú cad 'tá déanta as an slí againn?"

"Ní fheadar, a Neilí, cad chuige gur deineadh sinn, ná cad chuige gur cuireadh ar an saol sinn, chun sinn a chrá agus a chiapadh ar an gcuma so; mara mbeadh tusa is na páistí, b'fheárr liom bheith marbh ar an láthair seo".

"Ó, a Dhaid. Ná habair é sin. Ca bhfios duit cad 'tá le teacht? Ca bhfios duit cad 'tá gealltha ag Dia na Glóire dhúinn?"

---

238 See *An Músgraigheach* #5, p6. This is substituted for *coráiste a chur ann*.

Caibidil 25

"Táim ag cuímhneamh ná fuil aon ní 'nár gcómhair ach an rud a bhí i gcómhair mórán eile a tháinig rómhainn. Cad 'tá chun é ' chosc?"

Ní haon náire do Mhícheál Ó Duíbhir ' admháil gur ghoil sé go faíoch, agus a bhasa suas len' aghaidh aige. Bhí an dísle caite a bhuafadh uireasa, imirce agus gorta dho féin agus dá mhuíntir. Bhí scáil[239] tí na mbocht á tis'eáint féin cheana dho, agus scamall dubh aici á chur tímpall air, agus tímpall a thí. Bhí crannaíl na luinge imirce a bhí sa chuan os cómhair a aigne in inead craínn thorthúla an abhallúird.

Gach aon osna a leog sé, do ghabhadh sé mar a gheóbhadh saíghead nímhe trí chroí atruach Neilí. Gach aon bhuairt eile nú aon teinneas dár airigh sí riamh, dob fheárr léi é ' fhulag ná a hathair ' fheiscint sa treó go raibh sé le brón.

D'fhéach sí fé dhéin finneóige an phárlúis agus a súile lán de dheórachaibh[240], agus cé ' chífeadh sí ach Billy an Bearbóir ag gabháil tríd an mbán fé dhéin dorais na cistean?

Ní raibh puínn abhair dóchais ag baint le deallramh Bhilly, ná puínn crutha air a thabharfadh sólás d'éinne, ach dá ainneóin sin ba gheal lena croí éinne a theacht go mbeadh aon chómbáidh aige leó, agus bhí Billy tar éis an céasadh céanna d'fhulag, agus thuigfeadh sé a gcás.

"Ó, féach, Billy an Bearbóir, a Dhaid. Glaofaidh mé isteach air chun cainnte leat ar feadh tamaill. B'fhéidir go gcuirfeadh sé suaimhneas ar t'aigne, ach ná tabhair le rá dho go mbeifá ag gol".

Duine beag cainnteach ab ea Billy mar adúramair cheana. Bhí sé ana-thuisceanach i dtaobh capall. 'Sé an gnó is mó ' bheadh ar siúl aige bearbóireacht capall, agus dá dheascaibh sin bhíodh sé ó bhaile go baile, ó bharúntacht go barúntacht. Agus dá réir sin, bhíodh mórán

---

239 See *An Músgraigheach* #5, p6. This is substituted for *scáth*.
240 See *An Músgraigheach* #5, p6. This is substituted for *dheóraibh*.

Caibidil 25

cúntaisí aige: is mara gcuireadh sé rud leó ní baol go mbaineadh sé pioc uathu, agus ba bhreá le Mícheál Ó Duíbhir oíche gheímhridh do chaitheamh ag cainnt le Billy nuair a bheadh an sneachta go trom amu', agus an ghaoth ag séideadh trí sna crannaibh; tine bhreá dhearg ar an dtínteán, Billy is é féin ag cainnt le chéile, agus an tine ag dó agus ag leaghadh 'na luaith bháin tímpall na gríosaí sara gcoirtí an bheirt den chómhrá.

Níorbh aon iúnadh gur chuímhnigh Neilí go ndéanfadh cuideachta Bhilly tairbhe dá chroí, agus dá aigne bhuartha i gcómhair na hoíche, agus chómh luath agus ' bhí rian an ghuil agus na buartha imithe dá chúntanós, thug sí Billy anuas sa phárlús mar chuideachtanas do, is do líon sí dhá ghloine mhóra puins dóibh, agus d'fhág sí ansan iad ag seanchaíocht, agus chuaigh sí i bhfeighilth a gnótha féin.

Bhí cómhrá Bhilly go hanamúil, agus ba mhéadú ar mhuinín duine é ' chlos.

Fén am san, do shrois an t-aidhbhéardaí agus na saighdiúirí an Teampall Mór ar cos in áirde. Bhí srangscéal ann roimis á órdú dho dul thar n-ais go Baile Átha Cliath, i gcás gurbh éigin do imeacht ar thraein an tráthnóna fé dhéin an bhaíll sin.

Ar a deich a chlog an oíche sin, nú b'fhéidir beagán 'na dhiaidh, bhí bean bhocht chreathánach dhroch-éadaigh gan puínn cruit[241] 'na seasamh ag doras na hoifige. Do bhuail sí, do bhuail arís agus arís eile, ach ní bhfuair sí aon fhreagra. Tar éis bheith ann ar feadh leath-uair a' chluig ag feitheamh, d'iompaigh sí amach, is d'imigh léi go mall is í ag cogaint[242] rud éigin léi féin, agus is dó', dá n-airíodh an t-aidhbhéardaí an chainnt sin, agus é ag míogarnaigh in' inead cúmpúird ar an dtraein go Baile Átha Cliath, go n-imeódh an mhíogarnach de, agus go léimfeadh sé le hanaithe.

---

241 See *An Músgraigheach* #5, p6. This is substituted for *dhroch-fheisceanta*.
242 See *An Músgraigheach* #5, p6. This is substituted for *ag monabar*.

AODH de RÓISTE

Caibidil 26

Ach i ndeireadh bára tháinig an lá roimis an lá a bhí ceapaithe chun na ndaoine a chur amach[243]. Bhí sneachta trom ar an dtalamh um thráthnóna, mar bhí an geimhreadh tagaithe níos túisce ná mar ba ghnáth leis, agus bhí gaoth chruaidh ghéar ghuinideach aduaidh ag scuabadh treasna cláir scéirdiúil na dútha.

Le titim na hoíche thosnaigh sé ag cur sneachtaidh arís; agus de réir gach aon deallraimh bhí lá áir le bheith ann amáireach. Chuir sé buairt ar mhórán daoine ar fuaid an eastáit. Bhí máithreacha, agus a súile dearg ó bheith ag gol, ag féachaint amach ar an sneachta trom ag leaghadh ar na páirceanna, agus ag déanamh gutaigh sa chlós, agus chuímhnídís gurbh é a bheadh in' aibíd bháis dóibh féin. Ar maidin amáireach, bhíodar le caitheamh amach, iad féin is a bpáistí, chun bheith ag imeacht tríd[244], gan trua gan taise; agus nárbh eólach dóibh cá ngeóbhaidís, mara ndeinidís scailp de ghéagaibh crann ar thaobh an bhóthair mar a dhein mórán rómpu. Is minic a cailleadh i scailp mar sin fir chalma láidre a bhíodh curtha amach as a dtithibh, agus go mbeireadh éagruas chun siúil iad; agus is mó bean lag-bhríoch a rug leanbh in áiteanna ainnise dá saghas. An rud a thárla cheana, thárlódh sé arís. Ach féach a luaithe atá an geimhreadh ag teacht ag méadú an chruatain i dteannta a bhfuil á fhulag ón dtiarna tailimh.

Sin mar ' fhéach Micil ar an scéal[245], pé scéal é, le titim na hoíche, is é ag imeacht treasna na bpáirceanna fé dhéin an Teampaill Mhóir, buairt aigne éigin air a bhain leis féin[246], agus roinnt laethanta

---

243 See *An Músgraigheach* #5, p6. This is substituted for *an lá roim lá ruagtha na ndaoine as a ngabháltaisí.*
244 See *An Músgraigheach* #5, p6. This is substituted for *ag gluaiseacht ar a fhuaid.*
245 See *An Músgraigheach* #5, p6. This is substituted for *sin mar a shamhlaigh do Mhicil.*
246 See *An Músgraigheach* #5, p6. This is substituted for *dá chuid féin.*

Caibidil 26

tabhartha aige ag siúl síos suas is ná neósfadh sé a ghnó d'éinne. Codladh oíche níor fhéad a dhéanamh, agus anois ar an dtráthnóna ba dhuíbhe agus ab fhuaire a tháinig le blianta, bhí sé gan cóta ná hata air agus turas a cúig nú a sé de mhílthibh roimis. Chuaigh sé amú roinnt uaireanta insna páirceanna ag dul fé dhéin an bhóthair. Bhí a aigne trí chéile le cúis éigin eile, agus 'na theannta san bhí an cosán clúdaithe le sneachta.

Arís, agus arís eile, ghoibh sé thar tigh Mhíchíl Uí Dhuíbhir, agus tar éis gach turais acu, is go fál an abhallúird chéanna a thugadh a chosa arís é.

"Táim ag cailliúint mo mheabhrach. Mara mbeadh go bhfuilim, ní bheinn ag dul amú ar an gcuma so; nú cad 'tá ar mo mheabhair in aon chor?"

"Ní fheadar cad 'tá ag baint duit", arsa duine á fhreagairt, mar bhí sé ag labhairt ós árd i ganfhios do féin, "chun tu ' chur amach ar an gcuma san, a leithéid seo d'oíche, gan casóg mhór gan hata".

"Ó, an tu atá ann, a Mhíchíl Uí Dhuíbhir", arsa Micil. Ní thug sé fé ndeara go dtí san go raibh sé gan chasóg ná hata, agus go raibh brat geal sneachtaidh[247] air.

"Is me", arsa Mícheál Ó Duíbhir á fhreagairt. "Ach ca bhfuileann tú ag dul, a Mhíchíl? Tá an tráthnóna so ró-annróch d'éinne go mbeadh cead dul isteach in aon áit aige chun bheith amu'. Ach is dócha, a Mhicil, go bhfuil an lá amáireach ag déanamh buartha dhuit, is ná féadfá do shuaimhneas a cheapadh ach chómh beag is cách".

"Ní mar sin atá", arsa Micil go neamh-shuimiúil. "Ach tá teachtaireacht bheag agam le déanamh agus—"

---

247 See *An Músgraigheach* #5, p7. This is substituted for *brat geal de shneachta*.

Caibidil 26

"Dá nglactá mo chómhairle, a Mhicil, ní dhéanfá aon teachtaireacht anocht. Níl an oíche oiriúnach chun—"

"Caithfead imeacht", arsa Micil. "Níleann tusa le cur amach amáireach?", ar seisean go hobann.

"Nílim", arsan fear eile. "Ach is deimhnitheach go dtiocfaidh san. Ní bhead i bhfad i ndiaidh na coda eile, mara dtitidh rud éigin amach anois nár thit amach riamh roimis sin".

"Agus cad é sin?—nú cad air go bhfuilir ag brath?", arsa Micil le hiarracht d'anaithe.

"Míorúilth éigin. Míorúilth nár thit amach riamh roimis sin", arsa Mícheál go buartha. "Ní shábhálfadh aon ní eile na daoine".

"Míorúilth", arsa Micil. "B'fhéidir é. Caithfead bheith ag imeacht. Go dtugaidh Dia oíche mhaith dhuit, a Mhíchíl Uí Dhuíbhir".

"Ní imeóir", arsa Mícheál, "gan teacht isteach ar dtúis".

"Ní raghad isteach", arsa Micil, "tá dithneas orm".

"'Sea, dithneas ort nú dhíot, ní imeóir gan rud éigin a chlúdóidh tu ón sneachta. Fan go dtugad amach chút casóg agus hata".

"Tabhair", arsa Micil, is b'in é an chéad uair a airigh sé an fuacht ag gabháil tríd. "B'fhéidir nár mhiste é".

Ní raibh Mícheál Ó Duíbhir i bhfad á dtabhairt leis. Bhí dath greannúr liath-ghlas ar an gcasóig bhréide, agus bhí aithne ag gach éinne uirthi, ar aonach agus ar margadh, chómh maith agus a bhí ar Mhícheál féin.

Caibidil 26

"'Sea anois", ar seisean, "tímpall cómh-aoirde is ea sinn. Cimeádfaidh sí an fuacht uait anocht ar aon chuma".

Do chroitheadar lámha agus do scáradar. Chuir Micil de treasna na bpáirceanna fé dhéin an bhóthair chun na sráide.

Ní dheighidh sé amú an turas so. Do thug an cómhrá beag a dhein sé le Mícheál a mheabhair do.

Chuir sé dhe na páirceanna, go cos-éadrom seóltha, tríd an sneachta, gur shrois sé an bóthar isteach go dtí an Teampall Mór.

Bhí an sneachta chómh trom go raibh sé maol gléigeal aige nuair a shrois sé an tsráid.

Ní raibh puínn ar fuaid na sráide san am san. Do bhí lasair bheag sholais anso is ansúd, insna siopaithe a bhí gan dúnadh sa phríomh-shráid, i dtreó go n-aithneófá go raibh na daoine gan dul a chodladh. Ní raibh éinne le feiscint. Bhí na daoine istigh sa bhaile go seascair cluthar ón ngaoith chruaidh ghéir aduaidh a bhí ag séideadh trí sna sráideanna agus ag breith tulcaí de shneachta ghléigeal léi. Anois is arís castí air gasraí beaga glóracha saighdiúirí ag gluaiseacht ó thithe tábhairne, is ag dul fé dhéin na beairice, ach théadh Micil i bhfolach, isteach le hais dorais nú ar scáth cúinne, go mbídís imithe thairis. Ní thugaidís fé ndeara é, mar bhí sé ar dhath an tsneachtaidh.

Ní raibh sé i bhfolach ó gach éinne, ámh, mar d'fhair dhá shúil ghéara é is gach áit gur ghoibh sé, peocu ag siúl nú ag stop do. Do thugadar aire mhaith dho ar feadh an chúrsa.

"Ní fheadar 'en tsaol cad a thug Mícheál Ó Duíbhir sa tsráid anocht?", arsa Billy an Bearbóir, is do lean sé é ag féachaint 'na dhiaidh. "A d'iarraidh sagairt nú dochtúra, is baolach. Tá brath agam ná fuil aon droch-ní orthu; is nách maith an siúl atá aige mar le fear críonna!"

Caibidil 26

D'fhair sé é síos an tsráid, thar tigh an tsagairt, thar tigh an dochtúra agus thar an mbeairic píléirí.

"Canad, in aon chor, ca bhfuil sé ag dul?", arsa Billy leis féin. "Tá rud éigin ag baint do gan dabht. Rithfead 'na dhiaidh ' féachaint cad 'tá uaidh. Há".

Do stop Billy nuair a chonaic sé ag stad é ar aghaidh oifig an aidhbhéardaí amach. Do sheasaimh Micil agus d'fhéach sé 'na thímpall. Ní raibh éinne le feiscint—éinne a fhéadfadh sé a fheiscint. Do bhí gaoth na hoíche agus an sneachta séideáin ag clúdach Liam[248], i dtreó ná féadfadh éinne é ' fheiscint.

"Tá sé ag dul isteach", arsa Billy leis féin. Bhí caoch-sholas beag ag tis'eáint trí chómhlanna na finneóige, 'na chómhartha ar an seascaire agus an aoibhneas a bhí istigh i gcomórtas leis an saol feannaideach a bhí amu'. "'Sea, tá sé ag dul isteach. Is iúntach liom cad 'tá uaidh", arsa Billy, nuair a chonaic sé é ag siúl suas na céimeanna cloiche ag éaló go hannleisciúil. Tháinig sé anuas arís go ditheansach, agus i ndeireadh bára suas leis thar n-ais, agus chuir a lámh ar an ndoras chun é ' bhualadh.

"Dar mo leabhar, is greannúr é sin", arsa Billy leis féin, mar d'oscail an doras sara raibh uain chun a bhuailthe.

Agus do dhún sé arís láithreach bonn.

"Sin rud ná creidfinn", arsa Billy. "Tá sé ana-ghreannúr. Ní fheadar cad 'tá uaidh? Is greannúr an t-am do bheith ag déanamh margaidh leis an aidhbhéardaí anois, más é sin an fuadar atá fé".

Chuímhnigh sé ná raibh aon tairbhe dho bheith 'na sheasamh níos sia á leathadh féin, is go raibh sé chómh maith aige dul fé dhéin a lóistín go mear, ' féachaint cad é an saghas scéil a bheadh ann ar maidin.

---

248 See *An Músgraigheach* #5, p7. This is substituted for *ag ceilt Bhilly*.

Caibidil 26

Ní raibh sé dultha i bhfad sa treó san nuair a chuímhnigh sé go mb'fhearra dho braon beag d'ól sara ndúnadh na tithe tábhairne, agus síos leis go tigh Bhean Uí Chínnsealaigh go ditheansach, chun dí d'fháil sara mbaineadh sé an leabaidh amach. Bhí tamall maith tabhartha aige 'na sheasamh sa bhflich-shneachta, is do bhí a chosa fuar.

Ní bheadh Billy i bhfad ag déanamh ruda nuair a chuímhneódh sé air. Do chas sé ar a sháil; do thug aghaidh ar an dtigh tábhairne úd. Ag déanamh ar an ndoras do, do cuireadh iúnadh air, mar do chonaic sé Micil ag teacht ag rith ón dtaobh eile den tsráid agus ag déanamh ceann ar aghaidh ar an ndoras gcéanna. Bhí sé ag tnúth le hé ' fheiscint i gcaitheamh an tráthnóna, agus do ghlaeigh sé air go réidh agus é ag rith mar a bheadh duine buile fé dhéin an dorais.

"A Mhicil! A Mhicil! B'áil liom labhairt leat ar feadh neómait".

Ach ní thug Micil aon toradh air, peocu ' airigh sé é nú nár airigh, ach do rith sé an doras isteach sa tsiopa.

Do lean Billy é go tapaidh, agus is air a bhí an iúnadh nuair ' fhéach sé trí phána na finneóige. Chonaic sé sínte ar an úrlár é, agus bean an tí ag teacht féna dhéin go ditheansach.

"Is greannúr é sin. Dar fia; 'sé is greannúire a chonac riamh, ná d'airíos ach chómh beag", arsa Billy, is do bhailigh leis as an áit. "Tá brath agam nách é an galar meadhráin ná an bhreóiteacht mhór atá ar Mhicil, ar aon tslí. Go bhfóiridh Dia air, má tá. Gheóbhad fios an scéil go léir ar maidin, pé scéal é", agus lena línn sin chuir sé dhe fé dhéin an bhaile.

AODH de RÓISTE

Caibidil 27

Nuair a tháinig Mícheál isteach tar éis bheith ag cainnt le Micil, "a Dhaid", arsa Neilí, "bhí an sagart ag an mbainntrigh Uí Chorcoráin um thráthnóna. B'fhearra dhuit dul á feiscint. Is fuar an oíche í ag an gcréatúir chun bheith 'na haonar, agus b'fhéidir go n-oirfeadh rud éigin di".

"Tá áthas orm gur ínsis dom é", ar seisean. "Táim chómh neamh-shuaimheasach is ná féadfainn fanúint im shuí ná im sheasamh. B'fhéidir go ndéanfadh an siúl tairbhe dhom. Tabhair dom braon uisce beatha a bhéarfad chúithi".

"Dein, a Dhaid. Beidh an créatúir uaigneach. Tá an oíche go holc agus is mór an trua í 'na haonar. Fanfad-sa suas[249] go dtagair".

"Ná fan id shuí ró-fhada, a Neilí. Tá sé ró-fhuar".

"Ná bac mise, a Dhaid. Ní bheidh aon bhaol orm. Cuir ort do chasóg mhór".

"Níl aon ghnó agam di, a Neilí. Níl orm dul i bhfad", ar seisean. Níorbh áil leis a ínsint di go dtug sé do Mhicil í.

Nuair a shrois sé an cábán ar thaobh an bhóthair, b'éigean do cromadh chun dul isteach.

Ní raibh ann ach scailp bheag, a bhí déanta idir dhá chlaí mar a raibh póirse ag teacht amach ar an mbóthar. Bhí blúire de thalamh trí chúinne ann nár bhain le héinne, agus tráth éigin roimis sin do tháinig na cómharsain i dteannta a chéile i ganfhios, istoíche, agus dheineadar an scailp seo mar fhothain don mhnaoi bhoicht a bhí ag siúl na mbóithre. Do bhí sí, mar adúramair cheana, curtha amach as a

---

249 See *An Músgraigheach* #5, p7. This is substituted for *fanfad-sa im shuí*.

Caibidil 27

cuid tailimh, agus chonaiceamair cheana cad d'imigh ar a fear agus ar a hinín, agus nuair a bhí sí féin caite ar an saol, tháinig greannúireacht uirthi le náire agus le ceann-fé, d'fhíll sí go dtí a dúthaigh féin, mar a raibh sí roimis sin go seascair agus go cúmpórdach. Aon duine a thabharfadh lóistín di, nú d'éinne eile a bheadh curtha amach as a chuid tailimh, bheadh díbheirg an aidhbhéardaí 'na chómhair. Ach tháinig cómhairsain go raibh daonnacht iontu i ndoircheacht na hoíche agus dheineadar an scailp uaigneach san di.

Is dócha gur ar éigin a chonaiceatheas inead cónaithe chómh suarach ag aon daonnaí riamh, mara mbeadh sé ag Eascomáthaigh. B'iad an dá chlaí ag an gcúinne mar fhallaí fé[250]. Bhí an chuid eile dhe déanta d'fhóidreacha móna agus scraitheacha glasa curtha le chéile ag dúnadh na beárnan, agus 'sé an ceann a bhí air géagracha crann, caite anonn is anall de dhruím a chéile, agus iad daingnithe le clocha agus le fóidreacha i dtreó ná fuadófaí iad is ná titfidís isteach.

Bhí sé clúdaithe le sneachta breá gléigeal 'na bhrat cothrom nuair a shrois Mícheál é. Do chaith sé cromadh síos chun dul isteach tríd an mbeárnain a bhí mar dhoras ar an dtigh. Bhí coinneal ar lasadh i gcoínnleóir a bhí ceangailthe ar chliathán an fhalla le hais na leapa.

"Conas 'tánn tú, a bhean bhocht?", arsa Mícheál, nuair a chuaigh sé isteach.

Ní bhfuair sé aon fhreagra ón mnaoi bhreóite.

"Tá brath ar Dhia agam ná fuil sí marbh", ar seisean is do tháinig faitíos air. "An bhfuilir id chodladh, nú conas 'tánn tú?"

Ní duairt sí focal. Ní raibh Mícheál riamh lag-mhisniúil ná meata, ach 'na dhiaidh san is uile, níor fhéad sé gan scáth beag a theacht air.

---

250 See *An Músgraigheach* #5, p7. This is substituted for *an dá chlaí ag an gcúinne is mó bhí 'na bhfallaí fé*.

Caibidil 27

"An bhfuilir id chodladh?", ar seisean arís ag cur a lámha ar éadach na leapa.

"Cé hé sin?", arsan tseanabhean go hobann. "An é sin Mícheál? Níor shíleas gur tu a bhí ann, ach fear eile a bhí ansan ó chiainibh", ar sise. "Bhí sé isteach is amach ar feadh uair a' chluig nú níos mó, agus é ag lorg dí".

"Cé hé féin?", arsa Mícheál, "ní fheaca-sa éinne ag fuaid an bhaíll". Cheap sé gur speabhraídí a bhí uirthi.

"Isteach is amach, isteach 's amach ag glaoch orm ag lorg uisce. Conas ' fhéadfainn-se é ' thabhairt do?"

"Cérbh é féin?", arsa Mícheál is do rug ar chuislinn uirthi ag brath go gcnósódh sí a meabhair.

"Nár bhuail sé umat? Bhí sé ansan ar an neómat so".

"Níor bhuail. Cérbh é féin?"

"An t-aidhbhéardaí, a ghamhain. Cé eile?"

"An t-aidhbhéardaí", arsa Mícheál, is do tháinig iúnadh air. "Ní fhéadfadh sé bheith ann. Cad a thabharfadh ann é in' aonar a leithéid seo d'oíche?"

"Ní fheadar 'en tsaol, ach bhí sé ann, ar aon tslí. Ba cheart dom aithne mhaith a bheith agam air. Is minic a chiap sé mo chroí, agus is mó oíche annróch a thug sé dhom".

"Is greannúr é seo", arsa Mícheál, nuair a thug sé fé ndeara go raibh an bhean 'na ciall is 'na meabhair. "Ní fheaca aon rian capaill ar an mbóthar, is táim deimhnitheach ná siúlódh sé ón dTeampall Mór a

Caibidil 27

leithéid seo d'oíche, agus táim lán-deimhnitheach ná beadh sé ann in aon chor in' aonar".

"Ní fheadar, a chuid, conas a tháinig sé, ach bhí sé ann".

"Cathain?"

"Díreach sara dtáinís-se isteach".

"Ná rabhais id chodladh an uair sin? Dar ndó', chaitheas-sa tu ' dhúiseacht".

"Is cuma san. Bhí sé ansan".

"Is cad a bhí uaidh?"

"Bhí deoch. Duairt sé go raibh sé ag fáil bháis den tart".

"Conas ' fhéach sé?", arsa Mícheál. Chuímhnigh sé in' aigne gur duine éigin de sna cómharsain a bhí ann, ach gur rith an seana-namhaid trína haigne.

"Ó mhuise, conas ' fhéach sé, ach mar ' fhéach sé riamh", arsan bhean bhreóite is do chuir sí osna throm aisti. "Is mó uair a bhain sé preab an anama asam nuair a chínn ag teacht fé dhéin an tí é, sarar cuireadh amach sinn".

"Ar labhair sé leat?"

"Duairt sé go raibh sé á dhó ag an dtart, agus gur oir deoch do. Agus —Ó! A thiarcais! An marc greannúr ar chlár a éadain".

"Marc greannúr ar a éadan", arsa Mícheál. "Tánn tú lag, a bhean bhocht. Tóg braon de seo. Téifidh sé thu. Tá an oíche fuar".

Caibidil 27

"Tá sé anso agam, a chroí, dá bhféadainn é ' shroisint", is d'iompaigh sí a súile ar an adhairt a bhí féna ceann. "Tugann an tAthair Ó Conchúir chúm i gcónaí é nuair a thagann sé".

"Is fearra dhuit braon d'ól anois sara n-imíod", ar seisean. "Tóg é seo. Níor mhór duit rud éigin chun tu ' neartú. Do chuir an t-aidhbhéardaí sin eagla ort".

"Is minic roimis sin a chuir sé eagla orm, go maithidh Dia dho é. Do shamhlóinn dorcha an lá samhraidh is gile nuair a chínn ag teacht é sarar cuireadh amach sinn. 'Sea; agus blianta roimis", ar sise, nuair ' ól sí an braon beag a thug Mícheál di, chun a misnigh a neartú, agus dob éigean do í ' thógaint suas chun é ' ól.

"Do chrithinn roimena scáil[251], agus do bheinn ag crith go ceann dhá lá. Bhíodh an focal géar bagarthach aige dhúinn i gcónaí, chun gur cuireadh amach sinn sa deireadh".

"Níor ghortaís tu féin?", arsa Mícheál. Chonaic sé rian fola ar an adhairt nuair a bhí sé á leogaint anuas. "Chím marcanna anso mar a bheadh fuil".

Nuair ' fhéach sé níos cruinne, bhí sé ann—rian lámha a bheadh dearg le fuil ar chlúdach na hadhairte. B'fhuiriste é ' thabhairt fé ndeara, bhí an t-éadach chómh glan san. Bhí na cómharsain ag tabhairt aire mhaith dhi féin agus don leabaidh, bíodh go gcaithfidís é ' dhéanamh i ganfhios, ar eagla go n-aireódh an t-aidhbhéardaí é. Thugadar aire mhaith dhi, agus do choinníodar glan cúmpórdach í féin is an leabaidh, is do bhí clúdach na hadhairte chómh geal le sneachta, ach díreach an áit go raibh an rian so air.

"Níl, a chuisle. Má tá aon mharc ann is i ndiaidh lamhainne an aidhbhéardaí é, agus é ag lorg dí, rud ná féadfainn-se a thabhairt do".

---

251 See *An Músgraigheach* #5, p7. This is substituted for *roim a scáil*.

Caibidil 27

"A lámh, 'sea san", arsa Mícheál is iúnadh air. "Rian lámha is ea é, agus anois", ar seisean agus creathán ann le heagla, "chím gur mar a chéile nú rian d'fhágfadh iarann dearg ar an línéadach".

Do thóg sé an choinneal as an gcoínnleóir is d'fhéach sé go cruínn air. Níorbh aon mhearathall é, ach bhí rian lámha duine 'dir mhéireanna agus sál agus órdóg ar chlúdach na hadhairte, agus é dóite mar a bheadh i ndiaidh iarainn dheirg.

"Tá so ana-ghreannúr", ar seisean. "Cad 'na thaobh go raibh sé ag lorg na dí?—nú an dó' leat gurbh é a bhí ann?"

"Cé ' fhéadfadh é ' aithint ní b'fheárr ná mise má dhéanfadh scrios agus creachadh agus saol fada fé bhuairt agus fé léan aithne a chur ar dhuine?"

"Is fíor san, ach ní raibh aon rian sa tsneachta tímpall an dorais", arsa Mícheál as a mhachnamh.

Do shuigh sé síos le hais na tine bige ar feadh uair a' chluig nú níos mó, mar ba ghnáth leis féin agus lena líon tí nuair a thagaidís, ag cur síos ar an seana-shaol, agus anois agus arís ag rá na Liodán agus paidreacha eile.

I ndeireadh bára d'fhéach sé an raibh sí cúmpórdach i gcómhair na hoíche, chómh cúmpórdach is dob fhéidir í ' dhéanamh san áit go raibh sí, d'fhág sé deoch lena hais, is do ghoibh amach ar an gcuma gcéanna go dtáinig sé isteach.

Bhí deifir mhór idir an saol amu' agus an áit istigh. Bhí gileacht an tsneachtaidh ar fuaid na dútha. Bhí an áit istigh dorcha, ach aon chúinne beag amhain mar a raibh coinneal ar lasadh. Le gileacht an tsneachtaidh do chonaic sé rud a bhain preab as. Chonaic sé an rud i bhfuirm fir 'na sheasamh ag cúinne an chábáin. Chuir sé a shúil air nuair a bhí sé ar a chromara, ag teacht amach, ach nuair a sheasaimh

Caibidil 27

sé suas díreach, bhí sé imithe. Do stop sé ar feadh tamaill le hais na scailpe, agus leath-eagla air, mar do chuímhnigh sé leis an méid radhairc a fuair sé air go raibh sé díreach i bhfuirm an aidhbhéardaí.

Do chroith sé suas é féin is do chuir uaidh an t-eagla. Do shiúlaigh sé go mear go dtí an cúinne. Ní raibh éinne ann ná fiú amháin aon rian ar an sneachta. Do bhí an sneachta go breá bog gléigeal gan rian aon tsiúlóide air. Ghoibh sí tímpall na scailpe, is ní fheaca sé pioc. Nuair a tháinig sé go dtí an cúinne ag an gceann den scailp, bhí an tsamhail dhubh san áit go bhfeaca sé cheana é. Do stop a chuid fola nuair do chonaic sé ag dul fé dhéin an dorais é agus ansan ag dul as a radharc.

Cheap Mícheál go ndeighidh sé isteach. Láithreach bonn do chuaigh sé féin isteach. Ní raibh éinne ann, ach an tseanabhean 'na sámh-chodladh agus a hanál aici á tharrac go suaimhneasach agus go réidh. Ní raibh éinne eile le feiscint ann. Ní fhéadfadh éan a bheith ann i ganfhios do.

D'éalaigh sé amach arís gan í ' dhúiseacht is do chuaigh abhaile.

Do bhí an-eagla air agus íogaireacht éigin a chuir d'fhiachaibh air brostú, agus ní fhéadfadh sé an anaithe aigne a chur uaidh.

"A Dhaid, tánn tú ana-mhílítheach", arsa Neilí, nuair a ghoibh sé chúithi isteach an doras.

"Tá fuacht orm, a Neilí".

"Ar chuir aon ní aon eagla ort, a Dhaid? Ar thit aon ní amach? Nú ar imigh aon ní ort?"

"Níor imigh, a Neilí, baochas le Dia. Pioc in aon chor. Raghad a chodladh. Imigh-se, leis, gan mhoíll".

Caibidil 27

Nuair a chuaigh Neilí chun cómhlanna na finneóige a dhúnadh, d'fhéach sí amach ar an sneachta. An duine céanna a chonaic sí oíche cheana ag siúl ar feadh na fálach, bhí sé arís ann. Ní raibh aithne aici air an uair sin, ach bhí cúis aici é ' aithint anois. Ba dhóbair di liú le scannradh, ach do bhrúigh sí uirthi féin. Do dhún sí na cómhlanna, ach níor fhan sí le hiad a dhaingniú. Do léim sí isteach sa leabaidh gan baint di, do chlúdaigh í féin leis an éadach leapa, is do bhí ag crith le scannradh go maidean.

Caibidil 28

Do tháinig an mhaidean dhúbhach. D'éirigh an ghrian go lag, agus do lonnraigh ar an sneachta go marbh mílítheach, an ghrian ba mhairbhití a lonnraigh riamh ar an saol so, ach amháin mara dtaithneadh a leithéid in áit go mbeadh cogadh, gorta nú pláig, nú sciúirse den tsaghas san. D'éirigh deatach den uair dheiridh as na tithe thall is abhus. Bhí na mná ag cur balcaisí ar pháistí agus a súile bog dearg ó bheith ag gol, agus gan aon chúntas acu cá raghaidís i gcómhair na hoíche. Bhí fir ag siúl mórthímpall an bhaíll, trí sna páirceanna agus trí sna bóithríní, a gceann fúthu acu go duairc, agus ná feadair éinne acu cá raibh sé ag dul. Bhí a meabhair caillthe, geall leis, acu, droch-ghnúis orthu le heagla roimis an gcruatan a bhí rómpu.

Fé cheann roinnt d'uairibh an chluig eile, ní bheadh de thuairisc ar a dtithe ach na fallaí dúbha, mar b'é nós na n-aidhbhéardaithe san am san, nuair a chuiridís duine amach, an tigh a leagadh sara n-imíodh an sirriam agus a chúnamh, i gcás ná beadh aon chaoi ag éinne dul chun cónaithe iontu a thuilleadh.

B'fhuiriste é ' dhéanamh. Ní raibh ann ach beagán fraitheacha a ghearradh agus láithreach bonn thitfeadh an ceann tuí isteach i gclab a chéile. Bheadh sé ansúd, é féin agus na sean-fhallaí in' fhothraigh chiardhubh súigh. An áit go mbíodh tine dheas dhearg roimis seo, le titim na hoíche, ní bheadh ann a thuilleadh ach cárnán de dhíon dubh

Caibidil 28

súigh. An áit go mbíodh páistí deasa dathúla agus cailíní fionna gléigeala ag féachaint ar an dtine le súile glana meidhreacha, ní bheadh ann feasta ach uaigneas, agus salachar, agus fiaileacha[252] glasa nár ghnaoi leat féachaint orthu.

Agus nách sa chúinne sin den tseómra atá le leagadh amáireach a bhí Máire bheag 'na luí, agus grian bhuí an tsamhraidh ag taithneamh isteach uirthi tríd an bhfinneóig, agus a súile beaga ar leathadh go meidhreach, agus solas an bháis iontu sarar cailleadh í? Is ann a dhein sí an gáire deiridh—an gáire grá agus suaimhnis aigne, ag gabháil baochais leis an muíntir a bhí 'na tímpall á faire, agus ansan do dhrid a ceann siar ar an adhairt, agus d'imigh a hanam naofa go Dia na Glóire.

Nách sa tseómra bheag eile seo—cé ' mhaífeadh uirthi é?—a bhí an mháthair óg 'na luí sheóla, agus í ag féachaint le dóchas croí agus le móráil ar a céad duine clainne?

Agus is ann a leog an tseanamháthair an osna dheiridh, agus an líon tí go léir 'na tímpall ag rá na Liodán, agus iad ar buaireamh ag feitheamh leis an neómat go raghadh a hanam i láthair Dé.

Nách sa phárlús san a pósadh Cáit sara ndeighidh sí go Port Láirge? Ba ghleóite an cailín í, agus ba bhreá an oíche rínce a bhí againn 'na dhiaidh san sa scioból. Nách orainn a bhí an t-áthas í ' fheiscint fé shéan, ach nár mhór é ár mbrón bheith ag scarúint léi?

Ach foraíor géar. Istoíche amáireach bheadh an íde chéanna imithe orthu go léir—an seómra beag, an párlús agus an scioból. Ná háiteanna so a bhain leis an dtreabhchas, is go raibh grá a gcroí acu dhóibh chómh mór is a bheadh ag na haingil féin dá chéile, bhíodar le caitheamh tón-tar-ceann, agus fothracha dúbha a dhéanfadh smál agus éislinn ar an mbrat gléigeal sneachtaidh le déanamh díobh. Is réidh fuiriste go leór rudaí fónta maiseacha an tsaeil do lot.

---

252 See *An Músgraigheach* #5, p7. This is substituted for *fiaile*.

Caibidil 28

Ní hamháin tigh beag an fheirmeóra, ach gach aon rud; an rud go gcaithfaí mórán aimsire leis á chur suas, ní gá puínn aimsire á leagadh. Beatha an duine féin. Dá mhéid le rá é, agus dá dhiamhaire, ní bhaineann sé aon neómat amháin den láimh is laige deireadh a chur leis, agus i gcionn beagán aimsire bíonn sé 'na chárnán gránna anagail.

Ní dheighidh rudaí den tsaghas san riamh i bhfeidhm ar Chlender. Níor chuímhnigh sé riamh ar na blianta ' bhí tabhartha go dícheallach ag na daoine a chuir na tithe seo suas, agus iad ag cuímhneamh go mbeidís mar áitreabh agus mar chúmpórd acu i gcómhair a saeil, agus anois iad le leagadh in aon mhaidin amháin. Ní raibh aon tsuím aige[253] insna daoine beaga bochta san go mbítí 'na gcúram de shíor, d'oíche agus de ló, le cion agus le grá croí, á gcosaint ar theinneas agus ar phian agus ar an olc a bheadh ar a dtí, agus do caithfaí anois fé scéird agus duifean na gaoithe géire aduaidh iad, an lá cruaidh geímhridh seo, gan fascadh na hoíche acu agus an bás á sciobadh gan trócaire.

Níor chuímhnigh sé ar a leithéid. B'é a dhul amach ar fad gnó an tiarna a dhéanamh le gliocas, is do bhí san aige á dhéanamh chómh glic agus chómh dúthrachtach san is go raibh inneall aige chun na gceann a stracadh de sna tithe i roinnt neómataí. Inneall mór iarainn ab ea é, i bhfuirm anncaire luinge agus trí cínn de chrúcaí chun greamaithe as, a cuirtí in achrann i gceann an tí, agus ansan gabhtí capaill agus cuingeacha air, agus b'in é an ceann den tigh gan puínn moille. Bhí ana-mheas air i measc na dtiarnaí talúin in Éirinn, i bhfad níos mó ná ' bhí ar ghléas Arkwright agus Jenny i measc fíodóirí an chotúin i Manchester. Bhí sé ar an úirlis síbhialthachta dob fheárr dá raibh in Éirinn, den tsíbhialthacht gurbh é a cuspa tithe na bhfeirmeóirí ' bheith á leagadh, agus a gcuid á iompáil anonn ar Shasanaigh. B'in é nós agus tabhairt amach na Sasanach san am san. D'úsáid tiarna tailimh i dtuaisceart na hÉireann an t-inneall so ar

---

253 See *An Músgraigheach* #5, p7. This is substituted for *ba chúis neamh-shuime aige*.

Caibidil 28

fuaid a eastáit, agus do thaithn sé chómh maith san leis go dtug sé léacht uaidh á mholadh os cómhair Cumann Ríoga Átha Cliath, agus thaithn sé chómh mór san leis an ndream léannta úd, gur órdaíodar é ' chlóbhualadh, agus é ' chur ar a mion-tuairiscí gnótha.

Ach ní bhaineann san leis an scéal, ach díreach go dtis'eánann sé go raibh a ndóthain de chúis ag mnáibh chun a súile ' bheith dearg, agus ag na fir chun bheith ag siúl ar fuaid an tailimh gan puínn meabhrach, an mhaidean shneachtaidh úd i dTiobrad Árann.

Ach i dtaobh na bpáistí, níor thuigeadar pioc. Bhí ' fhios acu go raibh suathadh beart éigin ar siúl, agus d'imíodar ag fiach a chéile le liathróidí sneachtaidh. Ní raibh ' fhios acu cad a bhí ar siúl, ach go raibh rud éigin le teacht sara mbeadh an lá san caite.

I gcionn tamaill den mhaidin, do ghluais gasraí saighdiúirí ón dTeampall Mór agus ó Thiobrad Árann, agus do shocraigh iad féin anso agus ansúd i gclóiseanna na bhfeirmeóirí a bhí le cur amach. Bhí fir lena gcois gan aon chulaith airm—"muíntir na ringear[254]", mar do bhaist lucht tuatha na hÉireann orthu, agus 'na lár san istigh bhí an t-inneall go raibh an moladh mór air, ceangailthe go slachtmhar i gcairt, agus capaill throma á tharrac.

Níor thaithn an obair seo leis na saighdiúirí. Bhí fir dhaonnachtúla i measc na n-oifigeach. Níor mhiste leó dul isteach insna tithe agus i measc na ndaoine. I mórán áiteanna bhí na daoine féin ag cur a gcuid trioscáin amach, an driosúr, an bórd, an leabaidh, agus na rudaí beaga eile a bhain leis an dtigh, agus á gcur ar dhruím a chéile amu' sa tsneachta, i gcás ná brisfeadh na báillí iad, mar sin é a dheinidís go minic. Bhíodh na hoifigigh ag iniúchadh na rudaí, agus oiread iúnadh orthu is dá mba chábáin Zulu iad. Bhí eagla ar na páistí rómpu, agus bheiridís greim ar aprún a máthar, agus théidis i bhfolach i dtaobh thiar di, ach thug na saighdiúirí mámanna d'airgead bhán dóibh[255],

---

254 See *An Músgraigheach* #5, p7. This is substituted for *lucht na gcróite*.
255 See *An Músgraigheach* #5, p7. This is substituted for *tar éis na saighdiúirí do*

Caibidil 28

agus ansan do deineadh caradas eatarthu i dtreó gur fhéadadar, as san amach, déanamh níos dáine orthu. Gnó neamh-fhonnmhar ab ea é dhóibh go léir, idir shaighdiúir agus oifigeach, 'na seasamh sa tsneachta, agus an ghaoth chruaidh aduaidh ag gabháil tríothu, agus sioc liath ar a ngunnaí, agus a gcosa fuar leata trína mbróga láidre ó bheith 'na seasamh sa bhflich-shneachta.

"Is cruaidh an saol é ar na créatúirí bochta so bheith gan aon díon os a gcionn i gcómhair na hoíche", aduairt cuid de sna saighdiúirí, agus bhí ana-dhúil acu go léir gur geárr go mbeadh an gnó ar leataoibh, agus an áit fágtha[256] acu. Bhíodar ana-mhí-chúmpórdach, agus b'áil leó scarúint leis, agus é ' chur as a n-aigne.

Ach ní raibh aon tuairisc ar an aidhbhéardaí, agus níorbh fhéidir pioc a dhéanamh go dtiocfadh sé—sin é an t-órdú a bhí fáltha ag an sirriam.

Tháinig a haondéag a chlog, is ní raibh aon tuairisc air. Uair a' chluig eile agus bhí eascainithe go tiubh á leagadh air i dtaobh bheith á moilliú. Bhí sé a haon a chlog agus gan aon tuairisc air. Chuir san iúnadh mhór ar na saighdiúirí agus do dhírigh na hoifigigh ar bheith go searbh agus go droch-bhéalach i dtaobh é ' bheith d'éadan air bheith á moilliú ar an gcuma san.

Ba gheárr 'na dhiaidh san, ar chuma éigin do-thuigithe diamhair, gur leath an scéal 'na measc go raibh rud éigin tubaisteach tar éis titim amach.

Ní raibh ' fhios ag éinne conas, cad é an chuma, ná cé air. Ach do ghluais an cogar mogar go raibh rud éigin anaithiúil tititthe amach sa Teampall Mór. Cad é féin? Ní fhéadfadh éinne a rá, ná ní fheadair éinne cé ' chúm ná cé ' cheap é. Bhí cuma scannraithe ar ghnúis na bhfeirmeóirí go léir agus iúnadh ar gach éinne cad a chuir an sceón

---

roinn mámanna d'airgead bhán orthu.
256 See *An Músgraigheach* #5, p7. This is substituted for *tréigthe*.

Caibidil 28

iontu. Bhí a ndóthain de chúis acu le bheith scannraithe, tá ' fhios ag Dia, ach níorbh é sin ar fad é, agus ní fhéadfadh éinne ' ínsint don duine eile cad ar a shon é.

Tar éis a haon a chlog bhí gach aon neómat den aimsir chómh fada le bliain ag na daoine a bhí ag feitheamh. Do thosnaigh na ráflaí arís, agus ní fhéadfadh éinne a rá cé ' chúm ná a cheap iad, ach bhíodar ar athrach cuma—gur thit an t-aidhbhéardaí dá chapall, is go raibh sé gortaithe, gur thit an t-aidhbhéardaí dá chapall is gur maraíodh é; gur lámhaigh saighdiúir trí thionóisc é; go bhfuaradh marbh sa leabaidh é.

Bhí a leithéidí seo de scéaltha ar siúl i measc na bhfeirmeóirí, agus iad bailithe anso is ansúd 'na ngasraí beaga cois na gclathach ag cogarnaigh i bhfothanacha ón ngaoith chruaidh aduaidh.

Fé dheireadh do ghluais carráiste agus roinnt phíléirí inti, ón dTeampall Mór, iad féin is a ngunnaí ar stiúir. Bhíodar ag cur díobh go ditheansach gur shroiseadar an bóithrín fé dhéin tí Mhíchíl Uí Dhuíbhir. Isteach leó gan stad agus isteach geata an bháin. Do thúirligeadar ansan.

Bhí Mícheál ag teacht amach tar éis bheith ag cainnt le cómharsain bhuartha eile, agus láithreach bonn, sara raibh ' fhios aige cad a bhí ar siúl, bhí glais is géibhinne air.

Baineadh a leithéid sin de phreib as, nár fhéad sé aon cheist a chur chúthu. Leog sé dhoibh é ' cheangal. I gcionn beagán aimsire bhí sé 'na phríosúnach acu ar an mbóthar go Teampall Mór, agus iad ag tomáint ar dithneas tríd an sneachta.

Dá thapúlacht a gabhadh é, bhí an scéal tar éis leathadh ar fuaid na dútha. Bhí daoine ag faire trí sna scairteacha, agus de dhruím na gclathach, ar an gcarráiste ag gabháil thórsu.

Caibidil 28

Ansan do tháinig athrach ínsint' ar an scéal. Bhí dath ag teacht ar na ráflaí. Ní fhéadfadh éinne ' ínsint cad as ná conas a tháinig sé.

"Do fuaradh an t-aidhbhéardaí marbh sa tigh. Do lámhadh ag gabháil amach ar maidin é. Do fuaradh láimhte é tar éis na hoíche, agus 'sé Mícheál Ó Duíbhir a dhein é".

Ach pé cogar mogar a bhí ar siúl, nú pé easnamh eólais a bhí orthu, bhí aon ní amháin dearfa deimhnitheach, go raibh Clender marbh, pé cuma é ná pé duine ' mhairbh é.

Má bhí aon dabht acu sa scéal, nú má bhí aon deimhin uathu, do fuaradar é, mar do chuir na saighdiúirí a ngunnaí ar a nguaillibh, d'ollmhaíodar iad féin chun bóthair, agus d'imíodar abhaile. Shocraigh na báillí iad féin agus a n-inneall, agus do ghluais 'na dteannta agus siúd leó uile go léir ag gluaiseacht tríd an sneachta fé dhéin an bhaile mhóir.

I dtaobh[257] na saighdiúirí, is chun maraithe atáid siad ann, agus ní chuireann duine a mharú aon iúnadh orthu. Tá a n-aigne múinte acu chuige sin, agus dá dheascaibh sin níor chuir lámhach Chlender aon chorrabhuais orthu. B'iúntach a neafaisí ' bhíodar i láthair scéil an mharaithe.

Déarfadh daoine ba lú creideamh ná sinn-na[258] go dtáinig a bhás le toil Dé, chun anamnacha na ndaoine mbocht a shábháil, agus gurbh é sin fáth na neafaise ag na saighdiúirí, agus ba neartú ar an dtuairim sin go dtug na hoifigigh crothadh lámh do sna mná, agus do sna páistí ar imeacht dóibh, agus duairt leó go raibh áthas orthu cead a bheith acu dul isteach 'na dtithe féin ón ngaoith fhuair shneachtaidh i gcómhair na hoíche.

---

257 See *An Músgraigheach* #5, p7. This is substituted for *maidir leis na saighdiúirí*.
258 See *An Músgraigheach* #5, p7. This is substituted for *déarfadh daoine go mba lú a gcreideamh ná ár gcreideamh-na*.

Caibidil 28

Chonaic na daoine é sin láithreach bonn, agus do thosnaíodar ar an dtrioscán agus na gréithre beaga eile a bhí curtha amach i gcaitheamh na maidine a chur isteach arís. Tosnaíodh ar na tínteacha d'adú[259] insna tínteánaibh a shíleadar a bheadh múchta go deó na ndeór; agus ar ball bhí na mná ag cur na bpáistí a chodladh i leapacha go seascair, mar a bhíodar riamh, agus a súile chómh fliuch agus a bhíodar ar maidin, ach le hathrach cúise. Bhíodar ag gol le buairt ar maidin, agus bhíodar ag gol le háthas um thráthnóna[260].

Ach sa Teampall Mór, istigh in' oifig féin, ar feadh na hoíche agus an ghaoth ag séideadh an tsneachtaidh ar fuaid na sráide agus ar fuaid na dútha agus de dhruím gualann Shliabh na mBan, do bhí an t-aidhbhéardaí 'na shuí 'na chathaoir mhóir, go mín socair. Cor níor chuir sé dhe. Níor chorraigh a shúile, ach é 'na shuí ansúd sa chathaoir ag faire, a cheann leogaithe siar, a shúile ar dian-leathadh agus é fuar marbh.

An fear dubh a bhí 'na shuí ar an gclog ag faire air, ní raibh a leithéid de sceón ann riamh roimis sin, ná ní fheaca sé a leithéid de radharc, agus é ollamh ar léimt anuas go dtí an fear a bhí os a chómhair—an t-aidhbhéardaí marbh gan miam. Ba dheocair a rá ceocu den bheirt ba mhó sceón, a ngealshúilí araon ar dian-leathadh, iad dírithe acu ar a chéile, is gan pioc acu á fheiscint ach iad araon, dar le duine, a d'iarraidh sceón a chur 'na chéile. Ar aon tslí, bhíodar ar aghaidh a chéile amach ar feadh na hoíche is gan éinne chun dul eatarthu.

Ach bhí an deifríocht so eatarthu, bhí duine acu 'na stalca gan cor as[261], is do bhí an duine eile go hanamúil ar bhuaic an chluig, is é anonn is anall le gach aon bhuille den tromán. Agus deifríocht eile— ní raibh aon mháchail ar an bhfear dubh, agus bhí rian beag dubh ar chlár éadain an fhir mhairbh, agus blúire den inchinn agus fuil reóite

---

259 See *An Músgraigheach* #5, p7. This is substituted for *árdú*.
260 See *An Músgraigheach* #5, p7. This is substituted for *gol áthais a dheineadar tráthnóna*.
261 See *An Músgraigheach* #5, p7. This is substituted for *gan cor ann*.

Caibidil 28

amach tríd, 'na cnapóig ghránna a chuirfeadh déistin ort[262]. Amach anso a sceinn an t-anam an oíche áir úd, agus suas trí sna scamaill shneachtaidh a bhí ag imeacht sa spéir, gan filleadh i ndán do go brách arís ar an gcorp marbh a bhí 'na stalca sa chathaoir.

"Piléar báis". "Piléar báis". "Piléar báis". Sin é a shamhlaigh Mícheál Ó Duíbhir a bhí ag an bhfear dubh á rá an iarracht so, le gach aon "tic teac", in inead "tuilleadh cíosa", "tuilleadh cíosa, "tuilleadh cíosa"—"cuir díot", "cuir díot", "cuir díot", nuair a tugadh isteach é is cuireadh 'na sheasamh é os cómhair an duine mhairbh, is gan aon chor le cur de sin go dtagadh an crónaer chun coiste a bheith air[263].

Ní thug an fear marbh aon fhuil nuair a sheasaimh Mícheál ar a aghaidh amach, bíodh gur shíl cuid de na píléirí go dtabharfadh. D'fhéadfadh a dhéanamh, nú d'fhéadfadh aon rud eile titim amach, i ganfhios do Mhícheál. Níor fhéach sé air. Bhí rud níos mó ná é ag déanamh buartha dho.

"Cé ' bhí ag siúl tímpall cábáin na mná breóite aréir? Cad é an saghas duine a bhí á this'eáint féin, agus ag dul i bhfolach ann? Cé ' bhí 'na sheasamh ag an gcúinne? Cad í an scáil a dhoirchigh an doras?"

"Cad é an marc greannúr aduairt sí a bhí ar a éadan? Deoch—cad é an gnó a bhí aige den digh? Cé ' bhí ann?"

Pé duine a bhí ann, ní raibh aon fhreagra le fáil aige ón té a bhí láithreach, agus a bhéal ar leathadh, agus a shúile fiaine ag féachaint cruínn in aon áit amháin, agus gan aon ní acu á fheiscint ná á this'eáint, ach an cluigeann marbh a bhí ar an dtaobh thiar díobh.

D'airigh sé iad ag cainnt tímpall air, agus as an gcogarnaigh sin eatarthu, do thuig sé cad é an fáth gur tugadh ann é féin.

---

262 See *An Músgraigheach* #5, p7. This is substituted for *'na cnapóig ghránna dhéisteanach*.
263 See *An Músgraigheach* #5, p7. This is substituted for *coiste a chur air*.

Caibidil 28

"Cathain a thit sé amach?", arsa duine acu.

"Chonaiceatheas 'na bheathaidh é tuairim a naoi a chlog aréir".

"Arbh é sin an uair a thit sé amach?"

"Is deallraitheach gurb é. Bhí an doras dúnta san am san, agus deir an dochtúir go raibh sé marbh dá uair dhéag an chluig nuair a fuaradh é".

"Cathain a fuaradh é?"

"Do tháinig na píléirí isteach tríd an bhfinneóig nuair ná raibh sé ag teacht amach, agus bhí sé díreach mar a chíonn tú é".

"Cad é an t-am a bhí sé an uair sin?"

"Tímpall a dódhéag a chlog inniu".

"An bithiúntaíol é?"

"Ní hea. Níor corraíodh aon ní".

"'Bhfuil amhras ar éinne?"

Do híslíodh an chogarnach is do thuig Mícheál, chómh maith is dá mbeadh sé ag féachaint orthu, gur tagairt do féin a bhí sa chogarnaigh.

"Cad ar a shon?"

"Casóg agus hata caite ag drom an tí le línn dul de dhruím an fhalla".

"An-amadántúil".

Caibidil 28

"Chaill sé a mheabhair le bárr eagla, is dócha".

"Aídhe. An chúis?"

"Cur amach. Bhí an cur amach le déanamh".

"Aídhe. 'Sea".

Agus lena línn sin do scaipeadar san, agus do tháinig a malairt 'na n-inead, agus do thosnaigh an ceistiúchán eatarthu féin, agus tugadh na freagraí céanna[264].

Do dhírigh Mícheál ar chuímhneamh ar an gcúntas a bhí fáltha aige gan choinne leis.

"Casóg agus hata", ar seisean leis féin, agus iúnadh a chroí air. "'Sea, do thugas do Mhicil aréir iad. Anois chím brí an amhrais. Sin é a mhairbh é. Cad a dhéanfad?"

This'eáin a choínsias do nár cheart do pioc a rá. Ní bheadh sé féin mar bhun[265] le héinne a chur i ngreim. B'fhuiriste a dheimhniú cá raibh sé aréir. Bhí ' fhios ag Neilí é agus ag Bean Uí Chorcoráin.

Chuir coiste an chrónaera dúnmharú toiltheanach i leith duine éigin, agus do cuireadh Mícheál ar fiúnraí trialach le hamhras gurbh é an duine cionntach é.

Thógadar leó é tríd an sneachta séideáin, gan bia gan deoch, go ditheansach, é gofa le hiarnaí agus arm go tiubh 'na thímpall, go príosún Thiobrad Árann, agus ar uair an mheán oíche cuireadh isteach é, i gcíll cloiche gan tine gan teas, chun na hoíche a chaitheamh ann mar ' fhéadfadh.

---

264 See *An Músgraigheach* #5, p7. This is substituted for *na freagraí céanna ' tugadh*.

265 See *An Músgraigheach* #5, p7. This is substituted for *páirteach*.

Caibidil 28

Nuair a bhí gnó na maidine déanta ag Neilí agus ag á máthair, do chuadar ag feiscint na mná breóite. Bhí an cábán clúdaithe le[266] sneachta. D'éalaíodar go dtí an leabaidh, agus tháinig iúnadh orthu nuair ná fuaradar aon fhreagra uaithi. Do shíleadar go raibh sí 'na codladh[267] ní ba shuaimhneasaí ná mar ba ghnáth léi, ach nuair ' fhéach an tseanabhean uirthi go cruínn, chonaic sí gurb é an codladh síoraí é, ná haireófaí focal uaithi go brách arís ar an saol so— bhí sí marbh.

Bhí an saol buartha brónach a bhí anso aici críochnaithe. Ní bheadh uirthi cuímhneamh a thuilleadh ar bhá a fir, ná ar a hinín a chaill a clú, ná ar a claínn a bhí imithe chun fáin. B'é an saol buartha brónach aici é, ach bhí deireadh leis go léir. Bhí sí imithe go dtí an áit go raibh fothain agus fasc[268] le fáil ag an té ' thuíllfeadh é.

Bhí an chros bheannaithe 'na láimh ar feadh na hoíche, agus a súile iompaithe uirthi. Bhí an t-aidhbhéardaí marbh sa Teampall Mór, gan aon chómhartha creidimh, dóchais ná carthanachta tímpall air, ach an fear dubh ar bhuaic an chluig, agus scárd ann ag glinniúint isteach idir an dá ghealshúil air, mar ' bheadh sé ag magadh fé i dtaobh é ' bheith chómh ciúin, nú go raibh sé ollamh ar léimt anonn agus é ' thachtadh, i leith is ná raibh sé marbh ar fad.

Níor dheocair d'éinne a chreidfeadh i bpúcaí a mheas cad é an saghas oíche a bhí caite ag an bhfear marbh. An méid a chuir sé le fuacht agus le fán ag rith tímpall air, á dtis'eáint féin do, nú á iniúchadh tríd an bhfinneóig ón dtaobh amu'.

Má bhí oíche chreathánach gan codladh ag Mícheál Ó Duíbhir sa chíll bhig, bheadh sé níos seacht measa dá mbeadh ' fhios aige go raibh an tseanabhean marbh. Nuair ' chuímhníodh sé ar an samhail a chonaic sé tímpall na scailpe an oíche roimis sin—agus an duine sin sínte

---
266 See *An Músgraigheach* #5, p7. This is substituted for *fén sneachta*.
267 See *An Músgraigheach* #5, p7. This is substituted for *ag codailt*.
268 See *An Músgraigheach* #5, p7. This is substituted for *fascadh*.

Caibidil 28

marbh san am san, na mílthe ó bhaile, cad é an bhrí a bhí leis ar fad? Ní fhéadfadh sé é ' thuiscint, nú arbh é sprid an aidhbhéardaí a bhí ann, a cuireadh ag glaoch ar na daoine gur dhein sé a ndíobháil ar an saol so chun suí i gcathaoir na fianaise chun fínné a thabhairt 'na choinnibh, nú ar chaith sé teacht ag triall uirthi ag lorg párdúin? Cad é an bhrí a bhí leis an rian dóite úd ar chlúdach na hadhairte, nú leis an screadach ag lorg uisce.

"Isteach is amach, isteach is amach i gcaitheamh na hoíche". B'in í cainnt na seanamhná beagán aimsire sarar imigh a hanam i láthair Dé. Cad a thug ann é? Ar glaodh an dá anam—an té ' dhein an t-olc agus an té gur deineadh an t-olc uirthi—i dteannta a chéile i láthair Dé?"

Ó, is diamhair é an saol eile. Ó! An ghluaiseacht san ná féadann éinne teacht thar n-ais le scéala uaidh, chun ' ínsint dúinn conas a bhíonn acu, nú cad é an saghas áite é. Cé ' fhéadfadh ' ínsint cad iad na rudaí do-fheisceanta a thit amach tímpall an chábáin dhorcha úd an oíche sin, gan de sholas ann ach coinneal i gcoínnleóir ar chliathán an fhalla, agus géagracha crann caite crosta ar a chéile agus iad clúdaithe le sneachta, cé ' fhéadfadh ' ínsint cad é an t-iniúchadh géar a deineadh ann? Ní fheadair éinne cad é an t-órdú láidir a thomáin an sprid ann, ag crith agus ag dul i bhfolach ó shúilibh na ndaoine ag feitheamh le breithiúntas a thabhairt air.

Nuair a tháinig Neilí agus a máthair chúthu féin, dúradar an Choróinn Mhuire cois na leapa[269], agus dheineadar crícheanna eile, agus d'fhanadar go dtáinig duine éigin eile isteach, agus ansan d'imíodar.

Nuair a bhíodar ag gabháil treasna na páirce fé dhéin an bhaile, chonaiceadar na píléirí ag cur an bhóthair díobh go mear, agus an príosúnach acu. Ní raibh ' fhios acu cé ' bhí ann, nú cad a bhí tititthe amach chun go ndeigheadar abhaile, ná fiú amháin an uair sin féin,

---

269 See *An Músgraigheach* #5, p7. This is substituted for *cois na leapan*.

Caibidil 28

bhí oiread san mearathaill agus mearaí íntinne ar roinnt chómharsan a bhí ag an dtigh gur ar éigin a fhéadadar an scéal a thuiscint.

Ach do thuigeadar aon rud amháin, go raibh an t-aidhbhéardaí marbh, agus go raibh Mícheál gofa. Cad é an bhaint a bhí ag an dá scéal le chéile?—ní raibh aon chúntas acu air.

Bhí Neilí chómh mór san fé iúnadh agus fé allthacht nár fhéad sí pioc den scéal a thuiscint ar feadh tamaill, ach b'é a céad chuímhneamh[270] ná a hathair a leanúint agus féachaint cad a bhí ag baint do.

"Cad chuige gur tógadh é? Cad é an bhaint a bhí aige leis an ndúnmharú, má bhí a leithéid de rud ann?" Sin iad na ceisteanna ' bhí aici á gcur an fhaid a bhí an capall á ghabháil. Dar ndó', ní raibh sé le cur amach fós, ar aon tslí.

Bhí Billy mar ghiolla aici. Do ráinig do bheith láithreach. Do tháinig sé chun na ndaoine d'fheiscint á gcur amach. Bhí fuíollach le déanamh ag na fir oibre tímpall an tí. Do thairg Billy dul ag giollacht an chapaill, agus glacadh é go fonnmhar.

D'imigh Neilí léi agus clóca trom uirthi chun í ' chimeád cluthar ón ngaoith chruaidh aduaidh, agus is mó paidir dhúthrachtach a chuir na daoine a bhí láithreach 'na diaidh.

Do chreid na daoine ná raibh aon chúntas ag Mícheál Ó Duíbhir ar an gcoir, ach b'fhéidir, mar sin féin, gurbh é a dhein é. Do bhí ' fhios acu go raibh toirmeasc idir é féin agus an t-aidhbhéardaí, ach ní raibh ' fhios acu cad ar a shon. Bhí ' fhios acu gur duine réidh macánta é, ach gur duine cúntúrthach[271] é nuair a thiocfadh an racht air.

---

270 See *An Músgraigheach* #5, p7. This is substituted for *smaoineamh*.
271 See *An Músgraigheach* #5, p7. This is substituted for *baolach*.

Caibidil 28

Do ghluais Neilí léi go Teampall Mór, turas fuar annróch[272] tríd an sneachta séideáin, agus bhí sí fuar leata, ach bhí an t-athair bertha chun siúil roímpi go Tiobrad Árann fé ghárda armtha. Bhí sí ar aigne é ' leanúint, ach do stop Billy í, agus é mar mhaithe léi. Ní raibh pioc ite ná óltha aici ó mhaidin, agus bhí gá aici le bia agus deoch. Bhí bóthar fada go Tiobrad Árann, agus níorbh fhéidir an cúrsa a thabhairt ag sneachta á cháitheadh, agus 'na theannta san do bheadh geata an phríosúin daingean i gcómhair na hoíche nuair a shroisfidís é, agus bheadh a dturas oíche in aistear acu.

D'áitimh Billy uirthi fanúint mar a raibh sí an oíche sin. Thomáin sé í go tigh Bhean Uí Chínnsealaigh mar a raibh fáilthe agus cóir roímpi.

"Agus ar fhág sé an baile aréir?", arsa Bean Uí Chínnsealaigh.

"Tamaillín beag", arsa Neilí agus í ag gol go truamhéileach.

"Cá ndeighidh sé, a chuid? Dar ndó', pé áit go ndeighidh sé, gheóbhaidh sé fínné ann".

"Chuaigh sé ag fiosrú na mná breóite", arsa Neilí, agus do rith rud trína haigne nár chuimhnigh sí air go dtí san, agus a dhein tuilleadh buartha dhi. "Agus do cailleadh í sin tar éis do í ' fhágaint".

"Tar éis í ' fhágaint", arsa bean an tí go buartha. "Tá san go holc. Ní bheidh aon fhínné aige a dheimhneóidh cá raibh sé. Tá sí marbh, an créatúir. Go ndeinidh Dia trócaire uirthi. Ba thruamhéileach an saol a chuir sí síos. Ní fheadar cá ghoibh Cití?"

Caibidil 29

Ag déanamh ar a sé a chlog an tráthnóna tar éis bháis an oifigigh, bhí Aodh agus an t-innealthóir in éineacht arís insna trínsí. Bhí an t-innealthóir ag féachaint ar mháchailí éigin a bhí orthu. Bhí deireadh

---

272 See *An Músgraigheach* #5, p7. This is substituted for *turas deocair scéirdiúil*.

Caibidil 29

an chluiche ag dridiúint leó, cluiche a bhí ar siúl le bliain. Bhí an t-iúnsaí le tabhairt fé cheann lae nú dhó, agus do bhí sé riachtanach gach aon rud a chur i dtreó chun na sluaite móra fear do scaoileadh le chéile chun siúil nuair a thiocfadh an uair[273] a bhí beartaithe chun fogha gabhála a thabhairt fén ndaingean.

Do bhíodar ag caitheamh piléar agus sliogán le dhá lá roimis sin, ach do bhí staonadh beag tagaithe orthu san am so. Bhí na gunnadóirí Franncacha stopaithe chun leogaint dá ngunnaí fuaradh. Ach díreach nuair a shrois an bheirt fhear na trínsí, do thosnaigh an tóirthneach ó sna gunnaí arís le dúbailt nirt. Ní hi ndiaidh a chéile ' scaoileadh an turas so iad, mar a bheadh cnagarnach thóirthní, ach i dteannta a chéile in aon bhúirth amháin. Bhí trí mhíle slí fé na sraitheanna gunnaí, chómh fada is ' rithfeadh do radharc, clab na ngunnaí ar oscailt in éineacht. Chífá smearóidí tine ag feadaíol ó shliogáin, agus piléir ag imeacht san aer. Ní mar a bhí sé aon uair cheana a bhí an chnagarnach, 'na hiarrachtaí i ndiaidh a chéile, ach thagadh 'na síor-ghlór torannach, gan lagadh gan staonadh ar a neart, ach uaireanta le cúis éigin[274],—do leanadh an tóirthneach in aon bhúirth mhairtheanaigh amháin go dtí, ar deireadh, le buaine shíoraí an ghlóir, go mba neamh-shuím é le duine ' bheadh ag éisteacht leis.

"Níor airís a leithéid sin go minic cheana", arsan t-innealthóir, agus a mbasa suas ar a gcluasa acu araon, agus ag na fir go léir insna trínsí, á gcosaint féin ar an bhfothram gránna a bhí á mbodhradh.

"Níor airíos", arsa Aodh, agus is mó ' thuig sé ón gcrothadh a bhain an fear eile as a cheann i dtreó líne na bhFranncach ná ón méid aduairt sé.

"Níor airís ná éinne déanta", arsan fear eile go dearfa. "Riamh fós ní raibh oiread san gunnaí, ná gunnaí chómh trom, ag lámhach in

---

273 See *An Músgraigheach* #5, p7. This is substituted for *an tráth*.
274 See *An Músgraigheach* #5, p7. This is substituted for *le réasún éigin*.

Caibidil 29

éineacht in aon áit amháin. Féach suas", ar seisean, ag síneadh a mhéire suas san aer[275]. D'fhéach Aodh suas.

Bhí an spéir lán de thine dheirg, ag rith agus ag scuabadh agus ag screadaigh, mar a bheadh splanncacha, agus na céadta de shoílse beaga ag tabhairt tine do sna sliogáin go rabhadar ceangailthe dhíobh. Do phléascadh cuid acu in áirde sa spéir, agus tuilleadh acu nuair ' shroisidís aoirde a gcúrsa, bhídís ag titim agus iad ag casadh agus ag luascadh tríd an aer, agus na soílse dearga ag imeacht de dhruím fallaí na dtrínsí, nú ag titim le fuinneamh sa chathair a bhí á hiúnsaí.

"Is deocair d'aon rud 'na bheathaidh é ' sheasamh", arsa Aodh, nuair a bhí leath-uair a' chluig tabhartha aige ag éisteacht leis an dtóirthnigh, gan stad gan faeiseamh.

"Tá sé ana-mhíorúiltheach", arsan fear eile, "agus ní dó' liom go bhfuil siad á sheasamh. Ní foláir nú tá an baile sin 'na smidiríní ag an gcith iarainn agus tine atá ag titim air. Ach féach. Tá rud éigin ar siúl ansúd. Féach ar an mbladhm sholais sin atá sa tsráid".

D'fhéach Aodh. Do chonaic sé an bhladhm agus an lonnradh ag taithneamh sa spéir os a chionn.

"Tá sí trí thine", ar seisean.

"Tá san ana-ghreannúr. Ní dócha go bhfuil siad chun Moscow eile a dhéanamh de", arsan fear eile. "Ní chuirfeadh sé aon iúnadh orm dá ndeinidís. Tá tine dhearg ifrinn séidithe ag ár gcáirde na Franncaigh isteach chúthu. Ní chuirfeadh sé aon iúnadh orm cad é an bheart danartha a dhéanfaidís".

Lena línn sin, do chuir sé a lámh ar fhabhra an trínse is do léim amach ar an mbannc.

---

275 See *An Músgraigheach* #5, p7. This is substituted for *sa spéir*.

Caibidil 29

"Tair isteach, tair isteach. Marófar láithreach tu", arsa Aodh, is lena línn sin tháinig cnagarnach gunnaí geárr a chuir piléir in achrann i gcliathánaibh an trínse.

"Heit, a dhuine", arsan t-innealthóir. "Cad a thug anso me? Ní fhéadfainn fios ná eólas d'fháil gan dul i gcúntúirt. Hurá, a bhuachaillí, hurá. Tá a gcabhlach trí thine. Chuir gunnaí na bhFranncach tine iontu, hurá".

Do tháinig liú ó sna trínsí is do léim gach duine amach ar an dtalamh cothrom.

Bhí cabhlach na Rúiseánach i bhfolach ar an dtaobh eile den chnuc, agus gan le feiscint díobh ach bárr na gcrann seóil, agus b'iad a bhí le fada mar cheap chrústaigh ag gunnadóirí na bhFranncach, agus bhí na mílthe sliogán caite acu 'na dtreó, ach ba dhó' leat go rabhadar fé dhraíocht, bhíodar chómh do-chloíte leis na daingeanacha cosanta féin.

Ach fé dheóidh bhíodar laistigh de raon tómhaiste na ngunnaí agus d'aimsigh sliogán amháin ó ghunnaí na bhFranncach iad i ndeireadh bára, agus chuir ceann dá luingeas mhóra trí leibheann trí thine.

Do chreid gach éinne gur chómhartha é sin go raibh an deireadh tagaithe, gur gairid uathu críochnú an chatha mhóir, mar a raibh céad míle fear caillthe, in éaghmais airgid agus olla-mhaithis thar áireamh. Bhíodar ag cuímhneamh cheana féin ar an mbaile, ar a ndaoine muínteartha ar shuaimhneas, agus ar nithe ná cuímhneóidís in aon chor orthu cúpla uair a' chluig ó shin.

Tháinig oiread áthais orthu is gur dhearúdadar ar fad an chúntúirt a bhí lena n-ais ó ghunnaí an Redan. Do léimeadar amach as na trínsí agus dhíríodar ar liúirigh. Do bhí an solas ag éirí as an luíng a bhí ag dó, ag dul i ndeirge, agus ag leathadh amach, agus ag taithneamh san abhainn dhorcha thíos agus ag caitheamh lonnradh ar na finneóga,

Caibidil 29

agus ar na spuaicí do chuaigh slán ó réabadh na ngunnaí. D'árdaigh na saighdiúirí a liú chómh hárd san gur bhodhradar búirtheach na ngunnaí.

Do bhí na Rúiseánaigh go dícheallach ag aistriú na long eile ón gceann a bhí ag dó. Bhí na sluaite fear ar an gcé ag rith anonn is anall, ag ceangal cáblaí dá chéile agus ag caitheamh uisce ar an lasair, ach ní raibh aon chabhair ann. Bhí an tine ag dul i neart nú gur chlúdaigh sí an t-árthach go léir le caíorthaíol; an solas ag taithneamh ar na tithe agus ar spuaiceanna na dteampall, agus bhí an lonnradh ag éirí in áirde sa spéir os a gcionn.

"Seo, a bhuachaillí, láimhsídh na gunnaí. Dóidh iad go léir. Ná leogaidh dóibh aon rud a bhreith leó", arsan t-innealthóir agus an gliadar[276] céanna air féin.

Láithreach bonn bhí na gunnadóirí gofa chun saothair. Tar éis neómait bhí an tóirthneach tosnaithe agus rínn na ngunnaí íslithe ar an luíng a bhí ag dó.

Ní raibh aon teóra leis an áthas ná an scleóndar a bhí insna trínsí ar feadh na trí huaire an chluig a bhí an long ag dó. Ní raibh aon toradh acu ar scáth na dtrínsí, do léimeadar amach ar an mbannc agus luíodar ar an dtalamh agus iad ag stealladh piléar le buile i dtreó prapaí ísle dúbha an Redan. Aon fhear go raibh buidéal póca aige 'na sheilbh, mar seo nú mar siúd, is ná tabharfadh sé braon de do dhuine a bheadh ag fáil bháis roimis sin, do dhírigh ar a raibh ann a roinnt go rabairneach tímpall air. Fir eile a bhí níos fiaine ná san, do bhrisidís clár insna baraillí go mbíodh an deoch iontu i gcómhair na bhfear ngunta, nú daoine ' bhíodh ag fáil bháis insna trínsí, agus do roinnidís mórthímpall é agus a hataí, agus a gcupáin, agus fiú amháin na sluaiste féin mar árthaí roinnte acu d'aon duine gur mhaith leis ól astu[277].

---

276 See *An Músgraigheach* #5, p7. This is substituted for *glionndar*.
277 See *An Músgraigheach* #5, p7. This is substituted for *i gcómhair éinne gur*

Caibidil 29

Bhí na Rúiseánaigh féin geall le bheith ar mearathall le méid[278] na tubaiste a bhí imithe orthu, ach do tháinig misneach arís orthu i ndeireadh an dóiteáin; do mhúsclaíodar ón mairbhití. Thosnaigh an lámhach tine arís ó sna dúnta móra dúra a bhí ansúd go gruama neartmhar fén ndorchadas.

Tháinig an ghráib arís mar ' thiocfadh scuainí fáinleóg ar luas mire, an ghráib a chuir eagla ar na fearaibh go raibh an scleóndar imithe fén dtráth so dhíobh, agus thomáin sí isteach i bhfothain na dtrínsí arís iad, agus sara raibh an long mhór dóite ar fad, bhíodar chómh ciúin tostach is ' bhíodar riamh, ach urchar fánach á chaitheamh anois is arís, ó fharairí, le lucht láimhte[279] ó sna daingeanaibh.

"Téanam, a Aodh. Gluais go mear. Tá gnó na hoíche seo críochnaithe, is tá mórán le déanamh againn-na fós. Téanam ort".

Ghluais an t-oifigeach ar a chromara trí sna trínsí, agus Aodh 'na dhiaidh. Bhí eólas na slí go maith ag an oifigeach, is ní raibh ag Aodh ach é ' leanúint. Do this'eáin an solas dóibh cá raibh long mhór[280] an Czar á dó.

"Anois, a Aodh", arsan t-oifigeach, "oibrigh leat. Caithfeam oibriú i gcaitheamh na hoíche. Sid iad na cúntaisí. Caithfar iad a bheith críochnaithe ollamh chun iad a thabhairt do sna hárdoifigigh roimena dódhéag. Scrígh i bhfuirm achomair iad láithreach. Níl aon aimsir spártha agat".

Do shuigh Aodh. Ní raibh aon taithí aige ar an obair sin, is bhí a cheann trí chéile tar éis imeachta agus fhothraim an lae, i dtreó gur le dua d'fhéad sé a aigne ' shocrú, fiú amháin chun athscrí' a dhéanamh.

---

    mhaith leis ól astu.
278 See *An Músgraigheach* #5, p7. This is substituted for *ó mhéid.*
279 See *An Músgraigheach* #5, p7. This is substituted for *lucht lámhachta.*
280 See *An Músgraigheach* #5, p7. This is substituted for *long groí.*

Caibidil 29

Níor mhar sin don innealthóir. Do chaith sé dhe a chasóg, do bhog a charbhat is do scaoil rostaí a mhuinichlí chun slí do thabhairt do féin, is do luigh ar obair chómh stuama is dá mba ná haireódh sé aon phléasc gunna le ráithe, agus ná beadh ar an neómat san piléir agus slisneacha iarainn ag marú fear, ban, agus páistí ná feacaigh lucht a gcaite riamh, fear ná bean ná páiste acu. Bhí an fothram ag crothadh an bhúird go raibh sé ag scrí' air, agus an tailimh féna chosaibh.

Tháinig náire ar Aodh nuair a chonaic sé an chuma go raibh an fear eile ag obair, ag líniú agus ag dearadh a chuid mapaí. Do luigh sé féin ar obair chómh dícheallach leis, agus nuair a bhíodh na cóipeanna ollamh, cuirtí chun na n-árdoifigeach iad. Bhíodh a mhalairt d'obair ollamh le tabhairt do, i dtreó ná fuair sé aon tsos ach ag obair go maidean—ach amháin nuair a ritheadh Tiobrad Árann 'na cheann, is ba mhinic é sin. Chíodh sé na súile glana, an béal gáireatach, an aghaidh dhathúil nuair a bheadh sé ag taibhreamh ar Neilí Ní Dhuíbhir ar feadh tamaill, i dtreó go gcailleadh sé a radharc ar an bpáipéar a bhíodh os a chómhair.

Anois is arís ar feadh na hoíche, do chuireadh an t-innealthóir air a chasóg is thugadh cúrsa ar na trínsí, agus i gcónaí nuair ' fhilleadh sé bhíodh aghaidh dhúr mhí-shásta air. D'aithneófaí ar a ghnúis ná raibh an obair á déanamh chun a thoile. Ach bhíodh sé gan stad gan staonadh ag lé', ag scrí', ag ceapadh agus ag síniú na gcúntaisí, agus á gcur go dtí na hoifigigh cínn.

I ndeireadh bára tháinig glao na maidine chúthu san oifig agus dob fháiltheach iad roímpi.

"Déanfaidh san an gnó, a Aodh", arsan t-innealthóir, ag éirí 'na sheasamh. "Imigh chun do bhricfeaist agus téir a chodladh", agus do thug cogar do. "Codail an lá go léir má fhéadann tú é, agus an oíche, leis. Táim á chuímhneamh go mbainfar an codladh as na súilibh agat 'na dhiaidh san. Teastóir uaim ar a cúig a chlog ar maidin amáireach. Níl baol duit mise go dtí san mara dteastaím-se uait-se".

Caibidil 29

D'imigh Aodh fé dhéin na gcábán le breacadh an lae. Bhí a aigne suaite agus é ag gluaiseacht leis. Bhí meisce chodlata air le huireasa suain. Bhí sé ag taibhreamh go raibh sé ag féachaint ar an nGleanntach agus ar Shliabh na mBan. 'Na theannta san, bhí sé ag taibhreamh ar Neilí, ach bhí sé a d'iarraidh iad san a chur as a cheann. Ach is ag dul in achrann ann a bhí an codladh le spéir na maidine, agus bhí sé ag cuímhneamh ar na háiteanna 'nar ghnáth leis í ' fheiscint, agus níor stad de go dtáinig sé go dtí an strapa adhmaid mar a bhuail sé léi uair éigin fadó. Do bhuail sé i gcoinnibh téide an chábáin is do leagadh é. Bhain san an codladh dhe. Bhí béal an chábáin ar a aghaidh amach. Do chuaigh sé isteach ann, do shín thairis is do thit a chodladh air.

D'airigh sé búirtheach na ngunnaí, ach bhí sé chómh neamh-shuimiúil iontu is dá mb'iad cluig an teampaill iad i dTiobrad Árann, ag glaoch ar an bpobal chun Aifrinn.

Caibidil 30

Níor dhúisigh Aodh go meán oíche. Bhí iúnadh air conas a chodail sé chómh fada. Chuaigh sé go dtí béal an chábáin agus d'fhéach amach.

Bhí gach aon ní ciúin. Bhí an ghealach ag treabhadh tríd an spéir agus lag-sholas mórthímpall uaithi. Bhí smúiteán fuar ag teacht aníos ón Muir Dhuibh. Chuir solas na gealaí deallramh greannúr dorcha mí-nádúrtha ar bharraí na gcárnán cré. Ní raibh a mbun le feiscint ag an gceófrán, agus bhí líní fada capall ar staic ann, agus gan aon oidhre ar mhammotaigh ach iad, bhí deallramh chómh mór agus chómh greannúr san orthu. Anois is arís thagadh fothram bodhraí chun a chluas, ach do dhein an ceófrán trom a bhí leata ar an dtalamh ón Euxine aníos treasna go dtí líne na bhFranncach mairbhití mhór ar an bhfothram san. Ach d'ainneóin na mairbhití sin, ba léir go raibh laígheadú tagaithe ar dhéine na gunnadóireachta féin.

Caibidil 30

"Agus sid é lá an iúnsaithe", arsa Aodh leis féin. "Sid é lá trialach an nirt tar éis bliana de ghunnadóireacht. Ba dheocair do sna mairbh codladh tímpall an bhaíll seo le fothram diablaí na ngunnaí gach lá. Ní fheadar 'en tsaol cad é an saghas aigne atá ag na fir bhochta atá le bheith i dtosach an chatha. An dtuigeann siad gurb é seo an codladh déanach acu ar an saol so—dá bhformhór, ar aon tslí. Nuair a séidfar an adharc ar maidin, sin é an uair dheireanach ' aireóid siad ar an saol so é. Ní fheadar cad air go bhfuil siad ag cuímhneamh? An bhfuil ' fhios acu go bhfuil siad i gcóngar don tsaol eile? Cá ndúiseóid siad ar maidin amáireach? Cad iad na rudaí greannúra ' chífid siad? Ní fheadar an bhfuil éinne ann ó Thiobrad Árann? Ó! A Thiobrad Árann, a Thiobrad Árann, nách mór an t-athrú é[281] ód bhóithríní glasa agus ód mhóinéaracha míne go dtí an cnuc lom scéirde seo, clúdaithe le cábáin, agus marú is ár gach lá ann? Ó! A Neilí, a Neilí, an bhfuil aon rud sa domhan ab fheárr ná aon radharc amháin d'fháil ort, nú ar do ghruaig fhada ar baille-chrith? Cé ' chonaic riamh aon ní i dtanaiste do dhá shúl ghlana".

Tagann cuímhnithe den tsaghas san in aigne fear nuair a bailítar i dteannta ' chéile iad 'na sluaite móra, agus gan coidreamh acu ach le fearaibh gach tráth agus de shíor. Tagann taibhrithe urrama agus adhraithe do mhnáibh, agus do bhí an ní sin ag neartú i gcroí Aodha féin.

Máirnéalaigh a bhíonn i bhfad ar an bhfarraige, príosúnaigh i gcarcaraibh, saighdiúirí a bhíonn i gcogadh fhada, admhaíd go léir an méid sin.

Rudairí na Croise ag cur cogaidh in Ierúsalem, nú iad tachtaithe ag an dtart i ndíthreabh Siria, agus gan aon dul ar an mbaile acu, tuigtí 'na n-aigne dhóibh gurbh ionann céim de mhnáibh agus de sna hárdaingil féin.

---

281 See *An Músgraigheach* #5, p7. This is substituted for *nách é an t-athrú mór é*.

Caibidil 30

Tar éis na míonna agus na mblianta d'fheitheamh agus d'fhoighne, do bhí an chómhacht chaoin chneasta san préamhaithe chómh daingean san 'na gcroí gurbh éigean feasta agus go brách órd na rudaireachta a chur ar bun, agus é ' bheith 'na chómhacht ar talamh chun barbarthacht agus doircheacht na dubh-oíche a thomáint den tsaol.

Bhí roinnt laethanta de thaithí ag Aodh ar an saghas so aigne, agus bhí sé ag dul i ngreim ann. Nuair a ghabhadh go hannamh mná uaisle ar chapaillibh thar bráid, lucht cuarda ó Shasana a thagadh ag triall ar oifigeach árdchéime éigin, do ritheadh cách chun na bhfinneóg chun iad d'fheiscint. Thugadh maoth-chruth a scéimhe agus maorgacht a ndea-bhéas i bhfianaise na brúid-oibre a bhíodh ar siúl tímpall orthu, thugadh sé ar na cléirigh úmhlú dhóibh agus iad d'adhradh beagnách.

Bhí na smaointe seo ag dul i bhfeidhm ar Aodh ar feadh na haimsire a bhí sé ansúd, agus sin é fé ndeara dho a smaointe ' bheith ar Neilí, agus ar Thiobrad Árann, agus do bhí sé ag neartú in' aigne chómh mór san in aghaidh an lae, gurbh éigean do brú air féin chun é ' chur as a cheann.

Dá dheascaibh sin, agus d'fhonn a aigne do dhíriú i dtreó éigin eile, do thosnaigh sé ar shuím a chur i nithe a bhain le hollmhúcháin i gcómhair an iúnsaithe. Ní raibh aon chómhartha le feiscint. Bhí an uile ní go ciúin. Bhí scamaill ag gabháil treasna na gealaí agus tulcaí ceóigh ag gabháil de dhruím na gcnuc aníos ón Muir Dhuibh.

Tamall uaidh do chonaic sé solas i bpána gloine a bhí mar fhinneóig i mboth oifigigh. "Fear bocht éigin atá tofa i gcómhair an iúnsaithe, agus atá ag baint feidhme as an mbeagán aimsire atá aige chun slán a scrí' abhaile, nú b'fhéidir chun maithiúnachais a iarraidh ar Dhia, an fhaid atá caoi aige air[282]". Sin é a chuímhnigh Aodh. D'fhéach sé níos géire agus do chonaic sé gurbh é both an chornail a bhí ar a chipe féin é, agus do thuig sé as san go raibh an chipe sin tofa chun bheith i dtosach an chatha. Bhí an ráfla san cloiste aige cheana, agus fuair sé

---

282 See *An Músgraigheach* #5, p7. This is substituted for *caoi aige chuige*.

Caibidil 30

amach 'na dhiaidh san gurbh fhíor é. Bhí a bhean ann lena chois. Bhí an oíche dheireanach acu á chaitheamh i bhfochair a chéile, agus chaitheadar í ag cainnt ar a gclaínn a bhí i bhfad uathu i Sasana.

Sara raibh an t-iúnsaí ar siúl uair a' chluig, agus an bhean ag éisteacht leis an bhfothram a tháinig chúthu ar an ngaoith, bhí ' fhios aici go raibh cath maraitheach ann. Tugadh chúithi isteach a fear fuar marbh, agus piléir trín' éadan. D'fhan an bhean bhocht ansan, 'na haonar, i gcaitheamh an lae agus i gcaitheamh na hoíche a bhí chúinn i bhfeighilth cuirp a fir.

"Raghad anonn go dtí an oifig féach' an bhfuil aon tsocrú á dhéanamh ann i gcómhair oibre an lae", arsa Aodh leis féin, agus do chuir sé a chasóg mhór chluthar uime. Do dhírigh sé ar a shlí a dhéanamh crosta na dtéadracha agus na stuiceacha a bhí sa talamh, agus ceanglacha na gcapall, agus é ag titim agus ag éirí gur shrois sé áit an taoisigh.

Bhí an obair ar siúl chómh dícheallach is dá mbeadh an t-iúnsaí chun seasaimh choíche. Bhí an t-áireamh céanna ar dhaoine gunta agus na sraitheanna cóirithe céanna d'fhigiúirí dearga ag áireamh na ndaoine marbha[283].

Bhí an t-innealthóir thíos insna trínsí ag tabhairt órdaithe tábhachtacha uaidh, agus an fhaid a bhí Aodh ag feitheamh leis, bhraith sé an t-ocras air tar éis an chodladh[284]. Chuaigh sé go dtí an seómra ba shia isteach agus chaith bricfeast, dínnéar, agus suipéar i dteannta a chéile.

Tháinig an t-innealthóir ar a cúig a chlog. Chuaigh sé ag scrí' ar feadh tamaill, agus ansan d'imigh sé fé dhéin an champa agus Aodh lena chois. Bhí an mhaidean fuar glas, agus an ceó a bhí ag éirí ar feadh na hoíche imithe, agus tulcaí smúite in' inead dá scuabadh ón

---

283 See *An Músgraigheach* #5, p7. This is substituted for *na ndaoine ' bhí marbh*.
284 See *An Músgraigheach* #5, p7. This is substituted for *tar éis na codlata fada*.

Caibidil 30

leacain aníos idir iad agus an tsráid. Dhein san mí-chúmpórd mór dóibh, agus níor fhág sé radharc acu ar aon ní dá raibh ar siúl os a gcómhair. Bhí an spéir modartha[285], agus an ghaoth a bhí ag séideadh na tulcaí smúite chúthu aníos, bhí géire nímhe inti.

Dá mhoiche a bhí sé, bhí na sapaeirí amu' ar paráid. Bhíodar ceapaithe chun bheith i dtosach an iúnsaithe. Na fir bhochta 'na seasamh ansúd amu', maidean gheímhridh, leis an lá, an ghaoth chruaidh ag bualadh ar na lámha agus ar na haghaidheanna[286] acu. Ba shollúnta an rud é, bheith ag éisteacht leó ag freagairt a n-ainmneacha chómh neamh-chéasta is dá mba ná beidís díreach ach ar paráid. Mac Eóin, Benner, Mac Tomáis, iad go léir ag freagairt "Anso". Airm, púdair, culaith, bearradh an chínn, do féachadh go cruínn chun an uile ruda, chómh maith is ná beidís 'na gcáirne marbh ar leacain agus ar phrapaí an Redan fé cheann roinnt d'uairibh an chluig.

D'fhéach Aodh go cruínn ar aghaidheanna na bhfear is é 'na sheasamh os a gcómhair, ag tabhairt gach ní fé ndeara.

"Ní fheadar 'en domhan cad air go bhfuilid ag cuímhneamh? Ní fheadar an dtis'eántar aon ní[287] don chuid atá le titim, seochas an chuid a mhairfidh 'na dhiaidh. Ní fheadar an mó duine acu a fhreagróidh a n-ainmneacha anocht, nú an mó duine a bheidh ábalta air!"

Níor this'eáin a gcúntanós go raibh aon trioblóid aigne ag gabháil dóibh, ach an méid a chuir fuacht agus annró an bhaíll orthu. Ach i gcionn roinnt neómataí bhí sé i leataoibh, agus do scaipeadar go mall agus chuadar ar scáth insna trínsí. Níor this'eánadar an *elan* ba dhual dá leithéidí a bheadh ag dul i dtosach catha.

---

285 See *An Músgraigheach* #5, p7. This is substituted for *an spéir liath, duairc.*
286 See *An Músgraigheach* #5, p7. This is substituted for *ar na haighthe.*
287 See *An Músgraigheach* #5, p7. This is substituted for *an dtuigtar aon ní.*

Caibidil 30

B'é gnó an innealthóra an mhaidean san líne picití a chur tímpall an champa chun stop a chur le daoine a bheadh ag siúl ann gan údarás, ar eagla aon bhrathadóra a bhéarfadh tuairisc go dtí an namhaid ar thráth an iúnsaithe.

"Ní hé go bhfuil aon ghá le bheith chómh haireach san, mar níl aon bhreith againn ar é ' ghabháil".

"Níl, an ea?", arsa Aodh agus iúnadh air.

"Níl", arsan fear eile. "Ná feiceann tú an saghas ollmhúcháin atá déanta againn. Bhí na Franncaigh ag stealladh ar feadh dhá lá gan faeiseamh—na mílthe tonnaí sliogán—isteach sa chathair, agus níor fhéadamair-na a dhéanamh ach tamallacha uair a' chluig nú mar sin".

"Cé fé ndeár é?", arsa Aodh.

"Ca bhfios dom? Tá díolúnaigh bheag-mhaitheasacha sa bhaile againn mar chínn orainn. Tá easnamh gunnaí orainn, agus easnamh púdair, agus fiú amháin dá gcuiridís chúinn iad, níl aon treó orainn chun iad a thabhairt linn ó Bhalaklava".

"Cad é an bhrí atá acu leis sin? Ná fuil cailliúint uathásach ar fhearaibh dá dheascaibh sin?"

"Tá, gan amhras. Ní raibh sé riamh chómh díobhálach ná chómh scannrúil agus a bheidh sé inniu, is baolach".

"Ach i dtaobh na cúise go ndeinid siad é?"

"Táimíd-na fé rialtas bhreá uasal a thugann an post is mó agus is aoirde do ghaigí breallánta gan inchinn gé—clann mhac dealbh[288] na dtiarnaí—go mbíonn ainm an náisiúin agus anam na saighdiúirí cróga ar a lámhaibh, agus gur mó is fiú leó súd uair a' chluig a chaitheamh i

---

288 See *An Músgraigheach* #5, p7. This is substituted for *dealbha*.

Caibidil 30

Sraid Argyll nú sa Haymarket, gan aon rud ag déanamh buartha dhóibh ach conas a gheóbhaidís airgead le caitheamh ar ragairne agus ar mhianta mallaithe, agus fir chróga ag titim 'na mílthe tímpall Sebastopol".

"Conas a dheineann san airgead dóibh?"

"Airgead, an ea?", arsan t-innealthóir, ag féachaint go mór dáiríribh air, agus do chuir gáire as. "Duine bocht saontaí[289] ó Thiobrad Árann tusa, nú ní chuirfá an cheist sin. Cad 'na thaobh ná déanfaidís airgead, nuair a chuirid siad páipéar lofa mar leathar bróg chun na bhfear; ceairt in inead éadaigh, gunnaí a phléascfaidh nuair a bheir ag lámhach, agus sliogáin a raghaidh ar mhullach a gcínn sa talamh gan pléascadh?"

"Tuigim", arsa Aodh agus do soílsíodh dá aigne feall agus calaois nár síleadh do 'na shaol riamh roimis sin.

"Ach níl sé go léir agat fós", arsan t-oifigeach. "'Siad an chuid is spriúnlaithe de sna hoifigigh a dheineann an saghas so fíll, agus ní gheibheann siad dá bhárr[290] ach brúscar beag fé mar a gheibheadh Lasarus an fhaid a bhíonn saol Dives ag lucht na gconnradh. Ach na daoine móra, uaisle an rialtais, deinid siad saibhreas as an gciste, agus fé mar ' árdaíonn nú ' íslíonn na margaí airgid i Sasana nú sa bhFrainnc, nú sa Rúis, caitear géarú nú moilliú a dhéanamh ar chath[291] Sebastopol.

"Dar ndó', níl siad chómh neamh-shuimiúil sin in anamnacha fear", arsa Aodh, agus iúnadh air.

---

289 See *An Músgraigheach* #5, p7. This is substituted for *saonta*.
290 See *An Músgraigheach* #5, p7. This is substituted for *ní gheibheann siad as*.
291 See *An Músgraigheach* #5, p7. This is substituted for *caitear brostú nú leadrán a dhéanamh le cath*.

Caibidil 30

"Anamnacha fear", arsan t-oifigeach, ag árdú a ghlóir. "Cad é an toradh atá ag na diabhail cuirpeach san ar anamnacha fear? Táid siad féin agus na seacht sínsear de bhrúidigh a tháinig rómpu chómh droch-bheathach le beithígh alltha, le díomhaointeas agus le ragairne, i dtreó, sa deireadh[292], nách suaraí i gcorp iad ná in anam. Níl aon toradh ar anamnacha na bhfear ag na hannsciain[293] sin, ach amháin fé mar ' fhéadaid siad airgead a dhéanamh nú maireachtaint a bhaint astu. Tá brath agam go bhfeicfead an lá go gcaithfid siad teitheadh lena n-anam a Sasana".

"Teipfidh ar an iúnsaí mar sin".

"Níl aon dabht agam ann. Ba cheart go mbeadh an falla cré úd thall súisteáltha go talamh againn. Ba cheart dúinn ceathanna sliogán ' bheith caite isteach 'na lár againn i dtreó ná mairfeadh luch ann. Níl aon taobh acu déanta againn, agus anois táimíd chun iad d'iúnsaí, agus an daingean níos treise ná mar a bhí sé deich mí ó shin".

"Cad a dhéanfaid na Franncaigh?"

"Tá treó mhaith orthu san. Raghaidh sé dian orthu[294] mara ndeinid siad an gnó, agus tá misneach maith ar na fearaibh. An dtugais fé ndeara ár bhfir-na, an chuma ' bhí orthu ag dul isteach insna trínsíbh?"

"Ní raibh aon ana-scleóndar orthu".

"Scleóndar. Deirim-se scleóndar leat. Tá ' fhios ag na fearaibh go léir go bhfuil teip[295] i ndán dúinn agus tá san go greamaithe 'na n-aigne.

---

292 See *An Músgraigheach* #5, p7. This is substituted for *ionas ar deireadh*.
293 See *An Músgraigheach* #5, p7. This is substituted for *hannscianaigh*.
294 See *An Músgraigheach* #5, p7. This is substituted for *is dian a raghaidh orthu*.
295 See *An Músgraigheach* #5, p7. This is substituted for *teipeadh*.

Caibidil 30

Tá bua amháin ag gabháil le huath-riail aon duine ar nós Niocláis nú Napoleon, mar dá dteipidís, thiocfadh sé abhaile chúthu féin, agus b'iad a bheadh freagarthach ann, agus a bheadh thíos leis. Ach i dtaobh an tsaghais rialtais atá againn-na, ní féidir an milleán a chur ar éinne. Níl éinne freagarthach, is tá an t-iúnsaí á chimeád ar leadrán agus fir ag lobhadh insna trínsíbh. Caithfidh an t-uath-rialthóir aire ' thabhairt ná teipfidh air, ach i dtaobh ár muíntir-na, tá a bpost in áirithe acu, agus táid siad beag-bheann ar an scéal as san amach".

Um an am san, bhí farairí curtha ar gárda idir an campa agus na trínsí[296], is do bhuail an bheirt óig-fhear rómpu go dtí Cnuc Cathcart, tímpall a haondéag a chlog, chun tosach an iúnsaithe d'fheiscint. Bhí sé ag tosnú ar a dódhéag a chlog. D'fhéachaidís fé dhéin líne na bhFranncach nuair a gheibhidís caoi air, idir na ceathanna smúite agus gainímhe. Chonaiceadar ag gluaiseacht iad síos ón gcampa go dtí na trínsí, a gculaitheanna airm ag spréacharnaigh idir na tulcaí smúite, cipe i ndiaidh cipe dhíobh ag imeacht chómh gléasta feistithe is dá mbeidís 'na seasamh amach i gcómhair scrúdaithe, agus do shloig na trínsí i ndiaidh a chéile iad. Bhí an talamh clúdaithe acu ag gluaiseacht gan stop, agus ag dul i bhfolach i ndiaidh ar ndiaidh i ganfhios don namhaid go dtí go raibh na trínsí campa chómh lán le cruiceóga beach.

"Is iúntach ná scaoileann na Rúiseánaigh sliogáin orthu", aduairt Aodh.

"Ní dheinid choíche. Sid é am an dínnéir acu[297]. Sin é an bhrí atá ag na Franncaigh leis an am so do thoghadh chun iúnsaithe. Stopann an caitheamh i gcónaí san am san, agus féach, i gcás ná beadh aon amhras acu, tá gunnaí na bhFranncach stopaithe, agus an sos ann mar is gnáth, dar leis na Rúiseánaigh. Is maith an bhail ar na Franncaigh é sin, mar do dhéanfadh beagán sliogán gríosach anois orthu".

---

296 See *An Músgraigheach* #5, p7. This is substituted for *idir an gcampa agus na trínsí*.

297 See *An Músgraigheach* #5, p7. This is substituted for *seo tráth dínnéir acu*.

Caibidil 30

"Táid siad ana-iomadúil".

"Ní haon chúmparáid dóibh ár ndorainnín fear-na[298]. Níl dhá mhíle fear againn-na i gcómhair an ruag[299] iúnsaithe—níor mhór dúinn a chúig n-oiread. Cuirfid na Franncaigh a n-arm go léir sa chath má théann sé air dóibh. Agus 'na theannta san, níl orthu san a ghabháil ach slí ghairid, is tá dhá chéad slat le rith ag ár bhfearaibh-se i gcoinnibh an láimhte, agus i lár an lae ghil, leis.

"Nách ciúin atá gach aon ní anois", arsa Aodh. Bhí glór na ngunnaí stopaithe, agus dob iúnadh lena chluasaibh san.

"Ní bheidh sé i bhfad mar sin", arsan t-innealthóir, ag féachaint ar a uaireadóir. "Seo chúinn an lucht ceannais chun bheith ag féachaint ar an gcath. An Taoiseach Simpson, an Rudaire Risteárd Airey, agus an chuid eile acu. Tá sé i ngiorracht roinnt neómataí don am. Dar fia!—siúd ar siúl é".

Lena línn sin, do phléasc rud éigin i dtrínse tosaigh na bhFranncach. Do phléasc lámhach gunnaí gearra i gcoinnibh rampar an Mhalakoff ag scuabadh na gcliathán agus na *mbaistion*, agus is gach cúinne go raibh aon amhras go dtiocfadh Rúiseánach ann. Bhí cith luadha á cháitheadh ann ná féadfadh daonnaí choíche dul beó uaidh.

Leis sin do scaoileadh pléascáin deataigh, is do chlúdaigh an deatach san an áit go léir, ionas go raibh folach ar na fearaibh a bhí ag dul ar aghaidh. Le tiúnlacan lámhaigh ó ghunnaí gearra, do léim na Zouaves as na trínsí agus a shleánna beartaithe acu, is siúd leó gur chuireadar díobh an talamh cothrom, agus gur shroiseadar cliatháin an Mhalakoff, agus isteach leó trí sna beárnacha gunnadóireachta.

"Dar fia, táid siad istigh", arsan Taoiseach Simpson, nuair a chonaic sé na saithí fear i gculaith airm ag sciúrdadh treasna an tailimh ó

---
298 See *An Músgraigheach* #5, p7. This is substituted for *ár ndoirnín-ne*.
299 See *An Músgraigheach* #5, p7. This is substituted for *ruaig*.

Caibidil 30

thrínsí na bhFranncach, agus ag imeacht a radharc trí sna beárnachaibh.

"Dar an bportús, tá sé tógtha acu gan buille", arsan ceann-urraid, is é ag féachaint anonn ar an ndaingean a bhí go dorcha ciúin i bhfad uaidh. Ba shia gach neómat ná uair a' chluig ag an muíntir a bhí ag faire sa chnuc[300], agus gotha ar gach éinne ag féachaint lena ghloine. Ní raibh dhá neómat caite ó chonaiceadar an chéad fhear go raibh bríste dearg air ag léimt amach a trínse gur bhladhm cnagarnach gunnaí geárr ón dtaobh istigh den dún, agus d'éirigh agus do bhorr nú go raibh in' aon bhúirth amháin a mhair ar feadh i bhfad. Ansan ba léir cuid de sna Franncaigh ag teacht amach trí sna beárnacha, agus ag dul i ndiaidh a gcúil.

Bhí sluaite móra de choisithe[301] Franncacha ag gluaiseacht go mear 'na gcoinnibh agus d'iompaigh thar n-ais arís iad isteach sa Mhalakoff. Ansan 'sea ' chífaí ag gabháil trí gach beárnain, suas i gcoinnibh gach puirt agus aoird, in áirde ar gach aon *bhaistion* agus prapa, na saithí líonmhara—iad is gach aon áit—deich míle fichead Franncach agus iad chómh tiubh le bileóga fómhair a bheadh á séideadh ag an ngaoith, agus iad ag brú is gach aon chúinne agus póirse dá raibh sa daingean.

Ní gan troid géar ' choinníodar a ngreim ann. Bhí na Rúiseánaigh ag ithe a ndínnéir, is tháinig léim leóin na Zouaves i ganfhios orthu. Do phreabadar go dtí a ngunnaí, deich míle fichead fear a bhí sa champa laistiar den dún, agus idir sin agus an chathair, agus thugadar fogha chun é ' bhaint díobh thar n-ais, agus ba chómhartha ar fhíochmhaire na coinbhleachta deamhnaí a bhí á dhéanamh thar cheann sealbha an dúna an torann síor-mhairtheanach agus an dórd a bhí ag gunnaí gearra á scaoileadh ar mire. Níor labhair éinne focal ach gach éinne ag faire ar an dtulcaí deataigh ag éirí sa spéir, agus ag éisteacht le

---
300 See *An Músgraigheach* #5, p7. This is substituted for *ag an muíntir sa chnuc ag faire*.
301 See *An Músgraigheach* #5, p7. This is substituted for *throithigh*.

Caibidil 30

cnagarnach na muscaeidí. D'íslíodh sé uaireanta, agus arís d'éiríodh sé níos aoirde ná riamh, agus níos tréine. Bhí an uair tagaithe—an uair mharaitheach—an uair a bhí acu á fhaire le bliain, agus iad ar feadh na haimsire sin ag ollmhú 'na chómhair, agus bhí, anois, dhá arm thréana fé bhratachaibh na Frainnce agus na Rúise, le faobhar iarainn agus le tine dheirg, ag treascairt a chéile go fíochmhar.

Tráth corraithe aigne dob ea é. Do bhí an ghasra oifigeach mar a bheidís 'na stalcaí reóite gan cor astu ag faire tríd an scamall deataigh agus smúite a bhí ag clúdach an daingin, féach' ceocu go mbeadh an lámh uachtair acu.

Ba léir do chách go raibh na Franncaigh ag cimeád na sealbha. Ní raibh aon chómhartha teite[302] arís, agus do bhí cath i ndiaidh catha acu ag gluaiseacht as na trínsí, agus ag dul de ruaig suas i ndiaidh a chéile isteach sa daingean, ag cabhrú lena muíntir a bhí istigh. Agus 'na dhiaidh san ní raibh aon stop ná aon staonadh ná aon laígheadú ar an bhfothram, ach an cath maraitheach ar siúl.

Tháinig siolla beag gaoithe ar feadh neómait a shéid an deatach i leataoibh, agus chonaiceadar brat na Frainnce árdaithe ar *bhaistion* Korniloff. San am gcéanna do chonaiceadar sapaeirí na bhFranncach ag leagadh falla tosaigh an daingin, ag déanamh slí do sna fearaibh chun dul isteach, agus iad ag tógáil an rampair chosanta ar an dtaobh eile den daingean idir iad agus an tsráid. Bhíodar go dearbh ag cur aghaidh an daingin mar a raibh a chúl cheana.

Do chuir an ghasra ' bhí ar an gcnuc liú suas nuair d'airíodar geóin árd ó sna Franncaigh agus hataí cnotacha á gcaitheamh san aer acu. This'eáin san go raibh an daingean mór gofa leis an rúid obann. Ach do chailleadar go trom leis. Sara rabhadar deich neómataí ann, bhí mórsheisear taoiseach titithe.

---

302 See *An Músgraigheach* #5, p7. This is substituted for *aon rian teite*.

Caibidil 30

Is ar éigin a bhí a liú críochnaithe ag an ngasra bheag oifigeach, nuair a caitheadh trí soílse in áirde san aer a trínse na Sasanach, mar chómhartha go rabhadar chun iúnsaí a thosnú. Bhí sé socraithe an oíche roim ré go dtosnódh na Sasanaigh ar an iúnsaí fén Redan, nuair a chífidís brat na Frainnce ar an Malakoff.

Níor thaibhsigh na cómharthaí solais úd a chonaiceadar síos uathu tríd an gceó smúite a bhí á shéideadh tímpall orthu ach fé mar ' bheadh réilthíní beaga gan bhrí gur bheag é an raon a ghluaisidís nuair a théidís in éag, go héagumasach lag.

Do hiompaíodh na gloiní go léir ón Malakoff go dtí an láthair a bhí díreach fúthu thíos. Thosnaigh putha beaga deataí ag éirí thall is abhus, agus ag méadú de réir na mílthe, nú go rabhadar chómh tiubh le léasracha coirce i ngort arbhair ag éirí ó sna trínsí. Chun fothana agus cúnaimh a dhéanamh don arm a bhí chun rúid a thabhairt fé dhéin an Redan ab ea san. D'imigh neómat nú dhó. Ba chrá croí le faid gach neómat acu. Ach ní raibh aon fhear ag teacht amach as na trínsíbh.

"Is fearra dhuit imeacht, a Chaptaein Thunder", arsan tÁrdtaoiseach, "agus dul i dtosach na bhfear ag iúnsaí an Redan. Tá rud éigin bun-os-cionn, ní foláir".

Chuir an captaein a lámh 'na chaipín a luaithe ' bhí an chainnt ráite. Bhí sé ar mire ag feitheamh go bhfeiceadh sé an colún iúnsaithe ag gluaiseacht amach. Bhí a aigne féin chómh mór san ar aon treó le hórdú an Árdtaoisigh gur phreab sé chun siúil chómh luath agus adúradh na focail.

"Raghad-sa leat", arsa Aodh, ag cur cogair 'na chluais.

"Mo ghraidhin chroí thu", arsan t-innealthóir. Do tharraig a chlaíomh, is do bhrúigh a chaipín anuas ar a shúile chun iad a chosaint ar an smúit a bhí ag séideadh 'na choinnibh. Síos leis le

Caibidil 30

fánaidh na leacan: do shrois sé cúinne de thalamh chothrom a bhí idir é agus an trínse tosaigh. Do bhí saothar air nuair a léim sé isteach mar a raibh na trí chornal, Unett, Lacey agus Yeo, agus iad ag tathant ar na fir mheata léimt amach.

Bhí Aodh i ndiaidh an innealthóra.

"Tá an Malakoff tógtha ag na Franncaigh, a bhuachaillí, tógtha le léim leóin", arsan *Aide-de-camp* agus é ollamh ar léimt i dtosach na bhfear. "Táid ag tomáint na Rúiseánach le fánaidh na leacan síos go Sebastopol. Táim-se chun bheith i dtosach catha agaibh-se sa Redan. Leanaidh mise. Seo linn chun bua ar son ár dtíre dúchais".

Do léim sé amach ar an bport, na sapaeirí agus dréimirí acu 'na dhiaidh, na Cornail Lacey, Yeo agus Unett agus claimhte 'na ndóirne ag gríosú na bhfear. Ar aghaidh leó, is fé cheann neómait nú dhó bhí an dá chéad slat a bhí idir iad agus an Redan lán de shaighdiúirí dearga.

Níor rugadh i ganfhios ar mhuíntir an Redan mar a rugadh ar mhuíntir an Mhalakoff. Do bhíodar i bhfeighilth a ngunnaí agus do thanaíodar go maith an t-arm a bhí á n-iúnsaí le ceathanna gráibe.

Is ar éigin a bhí ' fhios ag Aodh cad a bhí ar siúl go raibh sé buailthe le claí árd a bhí tímpall an daingin. Sciob sé dréimire a láimh sapaeir, chuir i gcoinnibh an chlaí é, is do rith in áirde go bárr.

Bhí taithí aige ar dhrapadóireacht crann le línn do bheith 'na gharsún scoile i dTiobrad Árann, is do sheasaimh san leis. Nuair a chuaigh sé go bárr an dréimire, chuir sé a lámh ar fhaobhar an phuirt agus do chuaigh dá dhruím isteach de léim.

Lena línn sin, chas sé a cheann féachaint cá raibh an t-innealthóir. Bhí súd lena ghualainn, agus san am gcéanna bhí na fichidí dréimirí á

Caibidil 30

gcur i gcoinnibh an chlaí, agus scataí d'fhearaibh lúfara ag teacht treasna an tailimh agus suas na dréimirí.

"Táimíd i dtosach, ar aon tslí, a Aodh", arsan t-innealthóir, is do léim i ndiaidh Aodha isteach sa daingean.

Ar an dtaobh eile den fhalla san, roinnt troithe uaidh, bhí falla eile déanta i gcómh-threó leis, ach ná raibh sé chómh hárd.

Bhí geataí oscailthe tríd sin isteach go lár an daingin. Isteach sa chonair sin is ea ' léim Aodh agus an t-innealthóir. Chonaiceadar tríd an ngal deataigh aghaidheanna liatha na Rúiseánach a bhí tar éis teitheadh ón bhfalla tosaigh, agus iad ann go líonmhar ar chúlaibh an fhalla istigh, agus ag teacht 'na sluaite ó gach aon chúinne agus póirse sa Redan.

Is ar éigin a bhí uain ag Aodh féachaint ná aon ní a thabhairt fé ndeara nuair a bhí saighdiúirí 'na gcéadta ag léimrigh 'na dhiaidh de bharra na bprapaí isteach i lár baíll; agus gunnaí beaga ag tosnú ar chnagarnaigh ag freagairt a chéile.

"Ná bacaidh na gunnaí, a bhuachaillí. Na beaignití, na beaignití chun an dúin a ghlanadh", arsan t-innealthóir. Do léim sé de dhruím an tarna falla, Aodh 'na dhiaidh agus scata saighdiúirí. Ghluais an cath maraitheach ansan, ach do bhí breis ann de lucht an iúnsaithe, agus bhí búntáiste lucht iúnsaithe acu, is do bhí na Rúiseánaigh á mbrú i ndiaidh a gcúil go mall. Do chuir na saighdiúirí i ndiaidh a gcúil iad ar bárr beaignití thar chlathacha cosanta an Redan nách mór.

Díreach ar an neómat san, d'fhéach an t-innealthóir 'na dhiaidh ag brath go bhfeicfeadh sé sluaite cúnaimh ag teacht de dhruím na rampar chuige, ach ní fheaca sé ann ach beagán fear 'na luí, ag caitheamh leis na Rúiseánaigh a bhí ag teacht isteach an geata cúil. Do léim oifigeach Rúiseach, fear géagach láidir, is do tharraig béim dá chlaíomh ar Aodh. Chuir Aodh dhe é lena ghunna, ach do bhí an

Caibidil 30

buille chómh láidir agus chómh fuinniúil sin gur sceinn sé de chliathán an ghunna is gur bhuail oifigeach na n-innealthóirí sa ghualainn, is do gheárr go doimhinn é tríd an éadach agus trí sna *hepauletti* gualann a bhí air. Do léim an Rúiseánach thar n-ais go dtína chuid fear, agus a chlaíomh dearg, agus do shéid fuil suas in san aghaidh ar Aodh.

"Is baolach go bhfuilir gortaithe", arsa Aodh.

"Táim", arsan t-oifigeach, agus é ag lagú le trá na fola. "Is baolach gur dhein súd mo ghnó".

Bhí sé ag dul i bhfanntais. Do thóg Aodh leis é ar a bhaclainn go dtí cúinne cam a bhí sa bhfalla inmheánach, mar a raibh scáth aige ó lucht an iúnsaithe.

D'fhanadar ansan agus an cath ar siúl go cruaidh. Do strac Aodh casóg an oifigigh agus a léine, agus do cheangail suas an gearradh le ciarsúirí, agus súd ag tabhairt fola go tiubh. Thug sé dho braon as a bhuidéal chun a mhisnigh a neartú, agus d'fhéach tímpall air, féachaint an bhfaigheadh sé aon áit go mbeadh treó níos feárr air, nú níos lú baol, mar bhíodar ar aghaidh lámhach na Rúiseánach a bhí ag caitheamh ón dtaobh eile le lucht an iúnsaithe a bhí ar bharra na rampar. Tháinig glór lámhaigh agus fuadair, liúireach agus fothram i gcluasaibh Aodha. D'fhéach sé tímpall air, agus chonaic sé rud a chuir sceón 'na shúilibh.

Caibidil 31

Tháinig dream mór oifigeach de ruaig isteach chúthu ó threó an Mhakaloff. Ba deallraitheach go rabhadar sa chath docht a bhí ansan, cath a bhí ar siúl fós de réir an fhothraim a bhí le clos uaidh, mar do bhí fothram gunnaí le haireachtaint gan staonadh gan stad, agus ba chlos do mhuíntir an Redan istigh é, i lár a ngleóigh féin. Bhí cuid mhaith acu créachtnaithe agus a n-aghaidh ciardhubh tar éis smúite

Caibidil 31

agus deataigh púdair—cómharthaí ar chruadas an chatha a bhí ar siúl fós[303] siar is aniar, síos agus suas, tímpall an daingin.

Ba dheallraitheach gur cuireadh i leith iad ón Malakoff, chun teacht i gcabhair ar an Redan, nuair a chonaiceadar go raibh san leis i gcúntúirt.

Bhíodar lán d'fhíoch is d'fhuinneamh, ag léimt dóibh de dhruím an fhalla isteach sa Redan, is a gclaimhte 'na ndóirnibh, agus seo 'na ndiaidh slua fear a bhí lán d'allas agus de smúit, ag teacht 'na ruaig reatha de dhruím a chéile. Rúiseánaigh chalma láidre, leathan-ghuailleacha, aghaidh liath mhílítheach ghlan-bheárrtha orthu, buínn ar a mbrollaigh agus iad uile go léir tapaidh cos-éadrom, fuinte, féithleógach—*grenadóirí* an ímpire.

Nuair a chonaic Aodh an ruag danartha san ag teacht, agus gnúis dhúr dhíscir dháiríribh na bhfear, do bhraith sé go raibh an cluiche caillthe ag na Sasanaigh. Do thathlaigh sé chuige le hais a chomrádaí gortaithe, agus d'fhair conas a thárlódh.

Nuair a chonaic na Sasanaigh an cúnamh nua so a bhí tagaithe 'na gcoinnibh, agus an fhíochmhaireacht a bhí iontu, d'fhéachadar i dtaobh thiar díobh ar na rampair a bhí curtha dhíobh acu féin isteach, féachaint an raibh aon chúnamh ag teacht chúthu féin.

Ní raibh aon chabhair ag teacht.

Láithreach bonn bhí an slua nua Rúiseánach 'na mbuaic; láithreach bonn d'iompaigh na Sasanaigh ar a sáil agus do theitheadar. An méid acu ' bhí ábalta air, do léimeadar amach ar an dtalamh cothrom, agus siúd fé dhéin na dtrínsí iad. An chuid ná raibh ábalta ar an méid sin a dhéanamh, do luíodar in sa díg, agus d'fhanadar ann.

---

303 See *An Músgraigheach* #5, p7. This is substituted for *ar chruadhas an chatha a bhí ar marthainn fós.*

Caibidil 31

Ar neómat na baise do bhí radharc ar chaipíní na Rúiseánach de dhruím na rampar, agus cith piléar acu á scaoileadh i ndiaidh na Sasanach a bhí ag rith ón Redan fé dhéin na dtrínsí. Do chaith cuid de sna Rúiseánaigh de dhruím na bhfallaí uathu síos leis na fearaibh a bhí sa díg.

Chun iad san agus an méid a bhí ag teitheadh a chosaint ón lámhach neamh-thrócaireach, do scaoil gunnaí na Sasanach fén ndaingean, agus do stealladar cith piléar agus sliogán agus gráibe ar an áit tímpall. Bhí screadach agus búirtheach agus pléascadh ag scuabadh tímpall an bhaíll go raibh Aodh i bhfolach. D'fhreagair na Rúiseánaigh lena ngunnaí móra agus do thosnaigh an ghunnadóireacht le déine agus le torann, mar do bhí cheana.

Do theip ar iúnsaí an Redan mar a theip cheana air ar an 18ú lá de Mheitheamh. Bhí brat an tSasanaigh ar lár arís an tarna huair ag na Rúiseánaigh.

Ar feadh na haimsire seo go léir, bhí fuaim chatha á aireachtaint ón Malakoff gan staonadh ar éigin. Ach do bhí inead an chatha aistrithe ó lár an daingin istigh go dtí cliatháin na leacan i dtaobh thiar de. Do thug na Rúiseánaigh, arís agus arís eile, tréan-iarrachtaí dásachtacha mórmhisnigh chun an daingin mhóir a bhí caillthe acu a bhaint amach arís. Nuair a theip ar na Sasanaigh sa Redan, thug san misneach do sna Rúiseánaigh. Do thugadar iarracht fhoirtil eile chun sealbha[304] a bhaint amach sa Mhalakoff, agus an fhaid a bhíodar ag stealladh gráibe agus piléar le fuíollach an cholúin Sasanach a bhí ag teitheadh ón Redan, do mhéadaigh an cath ag an Malakoff. Do thosnaigh tóirthneach gan stop gan staonadh a dheimhnigh go raibh gleic bháis ar siúl idir na Franncaigh agus na Rúiseánaigh, an dream a ruaig lucht gofa an Redan. Do chasadar de rúid thar n-ais, agus do bhí ar na Franncaigh an slua Rúiseánach go léir a throid go fíochmhar imeartha dian, gan cúnamh ná cur isteach ó sna Sasanaigh feasta.

---

304 See *An Músgraigheach* #5, p7. This is substituted for *chun seilbhe*.

Caibidil 31

"Táthar ag buachtaint ar na Franncaigh", arsa Aodh leis féin. D'airigh sé fothram na ngunnaí, agus shamhlaigh sé go rabhadar ag dridim ón leacain thar n-ais go dtí an Malakoff.

Nuair a ghoibh na Franncaigh ar tosach, de léim fuadaigh, an daingean, do bheartaíodar é ' chimeád nú bás d'fháil. Dá bhrí sin, do bhí suaitheantas na Frainnce a hárdaíodh os cionn na rampar ann go luath tar éis a ghofa, bhí sé fós ag foluain trí smúit is ceó is torann an chatha nár staon 'na thímpall ar feadh na n-uaireanta a' chluig.

Ar a seacht a chlog, d'admhaigh na Rúiseánaigh go doicheallach dúr go raibh buaite orthu, agus d'fhágadar na Franncaigh i seilbh an Mhalakoff.

San am gcéanna tháinig oifigeach ar marcaíocht go dtí an Redan, le hórdú na fir ghunta go léir a chur le chéile agus iad d'aistriú go dtí an chathair.

B'é an t-oifigeach céanna é a bhí i dtosach an iúnsaithe, agus do shamhlaigh Aodh go bhfeaca sé cheana é, ach do theip air cuímhneamh canad; ach le cor éigin a chuir siúd de, do chuímhnigh Aodh ar an oifigeach a bhí ag cainnt leis an innealthóir lá an tsosa cómhraic, go raibh a dhriotháir gunta.

Ní fheadair Aodh cad ba cheart do a dhéanamh, ach shiúlaigh sé chuige anonn. Tháinig iúnadh ar an oifigeach, saighdiúir ' fheiscint i gculaith Sasanaigh istigh sa dún agus gan é gunta ná gofa. Ach thug Aodh leis anall é, is do this'eáin an t-innealthóir gunta dho. D'aithin sé é, agus chuímhnigh sé ar an méid a dhein sé dho féin agus dá dhriotháir, chuir sé fios ar dhochtúir chun féachaint 'na dhiaidh. Le línn na sluaite Rúiseánach a bheith ag imeacht i ndiaidh a gcúil an leaca síos ón Malakoff fé dhéin na cathrach, bhí Aodh agus an t-innealthóir go raibh a chéadfaí tagaithe arís do ag gluaiseacht sa treó chéanna i ngléas iompair lucht créacht.

Caibidil 31

"Ní bheir i bhfad sa phríosún, is dó' liom", arsan t-oifigeach Rúiseánach, i gcogar leis an innealthóir. "Tá an Malakoff caillthe againn, bíodh is gur choinníomair an Redan. Ní haon chabhair dúinn an Redan, mar tá sé fé thine an Mhalakoff, agus is dócha go dtréigfeam anocht é. Tá an cogadh críochnaithe i ndeireadh bára, ach tá níos mó buaite ag Toddleben, siúd is gur buadh air, ná mar a bheidh de bhárr an bhuaidh ag na harmaibh cómh-aontaithe. Tiocfaidh síocháin gan mhoíll".

An t-arm a chaill, bhí sé ag líonadh isteach sa chathair trí gach aon bhóthar. D'aithneódh éinne go raibh buaite orthu[305]. Scuainí fada gunnaí agus ocht nú naoi de chapaillibh á dtarrac, ag dul treasna an droichid go dtí an taobh thuaidh den chathair, agus saighdiúirí 'na dteannta 'na ranntaibh. Bhí an t-arm go léir ar siúl, le fuaim gan stad gan staonadh, ag coisíocht treasna an droichid, iad féin agus a ngunnaí agus a mbeaignití agus a mbagáistí ag teitheadh leó i gcaitheamh na hoíche, agus i gcaitheamh an lae amáirigh, agus i gcaitheamh na hoíche 'na dhiaidh san arís.

Bhí na sapaeirí ag obair go dícheallach ag baint an chloch bhuínn ó sna dugaí, tar éis ar caitheadh d'airgead leis, agus thagadh luascadh ar thithe móra nuair' séidtí sa spéir 'na smidiríní ceann de sna trom-thógálacha le neart céadta de bharaillí púdair.

Do cuireadh na dugaí móra trí thine, agus níorbh fhada go raibh gnóthaí móra san an ímpire 'na gcaíorthaíol go hárd agus go leathan ag soílsiú go rua-dhearg ar na sluaite saighdiúirí, agus ar na gunnaí móra a bhí ag dul i ndiaidh a gcínn[306], agus ag taithneamh ar sráid is túr is fuirineamh.

---

305 See *An Músgraigheach* #5, p7. This is substituted for *bhí gach cómhartha dár bhain le dul ar gcúl orthu.* DBÓC's replacement does not mean the same thing, however.
306 See *An Músgraigheach* #5, p7. This is substituted for *ag cur díobh ar gcúl.*

Caibidil 31

Do stop an gléas iompair ag ceann de sna hotharlainn agus d'fhéach Aodh air. Bhí seómra mór ar an úrlár, agus isteach ansan do cuireadh na fir a bhí créachnaithe go holc, nú ag fáil bháis—an mhuíntir a bhí stracaithe ag sliogán le trí lá, agus an mhuíntir a thit i gcath an lae sin féin, tímpall an Mhalakoff, 'na dteannta.

Ní raibh aimsir ná cúnamh acu chun na gcorp a bhí 'na measc a thógaint amach, ná chun aireachais a thabhairt dóibh, is dá dheascaibh sin, bhí droch-bhalaithe sa tseómra ó sna cuirp, agus ó chneathacha anagail na coda eile acu.

Bhí corp ann le cúpla lá nú trí, agus é bórrtha[307] ataithe suas, agus len' ais ar an úrlár bhí corp duine eile, a stracadh as a chéile le sliogán do phléasc sa tsráid an mhaidean san. Tamall uaidh sin bhí oifigeach Sasanach agus gan ann ach an dé, é gunta go holc, agus é tabhartha leó acu 'na phríosúnach, chun báis ' fháil i measc a namhad.

"Níl aon chabhair fanúint anso. Ní bhfaighfá aon aireachas, agus do mharódh an balaithe thu fé mhaidin".

"Cad eile ' fhéadfam a dhéanamh?", arsan t-innealthóir go lag. "Duairt an t-oifigeach Rúiseánach go raibh gach aon tigh in' otharlainn".

"B'fheárr liom bás d'fháil amu' ar bolg na sráide", arsa Aodh go deimhnitheach. Thóg sé amach arís é. Níor stop éinne iad ná níor tugadh fé ndeara iad fiú amháin, bhí oiread san brostaithe agus fotha-raga ar siúl.

Bhí carn mór éadaigh amu' ar an sráid—i gcómhair na saighdiúirí é— agus is dó', nuair a thosnaigh an ghunnadóireacht mhór go hobann orthu, nár fhan éinne ag tabhairt aire dho, agus bhí an tráthnóna ag dul i nglaise. Do thoibh Aodh casóg mhór chlúmhach chluthar, is do

---

307 See *An Músgraigheach* #5, p7. This is substituted for *borrtha*.

Caibidil 31

chuir uime í, agus do fuair clóca mór agus do chuir ar a chomrádaí gortaithe í.

D'airigh Aodh rud ag gnúsarnaigh san aer. D'fhéach sé suas agus chonaic sé rud i bhfuirm éin ag teacht agus mórán eile dá shamhail 'na dhiaidh, agus eireaball beag de sholas dhearg ar gach ceann acu. De réir mar ' dhrideadar leis, bhíodar ag ísliú, agus ag dul i méid.

"Sliogáin. Seachain, seachain".

B'ea, go deimhin; ach bhí oiread san fothraim á dhéanamh ann, agus oiread san mearathaill ar an arm teite, nár airíodar na gunnaí a bhí á gcaitheamh.

Ní raibh an focal as a bhéal nuair a thit ceann tamall uaidh, agus do phléasc sara raibh uain ag Aodh agus ag á chomrádaí dul ar scáth.

D'éirigh solas dearg, agus deatach, agus gliogram slisneacha, agus do rith daoine a bhí in aice na háite lena n-anam. Sin a bhfeacaigh Aodh, ach nuair d'imigh an deatach, do bhí a dó nú a trí de rudaí dúbha fanta sínte ar an dtalamh. Bhailigh roinnt daoine agus do thógadar leó iad isteach fé áirse ag á raibh Aodh agus a chomrádaí. Bhíodar gortaithe ag an sliogán. Cailín óg fé bhun ocht mbliana déag ab ea duine acu, a buaileadh sa bhrollach le slisne. Bhí a haghaidh go mín bán, agus gan aon rian uirthi ach an sruth fola ag teacht as a béal.

Bhíodar dultha i bhfolach fé fhárdoras tí mhóir álainn, tigh duine éigin tábhachtaigh i laethibh na síochána. Fós féin ní raibh aon damáiste déanta ag an gcath dho, bíodh go raibh na tithe eile go léir 'na mbrúscar. Bhí na cínn ar lár ar a lán acu, agus na fallaí tititche, ach amháin san áit go rabhadar féin ag cimeád a chéile suas. Bhí slisneacha sliogán ar fuaid na sráide chómh tiubh le grean.

Caibidil 31

Ba léir go raibh ifreann dearg tar éis gabháil chúthu le roinnt laethanta[308] roimis sin. Bhí a rian le feiscint is gach aon treó go bhféachfá; dóirse agus finneógacha briste, tithe dubh tar éis dóiteáin, rálacha lúbtha briste brúite ar gach aon taobh díot. Bhí cúl an tí seo mar a rabhadar anois leis an gcath, is dá dheascaibh sin, ní raibh puínn damáiste déanta dho, agus 'na theannta san bhí sé déanta níos treise agus níos daingne ná an chuid eile, agus níor fhéad an cith piléar ná sliogán puínn díobhála a dhéanamh do mar a dheineadar do sna tithibh eile go raibh a n-aghaidh leis, agus gur bhriseadar cínn agus fallaí iontu agus gur chuireadar trí thine iad fé dheóidh.

Ach anois bhí raon níos cothromaí don lucht iúnsaithe. Do dhírigh na Franncaigh gunnaí an Mhalakoff air, agus bhí sliogáin ag teacht i ndiaidh a chéile tímpall air, agus ar na tithe eile a bhí ar a aghaidh anonn.

An fhaid a bhíodar ag cainnt agus ag cur trí chéile i dtaobh cá ngeóbhaidís ón dtine a bhí tímpall orthu, tháinig fothram mór a chroith fallaí an tí. D'fhéachadar suas, agus chonaiceadar solas mar a bheadh splannc ag teacht amach trí fhinneóga uachtaracha an tí. Tháinig cith gloine agus brúscair agus mairtéal anuas orthu.

"Tá sliogán gofa trí cheann an tí, agus é pléascaithe istigh", arsan t-innealthóir. "Ní fhéadfam fanúint níos sia anso. Tá an raon tómhaiste acu. Scriosfaid siad go talamh é. Táid siad ag caitheamh leis ón Malakoff. Aithním an chuma go bpléascaid a sliogáin".

"Ní fheadar 'en domhan cá ragham?", arsa Aodh.

Le línn na bhfocal san, tháinig dhá oifigeach ceannais amach as an dtigh.

"Ca bhfuil Alexis?", arsa duine acu, agus bhí réilthín seóid an Czar ar a bhrollach. "Ó, tá sé anso. Ba cheart duit bheith anso fadó", ar

---

308 See *An Músgraigheach* #5, p7. This is substituted for *laethe*.

Caibidil 31

seisean go cáinteach le hAodh, is do shín chuige mála beag agus cás beag eile níos lú ná cás todóige. "Beir leat iad san, gan mhoíll, go dtí ceann-cheathrú an taoibh eile".

Agus duairt sé an méid seo gan féachaint ar Aodh, agus do shiúlaigh an dá oifigeach leó go mear ar scáth na dtithe go dtí an áit go raibh beirt saighdiúirí i bhfeighilth chapall. Chuadar ar muin na gcapall agus do thomáin leó fé dhéin an droichid chláir.

"Cad é an bhrí atá leis seo?", arsa Aodh de chogar lena chomrádaí.

"Ghlac sé i riocht duine éigin eile thu. Sid í a chuir amú é", agus do shín méar chun na casóige Rúiseánaigh a bhí ar Aodh.

D'fhéach Aodh air le hiúntas. Ba dhóbair do gáirí, ach níorbh ócáid chun gáirí é.

Agus iad ag cogarnaigh ar an gcuma san, do tháinig husár ar muin capaill ar cos in áirde, a chapall clúdaithe le cúrán bán le bárr díchill. Do tharraig sé a shrianta ag an dtigh mór, agus bhí ar tí léimt anuas díreach nuair do hairíodh sliogán ag teacht, is do thit le turraing throm ar an sráid, agus leis sin d'éirigh bladhm solais in áirde, agus do ghluais na slisneacha. Do treascradh an capall agus an marcach go stolltha stracaithe marbh ar an sráid. Do shábháil an scáth 'na rabhadar Aodh agus a chomrádaí.

"Ó, a Thiarna, nách uathásach é sin", arsa Aodh. Níor phléasc sliogán riamh chómh cóngarach san do.

"'Bhfuil sé marbh?"

"Chómh marbh le hArt", arsa Aodh. Do chuaigh sé anonn agus d'iompaigh é. Ba mhór an scannradh féachaint air. Bhí an aghaidh séidithe dhe.

Caibidil 31

"'Na riocht súd is ea ' glacadh tusa", arsan t-innealthóir. "Do san ab ea an mála beag agus an cás. Dá mbeadh sé dhá neómat níos túisce, bheidís aige saor sábháltha, agus a anam 'na dteannta".

"Ní dhéanfaidh an fear bocht aon teachtaireacht go brách arís", arsa Aodh. "Ach caithfimíd-na bheith ag fágaint an bhaíll seo. Leog tu féin im choinnibh-se féach' a' bhféadfá siúl. Tóg braon as an mbuidéal so chun tu ' neartú".

Do neartaigh an deoch agus an dainnséar sprid an innealthóra, dá mhéid fuil a bhí caillthe aige, agus le cúnamh a chomrádaí do shiúlaigh sé an tsráid go mall.

Dob éigean dóibh dul fé fhárdoras, ó chipe dragún a bhí ag teacht 'na ndiaidh fé dhéin an droichid chun crosadh anonn, agus scuainí fada gunnaí móra láithreach 'na ndiaidh, agus ansan arís cipe Cosaicí agus na sleánna fada a bhí acu ag dul treasna na sráide ar fad, beagnách.

Bhí oifigeach 'na ndiaidh san, ar muin capaill, agus *caleche* lena chois. Bhí sé ag cur de go tiubh. Nuair a shrois sé an cúinne, do thóg an capall sceit, thug léim leath-chliathánach, caitheadh ar a thaobh go trom é, is baineadh droch-thurraing as an marcach.

Do rith Aodh anonn chuige is rug ar cheann an chapaill, is do choinnibh é ó iomlasc de dhruím an mharcaigh, rud a dhéanfadh sé lena mhire chuthaigh mara mbeadh Aodh á chosc. D'éirigh an marcach ar a chosa go tapaidh.

Leog an bheirt fhear uaillbhreas iúntais [astu]. Cé ' bheadh ann ach a gcara, an t-oifigeach Rúiseánach, agus é ag obair go dícheallach ag brostú daoine agus maoine treasna an droichid.

"Táir i gcónaí ag faire ar mo thairbhe a dhéanamh", arsan t-oifigeach Rúiseánach. "Ca bhfuil do chomrádaí?"

Caibidil 31

Do this'eáin Aodh dho é.

"Ba mhór an rath a bhí oraibh agus an otharlann d'fhágaint", arsan Rúiseánach, nuair ' ínseadar an scéal do. "Féach, tá sé trí thine". Shín sé a mhéar chun na hotharlainne. Bhí tine amach trína ceann, agus trí sna finneógaibh. "Níl aon scrupall insna barbarthaigh seo. Ní trua leó lucht créachta, ná daoine ag fáil bháis. Sid í árdéirim an Iarthair atá chómh huasal seochas sinn-na. Sid é toradh na hárdshíbhialthachta so agaibh-se. Mo náire é".

Do bhí gráin agus tarcaisne 'na ghlór, ach do chuímhnigh sé nárbh fhial uaidh bheith ag tabhairt léachta den tsaghas so do dhá phríosúnach, agus duairt sé go séimh:

"Tá cathú orm ná fuil sé d'uain agam féachaint úr ndiaidh, tá an saol chómh bruidiúil orm i láthair na huaire seo, nú dá mbeadh féin, ní fheadar cá ngeóbhainn libh. Ní haon dó' do dhuine bhreóite na tithe seo", ag tis'eáint na dtithe mórthímpall, briste brúite lúbtha. "Ná ní dócha go gcuirfid na rudaí seo ag teacht chúinn aon chúmpórd oraibh", ag tis'eáint sliogán ag teacht tríd an spéir ag cuar-chasadh agus ag únthairt ó champaí na n-arm aontaithe. "Ach ó tá an saol chómh cruaidh orainn is ná féadfaimís féachaint i ndiaidh príosúnach, ná iad a chimeád, más maith libh sibh a chur go dtí úr gcabhlach féin, cuirfead ann sibh. Táimíd ag malartú príosúnach, agus cuirfidh mé sibhse uaim mar mhalairt má oiriúnaíonn sé sibh".

"Ní fhéadfá aon rud níos feárr a dhéanamh dúinn. Geóbhaimíd le n-ais é".

"Béarfaid na clócaí árdoifigeach san oraibh sábháltha trínár n-arm-na sibh. Téanaidh liom", is do gháir sé.

Thug Aodh fé mhíniú dho conas a ráinig na casóga acu.

Caibidil 31

"Tuigim é sin go maith. Ní gá dhuit a thuilleadh dá dhua ' fháil", arsan t-oifigeach agus iad ag iompáil síos sráid chaol fé dhéin na farraige. "Béarfaid siad sábháltha sibh thar ár gcabhlach-na".

Fé cheann roinnt neómataí, bhuaileadar isteach i mbád. Do chroitheadar lámha leis an oifigeach Rúiseánach. Bhí fuíollach solais acu ó sna tithibh a bhí ag dó, agus ón lasair i bhfuirinithibh na ndugaí. Bhí screadach briseadh agus pléascadh ó sna cáirne púdair, agus búirtheach na ngunnaí móra i ndaingeanaibh na n-arm aontaithe agus gunnaí Rúiseánach á bhfreagairt ó sna háird aduaidh, na sliogáin ag gabháil de dhruím na sráide, torann cos na saighdiúirí ag cúladh thar an ndroichead cláir—níor hairíodh a leithéid d'fhothram ná de halabóhéim in aon chathair a deineadh le lámhaibh daonna. Bhí áthas ar Aodh agus ar a chomrádaí dul ar scáth na cabhlaí.

B'in é an chéad uair le mórán míonna[309] a fuaradar leabaidh chúmpórdach chun luí inti. Bhí luascadh na luinge agus seothó tonnta na Mara Duíbhe á mealladh chun suain, agus iad san ag iomlasc leó isteach fé dhéin na cathrach scriosta úd.

Bhí soílse neamh-ghnáthacha isteach chúthu trí sna puíll solais a dheimhnigh dóibh go raibh Sebastopol trí thine. Bhí fuirinithe na ndugaí ag dó i gcaitheamh na hoíche. I gcaitheamh na hoíche, leis, bhí bladhm ón luingeas chogaidh ag tomáint lonnraithe in áirde sa spéir, agus ar feadh na hoíche bhí gunnaí na dtrínsí agus an Mhalakoff, agus gunnaí na Rúiseánach ar a n-aghaidh anonn, ag freagairt a chéile go fíochmhar.

Ach d'ainneóin an fhothraim agus an dóiteáin, do chodail an bheirt go sámh.

---

309 See *An Músgraigheach* #5, p7. This is substituted for *le míosa fada*.

AODH de RÓISTE

Caibidil 32

Bhí gaoth chruaidh an earraigh ag scuabadh tríd an ndúthaigh. Bhí an sneachta a bhí ar an dtalamh le dhá mhí leachta, agus crot fuar fliuch lom 'na dhiaidh. Bhí daíghir chiardhubh fhuachta ann; níorbh é an fuacht is gnáth ' bheith ann aimsir sheaca agus sneachtaidh, ach an cruadas caillthe a bhíonn sa ghaoith aduaidh nuair a shéideann sí treasna na bportach agus na mongacha agus í meascaithe le húrmhaireacht nímhe flich-shneachtaidh.

Anso agus ansúd ar feadh na mbóithre, i gclasacha ar feadh clathach agus i ngáirdíníbh slachtmhara, ag imeall iomairí na mbláth, cois préamh na dtor, agus go hárd suas insna fáibrí a bhí ar chliathán Shliabh na mBan, bhí sneachta le feiscint fós. Ní sneachta breá bog gléigeal mar a bhí ann cúpla mí roimis sin a bhí ann, ach flich-shneachta go raibh sioc tríd agus ba dhó' leat gur cré ' bhí séidithe tríd a dhein gránna droch-dhathach é. Ba dheallraitheach leis go raibh náire air bheith ann i ndiaidh an chuid eile dá threabhchas, agus fiú amháin na garsúin agus na gearrachailí go gcuireadh an sneachta breá bog áthas orthu, bhí gnás acu air seo i dtaobh bheith ag cimeád sealbha ann.

Sid í an saghas maidine a bhí ann nuair a ghluais Neilí ón nGráinsigh go dtí an Teampall Mór, is dá ghiorracht ó chonaiceamair a haghaidh cheana, bhí athrú mór uirthi ó shin. Bhí an áilleacht agus an tsleamhaine imithe, mar adeir seana-scéal an tseanchais. Bhí an áilleacht imithe go dtí an tobar céanna go dtáinig sí as, agus í le filleadh arís chun datha agus dathúlachta a thabhairt do chailíní nár rugadh fós. Ní raibh fanta ach fíorbheagán de scéimh chailín bhláfair na n-ocht mbliana déag a chonaiceamair roinnt bheag míonna ó shin, agus í ag strapa an abhallúird. Bhí athrach gné tagaithe uirthi[310] ó shin, bíodh go mbeadh sé dian ar dhuine d'fhiosródh an scéal a léiriú

---

310 See *An Músgraigheach* #5, p7. This is substituted for *tagaithe dhi*.

Caibidil 32

cad fá nár lú taithneamhaí an aghaidh lí-bhán nua ná an ghnúis a bhí cheana aici go raibh an rós ag pléireacht leis an lil ann.

Ach ní huirthi féin a bhí Neilí ag cuímhneamh an mhaidean san.

Bhí sí clúdaithe ó sháil rínn le clóca cluthar a máthar. Bhí ana-mheas ar an saghas san clóca i ndeiscirt na hÉireann. Bhí sé ar an mbrat ab uaisle ar mhnáibh na sean-aimsire. Bhí pléataí díreacha síos go dtí béal a bróg, agus an caipín tarraicthe amach ag folachadh a cínn agus ag clúdach a ceannatha, gan aon radharc uirthi ach ar a dhá súil dhoimhne ghorma ar dhath na spéarach lá gréine. Do thomáin sí léi ar charráiste go dtí an Teampall Mór.

Bhí sé ag déanamh ar a dódhéag a chlog nuair a shrois sí imeall na sráide. Chuir sé iúnadh uirthi an tsráid a bheith chómh lán de dhaoinibh, mar ná raibh aonach ná margadh ann. Ach le fuacht na maidine agus le buairt an ghnótha a bhí idir lámhaibh aici, ní raibh aon aidhm ar chuideachtain aici ná ar chómhrá. D'órdaigh sí don ghiolla gabháil na lánaí cúil, agus teacht amach ar an sráid agus stop gairid do thigh Bhean Uí Chínnsealaigh.

Nuair a shrois sí an tigh, do stiúraíodh in áirde an staighre í.

"A Neilí, a ghrá ghil, ' bhfuil aon scéal nua agat?", arsa Bean Uí Chínnsealaigh.

"Níl, ach an seana-scéal dona", arsa Neilí.

"Beidh an triail ar siúl láithreach, is dócha?"

"Dé Céadaoin", arsa Neilí.

"Chómh luath san? Is cá mbeidh an triail? I mBaile Átha Cliath?"

"Ní hea, ach i dTiobrad Árann".

Caibidil 32

"Go dtugaidh Dia cabhair do. Beidh coiste fabhrúil air, ar aon tslí".

"Tá eagla orm ná beidh. Is mar a chéile na tiarnaí talúin agus an t-árdchoiste. Cuirfid siad a mbáillí agus a muíntir féin air", arsa Neilí go buartha, "agus déanfaid siad a ndícheall ar é ' chrochadh".

"É ' chrochadh, a Neilí. Go bhfóiridh Dia ort! Conas a chrochfaidís fear gan chúis? Ná fuil ' fhios ag an saol ná fuil sé cionntach?", ar sise go bríomhar.

"A bhean mhuínteartha, nách minic a crochadh duine san éagóir cheana. Agus cad 'na thaobh ná déanfaidís arís é, d'fhonn sampla saoltha a dhéanamh de dhuine éigin".

"Ná bíodh eagla ort, a Neilí, a ghrá. Tá slithe maithe ag Dia i gcónaí. Is treise A lámh aon lá ná seóiníní Thiobrad Árann, dá mbeadh oiread eile saighdiúirí, agus beaigniti mar theannta, ar a gcúlaibh. Ní hé ná go bhfuil níos mó buartha ná mar ba ghá—i bhfad uainn an t-olc—" (thug Neilí fé ndeara go dtáinig crith-eagla uirthi, rud a chonaic sí uirthi nuair a tháinig sí isteach sa tigh)—"ag teacht ar na tireóntaithe in aghaidh an lae, na créatúirí", arsa Bean Uí Chínnsealaigh.

"'Bhfuil aon trioblóid nua chúinn?", arsa Neilí, nuair a chonaic sí an sceón ag teacht i mnaoi an tí.

Ní bhfuair sí aon fhreagra, is do labhair sí arís: "'Bhfuil aon ní eile seochas na hórdaithe ó Othorpe féin, agus an chúntúirt iad a chur amach?"

"Airiú, tá, a chuid, ach cad é an chabhair dom bheith ag cur tuilleadh buartha ort. Tá do dhóthain de ort cheana féin is gan na rudaí eile seo a bhac. Agus, is ag Dia atá ' fhios, moladh go deó Leis, gur tu a bhí go himníoch dícheallach, thall is abhus, moch, déanach, le cúpla mí ag cainnt agus ag scrí' chun lucht dlí. Chuirfeadh sé mearathall ar chloich. Gurb é an diabhal a bhéarfaidh leis iad, na cuirpigh", ar sise.

Caibidil 32

"Go maithidh Dia dhom bheith ag eascainí. Is iúntach conas a lamhálthar sa dúthaigh iad in aon chor. Cad 'na thaobh ná fiachtar as iad? Is measa iad ná na tiarnaí talúin, na cladhairí".

Ní raibh an teistiméireacht a thug Bean Uí Chínnsealaigh ar shaothar Neilí aon phioc ní b'fheárr ná mar ' bhí tuíllthe aici. Ón oíche a deineadh príosúnach dá hathair, bhí sí ag obair go dúthrachtach agus go neamh-thuirseach, ' d'iarraidh cúntais éigin d'fháil amach ar an gcuma 'nar deineadh an dúnmharú, nú cad é an saghas slí go ráinig casóg agus hata a hathar ag drom tí an dúnmharaithe.

Bhíodh sé ag dul go Baile Átha Cliath, go Tiobrad Árann, agus go Port Láirge, ag dul i gcómhairle le hatúrnaetha agus leis na habhcóidithe ab fheárr, agus ' d'iarraidh rudaí a cheartú sa bhaile, mar, toisc nár fágadh cúram an bhaile riamh roimis sin ar a máthair, ní raibh aon bhrí léi chun aon rud eile i dtaobh amu' de ghnó an tí. Bhí Neilí cloíte ar fad ag buairt—agus gan aon mhaith dhi ann—i dtaobh an méid a bhí ag á hathair á fhulag ar leacacha fuara crua an phríosúin, i lár an gheímridh. Ní raibh suaimhneas cnámh ná cuirp aici; ba lú ná san suaimhneas a haigne le sé seachtaine.

Ach d'fhuilig sí go dícheallach neamh-thuirseach é, is níor chásaimh aon trioblóid. Bhí sí chómh tógtha suas leis an ngnó, agus é ag déanamh oiread san buartha dhi, nár mhothaigh sí a tuirse cuirp féin. Bhíodh sí ag cuímhneamh coitianta ar an gcíll beag cúng, gan tine gan teas, gan aon tsolas sa ló ná istoíche, ach gur ar éigin ' aithneófaí lá seochas oíche thar a chéile ann, agus a hathair ag snoí le buairt ag feitheamh le hé ' thriail le marú duine.

Níor leogadh di dul chun cainnte lena hathair: ach níor ghá dhi é, mar bhí ' fhios aici féin cá raibh sé an tráthnóna san. Bhí ' fhios aici nách chun murdail ach chun carthanachta d'fhág sé a thigh féin[311].

---

311 See *An Músgraigheach* #5, p7. This is substituted for *chuaigh sé as a thigh féin*.

Caibidil 32

Bhí ' fhios aici chómh maith san ná raibh aon lámh aige sa ghníomh a fhág an fear marbh sa chathaoir mar a fuaradh é.

D'innis sí an méid seo do sna dlítheóirí arís agus arís eile, á ínsint agus á ath-ínsint 'na slí macánta féin. Is amhlaidh a chuireadh sé mí-shuaimhneas orthu.

Ach chuiridís na ceisteanna so: Cad a thug a chasóg agus a hata go clós an fhir mhairbh? An bhfuil éinne chun a dheimhniú cá raibh sé ar feadh na haimsire a bhí sé as baile an oíche sin?

Sid iad na ceisteanna ná féadfadh Neilí a fhreagairt, ach bhí ' fhios ag na dlítheóirí go raibh na ceisteanna san lán de bhrí agus de bhunús i láthair an choiste. B'in iad na ceisteanna go raibh an bhrí leó, agus caithfaí iad a shárú agus a fhreagairt; agus foraíor, ní fhéadfadh Neilí san a dhéanamh. Ní raibh éinne ag teacht a thabharfadh cúntas ar an gcasóig ná ar an hata. D'fhéadfadh an t-athair é ' dhéanamh, ach nuair a chuaigh an dlítheóir féna dhéin, do dhiúltaigh sé san a dhéanamh—agus an bhean bhocht go ndeighidh sé á fiosrú le carthanacht, bhí a béal dúnta go deó na ndeór ar an saol so.

Bhí na heólaistí go léir 'na choinnibh, ach níor thug Neilí cluas dóibh ná dá gcainteanna dlithiúla. Bhí sí i gcónaí ag deimhniú go dearfa ná raibh sé cionntach, agus ná beadh sé i gcumas cúirte ná coiste é ' chionntú.

Do sheasaimh sí coitianta i gcoinnibh a dtuairime sin ar an gcás, agus an deireadh a thiocfaidh air. Do chroithidís a gceann le droch-iúntaoibh as an scéal, ach mar sin féin do chuaigh a neart iúntach tola agus a dáiríreacht i bhfeidhm orthu, agus cheapadar go mb'fhéidir go dtárlódh rud éigin, ceann éigin de sna nithe neamh-choitianta a thiteann amach i gcás dúnmharaithe mar siúd, sara dtagadh an triail seo, is dá dheascaibh sin do ghlacadar orthu é ' chosaint, siúd is ná raibh aon iúntaoibh acu as.

Caibidil 32

Bhí bóithreóireacht go tiubh ar siúl aici, agus ceistiúchán le freastal. Thagadh san saoráideach go leór ar an lucht dlí, ach bhí croí Neilí cráite ciapaithe acu. Bhíodh sí ag taibhreamh orthu istoíche gan aon tsuaimhneas saeil ná aigne aici. Bhí sí ag dul chun deiridh go tiubh. Níorbh í an aghaidh mhaisiúil chéanna ' bhí anois uirthi a chonaiceamair sé mhí roimis sin, agus an fráma eidhneáin, agus drise, agus draíghin 'na tímpall ag strapa an abhallúird. Bhí an ghile[312] úr imithe as a ceannatha, agus insna súile gorma glé do bhí féachaint sheasmhach bhuartha feasta, agus mara mbeadh an ghruaig a bhí 'na tulcaí casa os cionn a héadain, mar do bhíodh cheana, ba dheocair do dhuine a chreidiúint nách sé bliana ' bhí imithe tháirsti, in inead na sé mí ' bhí caite fé bhuairt aici.

Ba chuma le Neilí mar gheall air sin. Do thabharfadh sí a hóige, a háilleacht, agus a raibh 'na haigne d'aoibhneas, ar son a hathair a bheith amu' as an bpríosún, ar é ' fheiscint i bhfeighilth a ghnótha sa bhaile, agus ar a chuideachtain tímpall an tínteáin.

Sin é a thug í, mar atá ráite cheana againn, go dtí tigh Bhean Uí Chínnsealaigh an lá fuar geímhridh seo, is bhí ' fhios ag an seanabhean é sin, agus ag na cómharsain leis. Ní raibh aon duine sa dúthaigh ná raibh ag moladh a misnigh, agus a díchill agus a dúthrachta neamh-thuirsithe ar son a hathar, agus gan í ach 'na gearrachaile. Ba mhinic saighdiúirí ann a thuíll cáil, gur gearradh a n-íomhácha i marmar agus iad 'na seasamh ar cholúna san aer, agus nárbh fheárr a laochas ná laochas Neilí.

Ba throid i gcoinnibh an tsluaigh aici é. Do bhí an troid chómh cruaidh uirthi is do bhí ar an slua a sheasaimh ag geata na Rómha sa tseana-shaol nuair a bhí an Róimh i gcúntúirt. Bhí sí oiriúnach chun bheith 'na drifír ag an captaein úd a sheasaimh sa gheata agus a dhein a chuid oibre go fearúil, agus ansan thug suas é féin idir chorp is anam don Tíber Athartha.

---

312 See *An Músgraigheach* #5, p7. This is substituted for *ghileacht*.

Caibidil 32

Ní raibh aon iúntaoibh ag á lán go raibh aon bhreith aige dul ón gcroich. Seóiníní beag-mhaitheasa Thiobrad Árann—na franncaigh bheaga chreathánacha, go raibh eagla orthu roimis na daoine, agus a n-iúntaoibh as beaigniti slua eachtrann, agus a chrochfadh céad fear ar aon tsaghas fianaise gan chúis gan abhar ach chun na ndaoine a scannrú. Is cé ' bhí chun iad a shárú fén scéal? Bhíodar annrianta le sínsireacht. Leis an éirim sin a tógadh iad agus ag dul in olcas ó ghlúin go glúin a bhíodar go dtí nár fhan macántacht ná tiúnscal, meabhair ná ábalthacht iontu a thuilleadh. Dob iad súd agus a leithéidí eile a dheineadh agus a cheapadh na dlithe a bhíodh mar stiúir ar thriail cúiseanna dá leithéid seo, agus bhídís sin fós, ó shiosón go siosón, ag suathadh na hinchinne seana-chaite a bhí acu, ' d'iarraidh dlithe nua a cheapadh chun na ndaoine a chimeád fé chois.

Go deimhin[313], bheadh sé chómh maith ag Neilí bheith ag dul go pluais faolchon chun cirt d'fháil, agus dul chúthu san agus a n-aigne déanta suas roim ré acu, agus an chroch agus an chúirt ar a gcumas féin, ach níor bhris san dóchas Neilí.

"Cár ghoibh Aodh de Róiste, nú cad d'imigh as?" B'in ceist a chuireadh Neilí chúithi féin go minic, mar bhí coir den tsaghas céanna os a chionn san is ' bhí ag cimeád a hathar sa phríosún. Ní raibh aon fhreagra ar na ceisteanna san. Ní tháinig tásc ná tuairisc ar Aodh ón dtráthnóna Domhnaigh úd. D'fhéadfadh a chorp a bheith imithe le huisce na Siúire isteach sa bhfarraige mhóir, agus nárbh fhios d'éinne a mhalairt.

Bhí éinne amháin go raibh a mhalairt sin de chúntas aige, duine go raibh ' fhios aige cá ndeighidh sé, ach sin a raibh eile dá thuairisc aige. "Ca bhfuil Aodh de Róiste? Cad d'imigh air?" B'in é an chéad rud go gcuímhníodh seisean leis air ar maidin, agus b'é an rud deireanach é in' aigne istoíche, agus is minic a bhriseadh sé isteach

---

313 See *An Músgraigheach* #5, p7. This is substituted for *ag labhairt dúinn na fírinne.*

Caibidil 32

air ag rá a phaidreacha. Níor mhór cléireach maith chun cúntais a chimeád ar an méid uair a dhún sé a phortús, agus é teipithe air aon tsuím a chur ann, nuair a chuímhníodh sé "cad d'imigh ar Aodh?", ach, dáltha Neilí, ní raibh freagra na ceiste le fáil aige. Ní fhéadfadh an sagart a thuilleadh a dhéanamh, ach paidir a rá á iarraidh ar Dhia é ' stiúrú ar a leas, nú cómhartha beag a chur i leabhar an Aifrinn ar an altóir a chuireadh i gcuímhne dho é nuair a bhíodh sé ag rá an Aifrinn.

"Samhlaím go bhfuil rud éigin greannúr ar siúl", arsa Neilí le Bean Uí Chínnsealaigh, "agus a bhfuil de dhaoine mórthímpall na sráide is gan aonach ná margadh ann. 'Bhfuil aon ní bun-os-cionn?"

"Ó mhuise, go bhfóiridh Dia ort, a ghamhain, ná buair do cheann leó san. Tá do dhóthain trioblóide ort, tá san, an iomad ar fad do dhuine chómh hóg leat. Tá a thrioblóid féin ar gach éinne; go dtugaidh Dia cabhair do gach duine atá ag fulag".

Do dhrid an slua daoine an tsráid síos san am so agus iad dá ruagadh ag gárda píléirí agus saighdiúirí. Cómharsain di ab ea cuid acu, ach ní raibh aithne aici ar a bhformhór. Ach bhí driuch ar gach éinne, féachaint scannraithe agus anaithe agus éadóchais ná feacaigh Neilí riamh, agus nár cheap sí go bhfeicfeadh go deó. Bhíodar scannraithe agus loinnir gealaí 'na súilibh. Bhí a n-aghaidh go mílítheach bán, agus fáinní gorma fé bhun a súl. Chuirfeadh sé crithneamh ar dhuine féachaint orthu.

Chuireadh an slua liú fhiain suas anois is arís, ach ní aithneódh duine ceocu le háthas nú le feirg, le fuath nú le díolthas é, agus iad ag imeacht roimis na píléirí. Bhíodar buartha brónach creachta, is d'aithneófá ar an liú go rabhadar lán de ghalar dóch.

An fhéachaint scannraithe a chonaic sí ag an slua, idir fhear agus bean, agus an slua san ag méadú gach aon neómat ón dtuaith isteach —níor fhéad sí gan bheith á bhfaire.

Caibidil 32

Bhí a croí ag crith le heagla go raibh trioblóid éigin nua ann.

"Tá an slua ag méadú", ar sise, ach do stop an liú fhiain an freagra, agus do rith an slua a bhí féna mbun i dtreó áirithe. Bhíodar fíochmhar feargach anois, in inead an eagla a bhí orthu roimis sin. D'éirigh Neilí 'na seasamh ag an bhfinneóig, agus d'fhéach suas an tsráid. Chonaic sí roinnt fhear go fiain dícheallach ag briseadh cómhlanna iarainn le húird agus le barraíbh iarainn ar thigh a bhí dúnta.

Tháinig gárda saighdiúirí ag máirseáil go ditheansach, a mbeaignití beartaithe acu ag cur an tsluaigh ar gcúl agus ag cosaint an tí.

"Cad é an chúis atá acu ar an dtigh sin?", arsa Neilí, ag glaoch ar bhean an tí go dtí an fhinneóg.

"Dia linn is Muire! Samhlaíd siad go bhfuil an t-airgead istigh sa bhannc, is táid siad ' d'iarraidh é ' bhriseadh isteach".

"An bannc!—' d'iarraidh é ' bhriseadh isteach! Cad 'tá ar siúl agat?", arsa Neilí, is tháinig scannradh uirthi go hobann ag tabhairt aghaidh ar bhean an tí, agus gach aon bhraon fola a bhí inti imithe thar n-ais go dtí a croí.

"Do dhún an bannc ar maidin, agus tá an mhuíntir go raibh a gcuid airgid ann creachta. Dia linn is Muire!"

"Ó, mo Dhaid bocht, go dtugaidh Dia cabhair do, agus dómh-sa leis", arsa Neilí le buairt croí agus cráifeacht, agus do thit sí i laige ar an úrlár sarar fhéad bean an tí breith uirthi.

An t-airgead san, a cuid féin, agus í tagaithe chun é ' tharrac as an mbannc i gcómhair costais trialach a hathar, chun atúrnaetha a dhíol agus táillí d'abhcóidí mórchlú, bhí sé imithe i dtaobh istigh de chómhlanna dúnta an bhaínnc, nú pé áit go raibh sé; bhí sé imithe in

Caibidil 32

áit ná raibh fáil ag Neilí ná ag éinne eile go deó arís air. An t-airgead go raibh sí ag brath air chun dlítheóirí a dhéanfadh cosaint ar a hathair a dhíol, bhí sé imithe sa doircheacht i dtaobh istigh de dhóirse daingne an bhaínnc.

Tháinig liú ó sna daoine níos fiaine agus níos fíochmhaire ná a hairíodh ó aon tslua riamh, agus iad ag pléascadh agus ag briseadh na gcómhlanna iarainn. Ba chlos ó cheann ceann na sráide é le línn di titim.

Ach do stop na saighdiúirí go luath lena mbeaignití na réabadóirí a bhí ag briseadh an bhaínnc, agus do chuir chun siúil iad.

Ach ní fhéadfaidís an slua a dhíbirt. I gcaitheamh an tráthnóna agus tamall den oíche, bhí daoine buartha 'na seasamh ar fuaid na sráide ag cainnt ar an mí-fhoirtiún a bhí tagaithe orthu, cuid acu 'na seasamh 'na stalca gan focal iontu, agus teipithe orthu é ' thuiscint.

Bhí feirmeóirí tábhachtmhara a bhí tar éis oibriú go cruaidh agus go gasta, agus a roinnt chéadta púnt sa bhannc, ag brath go bhféadfaidís crí'[314] a chur ar a gclainn 'na gcóngar in Éirinn, chun a saeil a chaitheamh ann mar a bhí caite acu féin fé scáth Shliabh na mBan, agus ná beadh orthu dul thar farraige. Bhí tuilleadh acu, agus ná raibh ann acu tar éis a ndíchill ach an cíos leath-bhliana i gcimeád i gcómhair lae an chíosa. Bhí lucht stuic a thógaint go raibh an uile phúnt a bhí 'na seilbh ann, ag feitheamh i gcómhair an earraigh nuair a thiocfadh an fás chun é ' thógaint amach arís le húsáid. Na siopadóirí i mbailthíocha[315] beaga ar fuaid na dútha a chuireadh isteach stór beag na seachtaine i gcómhair ceannaithe Bhaile Átha Cliath, agus na céadta eile de gach aon tsaghas. Do tuigeadh dóibh uile go rabhadar go léir scriosta creachta.

---

314 See *An Músgraigheach* #5, p7. This is substituted for *críoch*.
315 See *An Músgraigheach* #5, p7. This is substituted for *mbailtheacha*.

Caibidil 32

Obair na mblianta, agus an brath a bhí acu ar shuaimhneas i ndeireadh a saeil, nú an deimhniú a bhí acu ar an gcíos a dhíol leis an dtiarna baolach tailimh—nuair a leath an droch-scéal ar fuaid Thiobrad Árann an mhaidean san, ar luas na gaoithe, do scrios sé gach dóchas díobh as croí na ndaoine.

Bhí an bannc dúnta. Bhí a stór beag imithe. Níor mhór é cuid éinne, ach ba mhór é an uimhir daoine go raibh a gcuid ann, agus ba mhór é suím a gcuid go léir i dteannta a chéile. Bhíodar creachta. Ní raibh a thuilleadh acu.

Tháinig dú-néal dorcha na hoíche ar an dtráthnóna earraigh seo i dTiobrad Árann. D'éirigh an ghaoth leis an ndoircheacht, do scuab go mí-chuíosach[316] trí sna daoine a bhí ag crith ar an sráid gan pioc le n-ithe ó mhaidin acu.

Rug iúnadh agus allthacht orthu le méid an chreachta a bhain dóibh. D'fhanadar díomhaoin ansan ar feadh an lae, ag súil le faeiseamh éigin—níorbh fhios cad é—agus sólás dá fháil acu, truamhéileach go léor, i gcuideachtanas agus i gcómbáidh a chéile, iad 'na seasamh i bhflich-shneachta agus i bpluda na sráide, agus fiú amháin bhíodar fanta ann fós agus an oíche tititthe, agus an ghaoth fhuar ag gabháil tríothu. Thit an lug ar an lag acu leis an dtubaist a bhí tititthe amach dóibh, i dtreó go rabhadar geall leis gan mothú.

Bhí scamall buartha tititthe orthu de phreib. Bhí sé tagaithe geall leis ar gach aon líon tí. Do luigh sé go trom ar gach aon chroí sa dúthaigh. An té dob airí, ba thiúnsclaí, dob imní, an té is mó d'fhéach roimis, is é is mó a bhí creachta agus is air is géire agus is crua a bhí sé ag breith. Fir, mná agus páistí, bhíodar uile go léir fé dhiomá an chreachta san i dteannta ' chéile.

Ó! A fhir úd d'ídigh tu féin ar maidin inné, ag féachaint suas duit ar an spéir, grian na maidine ag taithneamh ar Hampstead Heath agus

---

316 See *An Músgraigheach* #5, p8. This is substituted for *neamh-thruach*.

clíng Domhnaigh ag cluig na cathrach á bhualadh, an é seo toradh do bheart do ceapadh le gliocas agus le haireachas? An ded shaothar-sa trí dhúil i gcómhacht go bhfuil an tubaist, an bhuairt agus an creachadh so déanta i dTiobrad Árann inniu? Ar rith sé mar smaoineamh crith-eaglach trí t'inchinn tláith, le línn daoine ' bheith ag féachaint le scáth ar do chorp stalcaithe os cionn gliogair agus torainn cathrach Lúndain, ar Hampstead Heath, go raibh aingeal an chreachta ag sciúrdadh fé luas anonn chun dorchadais a leathadh ar chroithibh agus ar thínteánaibh Thiobrad Árann?

Och! A fhir an airgid! A fhir an airgid!

Caibidil 33

Tímpall le seachtain roim thriail Mhíchíl Uí Dhuíbhir le marú Chlender, agus Micil 'na luí i dtigh Bhean Uí Chínnsealaigh, agus é ag teacht chuige féin go mall[317] ó thaom throm éagruais cínn[318] a tháinig air an oíche ' thit sé gan aithne gan úrlabhra ar úrlár tí an tábhairne sa Teampall Mór, tháinig duin' uasal chun an tí. Duairt Billy an Bearbóir lena cháirde ag an *station* gur dhochtúir é—árd-dhochtúir ó Bhaile Átha Cliath—go raibh aithne aige air nuair a bhí sé ann, go mbearradh sé capaill do go minic, is go dtug sé leis é ag triall ar a chomrádaí breóite.

Nuair a chuadar isteach sa tseómra, tháinig iúnadh ar an bhfear breóite nuair a chonaic sé iad.

Ach tháinig iúnadh níos mó ná san air nuair a bhain an dochtúir de carbhat síoda a bhí casta ar a mhineál agus ag clúdach cuid dá aghaidh, is nuair do thóg suas an hata bog dá shúilibh. B'é an fear céanna é a sheasaimh ag polla an tséipéil go raibh an barra briste air, agus a bhí 'na dhiaidh san in' uachtarán ar an gcruinniú i mbothán an chnuic.

---

317 See *An Músgraigheach* #5, p8. This is substituted for *é ag téarnódh ar éigin*.
318 See *An Músgraigheach* #5, p8. This is substituted for *éagruais inchinne*.

Caibidil 33

"Tá brath agam go bhfuilir ag dul i bhfeabhas", ar seisean, is do thug crothadh lámh go muínteartha don fhear bhreóite.

"Go mall", arsa Micil, "ach tá áthas orm tusa ' fheiscint. D'oir dom labhairt leat".

"'Sea, a Mhicil, bhí dúil agam-sa tusa ' fheiscint leis. Tá dithneas orm agus goibh mo leathscéal má bhím ró-mhear".

"'Sea", arsa Micil.

"A Mhicil", ar seisean de chogar, ag cur a lámh go sollúnta ar a ghualainn, "i dtaobh lámhach an aidhbhéardaí. Tá an fear neamh-chionntach á thriail. Má daortar é, beidh sé le crochadh. Níl san ceart. Ní leómhfaidh sé bheith amhlaidh. Chun daoine ' chosaint is ea ár gcumann, agus ní chun a ndíobhála a dhéanamh. Ní leómhfar Mícheál Ó Duíbhir a chrochadh san éagóir. Tá sé i gcoinnibh ár rialacha a leithéid a dhéanamh, is caithfeam é ' chosaint".

"Ní mise ' dhein é. Níor chuireas bárr méire air", arsa Micil de chogar, agus scannradh air.

"Deirim arís", arsan fear eile go dearfa, is ní fhéadfadh éinne eile é ' aireachtaint ach Micil féin, "go gcaithfar é ' chosc. Caithfar an fhírinne d'ínsint, pé duine ' fhuiliceóidh".

"Deimhním i láthair Dé ós 'na láthair a tabharfar breith orm, nách me a dhein é, ná raibh aon lámh ná ladhar agam ann", arsa Micil de chogar go heaglach.

"Cuímhnigh ar a nduart", arsan fear eile go dána agus go bagarthach. "Deirim leat go gcaithfar an fhírinne d'ínsint os cómhair na cúirte. Gheóbhaimíd slithe eile chun tusa a shaoradh 'na dhiaidh san, má théann sé air dúinn, ach caithfar an fear macánta so a shaoradh ar dtúis".

Caibidil 33

"Ní chreideann tú me. Chím ná creideann tú", arsa Micil, agus allas ag rith anuas ón' éadan. Thug iarracht ar bhreith ar chasóig an fhir eile chun é ' tharrac chuige isteach. "Ach deirim arís leat agus deimhním i láthair Dé ná raibh aon lámh agam ann. Pioc riamh, creid me leis".

"Cé eile?"

"Ní fheadar é sin, leis".

"Tuigim. Níl agam-sa le rá ach an rud aduart cheana, 'sé sin, ár ndaoine féin a shábháil, agus 'na theannta san, aire ' thabhairt ar dtúis ná crochfar an fear macánta so san éagóir. An dtuigeann tú? Slán beó agat!"

Thug sé crothadh lámh do Mhicil; do chas an carbhat air féin; chuir air a chasóg mhór agus a hata, agus do chogair arís leis "cuímhnigh cad 'duart leat"; do bhuail síos an staighre go réidh agus go stuama.

"'Sea, deir an dochtúir ó Bhaile Átha Cliath go mbeidh sé go maith láithreach", arsa Billy go háthasach. D'úmhlaigh bean an tí agus na cómharsain a bhí istigh agus deineadh slí don dochtúir chun an dorais, ach bhí sé sin ró-mhór ann féin chun aon tsuím a chur iontu, is do bhuail sé amach.

"An dtuigeann tú an bhrí ' bhí leis an gcainnt úd?", arsan dochtúir le Billy, nuair a stopadar ag geata an *station*.

"Cad é féin?", arsa Billy.

"An cómhrá úd ' airís".

"Ní thuigim", arsa Billy.

"Is fearra dhuit é ' thuiscint", arsan fear eile le déine. "Is dó' liom go bhfuil sé ag ínsint na fírinne".

Caibidil 33

"Ní dó' liom-sa é", arsa Billy, is do chuímhnigh sé ar an gcúrsa a chonaic sé Micil a thabhairt an oíche shneachtaidh úd.

"'Sea; tá an scéal ar do lámhaibh-se anois. Féach 'na dhiaidh. Tá seachtain eile agat. Má bhíonn aon ghnó agat díom-sa, cuir scéala chúm, ach ní leómhfar[319] an fear san a chrochadh mar gheall orainn-na. Geóbhaimíd-na trí gach aon chúntúirt agus luífeam féna thoradh. Ní bheam á chaitheamh anonn ar dhaoine eile. An dtuigeann tú?"

"Tuigim", arsa Billy.

"Caithfeam é ' shaoradh mar seo nú mar siúd, má théann sé air dúinn. Ach ní háil linn é ' dhul ar an mádh deiridh againn, más féidir, agus deirim leat arís féachaint 'na dhiaidh. Ní oireann trioblóid gan gátar dúinn".

"Déanfad", arsa Billy.

"Cuir díot anois", arsan dochtúir. Do chroitheadar lámha agus do scaradar.

I gcaitheamh an tráthnóna san, agus na coda eile den tseachtain, bhí Billy isteach is amach gan stad trí sna lánaí, agus na póirsí agus na tithe lóistín sa bhaile mhór, agus anois is arís go dtí an fear breóite, agus chaitheadh tréimhsí fada ag cainnt leis, agus d'imíodh ar fuaid na sráide arís.

Bhí sé tuirseach tnáite suaite agus nuair ' fhéachadh sé amach tríd an mothall gruaige a bhí anuas ar a éadan, ní raibh aon oidhre ar bhiorránach cuirpigh ó chúl-shráid i Naiple ach é, nú más ceadaithe[320] dhúinn a leithéid a rá, i Lúndain féin.

---

319 See *An Músgraigheach* #5, p8. This is substituted for *ní leogfar*.
320 See *An Músgraigheach* #5, p8. This is substituted for *ceadmhach*.

Caibidil 33

Ach ní raibh suaimhneas aigne ná cuirp aige ach chómh beag is do bheadh ag gadhar a bheadh i ndiaidh sionnaigh. Ach ar an dtríú lá, nuair a ghluais sé ar an dtraein go Corcaigh, bhí a shúile chómh haibidh agus chómh meidhreach díreach agus dá mba 'na shuí le hais na tine a bheadh sé, ag insint scéaltha mar ba ghnáth leis.

Bhí balaithe nú tuairisc éigin fáltha aige. Tar éis cúpla braon uisce beatha d'ól ag an *station*, do chuir smól ar a phíopa agus d'aithneófaí air go raibh rud éigin a bhí aige á lorg fáltha aige.

Bhí sé déanach san oíche nuair a shrois an traein cathair Chorcaí. Níor dhein sé puinn moille ag an *station*, do chuir sé dhe tríd an mbrú agus do dhein a shlí trí sna boscaí agus trí sna málaí puist a bhí 'na gcáirne, is níor stad cos de[321] gur shrois sé Droichead Phádraig.

Níor chuir sé aon tsuím insna nithibh a chonaic sé ann[322], ná ar shuíomh lúbach Sráide Pádraig dá mhéid é mórtas na ndeisceartach as. D'iompaigh sé ar thaobh na lámha clé, is fé cheann ceathrú uaire bhí sé 'na sheasamh ag doras tí mhóir go raibh solas dearg ag taithneamh i bhfinneóig os cionn an dorais.

Bhí an tigh mór so maith a dhóthain don Tiarna Othorpe, nú d'aon duine eile de sna huaisle is mó atá ag rialú na dútha, agus ag tarrac cíosa agus cánach aisti—aon ní suas go dtí fiche milleón sa mbliain.

Ach dá mbeadh sé seacht n-uaire níos breátha, ní thabharfadh Billy an tarna féachaint air, ach amháin chun a dheimhniú arbh é an tigh a bhí uaidh é. Nuair a dheimhnigh sé gurbh é an tigh ceart é, do bhuail sé suas an staighre cloch go dtí an doras, agus do bhuail clog na hoíche. Do hoscladh do agus isteach leis.

---

321 See *An Músgraigheach* #5, p8. This is substituted for *níor stad cos leis*.
322 See *An Músgraigheach* #5, p8. This is substituted for *beagáird a thug sé ar a raibh ar a fhuaid*.

Caibidil 33

Ní raibh aon mhoíll ar Bhilly dul go doras, ná aon scannradh mar a bhí ar Aodh ag doras Charlton, ach chífá leis an solas dearg go raibh sé beagán trí chéile. Chómh luath agus do hoscladh an doras, do bhuail sé isteach gan mhoíll.

Ach nuair a bhí sé thar doras, ní raibh sé ar fad istigh sa tigh. In eardhamh ceathair-chúinneach adhmaid a bhí sé, agus gan dul thairis sin aige.

D'airigh sé bualadh beag ar chómhlainn ar thaobh de. Do dhrid sé anonn léi.

Chonaic sé aghaidh bheag dheas, óg agus dath fíorbhán uirthi mar a bheadh ar dhuine ' bheadh de shíor istigh fé ia ón spéir, ach aghaidh ghleóite dá ainneóin sin. Dhá shúil dheasa ghlana ghorma inti, agus deallramh níos guirme orthu, b'fhéidir, toisc go raibh línéadach bán fillthe ar an éadan os a gcionn.

Chuir sé a lámh ar a hata nuair a chonaic sé í, agus do nocht an tulca ciardhubh gruaige a bhí 'na seasamh ar a éadan go suaite aimhréidh, dóthain aon Arcuil nua-aimsire, agus do thosnaigh ar chainnt.

"'Bhfuil duine breóite agat anso, a 'níon ó—a shiúr adeirim—gabhaim párdún agat, a shiúr".

Le himní agus dúthracht do rug Billy greim daingean ar an ráil a bhí laistigh den chómhlainn, is ba dhó' leat go raibh sé ar tí í ' réabadh mar a dhein Arcuil fadó le colúna ba threise ná iad.

"Tá cathú orm a rá go bhfuil mórán de dhaoine breóite againn anso i láthair na huaire seo", ar sise, ag cúladh siar uaidh beagán, fé mar ' bheadh eagla ag teacht uirthi roimis.

Caibidil 33

"Tá ' fhios agam, ach táim ar thuairisc éinne amháin speisialtha", ar seisean, ag cur a scéil in úil sa chainnt ba bhríomhaire ' bhí 'na chumas.

"Éinne amháin speisialtha. Is oth liom a rá go bhfuil mórán acu breóite againn. Ceocu fear nú bean atá uait?"

"Bean".

"An bhféadfá aon chómharthaí a thabhairt uait? Tá mórán acu againn, tá ' fhios agat".

"Ní dó' liom go bhféadfainn anois. D'fhéadfainn roimis seo, ach ní fheaca í leis na blianta".

"'Sea, dá réir sin ní fhéadfá a cómharthaí a thabhairt uait. An aithneófá í?"

"Is dó' liom go n-aithneóinn", arsa Billy, is níor thuig sé go dtí san go mbeadh an scéal chómh cruaidh air. "Is dó' liom go n-aithneóinn, dá bhféadainn í ' fheiscint".

"Ní féidir í ' fheiscint anocht, dá mbeadh sí ann féin. Tá na dóirse go léir dúnta i gcómhair na hoíche", arsan bhean rialtha. "Níl éinne 'na suí ach na siúracha friothála. Tá eagla orm go gcaithfir teacht amáireach".

"Amáireach", arsa Billy, is tháinig anaithe air. "Ní fhéadfainn-se fanúint go dtí amáireach. Mara bhfuil sí anso, tá sí i bPort Láirge. Mara bhfaighead anso í, caithfead bheith ag imeacht go Port Láirge go moch ar maidin", ar seisean, ag labhairt trína mhearathall.

"Is dó'," arsan bhean rialtha go mánla, "tá na seómraí dúnta. Tá sé i gcoinnibh na rialacha aon chur trí chéile a dhéanamh ar na daoine

Caibidil 33

breóite. Teastaíonn suaimhneas na hoíche uathu, na créatúirí bochta. Tá cuid acu ana-lag, agus iad ag fulag, agus ní chodlaid siad puínn".

"Ach caithfead í ' fháil amach, a shiúr, caithfead go deimhin. Ní fhéadfainn, go deimhin, ní fhéadfainn fanúint. Tá níos mó ag brath ar an scéal ná mar a shamhlaíonn tú. Do thánag ón dtaobh is sia uait de Thiobrad Árann chun í ' fháil amach. Tá anam duine sa treis—fear neamh-chionntach. Níor mhaith leat go gcrochfaí é, ar mhaith?"

Gan dabht níor mhaith. Níor mhaith leis an siúir uasail go gcrochfaí éinne, ná ní chun aon ní dá shaghas a thug sí suas a saol agus a hóige, ach a mhalairt. Chun bheith ag feighilth agus ag tabhairt aireachais do chréatúirí bochta uireaspacha, gan baile gan áitreabh, agus gan éinne acu chun féachaint 'na ndiaidh, agus bhí sí ollamh chun a hanam féin a chailliúint leó dá dtéadh sé air di. Na súile gorma úd a bhí fén línéadach bán ag féachaint chómh mín cneasta san, bhíodar iompaithe ón saol mór chun an chuid eile dá haimsir a chaitheamh ag féachaint ar othrasaí agus ar dhaoine breóite ag fáil bháis, a lámha mine geala ba mhaise don tseóid is daoire ' bhí riamh i bhfáinne mná uaisle, bhíodar tabhartha suas feasta chun bheith ag feighilth nú ag friothálamh ar lucht éagruais agus bolgaí, agus na mílthe eile galar a thagann ar an gcine-daonna, agus a thagadh isteach san óispidéal—sid iad a bhí le bheith féna gcúram.

Níor mhaith go deimhin.

D'aithin Billy uirthi ón bhféachaint scannraithe a tháinig 'na gnúis gur thuig sí an scéal agus go raibh sí ar aigne cabhrú leis, agus a dícheall a dhéanamh do, agus ná beadh a chuaird in aistear.

"Ó, Dia linn. Anam fir", ar sise, is d'árdaigh sí suas a dá láimh go buartha. "Glaofad ar an Ab-mháthair féachaint cad is ceart dom a dhéanamh".

Caibidil 33

"Ar son Dé, dein", arsa Billy. "Is mór an seó an tairbhe ' bheidh agat á dhéanamh dom, agus do sna daoine atá fé bhuairt agus fé bhrón".

Chuir sí a lámh ar an gclog agus do bhuail.

Ní raibh puínn moille go raibh siúr eile a bhí i bhfad níos sine ná í, laistigh den ráil, agus d'éist sí go ciúin agus go stuama le Billy, ag ínsint an scéil go gunta[323]. Nuair a thuig sí brí an scéil, d'oscail sí an doras go raibh an ráil 'na bhárr, is do leog Billy isteach sa tseómra. This'eáin sí cathaoir do chun suí, agus do shuigh sí féin agus an tsiúr ar tholg. Fuaradar leabhar go raibh ainmneacha na n-othar ann, agus do dhíríodar ar é ' chuardach.

Ar dtúis d'fhiafraigh an Ab-mháthair de an dtógfadh sé aon ní, agus ó bhí sé ar an mbóthar i gcaitheamh an lae, b'fhéidir go n-oirfeadh rud éigin le n-ithe dho.

Ní íosfadh sé pioc. Ní raibh aon ocras air. Ach do bhí a scórnach tirim le tart. Ní fhéadfadh sé ' ínsint cad fé ndeár é, ach bhí sé chómh tirim le tiníl a bheadh ag dó.

"Rud éigin le n-ól, más ea", arsan Ab-mháthair go cúirtéiseach agus go tuisceanach, agus d'fhéach sí ar a aghaidh shuaite bhán, a shúile súite, agus d'fhéachadar níos súite ná mar ' bhíodar toisc an tulca ciardhubh gruaige ' bhí ag sileadh anuas dá ndruím. "Rud éigin le n-ól, más ea?"

Ó, 'sea, gan dabht, d'ólfadh Billy deoch, agus gá aige léi tar éis corraitheacht na laethanta ' bhí gofa thairis, agus go speisialta cúrsa an lae seo féin. Ní raibh aon ní ite aige, agus dá dheascaibh sin bhí sé ana-lag.

Do fuaradh an deoch. D'innis an Ab-mháthair do cad 'na thaobh go gcimeádaidís biotáille—dá dtugtí duine gortaithe chúthu, nú

---

[323] This is substituted for *grodlabhartha*, which is not a natural Gaeltacht word.

Caibidil 33

duine ' bheadh buailthe amach, agus ar mhórán eile slithe go mbeadh gá leis—is d'fhéach an bheirt bhan rialtha ar an leabhar.

Neil Ní Mhonacháin, a tugadh isteach ar a leithéid seo de lá. Do chroith Billy a shlinneáin. Níorbh é sin a hainm.

Cáit Ní Thoimín, Bríd Nic Cárthaigh, Eibhlís Ní Eideáin, ní héinne dhíobh san í.

Do tharraig an Ab-mháthair a méar ar feadh an liost. "Tá a bhformhór so críonna. Ní oiriúnóidís tu". Tháinig sí go dtí an ainm "Eibhlís Ní Mhuireasa ' tháinig isteach breóite le héagruas. Is uaithi sin a thóg an tSiúr Seósamh-le-Muire an t-éagruas agus—go ndeinidh Dia trócaire ar a hanam—do cailleadh í".

Agus leis an bpaidir bhig seo, níor trácthadh a thuilleadh ar an ndea-ghníomh. Thiteadh a leithéid amach ró-mhinic chun aon iúnadh a dhéanamh de. Is chuige seo a thugann na mná suas iad féin, ach níorbh Eibhlís an ainm ach 'n oiread[324], ná mórán eile acu a glaodh amach. I ndeireadh bára Cití Ní Cheallaigh. D'árdaigh croí Bhilly ag an bhfocal Cití, ach do thit arís air leis an sloinne Ní Cheallaigh.

"Tháinig sí anso agus droch-bholgach uirthi", ar sise le Billy, agus ag iompáil di ar an siúir eile, do labhair sí go híseal caoin, "is ceart duit-se a chuímhne sin a bheith agat, a chuid?"

Do chrom an tsiúr óg a ceann, agus nuair a dhein, thug Billy fé ndeara rud ná feaca sé go dtí san, go raibh rian na bolgaí ar a haghaidh agus san go doimhinn leis, agus gurbh é fé ndeara dhi bheith chómh bán. Bhí sí tar éis taom bolgaí.

Níorbh aon iúnadh gur chrom an tsiúr a ceann. Tá nádúr an duine lag. Is deocair scarúint leis an scéimh a chuir Dia orainn—an scéimh álainn a chuireann móráil ar mháithreacha nuair a bhíonn na páistí

---

324 See *An Músgraigheach* #5, p8. This is substituted for *ach ' oiread*.

Caibidil 33

ag éirí suas, driféaracha agus daoine muínteartha á dtabhairt fé ndeara, agus á moladh, agus a chuireann áthas orainn féin leis—is deocair go deimhin.

"Ní foláir nú bhí sí ana-dhathúil", arsa Billy leis féin, "sarar imigh an méid sin uirthi, agus a dheise is atá sí fós".

Ach chuir sí dhi an smaoineamh san de phreib. Bhí sé múinte dhi gan bheith mórálach ó bhain sí dhi an folt búclach buí, agus chuir sí uirthi an brat do dheighil a haigne ón saol mór lasmu' go deó arís. Fé cheann neómait bhí a ceann tógtha suas, an bhuairt bheag imithe, agus a haghaidh go deas gáireatach.

Do dhrid méar an Ab-mháthar síos ar feadh na n-ainmneacha go bun. D'iompaigh an bhileóg, agus do léigh:

"Cailín gan aon ainm. Tugadh isteach ar an 25ú den mhí seo. Í fáltha ag béal dorais tí ar a haondéag a chlog istoíche. Bhí sí ann ar feadh tamaill—ní fheadair éinne cad é an fhaid—í geall le bheith marbh le fuacht is ocras, droch-éadach uirthi, í ana-bhreóite agus ana-lag. Greannúr go leór, bhí piostal 'na póca!"

"Piostal, 'sea, 'sea", arsa Billy, á chorraí féin. Ní leis an lé' a bhí sé ag éisteacht, ach ag smaoineamh ar na mná óga so a thugadh suas a saol agus a n-óige agus, rud is mó ná san, a ndathúlacht chun dul ag féachaint i ndiaidh na gcréatúirí bochta so a bhíonn caite ar an saol gan aon áirithe, ná éinne chun féachaint 'na ndiaidh. Dá neafaisí ' bhí Billy féin, bhí croí agus misneach mór aige, agus ana-mheas aige ar an ndream a dheineadh gníomhartha ' bhain le huaisleacht agus le crógacht. Dob inchúmparáide é le croí an Tiarna Othorpe féin. Agus cá raibh aon uaisleacht ná crógacht le fáil níos mó ná mar ' bhí ar a aghaidh amach, i measc na mban uasal cineálta dea-thógtha so.

Do chaith Billy uaidh na smaointe seo is do thóg suas a cheann, is do thug aire go tapaidh don fhocal 'piostal'.

Caibidil 33

"Cad é sin adúraís, a mháthair?", ar seisean go tapaidh. "Léigh arís é led thoil. Níor airíos i gceart tu".

Do léigh an Ab-mháthair arís é.

"'Sea", arsa Billy, "'bhfuil aithne agat uirthi, a mháthair? Cad é an saghas í? Cad é an t-aos í?"

Deireann an Ab-mháthair, ag lamháil dá breóiteacht agus dá bhfuil fuilicthe aici, agus na rudaí ' leanann iad, go bhféadfadh sí bheith dá bhliain is fiche. D'fhéach sí os cionn a daichead. Bhí ' fhios ag an Ab-mháthair go maith conas a chuirfeadh trioblóidithe an tsaeil driuch críonna ar dhuine.

"'Sea, 'sea", arsa Billy, ag aontú léi. "Sin é tuairim na haoise a bheadh sí".

"Cad é an dath atá ar a gruaig? Nuair a bhí sí sé bliana déag, bhí sí dubh, ana-dhubh, agus súile móra dúbha aici".

"'Sea", arsan Ab-mháthair. "Bhí sí dorcha, agus táim deimhnitheach go raibh súile móra dúbha aici".

"Bhí sí dathúil—ana-dhathúil, leis", arsa Billy, "nuair a bhí sí an t-aos san".

Níor réitíodar lena chéile sa méid sin. Duairt an Ab-mháthair ná raibh aon phioc den dathúlacht san inti anois. Ní raibh aon ní 'na cúntanós, ach rian buartha agus bróin, galair agus gorta. Táid siad san ábalta ar an ndathúlacht a bhaint a héinne, ach dá ainneóin sin is uile, níor cheap an Ab-mháthair go raibh puínn dathúlachta riamh sa chréatúir.

Tháinig diomá ar Bhilly, mar, an cailín a bhí aige á lorg, bhí sí ar an gcailín ba ghleóite dá raibh sa dúthaigh nuair a bhí sí sé bliana déag d'aois.

AODH de RÓISTE

Caibidil 34

"An bhfuil ' fhios ag éinne aon rud mar gheall uirthi, a mháthair?"

Samhlaítar don Ab-mháthair ná fuil, mara bhfuil aon chúntas ag an Athair Próinséis[325]. Cuireann sé sin aithne de ghnáth ar bhochtaibh agus ar lucht fáin an tsaeil. Bíonn sé i gcónaí 'na measc. Bíonn iúntaoibh acu as, is ní cheilid pioc air. Dá mbeadh a cúntas ag éinne, bheadh sé aige. Níl ' fhios ag an Ab-mháthair ná ag na siúracha pioc. Ní chuirid aon tuairiscí den tsaghas san ar na daoinibh breóite seo, ach de réir mar ' oireann dóibh é ' thabhairt uathu. 'Sé a mbíonn uathu, ' fheiscint a bhfuil siad breóite nú gátarach, agus an dteastaíonn aireachas uathu. Sin mar a bhí an Ab-mháthair ag cainnt le Billy agus a leabhar ar a glúin agus a lámh anuas air, agus oiread suime aici ann agus dá mba fear mór stáit é.

Do sháigh Billy a ladhar suas tríd an dtulca gruaige, is do chuir 'na seasamh í, agus é ag machnamh.

"Cá gcónaíonn an tAthair Próinséis?"

"Ag Cé an Phópaigh".

"An bhfuil sé sa bhaile?"

"Is gnáth leis bheith, mara mbeadh sé ar ghlaoch ola".

"Cad é an t-am ' osclann sibhse ar maidin?"

"Deich a chlog".

"Má thagaim níos moiche, a' bhféadfad teacht isteach? Mara ritheann liom anso, caithfead dul go Port Láirge láithreach".

---
[325] See *An Músgraigheach* #5, p8. This is substituted for *Próinsias*.

Caibidil 34

"'Sea, féadfair teacht isteach aon tráth tar éis a hocht".

"'Sea, raghad fé dhéin an Athar Próinséis".

Do ghoibh Billy na mílthe baochas leó, agus d'úmhlaigh sé dhóibh chómh maith díreach is dá mba tiarna uasal a bheadh ann. Chuaigh sé amach thar an dá dhoras, dúnadh 'na dhiaidh iad is bhí sé ar an sráid arís. Do stop sé ar feadh tamaill is d'fhéach ar na sraitheanna soílse a bhí ar lasadh os a chómhair.

"Níl puínn tuairisce agam fós", ar seisean. "Tá an aimsir gairid, agus anam an fhir ar mo lámhaibh. Cá raghad anois? Ó, 'sea, an tAthair Próinséis".

Do mhúscail sé é féin, agus chuímhnigh sé ar a ghnó, is do ghread sé fé dhéin Ché an Phópaigh.

Nuair a shrois sé an áit, d'fhéach sé ar an uimhir, do dhrid isteach leis an ndoras agus do bhuail.

Tháinig an sagart féin á oscailt. Bhí sé ag lé' a phortúis i seómra isteach ón bpóirse, agus siúd is gur oscail a lámh an doras, bhí a aigne tógtha suas ag an leabhar.

Is ar éigin ' fhéach sé ar an bhfear a tháinig isteach, ach do chroith a cheann agus duairt:

"Suigh, a Éamoinn".

"Tá aithne tugtha aige orm i riocht duine eile", arsa Billy leis féin, ach dhein sé mar adúradh leis. Chuaigh sé isteach sa tseómra agus do shuigh.

Caibidil 34

An fhaid a bhí an sagart ag siúl síos suas ag lé' an phortúis, gan aon tsuím aige an raibh éinne láithreach, bhí caoi ag Billy ar é ' thabhairt fé ndeara go maith.

Fear óg dob ea é, ná raibh ró-árd, é ana-dhathúil, agus deallramh ana-chneasta[326] air. Bhí sé caol seang, agus bhí tréithe an dea-chroí ag taithneamh 'na shúile gorma, agus bhí deallramh caoin saontaí air i dtreó gur chuímhnigh Billy in' aigne féin:

"Ní foláir nú tá sé an-fhuiriste bob a bhualadh air, Dia á bheannachadh".

Anso is ansúd ar fuaid an tseómra, ar na cathaoireacha, ar na búird, agus ar crochadh ar na fallaí, bhí buínn de gach aon tsaghas, cuid acu agus ribíní orthu, agus tuilleadh acu ná raibh.

Thug Billy fé ndeara iad so go léir agus tuilleadh 'na dteannta tríd an dtulca ciardhubh gruaige a bhí anuas ar a shúile, an fhaid a bhí an sagart síos suas ag lé' a oifige.

Do choisric sé é féin, do dhún an leabhar, d'iompaigh anall, agus duairt go séimh:

"'Sea, a Éamoinn, bhís déanach ag teacht".

D'iompaigh sé mórthímpall, d'fhéach ar an stróinséir agus do tháinig seasamh ann.

Pé duine Éamonn go raibh sé ag tnúth leis, níorbh fholáir gur mhí-chosúil le Billy é, mar do baineadh preab as an sagart. Do bheadh sé ana-dheocair aon duine ' fháil i gcathair Chorcaí go mbeadh puínn deallraimh aige le Billy, ar an gcuma go raibh sé socair sa chathaoir san am san.

---

326 See *An Músgraigheach* #5, p8. This is substituted for *cuma rí-chneasta*.

Caibidil 34

"Cé hé tusa?", arsan sagart, agus é beagán mí-chéatach mar gheall ar an bpreib a baineadh as.

"Mise Billy Ó Faoláin", arsa Billy, ag éirí 'na sheasamh, agus ag baint stathadh a táithín den ghruaig fhada ' bhí anuas ar a éadan. Bhí an chuid eile dhi 'na seasamh mar chómhartha ná raibh ann ach duine beag suarach.

"Mise Billy Ó Faoláin".

"Billy Ó Faoláin?"

"'Sea, a athair, nú mar 'deir siad, Billy an Bearbóir".

"Billy an Bearbóir", arsan sagart, is do stop sé ar feadh tamaill ag brath ar thuilleadh cúntais.

"'Sea, a athair. Glaotar ceann acu orm anois, agus an ceann eile arís".

"Tuigim".

"Sin é é, a athair", arsa Billy, is do shocraigh é féin i gcómhair na céad cheiste eile.

Do stop an sagart, ag feitheamh féachaint an neósfadh sé cad a thug é, is do tháinig ciúnas mí-chúmpórdach eatarthu ar feadh tamaill.

"Cad as gur thánaís?"

"Ó Thiobrad Árann, a athair".

"Bhí ' fhios agam nách de mhuíntir Chorcaí thu".

"Ní hea—céad glóire le Dia, ní hea", arsa Billy go déabhóideach.

Caibidil 34

"Cad 'na thaobh go n-abrann tú 'Céad glóire le Dia' 'na thaobh san?", arsan sagart go feargach.

"Pioc, ach gur ó Thiobrad Árann me", arsa Billy go leathscéalach.

B'í an fhírinne í, is amhlaidh a shleamhnaigh na focail uaidh. Ní raibh moladh ná cáineadh aige á dhéanamh ar Chathair na Laoi.

"Cad é an locht atá agat ar Chorcaigh?"

"Ó, pioc riamh—aon bhlúire ar domhan, a athair".

"Ná ar na daoine 'tá inti?"

"Níl, a athair. Airím gur daoine galánta iad 'na slithe féin".

"Is maith liom é sin ' aireachtaint", arsan sagart, is d'imigh an mí-thaithneamh de, is do tháinig aghaidh gháireatach air mar ba ghnáth leis[327].

Lena línn sin, chas sé mórthímpall, do shiúlaigh anonn go dtí an clabhar, mar a raibh buínn go tiubh ar crochadh le ribíní gorma, is d'fhéach go cruínn orthu. Do thóg sé anuas ceann áirithe acu ná raibh mar an gcuid eile, d'fhéach ar gach taobh de, do bhain biorán as a chasóig is do chuir sa ribín é.

D'fhair Billy gach aon chor a chuir sé dhe, agus droch-amhras aige as.

Nuair a bhí an biorán socair aige chun a thoile, do bhain sé dhe a chaipín is do chuir sé ar an mbórd é, do bhuail anonn chun Billy go raibh deallramh gráinneóige san am san air, ach é ' bheith níos caoile agus níos aoirde.

"Tair ar do ghlúine".

---

327 See *An Músgraigheach* #5, p8. This is substituted for *mar ba dhual do*.

Caibidil 34

"Cad chuige?"

"Tair ar do ghlúine, adeirim".

Tháinig Billy ar a ghlúine. D'aithneódh éinne a chífeadh é—an méid a bhí le feiscint dá aghaidh tríd an gcoínleach féasóige—go raibh droch-amhras ag imirt ar a aigne.

"Beir air seo id láimh".

Do thóg Billy an bonn, agus b'fhuirist ' aithint nách lena thoil é. Chuaigh sé trí chéile an oiread is gur sheasaimh an ghruaig ar a cheann is gur chrith a mhéireanna le feirg.

"Abair na focail seo im dhiaidh. Geallaim-se—cad is ainm duit?"

"Billy Ó Faoláin".

"Geallaim-se, Billy Ó Faoláin".

"Geallaim-se, Billy Ó Faoláin".

"I láthair Dé".

"I láthair Dé".

"Go staonfad ó gach aon tsaghas dí meisciúla".

"In ainm Dé na Glóire is na bhFeart, cad chuige go n-abróinn é sin?", arsa Billy, ag preabadh 'na sheasamh agus iúnadh air, ach bhí iúnadh níos mó ná san ar an sagart. "Dia idir sinn agus an t-olc", arsa Billy arís le bárr scannradh. "Cad chuige go n-abróinn na focail scannrúla san? A Dhia na Glóire, nár dhóbair dom dul i ngreim!"

Caibidil 34

"Cad ' thug anso thu mar sin?", arsan sagart, is d'fhéach sé le hiúnadh air ar feadh tamaill.

"Ní chuige sin, ar aon tslí", arsa Billy go dearfa. "Ní hea san. Dia idir sinn is an t-olc".

"Cad 'tá uait, nú cad a thug tu?"

"Neósfad san duit, a athair, gan puínn moille", arsa Billy, is do thosnaigh ar a scéal d'ínsint chómh tiubh is d'fhéad sé, agus d'aithris sé dho conas a bhí cúrsaí i dTiobrad Árann.

Nuair a thosnaigh ag dul i bhfeidhm ar an sagart cad ba bhun le teacht Bhilly, do leath an gáire thar a aghaidh dhathúil ghrámhar, chómh muínteartha san gur thosnaigh Billy féin ar bheith meidhreach, leis.

"Tuigim. Dheineas dearúd", arsan sagart go séimh. "Is annamh a thagann éinne chúm chómh déanach so chun aon ghnó eile. 'Sea, nuair ná tógfá an Chros, b'fheidir go dtógfá braon de seo".

D'aithin sé go maith ar Bhilly go n-ólfadh sé braon. Choinníodh sé é ar eagla éinne a theacht chuige go mbeadh gá aige leis—agus gur minic a bhíodh. Do lean Billy ar a scéal, agus níorbh fhada go raibh suím an tsagairt ann, agus é ag éisteacht leis go cruínn agus go haireach.

"Neósfad duit cad a dhéanfair", arsan sagart, nuair a bhí deireadh cloiste aige. "Bead-sa ag rá Aifrinn ar a naoi a chlog ar maidin. Glaeigh chúm ar a' leath-uair tar éis a naoi. Raghad leat go dtí an t-óispidéal. Samhlaítar dom go bhfuilir ar an mbóthar ceart. Beidh ' fhios againn ar maidin. 'Bhfuil aon áirithe agat i gcómhair na hoíche?"

Duairt Billy go raibh.

Caibidil 34

"An dteastódh airgead uait?"

Níor theastaigh aon airgead ó Bhilly, ach do ghoibh sé a bhaochas go dúthrachtach leis an sagart.

"Tá go maith", arsan sagart, is do chuir sé a bheannacht leis. "Bí agam ar maidin".

Tháinig Billy ar maidin go tráthúil. Chuadar araon go dtí an t-óispidéal. Do shuigh Billy le hais leabaidh na mná breóite agus do chainntigh léi. Nuair ' fhéach sé san aghaidh shnoite, mar a raibh driuch buí an bháis cheana féin, an ghileacht go léir imithe as a súile, gan grianmhaireacht ná meidhreacht le feiscint ach éadóchas agus gátar, do chuímhnigh sé in' aigne go raibh an ceart ag an Ab-mháthair áireamh a dhéanamh ar thoradh bhuartha an pheaca agus an ghalair agus an ghátair agus an cor a thugaid ar an nduine ba dheocair a chreidiúint go raibh sí riamh dathúil.

Agus 'na dhiaidh san is uile, ba chuímhin le Billy go raibh sí ar an gcailín ba dhea-fheisceanta sa dúthaigh in aos a sé bliana déag.

A fhir mhairbh úd, a bhí ar feadh na hoíche i seómra uaigneach sa Teampall Mór, gan anam ionat is piléir id cheann, sid é toradh do bhearta-sa.

Cad é an iúnadh[328] go raibh scáil nú púca nár fhág aon rian ar an sneachta ag siúl tímpall cábáin ghairbh na ngéagán crainn nuair a bhí anam na mná boichte gur deineadh an éagóir uirthi ar tí scarúint leis an gcolainn chun dul fé dhéin Cúirte an Chirt, mar a dtugtar breith ar gach n-aon de réir a thuillimh? Cad é an iúnadh é?

Ar deireadh bhí Billy sásta, agus do bhuail sé isteach sa tseómra mór mar a raibh an sagart ag éisteach faoistiní, agus na mná rialtha ag friothálamh ar dhaoine breóite.

---

328 See *An Músgraigheach* #5, p8. This is substituted for *cá hiúnadh?*

Caibidil 34

Na fánairí bochta ' bhí titithe le galar agus le gátar, do caillfaí cois na gclathach iad mara mbeadh daonnacht chineáltha na mban rialtha.

Chonaic sé ann an bhean uasal óg a bhí ag cainnt leis an oíche roimis sin. D'aithin sí é agus do gháir sí leis. Bhí sí go bruidiúil ag friothálamh ar dhuine go raibh canncar ag gabháil do, agus múscán i mbáisín aici le hais na leapa.

Nuair a baineadh anuas an cheirí, agus do chonaic Billy an chneadh anagail, tháinig múisiún breóiteachta air, agus do raghadh sé i bhfanntais dá bhfanadh sé níos sia ag féachaint.

Agus é ag gabháil amach le dithneas, chonaic sé tímpall le leath-dosaen siúracha ag gabháil don tsaghas céanna oibre.

Do chuímhnigh Billy in' aigne gur mhaith an saghas tí é go mbeadh caoi ag daoine bochta ' bheadh ag fulag chun aireachais d'fháil ann, agus síocháin Dé 'na dtímpall, agus do chuímhnigh sé ar an gcor a bheadh orthu mara mbeadh na mná rialtha, agus duairt óna chroí:

"Beannacht dílis Dé ar an ndream[329] ban san".

Ba ghreannúr an phaidir í, agus déarfadh na húdair mhóra gur greannúr.

Ach d'airíos-sa go minic i dtaobh paidreacha adúradh agus iomanna a canadh agus iad go léir scríofa sa Bhéarla ab fheárr, ar son bua don "arm so againn-na", le línn ceathanna piléar agus sliogán a bheith á stealladh ar chathair a bheadh á hiúnsaí, agus stolladh agus coscairt á dhéanamh ar mhnáibh agus ar pháistíbh, agus iad á bhfágaint sínte ag fulag gan chabhair gan chúnamh ar feadh na seachtainí.

---

329 See *An Músgraigheach* #5, p8. This is substituted for *beannacht ó Dhia ar an ndream*.

Caibidil 34

Is minic a chuímhním go raibh paidir shímplí Bhilly níos feárr, agus go ndeighidh sí níos aoirde ná an phaidir is léannta 'duairt ministéirí mórá chun daoine a mharú agus do scrios.

"Baineann sí le gach aon aois agus le gach aon náisiún, Eaglais iúntach na Rómha", sin mar a scrígh Kinglake an scríbhneóir mór *Eothen*. Rud éigin den tsaghas so a rith i gceann Bhilly nuair a bhí a ghnó déanta aige. D'fhan sé amu' fén aer ag feitheamh leis an sagart agus é ag cuímhneamh ar na haicídí a chonaic sé istigh.

Caibidil 35

Pé méid buartha agus bróin a bhí orthu, bhí aon chúmpórd amháin acu, bhí beann ag na cómharsain orthu agus bhíodar go léir láithreach an lá a bhí Mícheál Ó Duíbhir ar a thriail. Ní raibh Neilí leis gan cáirde a bhualadh léi, mar do sholáthraigh an tAthair Ó Conchúir airgead chun costais na dlí, in inead an airgid a chaill sí le dúnadh an bhaínnc.

Do chreid na daoine go léir ná raibh sé cionntach, agus 'na theannta san, níorbh abhar mór cathaithe leó an gníomh a deineadh. Is mó an chúis áthais a bhí acu, mar do chuir sé stop le cur amach, le creachadh agus le buairt i dTiobrad Árann, is dá dheascaibh sin do thánadar fé dhéin na trialach 'na sluaitibh.

Bhí an áit lán de shaighdiúirí agus de phíléirí fé arm. Bhíodar 'na saithíbh ar fuaid na sráide, agus bhí gárdaí láidre ag na cúinní, agus ghortaíodar daoine go tiubh le cip na ngunnaí á gcimeád siar ag tigh na cúirte.

Tháinig an breitheamh—bail ó Dhia air!—agus é ollamh chun an chaipín dhuibh a chur air ar son cirt; do scuab sé tríd an slua ón *station* go tigh na cúirte. Do chuir mná go raibh clócaí caipín orthu liach astu, cuid acu le feirg agus tuilleadh acu le brón, nuair a chonaiceadar an t-arm agus a gclaimhte gléineacha ar tarrac acu á

Caibidil 35

thiúnlacan. Chonaiceadar go minic cheana iad ar aon ócáid chéanna, agus is minic a chídís le línn aifirt na trialach i mbun na croiche iad, nuair a bheadh duine bocht éigin le caitheamh isteach sa tsíoraíocht de phreib. An breitheamh léannta agus na claimhte glana, b'in iad cómharthaí na dlí agus na gcoigríoch thar lear a bhí á gcimeád ó ghlúin go glúin fé chois agus fé ama na daoirse.

Ní raibh éinne ann ná go raibh cómbáidh aige leis an bpríosúnach. Bhí sé creidiúnach i gcónaí; ainnise na muiríne óige a bhí aige, agus a dhúthrachtaí a bhí Neilí dho; agus an buille eile tubaisteach a buaileadh uirthi nuair a briseadh ar an mbannc—bhí na rudaí go léir ar aigne na ndaoine chun truamhéil' a mhúscailt.

Ar a haondéag a chlog d'oscail an chúirt[330]. Do tugadh an príosúnach aníos staighre cloiche a cíll fhuair dhorcha thais, a lámha gofa, agus gárda píléirí is a n-airm beartaithe acu, roimis agus 'na dhiaidh. Cuireadh sa duga é. Do shuigh an breitheamh in áirde. Bhí mórán de dhaoine móra Thiobrad Árann in aice leis. Bhí coir déanta 'na measc a chuir a gcómhacht go léir i gcúntúirt, agus chaithfidís cur le chéile chun sampla saoltha a dhéanamh de dhuine éigin, agus chun tréine na dlí a this'eáint.

Ach bhí daoine eile nár thug dlí ná breitheamh fé ndeara sa chúirt, agus iad ag faire an scéil go cruínn. Bhí fear óg 'na shuí ar shuíochán cúil san áiléar, agus casóg bhréide air; a lámha féna nuid aige, an fear céanna a chonaiceamair cheana ag an bpolla briste ag geata an tséipéil, gan drud aige á rá, agus é chómh bán le cailc. Agus bhí Micil 'na sheasamh i lár na cúirte, agus é tagaithe chuige féin ón dtaom breóiteachta a bhí air.

D'éirigh abhcóidí na Coróinneach chun a ráiteas tiúnscnaimh a thabhairt uaidh. Níor fhan drud insna daoine.

---

330 See *An Músgraigheach* #5, p8. This is substituted for *do cuireadh tosach leis an gcúirt*.

Caibidil 35

Thosnaigh sé ag ínsint cad é an gá a bhí le hanam daoine agus a maoin a chosaint, an t-anam go mór mór, agus gur deineadh gníomh uathásach 'na measc.

Do dhein sé cur síos breá ar fheabhas an duine mhairbh, agus ar an ndúil a bhí aige i gcónaí tairbhe na dtireóntaithe a dhéanamh, agus an aidhm a bhí aige an tír a chur chun cínn[331], agus gurbh fhuiriste na tairbhí d'fheiscint is gach aon eastát go raibh aon lámh aige ann.

Bhí sé ar a aigne na seana-bhotháin súigh a bhí ag tabhairt náire don dúthaigh a leagadh, agus bheadh 'na n-inead machairí fairseaga ré, agus feirmeacha breátha móra, i dtreó go gcuirfeadh búirtheach stuic áthas ort, agus móráil ort, agus gur bhreá bheith ag féachaint ar mhóinéaracha sínte.

B'in é, agus a lán eile dá leithéid, an chainnt aduairt an t-abhcóidí.

D'iarr sé orthu an fear san a shamhlú gurb é a éirim ar fad tairbhe na ndaoine agus na dútha a dhéanamh, á bhualadh ar lár in am mhairbh na hoíche, á chaitheamh de thurraic sa tsíoraíocht ag láimh mhallaithe dúnmharaitheóra, gan oiread agus uain a thabhairt do 'Dia le m'anam' a rá. Do léirigh sé dhóibh an fear so is é marbh i lár a chuid maitheasa, 'na shuí sa chathaoir ar feadh na hoíche gan anam— a lámh árdaithe suas chun na bhFlaitheas a d'iarraidh díolthais—an díolthas ná heitítar choíche.

Ansan do cheap sé dhóibh an dúnmharaitheóir scannraithe ag rith len' anam tríd an gclós ag cúl an tí, agus scread an duine mhairbh 'na chluais, do chaith sé dhe—le toil Dé, mar is annamh a leogann Dia saor an dúnmharaitheóir gan é ' thabhairt chun lámha—do chaith sé dhe a chasóg is a hata le neart anaithe.

---

331 See *An Músgraigheach* #5, p8. This is substituted for *an tír a chur i bhfeabhas*.

Caibidil 35

Do hairíodh an uile fhocal den chainnt álainn cháinte sin ó thaobh taobh na cúirte. Ní raibh fiú fothram anáile ann[332]. D'aithneófaí ar na tiarnaí talúin a bhí láithreach go ndeighidh an chainnt líofa in achrann go doimhinn iontu, gur rud ró-mhór anam duine, agus do chograíodh cuid acu leis an mbreitheamh léannta, ag moladh an abhcóidí chliste mar gheall ar an gcuma le healaíontacht gur dhein sé an cás do léiriú.

Níor thaithn a chainnt chómh maith san leis na daoine a bhí ar an áiléar agus ar úrlár na cúirte. Bhain sí an anál díobh. Bhíodar mar a bheifaí á dtachtadh. Dhein gach aon fhocal fothram 'na gcluasaibh mar a dhéanfadh sluaiste cré agus cloch macalla ar chómhrainn Mhíchíl. Gach aon uair a stop sé, do shamhlaíodar go raibh cor eile de chórda an chrochadóra á dhaingniú aige ar a mhineál. Ní raibh aon fhothram le haireachtaint ach na hanálacha fada troma ar fuaid na cúirte. D'aireófaí biorán ag titim 'na measc. Ach bhí aon bheirt amháin 'na suí nár chuir aon tsuím i neart ná i mbuirbe na cainnte. Duine acu, Mícheál Ó Duíbhir, gan aon chorrabhuais air, agus an duine eile, an fear óg go raibh an chasóg bhréide air ar an áiléar, gan aon athrú ar a chúntanós, a lámha féna nuid aige cromtha anuas ag faire an scéil go stuidéartha, is gan aon tsuím aige sa chorraitheacht a bhí ar an gcuid eile, ach chómh beag is dá mbeadh sé na céadta míle ó bhaile. Níor dheocair a cheapadh 'na thaobh, ar a ré agus a neamh-chorraithe ' bhí sé, gurb é sprid do-chloíte na Cinniúna é.

Thosnaigh an tráthnóna ar dhorchú ar fuaid na sráide, agus an oíche ag teacht. Do lasadh lampaí sa chúirt sara raibh deireadh ráite ag an abhcóidí.

Nuair a bhí deireadh ráite aige, do thraoslaigh na tiarnaí go hárd do le bualadh bas moltha. Dhein sé óráid bhreá ag cosaint na dlí, agus ag moladh an fhir mhairbh. Bhí na heólaistí go léir dlúite le chéile aige i gcoinnibh Mhíchíl, agus an chnáib chómh daingean san ar a

---

332 See *An Músgraigheach* #5, p8. This is substituted for *ní raibh fothram anáile ann amháin*.

Caibidil 35

scórnaigh nár dhó' go raibh aon chaoi aige chun dul as, ach chómh beag is dá mbeadh sé 'na sheasamh ar an gclár agus crúca an chrochadóra ar a scórnaigh, agus na mílthe beaignití go geal gléineach thíos fé.

Glaodh ar na fínnéitheacha[333] 'na nduine is 'na nduine, go mall agus go haireach—iad so a fuair an fear marbh 'na shuí sa chathaoir san oifig, agus an té ' fuair an hata agus an chasóg tar éis an dúnmharaithe, agus a lean rian a chos sa tsneachta go dtí geata an gháirdín, agus an té a dhearbhaigh gur leis an bpríosúnach an chasóg agus an hata. Do glaodh saighdiúirí suas a thug fianaise mar gheall ar an achrann a bhí sa chlós idir Mhícheál is an fear marbh, agus gur ghlaeigh an t-aidhbhéardaí orthu chun é ' chosaint.

Ní tháinig mí-shuaimhneas ar Mhícheál go dtí san. Do chonaic sé go raibh brí mhór leis an méid sin i dteannta na coda eile chun na cnáibe a dhaingniú air. Ach do bhí fear na casóige bréide ar an áiléar chómh suaimhneasach is ' bhí sé riamh; agus é ag faire go cruínn.

Bhí taobh na coróinneach den chás críochnaithe, agus a gcuid fianaise tabhartha[334].

Ní raibh aon fhínné ann ar son Mhíchíl. Bhí sé as baile san am gur deineadh an gníomh, agus ní raibh éinne ann a dheimhneódh cá raibh sé, mar aduairt an dlítheóir; bhí sé ag fiosrú na mná breóite. Bhí an cúntas san ag an ndlítheóir, ach ní raibh éinne chun é ' dhearbhú. Bhí sí sin ar slí na fírinne, is ní thugann duine marbh aon fhianaise uaidh. Ní raibh aon fhínné ag dlítheóirí Mhíchíl. Ní raibh aon tslí abhcóideachta acu. B'éigin dóibh éirí as an scéal.

Bhí an breitheamh á ollmhú féin chun labhairt leis an gcoiste nuair ' thosnaigh suathadh i lár na cúirte. D'fhéach gach éinne. Is

---

333 See *An Músgraigheach* #5, p8. *Finéitheacha* is substituted there for *fínneithe*, with the spelling adjusted here to *fínnéitheacha*.
334 See *An Músgraigheach* #5, p8. This is substituted for *a gcuid fianaise tugtha*.

Caibidil 35

amhlaidh a bhí Micil ag teacht aníos, é go droch-shnóch mílítheach. Cheap an gárda é ' chur i ndiaidh a chúil [in' ainneóin[335]] le cip a ngunnaí, ach ní thug Micil aon toradh orthu; do bhrúigh sé ar aghaidh go dtí an ráil a bhí sa chúirt idir na daoine agus lucht na dlí.

D'fhéach an breitheamh agus an coiste go mí-chéatach air, i dtaobh an fhothraim a bhí aige á dhéanamh.

"A Thiarna Breithimh", arsa Micil.

"Drid siar, a dhuine, drid siar", arsa cúnstábla, ag breith ar bhóna a chasóige chun é ' chaitheamh siar, ach do choinnibh Micil a ghreim ar an ráil go daingean.

"A Thiarna Breithimh, is orm-sa a bhí casóg agus hata Mhíchíl Uí Dhuíbhir an oíche sin. Thug sé dhom an oíche sin iad is me ag dul go dtí an Teampall Mór tríd an sneachta. Agus is mise, agus ní hé mo mhalairt, a chaith dhíom iad ag cúl an tí, chun dul de dhruím an fhalla".

Do tháinig ciúnas ar fuaid na cúirte le línn na bhfocal san. Tháinig iúntas thar na beartaibh ar a raibh láithreach, ar an gcoiste, agus ar na daoine laistíos, nuair ' airíodar an foílsiú seo chómh hobann gan choinne.

Do choinnibh Micil greim creathánach ar an ráil. Bhí sé lag tar éis an taom fada breóiteachta, agus 'na theannta san, do tháinig faitíos air nuair ba léir do an ciúnas a tháinig sa chúirt le línn a chuid cainnte. I gcionn tamaill, do thosnaigh arís.

"Mise, a Thiarna Breithimh, ní hé Mícheál Ó Duíbhir ansan, a bhí i dtigh an aidhbhéardaí an oíche sin. Is me ' chaith uaim an chasóg agus an hata, ag dul de dhruím an fhalla. Ní raibh Mícheál Ó Duíbhir

---

335 This is preferred in this edition to the *go heasaonta* of the original. See the Glossary.

Caibidil 35

níos cóngaraí don Teampall Mór ná cábán na mná boichte an oíche sin, agus 'na dhiaidh san chuas go tigh Bhean Uí Chínnsealaigh, mar ar tháinig taom breóiteachta orm. Ach ní me ' mhairbh é. Bhí sé 'na shuí marbh—chómh marbh le hArt—'na chathaoir, nuair a chuas isteach, agus is iad na súile fiaine ag féachaint orm a tharraig an bhreóiteacht orm. Tá na súile fiaine sin ag imirt orm ó shin. Nuair a bhíos breóite, agus an t-éagruas orm go trom, do chínn na gealshúile céanna ag féachaint orm, trí chruitíní na leapa, agus tríd an bhfinneóig, agus i lár na hoíche nuair a bhíodh an cruitín sin leogaithe anuas. Is beag ná go samhlaítar dom go bhfeicim anois féin iad".

Cé nár labhair Micil an-árd, d'airigh gach aon duine sa chúirt an uile fhocal dá nduairt sé. Do stop sé tamall is do thosnaigh arís:

"Ní raibh, a Thiarna Breithimh, aon lámh ag Mícheál Ó Duíbhir ann, ná agam-sa. Cad 'na thaobh nár chuas go dtí na píléirí?, adéarfá, b'fhéidir. Cuímhním féin go minic ar an rud céanna, ach dá dtéadh éinne dá bhfuil láithreach isteach sa tseómra úd, agus an fear marbh a fheiscint 'na shuí in' aonar ann gan aon ghlór le clos ann, ach "tic teac" an chluig, cómharthaí an bháis ag cruadh agus ag daingniú ar an aghaidh agus an ghile ghloiní ag tosnú ar theacht 'na shúilibh— radharc scannrúil dob ea é—ní hag cuímhneamh ar cad ba cheart do a dhéanamh a bheadh sé, ach ar an slí ab fheárr agus ba chóngaraí dho chun teitheadh ón radharc".

Do stop Micil arís. Bhí sé tar éis labhairt chómh tiubh agus chómh láidir is d'fhéad sé. Do thosnaigh sé arís.

"A Thiarna Breithimh—"

Ach do tháinig bualadh ag an ndoras a chuir stop leis. D'oscail an píléir a bhí ar gárda é. Do shéid an ghaoth fhuar scalaoideach isteach tríd an gcúirt a bhí lán de theas agus ag brúchtaigh le daoine. Do bhrúigh roinnt daoine isteach leis. Do hairíodh cainnt agus glór garbh. Tháinig an tAthair Ó Conchúr, agus Billy an Bearbóir, agus mórán eile isteach sa chúirt, agus gan aon toradh acu ar airm na saighdiúirí a bhí ag spréacharnaigh go gléineach le solas na lampaí, ná ar dhroch-fhéachaint ghiúistísí Thiobrad Árann a bhí 'na suí in áirde i dteannta an bhreithimh.

Ar feadh roinnt neómataí níor fhéad éinne a dhéanamh amach cad é an bhrí a bhí leis an bhfothram, ach do tuigeadh dóibh go léir, agus níorbh fhios cad é ba bhun leis, go raibh rud éigin éagsamhail le titim amach.

Caibidil 36

Bhí moíll mhór ar an innealthóir in otharlainn na máirnéalach i Sebastopol, agus arís i *station* an airm i Scútarí. Agus shrois sé Lúndain, é féin agus Aodh, tráthnóna áirithe go luath san earrach.

Nuair a thánadar go *station* Charing Cross, do scaradar lena chéile i gcómhair na hoíche. Bhíodar chun bualadh um á chéile arís maidean lar-na-mháireach.

Do fuair an t-innealthóir carráiste chun é ' bhreith go dtí a dhaoine muínteartha. Bhí beagán aithne ag Aodh ar an gcathair ó bhí sé ann cheana, is do thug sé aghaidh ar Ghloucester Place fé dhéin Thomáis. Chuímhnigh sé go mbeadh cúntaisí móra aige siúd ó Thiobrad Árann.

Dhein sé ar an ndoras mór agus do bhuail. 'Sé Tomás féin a tháinig á oscailt. Do baineadh preab as. Do dhrid sé i ndiaidh a chúil agus sceón ann.

"Ó, a Thomáis", arsa Aodh go háthasach.

"Cad é?", arsa Tomás, is do dhrid siar uaidh.

"Ná cuímhníonn tú orm, a Thomáis?"

Caibidil 36

"Ní—ní dó' liom go gcuímhním", arsa Tomás, ag féachaint i dtaobh thiar de, díreach mar a bheadh sé chun léimt an staighre síos.

"Mise Aodh—Aodh de Róiste", ar seisean, is do chuímhnigh sé go raibh athrú mór éigin tagaithe air, an fhaid a bhí sé os cómhair Sebastopol, i bhfad níos mór ná mar a cheap sé.

"Mise Aodh de Róiste", ar seisean arís.

"Nár leogaidh Dia sin", arsa Tomás, is do tháinig driuch an bháis air. "Nár bádh Aodh de Róiste sé mhí ó shin?"

"Mar sin é, an ea?", arsa Aodh, agus do tháinig an-iúnadh air i dtaobh an saghas fáilthe a bhí roimis gan coinne leis. Ansan do thuig sé an chuma go raibh an scéal. "'Sea, is mise Aodh de Róiste, is níor bádh in sa Tuime me, baochas le Dia. Dún an doras, a Thomáis, mar a dhéanfadh fear maith is ná bí 'om chimeád im sheasamh anso. Tá tart agus ocras orm is ní hé seo an fháilthe ba bhéas linn i dTiobrad Árann".

"Agus is tu atá ann, a Aodh", arsa Tomás go ríghin, agus é ag cuímhneamh go mb'fhéidir gurbh é a dhuine muínteartha a bhí ann. "Go saoraidh Dia na n-uile chómhacht sinn. Tair isteach go bhfeicead tu. Tair anall go dtí an solas go bhféachad ort. Baochas mór le Dia, is tu 'tá ann, a Aodh. Dia idir sinn agus an t-olc, cad d'imigh ort in aon chor? Nú cár ghabhais? Is mó agam tu ' fheiscint ar an neómat so ná dá mba liom cliathán Shliabh na mBan".

"Agus na giorraithe breátha go léir atá ann anois", arsa Aodh, ag cur sceartadh gáire as. "Ach, a Thomáis, anois díreach is ea a thánag leis an dtraein ó Dhover, tar éis na gcéadta míle a chur díom ar muir is ar tír. Tá tuirse agus ocras orm, agus tá ampla orm chun tuairisc Thiobrad Árann d'fháil. Ná bí 'om chimeád im sheasamh anso".

Caibidil 36

"'Sea, más ea", arsa Tomás. "Téanam ort—'sé sin, más tu 'tá ann, ach maran tu, bheinn baoch díot dá mbailíthá leat i dtaobh éigin eile".

D'fhéach Tomás chómh dáiríribh go dtug Aodh súnc do an staighre síos, á chur in úil do nách é a shamhailt a bhí ann, agus láithreach bonn bhíodar araon 'na shuí ag tine bhreá dhearg agus gal ag teacht as an gciteal lena n-ais, agus gloiní ar an mbórd agus buidéal go raibh dath breá craidhreac air le solas na tine d'árdódh an misneach i gcroí an duine a bheadh suaite seirgthe.

Bhí mórán scéaltha acu le hínsint dá chéile, ach do chuir Aodh a chuid féin ar an méir fhada chun go bhfaigheadh sé tuairisc Thiobrad Árann ar dtúis. Do chuir gach tuairisc iúnadh níos mó ná a chéile air: an iarracht a tugadh fé iad a chur amach; marú an aidhbhéardaí agus gabháil Mhichíl Uí Dhuíbhir; abhar machnaimh fhada dhoimhinn do gach ceann fé leith acu.

Ach seana-scéaltha gan bhrí ab ea iad san go léir do Thomás, is do bhí ana-dhúil aige eachtraí iúntacha an fhir eile d'aireachtaint, agus d'innis Aodh dho a chúrsaí tríd síos, ón uair a tógadh amach as an dTuime é go dtí an lá a bhí sé ar an gcéad fhear ag léimt isteach i lár an Redan, agus d'éist Tomás go cruínn leis an uile phioc de.

Ach is é an rud is mó a chuir iúnadh ar fad air an chuma go dtáinig sé saor.

"Ní folair nú gur mhaith an fear é", arsa Tomás, ag moladh an oifigigh Rúiseánaigh a bhí chómh maith san do, agus a dhein cúiteamh cineálthais leó, "ach cad a dheinis leis an mála agus leis an gcás a thug an Rúiseánach eile dhuit?"

"Sid é é", arsa Aodh. Do this'eáin sé an mála dho agus é clúdaithe le croiceann mín clúmhach, agus an leitir 'M' ar an nglas, agus ar na cliatháin. "Chailleas an eochair ar an slí go dtí an t-árthach i

Caibidil 36

Sebastopol, is ní raibh aon ghá agam len' oscailt ó shin. Níor mhaith liom an glas a bhriseadh. Táim ag brath ar eochair ' fháil i Lúndain".

"Dar an ngabhar so, ach tá rud éigin fónta ansan", arsa Tomás go tuisceanach, ag féachaint ar an mála breá.

"Ní dó' liom san", arsa Aodh. "Tá sé ró-éadrom. Níl ann ach scríbhneóireachtaí. Ní thabharfadh an duine uasal uaidh é chómh símplí sin, pé hé féin, dá mbeadh aon tsaibhreas mór ann".

"Tá sé soiléir go leór gur thóg sé tu in annracht duine éigin eile, agus creid m'fhocal leis go bhfuil luach airgid ann. Tá mórán dá shaghas feicithe agam-sa, ach sin é an ceann is breátha a chonac riamh".

"Cad 'déarfá dá n-osclaímís é, más ea?", arsa Aodh. Chonaic sé gur mhaith le Tomás é ' fheiscint.

"Ach conas ' fhéadfá é ' oscailt?", arsa Tomás, agus ana-dhúil aige an taobh istigh de d'fheiscint.

"Faigh siséal dom", arsa Aodh, "is is geárr an mhoíll orm-sa é d'oscailt".

"Seo dhuit é", arsan fear eile, ag síneadh an tsiséil a fuair sé i mbosca na n-úirlisí san iorchain chuige, "agus feicimís ar leog an Rúiseánach aon rud fónta chúinn".

Do bhuail Aodh roinnt bhuillí ar an siséal agus do dhein píosaí den ghlas.

Bhí an taobh istigh den mhála lán de phócaíbh beaga, agus iad líneáltha go hálainn le síoda agus le fionnadh.

Caibidil 36

"Teachtaireachtaí iad so don Ímpire ó árdoifigeach éigin—Menschikoff féin adéarfainn. Tá an leitir 'M' buailthe in ór is gach cuid de".

"Cuirfidh mé geall nách ea, ná aon ní dá shaghas", arsa Tomás, "ach nótaí Rúiseánacha. Chonac-sa go minic cheana na páipéir iasachta so ag fear an airgid féin", agus é á dtógaint amach go mall 'na mbulcaíbh a pócaíbh an mhála. "Agus seo ceann eile, agus seo ceann eile agus tuilleadh fós, seo".

"'Bhfuilir deimhnitheach gur nótaí Rúiseánacha iad?", arsa Aodh agus iúnadh air.

"Deimhnitheach sealbhaithe", arsa Tomás. "Tá aithne agam orthu chómh maith agus 'tá ar nótaí Sasanacha, ach ná féadfainn a áireamh an mór atá iontu. Tis'eánfam d'fhear an airgid é nuair a thiocfaidh sé isteach. Ná bíodh eagla ort ná go n-aithneóidh sé sin an mór is fiú iad".

"Tá go maith", arsa Aodh, "ná hinnis do go bhfuilim-se anso. B'fhéidir ná taithnfeadh leis an dTiarna Othorpe me ' bheith anso anois, ach oiread is do thaithn riamh".

"Ní bhacfaidh an Tiarna Othorpe tu, creid me leis. Do chuir marú an aidhbhéardaí scannradh air. Cimeádfaidh san macánta é go fóill. Táim á chuímhneamh go bhfuil abhras eile sa tseól aige. Chím i gcónaí ag rith i ndiaidh fhir an airgid é".

"Cad é an rud eile é seo sa mhála?", arsa Tomás ag oscailt póca eabhair go raibh cleaspa óir á dhúnadh. "An leitir 'M' arís", ar seisean. "Tá 'M' is gach aon áit ann".

"Oscail é", arsa Aodh is do dhiúg sé a ghloine go bun. "Oscail é agus feicimís cad 'tá ann".

Caibidil 36

D'oscail Tomás é.

D'iompaigh Aodh ón ngloine, is tháinig iúnadh air nuair a chonaic sé an lonnradh solais d'éirigh as an mála. Pé rud a bhí ann, bhí an solas ag spréacharnaigh anonn 's anall fé mar a chorraigh Tomás 'na láimh é.

"Neósfad duit cad 'tá ann, a Aodh. Tá do thógaint den tsaol ann. Tá do chuid aráin beirithe".

"Mo chuid aráin beirithe, a Thomáis. Conas?"

"Clocha seóid iad so", arsa Tomás, de chroí dáiríribh.

"Clocha seóid", arsa Aodh, agus iúnadh air.

"Ní hiad a malairt iad. Tá a leithéidí feicithe go mion minic agam-sa ar mhnáibh uaisle nuair a théinn go dtí fleathanna le cois fhir an airgid. Ach ní fheaca riamh a leithéidí seo le feabhas. Deirim leat go raibh seans ort, agus ní seans go dtí é".

Do buaileadh an doras. D'airíodar fothram capaill agus carráiste ar an ngrean. Chuir san in úil dóibh go raibh fear an airgid ag teacht.

Chuaigh Tomás ag triall air is rug leis bulca billí 'na dhorn, is d'fhíll sé fé cheann leath-uair a' chluig agus driuch mór-dháiríribh air.

"'Sea, ar this'eánais do iad?", arsa Aodh.

"Níor this'eánas", arsa Tomás go duairc. "Níor dheineas. Tá eagla orm go bhfuil rud éigin air. Tá dath an mhairbh air, agus é ag cainnt leis féin gan stad. Is dó' liom gurbh é a bhí aige á rá: 'Creachta—creachta—creachta!' Chuir an fhéachaint a bhí aige scannradh orm".

"An bhfuil sé breóite?", arsa Aodh.

Caibidil 36

"Tá, nú níos measa", arsa Tomás go buartha. "Tá sé creachta. Tá ' fhios agam go bhfuil mórán gofa 'na choinnibh le déanaí. Níl aon chabhair bheith ag cur cathaithe air anois led chuid airgid-se".

"Nílir á rá—", arsa Aodh agus do stop sé.

"Ní fheadar", arsa Tomás de chogar, "ach tá droch-amhras agam as an scéal le déanaí. Sid é an clog arís".

Rith Tomás an staighre in áirde agus d'fhíll arís láithreach. Bhí aghaidh air féin ansan chómh mílítheach leis an aghaidh gur innis sé 'na taobh ó chiainibh.

"A Aodh", ar seisean go creathánach de chogar. "Tá an máistir imithe amach agus tá rud éigin air. Féach, sin é mo chuid go léir. Bhí sé fágtha ar a láimh agam", agus this'eáin sé dho rolla nótaí a bhí aige 'na dhorn. 'A Thomáis', ar seisean, 'pé daoine a chreachfad, ní dhéanfad tusa a chreachadh. Seo dhuit do chuid airgid. Tá brath agam go ndéanfaidh sé níos mó tairbhe dhuit-se ná a dhein airgead dómh-sa. Tá cathú orm aon lámh a bheith agam riamh in airgead. Ná bí ag fanúint id shuí liom. Ní fhíllfead go maidean'. Is é mo thuairim", arsa Tomás go ciúin agus sceón ann, "go bhfuil rud éigin scannrúil le baint do agus leanfad é".

"Raghad-sa leat", arsa Aodh.

"Maith an fear", arsa Tomás, ag breith ar láimh air le gradam. "Sin é an doras ag dúnadh. Téanam ort. Cuir na rudaí seo sa chupúrd go dtagam thar n-ais. Brostaigh ort, nú beidh sé imithe".

Chuireadar díobh an staighre suas agus amach an doras, agus chonaiceadar fear an airgid ag dul isteach sa charráiste agus ag tomáint leis go tapaidh.

Caibidil 36

"Coinnibh radharc ar an gcarráiste sin", arsa Tomás le gíománach agus é ag dul isteach i gcarráiste, "agus tabharfaidh mé sabharn duit".

"Tá go maith", arsan gíománach.

Síos leó an tsráid leathan mar a raibh mórán daoine agus carráistí, agus soílse go tiubh, agus tríd an Strand agus Fleet Street agus ansan trí shráideanna uaigneacha, an charráiste ag imeacht go tapaidh agus an gíománach eile 'na dhiaidh, amach thar imeallaibh na cathrach, agus i ndeireadh bára, fén dtuaith.

Do stop an charráiste agus do stop an tarna ceann leis.

"Dar fia, seo sinn anso ar Hampstead Heath", arsa Tomás.

"Cad a bheadh anso uaidh? Stop neómat. Cad a thug ann é?"

"Is deocair a rá. Cad é an saghas áite í?", arsa Aodh de chogar, agus iad ag teacht amach. Do sheasaíodar i dtaobh thiar dá gcarráiste féin.

"Áit fhiain, mar ' bheadh Sliabh na mBan, dá mba ná beadh Sliabh na mBan 'na chnuc. Cad a thug ann é?", arsa Tomás.

"Téimís suas agus féachaimís. Ní aithneóidh sé mise", arsa Aodh.

"Téanam mar sin", arsa Tomás.

Do bhuaileadar suas go mall—Aodh ar tosach. Bhí an cóisteóir 'na shuí sa charráiste. Ní raibh éinne eile ann.

"Ca bhfuil do mháistir?", arsa Tomás, mar tháinig sé nuair a chuala sé an scéal[336].

---

336 See *An Músgraigheach* #5, p8. This is substituted for *a tháinig do láthair nuair a fuair sé fios conas mar a bhí*. This sentence was highlighted in bold in this passage in *An Músgraigheach*, showing this to be one of the most

Caibidil 36

"Tá sé imithe suas an Heath", arsan cóisteóir. "Duairt sé liom gan bheith ag feitheamh leis mara mbeadh sé tagaithe thar n-ais i gcionn leath-uaire an chluig".

"Téanam ort, a Aodh, téanam ort. Tá rud éigin scannrúil os ár gcionn", arsa Tomás, agus é ag crith. "Brostaigh agus tagaimís suas leis".

"Cuir díot", arsa Aodh, agus beagán den scannradh air féin.

Do thomáineadar leó suas an Heath, ach ní fheacadar pioc sa doircheacht, ná níor airíodar aon fhothram coisíochta ann.

Do shiúlaíodar anonn 's anall ar feadh uair a' chluig. Ní raibh aon mhaith dhóibh ann. D'fhilleadar go dtí an charráiste a bhí ag feitheamh ag beárna an Heath.

D'fhiafraíodar den chóisteóir ar fhíll sé.

"Níor fhíll", ar seisean.

"Cuardaímís arís", arsa Tomás. "Caithfeam é ' fháil. Tá sé ar fuaid an bhaíll in áit éigin. Téanam ort".

D'imíodar isteach ar fuaid an Heath. Dheighleadar ó chéile. Bhuaileadar um á chéile arís. Bhí tuir féir ann, drisleacha agus gach aon tsaghas clúthairt. Ní raibh sé ann ná a thuairisc. Cár ghoibh sé?

"Gheóbhad-sa é, má théann sé air dom fanúint go maidean", arsa Tomás. "Tá sé ann in áit éigin. Cad 'tá uaidh nú cad 'tá ag baint do?"

Do bhíodar ag cuardach ar feadh na hoíche go dtáinig an mhaidean. Maidean fhuar scéirdiúil ghlas i mí na Feabhra. Ach ní bhfuaradar

---

egregious destructions of DBÓC's Irish in *Aodh de Róiste* as published in 1933.

Caibidil 36

aon tuairisc. Anois is arís do thagaidís go dtí an charráiste, ach b'é an scéal céanna é. Ní bhíodh sé tagaithe.

Bhí an mhaidean ag gealadh, maidean Domhnaigh dob ea í. Do dhírigh cluig na dteampall ar bhualadh ar fuaid na cathrach a bhí féna mbun thíos.

"Ní haon chabhair bheith á chuardach", arsa Aodh, agus é ana-thuirseach tar éis na hoíche. "Cad é an donas a bheadh ar siúl anso aige?"

"Cuardóm arís é", arsa Tomás go neamh-ghéilliúil. "Deighlimís ó chéile arís, agus mara bhfaigheam aon tuairisc air, ragham abhaile".

Thoiligh Aodh.

Ní raibh aon bhrath ag Aodh é ' fháil—ní fheadair sé cad ar a shon—is do dhírigh sé ar fhéachaint ar an gcathair a bhí leata ar feadh na mílthe uaidh fé shimnéitheacha, agus struicíní, agus na céadta sráid agus deatach na maidine ag éirí os a gcionn.

"Ó, a Aodh, tair i leith chúm".

Is ar éigin d'aithin Aodh glór Thomáis, bhí sé chómh hathraithe sin le scannradh.

"Tair i leith, a Aodh. Ar son Dé, tair i leith".

Do rith Aodh féna dhéin, is ní raibh sé i bhfad ag dul ag triall air.

Ansúd ar an dtalamh ar fleasc a dhroma, bhí fear sínte, éadach dubh air agus é mar a bheadh sé 'na chodladh, agus buidéilín beag airgidí len' ais.

Caibidil 36

"Nách greannúr an áit gur thit a chodladh air", arsa Aodh nuair a tháinig sé.

"Ní hina chodladh 'tá sé, ach marbh", arsa Tomás, agus an uile phioc de ar baille-chrith le scannradh. "Tá sé marbh—Dia idir sinn is an t-olc. Féach air seo, a Aodh", agus do shín a mhéar chun an bhuidéilín.

"Cad é fein?", arsa Aodh de chogar, fé mar a bheadh eagla air go ndúiseódh sé an fear a bhí 'na chodladh.

"Nimh", arsa Tomás.

É ' dhúiseacht, an ea, a Aodh?

Ó, a fhir an airgid! A fhir an airgid! Ní dhúiseóidh cogarnach ná an liúireach is déine thu, ná cluig an teampaill an mhaidean Domhnaigh seo. Ní dúiseófar tu nú go séidfar an trúmpa an lá déanach ag glaoch ar na mairbh, ar muir agus ar tír, agus a dhúiseóidh iad idir naoimh agus peacaigh.

Ó! A fhir an airgid! A fhir an airgid!

Caibidil 37

Do bhuail Aodh agus an t-innealthóir óg um á chéile de réir an choinne a bhí déanta acu. Ach in inead bheith go meidhreach súbhach tar éis a dhaoine muínteartha d'fheiscint, is amhlaidh a bhí a cheann fé aige agus é go dúbhach.

Bhí Aodh chun cúrsaí na maidine agus na hoíche ' ínsint do, ach do stop sé nuair a chonaic sé an fhéachaint bhuartha a bhí aige, agus d'fhiafraigh sé dhe cad a bhí air.

Caibidil 37

"Creachadh—a Aodh—scrios agus creachadh. Táimíd fágtha fuar dealbh. Ár dtigh-na, an tigh is sine agus is creidiúnaí ' bhí i Lúndain, dúnfaidh sé amáireach. Agus rud is measa ná san, fágfaidh sé fuar dealbh na mílthe de dhaoine macánta chómh maith linn féin. Tá m'athair scriosta. Tá sé curtha as na céadta mílthe ag cairteacha fallsa is ag urraithe bréag-ghrafaithe, agus ar maidin amáireach beidh a ainm ar liost na ndaoine briste. Agus é sin go léir déanta ag fear go raibh an-iúntaoibh againn as. Ní bhfuair sé amach é go dtí inné".

"Ní hé gurb é fear an airgid é?", arsa Aodh.

"An fear céanna san. 'Bhfuil aithne agat air? Is as aon dúthaigh amháin díbh".

"Ní bhaineann sé le haon dúthaigh ó mhaidean. Fuaradh marbh é ar Hampstead Heath. Thug sé nimh do féin", arsa Aodh.

Ní mór ná gur mó é iúnadh an oifigigh ná an bhuairt a bhí air. Má bhí aon bhrath aige go bhfaigheadh a athair cúnamh uaidh chun teacht as a dheacraí, ní raibh aon chaoi aige air anois, ó bhí sé marbh. Cé eile ' fhéadfadh iad a réiteach, na cairteacha fallsa, agus na hurraithe bréagacha, agus na billí gan bhunús a cuireadh amach le hionchas, sara mbreithnítí go cruínn, go dtiocfadh airgead chuige as na margaí mar a raibh a chuid leogaithe aige, ach 'na gceann is 'na gceann do theipeadar san go léir mar a bheadh bárr mí-sheans leis. Tháinig creachadh ar druím chreachta air, agus rith a chínn le fánaidh air in aghaidh an lae, agus na céadta mílthe aige á gcailliúint go dtí, ar deireadh thiar thall[337], go raibh milleón go leith púnt fiacha air.

"Táimíd creachta glan amach", arsan t-oifigeach le diomá, "agus ní sinn féin amháin, ach déanfaidh ár mbannc-na scrios agus buairt agus díol déarca do sna mílthe eile a thug iúntaoibh linn, agus do chuir a gcuid airgid isteach chúinn chun coigilt agus tairbhe gan baol a chur

---

337 See *An Músgraigheach* #5, p8. This is substituted for *ar deireadh an áirimh thiar*.

Caibidil 37

in áirithe dhóibh. Do leogadh amach é ar mhargaí fallsa agus ar urraithe bréagacha nárbh fhiú iad an páipéar ar ar scríodh iad".

Bhí oiread buartha agus bróin ar an oifigeach óg, agus oiread ceana ag Aodh air, nár fhéad sé foighneamh gan an bhuairt chéanna ' theacht air féin.

Ach do chuímhnigh sé láithreach ar an mála taistil go raibh an saibhreas go léir ann.

"Níor dhún Dia beárna riamh ná go n-osclódh sé ceann eile", arsa Aodh, "agus má bhuaileann tú umam anso ar maidean amáireach ar a deich a chlog, b'fhéidir go mbeadh athrú scéil againn. B'fhéidir go bhféadfainn-se féin rudaí a shocrú".

Do tuigeadh don oifigeach óg gur shuarach an baochas é an leamhas magaidh sin ag Aodh, tar éis a chineálthais féin, ach ní duairt sé aon ní.

"Nílim ag rá an méid seo gan chúis", arsa Aodh, nuair a thug sé fé ndeara nár thaithn an scéal leis an oifigeach, "peocu 'tá bunús leis nú ná fuil—ní fheadar fós—ach ar aon tslí nílim á rá so gan chúis".

Do chonaic an t-innealthóir go raibh sé dáiríribh agus d'imigh sé. Tháinig Aodh thar n-ais go Gloucester Place. Bhí na dallóga ar na finneóga. Bhí carráistí ag teacht go tiubh go dtí an doras ag cur tuairiscí. Bhí ráflaí éidearfa ar fuaid na cathrach cheana féin, mar gheall ar an mí-ádh, agus bhí daoine go tiubh ag siúl ar an ngrean ar aghaidh an tí mhóir amach, ag teacht ag lorg eólais, agus eagla ar chuid acu roim scéal an lae amáirigh.

Bhí aingeal na dochraide agus an mhí-fhoirtiúin go gnóthach ag lámhach na saíghead nímhe i gcéin is i gcóngar an Domhnach san go léir, agus bhí sé i ndán do mhaidin an lae amáirigh an scéal a chur

Caibidil 37

tríd an oileán go léir, ar a fhaid agus ar a leithead, mar aon le buairt agus le brón agus le dealús.

Rug Aodh leis an mála ó thigh fhir an airgid. Bhí a chorp san sínte i seómra ann, fé dhoircheacht agus fé chiúnas. Ní raibh 'na thímpall ach na cómharthaí a bhain le bás gan beannaitheacht. Do chodail Aodh an oíche sin i gceann de sna tithibh ósta.

Ar a deich a chlog ar maidin do chuaigh sé go dtí oifig an bhrócaera, mar a raibh coinne déanta aige leis an innealthóir.

Bhí na cléirigh go léir 'na suíocháin. Thug Aodh fé ndeara ná raibh aon rud ar siúl acu, ach ag cogarnaigh le chéile treasna na mbórd.

"Samhlaítar do sna daoinibh seo, pé scéal é, go bhfuil an gnó ar fiúnraí", arsa Aodh leis féin.

Bhí sé ag cuímhneamh ar conas a thosnódh sé leis an mbrócaer nú conas a neósfadh sé dho an chuma ghreannúr gur fhág sé Lúndain an oíche áirithe úd.

Ach fuair sé amach ná raibh aon ghá aige leis an scéal a mhíniú. Bhí sé dearúdta baileach glan ag an mbrócaer, chun gur innis an mac an scéal do. Is ansan do chuímhnigh sé air. Ach 'na dhiaidh san féin, bhí an iomarca eile ag déanamh buartha dá aigne chun aon tsuím a chur ann. Bhí sé 'na shuí i dteannta an mhic san oifig, agus leabhar an chúntais dúnta ar an mbórd len' ais, agus féachaint bhuartha dhealbh aige.

Do shín sé a lámh chun Aodh go neamh-shuimiúil agus do lean sé ar a chainnt leis an mac. Ní raibh sa chómhrá go léir ach ínsint ar chreachadh agus calaois agus mí-fhoirtiún—a chuid féin agus cuid na ndaoine a thug iúntaoibh leis agus iad creachta ag urraithe lofa, agus é go léir caillthe. D'osclaíodh sé an leabhar anois is arís agus d'fhéachadh sé ar an gcúntas a bhaineadh leis an nduine seo nú an

Caibidil 37

duine úd, féachaint an mór a bhíodh ag dul dóibh; do dhúnadh sé arís é, agus do tharraigeadh osna le buairt agus le brón agus le cathú.

"Ní mór ná go gceapaim", arsa seisean nuair a dhein sé áireamh ar liosta mhór fhada, agus d'fhéach sé ar an iomlán go troma-chroíoch, "gur dhein fear an airgid an ceart".

Nuair aduairt sé é seo, thug sé súil ar pháipéar na maidine, mar a raibh tuairisc ar scéal na tubaiste i leitreacha móra troma os cómhair an tsaeil.

Cheap Aodh gur mhithid do féin labhairt, agus d'innis sé dhóibh go cruínn agus go comair an rud gan choinne a fuair sé um thráthnóna Dé Sathrainn. Chuir sé iúnadh mhór ar an mbrócaer agus ar an mac.

"Tá áthas orm an seans a bhuail tu, más seans é. Ach 'sé do chuid féin é. Ní bhaineann sé linn-na ar aon tsaghas cuma, ach go bhfuil áthas orainn é ' bheith de sheans ort".

"Ach baineann sé leat", arsa Aodh go daingean. "Mara mbeadh go mbaineann, ní thiocfainn á ínsint duit. Baineann sé leis seo, chómh maith agus a bhaineann sé liom-sa", ar seisean ag tagairt don oifigeach óg. "B'fhéidir níos mó, de réir mar ' thit an scéal amach".

D'eitigh an t-oifigeach óg aon bhaint a bheith aige leis, agus duairt Aodh go gcaithfeadh a bheith, gur leis is mó a bhain sé, nú, ar an dtaobh eile dhe, go gcaithfidís é ' roinnt.

Thugadar tamall ag cur 's ag cúiteamh air go múinteartha, agus i ndeireadh bára thoilíodar ceann de sna nótaíbh a thabhairt don chléireach chun é ' bhreith síos go dtí an Giúdaíoch a bhí i Lána Niocláis chun é ' shóinseáil, féachaint an mór ab fhiú é. Ní raibh puínn aithne ag an mbrócaer ar nótaí na Rúise mar a bhí ag an nGiúdaíoch úd, an té a chonaiceamair cheana ag deighleáil le fear an airgid.

Caibidil 37

Bhíodar mí-shuaimhneasach chun gur fhíll an cléireach, ach d'imigh san díobh mar a tháinig sé. Dob fhiú míle púnt d'airgead Shasana an bille, is do dhíol an Giúdaíoch amach an méid sin go tapaidh, ach a choimisiún féin a bhaint as.

Scéal maith ab ea é sin. Do réitigh sé thar bárr le hAodh. Dob aoibhinn lena chroí é ' bheith i gcumas do chúnamh a thabhairt chun a charad a chosaint ar chreach agus ar mhí-chlú.

Do chuir sé é féin mar cheann ar an ngnó ansan, do dheimhnigh sé go gcaithfaí na nótaí go léir a chómhaireamh agus iad a chur ar láimh an bhrócaera. Is ar éigin a fhéad an brócaer fós an Giúdaíoch a chreidiúint, bíodh, ar gach ócáid go dtí san, go mbeadh sé chómh siúráltha dhe[338] is ' bheadh sé d'éirí na gréine ar maidin. Dá dheascaibh sin, thug sé iad go léir don árdchléireach chun iad a chur isteach 'na chúntas féin i mbannc Shasana. Bhí rud éigin os cionn trí chéad acu ann.

Fé cheann tamaill do tháinig an duine uasal san thar n-ais[339] is a leabhar baínnc aige. Do ghlac lucht an bhaínnc iad go tapaidh agus do cuireadh 'na chúntas iad[340].

Do tharraig an brócaer osna fada le háthas nuair a chonaic sé méid an airgid breacaithe i leabhar an bhaínnc.

Bhí sé níos mó ann ná an t-éileamh, is bhí sé anois 'na chumas na glaeite go léir a fhreagairt, agus a cháirde go léir a shábháil ó dhealús, agus é féin ó scannal.

---

338 See *An Músgraigheach* #5, p8. This is substituted for *chomh hiúntaoibheach as.*
339 See *An Músgraigheach* #5, p8. This is substituted for *ar ais.*
340 See *An Músgraigheach* #5, p8. This is substituted for *do cuireadh chun creidiúna dho iad.*

Caibidil 37

"Ní haon chabhair dom beith ag gabháil baochais leat", ar seisean le hAodh, is do tháinig deóracha lena shúilibh le háthas agus do theip air iad a cheilt. "Rud ró-shuarach is ea bheith a d'iarraidh baochais a ghabháil leat i dtaobh na maitheasa go léir atá déanta agat dom, agus 'na theannta san ní fhéadfainn baochas a ghabháil leat go fóill, táim chómh corraithe sin leis an scéal áthais".

Ach chun athrach scéil a tharrac chúthu, d'fhonn laígheadú a dhéanamh ar a dhéine ' ghoíll ualach an áthais orthu, duairt Aodh, chómh greannúr agus ' leogfadh an chorraitheacht do é:

"Ní hé sin mo chuid saibhris ar fad". Tharraig sé amach an cás eabhair go raibh na cleaspaí óir air, is do bhuail os a gcómhair amach é.

"An cuímhin[341] leat é seo?"

"Is cuímhin", arsan t-innealthóir.

"Féach", arsa Aodh, á oscailt.

"Clocha seóid is ea iad, rudaí árdluachmhara leis", arsan brócaer. Bhí togha aithne aige ar a leithéidí. Thóg sé 'na láimh iad.

"'Sea, cuir i gcás go bhféachfaimís 'na ndiaidh chun iad a dhíol. Ní dócha go gcaithfead-sa choíche iad", arsa Aodh, is do chuir sé sceartadh gáire as.

"Is fiú airgead gan teóra[342] iad san", arsan brócaer, agus na seóid bhreátha ag spréacharnaigh 'na láimh.

"Sin mar is feárr é", arsa Aodh go sásta. "Díolfaidh san sinn-na as an rás a dheineamair suas cliatháin an Redan i gcoinnibh piléar na Rúiseánach".

---

341 See *An Músgraigheach* #5, p8. This is substituted for *an gcuímhin*.
342 See *An Músgraigheach* #5, p8. This is substituted for *gan chuím-se*.

Caibidil 37

"Agus gur tusa ' bhí ar tosach", arsan t-innealthóir, agus é lán d'áthas i dtaobh an ratha a bhuail le hAodh.

"Agus gur tusa a rug ann me—agus tu go dlúth lem shálaibh", arsa Aodh go suairc.

Do chroith an brócaer a cheann mar gur tuigeadh do nár cheart iad a dhíol sa ghnáth-shlí. Bhíodar ró-álainn, ach do dhuine fánach go mbeadh 'na chumas a leithéidí a bheith aige.

I gcionn tamaill do chuímhnigh sé ar sheana-chomrádaí dho a bhíodh ag deighleáil i gclocha luachmhara, agus a cheannaíodh iad ar choimisiún. Cheap sé go dtis'eánfaidh sé dho iad mar mheastóir. Do fuair sé carráiste is do thomáin an triúr isteach sa chathair go dtí tigh an cheannaí seód.

Ní raibh deallramh ró-shaibhir ar an dtigh lasmu'. Isteach leó, agus bhí an duine uasal a bhí uathu 'na shuí i seómra ná raibh aon treó air, ná puínn solais ann; caipín clúmhach ar a cheann, agus cóta doirtithe uime.

"Aithním iad", arsan ceannaí nuair a bhí féachta aige orthu, agus é á n-iompáil anonn 's anall aige sa tseómra dhorcha. "Do cailleadh iad lá gabhála Sebastopol. Ba leis an bPriúnsa Menschikoff iad. Cuid de sheódanna coróinneach na Rúise, agus an Czar Nioclás do thug go fial mar thabharthas do súd iad, roinnt laethanta roimis sin, de bhárr a chrógachta ag cosaint Sebastopol. Ach ar a shon san is uile, ceapaim féin", ar seisean, agus é ag féachaint orthu le taithneamh, "gur do Toddleben ba cheart iad a thabhairt. Ach ní bhaineann san linn. 'Sé atá agam-sa le rá go bhfuaras scéala inné ó Pharis iad a cheannach, dá gcastí orm iad á ndíol i Lúndain. Bhíodar ag faire margaidh na seód i bParis agus ní bhfuaradar ann iad".

"An mór is fiú iad?", arsan brócaer.

Caibidil 37

"Neósfad duit nuair a bheam 'nár n-aonar—nuair a bheidh do cháirde imithe".

"Ach is leó so iad. Is iad a thug leó iad, duine acu go háirithe", arsan brócaer.

"Má oireann duit ' fhios a bheith agat sid é é", arsan deighleálaí ag tógaint blúire páipéir agus ag scrí' an luacha air.

"An oiread san!", arsan brócaer, agus do leath a shúile air is do shín chun na beirte eile an páipéar.

"Sin é an t-airgead agus sid é an srangscéal. Léigh féin é", ar seisean, ag oscailt a chrínnlín agus ag síneadh an pháipéir chúthu. 'Sé mo choimisiún-sa ná cúig fén gcéad, is caithfar é ' bhaint as san".

"Dar ndó'," arsan brócaer go toiltheanach.

"Caithfidh mé srangscéal a chur go Paris láithreach a d'iarraidh tuilleadh cúntais. Buail umam ar maidin amáireach ag banncc Shasana. Cuirfead isteach an t-airgead i t'ainm-se, tar éis na clocha seóid a bheith curtha ann i dtaisce agat-sa 'na choinnibh. Go n-éirídh an lá libh".

"Agus anois", arsa Aodh leis an mbrócaer, agus iad ag gabháil amach an doras, "féadfair an gnó so a shocrú dhúinn-na amáireach. Tá ana-dhúil agam-sa dul go hÉirinn, is ó ná fuil aon ní eile chun me ' mhoilliú, bead ag imeacht anocht. Cad 'déarfá le dul lem chois?", ar seisean leis an innealthóir. "Do bheadh roinnt laethanta suaimhnis agat agus athrú radhairc".

"Chuirfeadh sé an-áthas orm—níl aon ní ar domhan ab fheárr a thaithnfeadh liom", arsan t-innealthóir.

Caibidil 37

"'Sea", arsa Aodh. "Caithfead imeacht uait anois. Tá beagán eile le déanamh agam. Glaofad chút um thráthnóna agus imeóm anocht".

Bhí ceist ar an mbrócaer na seódanna luachmara san a bheith 'na sheilbh, ach ní sháiseódh aon ní eile Aodh. Do léim sé isteach i gcarráiste, is do thomáin leis fé dhéin Gloucester Place.

D'innis sé do Thomás imeachta na maidine go léir, agus go raibh sé ag tabhairt aghaidh ar Éirinn anocht is thug sé cuireadh dho teacht lena chois. Thoiligh Tomás go tapaidh.

An tráthnóna céanna san d'fhág an triúr óganach cathair Lúndain. Ag féachaint do ar na soílse insna tithibh ar feadh na mílthe slí mórthímpall, ag taithneamh tríd an gceó an oíche Earraigh úd, bhí Aodh ag cuímhneamh ar conas a bhíothas i dTiobrad Árann agus, thar gach ní eile, bhí aghaidh dhathúil Neilí dá shamhlú dho.

Caibidil 38

Is gairid gur thuig gach éinne cad é an bhrí a bhí leis an bhfothram a dhein na daoine ag brú isteach sa chúirt.

Bhí Billy an Bearbóir ann, agus an tAthair Ó Conchúir, agus cailín óg a bhí, mar a bheadh sí ag fáil bháis, acu á breith leó, eatarthu. Tar éis beagán cainnte a dhéanamh leis an abhcóidí[343] a bhí fostaithe ag an Athair Ó Conchúir, ar a chostas féin mar adúramair cheana, nuair a bhí a cuid airgid caillthe ag Neilí, do chuireadar an cailín 'na suí i gcathaoir na fianaise.

D'innis an créatúir bocht so go raibh an bás ag dridim léi scéal an dúnmharaithe dhóibh. D'innis sí conas a chuaigh sí fé dhéin an fhir a bhris a clú agus a saol agus a chuir fé tharcaisne choíche í, a d'iarraidh an airgid a bhí geallta aige dhi, conas mar a shuigh sé sa chathaoir ag cnáid fúithi, agus conas mar ' lámhaigh sí é, agus gur

---

343 See *An Músgraigheach* #5, p8. This is substituted for *abhcóideach*.

Caibidil 38

rith sí amach an doras tríd an sneachta séideáin a bhí ag caochadh agus ag folachadh an tsaeil.

Agus mar dheimhniú ar an méid sin go raibh an saghas céanna piléar a bhí sa phiostal a fuaradh aici féin agus a fuair an dochtúir in inchinn an fhir mhairbh le fáil i simné na hoifige, agus go gcuirfeadh sí an piostal ann leis, ach go raibh an simné ró-bheag do, gurbh éigin di é ' chur 'na póca agus teitheadh.

Do cuardaíodh is do fuaradh na piléir, agus bhí an marc céanna orthu go léir le máchail éigin a bhí ar an múnla a dhein iad, agus chuir san deireadh leis an gcás a bhí i gcoinnibh Mhíchíl Uí Dhuíbhir.

Bhí níos mó dul amach ag Bean Uí Chínnsealaigh ar shaol sráide ná ' bhí ag éinne eile dá daoine muínteartha, agus dá dheascaibh sin, chuaigh sí in éineacht le Neilí mar chuideachtain go Tiobrad Árann, agus do thógadar seómra mar a raibh radharc i bhfad suas an tsráid, go tigh na cúirte, beagnách.

D'órdaigh Bean Uí Chínnsealaigh gan aon chur isteach a dhéanamh orthu. Bhí an cailín bocht corraithe chómh mór san idir dhóchas agus éadóchas nár mhaith léi labhairt a thuilleadh ar an gcás. Ní fhéadfadh sí a thuilleadh a dhéanamh ach paidreacha a rá á iarraidh ar Dhia a hathair a shaoradh, agus a méireanna ag crith ar chlocha an phaidrín. Cad é mar dhúthracht agus mar dhéabhóid a chuir Neilí insna paidreacha san chun Bannrín na bhFlaitheas a fuair a leithéid sin de pheannaid í féin ar an saol so teacht chun cabhartha léi! Agus ní raibh suím aici á chur insna rudaí a bhí tímpall uirthi, ach í ar a glúinibh ag paidreóireacht go truamhéileach i láthair na Maighdine Muire, ag achainí uirthi a hathair a thabhairt saor.

Do chuímhníodh sí ar a daoine muínteartha go léir, idir óg agus aosta, a bhí 'na luí san uaigh, nú éinne go raibh aon chion acu uirthi le gaol nú cóngas nú treabhchas, agus deireadh paidir is Cré ar a paidrín fé thuairim an bheatha shíoraí a thabhairt dóibh, agus á iarraidh orthu

Caibidil 38

san eadarghuí a dhéanamh i láthair Dé na Glóire ar son a hathar an lá san.

Ní fhéadadh sí aon chómhrá a dhéanamh le Bean Uí Chínnsealaigh, ach ag paidreóireacht coitianta, nuair a bhí an uair ag dridiúint léi go mbeadh a hathair ar triail; nuair a chuirfeadh an breitheamh a pheiribhic air, is do shuífeadh na dlítheóirí na n-inead féin, is tabharfaí an príosúnach go dtí an duga, agus nuair a ghlaofadh an cléireach amach "ciúnas"; nuair a chaithfeadh sé seasamh os cómhair dlí agus cirt, agus gur mhinic é sin gan trócaire gan léargas, agus gan de chabhair i ndán do ach bheith ag brath ar Dhia a chíodh gach aon rud, agus go raibh fios gach uile ní Aige chun seasaimh leis.

Cé go raibh Neilí ag seasamh amach i gcónaí i gcoinnibh na ndlítheóirí, ag tathant orthu an cás a phlé ar son a hathar a bhí neamh-chionntach, chaitheadh sí ' admháil nuair a bhíodh sí 'na haonar go mbíodh an ceart acu 'na slí féin, ná raibh puínn le rá in' fhabhar. Bhí na solaoidí go léir ag daingniú an tslabhraidh air. Dá gceaptí d'aon ghnó 'na chómhair é, ní fhéadfaí sás ní ba shlachtmhaire ná ní b'éifeachtaí a cheapadh chun é ' mhilleadh.

Bhí ' fhios san go maith ag Neilí. Dá fheabhas a chuireadh sí as a haigne é nuair a bhíodh sí ag cainnt le lucht na dlí, thuig sí anois é níos feárr ná riamh nuair a bhí an t-am ag dridiúint léi gur bhaolach go gcuirfaí a hathair ar láimh an chrochadóra.

Do tháinig scannradh uirthi nár leog di deóra a shileadh, mar bhí a croí agus a ceann triomaithe le dóiteacht. Do chaith sí í féin ar a glúine agus leog a ceann ar chlár na finneóige ag paidreóireacht go dúthrachtach, le hanaithe agus le scannradh.

Tá eagla orm go samhlóidh mórán daoine ná raibh aon chrógacht i Neilí, agus gur ghnó gan éifeacht aici an phaidreóireacht san go léir, agus in inead bheith ar a glúinibh ar an gcuma san, agus a gruaig ag sileadh léi, gur cheart di bheith ag déanamh rud éigin níos misniúla.

Caibidil 38

B'fhéidir gur cheart, ach níl leigheas agam-sa air. Níl aon ní agam á ínsint ach an rud a dhein sí. Sin a bhfuil.

Ach b'fhéidir gur cheart dom a rá 'na theannta san gur léim sí ó sna paidreachaibh go hobann is gur chaith a gruaig siar ar a drom, agus í in aimhréidh níos measa ná mar ' bhí sí cheana, nuair a hoscladh an doras go hobann agus tháinig fear óg isteach, agus do dhún an doras 'na dhiaidh; gan [oiread agus] beannú roimis, do bhuail anonn chúithi mar a raibh sí 'na seasamh tar éis éirí dá glúinibh.

"A Iníon Uí Dhuíbhir".

"'Sea", arsa Neilí. Do shíl sí gur teachtaire ó lucht na dlí é a bhí ag glaoch chúithi le gnó éigin.

"Tá t'athair ar a thriail inniu?"

"Tá", arsa Neilí go creathánach.

"Tá ' fhios agam. Tá ' fhios agam go bhfuil. Níl ach gur cheapas glaoch chút. Airím go bhfuil ana-bhuairt ort. Ná bí buartha. Níl t'athair cionntach".

"Níl. Níl. Tá ' fhios agam é sin. Tá ' fhios ag an saol mór é", arsa Neilí go teasaí.

"Tá ' fhios agam. Tá ' fhios agam", arsan stróinseir, is níor mhór ná gur leog sé gáire beag nuair a chonaic sé Neilí chómh dáiríribh sin. "Ach níor mhór an tairbhe dho é sin anois. Ach ní chun é sin ' ínsint duit a thánag".

D'fhéach Neilí air agus iúnadh uirthi, ach ní duairt sí focal.

Caibidil 38

"Ní hea", arsan stróinséir go modhail, nuair a chonaic sé an t-athrú ar a haghaidh. "Ní chun é sin ' ínsint duit. Ní bheadh ann ach cailliúint aimsire. Ach deirim an méid seo leat ná crochfar t'athair".

Do labhair sé chómh lom dáiríribh sin, chómh láidir, chómh bunúsach, chómh húdarásach, bhí a laíghead san de mhaíomh ná de bhladhmann, de lagachar ná de stad 'na chainnt, go ndeighidh gach aon fhocal dá nduairt sé go daingean isteach 'na croí agus 'na haigne, fé mar is go labharfadh Fáidh ó sna Flaitheasaibh os a cómhair amach.

An chéad ní ' rith chúithi a dhéanamh ná teacht ar a glúine os a chomhair, ach leis sin do chuímhnigh sí ar rud éigin eile a chuir stop léi—b'fhéidir gur i dtaobh é ' bheith chómh hóg é—ach do stop sí.

"An dó' leat san?" Sin ar fhéad sí a rá.

"Táim deimhnitheach de", ar seisean go réidh.

"Baochas le Dia", arsa Neilí go dúthrachtach. "An dtiocfaidh sé saor inniu?"

"Ní fheadar é sin".

"Ní fheadraís?", arsa Neilí le hiúntas. Tháinig droch-iúntaoibh aici as.

"A Iníon Uí Dhuíbhir", ar seisean go dorrae nuair a chonaic sé a laige.

"'Sea, a dhuine uasail", arsa Neilí, agus luas croí uirthi mar a bheadh ar leanbh leis an bhféachaint dhian a thug sé uirthi.

"Ní thánag anso chun tu ' chur trí chéile, ach chun deimhniú ' thabhairt duit; chun deimhniú ' thabhairt duit, agus deimhním duit é".

"'Sea, a dhuine uasail", arsa Neilí, nuair do stop sé.

Caibidil 38

"'Sé mo dheimhniú dhuit", ar seisean, ag leanúint air, "agus éist leis agus creid é, má daortar t'athair inniu, fiú amháin má daortar inniu é, gheóbhfar neamh-chionntach é 'na dhiaidh san. Saorfar é ar aon tslí, ná bíodh scannradh ná eagla ort 'na thaobh. Ní fhuiliceóidh sé choíche fé láimh na dlí, bíodh sí cam nú díreach".

"Ní—ní thuigim é", arsa Neilí, agus iúnadh agus allthacht uirthi.

"Níl sé riachtanach ort é ' thuiscint, a Iníon Uí Dhuíbhir", ar seisean go pléisiúrtha. Aithneóir mise má chíonn tu arís me. Ná haithneóir?"

Do thóg Neilí a ceann agus d'fhéach sí níos cruinne air, nuair ' airigh sí an cheist ghreannúr so.

Gan dabht d'aithneódh sí arís é. Is beag duine a chífeadh an aghaidh bhán san a bhí líonta d'fhonn gan traochadh agus de neart, agus fuadar gan claonadh gan fiaradh dá thuar inti, is beag duine ná haithneódh arís í. Aghaidh neamh-eaglach go raibh toil agus crógacht inti. Sin é ' cheap Neilí leis an gcaoi ' thug sé dhi é ' iniúchadh.

Bhí sé dathúil caol seang, agus éadach sleamhain dubh air a chuir leis an ngile a bhí ar a aghaidh—sin mar ' shamhlaigh sé 'na súilibh.

"An aithneóir me?", ar seisean, nuair a bhí féachta aici air.

"Aithneód", arsa Neilí.

"Agus beidh caoi agat ar me ' fheiscint go minic, agus féadfair a chasadh liom má ínseas bréag duit. Deirim arís leat gan bheith buartha, is ná bíodh aon dabht agat ann".

Tar éis na ngeallúintí sin a tugadh le hoiread san nirt agus dearfachta, do cheap Neilí 'na haigne gur duine é a cuireadh chúithi mar fhreagra ar a paidreacha. D'fhág sé an seómra gan slán ' fhágaint, díreach mar a tháinig sé ann.

Caibidil 38

"Ar airís an méid sin, a Bhean Uí Chínnsealaigh", arsa Neilí. Bhí sise tar éis bheith ag éisteacht go cruínn leis an gcómhrá go léir.

"D'airíos, a Neilí, a chuid", arsa Bean Uí Chínnsealaigh.

"Cad é do thuairim air[344]?", arsa Neilí agus é ag teip uirthi an scéal a thuiscint.

"Is dó' liom go mbeidh a nduairt sé i gceart".

"An dó' leat san, a Bhean Uí Chínnsealaigh?", arsa Neilí, agus le racht baochais do chuaigh sí anonn agus chuir a lámha tímpall a miníl.

"Creidim. Táim siúráltha dhe".

"Ar aithnís é?", arsa Neilí.

"Níor aithníos".

"An bhfeacaís aon uair cheana é?"

"Is dó' liom go bhfeaca".

"Canad".

"Ní fhéadfainn cuímhneamh air, ach chonac in áit éigin é", arsa Bean Uí Chínnsealaigh, agus í ag machnamh.

"An sa Teampall Mhór é?"

"Ní fhéadfainn a rá canad, dá mbeadh m'anam air", arsa Bean Uí Chínnsealaigh, agus a lámh suas ar a héadan. "Ní fhéadfainn cuímhneamh air".

---

344 See *An Músgraigheach* #5, p8. This is substituted for *cad é do thuairim de?* An alternative *cad é do thuairim as?* is also offered.

Caibidil 38

"Nách greannúr an rud é ' theacht isteach! Cad é do thuairim as?"

"Mo thuairim as, a Neilí? Neósfad-sa dhuit cad é mo thuairim as. Níl aon bhean déanta ná gur cheart di móráil a bheith uirthi é ' bheith mar mhac aici. Ní fheaca a leithéid d'aghaidh riamh ar aon fhear le misneach agus le fearúlacht, is bhí fírinne agus cúmpórd is gach aon fhocal leis—nú ar samhlaíodh duit féin amhlaidh é?"

"Do samhlaíodh", arsa Neilí go macánta.

"Agus mise leis. Níor mhiste iúntaoibh a thabhairt leis siúd, pé hé féin, dá mbeadh a anam air. Tá ' fhios aige siúd cad 'tá aige á rá".

"Is dó' liom go bhfuil ' fhios, a Bhean Uí Chínnsealaigh", is do théigh a croí le dóchas. "Is dó' liom go bhfuil ' fhios".

Rud níos lú ná san a bheadh ag foluain go héideimhnitheach diomuan san aer, chuirfeadh sé dóchas arís 'na croí ag Neilí bhoicht.

"Is dó' liom go bhfuil ' fhios", arsa Bean Uí Chínnsealaigh go dóchasach. "Tá aithne mhaith agam-sa ar an saol, a chuid. Táim i bhfad níos sine ná tusa, agus d'fhéadfainn neart agus misneach agus fírinne a fheiscint 'na chúntanós súd. Tis'eánann súd iad má this'eáin aghaidh fir riamh iad. Tá dóthain aon mhíle fear eile ar mh'eólas d'fhearúlacht in' aghaidh".

"Ach Aodh de Róiste amháin", arsa Neilí, "dá mbeadh sé 'na bheathaidh".

"Ó, 'sea, ach Aodh, a chuid, do dhearúdas é sin", arsa Bean Uí Chínnsealaigh. Do rug barróg uirthi is do dhein í ' phógadh go ceanúil, urraimiúil. Bhí oiread ceana aici uirthi is dá mbeadh sí mar mháthair aici. "Ach Aodh amháin, do dhearúdas é sin, a lao. Do dhearúdas go deimhin".

Caibidil 38

Leis an sruth deór nár dheóra buartha ach maoithe ceana agus cómbá a shil ó shúilibh gorma Neilí ar ghualainn na seanamhná, d'imigh mórán den an-dóchas a bhí ag luí ar a croí leis, agus do neartaigh a misneach agus a cúmpórd.

Do thóg sí a lámha de mhineál na seanamhná, do thriomaigh a súile, is do bhuail anonn go dtí an fhinneóg.

Do liúigh sí amach go hobann:

"A Bhean Uí Chínnsealaigh".

"'Sea, 'sea, a Neilí", arsan bhean eile go hanaithiúil.

"Tair i leith, tair i leith. Brostaigh. Féach".

"Canad, a Neilí?"

"Ar an dtaobh thall. Thall ag an bhfinneóig bháin".

"'Sea, chím. Cad é féin?"

"Féach ar an bhfear ag gabháil suas".

"Go bhfuil an chasóg bhréide air?"

"'Sea. Nách é sin an duine uasal a bhí anso ó chiainibh?"

"'Sé go maith", arsa Bean Uí Chínnsealaigh go ríghin réidh, "anois a chuímhním air".

"Cad air go gcuímhníonn tú?", arsa Neilí, agus iúnadh uirthi i dtaobh an chuma gur labhair an bhean eile.

Caibidil 38

"Aithním anois é, a chuid. Níor fhéadas cuímhneamh cá bhfeaca cheana é. Sin é an dochtúir".

"An dochtúir?"

"'Sea, an dochtúir".

"Cad é an dochtúir?"

"An dochtúir a tháinig chun Micil".

"Cathain?"

"Nuair a bhí sé ag teacht chuige féin".

"Agead thigh-se?"

"'Sea".

"Is greannúr é sin, a Bhean Uí Chínnsealaigh".

"Tá sé ana-ghreannúr; fear críonna dob ea é an uair sin—fear críonna téagartha".

"Dar ndó', bhí se óg caol seang tarraicthe suas anois beag anso againn".

"Sin mar a bhí sé—agus dea-éadaigh. Ach féach an t-athrú atá anois air".

"A chasóg bhréide air, mar a bheadh ar threathadóir", arsa Neilí.

"Thar a bhfeacaís riamh", arsa Bean Uí Chínnsealaigh.

"Cad é an saghas é?"

Caibidil 38

"Ní fheadar".

"Cad a bheadh ar siúl aige?"

"Ní fheadar. Ach ní miste dhuit a rá ná go bhfuil fios a ghnótha aige féin".

"Ní miste dhúinn iúntaoibh a thabhairt leis", arsa Neilí, agus é ag imeacht as a radharc. Do neartaigh an iúnadh a hiúntaoibh as. "Is dó' liom nách miste dhúinn iúntaoibh a thabhairt leis".

"Iúntaoibh a thabhairt leis, a chuid. Níor mhiste dhuit iúntaoibh a thabhairt leis siúd. Dá mbeadh arm tine agus faoir roimis, do gheóbhadh sé tríothu chun a gheallúna do chómhlíonadh. Tá ' fhios agam cad a bhaineann le fearaibh, a ghrá ghil, is d'aithneóinn fear le féachaint air. Tá an iomad den tsaol feicithe agam-sa chun ná haithneóinn".

Chuir an chainnt seo ana-mhisneach ar Neilí, mar bhí sí ar aon dul le dóchas a haigne féin. An deallramh a bhí ar aghaidh mhílítheach an stróinséara, agus na rudaí maithe a gheall sé dhi, tuigeadh di gur theachtaire ó Dhia é ag freagairt a paidreacha íogaire dúthrachtachta.

B'fhéidir é. Ní fheadar ceocu. Is diamhair iad slithe Dé. Ní féidir iad do mheas.

Ach ar aon tslí do ghoibh fear na casóige bréide suas, agus isteach sa chúirt is do shuigh ar an áiléar, do chuir a uille ar an ráil, agus shocraigh a bhas féna smig, agus d'fhair go stuidéartha an chúis a bhí á plé laistíos.

Bhí an bheirt bhan ag feitheamh go neamh-fhoighneach, tamall lán de dhóchas agus tamall eile go han-dóchasach; ag paidreóireacht tamall anois is arís, go dtí gur imigh solas an lae; bhí na réilthíní ag

Caibidil 38

teacht ar an spéir 'na gceann is 'na gceann, is do lasadh na soílse ar fuaid na sráide agus iad fós ag feitheamh.

Ach foraíor, ní tháinig aon scéal ón gcúirt. Bhí an triail ar siúl i gcaitheamh an lae is gan éinne ag teacht a neósfadh conas a bhí ag rith leó. Cé ' thiocfadh? Bhí an scéal ró-olc, is ní maith le héinne tosach an droch-scéil a bheith aige. Bhí an chnáib á sníomh agus á fí agus á casadh agus á daingniú ar mhineál Mhíchíl bhoicht.

Bhí an bheirt ar feadh an lae, agus tamall den oíche, 'na suí ansúd go neamh-fhoighneach ag feitheamh.

"Tá sé déanach. Sin é fead traenach Bhaile Átha Cliath a tháinig isteach ceathrú uaire ó shin. Is iúntach liom gan aon scéal a bheith ag teacht chúinn", arsa Bean Uí Chínnsealaigh.

"Sin cómhartha maith—nách ea?", arsa Neilí.

"Iad a bheith chómh mall?"

"'Sea".

"Is dó' liom é".

"Ach is uathásach é—nách ea?", arsa Neilí, agus í ar baille-chrith, agus do shiúlaigh sí anonn chun na finneóige chun í féin a fhuaradh.

Agus díreach lena línn sin, tháinig liúireach fhiain ghliadrach anuas an tsráid. Ní fhéadfadh a leithéid teacht ach ó scórnacha a bhí tirim tur ó bheith ag feitheamh go ciúin foighneach i gcaitheamh an tráthnóna. Bhí sé mar a bheadh fothram na farraige i gcéin, ag bualadh i gcoinnibh sleasracha fhailltheacha an Mhothair nú dórd na mara coímhthí ag greadadh gan éifeacht in aghaidh carraigreacha Phuirt na Spáinneach ar chósta iarnaí Aontroma, go hárd agus go

Caibidil 38

fíochmhar ag liúirigh, ná féadfá a dhéanamh amach nuair a bheifá tamall uathu ceocu le faobhar feirge nú le háthas é.

An mathshlua daoine ag cnósach, agus ag bailiú, agus ag dul i líonmhaire, agus an glór ag dul in aoirde fé mar a bhíodar ag dridiúint leó, agus nárbh fhéidir a thuiscint cad é an bhrí a bhí leis.

"A Bhean Uí Chínnsealaigh, a Bhean Uí Chínnsealaigh", arsa Neilí, agus scannradh uirthi mar a bheadh sí ar tí titim i laige.

"'Sea, a Neilí", ar sise ag rith anonn chúithi. "Cad é féin?"

"Ná feiceann tú? Ná feiceann tú?"

"An liúireach, a Neilí?", ar sise, agus í geall leis chómh scannraithe le Neilí féin, ag feitheamh leis an scéala a bhí le teacht.

"Ní hea; ní hea; féach anonn".

"Canad? Canad?"

"Ag an lampa thall".

"Ar an sráid?"

"'Sea, 'sea. Féach, Ó, féach. Brostaigh. Táim chun——"

"Chím, táim ag féachaint", arsa Bean Uí Chínnsealaigh, ag iniúchadh sa treó adúradh léi. Ní raibh a radharc chómh géar le radharc Neilí.

"Táim ag féachaint, a Neilí. Is dó', grá Dé", ar sise ag dul i ndiaidh a cúil. "Sin é Tomás, mo mhac, agus an fear san—'na sheasamh len' ais —sin é——"

Caibidil 38

"Ó, a Bhean Uí Chínnsealaigh, a Bhean Uí Chínnsealaigh", arsa Neilí, ag cur a géag tímpall ar a mineál chun í [féin] a chimeád 'na seasamh. Bhí an slua ag teacht anuas an tsráid le gáir áthais, is chuaigh an gháir sin go hárd sa spéir. "Ná leog dom titim. Tá mo radharc ag scaipeadh".

Do rug sí léi an cailín faonlag anonn go dtí an tolg is do shín ann í.

Caibidil 39

Do bhuail Bean Uí Chínnsealaigh an fhinneóg chun araí Thomáis a tharrac uirthi, agus an fhaid a bhí an triúr fear 'na seasamh ar an sráid, agus iúnadh a gcroí orthu i dtaobh na liúirí—mar ní raibh aon chúntas acu san cad ba bhun léi—do ráinig do Thomás amharc beag a fháil ar aghaidh a mháthar[345] ag an bhfinneóig nuair a thaithn an solas uirthi.

"Tá duine éigin anso a aithním", ar seisean go hobann. "Téanam anonn. Ná tair sa tslí ar an slua".

Ach sara raibh uain aici an doras ' oscailt dóibh, bhí an slua tímpall orthu. Bhí fear ar a nguaillibh acu, is níor fhéad éinne den triúr é ' aithint sa doircheacht, ag an liúireach agus ag an léimreach fhiain a bhí ag an slua á dhéanamh, agus, greannúr go leór, do stopadar go léir ag an ndoras céanna, is nuair a hoscladh é, do dhírigh an slua ar bhrú isteach ann chómh maith le Tomás agus a bheirt chomrádaithe, Aodh agus an t-innealthóir, i dtreó gur sádh suas an staighre iad sa bhrú.

Ach do tháinig fear cumasach láidir nár fhéad Tomás a aghaidh d'fheiscint, ach gur samhlaíodh do gur cheart do a shiúl agus a imeacht d'aithint; do bhrúigh sé thórsu; d'oscail doras an tseómra cúil agus do chuaigh isteach.

---

345 See *An Músgraigheach* #5, p8. This is substituted for *aghaidh a mháthair*.

Caibidil 39

"Téanam, a Aodh, go mear", arsa Tomás, is iad ag brú fé dhéin an dorais, agus an slua ag méadú, agus do tomáineadh isteach iad dá ainneóin roimis an muíntir a bhí ag brú an staighre suas.

"An tú atá ann, a Thomáis? Nách orm atá an t-áthas tu ' fheiscint. Cathain a tháinís anall?" Sin iad na focail iúntais a labhair Bean Uí Chínnsealaigh agus í ag breith barróg brád ar Thomás, ag fáilthiú roimis go háthasach.

"Cé hiad súd a bhí led chois, a Thomáis?", is d'fhéach sí tímpall uirthi, féachaint cá rabhadar. Bhí an brú tar éis iad a dheighilt ó chéile, agus do theip uirthi iad d'fheiscint. "Cé ' bhí led chois? Arbh é—?"

"Cad é an bhrí atá leis an bhfothram so ar fad, a mháthair?", arsa Tomás, ag féachaint tímpall air is gan aon tsuím aige insna ceisteanna a bhí aici á chur. Thug sé fé ndeara níos cruinne fear go raibh deallramh feirmeóra air, agus cailín óg ar a bhaclainn, a lámha san tímpall ar a mhineál aici, agus a gruaig ar sileadh léi. D'fhiafraigh sé arís cad é an bhrí a bhí leis an bhfothram go léir.

"An amhlaidh nár airís é?", ar sise. "Dar ndó', ní fhéadfá é ' aireachtaint agus tu thall i Lúndain! Mícheál Ó Duíbhir a bhí ar a thriail inniu, is imbriathar-sa gur shamhlaíomair go léir go gcrochfaí é, tá sé saor, pé rud a shaor é[346]".

"Is, a mháthair", ar seisean de chogar, "an í sin Neilí—Neilí Ní Dhuíbhir?"

"Is í díreach, an cailín bocht. Agus dar ndó', tá sí traochta amach le trí mhí, ag siúl ó áit go háit, moch déanach, ag lorg an duine seo agus an duine úd mar gheall ar a hathair. Níl a leithéid de chailín le fáil agus ——"

---

346 See *An Músgraigheach* #5, p8. This is substituted for *tá sé amu'*. *Ní fheadar conas.*

Caibidil 39

Agus níor éist Tomás le cainnt mholtha a mháthar, ach dhírigh sé ar fhéachaint tímpall air. Nuair nár fhéad sé an té ' bhí uaidh d'fheiscint, do liúigh sé amach in árd a chínn agus a ghutha, fé mar ' bheadh duine go mbeadh nuacht mhór éigin aige le hínsint:

"A Aodh, a Aodh!"

"'Aodh! 'Aodh de Róiste!"

Fuair sé an freagra so chómh tapaidh is ' gheófaí ón macalla é, ach d'aithneófaí nách macalla é, mar do bhí athrach gutha ann—guth go raibh creathán agus iúntas ann, áthas agus grámhaireacht, agus 'na theannta san, glór cailín óig ab ea é.

Ach d'fhéach Tomás tímpall air de phreib, agus do chonaic sé duine go raibh aithne mhaith aige air, ag déanamh a shlí tríd an mbrú, agus bhí sé díreach 'na sheasamh os cómhair Neilí amach nuair a bhog sí a greim dá hathair.

Do chuir sí liú le hiúnadh[347] aisti, le háthas agus le grá croí, ach do stop sí nuair a chuir Aodh a lámha tímpall uirthi agus d'fháisc lena chroí í.

* * * * * * * *

Is minic a bhí cuideachta mheidhreach in Éirinn ó ham go ham, dá mhéid é a mbuairt agus a dtrioblóidí, agus ní dó' liom gur shuigh cuideachta riamh ba phléisiúrtha i dteannta ' chéile, agus cúis a ndóthain acu leis, ná an chuideachta a bhí i bhfochair a chéile i dTiobrad Árann an tráthnóna úd. Do shuíodar chun dínnéir nuair a bhí an slua mór scaipithe agus an t-adhnó i leataoibh.

Shuigh an tAthair Ó Conchúir ag ceann an bhúird, agus Bean Uí Chínnsealaigh ag an gceann eile. Ar an dtaobh dheis de, bhí Mícheál

---

347 See *An Músgraigheach* #5, p8. This is substituted for *liú iúntais*.

Caibidil 39

agus Neilí agus Aodh de Róiste. Ar an dtaobh chlé, bhí an t-innealthóir agus é díreach chómh mór ar a thoil i dTiobrad Árann is do bhí sé insna trínsíbh os cómhair an Redan, agus 'na dteannta, tímpall an bhúird, do bhí Billy an Bearbóir, agus Tomás agus roinnt eile.

An fhaid a bhí an sagart ag althú roim bia, tháinig fear óg agus do sheasaimh sa doras agus d'fhéach orthu. Fear caol árd agus éadach dubh air. Bhí fáth an gháire 'na bhéal agus in' aghaidh bhán—ní haghaidh mhílítheach le leóinteacht ná le droch-shláinte a bhí air, ach an mhílítheacht a thagann le dánaíocht dhian dho-chlaonta an aigne.

"A Aodh", arsa Neilí de chogar, is do this'eáin sí an fear do, mar bhí sí ag ínsint do mar gheall air díreach ar an neómat san.

D'fhéach Aodh agus d'aithin é, chómh luath agus ' chonaic sé é, gurbh é an fear céanna é a chuir an leabhar orthu an Domhnach úd sa tseana-bhothán tí ar chliathán chorcar[348] Shliabh na mBan.

D'éirigh Aodh dá shuíochán chun é ' thabhairt chun an bhúird, agus chun baochais a ghabáil leis i dtaobh an chuma gur fhair sé cás a dhuine mhuínteartha; ach nuair a shrois sé an doras bhí súd imithe. Ní raibh sé sa staighre, thíos ná thuas. Ní fheacaigh éinne den mhuíntir a bhí sa staighre é; ná an mhuíntir a bhí sa halla, ná ar an sráid, ag teacht ná ag imeacht; ní fheacadar ag dul isteach é, ná ag gabháil amach.

Ní fheacathas aghaidh an duine sin riamh ó shin i dTiobrad Árann.

* * * * * * * *

Nuair ' fhíll Aodh thar n-ais go Lúndain 'na pháirtí ag an innealthóir i ngnó mhór Broker & Co., do rug sé leis Neilí. Bhí díol fiach as an saol buartha a bhí curthi aici dhi le fáil aici i ngrá agus i gcion a fir pósta.

---

348 See *An Músgraigheach* #5, p8. This is substituted for *chorchordha*.

Caibidil 39

Bhí sé in áirithe aige dhi a ghrá a this'eáint di, mar ba dhual agus ba dhúchas do ón gcine dár díobh é; bhí an chuid eile dá saol le caitheamh aici féna chion agus féna ghrá.

De dheascaibh an achrainn a thárla trí bhás fir an airgid, dob éigean don Tiarna Othorpe éirí as an ndlí do bhí 'ge á bhagairt[349] i gcoinnibh na dtireóntaithe. Dob éigean do an t-eastát a dhíol agus a lámha a scarúint as. Tá sé marbh le fada, ach tá a ainm i mbéalaibh Sasanach de shíor le bheith ar an bhfear stáit ba mhó a bhí acu lena línn. Do bhí sé amhlaidh leis—bhí lámh go doimhinn aige in achrann na hIodáile. Bhí gráin aige ar an bPápa agus ar Chaitlicithe, agus dúil mhór aige chun muíntir na hÉireann a chimeád fé chois.

Tá Billy an Bearbóir ana-chríonna anois, agus an-aidhm aige ar an seana-chéird. Níor fhág Aodh de Róiste aon easnamh air gur ghá dho aon obair a dhéanamh. Ach tá ana-dhúil aige bheith ag siúl i measc na seana-chómharsan[350], agus ag seanchaíocht leó, agus sin é an chúis is mó atá aige leanúint léi.

Is minic a bhíodh iúnadh ar dhaoine cá bhfaightí an t-airgead go léir roim aimsir an *Land League* a chabhraíodh chun tírghrá a mhúscailt i muíntir na hÉireann, agus chun na spride d'athbheóchaint.

Tá an rún san agam-sa, a léitheóirí, agus sara scarad libh ba mhaith liom a rá libh má théann éinne agaibh go Lúndain choíche, go mbeidh áthas orm sibh a stiúrú go dtí an tigh breá mar a bhfuil líon tí de bhuachaillí calma agus de chailíní dathúla a thugann "a mháthair" ar Neilí seo againn-na—clann Aodha de Róiste agus a bhanchéile chneasta.

---

349 See *An Músgraigheach* #5, p8. This is substituted for *as an ndlí do bhí sé a bhagairt*, misquoted in *An Músgraigheach* as *as an ndlí do bhí sé ag bagairt*. In any case, the correction is highlighted in bold, as a particularly egregious destruction by An Gúm of DBÓC's Irish.

350 See *An Músgraigheach* #5, p8. This is substituted for *idir na seana-chómharsain*.

AODH de RÓISTE

Index of Persons

Ab-mháthair (an Ab-mháthair): the Mother Superior of a convent or hospice in Cork where the sick were tended to.

Airey, Risteárd: Sir Richard Airey (1803-81), later 1st Baron Airey. He served as quartermaster-general in the Crimean War, and gave the order for the disastrous Charge of the Light Brigade in 1854. He was criticised for incompetence, but cleared by an inquiry that took place after his return to England.

Alexis: a Russian officer referred to in passing, presumably with the Russian Christian name Aleksei.

Antonelli (Cardinal Antonelli): a Roman Catholic prelate, possibly in reference to Giacomo Antonelli (1806-76), Cardinal Secretary of State under Pope Pius IX.

Arcuil: Hercules, the Roman god. Tearma.ie gives the Irish form of this name as *Earcail*, which yields the same pronunciation.

Arkwright, Richard: Richard Arkwright (1732-92), an English inventor who played a part in the mechanisation of cotton yarn production.

Art: Art Mac Cuínn, a legendary high king of Ireland. *Chómh marbh le hArt*, "stone dead".

Bean rialtha (an bhean rialtha): a nun who had suffered smallpox and who let Billy an Bearbóir into a convent/hospice in Cork where he managed to locate *an cailín óg*, the killer of the landlord's agent.

Benner: the name here of a soldier in the Crimean War.

Billy an Bearbóir: see under *Liam Ó Faoláin*.

Billy: a character called Billy is encountered in Ch5, possibly the same as Billy an Bearbóir/Liam Ó Faoláin mentioned later in the book.

Brócaer (an brócaer): a broker who helps to value the Russian bonds and diamonds Aodh de Róiste comes into possession of in the Crimea. The broker is in fact George Thunder, the father of the captain of the engineers Aodh de Róiste becomes friends with during the Crimean War.

Cailín óg (an cailín óg): a young woman shown here to have murdered Clender, the landlord's agent, with the strong implication that he had forced her into prostitution. It is implied that the *cailín óg* was Cití Ní Chorcoráin.

Cathcart: General Sir George Cathcart (1794-1854), who was killed in the Battle of Inkerman in the Crimean War.

Clender, Henry Mervyn: Lord Othorpe's agent.

Clifton, Tomás: the name of a tenant turned out of his land.

Cornal (an Cornal): the colonel directing the troops in the trenches here. The original text had *colonel*. GCh has *coirnéal* in this meaning. The form used here is pronounced /korənəl/.

de Róiste, Aodh: Hugh Roach. De Róiste is an Irish surname of Norman origin, generally found in Cork, Limerick and Wexford and anglicised as Roche or Roach(e). Aodh is pronounced /e:/. Note the genitive Aodha, also pronounced /e:/.

Index of Persons

de Róiste, Feidhlim: Phelim Roach, a tenant referred to as having been unjustly evicted. It is unclear whether he is related to Aodh de Róiste. Feidhlim is pronounced /fəil'im'/.

de Vauban: Sébastien le Prestre (1633-1707), Marquis de Vauban, a French military engineer known for designing and breaching fortifications.

Dives: the Rich Man, from the parable of the Rich Man and Lazarus in Luke 16 in the Bible. He is known as Dives, because *dives* in Latin means "rich; rich man".

Durham (an Tiarna Durham): Lord Durham, an English lord briefly mentioned.

Fear an airgid: the financier in this novel, whose suicide is shown here after his financial schemes cause, not only his own ruin, but the ruin of many small depositors in Tipperary. He is given no name, but is stated as being an Irishman from Co. Tipperary.

Fear óg (an fear óg, an stróinséir): a man frequently described as young, slender and handsome who organised the Ribbonmen movement in Tipperary, and is shown here as having played a role in proving Michael Dwyer innocent of Clender's death.

Giúdaíoch (an Giúdaíoch): see *Wilkinson*.

Goliath: the Biblical giant, used here in reference to *Fear an airgid*. Tearma.ie has *Góiliat*.

Ivan: the name of a wounded Russian soldier in Ch17.

Jenkins: the name of Lord Othorpe's valet.

Kinglake: Andrew William Kinglake (1809-91), who was incorrectly referred to as Kingslake in the original edition. Kinglake was a travel writer whose first work, *Eothen*, published in 1844, described a journey made in the 1830s to Syria, Palestine and Egypt. Kinglake also published an eight-volume history of the Crimean War. *Baineann sí le gach aon aois agus le gach aon náisiún / Eaglais iúntach na Rómha* in Ch34 is a quote from *Eothen* (p152): "She is of all nations, and of all times, the wonderful Church of Rome!"

Lacey (Cornal Lacey): the name given to an officer by James Murphy possibly results from a confusion whereby Colonel Lacy Yea (1808-55; killed in action in the Crimean War) is interpreted as two people, Colonels Lacey and Yeo. See under *Yeo*.

Lanark (an tIarla Lanark): the Earl of Lanark, a lord mentioned here.

Lasarus: Lazarus, from the parable of the Rich Man and Lazarus in Luke 16 in the Bible.

Legree: the name of the slaveowner in the novel *Uncle Tom's Cabin*, published in 1852 by Harriet Beecher Stower.

Liam: the name of someone discussing the landlord's order for some tenants to leave in a cabin in Ch1. He also appears in Ch4. It is unclear whether he is the same character as Billy an Bearbóir/Liam Ó Faoláin. Liam is a name that does not decline, being an abbreviation of a name borrowed from English.

Mac Eóin: the name of a soldier in the Crimean War. As the English edition has "Jones", the translation seems improper.

Index of Persons

Mac Tomáis: the name of a soldier in the Crimean War. As the English edition has "Thompson", the translation seems improper.

Máire bheag: a young girl mentioned in Ch28 as having died in the cabin from which her family were to be evicted.

Menschikoff (an tÁrdtaoiseach Menschikoff): Prince Alexander Sergeievich Menschikoff (1787-1869), a Finno-Russian nobleman who served as admiral and general in the Czarist armed forces. His command at the Battle of Inkerman was noted for its incompetence.

Mícheál: the name of someone discussing the landlord's order for some tenants to leave in a cabin in Ch1.

Micil: the name of a tenant who joined the ribbonmen and was delegated to kill Clender, only to find Clender already dead (killed by *an cailín óg*) before he could get to him.

Minto (an Tiarna Minto): Lord Minto, a lord briefly mentioned here. Possibly a reference to Gilbert Elliot-Murray-Kynynmound, 2nd Earl of Minto (1782-1859), a British diplomat and politician.

Murchadh: a ribbonman mentioned here. Pronounced /murəxə/.

Murillo, Bartolomé Esteban: the name of a Spanish painter of religious images mentioned here. He lived 1618-82.

Napoleon: Napoleon Bonaparte (1769-1821), French emperor from 1804 to 1814.

Ní Cheallaigh, Cití: the name of a female patient in a hospice here.

Ní Chorcoráin, Cití: probably a daughter of Simeon Ó Corcoráin. In Ch22 the implication is made that she was forced into prostitution by the landlord's agent. It is then implied that she was the *cailín óg* who killed Clender, as she had an arrangement to meet him on the night concerned.

Ní Chorcoráin, Neilí: someone briefly mentioned here, possibly one of the daughters of Simeon Ó Corcoráin whose family was broken up after they were forced out of their tenancy.

Ní Dhuíbhir, Neilí: the daughter of Mícheál Ó Duíbhir and a key character in this book. She ultimately married Aodh de Róiste.

Ní Dhúill, Neill: the sister of Tadhg Ó Dúill.

Ní Eideáin, Eibhlís: the name of a female patient in a hospice here. Eibhlís is /əi'l̪ʲiːʃ/.

Ní Mhonacháin, Neil: the name of a female patient in a hospice here.

Ní Mhuireasa, Eibhlís: the name of a female patient in a hospice here.

Ní Thoimín, Cáit: the name of a female patient in a hospice here.

Nic Cárthaigh, Bríd: the name of a female patient in a hospice here.

Nioclás: Nicholas II (1868-1918), Russian Czar from 1894 to 1917, of the house of Romanov. This was spelt Nioclás, Nicholás and Nicholas in the original edition, but Nioclás is standardised on here. The Irish name is pronounced /nʲikə'lɑːs/.

Ó Ciabhán, Brian: the name of a tenant who was turned out of his home.

Ó Cínnsealaigh, Tomás: the clerk of the financier in London. He, like Aodh de Róiste, was from Co. Tipperay and was the son of Bean Uí Chínnsealaigh. The surname is pronounced /oː kʲiːnʃələ/.

Index of Persons

Ó Conchúir (an tAthair Ó Conchúir): the name of a priest here. The surname is pronounced /oː kroˈhuːrʹ/.

Ó Corcoráin, Simeon: the name of a tenant turned out of his land. He drowned himself for shame after one of his daughters lost her virtue (probably Cití Ní Chorcoráin/*an cailín óg*) while forced into work for the landlord's agent.

Ó Duíbhir, Mícheál: Michael Dwyer, who is given notice to quit his landholding early in the book. *Mícheál* is pronounced /mʹiˈ(ː)ˈhɑːlʹ/. The genitive/vocative is repeatedly given as *Michíl* in the original text, but edited here as *Míchíl*; it seems that the *Michíl* frequently found in WM Irish literature reflects a tendency for pretonic long vowels to become shorter, particularly evident where the pretonic long vowel is of the same quality as the long vowel in the stressed syllable. The colloquial variant of *Mícheál* is *Micil*. However, in this book, Mícheál Ó Duíbhir is not to be confused with another person here, Micil. Ó Duíbhir is an Irish surname found in Co. Tipperary, anglicised as O'Dwyer and pronounced /oːˈdiːrʹ/.

Ó Duíbhir, Seóirsín: the son of Mícheál Ó Duíbhir who burnt a barn down while searching for a ball.

Ó Dúill, Cormac: the name of a tenant who was turned out of his home and his family reduced to mendicancy. The Christian name is pronounced /korəmək/.

Ó Dúill, Tadhg: a tenant turned out of his land. The Christian name is pronounced /təig/.

Ó Faoláin, Liam (Billy an Bearbóir): Billy the Clipper, a tenant turned out of his land for shooting a hare.

Ó Faoláin, Pádraig: a ribbonman mentioned here. The Christian name is pronounced /pɑːdərigʹ/.

Ó Floínn, Éamonn: the name of a tenant turned out of his land.

Ó Súilleabháin, Muircheartach: a ribbonman mentioned here. The Christian name is pronounced /mirʹhərtəx~mrihərtəx/.

Othorpe (an Tiarna Othorpe): a lord mentioned here. This doesn't appear to have been a historical personage.

Ovres, Ogg, agus a chuideachta: the name of a securities brokerage in London mentioned here.

Parma (Duke Parma): the Duke of Parma, a small state in Italy that existed from 1545 to 1802 and then from 1814 to 1859. This probably refers to one of the three male holders of the title from 1847 to 1859, namely Charles II, Charles III or Robert I.

Peadar (Naomh Peadar): St. Peter. Pronounced /pʹadirʹ/ with a slender *r* in all cases in WM Irish.

Peadar Thomáis: the name of a tenant who was turned out of his home.

Peadar: the name of a ribbonman here, possibly the same as *Peadar Thomáis*.

Pechel (Captaein Pechel): Captain William Pechell, killed at Sebastopol on September 3rd 1855, days after being mentioned in dispatches.

Polly: Lord Othorpe's wife.

Index of Persons

Próinséis: the name of an English soldier here, given as Frank in the English edition. The Gaelicisation of the name seems improper. DBÓC's correction in Ch34 here shows that WM Irish has *Próinséis* in all cases (i.e. the dialectal form of the name is not *Próinsias*).

Romanoff (an Priúnsa Romanoff): it's not clear which member of the Russian imperial house of Romanov is mentioned here as being involved in the project to build a railway from Moscow to Odessa. As, historically, a railway was completed between Kiev and Odessa between 1865 and 1870, it may be that *an Priúnsa Romanoff* is here a reference, not to a minor prince of the imperial family, but to Czar Alexander II, who reigned 1855-1881, during which time the railway network saw considerable expansion.

Saidhbhín: the name of the priest's horse in Ch10. Pronounced /səi'v'iːn'/.

Seán Gabha: a blacksmith mentioned in Ch14. The English text had Shawn na Gow.

Seósamh-le-Muire (an tSiúr Seósamh-le-Muire): Sr. Mary Joseph, a nun mentioned here who died of a sickness she caught from one of the patients she tended to.

Seymour (Captaein Seymour): a tenant who was seeking to double his holding at the expense of the evicted.

Simpson (an tArdtaoiseach Simpson): General Simpson, apparently Sir James Simpson (1792-1868), commander of British troops in the Crimea from June to November 1855.

Tadhg: the name of Father O'Connor's servant in Ch10.

Teampall Mór (Barún Teampall Mór): Baron Templemore, the Irish title of Lord Othorpe.

Thunder (Captaein Thunder, an t-innealthóir): an officer Aodh de Róiste met in the trenches in the Crimea and the son of George Thunder.

Thunder, George: the name of the well-to-do Englishman whose ring Aodh de Róiste found in London. See *an brócaer*.

Toddleben: Eduard von Totleben (1818-84), sometimes Todleben, a Baltic German serving as an officer in the Russian army who led the defence of Sebastopol in the Crimean War.

Tomás: 1. the name of a ribbonman. It is unclear if he is the same as Tomás Clifton. 2. See *Tomás Ó Cínnsealaigh*, the financier's underling.

Uí Chínnsealaigh, Bean (bean an tí): Mrs Kinsella, the mother of Tomás Ó Cínnsealaigh, shown here running a guesthouse in Templemore.

Uí Chorcoráin, Bean (Bainntreach Uí Chorcoráin): the wife of Simeon Ó Corcoráin, who ended up widowed and living in a lean-to by the side of the road.

Unett (Cornal Unett): Lieutenant-Colonel Thomas Unett (1800-55), who died of wounds sustained during the assault on the Redan.

Wilkinson: the name of a Jewish securities trader here.

Yeo (Cornal Yeo): possibly Colonel Lacy Yea (1808-55), who died in the assault on the Redan. James Murphy seemed to think Colonel Lacy Yea was two people; see *Lacey* here.

AODH de RÓISTE

Index of Placenames

Africa: this would be *Afraic* in GCh; *Aifric* is found in PUL's works. A number of words for which there is now an Irish equivalent were traditionally more likely to be found in an anglophone form.

America: this would be found as *Meiriceá* in GCh, which form is found in DBÓC's *Sgéal mo Bheatha*. Also found in Munster Irish is *Meirice*, i.e. /m'er'ik'i/.

Aontroim: Co. Antrim, with *Aontroma* in the genitive. The original form of the placename was *Oentreb*, which would be *Aontreibh* ("solitary homestead") in modern Irish, but the placename became reinterpreted to mean "single ridge", as if from *aon+druím*.

Argyll Rooms: adjusted from Argyle Rooms in the original. This is an entertainment venue on Little Argyll Street, central London, that opened in 1806. See also *Sráid Argyll*.

Asia: this would be found as *Áise* in GCh.

Austerlitz: now Slavkov u Brna in the Czech Republic, the site of a battle in 1805.

Babaileóin (an Bhabaileóin): Babylon in Mesopotamia (modern-day Iraq).

Badajoz: a city in Extramadura in Spain. *Gabháil Badajoz* refers to the famous Storming of Badajoz in 1812 in the Peninsular War.

Baile Átha Cliath: Dublin ("town of the ford of the hurdles"), named after an ancient crossing point over the River Liffey. Pronounced /bl'a: 'kl'iəh/.

Baistion Korniloff: the Kornilov Bastion, which was bombarded during the Battle of Sebastopol. The Malakoff fort was renamed the Kornilov Bastion after the death of Vice-Admiral Vladimir Alexeyevich Kornilov (1806-1854) during the siege in October 1854.

Balaklava: also spelt Balaclava in English, a city in the Crimea (now part of the city of Sebastopol), and the site of the battle of Balaclava and the Charge of the Light Brigade in 1854.

Briostól: Bristol, in England.

Broadshire: the name of a fictional county mentioned here.

Bulgáir (an Bhulgáir): Bulgaria. Pronounced /ə(n) volə'gɑːr'/.

Caisleán Bhaile Átha Cliath: Dublin Castle, the seat of administration of nineteeth-century Ireland.

Caisleán Turnhill: Turnhill Castle. It is implied that this is Lord Othorpe's ancestral seat, but this appears to be a fictional placename.

California: the US state.

Cannon Street: in London.

Carlton Terrace: in London.

Carraig na Móna: Carrigmon (as it is given in the English edition), a minor placename mentioned here, meaning "the rock of the turf".

Cé an Phópaigh: Pope's Quay, Cork, named after Widow Pope, the widow of Thomas Pope, who was granted the right to build a quay in front of her property in 1718. The Irish name of this place in the modern day is *Cé Pope*.

Index of Placenames

Ceárnóg Portland: Portland Square in London.
Ceatharlach: Carlow. Note that this proper noun is indeclinable.
Charing Cross: the location of a large railway station in London.
Clochar (an Clochar): Clogher, a parish in Tipperary, meaning "stony place".
Cluain Meala: Clonmel, the county town of Tipperary, meaning "honey meadow".
Cnuc Cathcart: the hill on which General Cathcart was killed in the Crimean War.
Cnuc Jura: the Jura mountains along the French-Swiss border. Juro and Jura found in the original text are aligned here as Jura.
Coláiste na Tríonóide: Trinity College, Dublin.
Como: a city in Italy.
Corcaigh: Cork. Also referred to here as *Cathair na Laoi* (see under *Laoi*).
Crimea (an Crimea): the Crimea, a peninsula in the Russian Empire and the site of the Crimean War (1853-56). Tearma.ie suggests *an Chrimé* for this placename in Irish. Wikipedia shows 889,000 Russian troops were involved in the Crimean War, with 530,000 casualties and losses (35,671 killed in action, 37,454 who died of wounds, 377,000 who died of disease and 80,000 wounded). On the other side, there were 673,700 troops (309,268 Frenchmen, 107,684 British troops, 21,000 Sardinians and 235,568 from the Ottoman Empire), with 223,513 casualties and losses. French losses included 8,490 killed in action, 11,750 who died of wounds, 75,375 who died of disease and 39,870 wounded. British losses included 2,755 killed in action, 1,847 who died of wounds, 17,580 who died of disease and 18,280 wounded. Russia was defeated in the war, and after the loss of Fort Malakoff in March 1856 sued for peace.

Irish soldiers are believed to have made up 30-35% of the British army in the 1850s—a point not brought out by James Murphy—and it is therefore thought that over 30,000 Irishmen fought in the Crimean War and that Irishmen figured prominently in the British casualty lists. The British/French victory in the Crimea saw lavish celebrations in Dublin, including the Grand Crimean Banquet in Dublin on October 22nd 1856. This was the largest-ever formal dinner in Ireland, attended by 4,000 Crimean veterans and 1,000 members of the public, and paid for by £3,600 raised by public subscription.

Currach Mhór (an Churrach Mhór): a placename given in the English edition as Craughmore, meaning "the big marsh". Pronounced /ə(n) xrɑːx vuər/. *Currach* is feminine in WM Irish (see PUL's *Mo Sgéal Féin*, p117), but masculine in GCh. There are four identifiable placenames in Co. Tipperary called An Currach Mór, but in each case the English name is given on logainm.ie not as Craughmore, but as Curraghmore.
Derby: Derby in England, the location of a horse race.
Dover: a port in southern England.
Droichead Phádraig: St. Patrick's Bridge, Cork. Pronounced /drohəd fɑːdərigʹ/.
Dúrlas: Thurles, Tipperary, meaning "fortified stronghold".
Eanach Gluair: Aughnagleor, an unidentified placename, meaning "bright marshy fen".

Index of Placenames

Eóraip (an Eóraip): Europe. Pronounced /oːripʹ/. With *na hEórpa* in the genitive. Compare PUL's form *Eúróip*, /uːˈroːpʹ/. *Eóraip* was a word that fell out of use before being revived in the modern day.

Euxine (an Euxine): the Black Sea. The Euxine, or "inhospitable", Sea is the Greek name for the Black Sea.

Fleet Street: in central London.

Frainnc (an Fhrainnc): France, pronounced /fraiŋkʹ, ə raiŋkʹ/.

Gleann Beag (an Gleann Beag): Glenbeg, the name of a townland, meaning "the little valley".

Gleann na Meala: the translation given here for Golden Vale in the English edition, although more literally "the honey vale". No placename of this type in Co. Tipperary has been identified.

Gleanntach (an Gleanntach): a placename given in the English edition as Glenthough. Pronounced /glʹauntəx/.

Gloucester Place: in London.

Gort Mór (an Gort Mór): Gurthmore, the name of a townland, meaning "the large cultivated field".

Gortach: this unidentified placename, meaning "barren (of land)", is given as Gorthough in the original English text.

Gráinseach (an Ghráinseach): this appears to be a placename here, but is also a noun meaning "grange, granary". Note *ón nGráinsigh* in the dative.

Hampstead Heath: in London.

Haymarket (an Haymarket): a street in central London.

Hyde Park: in London.

Ierúsalem: Jerusalem in Israel; adjusted from *Jerusalem* and *Ierusalem* in the original. *Ierúsalem* was PUL's form, eschewing any attempt to Gaelicise the placename. This is spelt *Iarúsailéim* in GCh.

India (an India): India. The pronunciation is probably influenced by the English, /indʹiə/.

Inkerman: a town to the east of Sebastopol in the Crimea, and the scene of the Battle of Inkerman, November 5th 1854. Inkerman is thought to mean "cave fortress" in Turkish.

Ínniacha (na hÍnniacha): the Indies, but used in Ch7 to translate "far India" in the English edition. In Ch16 this phrase (*Indiacha* in the original) corresponds to "India" in the original edition. PUL had *Índiatha*, and the pronunciation /nə hiːŋʹəhə/ is shown in *Mo shgiàl fén*, the LS version of PUL's *Mo Sgéal Féin* (see *ins na hIngiehiv* on p7). Both /iːŋʹəhə/ and /iːŋʹəxə/ could be recommended here.

Iodáil (an Iodáil): Italy. Pronounced /iˈdɑːlʹ/. With *na hIodáile* in the genitive.

Israel: the country (here in reference to ancient Israel). This is spelt *Iosrael* in GCh, quixotically imposing Irish spelling rules on a foreign placename.

Kensington: in London.

Lána Niocláis: Nicholas Lane, London. Note the pronunciation of *Niocláis*, /nʹikəˈlɑːs/. This placename was also given in the original as *Nicholas Lane*, but *Lána Niocláis* is standardised on here.

Index of Placenames

Laoi (an Laoi): the River Lee, Co. Cork.
Luimne: Limerick, or *Luimneach* in GCh. This is generally /lim'in'i/ in all cases in WM Irish.
Lúndain: London, spelt *Londain* in GCh.
Malakoff (an Malakoff): the Malakoff fort (Malakhov in Russian), successfully stormed by French forces during the Siege of Sebastopol in the Crimean War on September 8th 1855. The Battle of Malakoff was followed by the fall of Sebastopol the following day.
Manchester: in England; the centre of the industrial revolution and the cotton industry.
Meán-mhuir (an Mheán-mhuir): the Mediterranean Sea. With *na Meán-mhara* in the genitive.
Mí (an Mhí, Cúntae na Mí): Co. Meath.
Milan: in Italy.
Moscow: the Russian capital. In Ch29, a reference is made to the Fire of Moscow that broke out on September 14th 1812, just as Russian troops abandoned the city to Napoleon's troops. Tearma.ie has *Moscó* for this placename.
Mothar (an Mothar): the cliffs of Moher, near the Giant's Causeway, Co. Antrim. *An Mothar* means "the ruined fort".
Muir Dhubh (an Mhuir Dhubh): the Black Sea. Note *na Mara Duíbhe* in the genitive.
Muir Toirrian (an Mhuir Toirrian): this is found here in Ch10 where the English edition had "the Mediterranean". *An Mhuir Toirrian* may be seen as *pars pro toto* for the Mediterranean Sea, as it is ultimately derived from the Tyrrhenian Sea, properly that part of the Mediterranean sea between Italy and Sardinia. PUL had *an Mhuir Torrainn* in this meaning in his manuscript translation of the Bible held at Maynooth (see the footnote to Numbers 34:5).
Naiple: Naples in Italy. Pronounced /nɑp'il'i/.
New Orleans: in America.
Nua Eabhrac: New York. Pronounced /no:-aurək/
Odessa: in the Ukraine.
Oileán Fódla: a poetic name for Ireland, named after an ancient goddess Fódla, /fo:lə/.
Ostair (an Ostair): Austria.
Pall Mall: a street in central London.
Paris: in France. Tearma.ie suggests *Páras* for this placename.
Pasáiste (an Pasáiste): Passage East, a fishing village on the bank of Waterford harbour.
Piccadilly: in London.
Port Láirge: Waterford. *Urbs intachta* is an appellation given to Waterford by Henry VII after the city failed to be taken by the pretenders to the English throne, Lambert Simnel and Perkin Warbeck. *Cathair na dtrí n-abhann* refers to Waterford's location at the mouth of the rivers Suir, Nore and Barrow.

Index of Placenames

Port na Spáinneach: Port-na-Spania or Port na Spaniagh, Co. Antrim. This is where the galleons of the Spanish Armada foundered in 1588. Note the genitive of *port, puirt*.

Ráth Luirc: Charleville, Co. Cork. The English name refers to Charles II, who was restored to the throne in 1660, with Charleville being founded in 1661. The Irish name means "Lorc's fort".

Redan (an Redan): a fort in the Crimea known as the Great Redan, and the location of battles on June 18th and September 8th 1855 during the Siege of Sebastopol.

Regent Street: in London.

Róimh (an Róimh): Rome; *na Rómha* in the genitive. Pronounced /roːvʹ/, with /roː/ in the genitive.

Rúis (an Rúis): Russia.

Sáirdín (an tSáirdín): Sardinia.

San Domingo: the older name of the sugar plantation colony that became independent as Haiti.

San Louis: the US city of St. Louis.

Sasana: England.

Scútarí: formerly Scutari, this is now Üsküdar in Istanbul in Turkey, the location of military barracks during the Crimean War.

Sebastopol: Sebastopol (Sevastopol' in Russian), a city in the Crimea in Russia.

Siam: Siam or Thailand. GCh has *an Téalainn*.

Siria: Syria.

Siúr (an tSiúr): the river Suir, which meets the Atlantic near Waterford. With *Siúir* in the dative. *Thar an tSiúir* in the original text of Ch10 has been adjusted in this edition to *thar an Siúir*.

Sléibhte Urail: the Ural mountains in Russia. Tearma.ie has *Sléibhte na hÚraile*.

Sliabh na mBan: Slievenamon, a mountain in Co. Tipperary.

Sráid Argyll: Little Argyll Street in London. See the *Argyll Rooms*.

Sráid Lombard: Lombard Street in the City of London.

Sráid Nioclais: probably Nicholas Lane in the City of London. Pronounced /sraːdʹ nʹikəˈlaːʃ/. See also *Lána Nioclais*.

Sráid Phádraig: St. Patrick's Street in Cork town centre; usually Sráid Naomh Pádraig. Pronounced /sraːdʹ faːdərigʹ/.

Sráid Threadneedle: Threadneedle Street in the City of London (where the Bank of England is located).

St. Martin's-le-Grand: a street in the City of London.

Strand (an Strand): the Strand, a street in central London.

Teampall Mór (an Teampall Mór): Templemore ("the big church") in Co. Tipperary. *Teampall* is /tʹaumpəl/. Note that the definite article is lost after *go*: *go Teampall Mór*.

Teampall Naomh Pól: St. Paul's Cathedral, an Anglican cathedral in London.

Tíber (an Tíber): the River Tiber in Rome. *An Tíber Athartha*, "Father Tiber", or *Tiberis Pater*, a reference to the god of the River Tiber in ancient Rome.

Index of Placenames

Tiobrad Árann (Cúntae Thiobrad Árann): Co. Tipperary, a placename meaning "the well of the River Arra". Pronounced /tʼubərəd ɑːrən/. Some speakers had a broad *t*, including the respondent from Claeideach in LASID (Vol 2, point 16, sentence 365). PUL had *Tiobraid Árann*, with a slender *d*.

Tuime (an Tuime): the River Thames. This is also given in the original is *an Thames*, but *an Tuime* is standardised on in this edition. Tearma.ie claims the Irish name of this river is *an Tamais*.

White Hart (an White Hart): an inn mentioned here.

Windmill Street: in London.

Glossary

-na: an emphatic suffix appended to first-person plural verbs, pronouns and prepositional pronouns. *Sinn-na* here shows that the suffix is with a separate broad *n*.

-se: an emphatic particle. Sometimes appended to broad vowels, as in *fan-se* here. Compare PUL's comments in NIWU (p45) that *fan-se*, *fan-sa* and *fain-se* were all found.

'sé sin: "that is, namely; I mean".

ab-mháthair: "reverend mother; abbess". Compare *máthairab* in FGB. *Ab-mháthair* is given in PSD.

ábalthacht: "ability".

abha: "river", with *abhann* in the genitive (singular and plural) and *abhainn* in the dative, the latter of which has replaced the nominative in GCh. Pronounced /au, aun, auŋʼ/. The plural found here was *aibhne*, being adjusted in this edition to *aibhní*, /aiʼŋʼiː/. GCh has *aibhneacha*.

abhaile: "home", pronounced /əˈvalʼiː/. *Tiocfaidh sé abhaile chúthu*, "it will rebound on them".

abhallórd: "orchard"; pronounced /auˈloːrd/. This was spelt *abhallghort* in the original. The genitive is *abhallúird* (*abhallghuirt* in the original).

abhar: *ábhar* in GCh. WM Irish distinguishes between *abhar* (originally spelt *adhbhar*, now pronounced /aur/), "material", and *ábhar* (sometimes written *ádhbhar*, pronounced /ɑːvər/), "amount". *Ar an abhar san*, "for that reason". *Abhar mór cathaithe*, "a great cause of regret". *Abhar dóchais*, "a reason for hope". *Abhar machnaimh*, "cause for reflection, food for thought". *Gan chúis gan abhar*, "for no rhyme or reason".

abhcóideacht: "advocacy". Pronounced /auˈkoːdʼəxt/. Compare PUL's *abhcóidíocht*.

abhcóidí: "barrister, counsel"; pronounced /auˈkoːdʼiː/; *abhcóide* in GCh. This word is preferred to *abhcóideach* in DBÓC's corrections to Ch38, which change has been implemented throughout. *Abhcóidí na Coróinneach*, "counsel for the Crown". *Abhcóidí cúnta*, "assistant barrister".

abhras: "yarn"; pronounced /aurəs/. See *seól*.

abhus: "on this side", pronounced /əˈvus/.

Glossary

achainí: "entreaty", with *achainithe* in the plural here. Compare PUL's plural *achainíocha*.

achainím, achainí: "to beseech, entreat", pronounced /ɑxi'n'i:m', ɑxi'n'i:/.

achomair: "near", but also "concise, succinct".

achrann: "fastness, depths" or "strife, quarrel", pronounced /ɑxərən/. *Dul in achrann i nduine*, "for something said to really sink in". *Ag dul in achrann ann a bhí an codladh*, "he was getting more sleepy, sinking into sleep". *In achrann 'na chéile*, "quarrelling, grappling with each other". *In achrann i rud*, "stuck fast in something".

acid: DBÓC recognised no Irish word for "acid". GCh has *aigéad*.

acra: "acre", pronounced /ɑkərə/.

adaím, adú: "to kindle, set light to", or *fadaím, fadú* in GCh.

adhairt: "pillow"; pronounced /əirt'/. With *adhairte* in the genitive. DBÓC stated that he did not have this word in his Irish (*An Músgraigheach*, Uimhir 3, p16). Compare PUL's *adhart*.

adhmad: "wood", pronounced /əiməd/; the genitive, *adhmaid*, has adjectival force. *Adhmad óg agus críonna*, "underwood and overwood".

adhnó: "novelty" or "the fuss being made of someone, including the relating of news, when someone visits", pronounced /əi'no:/. FGB has *adhnua*, but that spelling seems based on a folk etymology. PSD has *adhnódh*.

adhraim, adhradh: "to worship, adore". The first-conjugation verbal noun is found here. Pronounced /əirim', əirə/.

adhraím, adhrú: "to worship, adore". DBÓC has the second-conjugation verbal adjective here, *adhraithe*, rather than the *adhartha* found in PUL's Irish and in GCh. Pronounced /əi'ri:m', əi'ru:, əirihi/.

admháil: "acknowledgement"; pronounced /adə'vɑ:l'/. *Admhálacha airgid*, "financial receipts".

admhaím, admháil: "to admit, acknowledge", pronounced /adə'vi:m', adə'vɑ:l'/.

aduaidh: "from the north", pronounced /ə'duəg'/. *An ghaoth aduaidh*, "the north wind".

ag: "at". The combination *ag á*, corresponding to *ag a* in GCh, is pronounced /i'g'ɑ:/.

aghaidh: "face", with *aghaidheanna* in the plural; pronounced /əig', əig'ənə/. *Ar a aghaidh amach*, "opposite him". *In aghaidh an lae*, "daily", pronounced /nəin 'le:/.

agraim, agairt: "to avenge, give retribution". Pronounced /ɑgərim', ɑgirt'/. *Rud a dh'agairt ar dhuine*, "to punish someone for something".

agus go: "whereas". This sometimes just means "and", as in *agus gur tusa bhí ar tosach* in Ch37.

aibhléis: "electricity". Pronounced /əi'l'e:ʃ/.

aibíd: "habit, shroud". *Aibíd bháis*, "shroud".

aibidh: "ripe, mature", or *aibí* in GCh. Pronounced /ab'ig'/.

aibím, aibiú: "to ripen".

aicíd: "disease, pestilence".

aide-de-camp: there appears to be no Irish version of this word.

aidhbhéardaí: "land-agent". Pronounced /əi'v'e:rdi:/.

417

Glossary

aídhe: "aye". Pronounced /i:/.
aidhm: "desire, inclination"; pronounced /əim′/. Used with *ar*, although occasionally without as with *ní raibh aon aidhm agam é mharú* in Ch14.
aifirt: "rebuke, reproach", derived from *aith+bheart*. This is an obsolete or rare word used in the 17th century and unlikely to be found in the Gaeltacht today. *Aifirt trialach* appears to mean "condemnatory finding handed down in a trial".
Aifreann: "Mass", pronounced /af′ir′ən/. *Aifreann Árd*, "High Mass".
aighneas: "contention, argument", and as a verbal noun, "to argue". Pronounced /əin′əs/.
aigne: "mind", pronounced /ag′in′i/.
áiléar: "loft, gallery". Pronounced /ɑ:′l′e:r/. This was stated by DBÓC ("Aodh de Róiste", *An Músgraigheach*, Uimhir 3, p16) as a word he didn't use in his Irish.
ailpín: "knob". *Cleith ailpín*, "knobstick".
aimhréidh: "entanglement"; pronounced /əi′r′e:g′/. *In aimhréidh*, "entangled", of hair here.
aimhréidh: "tangled", as an adjective; pronounced /əi′r′e:g′/.
aimsím, aimsiú: "to hit (a target); to find"; pronounced /aim′ʃi:m′, aim′ʃu:/.
aimsir: "time"; pronounced /aimʃir′/. *Aimsear* in the original text is adjusted here to *aimsir*. *In aimsir*, "in service", as of a child who is working as a domestic servant.
ainm: "name"; pronounced /an′im′/. With *ainme* in the genitive and *ainmneacha* in the plural, /an′im′nəxə/. This is feminine here, but masculine in GCh.
ainmhealach/ainimhealach: "monster, a thing of monstrous size". CFBB (p5) shows DBÓC had /anv′ilax/; AÓL had /an′iv′ələx/ and Conchúr Ó Deasúna /an′if′ələx/.
ainmhí: "animal", pronounced /an′i′v′i:/.
ainneóin: "unwillingness". *Dá ainneóin*, "despite him". *Dá ainneóin sin is uile*, "even so, in spite of all that". Pronounced /i′ŋ′o:n′/.
ainnis: "wretched, miserable". Pronounced /aɲ′iʃ/.
ainnise: "wretchedness, misery"; pronounced /aɲ′iʃi/.
áird: "direction", with *áirde* in the plural, particularly in *cheithre háirde an domhain*.
áirde: "height", generally found in the phrase *in áirde*, "up on high". *In áirde an staighre*, "upstairs". *Ainm in áirde le rud*, "well known for something".
aire: "minister in the government".
aireach: "heedful, careful", pronounced /i′r′ax/. With *airí*, /a′r′i:/, in the comparative.
aireachas: "care, attention", pronounced /i′r′axəs/.
áireamh: "amount, quantity, count". *Áireamh a dhéanamh ar rud*, "to reckon something up".
airgead: "silver", pronounced /ar′ig′əd/. *Fear an airgid*, "financier". *Airgead bán*, "silver coinage".
airgeadúil: "moneyed, rich"; pronounced /ar′i′gədu:l′/.
airgidí: "silver, silvern"; or *airgeadach* in GCh. The attributive genitive *airgid* can also be used with similar meaning. Pronounced /ar′ig′id′i:/.
airím, aireachtaint: "to hear", or *airím, aireachtáil* in GCh. Pronounced /a′r′i:m′, i′r′axtint′/. This verb means, more broadly, "to perceive, sense". *Balaithe*

Glossary

'*dh'aireachtaint ó dhuine*, "to smell something on someone". *An airíonn sibh me?*, "listen up!" *Leat* is often found in phrases like *An airíonn tú leat me?*
áirím, áireamh: "to reckon, count". The past tense would be *d'áirigh* in GCh, but WM Irish normally has a slender *-v* in the pronunciation in the preterite singular and imperative where a *v* sound occurs in the verbal noun (*áireamh*). The past tense is therefore *d'áirimh*, /dɑːrʹivʹ/, and the imperative *áirimh*. *Mara n-áireófá*, "except for, not counting".
áirithe: "certain". *Go háirithe*, "in particular".
áirithe: "certainty, assurance". *Gan aon áirithe*, "without anything to depend on, without any security in life". *Áirithe ' bheith agat i gcómhair na hoíche*, "to have somewhere to stay for the night". *Bhí sé in áirithe aige dhi a ghrá a this'eáint di*, "he assured her he would love her". *In áirithe dhuit*, "reserved, assured to you".
airiú!: "why! really! indeed!", or *arú* in GCh. Pronounced /iʹrʹuː~eʹrʹuː/.
áirneán: "to sit up late at night, work late at night".
áirse: "arch; doorway".
ais: "verge, side"; pronounced /aʃ/. *Len' ais*, "beside him". *Le hais*, "besides", or "besides it (fem.)", pronounced /lʹahiʃ/. *Rud do ghabháil le n-ais*, "to accept, tolerate, brook something". (*Le n-ais* is calcified in this expression, so *ní gheóbhad-sa le m'ais* in Ch1 is adjusted here to *ní gheóbhadh-sa le n-ais*.) *Conas a ghoibh sé le n-ais thu?*, "how did he receive you?"
aisteach: "peculiar, strange".
aiteann: "furze".
aithne: "acquaintance, recognition", pronounced /ahinʹi/. *Go sámh gan aithne*, "fast asleep". *Gan aithne*, "unconscious"; also *gan aithne gan úrlabhra*.
aithne: "commandment, precept", with *aitheanta* in the plural. Pronounced /ahinʹi, ɑhəntə/.
aithnid: "acquaintance", used in the copular construction *is aithnid dom é*, "he is known to me". Pronounced /ahinʹidʹ/.
aithnide: "known (to someone)". *Duine aithnide dhom*, "someone I know". Pronounced /ahinʹidʹi/.
aithním, aithint: "to recognise, discern", pronounced /anʹʹhiːmʹ, ɑhintʹ/. *D'aithneóinn fear le féachaint air*, "I could weigh up a man just by looking at him".
aithris: "imitation". Pronounced /ahirʹiʃ/.
aithrisim, aithris: "to narrate, recite". Pronounced /ahirʹiʃimʹ, ahirʹiʃ/.
áitím, áiteamh: "to assert, establish". *Rud d'áiteamh ar dhuine*, "to persuade someone of something". Note *d'áitimh sé* in the preterite, influenced by the verbal noun.
áitreabh: "inhabiting; habitation, abode". Pronounced /ɑːtʹirʹəv/.
allas: "sweat".
alltha: "wild, fierce", pronounced /aulhə/. *Beithíoch alltha*, "wild beast".
allthacht: "wildness", pronounced /aulhəxt/.
althaím, althú: "to give thanks, say grace", pronounced /alʹhiːmʹ, alʹhuː/.
althóir: "altar", with *althórach* in the genitive singular where GCh has *altóra*.

Glossary

am: "time"; pronounced /aum/. *In am*, "on time". *In am mhaith*, "in good time". *Ó am go ham*, "from time to time".
ama: "hames (pieces of wood or iron forming the collar of a draught horse)". *Fé ama na daoirse*, "under the yoke of slavery".
amach: "out", pronounced /ə'max/. *Amach tríd*, "oozing out through it".
amadántúil: "foolish".
amáireach: "tomorrow", or *amárach* in GCh. This declines for the genitive: *i gcómhair an lae amáirigh*, "for tomorrow".
amanathar: "the day after tomorrow". Pronounced /ə'manəhər/.
ambasa: "indeed", or *ambaiste* in GCh. While this appears to mean "by my hands", the form *ambaiste* indicates the derivation is rather from the asseveration "by my baptism", perhaps by way of a circumlocution to avoid uttering an irreligious phrase. Pronounced /əm'basə/.
amen: "Amen", or *áiméan* in GCh. The pronunciation is given in IWM as /am'en'/, but in LASID as /amən/.
ámharaí: "luck". *Ar ámharaí an tsaeil*, "fortunately".
amharc: "sight", pronounced /avərk/. *Ar an gcéad amharc*, "at first sight".
amharclann: "theatre", with *amharclainn* in the dative. This is used for "opera" in Ch8 here (otherwise *ceoldráma* in GCh). Pronounced /aurklən/. The pronunciation of this word, contrasting with that of *amharc*, reflects the fact that it was picked up in the Gaeltacht from books.
amhlaidh: "thus, so", pronounced /aulig'/, but often reduced to /aulə/.
amhrán: "to sing"; pronounced /avə'ra:n/.
amhránaí: "singer"; pronounced /avə'ra:ni:/.
amhras: "doubt; suspicion over something", pronounced /aurəs/. *Gan amhras*, "no doubt; for sure". *Amhras ort*, "under suspicion", in connection with a crime.
ampla: "greed, hunger"; pronounced /aumpələ/.
amplach: "greedy"; pronounced /aumpələx/.
amu': "outside", or *amuigh* in GCh; pronounced /ə'mu(h)/. *Bí amu'*, "get out!" Also "outstanding", of a loan, or "locked up", of money advanced and therefore temporarily inaccessible. *Amu' nú i mbaile*, "far or near".
an-dleathach: "illegal, unlawful", pronounced /'an'dl'ahəx/. The GCh spelling is *aindleathach*.
an-dóchas: "hopelessness, despair".
an-dóchasach: "hopeless, filled with despair". This is the meaning in this work, but the word is listed in FGB as "presumptuous".
anacra: "misery, distress"; pronounced /anək(ə)rə/.
anacrach: "distressed, miserable"; pronounced /anək(ə)rəx/.
anagal: "pus, corrupted matter, a mixture of blood and pus". The genitive *anagail* is found adjectively here, "putrid".
anaiste: "bad condition, bad treatment". *Duine ' chur ar anaiste*, "to bring someone to a miserable end".
anaithe: "terror", or *anfa* in GCh. Pronounced /anihi/.
anaithiúil: "terrified", or *anfúil* in GCh.

Glossary

anál: "breath", or *anáil* in GCh, which uses the historical dative; with *análacha* in the plural. *T'anál a tharrac*, "to take a breath". The genitive here is *anáile*; compare PUL's *anála* and *análach*.
anall: "over here, over from the other side", pronounced /ə'naul/.
anam: "soul". Often used by extension to refer to someone's life. *Níl aon anam 'na chosa*, "he can't move his legs". With *anamnacha* in the plural.
anamúil: "lively, spirited".
aniar: "from the west; up (from the back or behind, as in sitting up)"; pronounced /i'n′iər/.
aníos: "up (from below)", pronounced /i'n′i:s/.
anncaire: "anchor", or *ancaire* in GCh. Pronounced /auŋkir′i/.
annleisciúil: "reluctant", pronounced /aunl′eʃk′u:l′/; or *aimhleisciúil* in GCh.
annracht: "mistaken appearance"; pronounced /aurəxt/. *Duine ' thógaint in annracht duine eile*, "to mistake someone for someone else".
annrianta: "perverse, unruly", or *ainrianta* in GCh. Pronounced /aun'riəntə/.
annró: "hardship"; pronounced /au'ro:/.
annróch: "inclement", of weather. Pronounced /au'ro:x/.
annscian: "fury, terror; a ferocious person", or *ainscian* in GCh; pronounced /aunʃk′iən/.
annspianta: "grotesque", or *ainspianta* in GCh. Pronounced /aunsp'iəntə/. Adjusted from *ainspianta* in the original text.
anocht: "tonight", pronounced /ə'nuxt/.
anois: "now"; pronounced /i'n′iʃ/; sometimes found in the sense of "well, in that case". *Anois nú riamh*, "once and for all". *Anois beag*, "just now".
anonn: "over there, to that side", pronounced /ə'nu:n/. This word is used in preference to *sall* in WM Irish. *Anonn 's anall*, "back and forth". *Bheith anonn 's anall*, "to hesitate".
ansan: "then; there", or *ansin* in GCh; pronounced /ən'son/.
anso: "here", or *anseo* in GCh; pronounced /ən'so/.
ansúd: "over there", or *ansiúd* in GCh; pronounced /ən'su:d/.
anuas: "down (from above)", pronounced /ə'nuəs/. *Le bliain anuas*, "for the past year". *Rud do thabhairt anuas*, "to run something down".
aoibhinn: "pleasant", with *aoibhinne* in the comparative and plural (adjusted from *aoibhne* in the original).
aoibhneas: "bliss, delight", pronounced /i:v′in′əs/.
aoileach: "manure".
aoirde: "height", or *airde* in GCh. *Dhá fhinneóig ar aoirde*, "two storeys high".
aol: "lime". *Cloch aoil*, "limestone".
aonarúil: "alone, solitary".
aondéag: "eleven", pronounced /e:ŋ′iag/.
aos: "age", or *aois* in GCh. *Cad é an t-aos í?*, "how old is she?" Compare *cén aois í?* and some other variants found elsewhere in Ireland. DBÓC has *aos* in the dative here, where PUL had *aois*.
aosaím, aosú: "to grow older".

Glossary

ápa: "ape"; PUL had *apa* with a short vowel.
aprún: "apron", or *naprún* in GCh. Pronounced /ɑpəˈruːn/.
ar fuaid, ar fuid: "throughout", /er fuədˊ, er fidˊ/; *ar fud* in GCh. PUL wrote in NIWU (p54) that *ar fuaid* should be used for broad areas (*ar fuaid na paróiste*) and *ar fuid* for small areas (*ar fuid an tí*), but it is clear that this distinction is not always adhered to in his works, and Brian Ó Cuív stated in CFBB that he had never heard *ar fuid* (p273). *Ar fud* is found once in the original text, being adjusted here to *ar fuaid*.
ar: "on", pronounced /erˊ~er/. With a number of extended meanings, including "by looking at": *ní aithneófá ar a dheallramh*, "you couldn't tell by looking at him".
ár: "slaughter, massacre". *Lá áir*, "a stormy day".
árachas: "insurance". This was stated by DBÓC ("Aodh de Róiste", *An Músgraigheach*, Uimhir 3, p16) as a word he didn't understand.
araí: 1. "humour, frame of mind". 2. "focus". *Araí duine ' tharrac ort*, "to attract someone's attention".
araon: "both", pronounced /əˈreːn/.
áras: "abode, habitation", often implying a grand place. *Áras an Árdtaoisigh*, "the general's quarters".
arbhar: "corn", pronounced /ɑˈruːr/.
árd-dhochtúir: "an eminent doctor".
árd: "high, tall", with the comparative here *aoirde* where *airde* would stand in GCh. *Ós árd*, "out loud".
árd: as a noun, "height, high place", with *aoird* in the genitive. *In árd a chínn agus a ghutha*, "at the top of his voice".
árdaingeal: "archangel".
árdchéim: "high rank". *Oifigeach árdcheime*, "a superior/high-ranking officer".
árdchléireach: "chief clerk, head clerk".
árdchoiste: "grand jury".
árdeaglais: "cathedral"; pronounced /ˈɑːrdɑgəliʃ/.
árdéirim: "superiority". *Éirim* usually means "intelligence, aptitude", but see the definition "dignity, importance" in PSD.
árdfhearg: "great anger"; pronounced /ˈɑːrdɑrəg/.
árdfhonn: "great inclination".
árdinnealthóir: "chief engineer"; pronounced /ˈɑːrdiɲˊəlˊhoːrˊ/.
árdluachmhar: "costly, precious, valuable".
árdmheas: "great esteem".
árdoifig: "general office; headquarters".
árdoifigeach: "general".
árdshíbhialthacht: "civilisation, high culture". Pronounced /ˈɑːrdhiːˈvˊiəlhəxt/.
árdtaoiseach: "senior leader", referring here to a general (in which meaning GCh has *ginearál*). Both *árdtaoiseach* and *árdthaoiseach* were found in the original text. Pronounced /ˈɑːrˈtiːʃəx/ however spelt.
aréir: "last night", pronounced /əˈreːrˊ/, with a broad *r* in the middle of the word, as if spelt *araeir*. *Aréir roimis sin*, "the night before".

Glossary

argóint: "argument", pronounced /ɑrə'go:nt′/. *Argóna* is found in the genitive here; compare PUL's *argóinte*.
arís: "again", with a slender *r*, /i'r′i:ʃ/. *Glaotar ceann acu orm anois, agus an ceann eile arís*, "I am called the one thing some of the time and the other thing at other times".
arm: "army"; pronounced /ɑrəm/. *Na hairm aontaithe*, "the allies", in Ch9. Found as *armacha aontaithe* in Ch16. Note: the variant plural *armacha* is attested here only in the meaning of "armies", not "weapons". *Arm* also means "implement, tool; arms (as a collective)". *Arm tine*, "firearm". *Fé arm,* "armed".
armtha: "armed"; pronounced /ɑrəmhə/. *Fé ghárda armtha*, "under armed guard".
árrachtach: "huge, powerful".
arréars: "arrears of rent". Pronounced /ə're:rs/.
árthach: "vessel; container". Also "vessel" in the sense of a ship or boat.
asachán: "reproach, insult", or *achasán* in GCh.
aspal: "apostle". *An Dá Aspal Déag*, a Russian pre-dreadnought class battleship called Двенадцать Апостолов in Russian, commissioned in 1892.
ataim, at: "to swell". The verbal adjective is *ataithe*, as if from a second-conjugation verb. GCh has *ata*.
ath-ínsim, ath-ínsint: "to retell", or *athinsím, athinsint* in GCh.
athair nímhe: "venomous smake". The historical form of the word with an initial *n* is given here in one passage (in the genitive, *nathar nímhe*), with *athair nímhe* in another passage. PUL was insistent that *nathair nímhe* was not what was said in the Gaeltacht, and so the passage with *nathar nímhe* is altered to *athar nímhe* in this edition.
athair: "father", with *aithreacha* in the plural. Pronounced /ahir′, ahir′əxə/.
athartha: "fatherly, paternal".
athbheóchaint: "revival", or *athbheochan* in GCh. Pronounced /ɑ'v′o:xint′/.
athdhúblaim, athdhúbailt: "to redouble"; pronounced /ɑ'ɣu:bəlim′, ɑ'ɣu:bihl′/.
athfheabhsú: "to reimprove, do a further improvement". Pronounced /'ɑ-hau'su:/.
athléimreach: "rebounding, ricocheting", with *ag athléimrigh* in the dative. Pronounced /ɑ'l′e:m′ir′əx/.
athleogaint: "reletting", of a property. Note that *athleogaint* is masculine (*an t-athleogaint*).
athnóim, athnóchaint: "to renew, renovate", or *athnuaim, athnuachan* in GCh. *An margadh d'athnóchaint*, "to renew the lease".
athphortach: "cutaway bog, reclaimed land from which peat has been cut", or *athphort* in GCh. Pronounced /'ɑ-fər'tɑx/.
athrach: "change, alteration"; pronounced /ɑhərəx/. *Athrach gasra*, "a fresh shift of workers/soldiers". *Ar athrach cuma*, "different(ly), in a different way".
athraím, athrú: "to change", pronounced /ɑhə'ri:m′, ɑhə'ru:/.
athriarú: "rearrangement".
athrú: "change"; pronounced /ɑhə'ru:/. *Athrú radhairc*, "a change of scene". *Athrú saeil*, "change in circumstances".
athrúchán: "a change, a process of change"; pronounced /ɑhə'ru:xɑ:n/.

Glossary

athscrím, athscrí': "to rewrite; copy", or *athscríobhaim, athscríobh* in GCh.
atruach: "compassionate"; pronounced /ɑˈtruəx/.
atúrnae: "attorney, solicitor". With *atúrnaetha* in the plural.
bac: "hindering". *Níl aon bhac ort,* "there is nothing to stop you".
bacach: "lame person, cripple"; pronounced /bəˈkɑx/.
bacla: "the arms", as in "to hold something in the arms", with the dative *baclainn* replacing the nominative in GCh. Pronounced /bɑkələ, bɑkəliŋʲ/.
badhbóireacht: "act of scolding", or *badhbaireacht* in GCh. Pronounced /bəiˈboːrʲəxt/.
bagarthach: "threatening, menacing", or *bagrach* in GCh.
bagraim, bagairt: "to threaten; to nod, wink, make signs with", or *bagraím, bagairt* in GCh. Pronounced /bɑgərim', bɑgirtʲ/. With *bhagair* in the preterite.
báidhiúil: "sympathetic, well-disposed", or *báúil* in GCh; pronounced /bɑːˈgʲuːlʲ/.
bail: "success, prosperity". *Bail ó Dhia ort,* "bless you!" *Is olc an bhail air é,* "worse luck for him". *Ba mhaith an bhail air é,* "it would have been better for him".
baile: "village, town", with *bailthíocha* in the plural where GCh has *bailte. I bhfad ó bhaile uaidh,* "far in the distance".
baileach: "exact"; pronounced /biˈlʲɑx/. *Baileach glan,* "totally, utterly".
bailím, bailiú: "to gather, collect". *Bhailigh sé leis,* "he made his way (somewhere), went off".
baille-chrith: found in *ar baille-chrith,* "trembling all over". GCh has *ballchrith*.
báille: "bailiff".
báim, bá: "to drown". *Tu féin a bhá,* "to drown yourself".
bainim, baint: "to take from", and other meanings. Pronounced /binʲim', bintʲ/. *Ní hé sin a bhain dom,* "that's not what is bothering me". *Tá rud éigin a bhaint duit,* "you've got into some scrape or other". *Cad a bhain do?,* "what happened to him". *Bhí níos mó ná san ag baint do,* "there was more to it than that". *Áit a bhaint amach,* "to reach a place". *Gan baint díot,* "without getting undressed", which can have this meaning even where the item of clothing is not mentioned. *Ní bhaineann sé aon neómat amháin den láimh is laige deireadh a chur leis,* "it doesn't take the weakest person a moment to put an end to it". *Tá 'fhios agam cad a bhaineann le fearaibh,* "I know what men are like". *Ní raibh aon rud a bhain le trioscáin ann,* "there was nothing there in the way of furniture".
bainntreach: "widow", or *baintreach* in GCh; with *bainntrigh* in the dative; pronounced /baintrʲəx~baintʲirʲəx/.
bairricíní: "tip-toes", or *barraicíní* in GCh. As PUL and CFBB also have *barraicíní* with a broad *r*, there is a reasonable likelihood that DBÓC did too and that this word should have been given a broad *r*.
baistion: "bastion", or *urdhún* in GCh.
báite: "drowned", but also "flooded, sodden", of land.
baitheas: "top" (e.g. of a cap), or *baithis* in GCh.
balaithe: "smell", or *boladh* in GCh. The original text had *balaith.* This word is used in Ch33 here to translated "scent of the chase", as of some hint, intelligence or information.

Glossary

balatang: "calamity, disaster", or *matalang* in GCh. Pronounced /batə'lauŋg/. CFBB shows that /matə'lauŋg/ is also possible. *D'imigh batalang orainn*, "we had an accident or slip up".

ball: "place, spot", pronounced /baul/. *Balla beatha*, "limbs".

bán: "pastureland".

banchéile: "wife". The more usual form is *bean chéile*.

banna: "a bond security".

bannc: "bank" (in the financial sense as well as a bank/embankment of earth), or *banc* in GCh. The historically correct *nn* in the spelling is used in this edition to show the diphthong: /bauŋk/. With *baínnc*, /bi:ŋk′/, in the genitive and plural. *Bannc a bhriseadh*, "to break into a bank".

banncaer: "banker", or *baincéir* in GCh. Compare *banncaire*, found in the dative plural (*banncairíbh*) in PUL's *Mo Sgéal Féin* (p192).

bannda: "band of cloth, bandage". Pronounced /baundə/. *Bannda seóid*, "bracelet".

bannrín: "queen", or *banríon* in GCh. Pronounced /bau'ri:n′/ in WM Irish, where the *r* is broad (or slender in the Irish of those speakers who slenderise *r* in leniting circumstances). With *bannríne* in the genitive. The original text had *banríoghna* in the genitive, but a slender *n* is preferred here in line with the Irish of PUL and AÓL.

***banquette*:** a raised step behind a rampart. There doesn't appear to be an Irish word for *banquette*.

bantiarna: "lady"; pronounced /bɑn′-'t′iərnə/.

baoch: "thankful", or *buíoch* in GCh.

baochas: "thanks", or *buíochas* in GCh.

baoite: "bait".

baolach: "dangerous". *Is baolach*, "unfortunately", but often with the reduced meaning of "perhaps".

bára: found in the phrases *i dtosach bára*, "at the onset", and *i ndeireadh bára*, "when it was all over, at long last, in the end". *Bára* is derived from *báire*, "a game, a hurling match", but the pronunciation is /bɑ:rə/ in this phrase. *I dtús báire* and *i ndeireadh báire* are found in GCh.

baraille: "barrel", or *bairille* in GCh. Note that PUL also had *bairille*, but DBÓC's form here matches that of AÓL.

barbartha: "barbarous"; pronounced /barəbərhə/.

barbarthach: "barbarian". FGB has *barbarach*, which is also found in PUL's works. Pronounced /barəbərhəx~barəbərəx/.

barbarthacht: "barbarism"; pronounced /barəbərhəxt/. PSD notes that this word is sometimes used in reference to severe weather. The use found here is in reference to a dark night.

bárr: "top". *De bhárr*, "on account of, as a result of". *Dá bhárr*, "as a result of it". *Le bárr*, "out of (some kind of motivation)". *Ar bárr beaignití*, "on the point of bayonets".

barra-thuisle: "a stumble", or *barrthuisle* in GCh.

barra: "crop", or *barr* in GCh.

Glossary

barróg: "hug". *Barróg a bhreith ar dhuine*, "to hug or embrace someone". *Barróg bráid*, "a hug where you throw your arms around someone's neck".

bárthan: "injury", or *bárthainn* in GCh. A plural is not listed in dictionaries, but we have *bárthanaí* here, meaning, in context, "losses".

barúntacht: "barony".

bás: "death". *Ar do bhás*, "on your life, whatever you do".

bas: "palm of the hand", or *bos* in GCh, with *baise* in the genitive and *basa* in the plural. *Ar neómat na baise*, "in a trice". Also *ar iompáil na baise*. *Airgead baise*, "ready money". *Bualadh bas moltha*, "applause".

batrálaim, batráil: "to batter"; pronounced /bɑtəˈrɑːlimʹ, bɑtəˈrɑːlʹ/.

bé: "maiden". This was spelt *béith* in the original, supplying an /h/ before a subsequent vowel.

beach: "bee".

beag-bheann: "little regard". *Beag-bheann ar rud*, "with little regard for something, caring little for something".

beag-mhaitheas: "uselessness, worthlessness". The genitive, *beag-mhaitheasa*, is used here with adjectival sense.

beag-mhaitheasach: "useless".

beag: "small", pronounced /bʹog/. With *big* in the masculine genitive singular and the feminine dative singular and *bige* in the feminine genitive singular. *Ar a bheag*, "at least", a phrase in which *beag* is substantivised. *Is beag ná/ná go*, "nearly". *Ní beag san*, "that's enough".

beagán: "a little", pronounced /bʹəˈgɑːn/.

beagnách: "almost"; pronounced /bʹogˈnɑːx/ or /ˈbʹognɑːx/.

beaignit: "bayonet". Spelt *baignet* in the original, the spelling being adjusted in line with the Irish of AÓL. Pronounced /bʹagʹinʹitʹ/.

beairic: "barracks", adjusted from *bearaic* in the original text in line with the form shown in *Sgéal mo Bheatha*. *Máistir beairice*, "barrack-master".

béal: "mouth", including the mouth of a gun or cannon and the entrance to a tent. *A fhiafraí de dhuine an bhfuil béal air*, "to offer someone something to eat". *Ar do bhéal agus ar t'aghaidh*, "flat on your face". *I mbéalaibh báis*, "at death's door". *Béal bróige*, "the top of a shoe".

Bealltaine: "May"; pronounced /bʹaulhinʹiː/. LASID has /bʹalhinʹiː/.

bean: "woman", with *mnaoi* in the dative singular.

beann: "edge", e.g. of a garment. Pronounced /bʹaun/.

beann: "regard (for someone)". Pronounced /bʹaun/.

beannachadh: "blessing; to bless", a verbal noun pronounced /bʹəˈnɑxə/.

beannaím, beannú: "to bless/to greet". *Beannú rómhat*, "to say a greeting as you go in a place".

beannaitheacht: "blessed or holy nature". *Bás gan beannaitheacht*, "an impious death".

bearbóir: "barber", pronounced /bʹarəˈboːrʹ/.

bearbóireacht: "shearing". Pronounced /bʹarəˈboːrʹəxt/. *Bearbóireacht capall*, "clipping of horses".

Glossary

beárna: "gap, breach". The genitive is *beárnan*. The dative here is *beárnain*; *beárnainn* is also found in WM Irish. The plural here is variously *beárnaí* and *beárnacha*. *Beárnacha gunnadóireachta*, "embrasures". *Níor dhún Dia beárna riamh ná go n-osclódh sé ceann eile*, "things are never so bad they can't be put right".

beárnach: "jagged"; pronounced /bʹaːrhnəx/.

bearradh: "shaving, shearing". *Bearradh cínn*, "hair-cut".

bearraim, bearradh: "to shave, clip", including clipping horses here.

beart: "bundle". *Beart páipéar*, "bundle of papers".

beart: "move, deed, act". This is generally feminine: *beart dána* and *an bheart danartha* do not give lenition of the adjective, possibly because the dental word boundary is held to play a role in preventing lenition, but also reflecting the recent nature of the development of a gender distinction between *beart* (masculine, "bundle") and *beart* (feminine, "deed"). *Beart danartha* means "desperate plight" (see *i mbearta crua*, "in evil plight", in FGB). *Dein beart dá réir*, "act upon it; do something about it".

beartaím, beartú: "to brandish" (e.g. a sword).

beatha: "life", with the dative *beathaidh* found in the phrase *'na bheathaidh*, "alive", pronounced /nə vʹahigʹ/. Other than in this phrase, the dative is *beatha*.

beathuisce: "whiskey".

béim: "a blow".

beirím, beiriú: "to boil", pronounced /bʹeʹrʹiːmʹ, bʹeʹrʹuː/. *Tá do chuid aráin beirithe*, "you've landed on your feet" (in terms of achieving success in life).

beirim, breith: "to bear". *Beirthe*, the past participle of *beirim*, is pronounced /bʹerhə/, with a broad *r*, and is accordingly edited as *bertha* here. *Breith ar dhuine*, "to seize, grip, catch someone out; to bite him".

beirithean: "seering heat", or *bruithean* in GCh. *Do tháinig beirithean ann leis na smaointe sin*, "those thoughts fuelled a burning heat within him".

bheirim (do-bheirim), tabhairt: "to give". *Bheirim* is the rarely found absolute form of *tugaim*, found in the future tense in *bhéarfaid siad sábháltha sibh* here. See also *tugaim, tabhairt*.

bia: "food". *Bídh*, the genitive singular, is pronounced /bʹiːgʹ/ in WM Irish. The genitive is *bia* in GCh.

bianna: "ferrule, iron band".

bille: "note, bill".

bínse: "bench".

Bíobla: "Bible"; pronounced /biːbələ/.

bior: "sharp point". *Ar bhior mo dhá ghlún*, "on my bended knees".

biorán: "pin", pronounced /brʹaːn/. *Ní fiú biorán (agus) é*, "it's not worth a fig".

bioránach: "lad, fellow".

biotáille: "spirits, liquor". Usually found as *braon biotáille*.

birtín: "little bundle".

bithiúnach: "scoundrel".

Glossary

bithiúntaíol: "robbery, thievery". The original text had *beitheamhantghail*. *Bithiúntaíol ghlan*, "daylight robbery". This word isn't given in FGB and is probably *bithiúntas* in GCh.
bladhm: "blaze"; pronounced /bləim/. *'Na bhladhm sholais*, "ablaze (with light)".
bladhmaim, bladhmadh: "to blaze, flare up"; pronounced /bləimim', bləimə/.
bladhmann: "bombast, boasting"; pronounced /bləimən/.
blasé: a French word is used here, meaning "apathetic as a result of excessive indulgence in pleasure".
bleachtaire: "detective". The original meaning of this word was "milker", with an extended meaning in modern times.
bliain: "year". *Caogaid blian* is found here; *caogaid bliain* is also used in the dialect.
bó: "cow", with *buin* in the dative.
bocht: "poor", with *boicht* in the masculine genitive singular and *boichte* in the feminine genitive singular. Pronounced /boxt, boxt', boxt'i/ (i.e. with a broad /x/ before the slender /t/).
bochtanaím, bochtanú: "to impoverish", or *bochtaím, bochtú* in GCh.
bodach: "churl", but also "bigwig". Pronounced /bə'dɑx/. *Bodaigh na bhféarán*, "the big graziers".
bodhaire: "deafness"; pronounced /bour'i/.
bodhraí: "deafness; hollowness/dullness (of a sound)", used in the genitive in *fothram bodhraí*, "a deafening sound". Pronounced /bou'ri:/.
bodhraim, bodhradh: "to bother, confuse; deafen". Pronounced /bourim', bourə/. With *bhodhair* in the preterite. *Tu féin a bhodhradh*, "to bother your head with something".
bog: "soft", with *buig* in the masculine genitive singular and the feminine dative singular.
bogaim, bogadh: "to soften". *A chroí ' bhoghadh dho*, "for him to soften towards him". *Bogadh de rud*, "to let go of something".
bóithreán: "dust from the road"; pronounced /boːr'hɑːn/.
bóithreóireacht: "journeying". The original text had *bóthaireóireacht*, but this is adjusted in this edition in line with the form shown in CFBB.
bóithrín: "lane", pronounced /boːr'hiːn'/.
bolg: "stomach"; pronounced /boləg/. FGB suggests that the subsidiary meaning "bulge" gives rise to *ar bolg na sráide*, "in the open street".
bolgach: "smallpox", with *bolgaí* in the genitive. Pronounced /boləgəx/.
bolmac: "mouthful", or *bolgam* in GCh. Pronounced /boləmək/.
bolta: "bolt (of a door)", pronounced /boultə/.
bóna: "cattle-pound", or *póna* in GCh, which form was found in the original and is adjusted here.
bóna: "collar".
bonn: "foundation". *Duine ' chur ar a bhonnaibh*, "to get someone back on his feet". Pronounced /buːn, buniv'/. *Cloch bhuínn*, "foundation stone". *Láithreach bonn*, "instantly". *Bonn do chos*, "the soles of your feet".
bonn: "medal", with *buínn* in the plural; pronounced /boun, biːŋ'/.

Glossary

bonnaire: "footman".
borb: "fierce". but also "profuse in growth" (of vegetation); pronounced /borəb/.
bórd: "table", or *bord* in GCh; with *búird* in the genitive singular and the nominative plural. *Dul ar bórd*, "to board, get on board (e.g. a boat)".
bórdáil: "boarding". *Clár bórdála*, "the gangway or ramp to board a boat or ship".
bórraim/borraim, bórradh/borradh: "to swell up"; or *borraim, borradh* in GCh. CFBB states that *borradh* means "growing, increasing", whereas *bórradh* means "swelling up, becoming unnaturally bloated".
both: "booth, hut, tent".
bóthar iarainn: "railway".
bóthar: "road", with *bóithre* in the plural. Pronounced /bo:hər, bo:rʹhi/. *Gheóbhaidh sibh an bóthar*, "you'll get slung out on the road".
botún: "blunder". *Dheinis do bhotún*, "you've put your foot in it": the possessive is worth noting in this word (we may compare here *thugais t'éitheach*).
brá: "neck, the front of the neck", with *brád* in the genitive and *bráid* in the dative, which form is standardised on in GCh. *Gabháil thar bráid*, "to pass by". CFBB has *thar bhráid*, but the unlenited form is acceptable, genericising the noun.
brabach: "gain, profit". Referring here to bank interest. Pronounced /brə'bax/.
brabús: "profit, advantage". PSD shows this also means "a catch, an opportunity". *Breith brabúis ar* here means "to seize on, use the opportunity of".
brách: "judgement, doomsday". *Go brách*, "forever, ever". *As go brách leis*, "off he goes/off he went" (as though he would never turn back). *Ní ... go brách arís*, "never again".
bradán: "salmon"; pronounced /brə'dɑ:n/.
braisil/braisile: "cluster", or *braisle* in GCh.
braithim, brath: "to expect; to feel, perceive". *Ag brath ar rud do dhéanamh*, "with a view to doing something".
brannda: "brandy", pronounced /braundə/.
braon: "drop", with *braonacha* in the plural where GCh has *braonta*. *Braon beag*, "a quick drink".
brat: "robe, cloth", but referring to a flag here. Note *bratacha*, /brə'taxə/, in the plural in Ch23 here where the English edition has "shroud": in this passage DBÓC amended to *brait* to *bratacha*, indicating that *bratach* and *brat* were to some extent aligned in his Irish. *Brat an tsosa cómhraic*, "the flag that signifies a truce or break in the fighting".
brath: "expectation". *Tá brath (ar Dhia) agam (go)*, "I hope, trust (that)".
brathadóir: "spy, informer, scout".
breab: "bribe", with *breib* in the dative.
breacadh: "variegation", and thus "clearing (of weather)". *Breacadh an lae*, "daybreak".
breacaim, breacadh: 1. "to lighten or change colour". *Bhí an lá ag breacadh*, "day was breaking". 2. to jot down, trace out. *Trínse do bhreacadh*, "to sketch out or trace out a plan for a trench". With the verbal adjective *breacaithe*, where GCh has *breactha*.

Glossary

breacaithe (le): "dotted with, studded with"; or *breactha (le)* in GCh.
bréag-ghrafaithe: "forged", a word not specifically given in dictionaries although comprehensible from its elements.
bréagán: "toy, plaything".
bréagnaím, bréagnú: "to contradict, deny, refute"; pronounced /brʹiagəˈniːmʹ, brʹiagəˈnuː/.
breallánta: "silly".
breáthacht: "beauty, excellence". The plural, *breáthachtaí*, means "fine things, beautiful surroundings".
bréid: "frieze, cloth".
breith: "bearing, seizing". *Níl aon bhreith go*, "there is no conceivable way (that)".
breith: "judgement". *Breith do bhéil*, "your terms, what you decide to ask for in a bargain". *An Chéad Bhreith*, "capital punishment" (as imposed by the Ribbonmen here). *An Tarna Breith*, "physical abuse of some kind short of being killed".
breithním, breithniú: "to consider, examine, observe, reflect on; judge", *breathnaím, breathnú* in GCh. Pronounced /brʹenʹˈhiːmʹ, brʹenʹˈhuː/. However, *Seanachas Amhlaoibh* (p335) has *do bhreathnaíos*; both forms seem to have co-existed in WM.
breithniúchán: "an act of examination or observation". Pronounced /brʹenʹˈhuːxɑːn/.
breóite: "sick". Note that the traditional distinction between *breóite*, "sick", and *teinn*, "sore", is maintained in WM Irish. GCh only has the latter, spelt *tinn*.
breóiteacht: "sickness". *Breóiteacht farraige*, "sea-sickness"; GCh has *muirghalar*.
brí: "strength, vigour; meaning". *Bhí sé de bhrí 'na mhéireanna (é ' dhéanamh)*, "his fingers were strong enough/capable enough (of doing it)". *Is beag an brí é sin*, "that's not much, that signifies little, that doesn't amount to much". Note that DBÓC has both masculine and feminine variants of *brí* in *Sgéal mo Bheatha*, whereas only the feminine variant is found in this work. *Brí an amhrais*, "the reason for the suspicion, the substance behind it". In *sin é an bhrí atá ag na Franncaigh leis*, we see that the nuance of *brí* is slightly different: "that is the reason why the French do it". *Ní raibh aon bhrí léi chuige*, "she couldn't deal with it" (here referring to Neilí's mother being unable to cope with anything other than housework).
bricfeast: "breakfast", adjusted from *breicfeast* in the original text in line with evidence as to AÓL's pronunciation (/brʹikˈfast/ is given in IWM). Compare PUL's *briocfaist* in his *Don Cíochóté* (p4). GCh has *bricfeasta*. The genitive singular here is *bricfeaist*, with *bricfeast* in the genitive plural. *Roim bricfeast* is allowed to stand here, owing to the labial word boundary and the influence of the English word.
briogáid: "brigade".
briomhar: "vigorous, powerful, stirring".
brionglóid: "worry, serious thoughts"; not "dream". Pronounced /brʹuŋəˈloːdʹ/.
briste: "breeches, trousers". *Briste glún*, "knee breeches".
briste: "broken", but also "bankrupt".

Glossary

brobh: "a blade; a handful of hay or grass"; pronounced /brov/. *Ní mheáchann an duine amháin brobh*, "a single person is as light as a feather; a single person can achieve nothing". *Ní mheáchann san brobh duit*, "that is of no importance to you, that is neither here nor there to you". *Brobh tuí*, "a blade of straw".
brócaer: "broker", or *bróicéir* in GCh.
brollach: "breast, bosom"; pronounced /bər'lαx/.
brosna: "kindling, sticks for kindling".
brothall: "sultry heat". *Lá brothaill*, "on a hot, sultry day".
brothallaí: "warmth, sultriness"; pronounced /brohə'li:/.
brú: "crush", and by extension "a crowd of people, the crush of the crowd".
bruach-bhaile: "suburb".
brúchtach: "belching". This becomes *ag brúchtaigh* as a verbal noun in the dative. *Ag brúchtaigh le daoine*, "bursting with people".
brúid-obair: "brutal work".
brúideach: "brutish, brutal", or *brúidiúil* in GCh. This seems to be used as a noun, "brutish person", in Ch30 here.
bruidiúil: "busy, pressed"; pronounced /bri'd'u:l'/.
brúim, brú: "to press, crush". *Brú ort féin*, "to restrain yourself". *Brú thar dhuine*, "to push past someone".
bruinne dhearg (an bhruinne dhearg): "red murrain (a disease affecting cattle and sheep)", a word that is found as *buinne dearg* in GCh, masculine, where *bruinne* is feminine here. *Bruinne* means "discharge, ulcer".
bruíonach: "quarrelsome".
brúscar: "crumbs, fragments, rubbish"; *bruscar* in GCh. The pronunciation /broskər/ is given in IWM, but /bru:skər/ in CFBB.
bua: "victory". *Tá an bua mór agam chun achrainn a tharrac orm féin*, "I have a great talent for getting into scrapes". *Bua amháin (ag rud)*, "one good point, one significant advantage something has". The genitive, *buaidh*, is /buəg'/.
buac: "the best thing for you". *Dá luaithe a thiocfair chút féin, 'sé do bhuac é*, "you had better come to your senses as quickly as possible".
buaic: "peak, top". *Ar bhuaic an chluig*, "perched on the clock".
buaileam sciath: "braggadocio", a phrase that is derived from the literal meaning of "beating of shields".
buailim, bualadh: "to strike". *Bhuail an clog a dó*, "the clock struck two". Also "to proceed or get on your way somewhere" (*bualadh amach, síos, suas*, etc). *Buail ort an crios so*, "put this belt on".
buaim, buachtaint: "to win, defeat", with *ar*; or *buaim, buachan* in GCh. *Chun buachtaint* in Ch9 shows that a supposed genitive of such verbal nouns in *-int* is not often given. *Ní dheallróidh an scéal gur bhuaigh an tábhairne puínn leis an gcúigear so*, "it wouldn't seem that the inn gained much from these five men". *Bhí an dísle caite a bhuafadh uireasa, imirce, agus gorta dho féin*, "the die had been cast that would 'win' for him want, migration and starvation".
buairt: "sorrow". *Gan buairt gan brón*, "carefree". *Fé bhuairt*, "in sorrow".
buannacht: "billeting". *Ar buannacht*, "billeted, often on a free quartering basis".

Glossary

buatais: "boot".
búcla: "buckle"; pronounced /bu:kələ/.
búclach: "ringleted", of hair. Pronounced /bu:kələx/.
buí-ghné: "sallow".
buí: "thanks", found in *a bhuí le Dia*, "thanks be to God for it".
buic: "a blow". This word is not given in FGB, but PSD has *boic*.
buidéal: "bottle", pronounced /bi'd′e:l/. *Buidéal póca*, "flask".
buidéilín: "little bottle, vial".
buím, buíochtaint: "to turn yellow" or, transitively, "to cause to turn yellow;" *buím, buíochan* in GCh.
buímpéis: "vamp of a stocking".
buíon: "group, band". The dative plural here is *buíontaibh*. PUL had *buínibh*.
buirbe: "fierceness, rudeness"; or *boirbe* in GCh. Pronounced /bir′ib′i/.
búirth: "roar, bellow", or *búir* in GCh.
búirtheach: "bellowing"; pronounced /bu:r′həx/; or *búireach/búireadh* in GCh.
búirthim, búirtheach: "to roar, bellow"; pronounced /bu:r′him′, bu:r′həx/; or *búirim, búireadh* in GCh.
bulca: "bundle", or *bulc* in GCh.
bun-os-cionn: "awry, not right". *Bun-os-cionn leis, chómh bun-os-cionn is ' bhí an adharc leis an muic*, "as objectionable to him/as contrary to his interests as a horn would be to a pig", i.e. something that he could under no circumstances contemplate. Pronounced /bin′iʃ 'k′u:n~bunəs 'k′u:n/.
bun: "base". *Bun crainn*, "tree trunk". *Fé bhun*, "beneath, less than". *Cad ba bhun leis*, "what was behind it, what the reason for it was".
bunchairt: "original deed".
bunsprioc: "base mark". *Dul go dtí bunsprioc*, "to get down to brass tacks, get down to basics", or in the context of Ch10, "to go to the source".
búntáiste: "advantage", but also "concession".
bunús: "basis". *Billí gan bhunús*, "bills or notes not backed by real investments".
bunúsach: "solid, reliable".
buthaire: "cloud of smoke". GCh has *puthaire*.
ca: "where? where from?" *Cá* is adjusted to *ca*, to show a short vowel, with *bhfuil, bhfios* and similar forms.
cába: "collar", of a coat or jacket.
cábán: "cabin, tent, booth".
cabhail: "body, torso"; pronounced /koul′/.
cabhair: "help", pronounced /kour′/. *Ní haon chabhair é*, "it's no use, there's no use".
cabhlach: "fleet"; pronounced /kouləx/. This word is masculine in GCh, but feminine in PUL's Irish, and so *an cabhlach* in the original text is edited as *an chabhlach* in this edition.
cabhraím, cabhrú: "to help", used with *le*. Pronounced /kou'ri:m′, kou'ru:/.
cábla: "cable"; pronounced /ka:bələ/.
cabman: while *fear carráiste* is also given here, the use of the English word in the text shows this word was recognised by the Irish speakers of the 19th century.

Glossary

cad 'na thaobh?: "why?", or *cén fáth?* in GCh. Pronounced /kɑnə 'he:v/.
cad é mar: "what (a) X!", in exclamations or rhetorical utterances. *Cad é mar dhúthracht!*, "what devotion!"
cad é: note *cad é*+definite noun, where GCh has *cén*+definite noun. *Cad é an dochtúr?*, "what doctor?" *I dtaobh cad é?*, "about what?", subtly distinguishable from *cad 'na thaobh?*
cad eile?: "what else?" In Ch17, *is iad, cad eile?*, means "it is them—what else could it be?"
cad fá?: "why?"
caibidil: "chapter". DBÓC uses the form of this word that has been adopted in GCh; PUL had *caibideal*.
caidhp: "cap, bonnet", with *caidhpe* in the genitive. Pronounced /kəip′/.
cailc: "chalk". *Chómh mílítheach/chómh bán le cailc*, "as white as a sheet".
caillim, cailliúint: "to lose; to spend", or *caillim, cailleadh* in GCh. *Cailliúint ar*, "to fail or let down". *Do caillfaí iad*, "they would have died".
cáineadh: "censure, condemnation". *Cainnt cháinte*, "denunciation".
caínncín: "snub nose, prominent nose or conk".
cainnt: "speech; speaking", or *caint* in GCh. The traditional double *n* is preserved here to show the diphthong, /kaint′/.
cainnteach: "chatty"; pronounced /kaint′əx/.
cainnteóir: "speaker". Pronounced /kain′′t′o:r′/.
cainntím, cainntiú: "to speak to" (with *le*). Pronounced /kain′′t′i:m′, kain′′t′u:/.
cáinteach: "fault-finding, carping.
caíora: "sheep", or *caora* in GCh; with *caoire* in the plural where GCh has *caoirigh*. Pronounced /ki:rə, ki:r′i/.
caíorthaíol: "act of glowing or blazing; conflagration", or *caoraíl* in GCh. The original text had *caoirthíl* and *caoirthghil*. Pronounced /ki:r′hi:l/.
cáipéas: "document, written agreement", pronounced /kɑ:′p′e:s/; or *cáipéis* in GCh. With *cáipéasaí* in the plural.
caipín: "cap". *Caipín dubh*, "black cap", used by a judge when handing down the death penalty.
cairréirí: "carman, carrier, hauler", and thus in Ch14 here, "driver of a cab/carriage". GCh has *carraeir*.
cairt: "charter, deed", with *cairteacha* in the plural. *Cairteacha teidil*, "title deeds". Pronounced /kart′, kir′t′axə/. *Seana-chairteacha*, "old deeds".
caise: "stream".
caisleán: "castle"; pronounced /kiʃl′ɑ:n/. *An Caisleán*, a reference to Dublin Castle, the seat of administration of British Ireland.
caite: "worn-out".
caiteach: "wasteful, spendthrift", or *caifeach* in GCh. Pronounced /ki′t′ax/.
caitheamh: "shooting, bombardment".
cáithim, cáitheadh: "to winnow". *Sneachta á cháitheadh*, "with snow whirling in snowdrifts".

Glossary

caithim, caitheamh: 1. "to spend". *Ag caitheamh a naoidéag,* "in her nineteenth year". 2. "to fire" (of a shot), as in *ollamh chun caite,* "ready to fire". 3. "to throw". *Caitheamh siar,* "to throw back, sink down (a drink)". *Caitheamh suas,* "to drink up/eat up, fully consume food/drink". *Roinnt fola do chaitheamh suas,* "to throw up/regurgitate some blood". *Ní bheam á chaitheamh anonn ar dhaoine eile* in Ch33, "we won't be transferring/passing it onto others" (referring to the risk generated by a Ribbonmen operation). 4. "to wear".

Caitlicí: "Catholic". The original text had *Catoilicithe* in the plural, but PUL had /kat′il′ik′i:, kat′il′ik′ihi/, and LASID shows /katl′ik′ihi/ in the plural. Some speakers had an epenthetic vowel between the *t* and the *l*, but in any case the *tl* should be slender.

cál: "call, need", pronounced /kɑ:l/. This seems to be a loanword whose pronunciation has been aligned with the Irish word *cáll,* "claim".

caladh: "landing-place, jetty".

calaois: "deceit, fraud".

caleche: "*calèche,* a horse-drawn carriage with a folding hood".

calma: "splendid, brave", pronounced /kɑləmə/.

cam: "crooked"; pronounced /kaum/. *Cam nú direach,* "by hook or by crook".

campa: "camp", pronounced /kaumpə/.

canad: "where?", or *cá háit?* in GCh.

canaim, canadh: "to sing, chant". Note that PUL used both *canadh* and *cantainn* as the verbal nouns of this paradigm.

canncar: "canker; cantankerousness", but used in Ch34 to translate "cancer", in which meaning GCh has *ailse*. LASID concurs that *canncar* is the WM word for "cancer". Pronounced /kauŋkər/.

canntálaim, canntáil: "to grab, devour", and so "to outbid" someone for land. Pronounced /kaun′tɑ:lim′, kaun′tɑ:l′/. Compare *cantálaim, cantáil* in GCh in the meaning of "grab, devour", and *ceantálaim, ceantáil* in the meaning of "to outbid" (i.e. at auction). *Á canntáil orm* in Ch2 has an unstated feminine antecedent (possibly *seilbh*): "outbidding me for it".

canúinn: "dialect", but also "speech, mode of expression" and "adage, saying". The GCh form *canúint* has since been introduced in WM.

caoch-sholas: "dim light".

caoch: "blind".

caochaim, caochadh: "to blind, dazzle".

caogaid: "fifty". The original text had the GCh form *caoga*. As PUL had *caogad* and AÓL *caogaid, caogaid* is used in this edition.

caoi: "opportunity"; pronounced /ke:/. *I gcaoi go,* "so that".

caoin-chómhrá: "to engage in pleasant conversation". Pronounced /′ki:n′ xo:′rɑ:/.

caoin: "gentle, refined".

caol: "slender", but "thin, shrill, high-pitched", of a voice.

caothúil: "convenient", or *caoithúil* in GCh. Pronounced /ke:′hu:l′/. Also found in the meaning of "pleasant, in a good mood".

Glossary

capall: "horse". Note that the dative plural has a slender *l* in Cork Irish: *capaillibh*. Where a broad *l* was found in the dative plural in the original text, it is corrected in this edition.

captaein: "captain". This word is given as *captaen* in the original text, but a slender *n* pronunciation /kɑp'te:n'/ seems preferable, as the word is a loanword likely to be better known to Irish speakers in its English form and the English *n* is closer to the Irish slender *n*. GCh has *captaen*, apparently with a broad *n*, in the singular.

cara: "friend", with *caraid* in the dative, although *cara* is also used here in the dative.

caradach: "friendly", or *cairdiúil* in GCh.

caradas: "friendship", or *cairdeas* in GCh.

carbhat: "neck-tie"; pronounced /kɑrəvət/.

***Carbonari*:** members of an Italian network of secret societies that operated from around 1800 to 1831.

carcair: "prison, jail".

carn: "heap, pile", with *cáirne* in the plural. Pronounced /kɑrən, kɑ:rn'i/.

cárnán: "small heap".

carraig: "rock", with the plural adjusted from *carraigeacha* to *carraigreacha* in this edition, to align with the form of the word used in DBÓC's *Sgéal mo Bheatha*. Pronounced /kɑrig', kɑrig'ir'əxə/.

carráiste: "carriage", pronounced /krɑ:ʃt'i/. Note that this is masculine in PUL's works, but generally feminine here (and in AÓL's Irish). Where in Ch10 we read *an carráiste*, it is adjusted to *an charráiste* in line with the majority use of the text. A similar instance is *an carráiste* in Ch14, followed by *na carráiste* in the genitive. The feminine usage is consequently standardised on in this edition. *Fear carráiste*, "cabman".

carthanacht: "charity".

cás: "case, briefcase".

cás: "cause, case", but often simply "situation". *Is cás liom é*, "I'm concerned about it". *Níor chás dom*, literally "it would be no problem for me", but with sarcastic sense: "well I might!" *I gcás go*, "such that". *Cuir i gcás go bhféachfaimís 'na ndiaidh chun iad a dhíol*, "I suggest we see about selling them".

cas: "curly". Used here for "braided", of hair.

casadh: "turning" (referring here to the corners of the trenches where a turn in direction was made), with *casaí* and *casaíocha* in the plural where GCh has *castaí*. Also "bend".

casaim, casadh: "to twist, wind". *Rudaí ' chasadh ar do mhéir*, "to manipulate things".

cásaím, cásamh: "to bewail". The preterite here is *do chásaimh*, where GCh has *chásaigh*, reflecting influence from the verbal noun.

casóg: "coat" (used in preference to *cóta* in WM Irish). With *casóig* in the dative. *Agus a chasóg de*, "with his coat off".

Glossary

cath: "battle; battalion". *Lár an chatha* or *páirc an chatha*, "the battlefield; the front". *Cath a chur ar dhuine*, "to take someone on (in a fight)".

cathain: "when?", pronounced /kə'hin'/.

cathair: "city", with *cathrach* in the genitive (singular and plural). Pronounced /kɑhir', kɑhərəx/.

cathaoir: "chair"; pronounced /kɑ'hi:r'/. It is worth nothing that in Irish you sit *i gcathaoir* and not "on" a chair. *Cathaoir na fianaise*, "the witness box".

cathaoirleach: "chairman", of a council.

cathú: "regret". This word doesn't mean "temptation" in Munster.

cé: "quay". Spelt *céibh* and *céidh* in the original text.

céad: "a hundred". Note *cheithre chéad*, "four hundred", and *chúig céad*, "five hundred". *Cheithre* lenites, but there is no lenition of *céad* after *chúig* owing to the confluence of homorganic consonants.

cead: "leave, permission". *I gcead duit*, "by your leave". *Cead a chos*, "freedom to leave".

céadfa: "sense", with *céadfaí* in the plural. Pronounced /k'iatfə, k'iat'fi:/.

ceaintín: "can, tin".

ceairt: "cloth, rag", or *ceirt* in GCh. With *cirteacha* in the plural. Pronounced /k'art', k'ir't'axə/. *Idir chorp ceairt*, "entirely", referring to people being destroyed or cleared out in a merciless manner. PUL had (or wrote) *idir chorp ceart*. Dónal Ó Mahúna glossed the idiom as "body and bones" (*Cruinneas cainnte. Chúig céad abairt ó'n Athair Peadar féin agus a míniú sa Bhéarla*, p52), although a more literal interpretation may be "both body and the rags you're dressed in".

cealg: "sting"; pronounced /k'aləg/.

ceangal: "bond, band, tie", with *ceanglacha* in the plural. Pronounced /k'aŋəl, k'aŋələxə/.

ceann riain: "destination".

ceann-cheathrú: "headquarters"; pronounced /'k'aun x'ar'hu:/. With *ceann-cheathrún* in the genitive. The original text had *cínn-cheathrún* in both nominative and genitive, as if DBÓC or An Gúm interpreted "headquarters" as "head(s) of quarters". The feminine gender is imposed in this edition.

ceann-fé: "shame", or *ceann faoi* in GCh. There is a difference between the hyphenated noun *ceann-fé* and non-hyphenated uses: *tá a cheann fé aige*, "he was distraught".

ceann: "head; end; roof of a house". *I gcionn/i gceann*, "at the end of, after (a period of time)", where *cionn* is an archaic dative. *Cuir as do cheann é*, "banish the thought from your head; don't even think it; you can give that a big miss!" *Ag déanamh cínn de féin*, "taking charge, setting himself up as the head/person in charge". *An ceann a bhaint den scéal*, "to broach the subject". *Na hoifigigh cínn*, "the senior officers". *Na gunnaí móra a bhí ag dul i ndiaidh a gcínn* in Ch31 is a little hard to understand as the context requires the meaning "moving backwards". The assumption seems to be that *ceann an ghunna* means the opposite end of the gun to the muzzle. *Dul i ndiaidh a gcínn* usually means "to go headfirst" in Irish.

Glossary

céanna: "same". *An fear céanna*, "the very man".
ceannaí: "merchant".
ceannaitheóireacht: "trading, commerce", or *ceannaíocht* in GCh, which form is also found in PUL's Irish.
ceannas: "leadership, a state of being of charge of others". *Céim ceannais*, "a command, position of command, a rank that confers such a command". *Lucht ceannais*, "leaders".
ceannatha: "facial features", or *ceannaithe* in GCh. PUL stated this word was pronounced /kʹəˈnɑhə/ (NIWU, p60).
ceannsa: "gentle, meek", pronounced /kʹaunsə/. *Ceansa* in GCh.
ceanntar: "district"; pronounced /kʹauntər/.
ceanúil: "affectionate". *Ceanúil ar*, "fond of".
ceap: "block". *Chuirfinn mo cheann ar cheap*, "I dare say". *Ceap crústaigh*, "a mark or block for target practice". *Ceap gunna*, "stock of a gun".
ceapaim, ceapadh: "to conceive, think". *Bheith ceapaithe ar (rud do dhéanamh)*, "to be just about to do something".
céarach: "waxed"'; pronounced /kʹeːrəx/.
ceárd: "trade". The dative singular *ceird* (i.e. *céird*) is used as the nominative in GCh. *Seana-cheárd*, "old or former occupation".
ceárnóg: "square", with *ceárnóig* in the dative.
cearrúchas: "card-playing, gambling", or *cearrbhachas* in GCh. *Cearrúchas ana-ghéar*, "sharp practice, a very sharp way of playing one's cards".
ceart: "right, justice". In Ch5, we read *ag dul duit ó cheart*, "due to you by right". *'Na cheart*, "correctly; as something ought to be"; also *sa cheart*. *Cúirt an Chirt*, "court of justice", used here to refer to the afterlife where just punishment is meted out.
ceárta: "workshop, forge", with *ceártain* in the dative.
ceartaím, ceartú: "to set things right", used in Ch25 here in the sense of "effecting justice".
céas: "matted hair, wool". *Breith ar chéas cínn ar dhuine*, "to grab someone by the hair of the head".
Céastúnacht (an Chéastúnacht): "the Inquisition", or *an Chúistiúnacht* in GCh. The original text had *an Cheastúnacht*, which may reflect an error in Edward Lhuyd's Irish-English dictionary in *Archaeologia Britannica* (1707), where *ceastunach*, with no long vowels, is glossed as "tormenter". Risdeard Pluincéad's earlier manuscript Latin-Irish dictionary (1662) gave *céastúnach* as "torturer".
ceataí: "inconvenience, awkwardness, a problem". This appears in GCh as *ciotaí*, but *ceataighe* is the traditional spelling, and the pronunciation in WM Irish is /kʹaˈtiː/.
ceathair-chúinneach: "four-cornered".
ceathrar: "four people", pronounced /kʹahərər/.
ceathrú: "quarter", pronounced /kʹarˈhuː/. *Ceathrú uaire*, "quarter of an hour".
ceirí: "poultice, plaster, dressing", or *ceirín* in GCh. This word is feminine here (as it is in AÓL's Irish too), although stated in FGB (as a variant crossreferenced to *ceirín*) as being masculine.

Glossary

ceisneamh: "grumbling"; pronounced /kʹeʃnʹəv/.
ceist: "question". *Ceist a bheith ort (rud do dhéanamh)*, "to be reluctant to do something".
ceisteóir: "questioner", or *ceistitheoir* in GCh.
ceistiúchán: "an act of questioning".
ceó: "mist, fog", with *ceóigh* in the genitive where GCh has *ceo*.
ceóch: "misty, foggy".
ceocu: "which? which of them?; whether". From *cé acu* or *cé'cu*, but pronounced /kʹukə/. See also *peocu*. *Ní fheadar ceocu*, "I don't know either way".
ceófrán: "drizzling rain, mist"; pronounced /kʹo:fəˈrɑ:n/. *Ceobhrán* in GCh.
cheana: "already; before, last time", pronounced /hɑnə/. *An uair cheana*, "last time, the other time". *Aon uair cheana*, "before, ever before". *Oíche cheana*, "one night, the other night".
cheithre: "four", or *ceithre* in GCh. Pronounced /xʹerʹhi/. Where *ceithre* was found in the original text, lenition is added here.
chím, feiscint: "to see", or *feicim, feiceáil* in GCh; pronounced /xʹi:mʹ, fiʃkʹintʹ/. Note the verbal adjective *feicithe*, pronounced /fikʹihi/. Note the dependent autonomous form in the past tense, *feacathas*.
choíche: "ever"; pronounced /xi:hi/. *Choíche agus go brách*, "once and for all".
chun: "towards". The combined forms of this preposition are distinctive in WM Irish: *chúm, chút, chuige, chúithi, chúinn, chúibh, chúthu*. GCh has *chugam, chugat, chuige, chuici, chugainn, chugaibh, chucu*.
ciall: "sense". The dative *céill* is often not given. *Ciall cheannaigh*, "wisdom bought by experience, experience that teaches you to 'know better' about something".
cian: "age". *Leis na cianta*, "for ages". *I gcéin*, "afar off".
ciapaim, ciapadh: "to torment".
ciardhubh: "jet-black". Pronounced /kʹiəruv/. *Daighir chiardhubh fhuachta*, "a terrible blast of cold".
ciarsúir: "handkerchief", or *ciarsúr* in GCh.
cíll: "cell". *Cíll phríosúin*, "prison cell". GCh has *cillín* in this meaning.
cime: "captive, prisoner".
cimeádaí: "keeper, custodian", or *coimeádaí* in GCh. *Cimeádaí tí*, "housekeeper".
cimeádaim, cimeád: "to keep", or *coimeádaim, coimeád* in GCh. Note that the distinction shown in FGB between *coimeád*, "keep", and *coimhéad*, "watch over", does not obtain in WM Irish.
cimlim, cimilt: "to rub, wipe" or *cuimlím, cuimilt* in GCh. Pronounced /kʹimʹilʹimʹ, kʹimʹihlʹ/.
cine: "race", which is feminine in WM Irish, but masculine in GCh. *An chine-daonna*, "the human race": the *d* is not lenited in this phrase. *An chiona-daonna* is also found in WM Irish.
cineálta: "kind". This word seems to be *Béarlachas*, as in English "kind" is both a noun and an adjective, and so in Irish a connection is forged between *cineál* and *cineálta*. PUL wrote in NIWU (p19) that he didn't like this word and preferred *ceannsa*.

Glossary

cineálthas: "kindness". *Cúiteamh cineálthais*, "expression of gratitude, requitement of kindness".

cínn-leitir: "capital letter", or *ceannlitir* in GCh. With *cínn-leitreacha* in the plural. Pronounced /kʹiːnʹ lʹetʹirʹ, kʹiːŋ lʹetʹirʹəxə/.

cinniúint: "fate, destiny", pronounced as if with a single medial *n*, /kiˈnʹuːntʹ/.

cínseal: "ascendancy, dominance".

cion: "affection"; pronounced /kʹun/. With *ceana* in the genitive. *Cion duine muínteartha a dhéanamh do dhuine*, "to befriend someone, show someone friendship".

cion: "share"; pronounced /kʹun/. *Cion a dhearúid air féin*, "be it (i.e. his mistake) on his own head!"

cionntach: "guilty". IWM §401 shows the pronunciation can be either /kʹuːntəx/ or /kʹuntəx/.

cionntaím, cionntú: "to convict". GCh has *ciontaím, ciontú*, but the original spelling is retained here to show a long vowel in the first syllable.

ciorrú: "mutilation".

cipe: "body or phalanx of troops". The feminine gender found in most passages here is standardised on in this edition, but this word is masculine in GCh. *Cipe oibre*, "troops on fatigue duty".

ciscéim: "step; someone's gait", or *coiscéim* in GCh. This word is masculine here, but feminine in GCh.

ciste: "treasury; state funds".

cistin: "kitchen", with *cistean* in the genitive.

citeal: "kettle".

cith: "shower", with *ceathanna* in the plural. This word is used in the sense of "a shower of bullets" here.

ciúmhais: "edge, margin"; pronounced /kʹuːʃ/.

ciúnaím, ciúnú: "to calm; become calm".

ciúnas: "calmness, quietness".

ciúnú: "calming down, pacification".

clab: "mouth wide open; opening". DBÓC's pronunciation of *i gclab* was *i nglab*, although this is not insisted on in this edition. *Caite isteach i gclab a chéile*, "thrown together in a heap" (the idiom possibly refers to things being slung together as if into a gaping hole). *Titim i gclab a chéile*, "to fall in a heap, collapse". *Clab na ngunnaí*, "the gaping mouth of the guns".

clabhar: "mantelpiece"; pronounced /klaur/.

cladhaire: "rogue, trickster"; pronounced /kləirʹi/.

clagar: "peltering, clattering; heavy rain".

claí: "fence", with *clathacha* in the plural where GCh has *claíocha*. Pronounced /kliː, kləˈhaxə~klɑhəxə/. The genitive plural is *clathach*, /kləˈhax~klɑhəx/.

claíomh: "sword", with *claimhte* in the plural. Pronounced /kliːv, klitʹi/.

clais: "trench, furrow, gully", pronounced /klaʃ/; with *clasacha*, /kləˈsaxə/, in the plural where GCh has *claiseanna*. PUL had *clasa* in the plural.

clampar: "wrangling, dispute"; pronounced /klaumpər/.

Glossary

clann: "children" (not "family"), with *clainne* in the genitive and *claínn* in the dative. Pronounced /klaun, kliŋʹi, kliːŋʹ/.

clár: "flat surface, plain". Also "stave (of a barrel)". *An droichead cláir*, literally "the plank bridge", where the genitive of *clár* functions as an attributive adjective, is found here where the English edition has "the Bridge of Boats" (in the Crimea). *Clár finneóige*, "window sill", or *leac fuinneoige* in GCh. *Clár a bhriseadh i mbaraille*, "to stave in a barrel".

cléarcas: "clerical work"; pronounced /klʹeːrkəs/. *Cléireachas* in GCh.

cleas: "game". *Do dhein sé an cleas*, "it did the trick".

cleaspa: "clasp", or *claspa* in GCh.

cléireach: "(military) clerk".

cleith: "staff, rod; horizontal beam". *An chleith a chimeád os do chionn*, "to keep a roof over your head".

cliath: "splint", with *cléithe* in the genitive. *Cliath a chur le cois*, "to set a broken leg".

cliathán: "side (of a hill)". Pronounced /klʹiːˈhɑːn/.

Cliftonach: someone with the (English) surname Clifton.

cling: "ringing of bells; peal/chime of bells".

cló: "print". *I gcló trom dubh*, "in bold print".

clóbhuailim, clóbhualadh: "to print".

clóca: "cloak". *Clóca caipín*, "a hooded cloak".

cloch: "stone", with *cloich* in the dative.

clochar: "stony place; convent".

clog: 1. "clock; bell", with *cluig* in the genitive and plural. *Uair a' chluig*, "hour". Note *a haon a chlog* here; AÓL had *a haon do chlog*, with *a* after other numerals (it seems *a* and *do* here derive from an original *de*). 2. "blister". *Clog dóite*, "a burn (on the skin)".

cloigtheach: "belfry, round tower; steeple", with *cloigtheacha* in the plural where GCh has *cloigthithe*. PSD shows this is pronounced /kliˈkʹɑx/ or /kilˈkʹɑx/.

cloím, cloí: "to wear down", with the verbal adjective *cloíte*.

cloisim, clos/cloisint: "to hear", or *cloisim, cloisteáil* in GCh.

clos: found in *is clos dom é*, "I hear it".

cluas: "ear", with *cluais* in the dative. *Cluas ort ag feitheamh le rud*, "listening out for something".

club: "club", used here in reference to a central London gentleman's club.

clúdach: "envelope". *Clúdach adhairte*, "pillow-case".

cluichim, cluicheadh: "to harry, chase".

cluigeann: "skull, head", or *cloigeann* in GCh.

cluigín: "little bell"; pronounced /kliˈgʹiːnʹ/.

clúmh liath: "mildew". With *clúmh léith* in the genitive.

clúmhach: "furry, fluffy". *Casóg chlúmhach* is used here where "overcoat all covered with furs" is found in the original. "Fur coat" is given in FGB as *cóta fionnaidh*. *Caipín clúmhach*, "a fur cap".

Glossary

clúthairt: "mat of old grass in a field". This resists declension in the genitive, and so we have *aon tsaghas clúthairt* here.
cluthar: "cosy, comfortable".
clutharaím, clutharú: "to shelter, make comfortable". *Tu féin a chlutharú*, "to put warm clothes on, to wrap up warm".
cnag: "knock, blow".
cnagaire: "naggin, noggin, quarter-pint of spirits".
cnagarnach: "crackling, crunching sound". With *ag cnagarnaigh* in the dative.
cnáib: "hemp; hangman's noose".
cnáid: "jeering, jibing" (*fé dhuine*).
cnáidiúil: "sarcastic, jeering, jibing", or *cnáideach* in GCh.
cnaip: in the phrase *titim id chnaip*, "to fall in a heap". This is adjusted from *titim id chnap* in the original text to align with AÓL's Irish. PUL had *titim id chnaipe*.
cnaiste: "side-rail of a bed".
cnaistirne: "large potato", or *cnaiste* in GCh.
cnámh: "bone", with *cnámha* in the plural. Pronounced /knɑːv, knɑː/.
cnapóg: "lump", but also "hillock, a stretch of slightly higher ground". With *cnapóig* in the dative.
cneadh: "wound", or *cneá* in GCh. Along with a number of other words where the older spelling is in -*adh* or -*agh*, *cneadh* has a short vowel in the nominative singular, /knʹa(h)/. The plural is given in the original as *cneadhacha*, is edited here as *cneathacha*, /knʹiˈhaxə/.
cnísc: literally "a corn blight", but found in the phrase *dar cnísc*, "by all that is holy", used to avoid the blasphemous *dar Críost*. GCh has *cníosc*.
cnósach: "collection"; or *cnuasach* in GCh.
cnósaím, cnósach: "to collect"; or *cnuasaím, cnuasach* in GCh. *Do mheabhair a chnósach*, "to collect yourself".
cnotach: "cockaded"; pronounced /knəˈtax/.
cnublach: "carcass, remains". The original spelling here, *conablach*, is that used in GCh, but IWM shows the pronunciation is /knubələx/. This is etymologically derived from *con*, and means, literally, "dog carrion".
cnuc: "hill", or *cnoc* in GCh. *I gcoinnibh an chnuic*, "uphill".
cnucán: "hillock", or *cnocán* in GCh. Pronounced /knəˈkɑːn.
cocaod: "cockade", or *cnota* in GCh.
codladh: "sleep, sleeping"; pronounced /kolə/. The genitive here is *an chodladh*: *codlata* is theoretically the genitive, but real uses of *an chodlata* are hard to come by and it seems DBÓC resisted using an artificial form here. This forms part of a wider issue whereby supposed genitives of verbal nouns are avoided in traditional Irish (compare the use of *chun maireachtaint*, instead of *chun maireachtainte* or *chun maireachtana*).
cogar mogar: glossed in dictionaries as "hugger mugger; confusion, disarray", this phrase as used here means "Chinese whispers".
cogar: "whisper".

Glossary

cogarnach: "whispering". As an ordinary noun (as opposed to a verbal noun), the declined dative is generally not used, but we do read *as an gcogarnaigh* in one passage here.

cognaim, cogaint: "to chew", or *cognaím, cogaint* in GCh. Pronounced /kogənim′, kogint′/. *Rud do chogaint leat féin*, "to mutter something to yourself".

cograim/cograím, cogarnach: "to whisper"; pronounced /kogərim′~kogə'ri:m′, kogərnəx/. With *do chogair sé* in the preterite. When governed by *ag*, the verbal noun becomes *ag cognarnaigh*.

coicíos: "fortnight"; pronounced /kəi'k′i:s/, or *coicís* in GCh. The genitive is given in some passages as *coicíse*. This appears to be an error (the genitive in *Sgéal mo Bheatha* was *coicís*), and so the genitive is adjusted to *coicís* here.

coidreamh: "intercourse, association", or *caidreamh* in GCh. Pronounced /kod′ir′əv/.

coigilt: "raking the fire", and by extension "the raked embers of the fire, the log fire itself".

coiglim, coigilt: "to save, conserve" (e.g. wealth or money); or *coiglím, coigilt* in GCh. Pronounced /kog′il′im, kog′ihl′/.

coigríoch: "foreign country"; pronounced /kog′i'r′i:x/. *Gnóthaí coigríoch*, "foreign affairs". *Rialtas coigríche*, "the government of another country".

coigríoch: "stranger, foreigner", or *coigríochach* in GCh. Pronounced /kog′i'r′i:x/.

coiméide: "comedy". *Lucht coiméide*, "comedians".

coímhdeacht: "accompaniment". *Deamhan coímhdeachta*, "guardian demon", the opposite of a guardian angel. Pronounced /ki:nl′əxt/ according to IWM (see the note to §409); this pronunciation is not shown in DBÓC's spelling here. *An Priúnsa Coímhdeachta*, "the Prince Consort" (i.e. Prince Albert, the husband of Queen Victoria).

coímheascar: "struggle, mêlée; to struggle", pronounced /ki:skər/.

coímhirse: "friendliness". Pronounced /ki:rʃi/.

coímhtheach: "foreign, alien, outlandish; aloof"; pronounced /ki:həx/. *An mhuir choímhtheach*, "the open sea".

coimirce: "protection, patronage". IWM shows the pronunciation to be /kim′irk′~kim′irk′i/ (see the note to §351).

coimisiún: "commission". Pronounced /kom′i'ʃu:n/.

coinbhleacht: "conflict". This would be pronounced /kin′ivl′əxt/ but is not a common Irish word, and DBÓC stated that he did not have this word in his Irish (*An Músgraigheach*, Uimhir 3, p16).

coinín: "rabbit"; pronounced /ki'n′i:n′/.

coínleach: "stubblefield". *Coínleach féasóige*, "stubble of a beard".

coinne: "expectation". *Gan choinne*, "unexpectedly" (but without lenition in *gan coinne leis*). *Coinne* is masculine here, but feminine in GCh: *áit an choinne*, "the meeting place". (Both *áit an choinne* and *áit na coinne* are found in PUL's works.)

coinním, coinneáilt: "to keep"; pronounced /ki'n′i:m′~ki'ŋ′i:m′, ki'ŋ′a:hl′/. The preterite was found as *choinnigh* in the original text and is edited here as

Glossary

choinnibh. A similar approach is made with the imperative. *Rún a choinneáilt*, "to keep a secret".
coínnleóir: "candlestick"; pronounced /kiːnʹlʹoːrʹ/.
coínsias: "conscience", pronounced /kiːnʃəs/.
cóip: "copy". Where the older form *cóib* stands in the original, it is adjusted here to *cóip*.
coir: "crime", pronounced /kirʹ/. *Coir pholaitíochta*, "a political crime".
coirce: "oats", pronounced /korkʹi/.
cóirím, cóiriú: "to arrange". Compare PUL's *córaí, córú*.
coirim, cor: "to tire, exhaust", used with *de*; with the verbal adjective *cortha*. Pronounced /korʹimʹ, kor/.
coirtithe: "tanned, swarthy". Pronounced /kirʹtihi/.
cois: "besides", originally the dative of *cos*. Used in the form *le cois*+genitive. Pronounced /koʃ/. *Cois baile*, "near home".
coiscim, cosc: "to prevent". The genitive of the verbal noun is given here as *an chosc*, reflecting reluctance to decline some verbal nouns. PUL wrote *an choisg* in the genitive.
coisí: "walker; foot-soldier, infantryman".
coisíocht: "footsteps"; pronounced /kiʹʃiːxt/. As a verbal noun, "to travel on foot, to trudge".
coisricim, coisreacan: "to consecrate". Pronounced /koʃirʹikʹimʹ, koʃirʹəkən/. The preterite is edited here as *choisric sé*, but was given in the original text of Ch34 as *choisrigh sé*. *Tu féin a choisreacan*, "to cross yourself".
cóiste: "coach, carriage". *Stad na gcóistí*, "cab stand".
coiste: "jury". *Coiste a bheith ar rud*, "for there to be an inquest on something".
cóisteóir: "coachman".
coiteann: "common, general". Pronounced /kotʹən/.
coitianta: "regularly". Pronounced /koʹtʹiəntə/.
col: "an aversion". *Col a ghlacadh le rud*, "to take against something".
coláiste: "college"; pronounced /klɑːʃtʹi/.
colann: "body", with *colainn* in the dative, which form is used in GCh.
colún: "column", used here in reference to a column of soldiers. Compare PUL's *colaman*. With *colúna* in the plural where GCh has *colúin*.
comair: "concise"; pronounced /kumirʹ/. This was stated by DBÓC ("Aodh de Róiste", *An Músgraigheach*, Uimhir 3, p16) as a word he didn't use in his Irish.
comaoin: "favour". Compare *comaoine* in PUL's Irish. *Comaoin a chur ar dhuine*, "to do someone a favour, to oblige him".
cómbáidh: "sympathy", pronounced /koːˈmɑːgʹ/; *comhbhá* in GCh. With *cómbá* in the genitive. This was stated by DBÓC ("Aodh de Róiste", *An Músgraigheach*, Uimhir 3, p16) as a word he didn't use in his Irish.
cómh-aoirde: "equal height"; pronounced /koːˈiːrdʹi/.
cómh-aontaithe: "allied". Pronounced /koːˈeːntihi/.
cómh-chruínn: "perfectly round"; pronounced /koːˈxriːŋʹ/.

Glossary

cómh-iarracht: "joint attempt"; pronounced /koː'iərəxt/. *Ar cómh-iarracht*, "in unison".

cómh-pháirtí: "military ally". Compare *cómh-pháirteach* in PUL's Irish, which form is also found in GCh.

cómh-phléasc: "simultaneous discharge of ordnance".

cómh-threó: "parallel direction". *I gcómh-threó le*, "in parallel with".

cómh-threómhar: "parallel".

cómh-threórach: "parallel line"; pronounced /koː'hr′oːrəx/. This word isn't given in dictionaries.

cómhairím, cómhaireamh: "to count", or *comhairim, comhaireamh* in GCh. Pronounced /koː'r′iːm′, koː'r′əv/.

cómhairle: "advice", pronounced /koːrl′i/. *Idir dhá chómhairle*, "irresolutely". *Déanfad do chómhairle*, "I'll take your advice!"

cómharsa: "neighbour", pronounced /koːrsə/. The nominative plural here is *cómharsain* where GCh has *comharsana*. The genitive plural is *cómharsan*.

cómhartha: "sign". Pronounced /koːrhə/. *Cómharthaí do dhéanamh*, "to signal/indicate via gestures".

cómhla: "door-leaf, the door itself (as opposed to the doorway); the leaf of a shuttered window", pronounced /koːlə/. With *cómhlanna* in the plural where GCh has *comhlaí*, and *cómhlann* in the genitive (singular and plural) and *cómhlainn* in the dative.

cómhlíonaim, cómhlíonadh: "to fulfil". *An dlí a chómhlíonadh le duine*, "to serve legal writ on someone, go through the legal procedures against him".

cómhluadar: "company"; pronounced /koː'luədər/.

cómhnaos: "the same age; a contemporary", or *comhaois* in GCh. PUL had *cómhnaois*. Pronounced /koː'neːs~koː'niːʃ/.

cómhra: "coffin", with *cómhrainn* in the dative. This is *cónra* in GCh. Pronounced /koːrə, koːriŋ′/.

cómhrá: "conversation, dialogue". Pronounced /koː'rɑː/.

cómhra: "safe, strongbox". The use of *cómhra* here and not *cóthra* is notworthy: the former should mean "coffin" (compare *cónra* in GCh) and be pronounced /koːrə/, whereas the latter should be used to mean "coffer, chest, strongbox" (compare *cófra* in GCh) and be pronounced /koːrhə/. The theoretical difference in pronunciation between these two words is slight, leading to confusion in usage. The genitive and dative here are *cómhrann* and *cómhrainn*.

cómhrac: "encounter, fray"; pronounced /koːrək/. *Cómhrac lae is oíche*, "the time of day when night has begun to fall". *Sos cómhraic*, "ceasefire, truce".

comrádaí: "comrade". Pronounced /kumə'rɑːdiː/.

conair: "path, passage". Pronounced /kunir′/.

cóngar: "proximity". *Cosán cóngair*, "shortcut".

cóngas: "closeness, relationship, affinity", a broader relationship than *gaol*, "consanguinity", as it includes relationships by marriage, adoption and the spiritual link with godparents.

Glossary

connradh: "agreement; league/association; covenant; contract", or *conradh* in GCh. This word is masculine in Ch7, where we read *an chonnartha* in the genitive; compare PUL's frequent use of *na connartha* in the genitive. Pronounced /kuːrə/ (AÓL had /kuːrəv/) in at least one saying given in CFBB, p80, but more likely to be /kunərə/ in the modern language in other phrases. Note the plural in Ch9, *connratha*, /kunərəhə/. *Lucht connradh*, "contractors".

conntráth: "dusk, gloaming". AÓL pronounced this /kounˈtrɑː/; Donnchadh Ua Buachalla had /koːnˈtrɑː/; *cúntráithín* and *ciúntráithín* were also found. GCh has *contráth*, but a double *n* is used in this edition to show a diphthong in the pronunciation on the assumption that AÓL's pronunciation will have been close to DBÓC's. *Conntráth na hoíche*, "nightfall".

consal: "consul".

consola: "consols", i.e. British consolidated bonds.

cor: 1. "throw, cast; condition, situation". *In aon chor*, "at all", pronounced /əˈneːxər/. *Cor coise ' thabhairt do dhuine*, "to trip someone up". *An cor atá ort (ag duine)*, "the way you are being treated (by someone)". *Cor a chur díot*, "to stir, move, budge". *An cor a thugaid ar an nduine*, "the effect they (here, sin and disease) have on someone". 2. "turn, twist", with *cuir* in the plural. *Cor eile de chórda an chrochadóra á dhaingniú*, "another twist of the hangman's cord being tightened".

coráiste: "courage". This is feminine here, but masculine in GCh. Pronounced /krɑːʃtʲi/.

corcar: "purple".

Corcoránach: someone with the surname *Ó Corcoráin*.

corcraím, corcrú: "to cause to turn purple"; pronounced /korkəˈriːmʲ, korkəˈruː/.

córda: "string, cord".

coróinn: "crown", or *coróin* in GCh, pronounced /kroːŋʲ/; with *coróinneach* in the genitive. *I gcoróinn*, "on the throne, reigning". *An Choróinn Mhuire*, "the Rosary".

corp: "body", with *cuirp* in the genitive singular and the plural.

corplár: "centre, dead centre". *An rud ba mheasa leat ná do bhás ní fheadraís ná gurbh é corplár do leasa*, "you never know when something you desire the least will turn out to be the best thing for you"

corrabhuais: "uneasiness, consternation".

corragiob: "haunches", found in *ar a chorragiob*. Pronounced /korəˈgʲub/.

corraím, corraí: "to move, stir" in both transitive and intransitive senses. *Gan corraí*, "without stirring". *Tráth corraithe aigne*, "an emotional moment".

corraíocht: "addition, excess". *Corraíocht agus sé troithe ar aoirde*, "six foot odd in height".

corraithe: "agitated". *Corraithe le rud*, "overcome by something".

corraitheacht: "nervousness, restlessness, excitement".

corrán: "reaping-hook, sickle"; pronounced /krɑːn/.

cos-ar-bolg: "brutal oppression"; pronounced /ˈkos er ˈboləg/.

cos-éadrom: "light on your feet, lithe"; pronounced /ˈkos ˈiadrəm/.

cos-lomnochta: "barefoot", or *cosnochta* in GCh, pronounced /ˈkos ˈlomənəxtə/. Compare PUL's *cos-lomrachta*.

Glossary

cos: "foot", with *cois* in the dative. *Ar cos in áirde*, "at a gallop". *Rud do chur fé chois*, "to trample something underfoot". *Do rug sé na cosa leis*, "he took to his heels". *Cois ar chois*, "step by step"; PUL has *cos ar chois*, but CFBB gives *cois ar chois* as the local form. *Daoine ' chimeád fé chois*, "to keep people down".
Cosaicí: "Cossacks". GCh has *Cosacach* in the singular. DBÓC's form suggests *Cosac* in the singular.
cosán: "footpath"; pronounced /kəˈsɑːn/. *Cosán an gcoisithe*, "promenade".
cosaráil: "trampling".
cosaráltha: "trampled (upon)", a word not given in FGB.
coscraim, coscairt: "to mangle, shatter"; or *coscraím, coscairt* in GCh. Pronounced /koskərimʹ, koskirtʹ/. Note that PUL used *coscar* as the verbal noun.
cósta: "coast".
costas: "cost", with *costaisí* in the plural, "expenses", where GCh has *costais*. However, *costas* in the singular may also correspond to "costs" in English. *Costas na dlí*, "the legal costs".
costasúil: "costly", or *costasach* in GCh.
cóta mór: "overcoat".
cothrom: "fair, just; equal level"; pronounced /korhəm~kohərəm/. In *sneachta breá gléigeal 'na bhrat cothrom*, the word *cothrom* means "equal all over", as of an even layer of snow. *An talamh cothrom*, "level ground".
cothromaí: "more even, better proportioned"; pronounced /korhaˈmiː~kohərəmiː/. Although *mí-chothromach* is attested, there appears to be no attestation of an adjective *cothromach*. *Cothromaí* could therefore be seen as an irregular comparative of *cothrom* in *anois bhí raon níos cothromaí don lucht iúnsaithe*, "the besiegers had found their range".
cothromaím, cothromú: "to balance out, equalise"; pronounced /korhəˈmiːmʹ ~kohərəmiːmʹ, korhəˈmuː~kohərəmuː/.
cothromúil: "level, even", and thus "fair"; pronounced /korhəˈmuːlʹ~kohərəmuːlʹ/.
cotún: "cotton".
cradhscal: "repugnance, shrinking from something disagreeable". Pronounced /krəiskəl/.
cradhscalach: "repugnant, distasteful"; pronounced /krəiskələx/.
craidhreac: "blood-red, scarlet", or *cródhearg/craorag* in GCh. Pronounced /krəirʹək/.
cráifeacht: "devotion, piety".
crann: "tree", with *crainn* in the plural; pronounced /kraun, kriːŋʹ/. Also "lot". *Crann a tharrac*, "to draw a lot". *Dul ar chrannaibh*, "to draw lots".
crannaíl: "ship's masts".
crapaim, crapadh: "to withdraw, pull back", e.g. your hand. *Crapadh suas*, "to shrivel up", used of excess ink drying up in Ch11 here.
Cré (an Chré): "Creed", in reference to the prayer used when saying the rosary.
cré bhog: "clay", or *créafóg* in GCh.
cré-úmha: "bronze"; pronounced /krʹeːˈuː/.

Glossary

creachadh: "ruination", with *creachta* in the genitive. *Aingeal an chreachta*, "the angel of death".
creachaim, creachadh: "to plunder, rob, despoil".
créacht: "wound". Pronounced /kr′e:xt/ according to IWM (§283). *Lucht créacht*, "the wounded"; *lucht créachta* is also found here.
créachtnaím, créachtnú: "to wound", or *créachtaím, créachtú* in GCh. Pronounced /kr′e:xt′ni:m′, kr′e:xt′nu:/ here.
creathán: "trembling, tremor", pronounced /kr′i′hɑ:n/.
creathánach: "trembling, quivering"; pronounced /kr′i′hɑ:nəx/.
creatlach: "framework, the four walls of a building", with *creatlaigh* in the dative. Pronounced /kr′atələx/. *Creatlach fothrach*, "the mere outlines of ruins".
créatúir: "creature", or *créatúr* in GCh. Pronounced /kr′e:'tu:r′/.
creidiúint: "credit; reputation, standing".
creidiúnach: "worthy; respectable, in good standing".
crích: "end". Also given here as *crí'*. The historical dative generally replaces the nominative; GCh has *críoch*. Note the plural *crícheanna*, /kr′i:hənə/, referring here to "arrangements", as in the settling of someone's affairs. By contrast, *críocha* is found in WM literature in the meaning of "territories". *Crí' do chur ar do chlaínn*, "to get your children settled in life".
crínnlín: this translates "desk" in Ch11. This word seems to have been generated by way of an error. *Crílín* in Risdeard Pluincéad's manuscript Latin-Irish dictionary (1662), "small basket, box, receptacle", a diminutive of *críol*, was incorrectly interpreted as *crinlín* and reproduced in that form in Edward Lhuyd's Irish-English dictionary in *Archaeologia Britannica* (1707), where it is glossed as "a writing desk". In any case, DBÓC stated ("Aodh de Róiste", *An Músgraigheach*, Uimhir 3, p16) that he learnt this word from English-speaking learners of Irish.
criostalach: "crystalline", or *criostalta* in GCh.
crith-eagla: "quaking fear, trembling"; pronounced /kr′ih'ɑgələ/.
crith-eaglach: "fearful, quaking with fear"; pronounced /kr′ih'ɑgələx/.
crithim, crith: "to tremble".
crithneamh: "trembling, trepidation"; pronounced /kr′ihin′əv/. Compare PUL's *crithniú*.
cró: "cow-shed", with *cróite* in the plural.
croch: "the gallows", with *croiche* in the genitive. Pronounced /krox, krohi/.
crochadóir: "hangman". This form is given in FGB, but compare PUL's *crochaire*.
crochaim, crochadh: "to hang (someone)".
croí: "heart". *Bhí a chroí sa bhréagán*, "he was really taken with the toy". *Ní bheadh sé de chroí aige (é ' dhéanamh)*, "he wouldn't have the heart to do it" The plural here is given as *croíthe*; *crathacha* was also found in DBÓC's Irish. *A chroí!*, "my dear!"
croiceann: "skin", or *craiceann* in GCh; pronounced /krok′ən~krek′ən/.
croiméal: "moustache"; pronounced /kro'm′ial/.
croithim, crothadh: "to shake". *Tu féin a chrothadh suas*, "to give yourself a good shake".

Glossary

cromaim, cromadh: "to stoop, bow down". The preterite *chrom* is pronounced /xroum/. The verbal adjective *cromtha* is /kroumhə/.
cromán: "hip".
cromara: found in *ar a chromara*, "in a stooped position". GCh has *cromada*.
crónaer: "coroner", or *cróinéir* in GCh.
cros: "cross". *An Chros Iarainn*, "the Iron Cross", a German medal. With *croise* in the genitive, pronounced /kriʃi/. *Rudairí na Croise*, "the Crusaders"; GCh has *Crosáidirí*. *An Chros* is used in Ch34 to translate "the Pledge", a temperance oath administered by many priests in nineteenth-century Ireland.
crot: "form, appearance". With *cruit* in the genitive here. There is a nuance of distinction between *crot*, "appearance", and *cruth*, "shape, form". *Gan puínn cruit*, "poorly turned out, or otherwise of a poor appearance".
crú: "horse shoe", with *cruite* in the plural.
crua-aigeanta: "steely, hard-minded".
crua-iarann: "hard iron".
cruadas: "hardness", or *cruas* in GCh.
cruagálach: "stingy, mean", or *cruálach* in GCh. *Maireachtaint níos cruagálaí*, "to manage in a more penny-pinching way".
cruaidh: "hard, severe", or *crua* in GCh; with *crua* in the comparative. Pronounced /kruəg′/ in WM Irish.
cruaim, cruadh: "to harden", or *cruaim, cruachan* in GCh. PUL has *cruachtaint* as the verbal noun; both were found in WM Irish.
crúca: "hook, crook", and by extension "hand, paw", and in the plural, "clutches".
cruiceóg: "beehive"; or *coirceog* in GCh.
cruinniú: "meeting". Note the genitive *an chruinniú* in Ch10, where PUL had *an chruinnithe*.
cruithneacht: "wheat"; with *cruithneachtan* in the genitive where GCh has *cruithneachta*. Pronounced /kriŋ′haxt/.
cruitín: "curtain", or *cuirtín* in GCh. *Cruitíní leapa*, "bed curtains".
crústach: "pelting, casting". *Ceap crústaigh*, "a mark or block for target practice".
cruth: "appearance". Compare *crot*, a doublet that shows a nuance of difference in meaning.
cruthaím, cruthú: "to create".
cú: "hound", with *cuin* in the dative.
cu(i)r 'na choinnibh: "opposition", as a noun. *Mara bhfuil aon chuir 'na choinnibh agat*, "if you have no objection".
cuaird: "visit; course", or *cuairt* in GCh. With *cuarda* in the genitive, where GCh has *cuairte*. *Lucht cuarda*, "visitors".
cuan: "harbour".
cuar-chasadh: "curving, turning with a curving motion".
cuar-líne: "a curved line".
cuardaím, cuardach: "to search". Note that *cuardach do rud* means "to search for something". Without *do*, *créacht do chuardach* means "to probe a wound".
cúbaim, cúbadh: "to bend, cower". *Cúbadh chút*, "to restrain yourself".

Glossary

cuid: "part". The plural used in Ch7, *codracha* (/kodərəxə/), is used to mean "shares" in a company, in which meaning GCh has *scaireanna*. *A chuid*, "my dear", implying reference to the individual as *mo chuid den tsaol*. *Mo chuid*, "my money, my wealth, all that is mine".

cuideachta: "company, the people present; social amusement". The spelling here indicates a pronunciation of /ki'd'axtə/, but /ki'l'axtə/ is also found (see IWM §409); that the pronunciation with /l/ is more common in Munster Irish today is indicated in GCD §253 (the Corca Dhuíbhne pronunciation is /kl'axtə/). With *cuideachtan* in the genitive and *cuideachtain* in the dative. *I gcuideachtain*, "in society".

cuideachtanas: "company; keeping company". This is pronounced /ki'd'axtənəs ~ki'l'axtənəs/.

cúig: "five". *Chúig*, with lenition, is preferred in this edition, other than where the numeral follows the enumerative particle (*a cúig*) or in phrases such as *cúig fén gcéad*, where *a cúig fén gcéad* could have stood.

cuilithe: "eddying current". Compare *cuilith* in PUL's works.

cuímhin: "memory", pronounced /ki:n'/. *Is cuímhin liom é*, "I remember it".

cuímhne: "memory, mind", pronounced /ki:n'i/. *Agus mo chuímhne é*, "and by the way; oh, I nearly forgot!"

cuímhneamh: "thought, conception"; pronounced /ki:n'əv/. A plural, *cuímhnithe*, is given here. FGB gives no plural. PSD has *cuimhinte* in the plural.

cuímhním, cuímhneamh: "to think, reflect, consider", pronounced /ki:'n'i:m', ki:n'əv/. In *ach tá ' fhios agat ná fuil aon chuímhneamh agam [ar] tu ' eiteach* in Ch22, the *ar* is omitted.

cuimín: "common land"; pronounced /ki'm'i:n'/. *Cuimíní cnuic*, "the mountain commons".

cuíng: "yoke, bond"; pronounced /ki:ŋ'/. With *cuingeacha* in the plural, pronounced /ki'ŋ'axə~kiŋ'əxə/.

cuireadh: "invitation"; pronounced /kir'i/.

cuirim, cur: "to put; to plant; to bury". *Casóg a chur ort*, "to put an overcoat on": the use of *ort* rather than *umat* here is worth noting. *Cur as*, "to deprive of" (in various senses): *tá sé curtha as na céadta mílthe ag cairteacha fallsa*, "he has been swindled out of hundreds of thousands by the false title-deeds". *Cur de* "to accomplish, get over", often with references to periods of time or distances to travel. *Chuir sé dhe go mear*, "he quickly got on his way". *A chúram a chur díot*, "to get it over and done with". *Cuir díot*, "be gone! get going!" *Cur le rud*, "to add to something". *Billí ' chur amach*, "to issue bills". *Rud do chur siar*, "to delay something or put it off". *Cur síos ar rud*, "to give an account of something". *Bhí lá cruaidh curtha síos aige*, "he had had a very hard day". *Saol a chur síos*, "to lead a life". *Cur suas le rud*, "to put up with something".

cuirp-fhiacha: "the principal of a debt", or *corpfhiacha* in GCh. FGB claims this word means "debts incurred for personal service", but it is clear that this is not the meaning here. The principal of a loan is otherwise known as the *príomh-shuím* or *bun-airgead*.

Glossary

cuirpeach: "malefactor, villain", or *coirpeach* in GCh. Pronounced /kir′ip′əx/.
cúirtéiseach: "courteous".
cúis: "case, charge".
cuisle: "pulse", whence *a chuisle*, "my beloved!" Pronounced /kuʃl′i/. Also "forearm" or just "arm". With *cuislinn* in the dative.
cúitím, cúiteamh: "to compensate, requite". *Ag cur 's ag cúiteamh*, "to argue, weigh the pros and cons".
cúl-shráid: "backstreet", or *cúlsráid* in GCh.
cúl: "back", especially the back of the head. *I ndiaidh a chúil*, "backwards". *Ar a chúlaibh*, "behind him". *Duine ' chur i ndiaidh a chúil*, "to repulse someone". *Lánaí cúil*, "backways, back alleys". *Cúl tí*, "yard, the area at the back of a house". *Seómra cúil* literally means "back room", but translates "lobby" in Ch38—De Bhaldraithe has *forsheomra* in this meaning. *Ar chúlaibh an fhalla istigh*, "behind, just within the inner wall".
cúlaim, cúladh: "to retreat", or *cúlaím, cúlú* in GCh.
culaith: "suit, uniform"; pronounced /klih/. With *culaitheanna* in the plural. *Culaith airm*, "military uniform".
cultúr: "culture".
cuma: "appearance, form", with *cumaí* in the plural. *Cumaí aisteacha*, "strange looks". *Is cuma i dtaobh X*, "I don't care about X, X makes no difference".
cumaim, cumadh: "to form, shape". Monosyllabic forms of this verb have a long *u* in WM Irish (*do chúm*), as do forms where the root precedes a consonant (*cúmfar*)
cumann: "association". *Cumann Ríoga Átha Cliath*, the Royal Dublin Society.
cumasach: "capable, powerful".
cúmhartha: "fragrant", or *cumhra* in GCh, which form also stood in the original text. Pronounced /ku:rhə/.
cúmparáid: "comparison", or *comparáid* in GCh. Pronounced /ku:mpərɑ:d′/.
cúmpórd: "comfort", or *compord* in GCh; with *cúmpúird* in the genitive. *Cúmpórd aigne*, "mental comfort, solace". *Inead cúmpúird*, "a first-class carriage in a train" (in Ch25 here).
cúmpórdach: "comfortable", or *compordach* in GCh.
cúnamh: "help", but also "helpers, people on hand to assist".
cúnstábla: "constable, policeman", or *constábla* in GCh; pronounced /ku:n'stɑ:bələ/.
cúntae: "county", or *contae* in GCh. Pronounced /ku:n'te:/.
cúntanós: "countenance", or *cuntanós* in GCh, pronounced /ku:ntəno:s/.
cúntaois: "countess".
cúntas: "account", or *cuntas* in GCh. with *cúntaisí* in the plural. *Leabhar cúntais*, "account book". *Lá socraithe cúntaisí*, "settlement day, a day for settling accounts". *Cúntas a bheith agat ar rud*, "to know about something". *Gan aon chúntas acu*, "with no idea", not always in the sense of being unable to give an account, but more generally simply not having a clue about something. *Cúntas a chur isteach ar dhuine*, "to make a report on someone, to record something about

Glossary

someone". *Tuilleadh cúntais*, "more information". *Mórán cúntaisí a bheith agat*, "to have lots of information".

cúntúirt: "danger", or *contúirt* in GCh. *I gcúntúirt*, "in danger of, liable to". *Cúntúirt anama*, "mortal danger".

cúntúrthach: "dangerous", or *contúirteach* in GCh.

cúpla: "couple"; pronounced /kuːpələ/.

cupúrd: "cupboard", or *cupard* in GCh.

cur amach (ar): "expression", in various senses. *Ba mhóide an cur amach ar threabhchas Chaisleáin Turnhill é*, "the family that held Turnhill Castle would have shown themselves to greater advantage for it".

cur amach: "eviction (of tenants)".

cur isteach: "disturbance, interference".

cur le chéile: "to co-operate".

cur síos (ar): as a noun, "an account of".

cur trí chéile: "confusion, disarray"; also "to discuss". *Duine ' chur trí chéile le rud*, "to annoy/upset someone on account of something". *Ana-chur trí chéile ar dhuine*, "great concern or upset". *Cur trí chéile a dhéanamh ar dhuine*, "to disturb someone".

cur: "bend, turn". *Le cuir agus casaí*, "with twists and turns".

cúrán: "foam, froth"; pronounced /kuərˈɑːn/.

cúrsa: "course, journey". *Cúrsa roim bricfeast*, "a morning ride before breakfast". *Cúrsaí airgid*, "money matters, financial affairs". *Cúrsa ' thabhairt*, with a range of meanings including "to run a course" and "to engage in a proceeding" (see, for example, *an cúrsa a chonaic sé Micil a thabhairt an oíche shneachtaidh úd* in Ch33).

cuspa: "objective, object". DBÓC stated that he did not have this word in his Irish (*An Músgraigheach*, Uimhir 3, p16), although it is found in CFBB (p81) with a slightly different meaning ("the authority for a statement").

custam: "customs". *Tigh an chustaim*, "customs house".

cuthach: "rage, fury"; pronounced /kəˈhɑx/. The genitive, *cuthaigh*, is found with adjectival sense, "furious".

czar: the English word for Czar/Tsar is given here; GCh has *sár*.

dá, dhá, á: used where the verbal noun has a pronoun object. *Dá/dhá/á dhéanamh* has two possible meanings, "being done" and "doing it". *Á* is more likely to be found today.

dá, dhá: "two". Both forms were found in Muskerry and are found here.

dabht: "doubt"; pronounced /daut/. *Gan dabht*, "no doubt". *Dabht a dhéanamh de rud*, "to doubt something". *Ná bíodh aon dabht agat ann*, "be in no doubt, under no illusions about it".

daichead: "forty" pronounced /dɑhəd/.

daíghir: "blast", or *daighear* in GCh. This was spelt *duibhir* in the original. Pronounced /diːrʹ/.

daingean: "a secure position; fortified place". *Daingean a chur ar rud*, "to secure something firmly". The plural, "fortifications", is *daingeanacha* here, /daŋˈənəxə/.

Glossary

PUL had *daingneacha*, with a slender medial *n*. GCh has *daingin* in the plural. The dative plural here is *daingnibh*, /daŋʹinʹivʹ/.
daingean: "firm, secure", with *daingne* in the comparative and plural. Pronounced /daŋʹən, daŋʹinʹi/.
daingne: "firmness"; pronounced /daŋʹinʹi/.
daingním, daingniú: "to fasten, fix". Pronounced /daŋʹiʹnʹiːmʹ, daŋʹiʹnʹuː/.
dainnséar: "danger", pronounced /dainʹʃeːr/. This is *dainséar* in GCh, but the double *n* is required to show the diphthong.
dáiríreacht: "earnestness".
dáiríribh: "earnest, serious". Also, adverbially, "in earnest, seriously" (not *i ndáiríribh*, a point made by PUL in NIWU, p35). Pronounced /daːʹrʹiːrʹivʹ/. *Go cruínn dáiríribh*, "in very earnest" (of an animated conversation)". *De chroí dáiríribh*, "in great earnest"; compare PUL's *de chroí dháiríribh*. *Díreach dáiríribh*, "direct and in earnest", i.e. telling the whole truth.
dall: "blind"; pronounced /daul/. *Dall ar rud*, "completely ignorant/in the dark about something". *Dall* also means "ignorant", referring to the unenlightened past (*sa tseana-shaol dhall*).
dallóg: "blind" (in a carriage window).
dáltha: "affair, circumstances", a noun that, etymologically at least, is the plural of *dáil*, "meeting, assembly". *Ar a dháltha féin*, "like him himself". *Dáltha an scéil*, "by the way". *Dáltha na coda eile*, "like the rest".
damáiste: "damage"; adjusted from *diomáiste* in the original text in line with *Sgéal mo Bheatha*. This word is feminine here, but masculine in GCh.
damanta: "damned". *Coir dhamanta*, "a wicked sin/crime".
dán: "lot, fate". *I ndán do*, "in store for, predestined for, fated for".
dána: "bold", with *dáine* in the comparative here; PUL had *dána* in the comparative.
dánaíocht: "boldness, daring".
Danar: "Dane".
danartha: 1. "inhospitable, unsociable". 2. "cruel, barbarous". This is sometimes a difficult word to translate, but *ar seisean agus tocht danartha ann* in Ch5 corresponds to "he said desperately" in the English original. DBÓC stated that he did not have this word in his Irish (*An Músgraigheach*, Uimhir 3, p16).
daonnacht: "humanity".
daonnachtúil: "humane, kindly". Compare PUL's *daonnachtach*.
daonnaí: "human being".
daor: "slave".
dar: "by", used in oaths. *Darca Dia*, "egad!", a variant of *dar Fia* or *darfa Lia*. *Dar an bportús*, "by the book!" *Dar mo leabhar*, "upon my word!"
dárab: *do* with the present copula before a vowel.
dásachtach: "daring, audacious".
dath: "colour". *Bhí dath ag teacht ar na ráflaí*, "the rumours began to take definite shape".
dathannach: "gaily coloured".
dathúlacht: "good looks".

Glossary

de chionn: "because, on account of", abbreviated here as ' *chionn*, /xˊu:n/, in Ch2.
de thurraic: "violently, suddenly". This is used in this edition in preference to *de thurraing* in the original, as Donncha Ó Buachalla gave this version of the phrase. *Turraing* is found in phrases like *do baineadh turraing as*.
de: "of, from". *Dá mbeadh sé mhí eile dhíom*, "if only another six months were over/behind me", where *dhíom* is equivalent to *curtha dhíom*.
dé: "puff, breath". *Gan aon ach an dé*, "at death's door, scarcely breathing".
dea-araíonach: "in a good mood, good-humoured".
dea-bhéas: "good habit, custom"; in the plural, "manners".
dea-chreidimh: a genitive used as an adjective, "religious, devout".
dea-chroíoch: "kind-hearted".
dea-éadaigh: "well-dressed".
dea-fheisceanta: "good-looking".
dea-ghléasta: "well-arrayed, well-dressed".
dea-ghníomh: "a good deed".
dea-ghnóthach: "industrious, eager to engage in work".
dea-obair: "good work, good deed". With *dea-oibreacha*, /dˊa 'ebˊirˊəxə/, in the plural.
dea-thabhartha-amach: "well turned out in terms of manners/appearance". *Dea-thabhartha-amach i gcúrsaí gnótha*, "accomplished/capable in business affairs".
dea-thabhartha-suas: "well-bred".
dea-thógtha: "well-bred, well-brought-up". Pronounced /dˊa'ho:kə/.
déabhóid: "religious duty, devotion", or *deabhóid* in GCh; pronounced /dˊəi'vo:dˊ/.
déabhóideach: "solemn, pious, devoted, religious", or *deabhóideach* in GCh; pronounced /dˊəi'vo:dˊəx/.
deacair: "difficulty". The nominative singular appears to be unattested. The plural found here, *deacraí*, is /dˊakə'ri:/.
déag: the "teen" suffix, pronounced /dˊiag/. *Déag* is lenited after a noun in the singular or dual number ending in a vowel (*ocht nduine dhéag*). However, feminine nouns in the dual ending in /hˊ/, /gˊ/ and /rˊ/ tend to take a lenited *dhéag* in WM Irish too: *dhá uair dhéag*.
dealbh: "destitute"; pronounced /dˊaləv/. The plural, *dealbha*, is pronounced /dˊa'lu:/.
dealbh: "statue, figure". Pronounced /dˊaləv/.
deallraitheach: "similar in appearance to" (with *le*). Also "apparent, likely". Pronounced /dˊaurəhəx/. Spelt *dealraitheach* in GCh.
deallramh: 1. "appearance; likelihood", or *dealramh* in GCh. Pronounced /dˊaurəv/. *De réir deallraimh*, "it seems" (compare *de réir dheallraimh* in PUL's Irish). *De réir gach deallraimh*, "most likely, in all likelihood". *De dheallramh*, "it seemed, apparently". 2. *deallramh le rud*, "resemblance to something".
dealús: "destitution"; pronounced /dˊa'lu:s/.
deamhan: "demon"; pronounced /dˊaun/. *An deamhan é*, "not a bit". *Deamhan aeir*, "flying demon".
deamhnaí: "demonic", or *deamhanta* in GCh. Pronounced /dˊau'ni:/.

Glossary

déanamh: "make-up, form, design". *Ar dhéanamh an La Scála*, "designed along the lines of the La Scala opera house in Milan".

déanta: "done, made". *Éinne déanta*, "anyone alive, any human being".

dearaim, dearadh: "to draw, design". This is a rare word listed in PSD, but not generally found in WM Irish as such.

dearbh: "sure, certain"; pronounced /d′arəv/. *Go dearbh*, "in fact".

dearbhaím, dearbhú: "to affirm, swear, attest". Pronounced /d′arə'vi:m′, d′arə'vu:/.

dearbhú: "oath"; pronounced /d′arə'vu:/.

Déardaoin: "Thursday", pronounced /d′e:r′di:n′/. This is adjusted from *Diardaoin* in the original text. *Sid í an Déardaoin* in Ch1 shows this word is feminine, but masculine in GCh.

dearfa: "sure, certain"; pronounced /d′arəfə/.

dearfacht: "assurance, certainty"; pronounced /d′arəfəxt/.

dearg: "red", pronounced /d′arəg/. With *deirg*, /d′er′ig′/, as the dative singular feminine. Also "lit", of a fire.

deargaim, deargadh: "to light", of a pipe. Pronounced /d′arəgim′, d′arəgə/. Also "to grow red". *Deargadh suas*, "to blush, grow red with embarrassment".

dearmad: "doubt", pronounced /d′arəməd/. In the phrase *gan dearmad*, "for sure, certainly", the *m* is retained (compared *dearúd*). Gerald O'Nolan tells us this is probably through cross-influence from the word *formad* (*New Era Grammar*, §330).

dearúd: "forgetfulness", or *dearmad* in GCh. *Mo dhearúd* often functions as an interjection meaning "by the way". *Dearúd a dhéanamh i dtaobh ruda*, "to make a mistake about something". *Dearúd a bheith ort*, "to be mistaken".

dearúdaim, dearúd: "to forget", with the imperative/preterite slenderised, *dearúid/do dhearúid sé* (this is adopted as a global change here, however it stood in the original text). The verbal adjective was variously *dearúdta* and *dearúdtha* in the original; the former is standardised on here. GCh has *dearmadaim, dearmad*.

deasca: "gleaning; result". *De dheascaibh*, "on account of, in consequence of" (GCh has *de dheasca*). *Dá dheascaibh sin*, "for that reason".

deatach: "smoke", pronounced /də'tax~d′ə'tax/. This word is written with a slender *d* here; yet CFBB shows AÓL had a broad *d* in this word (p272). As this word is both masculine and feminine, the genitive is variously *deataigh* and *deataí* here.

dei-mhéinn: "good will", or *dea-mhéin* in GCh. Pronounced /d′əi'v′e:ŋ′/. The original spelling here was *deigh-mhéin*.

deich is cheithre fichid: "ninety". The unnatural word *nocha* in the original text (*nócha* in GCh) is amended here.

deich is trí fichid: "seventy". The unnatural word *seachtó* in the original text is amended here. Compare *deich míle is trí fichid*, "seventy thousand", and *trí fichid is deich míle*, "ten thousand and sixty".

deifir: "difference". This is used by many writers of WM literature, but not by PUL.

deifreach: "hasty, quick to anger"; pronounced /d′ef′ir′əx/.

Glossary

deifríocht: "difference", or *difríocht* in GCh; pronounced /dʹefʹiʹrʹiːxt/. CFBB points out that AÓL had /dʹefʹəˈriːxt/, i.e. *deifearaíocht*.

deighleáil: "dealing, deal; transaction", or *déileáil* in GCh. Pronounced /dʹəiˈlʹaːlʹ/. *Ag deighleáil i gclocha luachmhara*, "dealing in gemstones".

deighleálaí: "dealer", or *déileálai* in GCh. Pronounced /dʹəiˈlʹɑːliː/.

deighlim, deighilt: "to separate", pronounced /dʹəilʹimʹ, dʹəihlʹ/.

deilbh: "appearance, shape". Pronounced /dʹelʹivʹ/.

deiliús: "sauciness, impudence".

deiliúsach: "impudent".

deimhin: "certain, sure", pronounced /dʹəinʹ/. Also a noun meaning "certainty".

deimhním, deimhniú: "to assure, confirm", pronounced /dʹəiʹnʹiːmʹ, dʹəiʹnʹuː/. This also means "to insist" as in *do dheimhnigh sé go gcaithfaí na nótaí go léir a chómhaireamh* in Ch37.

deimhnitheach: "certain", or *deimhneach* in GCh, used with *de*. Pronounced /dʹəinʹihəx/. *Bí deimhnitheach*, "be assured".

deimhniú: "confirmation, assurance; proof". Pronounced /dʹəiʹnʹuː/.

deinim, déanamh: "to do, make", or *déanaim, déanamh* in the GCh. *Ag déanamh ar áit*, "to make for, head towards, be almost at a place".

déirc: "alms, charity", with *déarca* in the genitive where GCh has *déirce*. *Díol déarca*, "object of charity", and, by extension in Ch37 here, "beggary, destitution".

deireadh: "end"; pronounced /dʹerʹi/. *A dhá chois deiridh*, "its two back legs". *Ar deireadh*, "in the end, finally". *Chun deiridh* (/dʹerʹigʹ/), "behindhand", with the rent, or "lagging behind, behind the times". *Dul chun deiridh*, "to fail, to flag". *An oíche fé dheireadh*, "the other night".

deireanach: "last, final". Note that PUL generally wrote a slender *r* and a slender *n* in this word (although counterexamples exist); AÓL had a a slender *r* and a broad *n*; LASID has /dʹerənəx/. *An tríú ceann deireanach*, "the third to last".

deireanaí: "lateness"; pronounced /dʹerʹəˈniː~dʹerʹiʹnʹiː/. *Drúcht deireanaí*, "evening dew".

deirge: "redness"; pronounced /dʹerʹigʹi/. *Dul i ndeirge*, "to become red".

deirim, rá: "to say". *A rá go*, "seeing that". *Deirim-se sceóndar leat!*, (sarcastic in tone) "I'll give you 'excitement'!" Occasional use of the historic dependent form *abraim*, /ɑbərimʹ/, is found here (see *go n-abrann tú* in Ch34). *Abair istoíche amáireach*, "how about tomorrow night?"

deisbhéalach: "witty", adjusted from *deasbhéalach* in the text. Pronounced /dʹeʃˈvʹialəx/.

deisceart: "south". *Deiscirt* in the dative here indicates that this word is or can be feminine in the dative.

deisceartach: "southerner".

deiseacht: "niceness, attractiveness". FGB recommends rather *deise*.

deiseal: "to the right; the right-hand". *Ar an dtaobh deiseal*, "to the right".

deisím, deisiú: "to mend, repair".

Glossary

déistean/déistin: "sickening disgust". GCh has *déistin*. Both masculine and feminine variants were found in WM, and the variation is of long standing, being found in the early mediaeval Irish Grammatical Tracts.

deó: used in constructions meaning "ever/never". *Go deó na ndeór*, "till the end of time". The historical dative, *deóidh*, is found in *fé dheóidh*, /fʹeː joːgʹ/, "in the end, at last".

deocair: "difficult", or *deacair* in GCh. Pronounced /dʹokirʹ/, although the original text had *deacair*.

deoch: "drink", with *digh* in the dative.

deóir: "tear", with the plural here *deóracha* and *deóra*, where *deora* stands in GCh. *Deóraibh* is altered by DBÓC in one passage to *deórachaibh*.

diabhal: "devil", pronounced /dʹiəl/. *Diabhal éithigh é sin!*, "that's a damn lie!" *Cé hé sa diabhal tusa?*, "who on earth are you?" Often used in negative expressioins: *don diabhal a thuilleadh*, "nothing else"; *ná 'on diabhal a dtabharfad*, "like hell will I give it to you! no way will I give it to you!" (literally "to the devil, i.e. nothing, is what I will give"). *Do-bheirim 'on diabhal*, "I do declare", but much stronger in tone. *'Sé an diabhal buí é*, "it's pure hell, a real torment!" *Cad é an diabhal gnótha a thug anso thu?*, "what damn reason brought you here? why the hell are you here?" *Cad é an diabhal é sin agat á dhéanamh?*, "what the hell are you doing?" *Na diabhail fhallaí cré*, "the damn clay walls".

diabhar: "devil", a variant of *diabhal*, pronounced /dʹiər/. *An diabhar pioc*, "nothing at all".

diaidh: "wake, rear", pronounced /dʹiəgʹ/. *I ndiaidh*, "after, in pursuit of". *'Na dhiaidh san is uile*, "even so, for all that". *'Na diaidh*, "after her or after it (referring to a feminine noun)"; *'na diaithi* is also found in WM Irish in this meaning. *Poll i ndiaidh na gloine*, "a hole caused by/left by the telescope". *Dul i ndiaidh a gcínn* is used here to mean "to retreat, go backwards", of an army (although this phrase also means "to fall in headfirst").

diair: "instant, quick".

diamhair: "mysterious, mystic"; compare PUL's *diamhar*. *Diamhair* is the usual form in WM.

diamhaire: "obscurity; mysteriousness".

dian-leathadh: found in *ar dian-leathadh*, "wide open".

dian-mhachnamh: "to engage in deep thought".

dian: "hard, severe". *Tá sé ag dul dian orm (chun é ʼ dhéanamh)*, "I'm having trouble (doing it)".

díbheirg: "wrath, vengeance". CFBB (p87) says DBÓC pronounced this /ˈdʹiː-vʹerʹigʹ/, whereas AÓL had /dʹiː-ˈvʹerʹigʹ/.

dicéille: "senseless, foolish". This was given as *díchéilli* in the original.

dícheall: "one's best efforts", pronounced /dʹiːhəl/. *A ndícheall bháis*, "doing their utmost or all they could".

díchreideamh: "disbelief, scepticism".

díg: "ditch, trench", or *díog* in GCh.

díle: "flood".

Glossary

dímheas: "disrespect, contempt".
dínnéar: "dinner"; pronounced /d′i:'ŋ′e:r/.
díol: "recompense". *Díol le fáil ar cheann duine,* "a price on someone's head".
díolaim, díol: "to sell". *Díolaim amach,* "to sell out (of investments)". In *b'fhéidir go ndíolfadh mianaigh iarainn agus mianaigh eile as easnamh na tráchtála eile a thárlódh, díol as,* "to pay for", takes on the broader meaning "to make up for".
díolúnach: "rogue". AÓL had *gíolúnach.*
diomá: "disappointment", or *díomá* in GCh. *Fé dhiomá an chreachta san,* "involved in/affected by the ruination/financial crash".
diomblas: "rancour, displeasure, disapproval". Pronounced /ˌd′im'lɑs~'d′aˌmlɑs/ (the latter being the pronunciation of Pádraig Ó Loingsigh of an Sliabh Riabhach, 1907-1986). The distinction between *diomblas,* "rancour", and *domlas,* /duməlǝs~doməlǝs/, "gall, bile", is obscured in FGB, which has only the latter. Keating in the 17th century had *diomblas,* "bad taste (of food)", and *domblas,* "gall".
diomuan: "transitory, short-lived, ephemeral", or *díomuan* in GCh. DBÓC stated that he did not have this word in his Irish (*An Músgraigheach,* Uimhir 3, p16), although it is given in CFBB (p88).
díothaím, díothú: "to destroy, annihilate".
dírím, díriú: "to proceed to, set about", used with *ar.*
díscir: "fierce, bold". This is a rare word that doesn't appear to be attested elsewhere in WM literature.
discréid: "secrecy".
dísle: "die, dice".
díth: "loss or lack of something". *Díth céille,* "lack of common sense". FGB has *díchiall* in this sense.
ditheansach: "hurried, hasty; hurriedly", or *dithneasach* in GCh. Pronounced /d′ihǝnsǝx~d′ehinsǝx/.
dithneas: "haste, urgency". Pronounced /d′ihinǝs~d′ehin′ǝs/ (transcriptions given in IWM and LASID respectively). *Ar dithneas,* "at great speed, in a hurry". *Dithneas ort nú dhíot,* "whether you're in a hurry or not".
díthreabh: "wilderness, uninhabited place". This appears to be masculine, with *díthreibh* in the genitive. The GCh word is feminine.
diúgaim, diúgadh: "to drain, to drink to the dregs".
diúité: "duty". *Ar diúité,* "on duty". PSD notes that *diúité* is especially found in the meaning of a religious duty, although this nuance is not given to this word here.
dlí: "law". *Lucht dlí,* "lawyers".
dlítheóir: "lawyer". FGB gives this as a variant of *dlíodóir.*
dlithiúil: "lawful, juridical". This is adjusted from *dlíthiúil* in the original text.
dlúth-ghéar: "deep and close", of conversation.
dlúth-mhachnamh: "close or deep contemplation".
do-chlaonta: "unbending, resolute".
do-chloíte: "invincible".
do-fheisceanta: "invisible"; or *dofheicthe* in GCh.

Glossary

do-mhúchta: "inextinguishable, hard to put out".
do-shásta: "implacable, hard to satisfy".
do-thíosach: "inhospitable, churlish". The vowel in the prefix *do-* is not reduced to a neutral vowel in this and similar words.
do-thuigithe: "hard to understand, incomprehensible"'; generally *do-thuisceanta* in PUL's Irish.
do: "to". Note that the classical spelling of the prepositional pronoun *dó* is adopted in GCh, but this form is pronounced /do/ in the dialect and so edited as *do* here. Note the emphatic *dómh-sa*, pronounced /do:sə/. *'Bhfuileann tú ag dul 'on Teampall Mór?*, "are you going to Templemore?" *Ag dul don* is edited here as *ag dul 'on*. This usage seems relatively rare in WM Irish.
dó': "hope, expectation; source of expectation", or *dóigh* in GCh. This occurred as *dóigh* in the original, but is uniformly edited as *dó'* here, in line with the pronunciation. *Dar ndó'*, "of course". *Is dó'*, "well, however, indeed". *Is dó' liom-sa*, "I think". *Is dóin*, "well, however, indeed" (PSD states that *dóin* is a corruption of *dóigh*). *Is dóin, a dhuine mhacánta*, "why, man!" From *dó'* as "source of hope/expectation", we find *is olc an dó' é*, "he is not one to be trifled with", and *ní haon dó' na tithe seo*, "these buildings are hardly to be relied on".
dóbair: "it nearly happened", originally the preterite of the verb *fóbraim*. *Ba dhóbair (go)*, "it was a close-run thing". *Nár dhóbair dom dul i ngreim*, "how close I was to landing myself in it".
dóch: this is found in *galar dóch*, "melancholy". *Dóch* is not listed in FGB, but is listed under *dóghach* in PSD, where it is claimed it means "burning", with a variant of the phrase given there as *galar dóghachais*. AÓL also has *galar dóchais*, but it seems more likely that this is related to the word *dóchas*, "hope".
dóchas: "hope". *Bás don dóchas teacht anso*, "abandon hope all ye who enter here".
dóchasach: "hopeful, confident, optimistic".
dochraid: "hardship, distress". Pronounced /doxərid'/. PUL and GCh have *dochraide* in the nominative. *Aingeal na dochraide*, "the angel of distress" who shoots poisoned arrows at those who will fall in distress.
docht: "hard, tough".
doicheall: "inhospitality, churlishness"; pronounced /dohəl/.
doicheallach: "churlish, boorish"; pronounced /dohələx/.
doilíonach: "vast quantity", or *dúlíonach* in GCh. Pronounced /do'l'i:nəx/; CFBB shows AÓL had /do'l'i:nəxt/.
dóim, dó: "to burn". *Á dhó ag an dtart*, "burning with thirst".
doimhinn: "deep", or *domhain* in GCh; pronounced /dəiŋ'/. The plural and comparative *doimhne* is pronounced /deŋ'i~doŋ'i/.
doimhneas: "depth", pronounced /deŋ'əs/. *Troigh ar doimhneas*, "a foot deep".
doimhním, doimhniú: "to deepen"; pronounced /dəi'ŋ'i:m', dəi'ŋ'u:/.
doircheacht: "darkness", or *dorchacht* in GCh; pronounced /dor'ihəxt/. PUL told Risteárd Pléimeann in a letter dated March 10th 1918 held in the G 1,277 (1) collection of manuscripts in the National Library of Ireland that this was the colloquial word for "darkness", the pedantic word being *dorchadas*.

Glossary

doirchím, dorchú: "to darken". Pronounced /dor'i'hi:m', dorə'xu:/. (The verbal noun tends to have a broad *ch*, which is the historically correct form.)
doirín: "little grove"; pronounced /di'r'i:n'/.
doirtim, dortadh: "to spill", but also "to run (of colours)". *Doirtithe*, "faded", as when colours on a document have run. Pronounced /dort'im', dortə/.
doirtitheacht: "faded quality (of colours that have run)". This word is not specifically given in dictionaries.
dóite: "burnt, scorched". *Dóite i t'aigne*, "bitterly upset".
dóiteacht: "burning; bitter annoyance".
dóiteán: "conflagration, fire". This form, which is used in GCh, is also found in DBÓC's Irish (*Sgéal mo Bheatha*, p83). Compare *tóiteán* in the Irish of PUL and AÓL.
domhan: "world"; pronounced /doun/.
Domhnach: "Sunday". *Dé Domhnaigh*, "on Sunday", pronounced /d'e: dounig'/.
donas: "bad luck, misfortune".
donn: "brown", with *donna* in the plural. Pronounced /doun, dunə/.
dorainnín: "little handful", or *doirnín* in GCh. WM Irish distinguishes between *dúirnín*, "handle of a scythe", and *dorainnín*, "a little handful of something".
dorcha: "dark", pronounced /dorəxə/.
dorchadas: "darkness". PUL told Risteárd Pléimeann in a letter dated March 10th 1918 held in the G 1,277 (1) collection of manuscripts in the National Library of Ireland that *doircheacht* was the colloquial word for "darkness", the pedantic word being *dorchadas*. Pronounced /dorəxədəs/.
dórd: "hum, buzz, drone".
dorn: "fist"; pronounced /dorən/. With *dóirne* in the plural.
dornchla: "hilt" of a sword. Compare PUL's *dornchar*. Pronounced /dorənxlə/.
dorrae: "gruff, surly", or *drae* in GCh; pronounced /do're:/. DBÓC stated that he did not have this word in his Irish (*An Músgraigheach*, Uimhir 3, p16), but he may have been confused by the spelling *dorrdha*, as CFBB states that DBÓC did have the word in the form *dorrae*.
dosaen: "dozen"; pronounced /də'se:n/.
draein: "drain", with *draeiní* in the plural. The GCh has *draein* and *draenacha*.
dragún: "dragoon".
draighean: "blackthorn", /dri:n/, with *draighin* in the genitive, pronounced /dri:n'/. The genitive has adjectival force in *fál draighin*, "a blackthorn hedge".
drámaíocht: "drama, dramatic art".
drannadh: "snarl". *Drannadh gáire*, "a mocking smile".
drannaireacht: "grinning, snarling".
dranntaím, dranntú: "to snarl, growl"; pronounced /draun'ti:m', draun'tu:/.
drapadóireacht: "clambering", or *dreapadóireacht* in GCh. *Drapadóireacht crann*, "climbing trees".
dream: "crowd, party, people", with *dreamanna* in the plural. Pronounced /dr'aum, dr'amənə/ (IWM states the pronunciation is /draum/).

Glossary

dridim, dridiúint: "to approach, move near", but often more generally simply "to move"; *druidim, druidim* in GCh. The original spelling here was *druid-*. *Dridiúint isteach le rud*, "to close in on something". *Duine ' dhridiúint i leataoibh*, "to brush someone aside". *Dridiúint siar*, "to move back".

drifiúr: "sister", or *deirfiúr* in GCh; with *driféar* in the genitive, *drifír* in the dative and *driféaracha* in the plural.

driosúr: "dresser" (a piece of furniture).

driotháir: "brother", or *dearthair* in GCh; with *driotháracha* in the plural.

dris: "brambles, briers". GCh has *dreas* with a collective meaning, and *dris* otherwise.

drisleach: "briers, brambles"; pronounced /drʹiʹʃlʹax/. The singular has a collective meaning, but a plural, *drisleacha*, is also found.

driuch: "sickly appearance", particularly in *driuch an bháis*. This would be *dreach* in GCh.

droch-ainm: "a bad name, a bad reputation"; pronounced /drohanʹimʹ/.

droch-amhras: "suspicion", pronounced /droˈhaurəs/.

droch-araíonach: "bad humoured, in a bad mood", pronounced /ˈdrohɑˈriːnəx/.

droch-bhalaithe: "foul stench", adjusted from *droch-bhalaith* in the original text.

droch-bhéal: "bad language"; pronounced /droˈvʹial/. *Droch-bhéal a thabhairt do dhuine*, "to be verbally abusive to someone".

droch-bhéalach: "foul-mouthed".

droch-bheart: "evil deed"; pronounced /drovʹart/.

droch-bheatha: "loose, immoral living". *Titim chun droch-bheatha*, "to sink into bad living", probably of sinking into prostitution here.

droch-bheathach: "bad living (adj)"; pronounced /droˈvʹahəx/.

droch-bholgach: "a bad case of smallpox"; pronounced /droˈvoləgəx/.

droch-chómhluadar: "bad company". *Titim chun droch-chómhluadair*, "to fall among bad company".

droch-dhathach: "poor in appearance, drab in colour".

droch-éadach: "poor or shabby clothing"; pronounced /drohˈiadəx/. The genitive *droch-éadaigh* is used with adjectival force, meaning "poorly dressed".

droch-fhéachaint: "a nasty look"; pronounced /droˈhiaxintʹ/.

droch-fhuadar: "mischievous intent", used with *fé*; as of someone up to no good. Pronounced /droˈhuədər/.

droch-ghnóthach: "up to no good"; pronounced /droˈɣnoːhəx/.

droch-ghnúis: "an evil look, a look of anger, frown". Pronounced /droˈɣnuːʃ/.

droch-iúntaoibh: "mistrust", or *drochiontaoibh* in GCh.

droch-mheas: "a poor opinion (of something)", pronounced /drovʹas/.

droch-mhiotalach: "vicious, aggressive".

droch-mhúinte: "impolite". Pronounced /droˈvuːntʹi/.

droch-ní: "something bad or evil", pronounced /droˈniː/. *Má tá aon droch-ní air*, "if anything happens to him".

droch-obair: "a bad deed; a terrible business"; pronounced /drohobirʹ/.

droch-oíche: "a bad night (a bad night's sleep)"; pronounced /droˈhiːhi/.

Glossary

droch-scéal: "piece of bad news". Pronounced /dro'ʃk'ial/. *Ní maith le héinne tosach an droch-scéil a bheith aige,* "no-one wants to be the bearer of bad news".
droch-shampla: "bad example"; pronounced /dro'haumpələ/.
droch-shláinte: "ill-health"; pronounced /dro'hlɑːnt'iː/.
droch-shnóch: "sallow, with a poor complexion"; pronounced /dro'noːx/.
droch-thigh: "rundown house". Pronounced /drohig'/.
droch-threó: listed in FGB as "aimlessness", but *droch-threó a bheith ort* means "to be in a bad way". *An droch-threó 'na raibh sé,* "the bad situation he was in". Pronounced /dro'hr'oː/.
droch-thurraing: "a bad fall". *Do baineadh droch-thurraing as,* "he was thrown off quite badly, had quite a rough fall".
droch-úsáid: "poor treatment". *Droch-úsáid a dh'fháil,* "to be treated badly". Pronounced /'drohuː'sɑːd'/. As a verbal noun, *rud do dhroch-úsáid,* "to beat something up", referring here to the process of making parchments look older.
drom: "back"; pronounced /droum/. *Ag drom an tí,* "in the back yard".
drúcht: "dew".
drud: "a jot", used in negative phrases referring to people not uttering a word. *Níor fhan drud insna daoine,* "the people fell silent".
druím: "back" (in metaphorical uses), or *droim* in GCh. *De dhruím,* "over". *Ar druím,* "on top of", as in *creachadh ar druím chreachta,* "ruination upon ruination".
Dú Dara na n-adharc: a reference to a mythological character from the fairy world, understood to be some kind of goblin.
dú-néal: "a dark cloud".
dú-rua: "dark red, chestnut-coloured". Spelt *dubhrua* in the original.
dú-sclábhaíocht: "hard labour", or *daorobair* in GCh.
dua: "trouble", but also "labour, toil" in various senses. *Dua ag teacht ar a chliabh,* "with his chest entering convulsions".
duairc: "morose, gloomy".
dúán: "fish hook".
dúbailt: "double", pronounced /duːbihl'/.
dubh-fhéasógach: "with a black beard or moustache".
dubh-oíche: "darkness of night".
dubh: "black", with *dúbha* in the plural. Pronounced /duv, duː/. The genitive singular masculine *duibh* is /div'/ and the genitive singular feminine *duíbhe* /diː/. The dative singular feminine *duibh* is also used here. *Fear dubh* often corresponds to what is known in America as the N-word (a word not necessarily excessively pejorative in 19th-century Ireland) in the English original. Compare the GCh term *fear gorm* for "a black man". *Ó dhubh dubh,* "from dawn to dusk": this was *ó dhubh go dubh* in PUL's works (the *go* can be omitted in such phrases).
dubh: "ink".
dúbhach: "dismal, melancholy"; pronounced /duːx/.
dúchas: "innate quality". *Rud is dúchas duit,* "something inherent in you".

Glossary

duga: "dock", in the sense of a dockyard and in the sense of a dock where the accused stands in court (in which meaning GCh has *gabhann cúirte*). *Dugaí na long*, "dockyards".
duíbhe: "blackness"; pronounced /di:/.
duíbheadas: "gloom, darkness", adjusted from *duíbhdeas* in the original in line with CFBB (p97), which has /di:dəs/.
Duíbhreach: someone with the surname *Ó Duíbhir*. Pronounced /di:rʹəx/.
dúid: "stump". *Greim dúid*, "a vice-like grip". This is *greim dúide* in FGB. CFBB (p89) shows some speakers of WM Irish also had *greim dúide*, while others had *greim diúid* (this was the usual form found in PUL's works, other than in his *Séadna*). The form *diúid* may derive from a linking by folk etymology of *dīuit*, which meant "sincere, single-minded; simple, not compound" in Old Irish, with *dúid*, "stump".
duifean: "darkness, gloom; overcast appearance". DBÓC stated that he did not have this word in his Irish (*An Músgraigheach*, Uimhir 3, p16).
dúil: "element". *Na dúili*, "elements (nature)". PUL had *na dúile*, as does GCh.
duilleóg: "leaf".
dúire: "hardness, sternness".
dúisím, dúiseacht: "to wake up".
duke: "duke". The English spelling is retained here, as the supposed Irish *diúc* is not a real Irish word.
dul amach: "exit", but also (as shown in PSD) "understanding, information". *Cad air go raibh a dhul amach*, "what he was on about, what he was driving at or getting at". *Do dhul amach*, "your practice, the thing you're wont to do". *Dul amach a bheith agat ar rud*, "to be acquainted with something".
dul as: substantivised in the meaning of "escape, evasion".
dul chun cínn: substantivised as "progress".
dul síos: found in *ar an gcéad dul síos*, "in the first instance".
dul uaidh: "to escape from someone, to get out of his clutches". Also substantivised as "escape, way out".
dún: "fort", with *dúna* in the genitive where GCh has *dúin*, and with *dúnta* in the plural. PUL had *dúna* in the plural. *Dún cosanta*, "fort, fortification".
dúnmharaitheóir: "murderer", or *dúnmharfóir* in GCh.
dúnmharú: "murder".
dúnsiún: "dungeon", or *doinsiún* in GCh.
dúr: "hard, solid; grim, dour".
dúthaigh: "land, region, district", pronounced /du:higʹ/. This corresponds to *dúiche* in GCh. The genitive is edited here as *dútha*.
dúthracht: "devotion"; pronounced /du:rhəxt/.
dúthrachtach: "fervent, devoted"; pronounced /du:rhəxtəx/.
eabhar: "ivory"; pronounced /aur/. The Munster pronunciation is given on teanglann.ie as /e:vər/. It seems some native speakers have a long vowel at the beginning of this word, which then forestalls diphthongisation.

Glossary

éacht: "feat, exploit", but generally referring to something tremendous or awful (in positive or negative senses). This is feminine here, but masculine in GCh.

éachtach: "wonderful, extraordinary, remarkable", but also "powerful, tremendous; death-dealing".

eachtra: "adventure" (or a tale or anecdote relating an adventure). Pronounced /ɑxtərə/.

eachtrann: "alien, foreigner"; pronounced /ɑxtərən/.

éadach: "clothes". *Éadach leapa,* "bedding, bed clothes".

éadan: "front, face". *Rud do bheith d'éadan ort,* "to dare to do something, have the front to do it".

eadargáil: "intervention, mediation", or *idirghabháil* in GCh. Pronounced /adərɑgɑːlʹ/. *Fear eadargála,* "intermediary". PUL's works have *eadarghabháil,* with a lenited *g* (possibly by way of editorial intervention). However, CFBB has an entry for *eadargáil.*

eadargálaí: "intermediary, negotiator", or *idirghabhálai* in GCh; pronounced /adərɑgɑːliː/. The original text had both *eadargabhálaidhe,* with an unlenited *g,* and *eadarghabhálaidhe.*

eadarghuí: "intercession", or *idirghuí* in GCh. Compare PUL's *eidirghuí.*

éadóchas: "despair".

éadrom: "light".

éadromú: "lightening". *Éadromú a theacht ar t'aigne,* "to lighten up, become more cheerful".

éag: "death", pronounced /iag/. *Beatha na n-éag a bhaint asat,* "to stagger you completely, to get a great fright". FGB shows *beatha na ngéag* in this meaning. PSD has *beatha na n-éag* in the meaning of "the death of saints". *Cur in éag,* "to extinguish". *Dul in éag,* "to die out, go out".

eagarthóir: "editor".

éaghmais: "absence, lack"; pronounced /iamiʃ/. *I t'éaghmais,* "without you, in your absence".

eagla: "fear"; pronounced /ɑgələ/. This is masculine here, but feminine in GCh.

eaglach: "fearful, apprehensive"; pronounced /ɑgələx/.

eaglais: "church". The genitive is given here as *eaglaise,* but is generally *eagailse* in the WM dialect.

éagruas: "infirmity, malady". *Lucht éagruais,* "the sick, the infirm".

éagsamhail: used here in the meaning of "extraordinary"; or *éagsamhlta* in GCh. Pronounced /iagˈsauḻ/.

éagumasach: "impotent, incapable"; pronounced /iaˈgumǝsǝx/.

ealaí: "skill, art(s)"; with *ealaíon* in the genitive. This word is *ealaín* in GCh, which uses the historical dative.

éalaím, éaló: "to escape, make off; to steal towards or move stealthily towards", or *éalaím, éalú* in GCh.

earca: "recruit", or *earcach* in GCh.

earcaire: "recruiter, recruiting sergeant", or *earcaitheoir* in GCh.

eardhamh: "vestibule". This is an obsolete word, notionally pronounced /ɑˈruːv/.

Glossary

earra: "article". *Earraí cogaidh*, "war *matériel*".
earrach: "spring", pronounced /ə'rɑx/. With *earraigh* in the genitive, /ɑriɡʹ/.
éasca: "easy, free, fluent", pronounced /e:skə/. PUL wrote in NIWU (p43) that *éasga* would be better spelt *aosga*. *Go héasca*, "readily, promptly".
eascaine: "curse", pronounced /ɑskinʹi/. With *eascainithe* in the plural where GCh has *eascainí*.
eascainím, eascainí: "to curse".
Eascomáthach: "Eskimo", or *Eiscimeach* in GCh.
eascú: "eel", or *eascann* in GCh. Pronounced /ɑs'ku:/.
easnamh: "want, shortage". Pronounced /ɑsnəv/.
easonóir: "dishonour"; pronounced /ɑsə'no:rʹ/.
eastát: "estate"; pronounced /ə'stɑ:t/.
éidearfa: "unconfirmed"; pronounced /e:-'dʹarəfə/. DBÓC stated that he did not have this word in his Irish (*An Músgraigheach*, Uimhir 3, p16). This word was probably introduced in the editing process. *Éidearfa* is a word that is first attested in *An Tiomna Nuadh*, Uilliam Ó Domhnuill's New Testament (1602).
éidearfacht: "uncertain, lack of certitude". Pronounced /e:-'dʹarəfəxt/.
éideimhnitheach: "uncertain, insubstantial". Pronounced /e:-'dʹəinʹihəx/. This was stated by DBÓC ("Aodh de Róiste", *An Músgraigheach*, Uimhir 3, p16) as a word he didn't use in his Irish. This word isn't given in FGB, but compare *éideimhin*.
eidhneán: "ivy"; pronounced /əiŋʹɑ:n/.
eidirdhealú: "distinction", or *idirdhealú* in GCh.
éigin: "some", but as an adverb, "rather, somewhat". This is also found in WM Irish as *éigint*.
eile: "whole, all". *Uile* is sometimes found as *eile* here, showing that the pronunciation may be /ilʹi/ or /elʹi/.
éileamh: "claim, demand". *An chéad éileamh*, "the first charge", as of a senior debt. Also *tosach éilimh*.
éinne: "anyone", from *aon duine*. Pronounced /e:ŋʹi/.
éirí: "rising", pronounced /əiʹrʹi:/. *Éirí amach*, "uprising".
éirím, éirí: "to rise". This word is pronounced /əiʹrʹi:mʹ, əiʹrʹi:/ in WM Irish, and all cognates have /əi/ too. *Éirí chun duine*, "to attack someone or go for him". *Go n-éirídh an lá libh*, "good-day!", upon leaving.
éirim: "aptitude, talent" or "inclination, bent". *Éirim roim ré*, "foresight".
eisean: "he", the disjunctive form of the emphatic pronoun. Pronounced /iʃən/.
éislinn: "deflect, flaw, spot".
éisteacht: in addition to meaning "to hear", this is a noun meaning "hearing, the ability to hear".
eiteachas: "refusal"; pronounced /iʹtʹaxəs/.
éitheach: "falsehood". *Éitheach a chur ar dhuine*, "to lie about someone".
eitím, eiteach: "to refuse someone something, refuse to do something". *Rud d'eiteach*, "to disclaim something". Pronounced /eʹtʹi:mʹ, iʹtʹax/.

Glossary

elan: the French word *élan*, shorn of its accent, is given here. It seems that there is no really good Irish translation for *élan*, just as there is no ideal English translation of it. De Bhaldraithe has *mire meanman*.

eochair: "key", with *eochrach* in the genitive and *eochracha* in the plural. Pronounced /oxirʹ, oxərəx, oxərəxə/. This is one of the few words where *eo* is a short vowel.

eólach: "knowledgeable". *Is eólach duit é*, "you know it, are acquainted with it". PUL has rather *is eól duit é*, with *eólgaiseach* in the meaning of "knowledgeable".

eólaí: "guide", whether in the sense of a person or a book that gives directions.

eólaiste: this word is not given in dictionaries, but the plural, *eólaistí*, is used here to mean "signs, indications; evidence".

eólas: "knowledge". *Ar mh'eólas*, "to my knowledge". *Mo* is frequently lenited in this phrase, and in many other phrases where the possessive is used with a noun beginning with a vowel.

epauletti: "epaulettes". Found here as *epauletti gualann*. GCh has *guailleoga*.

fabhar: "favour", pronounced /faur/. *I gcás ná beidh aon fhabhar le héinne*, "so everything is above board, so there is no favouritism".

fabhra: "edge, fringe"; pronounced /faurə/.

fabhrúil: "favourable"; pronounced /fauˈruːlʹ/.

fad-radharcán: "telescope", or *teileascóp* in GCh. This appears to be one of the new words like *gluaisteán* and *guthán* briefly adopted in the early 20th century. Pronounced /ˈfadrəirˈkɑːn/.

fada: "long". *Dá dtéadh sé ró-fhada air* in Ch22 appears to mean "if he were too insistent". Normally we find *dul ró-fhada le rud*, "to go too far with something, take things too far", and FGB also has *dul rófhada le rud*. *An fada eile?*, "how much longer?" *Is fada go dtabharfainn duit scilling na Bannríne*, "I would be tardy in giving you the Queen's shilling".

faeiseamh: "rest, ease, relief", or *faoiseamh* in GCh. Pronounced /feːʃəv/ in the dialect. *Faeiseamh aigne*, "mental relief". *Gan stad gan faeiseamh*, "without let-up".

fágaim, fágaint: "to leave", or *fágaim, fágáil* in GCh.

fáibre: "wrinkle", or *fáirbre* in GCh. Pronounced /fɑːbʹirʹi/.

faiche: "lawn; ground; open space"; pronounced /fɑhə/. *Faiche an tséipéil*, "the grounds of the church".

faid: "length", or *fad* in GCh. *'Sé a fhaid agus a ghiorracht é*, "that's the long and the short of it; the thing is, in a nutshell; the fact is", also given here as *'sé a fhaid ar a ghiorracht é*. *An fhaid*, "while", equivalent to *fad* or *a fhad* in GCh. *An fhaid a bhí sé 'na chosaibh*, "as far as his legs could carry him". *Faid saeil chút*, "long life to you", but more or less equivalent to "thank you very much". *Faid a radhairc*, "as far as his eye could see".

fáidh: "prophet", pronounced /fɑːgʹ/.

faill: "cliff", with *failltheacha* in the plural. Pronounced /failʹ, failʹhəxə/. *Faillthe* is also found in the plural.

fáiltheach: "welcoming".

Glossary

fáilthím, fáilthiú: "to welcome", with *roim*. Pronounced /fɑːlʲˈhiːmʲ, fɑːlʲˈhuː/.
fáinleóg: "swallow".
faíoch: "loud, plaintive", of weeping.
fairim, faire: "to watch". Both *faire ar dhuine* and *duine dh'fhaire* are found.
fairseag: "wide, extensive", or *fairsing* in GCh. *Fairsing* in the original text is adjusted here to show the pronunciation /fɑrʃəg/, other than in the single instance where *fhairsing* is found in the feminine dative singular. *Fairsinge* in the plural here (but not the cognate abstract noun) is adjusted to *fairseaga*. *Fada fairseag*, "far and wide". *Gáirí go fairseag*, "to laugh heartily".
fairsinge: "spaciousness, breadth".
fáisceán: "binder, bandage" or "copying press". Compare PUL's *fáscán*.
fáiscim, fáscadh: "to press, squeeze, tighten". *Tu féin a dh'fháscadh suas*, "to brace yourself". The verbal adjective is *fáiscithe* where GCh has *fáiscthe*.
faitíos: "apprehension". *Fonn agus faitíos*, "desire combined with nervousness".
fál: "hedge". Note both *an fháil* and *na fálach* are found here in the genitive. (This may reflect confusion in speech with *páile*, of which the genitive is *pálach*; see *Seanachas Amhlaoibh*, pp13, 332.) The plural here is both *fálanna* and *fáltha*; GCh has *fálta*.
falla: "wall", or *balla* in GCh.
fallaing: "mantle, cloak, gown".
fallsa: "false", or *falsa* in GCh; pronounced /faulsə/.
fán: "wandering". *Ar fán*, "astray". *Fán fada farraige*, "ending up by dying overseas". *Fán fada a chur ar dhuine*, "to turn someone into vagrancy". *Lucht fáin*, "wanderers, vagrants".
fánach: "scattered, few and far between". *Go fánach annamh*, "rarely".
fánaidh: "slope", or *fána* in GCh; pronounced /fɑːnigʲ/. *Le fánaidh*, "along a slope; down". *Rith cínn le fánaidh*, "a headlong rush, precipitous decline".
fanaim, fanúint: "to wait, stay", or *fanaim, fanacht* in GCh.
fánaíocht: "wandering, rambling".
fánaire: "wanderer, vagrant". This is a variant of *fánaí*, which was the form used in PUL's works.
fanntais: "faint, swoon"; pronounced /fauntiʃ/. *Dul i bhfanntais*, "to faint".
faobhar: "edge; sharp-edged instrument", with *faoir* in the genitive; pronounced /feːr, fiːrʲ/. *Arm faoir*, "a bladed weapon". *Tháinig faobhar uirthi*, "she became insistent".
faoistin: "confession".
faolchú: "wolf", with *faolchon* in the genitive. *Pluais faolchon* in Ch32 stands where "den of tigers" stands in the English edition, probably adjusted by DBÓC in line with Irish realities.
faonlag: "overcome with weakness, prostrate".
faraire: "a lookout, someone to keep watch". The original text had both *faraire* and *foraire*. DBÓC stated that he did not have *foraire* in his Irish (*An Músgraigheach*, Uimhir 3, p16), although he may have been more familiar with the form *faraire*, found in verse, at least. PUL used *faraire*; GCh prefers *foraire*. It is unclear if

Glossary

faraire is a form of *foraire* or whether it developed from the verbal noun *faire*. In any case, a decision has been made here to align the text with PUL's form, which is more usually found meaning of "warrior, fine man".

farasbárr: "excess, surplus, margin (on a business deal)".
fárdoras: "lintel (of a door)".
farraige: "sea". *An fharraige mhór*, "the open sea, the ocean".
fás: "growth", but also "growing season" (in Ch32).
fásach: "wilderness". *Fásach aitinn*, "a covering of furze bushes".
fasc: "shelter", or *foscadh* in GCh. DBÓC's corrections show that *fasc* and not *fascadh* should stand in the phrase *fothain agus fasc*, "shelter, a roof over your head".
fascadh: "shade, sheltering", or *foscadh* in GCh. *Gan fascadh na hoíche acu*, "without shelter at night".
fáth: found in *fáth an gháire (ar bhéal)*, "a smile, a smiling appearance". This would be *fáthadh an gháire* in GCh. *Fáthadh* would be a more historically accurate form, but *fáth* is frequently found in WM Irish in such phrases—and the pronunciation it suggests would be the same.
fathach: "giant". *Athach* is also found in WM Irish.
fáthach: "mighty, powerful, philosophical".
fé ndeár, fé ndeara: "cause, reason". There is an additional unrelated meaning also found here: *tabhairt fé ndeara*, "to notice" (*tabhairt faoi deara* in GCh). Gerald O'Nolan points out in his *A Key to the Exercises in Studies in Modern Irish Part I*, pp3-4, that in Munster Irish it is usual to say *tabhairt fé ndeara* for "to notice", but *fé ndeár* for "cause". Pronounced /fʹeːnʹaːr, fʹeːnʹarə/.
fé: "under". *Rud a bheith fút*, "to intend to do something". *Fé mar a bhí*, "as it was, howbeit, in any case". *Fé mar a* sometimes takes on a nuance of "in so far as": *ach amháin fé mar ' fhéadaid siad airgead a dhéanamh*, "apart from in so far as they can make money". Also, "by (a time)", as in *fé mhaidin*, "by morning", and *fé Nollaig*, "by Christmas". *Fé dhó*, "twice"; compare PUL's *faoi dhó*.
feabhas: "excellence; improvement", pronounced /fʹaus/. *Dul i bhfeabhas*, "to get better". *Ar a fheabhas*, "excellent".
Feabhra: "February"; pronounced /fʹaurə/.
feabhsú: "improvement". Pronounced /fʹauˈsuː/.
féachaim, féachaint: "to look (at)". *Féachaint chút*, "to watch out (for yourself)". *Féachaint chuige*, "to attend to it". *Féachaint i ndiaidh ruda*, "to see to something" or "to look into something". *Féachaint rómhat*, "to look out for yourself". *D'fhéach sé air idir é agus an solas*, "he held it up to the light". *Raghad anonn go dtí an oifig féach' an bhfuil aon tsocrú á dhéanamh ann* in Ch30 shows truncation of *féachaint*; compare also *do dheineas dithneas, féach a' dtiocfainn suas leis* in DBÓC's *Sgéal mo Bheatha* (p42).
féachaint: *cur ' fhéachaint ar dhuine*, "to force or compel someone". This would be *iallach/iachall a chur ar dhuine* in GCh. In his notes to his *Cath Ruis na Rí for Bóinn*, PUL gives an explanation: "*cur fhiachaint ortha*, to force them. We have also *cur fhiachaibh* and *chur iacholl*. I have heard *cur fhiachaint* oftener than I

Glossary

have heard any of the others. I have always felt that the *fhiachaint* is simply 'seeing', i.e. 'to put its seeing upon you', i.e. 'to let you see that you will do it'. Any of them is better than the ridiculous English 'I'll make you'" (p61). *Tá sé d'fhéachaint ort*, "you are required to" (compare *tá 'fhéachaint ort* in AÓL's Irish).

fead-fhuaim: "a whirring sound".

fead: "whistle, whistling sound".

féadaim: "I can". *Chun na hoíche a chaitheamh ann mar 'fhéadfadh*, "to spend the night there as best he could".

feadaíol: "whistling". The original text had *feadaíl*, but all such nouns have a broad *l* in WM Irish.

feadar: "I know", usually found in negative or interrogative contexts, with *ní fheadar* meaning "I don't know, I wonder". *Ní fheadair sé*, "he didn't know". *Ní fheadraís*, "you don't know", pronounced /nʹi: adəˈriːʃ/. *Ní fheadraís ná go*, "you never know (but that)". *Sara bhfeadair sé*, "before he knew".

feadh: *ar feadh*, "throughout, during", pronounced /er fʹag/.

feadhmannach: "official, functionary", or *feidhmeannach* in GCh. Pronounced /fʹəimənəx/.

feadóg: "whistle".

feamnach: "sea-weed"; pronounced /fʹamənəx/.

feannaideach: "bleak, severe, bitterly cold", or *feanntach* in GCh. DBÓC stated that he did not have this word in his Irish (*An Músgraigheach*, Uimhir 3, p16).

féarán: "grazing land". *Lucht féarán*, "graziers".

féaránach: "grazing", an adjective here, but only listed as a noun in FGB ("grazing animal; grazier").

fearg: "anger", pronounced /fʹarəg/. With *feirge* in the genitive, /fʹerʹigʹi/. *Dul chun feirge*, "to get angry".

feargach: "angry", pronounced /fʹarəgəx/.

fearmadóir: "bigot", cognate with *fearmad*, a variant of *formad*. This word is not in FGB, but is given in PSD. Pronounced /fʹarəmədoːrʹ/.

fearmadóireacht: "bigotry"; pronounced /fʹarəmədoːrʹəxt/.

feárr-de: "all the better". This is a 'second comparative' form, similar to *déinide, usaide, miste*, meaning "all the more X for it". The syntax is generally *is feárrde mise é*, "I am the better for it".

feárr, fearra: "better". *Fearra*, /fʹarə/, is a colloquial form of *feárr*, /fʹaːr/. *Fearra* is more commonly used before *dhuit, dho* and related prepositional pronouns and all instances of *is feárr duit* and similar in the original are adjusted here (i.e. to *is fearra dhuit*, etc). *Sin mar is feárr é*, "so much the better".

feart: "virtue, power, miracle". *A Dhia na bhFeart*, "O God!"

féasóg: "beard"; pronounced /fʹiaˈsoːg/; with *féasóig* in the dative. *Féasóg mí*, "a beard of a month's growth".

feidhm: "force, effect". Pronounced /fʹəimʹ/. *Feidhm capaill*, "horse-power; one horse-power", or *each-chumhacht* in GCh. Note that *inneall feidhm capaill*, "a one horse-power engine", was stated by DBÓC, ("Aodh de Róiste", *An*

Glossary

Músgraigheach, Uimhir 3, p16) as a word he didn't understand. The genitive here is *feidhme*; PUL had a masculine *feidhm*, with *feadhma* in the genitive, and stated in NIWU that *feidhm fiche capall* meant "twenty horse-power" (p48). *Rud do chur i bhfeidhm*, "to put something into force". *Le feidhm a thola*, "by sheer will-power". *Dul i bhfeidhm ar*, "to affect, make an impression on".

feidín: "adobe; clay", for building houses.

feighilth: "care, attention"; pronounced /fəihl'/. *I bhfeighilth ruda*, "attending to something".

féile: "feast-day". *Ó fhéile go féile*, "for a season at a time", referring to short-term contracts for possession of land. *Cíos na féile reatha*, "the hanging gale", the custom in Ireland of granting six months' grace in payment of the rent. The expression relates to the payment of rent on quarterly gale-days. *Gach ceann féile*, "every gale day, every quarter".

féiliúil: "regular, punctual", or *féiltiúil* in GCh.

féinig: "self", a Munster colloquial variant form of *féin*.

feirm: "farm", pronounced /fer'im'/. The genitive here is *feirmeach*; *feirme* is also found in the genitive in WM Irish.

feirmeóir: "farmer", pronounced /fer'i'm'o:r'/.

feirmeóireacht: "farming"; pronounced /fer'i'm'o:r'əxt/.

feis: "convention". *Tigh na Feise*, "House of Commons".

feisire: member of (the British) parliament.

féith: "vein". *Féith óir*, "seam of gold".

feitheamh: "to wait", a verbal noun pronounced /fihəv/.

féithleógach: "muscular, brawny"; pronounced /fe:l'ho:gəx/. GCh has *féitheogach*.

fén gcéad: "percent". *Fiche fén gcéad* and the like are accepted here. Compare PUL's *a fiche fén gcéad*.

feóras: this is given in PSD as "spindle tree, prickwood", but used to translate "quickenberry" in the English text of *Hugh Roach, the Ribbonman*.

fez: the Ottoman cap worn by Muslim men.

fia: "Lord, God". *Dar fia*, "by Jove!" Also note *dar fia ach go bhfuil árdoifigeach ag stiúrú na hoibre*, "I'll be damned if a high-ranking officer is not directing the work!"

fiach: "game", in the hunting sense.

fiach: "obligation". *D'fhiachaibh a chur ar dhuine*, "to compel or oblige someone". *Díol fiach*, "the discharging of a debt; recompense, compensation".

fiachaim, fiach: "to hunt, chase". *Duine ' fhiach as an dtír*, "to chase someone out of the country".

fiafraím, fiafraí: "to ask (a question of someone)", used with *de*. Pronounced /fiər'hi:m', fiər'hi:/.

fiagaí: "huntsman, hunter".

fiaileacha: "weeds", or *fiaile* in GCh.

fiain: "wild". As the pronunciation is /fian'/, there seems no reason for the GCh spelling, *fiáin*, other than that the original spelling was *fiadhain*.

Glossary

fial: "generous, hospitable". *Níorbh fhial uaidh é,* "it was not seemly or proper of him".

fiannaíocht: "Fenian tales", and, by extension, "tales of exploits".

fiar: "slant, angle". *Ar fiar ó,* "at a angle from, slanting away from".

fiaraim, fiaradh: "to tilt, incline". *Fuadar gan fiaradh,* translates "undeviating inclination" in Ch38 here.

fiche: "twenty". Note the plural, *fichidí,* meaning, "scores", or even "dozens".

figiúir: "figure", in the sense of digits or numbers here. GCh has *figiúr.*

fillim, filleadh: "to return; to wrap, fold". Note the long vowel in the preterite, *d'fhíll sé.*

fillthín: "crease".

fím, fí: "to weave".

finne-bhean: "fair lady", or *fionnbhean* in GCh. With *fionna-bhan* in the genitive plural.

finné: "witness", with *finnéitheacha* in the plural, where GCh has *finnéithe.* Compare PUL's plural, *finnithe.*

finneóg: "window"; pronounced /fiŋʹoːg/; *fuinneog* in GCh. With *finneóig* in the dative. The plural here is variously *finneóga* and *finneógacha.*

finneóigín: "little window"; pronounced /fiŋʹoːgʹiːnʹ/; *fuinneoigín* in GCh.

fiochmhaire: "ferocity, fury".

fiochmhaireacht: "ferocity, fury".

fíodóir: "weaver".

fionn: "white, fair", with *fionna* in the plural. Pronounced /fuːn, funə/.

fionnadh: "fur, animal hair".

fionnuar: "cool", referring to a breeze. Pronounced /fun-'uər/. *Ionnfhuar* is also found in WM Irish.

fionóid: "mocking, jeering", with a slender *f* used in this edition as CFBB shows a pronunciation of /fəˈnoːdʹ/ with a slender *f*. DBÓC's *Sgéal mo Bheatha* (p180) also has *fionóid. Fionóid fé dhuine,* "to jeer at someone".

fíor: "sign, figure". *Fíor na Croise,* "the sign of the cross".

fios: "knowledge", with *feasa* in the genitive; pronounced /fis/. *Fear feasa,* "soothsayer". *Dá mbeadh 'fhios agat é,* "if you knew it", where the final *é* appears otiose, but replaces in Irish a subordinate clause with *go. Ní fios é,* "heaven knows; who knows?; it is hard to say". *Gheóbhad fios an scéil,* "I'll find out". In sentences such as *ach tá 'fhios, a Dhaid, agus is agam atá 'fhios, atá 'fhios* is pronounced /əˈtɑːsə/. Similarly, *fhios* in *is dó' liom go bhfuil 'fhios* is pronounced /isə/.

fiosraím, fiosrú: "to visit; inquire after"; pronounced /fisəˈriːmʹ, fisəˈruː/.

fírinne: "truth". *Ar slí na fírinne,* "dead, in the other world".

fite: "woven". *Fite fuaite 'na chéile,* "interwoven". *Fite fuaite trína chéile,* "intertwined".

fiuchaim, fiuchadh: "to boil". *Ar fiuchaidh,* "boiling", pronounced /ə fuxigʹ~ frʹuxigʹ~flʹuxigʹ/.

Glossary

fiúnraí: "waiting, suspense", or *fionraí* in GCh; pronounced /fu:'ri:/. This was stated by DBÓC ("Aodh de Róiste", *An Músgraigheach*, Uimhir 3, p16) as a word he didn't use in his Irish, although it is found in AÓL's *Seanachas Amhlaoibh* (p372). *Duine ' chur ar fiúnraí trialach*, "to remand someone for trial". *Tá an gnó ar fiúnraí*, "business has been suspended".

fiúntar: "venture, risk", or *fiontar* in GCh. *Dul i bhfiúntar t'anama leis*, "to risk your life".

fleadh: "banquet", or *fleá* in GCh; pronounced /fl'a(h)/, with a short vowel. The original text had *fleidhe* in the genitive, but this has been edited here as *fleá*, with a long vowel. PUL stated in NIWU (p51) that *fleidhe* was pronounced "flehi", indicating that this word was not in his spoken dialect and he was misled by the historical spelling. The plural is *fleathanna*.

fleasc: "rod, wand". *Ar fleasc a dhroma*, "on the flat of his back".

flich-shneachta: "sleet"; pronounced /fl'ih-'hn'axtə/. With *flich-shneachtaidh* in the genitive.

fo-dhuine: "the odd person; a person here and there".

fód: "sod, layer of earth", with *fóidreacha*, /fo:d'ir'əxə/, in the plural here where GCh has *fóid*. PUL has *fóid* and *fóda* in the plural.

fogha: "lunge, attack"; pronounced /fou/.

foighne: "patience", pronounced /fəiŋ'i/.

foighním, foighneamh: "to have patience; endure"; pronounced /fəi'ŋ'i:m', fəiŋ'əv/.

fóirim, fóirithint: "to relieve, save", used with *ar*.

fóirneart: "superior strength; sheer force", or *forneart* in GCh. *Lucht fóirnirt*, "oppressors". This is pronounced /'fo:r n'art/ with a broad *r* at the end of the first syllable. To that extent, the GCh spelling of *for-* is justified, but Brian Ó Cuív states in IWM (§§47, 48) that /r/ regularly resists palatalisation in /rn'/ and a number of other combinations in any case.

foirtil: "strong", pronounced /fort'il'/, with a broad *r*. Compare PUL's Irish where *fortail* predominates.

foirtiún: "fortune", pronounced /for't'u:n/, with a broad *r*. This would be *fortún* in GCh.

folach: "act of hiding", pronounced /fə'lɑx/. *I bhfolach*, "hiding". The genitive, *folaigh*, is used adjectivally in *sraitheanna folaigh*, "screens (to conceal something)".

folaím, folachadh: "to cover, conceal"; pronounced /fo'li:m', fə'lɑxə/. Note the verbal adjective here is *fuilithe*. GCh has *folaithe*, which form is also found in PUL's works.

foláir: "excessive, superfluous". Pronounced /flɑ:r'/. *Ní foláir é ' dhéanamh*, "it must be done". *Ní foláir nú*, "it must be the case that", etc.

folmhaím, folmhú: "to empty"; pronounced /folə'vi:m', folə'vu:/.

folt: "head of hair, locks"; pronounced /fohl/.

foluain: "to hover"; pronounced /fə'luən'/. DBÓC stated that he did not have this word in his Irish (*An Músgraigheach*, Uimhir 3, p16). Compare PUL's *foluamaint/foluaimínt* found in his manuscript translation of the Bible.

Glossary

fómhar: "autumn, harvest season; harvest", pronounced /foːr/. *Meán Fhómhair*, "September".
fonn: "desire, willingness, inclination", pronounced /fuːn/. *D'fhonn*, "so that, with a view to". *D'fhonn go*, "so that, in order that".
foraíor: "alas", or *faraor* in GCh. CFBB shows the pronunciation /foˈriər/. *Ar an bhforaíor*, "in a bad way, gone to the dogs". *Foraíor géar*, "alas! woe!"
formal: "formula of words, formulation (of an oath)"; pronounced /forəməl/. This word is not given in dictionaries.
formhór: "majority", pronounced /forəˈvoːr/.
fosaíocht: "grazing; grazing land, pasture", pronounced /foˈsiːxt/.
fostaithe: "engaged, retained; employed", a rare, literary word, albeit one that has now become common in GCh.
fotha-raga: "bustle, flurry, flap"; pronounced /ˈfohə ˈrɑgə/. This was originally the same word as *fothragadh*, but *fothragadh* itself (pronounced /fohərəgə/ where it means "bathing, immersion") is a much rarer word in present-day Munster Irish.
fothain: "shelter", with *fothanacha* in the plural (FGB doesn't list a plural). Pronounced /fuhinʹ/.
fothrach: "ruin (of a building)"; pronounced /fohərəx/. With *fothraigh* in the dative and *fothracha* in the plural.
fothram: "noise, din", pronounced /fohərəm/.
fothramáil: "making a loud noise"; pronounced /fohərəmɑːlʹ/.
Franncach: "Frenchman"; /frauŋkəx/.
franncach: "rat", where the traditional double *n* shows the diphthong: /frauŋkəx/.
fraoch: "heather".
fraochaí: "fierce, furious", or *fraochta* in GCh.
freagarthach: "accountable" (*i rud*).
freagra: "answer", pronounced /frʹagərə/.
freagraim, freagairt: "to answer, reply to", or *freagraím, freagairt* in GCh, pronounced /frʹagərimʹ, frʹagirtʹ/. *An tAifreann a dh'fhreagairt do shagart*, "to serve a priest as his altar boy, to serve at Mass for a priest". *Na gunnaí ag freagairt a chéile*, "engaged in an exchange of gunfire".
freastal: 1. "waiting, attending". *Lucht freastail*, "attendants". 2. "to cope with". This use doesn't seem to be common in WM Irish. *Ceistiúchán le freastal* in Ch22 here means "having questions/interrogation to deal with".
freastalaím, freastal: "to attend to, wait upon", used with *ar*.
friotháil: "serving, attending". The genitive is given in the original work as *friothálmha* (<*friothálamh*), but is edited here as *friothála* in line with the pronunciation shown in CFBB (p113). It seems there is confusion between the genitives of *friothálamh* and *friotháil*, but CFBB states that *friothála* and *friothálaimh* were found.
friothálaim, friothálamh: "to serve, attend", or *friotháilim, friotháil* in GCh.
fruigh: "rafter, a light board attached to the rafters", or *fraigh* in GCh (although the singular is rarely found). The plural, *fraitheacha*, means "rafters, timbers of a roof". Pronounced /frigʹ, frəˈhaxə~frahəxə/.

Glossary

fuadach: "plunder, seizure". *De léim fuadaigh,* "with a leap, leaping up to seize something".

fuadaím, fuadach: "to take away by force", including in the sense of something being blown away by the wind.

fuadrach: "busy", but also "fussy, fussing about nothing"; pronounced /fuədərəx/.

fuafar: "hateful, odious".

fuaim, fuadh: "to sew". PUL had *fúáil* as the verbal noun, as does GCh.

fuaim: "sound". Often masculine in WM Irish, but feminine in DBÓC's Irish.

fuairthnéal: "good-for-nothing person", or *fuairnéalach* in GCh. The original spelling was *fuarnéil* (in the plural), showing a broad *r* before a slender *n*. However, CFBB shows that DBÓC's pronunciation was rather /fuər'hn'e:l/.

fuairthneamh: "numbness from cold", or *fuairnimh* in GCh. The spelling is adjusted from *fuairneamh.* Pronounced /fuərhn'əv/.

fuaite: "sewn, stitched".

fuar-allas: "a cold sweat"; pronounced /'fuər'ɑləs/.

fuar: "cold". *Fuar dealbh,* "penniless".

fuaraim, fuaradh: "to cool; to cool down, die down", or *fuaraím, fuarú* in GCh. *Leogaint don scéal fuaradh,* "to let it die down, let it blow over".

fuarma: "bench, stool", or *forma* in GCh.

fuil: "blood". *Fuil d'fheiscint,* "to spill blood, let it come to blood, get involved in bloodletting".

fuiligim, folag/fulag: "to suffer, endure", or *fulaingím, fulaingt* in GCh. Pronounced /fil'ig'im', foləg~fuləg/. *Níl aon fhulag anois agam chun,* "I am in no mood at present for". *D'fhulaing* was found in the original text, being edited here as *d'fhuilig.* The future tense was given as *ní fhualaingeochaidh* in the original, edited here as *ní fhuiliceóidh.* The verbal adjective is *fuilicthe,* /fil'ik'i/, given in the original as *fulaingthe.*

fuilithe: "concealed", or *folaithe* in GCh. *Ar shlí éigin fuilithe,* "in an underhand way".

fuinniúil: "forceful".

fuinte: "well-knit", but also "ordered; tidy". *Ciscéim fuinte,* "a brisk gait".

fuíollach: "left-overs, remnants; more than enough", or *fuílleach* in GCh. *Fuíollach aimsire,* "enough time to spare".

fuireann: "crew, troupe", or *foireann* in GCh. With *fuirinn* in the dative.

fuirineamh: "building, construction". Spelt *foirgneamh* in the original as in GCh, the pronunciation given in IWM is /fir'in'əv/. The plural here is *fuirinithe*; PUL had *fuirineamha* and *fuirinimh* in the plural (once the spelling is adjusted in line with IWM).

fuiriste/fuirist: "easy", or *furasta* in GCh. PUL generally had *uiriste* which form is also found here. Pronounced /fr'iʃt'(i)/.

fuirm: "form", or *foirm* in GCh. Pronounced /fir'im'/. *I bhfuirm,* "in the form of", but with extended meaning as "kind of, like, along the lines of". *I bhfuirm fir,* "what looked like a man".

fúirnéis: "furnace", or *foirnéis* in GCh.

Glossary

furca: "wrinkle, fold".
fústrach: "fussy, fidgety"; pronounced /fuːstərəx/.
ga: "ray, or shaft of light". With *gaethe* in the plural here, where GCh has *gathanna*.
gabha: "blacksmith"; pronounced /gou/.
gabháil: 1. "taking, capture". *Gabháil Badajoz*, "the Storming of Badajoz". *Fogha gabhála*, "attack, storming". 2. "attire": *gabháil éadaigh*, "rig-out".
gabhaim, gabháil: "to go" with many subsidiary meanings, including "to seize/arrest". The future and conditional forms of *gabhaim*, *geóbhad* and *do gheóbhainn*, are aligned with those of the verb *gheibhim* (*gheóbhad/geóbhad* and *do gheóbhainn*); compare *gabhfaidh mé* and *ghabhfainn* in GCh. *Gheobham* in Ch5 is edited here as *geóbham*. The preterite is *ghoibh* (adjusted from *ghaibh* in the original) where there is *ghabh* in GCh, as the pronunciation is /ɣovʹ/ in WM Irish. Similarly, the imperative is *goibh*. The verbal adjective is *gofa*, where GCh has *gafa*. *Capall a ghabháil*, "to harness a horse". *Geófar thu*, "you will be arrested". *An áit gur ghoibh an liathróid*, "where the ball went/landed". *Gabhaim-se orm*, "I warrant". *Gabháil de chosaibh i rud*, "to kick something in", and, by extension, "put your foot in it". *Gabháil do*, "to do, be working on or at"; also "to afflict", of an illness or a sense of unease. *Gabháil le*, "to go with, to fit in with" in some way: *rud ná gabhann le héirim na Sasanach*, "something very un-British (un-English)". *An aimsir ag gabháil thort*, "the time slipping by". *Gabháil treasna ar*, "to trample over".
gabhal: "fork"; pronounced /goul/. *Gabhal crainn*, "fork of a tree".
gabhálthas: "land holding".
gabhar: "goat"; pronounced /gour/. *Dar an ngabhar so (ach)*, "I'll warrant (that)".
gach re: "every other, alternative". AÓL pronounced this /gʹaxirʹiʹ/ (*geachaire*). *Gach re 'sea*, "answering back, retort; banter".
gach: "each, every". In the original text, *i ngach* is found alongside *ins gach*. Both are aligned here as *is gach* in line with the form used in *Scéal mo Bheatha* (p39). *Gach n-aon*, "everyone", a phrase that preserves a relict of eclipsis found after *gach* in older forms of Irish.
gad: "withe, supple twig". *An gad*, "the gallows".
gadhar: "dog", pronounced /gəir/.
gaige: "dandy, fop", pronounced /gɑgʹiʹ/.
gainimh: "sand", or *gaineamh* in GCh; with *gainímhe* in the genitive. Pronounced /gɑnʹivʹ, gɑˈnʹiː/.
gáir: "shout, cry". *Gáir chatha*, "battle cry, war cry".
gáire: "a laugh", with both *gáir* and *gáire* found in GCh. This noun is masculine here and masculine in GCh, but often feminine in PUL's works.
gaire: "nearness, proximity". Pronounced /girʹiʹ/.
gáireatach: "laughing". *Gáireatach* is standardised on here, as the majority use of the original text, but PUL and AÓL had *gáiriteach*, which is also the form found in GCh.
gairid: "short", but also "terse, curt". *Is gairid uait é*, "you won't have to wait long for it".

Glossary

gáirim, gáirí: "to laugh", or *gáirim, gáire* in GCh. In WM Irish, *gáire* is a noun, meaning "a laugh", whereas *gáirí* is the verbal noun; GCh has *gáir/gáire* for the former and *gáire* for the latter.

gal: "puff, smoke; vapour, steam", with *galanna* in the plural. *Gal do dheargadh*, "to light up, light a cigar". *Gal a tharrac do dhuine*, "to give someone a light".

galánta: "decent", pronounced /glɑːntə/.

galar: "sickness, disease". *Galar scaoilthe*, "dysentery", in which meaning GCh has *dinnireacht*. See *inní scaoilte*, "loose bowels", under *scaoilte* in FGB. Compare also *scaoilteacht*, "diarrhoea", in CFBB. *Cathair ghalair*, "a city infected by disease".

galthán: "steamer". Pronounced /gəlˈhɑːn/. This was stated by DBÓC ("Aodh de Róiste", *An Músgraigheach*, Uimhir 3, p16) as a word he didn't understand.

gambín: "exorbitant interest". *Fear gambín*, "money lender, usurer". The spelling *gambín* indicates the pronunciation /gaumˈbʹiːnʹ/.

gamhain: "calf"; pronounced /gaunʹ/. *A ghamain*, "my dear".

gaoth: "wind". The genitive has adjectival force: *lá gaoithe*, "a windy day". The dative is found as *gaoith* here.

garbh: "rough", with *gairbh* in the genitive; pronounced /gɑrəv, gɑrʹivʹ/. With *garbha* in the plural, /gɑˈruː/.

garg: "rough, harsh"; pronounced /gɑrəg/.

garraí: "garden; potato patch".

gas: "gas", or *gás* in GCh.

gasra: "band, group of people", pronounced /gɑsərə/. With *gasraí* in the plural. Note that *gasra* was variously masculine and feminine in the original text, but feminine (the older variant) in DBÓC's *Sgéal mo Bheatha*. The feminine variant is standardised on in this edition to align the Irish with that of *Sgéal mo Bheatha*. GCh has a masculine *gasra*.

gasta: "smart, clever".

gastacht: "cleverness, cunning".

gátar: "need". *Gan gátar*, "needless", a phrase that PUL has as *gan ghátar*.

gátarach: "needy, in need". Also "vital, of the utmost importance".

gathálaim, gatháil: "to gaff, or spear with a hook"; pronounced /gəˈhɑːlimʹ, gəˈhɑːlʹ/. This word is ultimately from a Provençal word via Middle English, although the Irish suggests a resemblance to the Irish word *ga*.

géag: "branch; limb". With *géig* in the dative and *géagracha* in the plural where GCh has *géaga*. Pronounced /gʹiag, gʹeːgʹ, gʹiagərəxə/.

géagach: "long-limbed".

géagán: "little branch".

geal: "beloved". *A ghrá ghil*, "my dear". Also, "bright, white": *i lár an lae ghil ghléigil*, "in broad daylight". *Is geal leat é*, "you like it".

gealach: "moon", pronounced /gʹəˈlɑx/. *Gealach* is also used to refer to madness or frenzy: *loinnir gealaí*, "a frenzied gleam".

gealaim, gealadh: "to whiten, brighten".

gealdath: "bright colour". The genitive, *gealdatha*, is used here adjectivally.

geall: "pledge, wager", pronounced /gʹaul/. *Bíodh geall go*, "I'd wager that".

Glossary

geallúint: "promise, pledge", or *gealltanas* in GCh.
geallúnach: "promising, with a bright future".
gealshúil: "bright eye" (including the glazed eye of a dead person), a word not given in dictionaries. The plural here is *gealshúilí* in one passage and *gealshúile* in another.
gealt: "lunatic". *Tigh na ngealt,* "asylum".
geamhar: "corn in the blade"; pronounced /g′aur/.
geanúil: "loveable, lovely".
géar-uireasa/géar-uireaspa: "sharp privations, severe want, severe lack".
géar-ghátar: "great need, great want".
géar: "sharp", or "biting", of the wind.
gearán: "complaint"; pronounced /g′i'rɑːn~gr′ɑːn/.
géarchúiseach: "astute, shrewd".
geárr: "short", but also "not long (in time)" and "not for long". With *giorra* in the comparative. *Ba ghiorra do bhunús an scéil é,* "it would be more to the point".
gearrachaile: "young girl", or *gearrchaile* in GCh. Pronounced /g′i'rɑxil′i~g′arəxil′i/.
gearraim, gearradh: "to cut". *Pionós a ghearradh ar dhuine,* "to sentence someone to punishment", generally of a prison term.
geas: "solemn injunction", or *geis* in GCh. *Geasa ' chur ar dhuine,* "to place someone under a duty to do something".
geata: "gate", with *geataigh* in the genitive here. *Geata* is also found in the genitive in WM Irish.
géibhinn: "fetter", or *géibheann* in GCh. Pronounced /g′eːv′iŋ/. The plural is given in the original as *géibhne,* edited here as *géibhinne,* corresponding to *géibhinn* in GCh. *Glais agus géibhinne,* "locks and chains", referring here to handcuffs or something of the sort.
géillim, géilleadh: "to surrender".
geimhreadh: "winter", pronounced /g′iːr′i/. The genitive, *geímhridh,* is /g′iːr′ig′/.
geit: "fright, startled look".
geóin: "noise, drum, clatter".
gheibhim, fáil: "to get, find; find out, realise", pronounced /jəim′, fɑːl′/. The future is *gheóbhad,* /joːd/. The past participle is *fáltha,* /fɑːlhə/ corresponding to *faighte.* Note the imperative *faigh,* /fɑg′/. *Fáil amach,* "to find out", but used elliptically in Ch13 for "to find out where something is".
giall: "jaw, lower cheek".
gile: "whiteness, brightness".
gileacht: "whiteness, brightness". Both *gileacht* and *gile* are found here; GCh recommends *gile*.
ginim, giniúint: "to engender".
gínsealán: this is given as *geenselawn* in the original English text. This seems to be some kind of plant, possibly a form of *gaosadán* (also *buachallán buí*), "ragwort".
gioblach: "ragged"; pronounced /g′ubələx/.
giolla: "attendant", referring here to a footman. Also, "g(h)illie, groom (who looks after a horse)".

Glossary

giollacht: "to lead (a horse)"; pronounced /gʹəˈlɑxt/. *Capall a ghiollacht* refers to the work of a groom in leading a horse and trap.
gíománach: "coachman", derived from the English word "yeoman".
giorracht: "shortness"; pronounced /gʹiˈrɑxt/. *I ngiorracht roinnt troithe dho*, "within a few feet of it".
giorrae: "hare", or *giorria* in GCh. The plural *giorraithe* is found here, where GCh has *giorriacha*. Pronounced /gʹiˈreː, gʹirihi/.
Giúdaíoch: "Jew", or *Giúdach* in GCh. Pronounced /gʹuːˈdiːx/.
giúistís: "district justice, magistrate".
giúistíseacht: "magistracy". *Tiarna Giúistíseachta*, "Lord Justice".
glac: "clutch, grasp", with *glaic* in the dative. Pronounced /glɑk, glɑkʹ/.
glaeim, glaoch: "to call". *Glaodh deoch eile* and *ghlaeigh sé ar chnagaire uisce beatha* show slightly different usages here.
glaise: "chilliness". *Dul i nglaise*, "to grow chilly". Pronounced /gliʃi/.
glaise: "rivulet, stream"; pronounced /glɑʃi/.
glam: "howl"; pronounced /glaum/.
glan-bheárrtha: "clean-shaven".
glan: "clean". *An fhírinne ghlan*, "the plain truth". *Creachta glan amach*, "utterly ruined".
glanaim, glanadh: "to clean", but also "to clear", of a debt or cost. *Glanadh amach*, "to clear something out", used here of clearing tenants off a property.
glao: "call". This word is feminine here, but masculine in GCh. *Glao na maidine* is used here for "reveille, the morning bugle call", whereas FGB has *dúiseacht* in this meaning.
glaoch: "call", including a demand made by a creditor. With *glaeite* in the plural, equivalent to *glaoite* in GCh, which spelling would yield the wrong pronunciation in WM Irish. Pronounced /gleːx, gleːtʹi/. *Glaoch ola*, "a priest's sick call". *Ar ghlaoch ola*, "on a sick call".
glas-válcaeireacht: "sauntering about".
glas: "green", of grass, or "chilly", a meaning that possibly reflects the fact that *glas* can mean "grey"; with *glais* in the masculine genitive singular. Pronounced /glɑs, gliʃ/.
glas: "lock", with *glais* in the plural. *Fé ghlas*, "under lock and key". Pronounced /glɑs, gliʃ/.
glé: "bright, pellucid".
gleann: "glen, valley", pronounced /glʹaun/.
gléas: "instrument, means". *Gléas tine*, "primer (of a firearm)", in which meaning tearma.ie has *príméar*. *Gléas iompair lucht créacht*, "a device for transport of the wounded".
gleic: "struggle, contest", pronounced /glʹekʹ/.
gléigeal: "sparkling, pure white". *I lár an lae ghil ghléigil*, "in broad daylight".
gléineach: "clear, lucid, glittering".
gleo: "noise, hubbub of battle", with *gleóigh* in the genitive.
gleóite: "pretty, lovely, charming".

Glossary

gleóiteacht: "prettiness, loveliness".
gliadar: "liveliness, chirpiness".
gliadrach: "joyous, mirthful"; pronounced /gl'iədərəx/. This replaces *glionndrach* in the original in line with a similar change (*gliadar* for *glionndar*) indicated in *An Músgraigheach*.
glinním, glinniúint: "to stare, examine closely", with *ar*.
gliocas: "cleverness, ingenuity", or *gliceas* in GCh.
gliogar: "rattle, prattle, clatter". Compare PUL's *glugar*.
gliogram: "tinkering, clattering, rattling"; pronounced /gl'igərəm/. *Gliogram a dhéanamh*, "to jingle".
gloine: "glass"; pronounced /glin'i/. This noun is both masculine and feminine here. *Gan cúnamh gloine*, "without (the aid of) a telescope/binoculars".
gloiní: "glassy". Compare *gloiniúil* in other published works in WM Irish.
glóire: "glory", or *glóir* in GCh.
glórach: "loud, noisy".
gluaisim, gluaiseacht: "to proceed, move, go". *Chun gluaiseacht* and *chun gluaiste* are both accepted here. On the single occasion where *chun gluaiseachta* was found, it has been adjusted to *chun gluaiseacht*.
glúin: "knee", with *glún* in the genitive plural (an echo of the historical nominative singular) and *glúine* in the nominative plural. *Teacht ar do ghlúine*, "to kneel down".
gluthar: "noise in the throat, rattle, gurgle"; *glothar* in GCh.
gnaoi: "liking, affection". *Ní gnaoi leat é*, "you get no pleasure from it". This phrase is not given in FGB, but PSD has *ní gnaoi do*. *Ní gnaoi le* would have been known to DBÓC from verse.
gnás: "disgust, loathing, aversion".
gnáth-chúrsaí: "general affairs; general chit-chat".
gnáth-shaghas: "general type, ordinary type"; pronounced /gnɑː'həis/.
gnáth-shlí: "ordinary way".
gnáthach: "customary", or *gnách* in GCh.
gnáthóg: "lair, den", with *gnáthóig* in the dative.
gné: "form, appearance".
gnó: "business, affair", with *gnótha* in the genitive. *Nuair a bhíonn gnó ar siúl*, "in business hours". *Nuair a bhíonn gnó ar leataoibh*, "outside of business hours". *Cad é an gnó a bhí aige den digh?*, "what would he want with the drink?" *Má bhíonn aon ghnó agat díom-sa*, "if you need me for anything". *D'aon ghnó*, "deliberately, on purpose". *Ana-chuid gnótha ar an mbóthar iarainn*, "a lot of traffic on the railway". *Dhein súd mo ghnó*, "I'm a gonner, I've had it, it has done for me".
gnúis: "face, countenance". PUL glossed this word in NIWU (p60) as "the face as giving expression to the mind and its passions or energies; the equivalent of the Latin *vultus*".

Glossary

gnúsarnach: "an act of lowing or murmuring", used here of the humming of bees and the whirring of shells. This becomes *ag gnúsarnaigh* in the dative. This is a variant of *gnúsachtach*.
go dtí: "until, as far as". With the possessive: *go dtína*.
go leith: "and a half", pronounced /gil'i/.
goile: "appetite"; pronounced /gil'i/.
goilim, gol: "to weep, cry", pronounced /gol'im'~gil'im', gol/.
góilín: "inlet, creek".
goillim, goilliúint: "to harm, distress". Note *do ghoíll* with a long vowel in the preterite.
gol: "weeping", with *guil* in the genitive.
gorm: "blue", including a blue-green shade of grass; pronounced /gorəm/. With *guirme* as the comparative, /gir'im'i/.
gormaím, gormú: "to become blue"; pronounced /gorə'mi:m', gorə'mu:/.
gort: "field of oats", with *guirt* in the plural where GCh has *goirt*.
gorta: "famine". This word is feminine here, but masculine in the Irish of AÓL and both masculine and feminine in PUL's Irish. *Gorta* was originally feminine, which explains why both genders are found in WM Irish; the word is masculine in GCh.
gortaím, gortú: "to hurt, injure".
gotha: "a stooped pose, a stoop", a word not well glossed in FGB.
grá: "love". *Is dó', grá Dé*, "Oh, my God!", a better phrase in Irish than the *Ó, mo Dhia* used in Gaelscoileanna in Ireland. *Grá Dé* appears elliptical for *le grá Dé* or some such phrase.
grách: "loving".
gradam: "dignity, glory". *Le gradam*, "with esteem".
graf: "graph, chart". *Graf reatha*, "sketch", or *sceitse* in GCh.
gráib: "grapeshot", a word not found in dictionaries.
graibh: "a row of prominent teeth", or *graib* in GCh. Pronounced /grav'/. *Graibh air*, "grinning".
graidhin: "affection, jollity", but generally found in exclamations implying pity or affection; pronounced /grəin'/. *Mo ghraidhin é an buachaill bocht*, "the poor boy!" *Mo ghraidhin thu/mo ghraidhin chroí thu*, "bravo; my darling". Pronounced /grəin'/.
gráinneóg: "hedgehog"; pronounced /grɑ:'ŋ'o:g/.
grámhaireacht: "love, tenderness". Compare *grámhaire* compared in PUL's works.
grámhar: "affable, tender, affectionate, loving".
grán: "gun shot; grape, grapeshot".
gránna: "ugly", but also "vile, offensive" in various senses.
grásaeir: "grazier", i.e. someone who grazes cattle.
gráscar: "scuffle, affray".
grásta: "grace". The genitive is generally found in the genitive plural, *na ngrást*. Used as an intensifier in negative expressions; see *scaile na ngrást. Faic na ngrást*, "nothing".

Glossary

gráta: "grate".
greadadh: "striking, thumping; scorching". *Greadadh chuige,* "damn him!"
greadaim, greadadh: 1. "to strike, thump", with the verbal adjective *greadaithe* where GCh has *greadta*. 2. "to head off, make off very quickly" in a certain direction.
grean: "gravel, grit". *Chómh tiubh le grean,* "as numerous as grains of sand".
greannúire: "oddness, strangeness". This is *greannmhaireacht* in GCh, which form (as *greannúireacht*) is also found here. *Tháinig greannúireacht uirthi* here translates "half-demented" in the English edition.
greannúr: "funny", or *greannmhar* in GCh. PUL clarifies in NIWU (p61) that this word means "queer, comical, peculiar", but not "witty".
greas: "a turn, a bout", but often used in reference to a brief nap.
Gréigeach: "Greek", or *Gréagach* in GCh. Note that PUL also used *Gréagach*, which is the usually encountered form.
greim: "grip", pronounced /gr'əim'/. Also "bite, morsel": *greim feóla,* "a bite of meat to eat". *Greim seangáin,* "an ant/insect bite". *Duine ' chur i ngreim,* "to get someone caught, get someone in trouble". *Dul i ngreim,* "to get in a fix, to 'land in it'".
gréithre: "trinkets, sundry items", or *gréithe* in GCh. Pronounced /gr'e:r'hi/.
grenadóir: "grenadier", or *gránadóir* in GCh.
grian: "sun", with *gréin* in the dative.
grianach: "sunny; cheerful".
grianán: "sunny balcony or terrace".
grianmhaireacht: "cheerfulness of disposition".
grifileán: "fuss, bustle", or *griothalán* in GCh. This is used in the plural for "great cares" in Ch9. *Grithileán* is also found in this meaning in WM Irish: CFBB has both forms.
grínn: this word means "perceptive, keen" in GCh, but is used in WM to mean "laughing, mirthful". The adjective/adverb *grínn* is ultimately the genitive of *greann,* "fun, mirth, liking", used with adjectival force.
griofadach: "tingling, sensation". PUL has the related word *griofad*.
griogaim, griogadh: "to irritate, annoy, set someone off". Pronounced /gr'ugim', gr'ugə/.
gríosach: "hot ashes, embers", with *gríosaí* in the genitive and *gríosaigh* in the dative.
gríosaim, gríosú: "to incite, spur on". Compare PUL's *gríosaim, gríosadh*.
groí: "strong, vigorous".
grua: "brow, ridge", of a trench, with *gruanna* in the plural.
gruaig: "hair".
gruama: "glum, dejected". The original spelling here was *gruamdha*. Pronounced /gruəmhə~gruəmə/.
guagach: "unsteady, rickety".
guailleáil: "jostling, swaggering about".
guaire: "bristle". *Guairí* translates "catgut" in Ch19. GCh has *caolán* in this meaning.

Glossary

guala: "shoulder", replaced in GCh by the dative *gualainn*; with *gualann* in the genitive (singular and plural) and *guaillibh* in the dative plural. *Guala* can refer to the "shoulder" of a hill or mountain, which usage is found here.

guinideach: "stinging, biting; bitingly cold", or *goinideach* in GCh. DBÓC stated that he did not have this word in his Irish (*An Músgraigheach*, Uimhir 3, p16).

guirme: "blue colour"; pronounced /gir'im'i/.

guirt: "salty", or *goirt* in GCh. *Deóra guirte*, "salty tears".

gunna: "gun". *Gunna gairid*, used here to translate "musket", in which meaning GCh has *muscaed*. *Gunna geárr* is used to translate "rifle"; *raidhfíl* in GCh. *Gunna mór*, "cannon"; De Bhaldraithe has *canóin* as well as *gunna mór*.

gunnadóir: "gunner, artilleryman".

gunnadóireacht: "firing of heavy guns; to open fire with heavy guns".

gunta: "wounded"; also "incisive, trenchant"; or *gonta* in GCh.

gurb, gurbh: found as *gurb, gurab* and *gurbh* in the original. Pronounced /gər(ə)b~gəb/ and /gərv~gəv/.

gustal: "means, wealth".

guta: "mud, mire, filth". *Ag déanamh gutaigh*, of snow creating mud and mire, gives a variant genitive of this word.

guth: "voice; vote". *Aontaithe d'aon ghuth*, "unanimous".

guthaíocht: "vocalisation", and by extension, "voting, casting your vote".

halabóhéim: "hullaballo, pandaemonium".

hé: an interjection, "eh, hey?"

heit: "nay! tut! pooh!"

húm/hám: *gan húm ná hám (ionat)*, "unable to utter a single peep, unable to make a sound or move", translating "quite insensible" in the English original.

hurá: "hurrah! hurray!"

husár: "hussar (light cavalryman)". The original spelling here was *hussár*. However, the spelling given in FGB is accepted here, as it yields the same pronunciation in any case.

i ganfhios: "unbeknown, unawares" (used with *do*). Pronounced /ə'ganəs/.

i gcómhair: "for, in store for". Pronounced /ə goːr'/.

i: "in". Note that we read *sa mbliain* here. PUL had *sa bhliain*, but *sa mbliain* in distributive senses (*uair sa mbliain*); this distinction is not made here. Where *san* stands before a consonant, it is edited here as *san* (*san mbliain>sa mbliain*). Combined with the plural article, *insna* is /(i)nsnə~i snə~snə/.

ia: "enclosure", or *iamh* in GCh. *Fé ia ón spéir*, "confined, indoors". *Fé ia* was stated by DBÓC, ("Aodh de Róiste", *An Músgraigheach*, Uimhir 3, p16) as a phrase he didn't use in his Irish, although it is found in CFBB (p135).

iallait: "saddle", or *diallait* in GCh.

iarann: "iron". *Iarann dearg*, "an iron" (for pressing laundry). With *iarnaí* in the plural where GCh has *iarainn*; the plural may mean "chains, fetters, irons".

iarnaí: "of iron". *Cósta iarnaí Aontroma*, "the iron-bound coast of Antrim", may refer to the iron-rich lava deposits on the Giant's Causeway and Causeway Coast of Co. Antrim.

Glossary

iarracht: "attempt", but also "an amount of work accomplished in one go". *Is mór an iarracht í sin*, "that was quite a lot to get done, that was good work, good going". *D'aon iarracht amháin*, "in one (go)". *Iarracht* stands in one passage in Ch23 where "bombardment" stands in the English edition (see PSD, where "attack" is one of the meanings of this word). Also "a bit or touch of something": *iarracht d'anaithe*, "a touch of terror".

iarraim, iarraidh: "to ask; to attempt". This verbal noun is used, not as *ag iarraidh*, but as *a d'iarraidh*. *Carraiste 'ot iarraidh*, "a carriage coming to get you".

iarratas: "demand, begging, importuning", with *iarrataisí* in the plural where GCh has *iarratais*.

iarsma: "remnant". Used here in the sense of "evil consequence, payback".

iarta: "hob; cooker".

iarthar: "west". *An tIarthar*, "the West (as a civilisation)".

iasachta: "foreign". *Insna hoileánaibh iasachta*, "in foreign parts".

ídím, ídiú: "to consume; destroy". *Iad féin á n-ídiú féin*, "for them to die by their own hand, commit suicide".

idir: "between", or "both ... and ..." in *idir ... agus ...* *Idir* lenites the nearest noun only. Note *eadrainn*, "between us", /ˌadəriŋ'/. The stress on *idir* is often on the final syllable, giving rise to *'dir*. DBÓC eschews eclipsis of a noun after *idir*, correcting *idir an gcampa* to *idir an campa*; eclipsis in such circumstances was found occasionally in PUL's works.

ifreann: "hell", pronounced /if'ir'ən/. *Ifreann 'na steille-bheathaidh* translates "perfect pandaemonium" here. *Ifreann dearg*, "bloody hell/sheer hell".

ildathach: "multi-coloured". Pronounced /ˌil'dɑhəx/.

imbriathar: "really! upon my word!" *Imbriathar mhóide*, "upon my solemn word!"

imeacht: "departure". The plural *imeachta*, given in GCh as *imeachtaí*, means "proceedings". *Chun imeachta* is altered twice in this edition to *chun imithe*.

imeacht: "gait, bearing, demeanour"; pronounced /i'm'axt/.

imeall: "edge".

imeartha: "troubled, exercised (by something)", and thus "desperate, determined" to do it. *Sprid an díoltais chómh himeartha san ann*, "with such a worked-up spirit of vengeance in him".

imím, imeacht: "to go, go away", pronounced /i'm'i:m', i'm'axt/. Note that the participle, *imithe*, is stressed on the second syllable: /i'm'ihi/. *D'imíodar gan a dtuairisc*, "they disappeared without trace". *Imeacht thort*, "to pass", of time.

imirce: "migration". *Árthach imirce* here refers to a ship taking migrants to America.

imní: "anxiety"; pronounced /im'i'n'i:/.

imníoch: "concerned; attentive, diligent"; pronounced /im'i'n'i:x/. With *imní* in the comparative.

ímpire: "emperor".

ímpireacht: "empire".

imshuí: "siege, military encirclement". Pronounced /im'hi:/.

Glossary

in: a form of the demonstrative pronounce *sin* used after the copula (*b'in, nách in*, etc).

inchinn: "brain"; pronounced /in'ihiŋ'/. *Gan inchinn gé*, "brainless", literally "without a goose's brain".

inchúmparáide: "comparable, worthy of comparison, easily put on a par with something else". This was stated by DBÓC ("Aodh de Róiste", *An Músgraigheach*, Uimhir 3, p16) as a word he didn't use in his Irish: most compounds with *i(o)n-* are unnatural words that are not found in the dialect.

Índiathach: "an Indian", or *Indiach* in GCh; pronounced /i:ŋ'əhəx/. This refers here to a Red Indian in North America.

inead: "unit; place", or *ionad* in GCh. Pronounced /in'əd/ in WM Irish. The original text had *ionad*. *In inead*, "instead of, in the place of". *Tiarna Inid*, "Lord Lieutenant". *Fear inid*, "representative". *Inead gunnaí*, "battery".

iníon: "daughter", with *inín* in the dative.

iniúchaim, iniúchadh: "to scrutinise".

inmheánach: "internal, interior".

inné: "yesterday", pronounced /i'n'e:/, as if with a single *n*. *Inné roimis sin*, "the previous day".

inneall: "engine, machine, contrivance of some type".

innealthóir: "engineer", in reference to a military regiment of engineers; pronounced /iŋ'əl'ho:r'/.

inníor: "grazing, pasturage", or *iníor* in GCh. Pronounced /i'ŋ'i:r~i'ŋ'e:r/.

inniu: "today", /i'n'uv/. The final consonant heard in the pronunciation is left untranscribed, as it was not indicated in the historical orthography and is not indicated in the spelling adopted in GCh. The spelling *aniogh* was found in the works of Seathrún Céitinn in the 17th century.

insim, insint: "to tell", or *insím, insint* in GCh. Note the use of *d'innis* here in the preterite (and similarly *innis* in the imperative): the spellings *d'innis* and *d'inis* are both found in the WM dialect. IWM shows the pronunciation of *inis* to be /i'n'iʃ, n'iʃ, 'in'iʃ, 'iŋ'iʃ/. The future is *neósfad*, where GCh has *inseoidh mé*. The verbal adjective is given here as *insithe*; compare PUL's *ínste*.

intinn: "intention, spirit, mind".

íochtar: "lower part". *An tigh íochtair*, "the lower house of parliament".

íoclann: "dispensary". This was stated by DBÓC ("Aodh de Róiste", *An Músgraigheach*, Uimhir 3, p16) as a word he didn't understand.

íogair: "sensitive, delicate, touchy". DBÓC stated that he did not have this word in his Irish (*An Músgraigheach*, Uimhir 3, p16). *Paidreacha íogaire*, "emotional prayers".

íogaireacht: "sensitivity; an eerie feeling that something bad is going to happen".

iomad: "much, too much; an exceedingly great amount", pronounced /uməd/. Usually with the article, *an iomad*.

iomadach: "plentiful, numerous", or *iomadúil* in GCh. *Iomadúil* was PUL's form too, and is also found here.

iomaire: "ridge"; pronounced /umir'i/. *Iomairí bláth*, "flowerbeds".

Glossary

iomann: "hymn". DBÓC here has the GCh version of the word. PUL has *himun* (which could possibly be represented as *hiomann*), indicating that English/Latin/Greek influence may produce an /h/ in this word.
iomarca: "too much, an abundance", pronounced /umərkə/. Usually with the article, *an iomarca*.
iomárd: "affliction, misfortune, calamity", pronounced /əˈmɑːrd/. This word is not always given a plural in dictionaries, but we see *iomárdaí* here in the genitive plural.
íomhá: "image, statue", pronounced /iːˈvɑː/. The plural is given here as *íomhácha*. PUL had *íomhátha*.
iomláine: "fullness, entirety". Pronounced /uməˈlɑːnʲi/.
iomlán: "full, whole". Pronounced /uməˈlɑːn/. Substantivised as *an t-iomlán*, "the full amount, the whole story".
iomlascaim, iomlasc: "to roll". Pronounced /umələskimʲ, umələsk/.
iompáil: "turning". *Ar iompáil na baise*, "in a trice".
iompaím, iompáil: "to turn; be converted", or *iompaím, iompú* in GCh. Pronounced /uːmˈpiːmʲ, uːmˈpɑːlʲ/. *Iompáil amach*, "to turn out (a certain way, e.g. to turn out/become a criminal)"; also "to turn to go" as in Ch25 here. The verbal adjective is *iompaithe*. *Rud d'iompáil anonn ar dhuine*, "for something to be turned over/revert to someone".
iompar: "behaviour"; pronounced /uːmpər/.
iomraim, iomramh: "to row", or *iomraím, iomramh* in GCh. Pronounced /umərimʲ, umərəv/.
iomrascáil: "wrestling", pronounced /umərəskɑːlʲ/.
iomrascálaí: "wrestler"; pronounced /umərəskɑːliː/.
ionchas: "expection". Pronounced /unəxəs/.
ionga: "nail", with *iongain* in the dative; pronounced /uŋə, uŋinʲ/
ionnarbadh: "exile, banishment". Pronounced /unər(ə)bə/.
iorcha: "pantry, kitchen", with *iorchain* in the dative. Possibly pronounced /urəxə/. This was stated by DBÓC ("Aodh de Róiste", *An Músgraigheach*, Uimhir 3, p16) as a word he didn't use in his Irish.
íota: "great thirst, avidity".
iothla: "granary, barn", pronounced /ihələ/, although IWM indicates that AÓL had /iˈheːlə/. With *iothlainn* in the dative.
istigh: "inside", pronounced /iʃtʲigʲ/. *Bheith istigh (a thabhairt do dhuine)*, "lodgings, shelter".
istoíche: "at night". *Istoíche amáireach*, "tomorrow night". *De ló is istoíche*, "day and night". Compare PUL's *de ló is d'oíche*.
iúnadh: "wonder, surprise", or *ionadh* in GCh. Pronounced /uːnə/. Note that this was variously masculine or feminine in the original, but the feminine gender is standardised on in this edition in line with the forms found in DBÓC's *Sgéal mo Bheatha*. *Ag an iúnadh mór* in Ch14 is adjusted to *ag an iúnadh mhóir*. *Iúnaidh* is rejected in the genitive here in favour of *iúnadh*. *Fé iúnadh agus fé allthacht*, "astonished and surprised".

Glossary

iúnais: "absence, lack"; pronounced /uːniʃ/. *Déanamh in' iúnais*, "to make do without it".
iúndramháil: "handling, manoeuvring, manipulating, disposing of", or *ionramháil* in GCh. Pronounced /uːndərəvaːl´/.
iúnsaí: "attack, advance", with *iúnsaithe* in the genitive; *ionsai* in GCh.
iúnsaím, iúnsaí: "to attack"; pronounced /uːn'siːm´, uːn'siː/; *ionsaím, ionsai* in GCh.
iúntach: "wonderful", or *iontach* in GCh. Pronounced /uːntəx/. *Is iúntach liom*, "I wonder".
iúntaoibh: "confidence, trust", or *iontaoibh* in GCh. Pronounced /uːn'tiːv´/. *Ar iúntaoibh teachtaire*, "reliant on/having recourse to a messenger".
iúntas: "wonder, wonderment, astonishment", with *iúntaisí* in the plural. GCh has *iontas* and *iontais*.
Jenny: the Spinning Jenny, a spinning frame invented by James Hargreaves in 1764 that played a significant role in the Industrial Revolution.
lá: "day", with *ló* in the dative in the phrase *de ló agus d'oíche*, "by day and by night", /də loː ɑgəs diːhi/. Also *sa ló is istóiche. Leis an lá*, "at daybreak".
labhraim, labhairt: "to speak", or *labhraím, labhairt* in GCh. Pronounced /lourim´, lourt´/.
lacáiste: "discount" (*i rud*).
lacha: "duck", with *lachain* in the plural.
ladhar: "space between the fingers", pronounced /ləir/. *Ladhar airgid*, "a handful of silver".
lag-bhríoch: "weak, ennervated".
lag-fáiseach: "feeble, squeamish", or *lagáiseach* in GCh. PSD has *lagáiseach*, and the original edition of *Aodh de Róiste* had *lag-fháiseach*, but the correction in *An Músgraigheach*, Uimhir 4, p10, shows that the *f* is unlenited.
lag-fáisí: "squeamishness, qualms, a feeling of your heart sinking", or *lagáisí* in GCh. Adjusted from *lag-fháisí* in the original text.
lag-mhisniúil: "low in spirit, despondent".
lag-sholas: "a dim light".
lagachar: "weakness, faintness". Pronounced /lɑgəxər~lə'gɑxər/.
lagadh: "weakening", or *lagú* in GCh, which form is also more frequently found here.
láib: "mud, mire".
láidir: "strong", with *láidre* in the plural. Pronounced /laːd´ir´, laːd´ir´i/.
laige: "weakness", pronounced /lig´i/. Also referring here to "weak people" in general (*bheith báidhiúil leis an laige*). *Dul i laige*, "to faint". Also *titim i laige*.
laíghead: "smallness; fewness", or *laghad* in GCh.
laígheadaím, laígheadú: "to lessen, reduce", or *laghdaím, laghdú* in GCh. Pronounced /liː'diːm´, liː'duː/.
laígheadú: "a lessening or reduction" (*ar rud*); or *laghdú* in GCh.
láimhsím, láimhsiú: "to handle"; a variant of *láimhseálaim, láimhseáil*.
lais: "lash". This is variant of *lasc*, but is found chiefly in the phrase *fé lais agat*, "under your thumb".

Glossary

laistigh: "inside, within", pronounced /laʃˈtʲigʲ/.
laistíos: "beneath", pronounced /laʃˈtʲiːs/.
láithreach: "presently, without delay; present", pronounced /lɑːrʲhəx/. *Láithreach bonn*, "on the spot, instantly".
lámh: "hand". Note that the nominative singular (and genitive plural) is pronounced /lɑːv/ with the genitive singular (*lámha*) and the nominative plural (*lámha*) both pronounced /lɑː/. PUL stated in NIWU (p70) "I never see *lámha* written as the genitive of *lámh*. I have always heard it spoken". This spelling suggestion for the genitive singular is adopted in this edition. *Rud do chur ded láimh*, "to handle" (see *nách lú ná luach céad míle púnt de ghnó a chuireann sé sin dá láimh*, "the business he transacts is not worth less than a hundred thousand pounds", in Ch11 and compare *rud a chur de láimh*, "to dispose of something", sense 11 under *lámh* in FGB). *Ar a láimh*, "on hand". In the genitive, both *a dá láimh* and *a dhá lámh* are found in this work (e.g. *ag cur a dhá lámh tímpall a mhiníl/ag cur a dá láimh suas ar a haghaidh*). Theoretically, *a dhá lámh* is the correct genitive dual, but the dative dual, the genitive plural and even the genitive singular of masculine nouns were found in such circumstances in WM Irish, and so both forms are accepted here.
lámhacán: "an act of creeping or crawling"; pronounced /ˈlɑːkɑːn/ with initial stress, possibly reflecting the stress pattern that obtained before the loss of the medial *mh*.
lámhaim, lámhach: "to shoot", or *lámhachaim, lámhach* in GCh. Pronounced /lɑːmʲ, lɑːx/. The future and conditional forms given as *lámhachfaidh* and *lámhachfá/lámhachfadh* in the original are edited in this edition with *f* and not *chf*. The preterite autonomous and the past subjunctive autonomous were given as *do lámhchadh* and *do lámhachtí*. However, DBÓC states in relation to one passage that *do lámhchadh* should have read *do lámhadh*. Consequently, *do lámhadh* is standardised on here in preference to *do lámhchadh*, with *lámhachtí* being adjusted to *lámhtí*. The verbal adjective was found as both *lámhachta* and *láimhte*, with DBÓC correcting *lámhachta* to *láimhte* in one passage. Hence *láimhte* is standardised on throughout here.
lamhainne: "glove", or *lámhainn* in GCh. Pronounced /ləiŋʲiˈ/ according to IWM; LASID has /lɑːŋʲiˈ/.
lamhálaim, lamháil: "to allow, permit, remit". Pronounced /ləˈvɑːlimʲ, ləˈvɑːlʲ/. *Ag lamháil do rud*, "making allowances for something". The spelling is adjusted from *logháil* in the original text. See PSD under both spellings.
lampa: "lamp"; pronounced /laumpə/.
lán-chruinne: "full exactness".
lán-dáiríribh: "in full earnest, deadly serious". Pronounced /ˈlɑːndɑːˈrʲiːrʲivʲ/.
lán-deimhnitheach: "completely certain"; pronounced /lɑːnʲdʲəinʲihəx/.
lán-ollamh: "well-prepared", or *lánullamh* in GCh.
lána: "lane".
lánú: "couple", or *lánúin* in GCh, where the dative has replaced the nominative.
laochas: "heroism, valour".

Glossary

laochta: "heroic".
lasair: "flame", with *lasrach* in the genitive singular. Pronounced /lɑsirʹ, lɑsərəx/.
lasán: "match", pronounced /ləˈsɑːn/; stated by DBÓC ("Aodh de Róiste", *An Músgraigheach*, Uimhir 3, p16) as a word he learnt from English-speaking learners of Irish.
lasc: "whip, lash". The genitive here is *laisc*, showing this to be masculine here, but feminine in GCh. Compare *laisc* given by PUL as the Irish word for "whip", apparently a feminine form with the historical dative used for the nominative. *Lasc marcaíochta*, "riding whip".
lasmuʹ: "outside", or *lasmuigh* in GCh. Pronounced /lɑsˈmu/.
last-chairteacha: "bottomry deeds", or deeds secured on title to the ship itself. Note *last*, "freight, cargo".
lasta: "inflamed", referring here to a face flushed with anger.
lastuas: "above", pronounced /lɑsˈtuəs/.
láthair: "spot, location, presence". *Ar láthair na huaire sin* found once in the original in Ch2 is adjusted in this edition to *i láthair na huaire sin*, "at the present time".
le bárr: "out of", frequently referring to some kind of emotional motivation. *Le bárr baochais*, "gratefully, in gratitude". *Le bárr nirt*, "by dint of strength".
léʹ: "reading", or *léamh* in GCh.
leaba/leabaidh: "bed", with *leapan* and *leapa* in the genitive in the original text (with *leapan* corrected by DBÓC in one instance to *leapa*, which change is implemented throughout this edition) and *leabaidh* in the dative, which form often does service for the nominative; GCh has *leaba* (the historically correct nominative), with *leapa* in the genitive. Pronounced /lʹabigʹ/. With *leapacha* in the plural, pronounced /lʹəˈpaxə/.
leabhair: "lithe, slender"; pronounced /lʹourʹ/.
leabhar: "book"; pronounced /lʹour/. *An leabhar a chur ar dhuine*, "to administer an oath to someone". *Tabharfad an leabhar*, "I will vouch (that)". *An leabhar a thabhairt* is also found here in the meaning of "to be sworn in", of a soldier in the army. *An Leabhar Gorm*, "the official report", as in one of the British government's official Blue Books. *Seómra na leabhar*, "the study".
leabharlann: "library", with *leabharlainn* in the dative. Pronounced /lʹourlən/.
leac: "flagstone", with *lic* in the dative and *leacacha* in the plural. Pronounced /lʹak, lʹiˈkaxə/. *Leac táirsí*, "threshold stone".
leaca: "side of a hill", with *leacain* in the dative, and *leacain* in the plural here where GCh has *leicne*. PUL has *leicne* in the plural in the meaning of "cheeks".
léacht: "lecture", pronounced /lʹeːxt/. *Léacht a thabhairt uait*, "to read a paper, deliver a lecture".
leadrán: "lingering, loitering"; pronounced /lʹadəˈrɑːn/.
leagaim, leagadh/leagaint: "to lay, set down; knock down", or *leagaim, leagan* in GCh. *Eascainithe á leagadh ort*, "curses raining down on you". *Do shúile ʹ leagadh ar rud*, "to set eyes on something". *Airgead do leagadh*, "to lay money down" (make an upfront payment). *Leagaithe*, "broken, knocked down". *Rud do leagaint amach*, "to lay something out", here of plans for trenches.

Glossary

leamh-gháirí: "to give a faint smile". FGB has *leamhgháire* only as a noun "faint smile", and not as a verbal noun. Pronounced /ˈlʲavɣɑːˈrʲiː/.
leamhas: "inspidity"; pronounced /lʲaus/. *Leamhas magaidh*, "a making light of a serious matter in a mocking way".
léan: "anguish, woe".
léannta: "learnèd", pronounced /lʲeːntə/.
léargas: "discernment". This was stated by DBÓC ("Aodh de Róiste", *An Músgraigheach*, Uimhir 3, p16) as a word he didn't use in his Irish. *Gan trócaire gan léargas* here translates "almost merciless, mostly blind and stupid" in the English edition. Pronounced /lʲeːrgəs/.
léas: "ear of corn", with *léasracha* in the plural. Pronounced /lʲias, lʲiasərəxə/.
léas: "lease"; pronounced /lʲeːs/. *Léas a tharrac do dhuine*, "to draw up a lease for someone".
leasú: "polishing, dressing". *Leasú aoiligh*, "manuring".
leata: "perished", generally from cold.
leataoibh: found in *i leataoibh*, or *i leataobh* in GCh, "to one side; set aside, over and done with". Pronounced /i lʲaˈtiːvʲ/. This word uses an old dative of *taobh*. *Seasaimh i leataoibh*, "stand aside!" *Ar leataoibh*, "over and done with".
leath-árdán: "terrace".
leath-bháite: "half-drowned, soaked".
leath-bhliain: "half a year; six months".
leath-bhrónach: "remorseful".
leath-chliathánach: "of one flank". *Thug léim leath-chliathánach* is found here where the English edition refers to a horse "rearing".
leath-choróinn: "half a crown", .i.e 2/6 in pre-decimal coinage; or *leathchoróin* in GCh. The genitive here is *leath-choróinneach* where GCh has *leathchorónach*. Pronounced /lʲaˈxroːŋʲ/.
leath-dhoircheacht: "dusk, poor light"; pronounced /lʲaˈɣorʲihəxt/.
leath-dhúnaim, leath-dhúnadh: "to close to, to half-close".
leath-dhúnta: "half-closed".
leath-dosaen: "half a dozen"; pronounced /ˈlʲatəˈseːn/.
leath-eagla: "a sense of apprehension". Pronounced /ˈlʲahɑgələ/.
leath-ghlúin: "one knee".
leath-ghreann: "a degree of amusement". Pronounced /lʲaˈɣrʲaun/.
leath-mhilleón: "half a million", or *leathmhilliún* in GCh.
leath-neómat: "half a minute, a moment", or *leathnóiméad* in GCh.
leath-nochtaithe: "half-naked", or *leathnocht* in GCh.
leath-órlach: "half an inch".
leath-osclaim, leath-oscailt: "to open ajar"; pronounced /ˈlʲahoskəlimʲ, ˈlʲahoskihlʲ/.
leath-uille: "one elbow", with *leath-uillinn* in the dative, which form is standardised on in GCh.
leath: "side", with *leith* in the dative. *Féach i leith*, "look here". *I leith is go*, "as if".

Glossary

leathaim, leathadh: "to spread", but also "to perish". *Á leathadh féin*, "catching his death of cold".

leathan-ghuailleach: "broad-shouldered".

leathphinge: "ha'penny"; or *leathphingin* in GCh. This is adjusted from *leathphingne* in the original.

leathscéal: "excuse", or *leithscéal* in GCh. Pronounced /l′a′ʃk′ial/. With *leathscéalacha* in the plural where GCh has *leithscéalta*.

leathscéalach: "apologetic", or *leithscéalach* in GCh. Pronounced /l′a′ʃk′ialəx/.

leibhéalaím, leibhéalú: "to level, knock flat"; or *leibhéalaim, leibhéaladh* in PUL's Irish and also in GCh. Pronounced /l′i′v′e:li:m′, l′i′v′e:lu:/.

leibheann: "deck", which may be pronounced /l′ev′ən/. It is unlikely that this was a natural word in WM Irish. The use of *leibheann* with a short *e* appears to follow the entry in PSD. However, as the derivation is from the Old Irish *léibend*, "level surface, threshing floor", GCh has *léibheann* in the meaning of "level space, terrace", as well as *deic* in the meaning of "deck". *Long trí leibheann*, "a ship with three decks".

leigheas: "cure, healing"; pronounced /l′əis/. *Níl leigheas agat air*, "there's nothing you can do about it". *Cad é mo leigheas air?*, "what can I do about it?"

leighim, leaghadh: "to melt, dissolve", or *leáim, leá* in GCh. Pronunced /l′əim′, l′əi/ in WM Irish. The verbal adjective is *leachta*, "molten".

léim, lé': "to read", or *léim, léamh* in GCh.

léimim, léimt: "to leap", or *léimim, léim* in GCh.

léimreach: "jumping", or *léimneach* in GCh. Pronounced /l′e:m′ir′əx/. *Léimreach* is, in theory at least, a continuous act of leaping or jumping, as opposed to *léim*, the ordinary noun meaning "leaping, jumping" and *léimt*, the verbal noun meaning "leaping, jumping". *Léimreach* is a feminine verbal noun that is declined in the dative as *ag léimrigh*, which form is more frequently encountered than *ag léimt*.

léine: "shirt; tunic", with *léinteacha* in the plural, where GCh has *léinte*.

leisce: "laziness, reluctance". *Leisce ' bheith ort*, "to be loth (to do something)".

leithead: "breadth", pronounced /l′ehəd/.

leithéid: "the like; something like it", pronounced /l′i′he:d′/. The genitive is shown here to be *leithéid* too, and not the *leithéide* listed in GCh dictionaries. *Ní dhéanfair a leithéid*, "you will do no such thing!"

leitir: "letter", pronounced, or *litir* in GCh; with *leitreacha* in the plural. Pronounced /l′et′ir′, l′et′ir′əxə/. *Páipéar leitreach*, "note paper", found as *páipéar litreacha* in FGB. *Leitreach* seems to be a variant genitive plural here. *Leitir* and *leitreacha* are found in PUL's works in the genitive plural.

leogaim, leogaint: "to let, allow", or *ligim, ligean* in GCh. Also "to lay, place" (*lámh leogaithe i gcoinnibh na rálach*). *Á leogaint ort (go)*, "to make out, let on, pretend". *Leog tu féin im choinnibh*, "lean on me".

leóinte: "sickly, weak".

leóinteacht: "sickliness".

leómhaim, leómhadh: "to dare"; pronounced /l′o:m′, l′o:/. *Ní leómhfaidh sé bheith amhlaidh*, "it will not be permitted".

Glossary

leónú: "will, consent", particularly in the phrase *leónú Dé*, "God's will, providence". GCh has *deonú*.
lí-bhán: "pale-complexioned". PSD has a number of compounds with *lígh-*, showing this to be a single word.
liach: "shriek".
liath-chasóg: "grey coat; great coat, trench coat".
liath-ghlas: "pale grey".
liath: "grey", with *léith* in the dative singular feminine.
liathróid: "ball". Pronounced /l'iər'ho:d'/. This is also used here to refer to "round shot".
lil: "lily". Compare PUL's *lile*. DBÓC may have encountered the form *lil* in verse.
líne: "line", with *líní* in the plural where GCh has *línte* (*líntíbh* in one passage was altered by DBÓC to *línibh*, and this change is implemented throughout in this edition). PUL had *línte* and *línteacha* in the plural.
líneálaim, líneáil: "to line something", as of a box being lined with material, with the verbal adjective *líneáltha*.
líním, líniú: "to delineate, draw".
línn: "time period". *Le línn*, "during, while".
liodán: "litany"; pronounced /l'i'dɑ:n/. *Ag rá na Liodán* has the genitive plural.
líon tí: "household".
líon-rith: "agitation, panic, terror".
líon: "net, web". *Líon rúáin alla*, "a spider's web".
líonmhaire: "abundance". FGB prefers *líonmhaireacht*.
lionn: "ale", with *leanna* in the genitive.
liost: "list", or *liosta* in GCh, which form is also found here.
liostálaim, liostáil: "to enlist".
liúim, liúireach: "to yell, shout"; or *liúim, liú* in GCh. In the dative, the verbal noun becomes *ag liúirigh*.
liúireach: "shouting".
liúnggán: "rickety, unsteady thing", or *liongán* in GCh.
lobhaim, lobhadh: "to rot, decompose"; pronounced /loum', lou/. *Lobhadh fé chré thailimh*, "to rot off the face of the earth".
loc: "pen, pound", or *loca* in GCh. This refers in Ch23 here to military batteries.
loch: "loch, lake". *Duine ' thomáint an loch amach*, "to transport someone beyond the seas", as a form of penal punishment.
lóchrann: "lantern"; pronounced /lo:xərən/.
locht: "fault; blame".
lochtaím, lochtú: "to find fault with".
lódáltha: "loaded". *Bata lódáltha le luadha* here translates "life-preserver" (i.e. the Victorian gentleman's weapon, consisting of a stout piece of cane attached to a lead ball at one end) in the original text.
logán: "low-lying country, valley"; pronounced /lə'gɑ:n/.
lógóireacht: "an act of wailing or lamenting".

Glossary

loinnir: "brilliance, radiance, refulgence"; pronounced /liŋ'ir'/. *Loinnir gealaí*, "a frenzied gleam".

loirgim, lorg: "to search, seek", or *lorgaím, lorg* in GCh. Pronounced /lor'ig'im', lorəg/. Both *ag lorg déarca* and *ar lorg déarca* are found here.

loitim, lot: "to damage, ruin". Note the verbal adjective, *loitithe*, /lot'ihi/, where GCh has *loite*.

lom-scrios: "utter ruin"; pronounced /loumskr'is/.

lom: "bare"; pronounced /loum/. *Lom láithreach*, "there and then". *Lom dáiríribh*, "actually, in dead earnest, totally serious".

lom: "bareness"; pronounced /loum/. *Lom na fírinne*, "the naked truth, the utter truth".

lómhar: "precious, brilliant (of gems)".

long: "ship", with *luinge* in the genitive and *luíng* in the dative. *Luingeas*, a collective word for "shipping" in other parts of Ireland, is the normal plural of this word in WM Irish where GCh has *longa*, and takes a lenited plural adjective (*luingeas mhóra*). *Luingeas chogaidh*, "warships", is given lenition on *cogaidh* in this edition in line with the spelling of PUL's works. Pronounced /luːŋg, liŋ'əs/.

longphort: "camp", or *longfort* in GCh; with *longphuirt* in the genitive. This word is believed to have originally referred to Viking ship enclosures (fortified camps where Viking ships could dock) in Ireland. The spelling *longfort* in GCh obscures the derivation. Pronounced /luŋfərt/.

lonnaím, lonnú: "to settle (somewhere)". *Áit chun lonnaithe ann*, "a place to stop off".

lonnradh: "brightness, radiance; light, spark", or *lonradh* in GCh. *Ag tomáint lonnraithe in áirde sa spéir* probably gives the genitive plural. Another passage has *lonnraidh* in the genitive singular, edited here as *lonnradh*. Pronounced /luːrə~luːrhə, luːrihi/. PSD notes that *lonnradh* may be pronounced /luːrəv/, but PUL spells this word *lonnra*, suggesting the pronunciation recommended here and indicating there is no slender *g* in the genitive singular.

lonnraím, lonnradh: "to shine"; or *lonraím, lonrú* in GCh. Pronounced /luː'riːm', luːrə/.

luadha "lead"; pronounced /luə/. Spelt *luaidh* in the original, this is *luaidhe* in GCh.

luaith: "ashes, dust"; with *luatha* in the genitive.

luamh: "yacht".

luas: "speed". *Tháinig luas croí air*, "his heart raced". *Ar luas aibhléise*, "at lightning speed". *Ar luas na gaoithe*, "with great rapidity, at lightning speed". *Ar luas mire*, "at a frenzied speed".

luathacht: "swiftness". Both *luaithe* and *luathacht* are found in WM Irish; FGB has only the former.

lúb: "loop, bend", with *lúib* in the dative.

lúbarnach: "twisting, writhing", with *ag lúbarnaigh* in the dative.

lubhóg: "flake". *Lubhóg shneachtaidh*: "snowflake". LASID shows one speaker at least had *lubóg*.

Glossary

lug: literally "something small". *Do thit an lug ar an lag aige*, "he collapsed in dismay". The notes to PUL's *Aesop a Tháinig go h-Éirinn*, probably compiled by Norma Borthwick, explained this idiom as meaning, literally, "the small fell upon the weak with him", in other words, smallness found no other support than weakness in him, and so he collapsed (pxvi therein).

luí: "lying". *'Na luí sheóla*, "in childbirth". This is related to the literary word *seól*, "bed, couch".

luím, luí: "to lie". *Luí ar*, "to start to, to apply yourself to, turn to doing something". *Do luigh sé air, agus anam na bhfear a ídiú gan tairbhe*, "he really felt it, seeing the men's lives wasted for no reason". *Luífeam féna thoradh* in Ch33 literally means "we will yield to/bear the burden of its result", but is used to translate "we will take the risk" in the English version.

luisne: "blush".

luisniúil: "ruddy, glowing", of a face.

lútálaim, lútáil: "to fawn on", often with *tímpall ar*.

lúth: "sinew, tendon", with *lúithreacha* in the plural, adjusted from *lúitheacha* in the original text, which may have been imposed by An Gúm.

macalla: "echo". Pronounced /mɑˈkɑlə/.

macánta: "honest", but *fanúint macánta* means "to remain quiet".

macasamhail: "copy". Pronounced /mɑkəˈsaul'/. The original text had *macsamhail*, adjusted here in line with the pronunciation shown in CFBB. PUL used both this form and *macshamhail*, /mɑˈkaul'/; he wrote in NIWU (p74) that both forms were accepted.

máchail: "blemish, defect".

machnamh: "thought, reflection". *As a mhachnamh*, "coming to after a moment of reflection".

machtíre: "wolf", or *mac tíre* in GCh. This is one word, with a lenited *c*.

mádh: "trump (in cards)", or *mámh* in GCh. *Dul ar an mádh deiridh*, "to go to the final roll of the dice, to get to the point where it's all or nothing".

madra: "dog"; pronounced /mɑdərə/. *Tá mo lámh i mbéal an mhadra*, "I'm in serious trouble". *Madra uilc*, "mad dog".

magadh: "mocking, jeering", with *magaidh* in the genitive (often found adjectively). Pronounced /mɑgə, mɑgig'/.

maidean: "morning", or *maidin* in GCh, where the historical dative has replaced the nominative. The dative is normally found after *ó*, but not after *go*: note *ó oíche go maidean* and *ó mhaidin go hóiche* in Ch9. The genitive, found as *maidne*, is edited here as *maidine*, showing the pronunciation /mɑdˈinˈi/.

maidir: found in *maidir le*, "as regards, as for, as far as X is concerned". This phrase was found in the original text, but was removed in line with DBÓC's corrections in favour of *i dtaobh*. Not only did DBÓC not use this phrase, but T. F. O'Rahilly stated ("Miscellanea: Maidir le, mar le", *Ériu*, Vol 9, pp12-13) that "*maidir le* in this sense is found at the present day in Galway and throughout most of Munster. Canon O'Leary, however, does not employ it, for, as he has told me, he very seldom heard the phrase in his native district" and "while Canon O'Leary

Glossary

does not employ *maidir le*, 'as for', he uses the variant *mar le* in closely related senses". He added in the same volume ("Addenda to 'Miscellanea': maidir le", p95) that *i dtaobh* was PUL's normal phrase corresponding to "as for", and that *i gcúrsaí* and *mar gheall ar* were also found. (It's not quite true to say that PUL never used *maidir le*; it is found on p40 of his *Cómhairle Ár Leasa*, the only instance I can identify in his extensive writings.) D. A. Ó Cróinín stated ("Mod.IR. Maidir le, mar le", *Ériu*, Vol 20, pp183-184) that the *seanchaí*, Diarmaid 'ac Coitir, did use the phrase in poetry, although the source was likely to be the periodical *An Claidheamh Soluis*. Ó Cróinín's mother, Eibhlís Ní Iarfhlaithe (1878-1956) told him that in her youth *mar adeire le* ("as you say to") was used by her uncle Tomás Bheití Ó hIarfhlaithe, and this was viewed as the correct version of the phrase. That version of phrase led to reduced forms, *madeir le* (/ma'd'e:r' l'e/, with the accent on the second syllable), *maidir le* (/mad'ir' l'e/) and *mar le*.

maighdean: "maiden, virgin", with *maighdine* in the genitive; pronounced /məid'ən/. *An Mhaighdean*, "the Virgin Mary".

mailíseach: "malicious", pronounced /mɑ'l'i:ʃəx/.

maím, maíomh: "to state, boast", or also "to praise", with *do mhaímh* in the preterite where GCh has *mhaígh*. *Do mhaímh sé seirbheáil orainn*, "he threatened to serve notice on us". *Maíomh* also means "to begrudge, envy": *cé ' mhaífeadh uirthi é?*, "who would begrudge her it?"

mairbhiteach: "languid, torpid"; pronounced /mɑr'iv'it'əx/.

mairbhití: "numbness; dullness"; pronounced /mɑr'iv'it'i:/.

máireach: "morrow". *Lar-na-mháireach*, "on the following day". Often found as *lar na mháireach* or *lá arna mháireach* [*lá* "day", *ar* "after", *n-a* "its", *mháireach* "morrow"]. Note that the *a* of *la* is pronounced short: /lɑrnə vɑ:r'əx/.

maireachtaint: "living", but also "a means of life, livelihood". Pronounced /mə'r'axtint'/.

mairim, maireachtaint: "to live", or *mairim, maireachtáil* in GCh. Pronounced /mɑr'im', mə'r'axtint'/. Note the verbal adjective used in *slí mhartha*, "living, trade, occupation". *Chun martha*, "as a way of life".

máirnéalach: "mariner, sailor", pronounced /mɑ:r'n'e:ləx/.

máirseálaim, máirseáil: "to march, parade".

mairtéal: "mortar, cement", or *moirtéal* in GCh. The spelling *mairtaol* was found in the original, and this was the spelling used by PUL (alongside *martaol*). As a slender *r* followed by a broad *t* would be pronounced broad in the dialect—at least in so far as the description in IWM (§47) obtains—this would indicate /mɑr'te:l/, which was the pronunciation given in CFBB. However, as *Seanachas Amhlaoibh* (p25) has *mairtéil* in the genitive, is seems more likely the pronunciation should be /mɑr't'e:l/ in the nominative.

mairtheanach: "lasting, enduring", or *marthanach* in GCh, which form is used by PUL.

maiseach: "beautiful, elegant", a variant of *maisiúil*, which is also found here. PUL has only *maisiúil*.

Glossary

máistir: "master", with *máistrí* in the plural. Pronounced /mɑːʃtʲirʲ, mɑːʃtʲirʲiː/.
maithiúnachas: "forgiveness, remission of sins", or *maithiúnas* in GCh.
mala: "eyebrow", with *malann* in the genitive, *malainn* in the dative and *mailí* in the plural where GCh has *malaí*. *Tháinig mala throm air*, "his brow darkened", i.e. with sorrow. *Muc ar gach malainn leis*, "with his eyebrows wrinkled", as of someone not best-pleased.
malairt: "alternative". *Ní hiad a malairt iad*, "they are nothing else; that is exactly what they are".
malartach: "changeable, variable, fluctuating".
malartaím, malartú: "to exchange". Compare PUL's *malairtím, malairtiú*.
mall: "slow"; pronounced /maul/. *Luath nú mall*, "at some point".
mallachar: "dullness"; pronounced /məˈlɑxər/. *Mallachar radhairc (ort)*, "dimness of sight".
mallacht: "curse", pronounced /məˈlɑxt/.
mám: "handful", with *mámanna* in the plural.
mammotach: "mammoth", or *mamat* in GCh.
mánla: "gentle, gracious".
maoin: "wealth, property". *Daoine agus maoin*, "men and *matériel*".
maoithe: "tenderness, softness".
maol: "bald", but note meaning (9) in FGB, where *maol* is shown to have an intensifying meaning. *Maol gléigeal ag an sneachta*, "fully covered by the white snow".
maorga: "dignified, imposing".
maorgacht: "majesty, dignity".
maoth-chruth: "soft/tender appearance".
maothán: "soft part, flank"; pronounced /məiˈhɑːn/.
mar dhea: a phrase meaning "as if, supposedly, as it were". Probably derived from *mar bh'ea*. Pronounced /mɑr ˈjaː/.
mar: "like". *Mar seo nú mar siúd*, "one way or another, by hook or by crook".
mara: "if not, unless", or *muna* in GCh. Similarly, *marar* (before a past-tense verb) is found here for *munar*, etc. *Maran* is found here with the present-tense copula before a consonant.
maraím, marú: "to kill". The preterite *mhairbh* given here has a slender *r*, /varʲivʲ/, where GCh has *mharaigh*. The conditional, *do mhaireóidís*, has a slender *r* here too.
maraitheach: "deadly, lethal", or *marfach* in GCh, pronounced /mɑrəhəx/. *Dúil mharaitheach*, "raging, consuming desire".
Maraschino: an Italian cherry liqueur.
marbh: "dead"; pronounced /mɑrəv/. With *marbha*, /mɑˈruː/, in the plural. In *go marbh mílítheach*, *marbh* may mean "dull". *Fuar marbh*, "stone dead". Note the genitive singular masculine *mairbh*, /marʲivʲ/.
marbh: 1. "death". This is rarely found as a noun meaning "death", but is so used in the opening sentence of Ch33. *In am mhairbh na hoíche*, "in the dead of night",

Glossary

where *marbh na hoíche* is a noun meaning "the dead of night". 2. "a dead person". *Dath an mhairbh ort*, "a deathly complexion".

margadh: "deal, bargain; market", pronounced /marəgə/. With *margaidh* in the genitive, /marəgigʹ/. *Margadh na sclábhaíochta*, "the slave market". *Na margaí airgid*, "the silver markets/exchanges", in London,

margaíocht: "act of bargaining"; pronounced /marəˈgiːxt/. *Lucht margaíochta*, "speculators".

marmar: "marble". Pronounced /marəmər/.

maslaím, maslú: "to insult, revile".

máthair: "mother", with *máithreacha* in the plural. Pronounced /maːhirʹ, maːrʹhəxə/.

mathshlua: "large crowd, rabble"; pronounced /ˈmahluə/.

me: disjunctive form of the first-person pronoun, pronounced /mʹe/ (or /mʹi/ through the raising of the vowel in the vicinity of a nasal cononant). Always *mé* in GCh.

meabhair: "mind"; pronounced /mʹaurʹ/. With *meabhrach* in the genitive. *Do mheabhair a chnósach*, "to recollect yourself, come to your senses". Also *do mheabhair a chruinniú. Do bhain sé a mheabhair de*, "it distracted/discombobulated him".

meáchaim, meáchaint: "to weigh", pronounced /mʹaːximʹ, mʹaːxintʹ/; or *meáim, meá* in GCh. PUL also used *meáim*, but DBÓC and other WM natives were insistent on the correctness of *meáchaim*.

méadaím, méadú: "to increase; to magnify or exaggerate". *Go méadaídh Dia thu*, "thank you!"

meadhrán: "dizziness"; pronounced /mʹəiˈraːn/. *Meadhrán* and *meidhreán* were found in the original, being standardised on here as *meadhrán*. *An galar meadhráin*, "staggering/giddiness".

méadú: "increase, augmentation". *Méadú ar rud*, "an addition to something; something likely to increase it".

mealbhóg: "knapsack"; pronounced /mʹaləˈvoːg/.

meallán: "small ball, globule". *Piléir mealláin*, "round shot".

meamram: "parchment, scroll"; pronounced /mʹamərəm/. *Seana-mheamhram*, "an old scroll".

meán-tír: "inland areas, the mainland".

meanmnacht: "courageousness, spirit"; pronounced /mʹanəmnəxt/.

méar: "finger; toe", with *méir* in the dative singular and *méireanna* in the plural where GCh has *méara*. *Méar thosaigh*, "forefinger". *Do mhéar a shíneadh fé dhéin ruda*, "to point to something". *Rud do chur ar an méir fhada*, "to put something on the long finger, on the back-burner, to postpone it, put it off". "Putting something on the long finger" is an Irish expression that has entered Hiberno-English.

mear: "quick". Also "rash, quick-tempered, abrupt". With *mire* in the comparative.

mearaí: "bewilderment, distraction". *Mearaí íntinne*, "mental confusion".

Glossary

méaráil: "fingering, thumbing", or *méarú* in GCh. This word is not given in dictionaries.
mearathalach: "bewildering"; or *mearbhlach* in GCh.
mearathall: "confusion", or *mearbhall*. Pronounced /mʹarəhəl/ in WM Irish. *Ar mearathall*, "confused, dazed". *Mearathall a dhéanamh do dhuine*, "to disturb someone".
measa: "worse". *Is measa liom*, an idiom meaning "I prefer".
meascaim, meascadh: "to mix", with the verbal adjective *meascaithe* where GCh has *measctha*.
meascán: "muddle". *Meascán mearaí*, "bewilderment".
meastachán: "estimate".
meastóir: "valuer, assessor".
meata: "cowardly".
meatacht: "cowardice".
meidhreach: "merry", pronounced /mʹəirʹəx/. With *meidhri* as the comparative. *Meadhrach* is found as the majority form in the original, but the form with the slender *r* is standardised on in this edition, in line with usage in CFBB.
meidhreacht/meidhríocht: "merriment", a word not given in dictionaries. Pronounced /mʹəirʹəxt~mʹəiʹrʹiːxt/.
méirdreach: "harlot, prostitute"; or *meirdreach* in GCh. Although the traditional dative was *méirdrigh*, *méirdreach* is found in the dative here.
meirg: "rust"; pronounced /mʹerʹigʹ/. *Cuireann sé meirg de*, "it grows rusty".
Meitheamh: "June"; pronounced /mʹihəv~mʹehəv/.
meón: "measure". *Thar meón*, "exceedingly". Note: this is the same word as *meán* in *meán oíche*, but the older pronunciation is preferred in the phrase *thar meón*.
mhuise: "well, indeed", usually lenited in WM Irish, but listed as *muise* in FGB.
mí-ádh: "misfortune"; pronounced /mʹiːˈɑː/.
mí-ámharach: "unlucky, unfortunate"; pronounced /mʹiːˈɑːvərəx/.
mí-chéatach: "peevish, peeved, highly indignant".
mí-chlú: "ill-repute".
mí-chosúil: "unlike, dissimilar".
mí-chuíosach: "immoderate, extreme", or *míchuibheasach* in GCh.
mí-chúmpórd: "discomfort", or *míchompord* in GCh. Pronounced /ˈmiːxumʹmˈpoːrd/.
mí-chúmpórdach: "uncomfortable", or *míchompordach* in GCh.
mí-fhoighne: "impatience"; pronounced /mʹiːˈəinʹiʹ/. PUL had *neamh-fhoighne*.
mí-fhoirtiún: "bad luck, misfortune", pronounced /mʹiːorʹtʹuːn/. This would be *mífhortún* in GCh.
mí-fhoirtiúnach: "unfortunate"; pronounced /mʹiːorʹtʹuːnəx/. This would be *mífhortúnach* in GCh.
mí-iompar: "misconduct, misbehaviour"; pronounced /mʹiːˈumpər/.
mí-mhéinn: "ill intent", or *mímhéin* in GCh. Pronounced /mʹiːˈvʹeːŋʹ/.
mí-mhisniúil: "downhearted, discouraged".
mí-mhuinín: "distrust".

Glossary

mí-sheans: "bad luck"; this noun is indeclinable in the genitive. *Bárr mí-sheans le rud,* "the very worst of luck in some regard".
mí-shuaimhneas: "uneasiness, restlessness"; pronounced /m'i:'huən'əs/.
mí-shuaimhneasach: "uneasy, restless"; pronounced /m'i:'huən'əsəx/.
mí-thaithneamh: "dislike, aversion", or *míthaitneamh* in GCh. Pronounced /m'i:'haŋ'həv/.
mí-thaithneamhach: "displeasing", or *míthaitneamhach* in GCh. Pronounced /m'i:'haŋ'həvəx/.
miam: "breath, puff". *Gan miam,* "lifeless".
mian: "desire, wish". *Mianta mallaithe,* "depraved desires".
mianach: "mine, ore".
Miléiseach: "Milesian", the ancient race that, according to legends in Lebor Gabála Érenn, the Irish descend from. PSD has *Mileasach*. De Bhaldraithe suggests *duine de chlann Mhíle*.
mílí: "sickly pallor".
mílítheach: "pale, sickly in appearance".
milleán: "blame"; pronounced /m'i'l'a:n/.
milleánach; "blaming, fault-finding". *Bheith milleánach ort féin,* "to blame yourself".
milleón: "million"; or *milliún* in GCh.
milltheach: "destructive, pernicious, baleful". This can be pronounced both /m'i:l'həx/ and /m'e:l'həx/ according to NIWU (p79).
mín-dubh: "plain black". See PSD under *mín-* where some compounds are given where *mín-* means "plain".
mineál: "neck", or *muineál* in GCh. CFBB shows this word has a slender *m* (p272).
minic: "often", with *minicí* in the comparative where GCh has *minice*.
míniú: "explanation". *Rud a thabhairt fé mhíniú do dhuine,* "to explain something to someone".
míogarnach: "dozing off", with *ag míogarnaigh* in the dative.
mion-choíll: "grove".
mion-chúrsaí: "minor details".
mion-éan: "little bird". Used here in the genitive plural.
mion-shráid: "narrow street".
mion-tuairiscí: "minutes (of an agenda)". Also *mion-tuairiscí gnótha.*
mionn: "oath".
míorúilth: "miracle".
míorúiltheach: "miraculous", pronounced /m'i:'ru:l'həx~m'i:'ru:l'əx/.
mioscais: "malice, ill-will".
mioscaiseach; "malicious".
miotalach: "metallic; wiry (of a man)". *Sgéal mo Bheatha* has *mitealach,* but the form found here is retained as both variants are attested, and CFBB (p96) has the broad *t.*
mire: "frenzy". *Ar mire,* "mad, in a frenzy", but translating "on wires with excitement" in Ch30.
misneach: "courage, vigour", pronounced /m'iʃn'ax/.

Glossary

misniúil: "spirited".
miste: "all the worse". This is a 'second comparative' form, similar to *feárrde, usaide, déinide,* meaning "all the more X for it". *Ní miste dhuit,* "you may as well". *Níor mhiste leó é,* "they were not averse to doing it".
miúil: "mule", with *miúileanna* in the plural.
mo: "my", but sometimes found lenited, as in *ar mh'eólas,* "to my knowledge", here.
moch: "early"; pronounced /mux/. With *moiche* in the comparative, /mihi/.
mochóirí: "getting up early". *Le mochóirí na maidine,* "in the morning light". CFBB shows DBÓC had *mochóirí,* AÓL *mochóidí.* Pronounced /mu'xo:r′i:~mu'xo:d′i:/.
mochóiríoch: "given to getting up early", with *mochóirí* as the comparative.
modartha: "murky, cloudy".
modhail: "mild", or *modhúil* in GCh. Pronounced /moul′/.
moiche: "earliness". Pronounced /mihi/.
móid: "vow".
móide: "all the greater". This is a 'second comparative' form, similar to *déinide, usaide, miste,* meaning "all the more X for it". The syntax is generally *is móide é san,* "it is the greater for that".
moillím, moilliú: "to delay".
móinéar: "meadow". The pronunciation is generally /mu:'n′iar/, but was given in LASID as /mi:'n′iar/. The plural here is *móinéaracha* where GCh has *móinéir.*
moing: "mossy fen", with *mongacha* in the plural where GCh has *moingeanna.* Pronounced /mi:ŋg′, muŋəxə/.
mór le rá: "important, significant". A noun based on this is found here: *méid le rá,* "importance, significance".
mór-dháiríribh: "in great earnestness", as of a really serious look.
mór-rí: "monarch", or *monarc* in GCh.
mór: "large", pronounced /muər/. *Go mór mór,* "especially". *Ró- mhór ionat féin,* "full of yourself, pompous, thinking yourself very grand". *Is mór agam é,* "I value it", and so *is mó agam é,* "I rate it more highly". *Ní mór ná go,* "almost". *Nách mór,* "almost".
móráil: "pride, delight; vanity", pronounced /muə'ra:l′/. *Bhí an mhóráil bainte dhe,* "the wind was knocked out of his sails".
mórálach: "boastful, delighted, puffed up"; pronounced /muə'ra:ləx/.
mórchlú: "renown", used in the genitive to mean "of great renown". Pronounced /muər'xlu:/.
mórchuid: "a great amount"; pronounced /'muərxud′/.
mórchúiseach: "self-important, pompous"; pronounced /muər'xu:ʃəx/.
morgáiste: "mortgage".
mórmhaoin: "great property, great wealth".
mórmhisneach: "great courage"; pronounced /'muərv′iʃn′ax/. The genitive, *mórmhisnigh,* has adjectival force here, "very valiant".
mórsheisear: "seven people", pronounced /'muəriʃər/.
mórshuím: "great interest"; pronounced /muər'hi:m′/.
mórtas: "pride, boast"; compare PUL's *mórtais.*

Glossary

mórthír: "continental landmass". *An mhórthír thiar*, "the New World, the American continent".
mothall: "mop (of hair)".
mothaolaíocht: "lack of sophistication".
mothú: "feeling, sensation".
muga: "mug" (to drink out of).
muin: "the upper back; the shoulders and neck". *Ar muin capaill*, "on horseback". (Note: this is not *ar mhuin*.) *Cloch ar muin cloiche*, "a stone on top of another stone".
múineadh: "teaching", but also "good manners".
muinichle: "sleeve", or *muinchille* in GCh. Pronounced /min'irhl'i/.
muínteartha: "friendly, familiar", pronounced /mi:ntərhə/.
muir: "sea", with *mara* in the genitive.
muiríon: "encumbrance" and thus "family", or *muirín* in GCh. With *muiríonacha* in the plural. Note this is feminine. *Mórán muiríne*, "a large family".
múisiún: "sickness, nausea", or *múisiam* in GCh. This is adjusted from *múisiúm* in the original text, assumed to be the result of an intervention by An Gúm.
mullach: "summit, ridge; top of the head", pronounced /mə'lɑx/. *Ar mhullach a chínn*, "headfirst".
múnla: "mould, moulding".
murdal: "murder"; or *murdar* in GCh.
muscaed: "musket".
múscán: "sponge".
músclaim, múscailt: "to stir, arouse", or *músclaím, múscailt* in GCh. The preterite is attested here as *mhúscail*; PUL had *mhúiscil*, with the verbal noun *múiscilt*. Pronounced /mu:skəlim', mu:skihl'/.
mustrach: "ostentatious". Pronounced /mustərəx/.
ná raibh maith aige: "no thanks to him, despite his opposition". This is adjusted from *nára maith aige* in Ch14. Both spellings yield the same pronunciation, once *raibh* is reduced to /rə/, and it seems this was just a mistaken transcription in the original text.
ná: "nor". *An bhfuil san cóir ná ceart ná cothromúil?* shows that *ná* is used where the general sense is negative although the verb is not negative. *Bhí a laíghead san de mhaíomh ná de bhladhmann, de lagachar ná de stad 'na chainnt* also has *ná* where the general sense is negative. *Ní hé ná go bhfuil ...*, "it is not that there isn't (it is not but that there isn't)", i.e. "there is".
nách: the negative subordinating or relative particle, or *nach* in GCh. Pronounced /nɑ:x/.
náireach: "shameful", but also "bashful, modest", as of a young girl reluctant to be kissed.
namhaid: "enemy"; pronounced /naud'/. With *namhaid* in the plural too and *namhad* in the genitive.
naoi: "nine"; pronounced /ne:/.
naoidéag: "nineteen"; pronounced /'ne:d'iag/.

Glossary

naoscach: "snipe (a type of bird)".
nead: "nest", with *neadacha* in the plural; pronounced /nʹad, nʹiʹdʹaxə/.
neafais: "trivialness, insignificance".
neafaiseach: "trivial"; pronounced /nʹafiʃəx/.
neafaisí: "trivialness, insignificance"; pronounced /nʹafiʹʃiː/. *Dá neafaisí é,* "however small and insignificant".
néal: "a wink of sleep". *Néal a thitim ar do shúil,* "to fall asleep".
neamaitheach: "unforgiving, unyielding". This word is glossed in FGB as "disobliging, useless", but CFBB states that it means "stiff, unbending, insisting on your own way". See PSD, where this word is glossed as "self-confident". *Bhí sé chómh neamaitheach, chómh dáiríribh chun gnótha an chumainn a dhéanamh,* "he was so bullheaded and serious about doing the society's business". *Féachaint neamaitheach,* "a stern look". Pronounced /ˈnʹaməˈhɑx/.
neamh-aireachas: "carelessness"; pronounced /ˈnʹaviʹrʹaxəs/.
neamh-áiseach: "inconvenient".
neamh-anaithiúil: "unperturbed"; pronounced /ˈnʹavanəˈhuːlʹ/.
neamh-cheadmhach: "impermissible, not permitted". Pronounced /nʹaˈxʹadəvəx/.
neamh-cheart: "incorrect"; pronounced /nʹaxʹart/.
neamh-chéasta: "unvexed". Pronounced /nʹaˈxiastə/.
neamh-chionntach: "innocent", or *neamhchiontach* in GCh. Pronounced /nʹaxʹuːntəx/.
neamh-choitianta: "unusual, extraordinary"; pronounced /ˈnʹaxoˈtʹiəntə/.
neamh-chorraithe: "state of being undisturbed, unruffled". This is a noun in Ch35 here, and not an adjective.
neamh-chúramach: "absent-minded".
neamh-eaglach: "unafraid, fearless"; pronounced /nʹaˈvagələx/.
neamh-fhoighneach: "impatient"; pronounced /nʹaˈvəiŋʹəx/.
neamh-fhonnmhar: "reluctant, disinclined"; this is used here in *gnó neamh-fhonnmhar* in the sense of "work that you would be disinclined to do". Pronounced /nʹaˈvunəvər/.
neamh-ghéilliúil: "unsubmissive, unyielding". Pronounced /ˈnʹajeːˈlʹuːlʹ/.
neamh-ghnáth: "a state of being out of the ordinary"; pronounced /nʹaˈɣnɑːh/. The genitive is used as an attributive adjective here as *neamh-ghnáith* (adjusted from *neamh-ghnáth* in the original text).
neamh-ghnáthach: "unusual, extraordinary"; pronounced /nʹaˈɣnɑːhəx/. GCh has *neamhghnách*.
neamh-iúntach: "nonchalant, unconcerned, cool; bland"; pronounced /nʹaˈvuːntəx/.
neamh-shuaimhneas: "disquiet, uneasiness"; pronounced /nʹaˈhuənʹəs/. This is also found here in the extended meaning of "uncertainty in life".
neamh-shuaimhneasach: "uneasy"; pronounced /nʹaˈhuənʹəsəx/. FGB has *neamhshuaimhneach*, defined as "unquiet".
neamh-shuím: "indifference". Pronounced /nʹaˈhiːmʹ/.
neamh-shuimiúil: "indifferent"; pronounced /ˈnʹahiˈmʹuːlʹ/.
neamh-spéis: "lack of interest, indifference".

Glossary

neamh-thrócaireach: "merciless".
neamh-thuairimeach: "of casual design, unpretentious"; pronounced /nʹaˈhuərʹimʹəx/.
neamh-thuairimí: "casualness, carefree quality". This word is not specifically listed in dictionaries, but is regularly derived from the cognate adjective. Pronounced /nʹaˈhuərʹimʹiː/.
neamh-thuirseach: "tireless"; pronounced /ˈnʹahirʹʃax/.
neamhní: "nothing", pronounced /nʹavˈnʹi/.
neartaím, neartú: "to strengthen; to become strong".
neómat: "minute, moment", with *neómataí* in the plural; *nóiméad* in GCh. The various words for "minute" in Irish are all corruptions of the original *móimeint*. *Fé cheann roinnt neómat* in Ch14 is amended here to *fé cheann roinnt neómataí*. *Ar neómat arís*, "the next minute". *Ar neómat na baise*, "in a trice". *Ón uair go dtí an neómat*, "from one minute to the next".
ní: "not". This is used here in the preterite with the verbs *tabhairt* and *teacht* (*ní thug, ní tháinig*).
ní: "thing". *Ní haon ní é sin sa scéal*, "that is neither here nor there".
niamhaireach "bright, resplendent", or *niamhrach* in GCh.
niamhaireacht: "brightness, resplendence", or *niamhracht* in GCh.
nimh: "poison", with *nímhe* in the genitive. Pronounced /nʹivʹ, niːʹ/. *Le fuinneamh nímhe*, "with ferocious energy". *Géire nímhe*, "a sharp/fierce edge" (to the wind).
nímhneach: "venomous, vicious"; pronounced /nʹiːnʹəx/. *Namhaid nímhneach*, "fierce enemy".
nóta: "note", probably used here in the sense of a promissory note or certificate of deposit.
nú: "or", or *nó* in GCh, pronounced /nuː/.
nua-aimsire: "modern", or *nua-aimseartha* in GCh. Pronounced /noːˈaimʃirʹi/. This is effectively a genitive (of *nua-aimsir*), used in adjectival context. *Nua-aimsir* was stated by DBÓC, ("Aodh de Róiste", *An Músgraigheach*, Uimhir 3, p16) as a word he didn't use in his Irish.
nua-bhainte: "newly mown"; pronounced /ˈnoːˌvintʹi/.
nua-churtha: "newly planted". Pronounced /ˈnoːˌxurhə/.
nua: "new", pronounced /noː/.
nuacht: "news, piece of news"; pronounced /noːxt/. *Páipéar nuachta*, "newspaper".
nuair is go/ná: "seeing as, since".
núdráltha: "neutral", or *neodrach* in GCh. Pronounced /ˈnuːdəˌrɑːlhə/.
nuid: found in *féna nuid aige*, "kept right in front of him" (as of hands folded resting on his body). This was stated by DBÓC ("Aodh de Róiste", *An Músgraigheach*, Uimhir 3, p16) as a word he didn't use in his Irish, although it is found in CFBB (p168).
ó bhárr: "out of, from". *Tuirseach ó bhárr aireachais*, "tired from intense attention".
ó chiainibh: "just now", or *ó chianaibh* in GCh; pronounced /oːˈxʹiənʹivʹ/.

Glossary

ó: "from, since". *Ó nár oir a gcuideachta dho*, "since he didn't seek their company". *Uaidh suas*, "up from him". Note s-prefixation with *gach* in *ós gach aon treó baíll*, "from every direction".
obair: "work". The plural *oibreacha* is found here in the meaning of "defensive works, fortifications". Pronounced /obir′, eb′ir′əxə/.
obann: "sudden", or *tobann* in GCh.
ócáid: "occasion, event".
ocrach: "hungry"; pronounced /okərəx/.
ocras: "hunger"; pronounced /okərəs/.
odhraithe: "discoloured, dun", and thus "tanned"; pronounced /ourihi/.
ofrálaim, ofráil: "to offer"; pronounced /ofə′rɑ:lim′, ofə′rɑ:l′/.
oibrím, oibriú: "to put to work, operate", but used simply to mean "to work" in Ch9 here. Pronounced /eb′i′r′i:m′, eb′i′r′u:/. CFBB (p270) indicates that *ag oibriú* is generally /ig′ eb′i′r′u:/, although /əg ob′i′r′u:/ was also found. *Oibrigh leat!* "get to work!"
oide: "tutor", referring here to a schoolmaster. Pronounced /id′i/.
oidhre: "heir", pronounced /əir′i/.
oidhreacht: "inheritance", pronounced /əir′əxt/.
oifig: "office"; pronounced /ofig′/. This word is used both in the sense of an office clerical work is done in and in the sense of "saying the office", i.e. reciting the morning and evening prayers.
oifigeach: "officer"; PUL had *oificeach*. Pronounced /of ik′əx~of ig′əx/.
óig-bhean: "young woman".
óig-fhear: "young man". Note that the GCh spelling *ógfhear* poorly indicates the slender quality of the *g*. Pronounced /o:g′ar/.
oiread: "amount", pronounced /ir′əd/. *Oiread agus*, "as much as ..." *An oiread céanna* is found both here and in *Sgéal mo Bheatha*; compare PUL's *an oiread chéanna*. *A chúig n-oiread*, "five times as much as them", where n-prefixation shows it is referring back to a plural antecedent. *Ach 'n oiread*, "either, neither".
oirim, oiriúnt: "to suit, fit"; pronounced /ir′im′, i′r′u:nt′/. Impersonally, *oireann dom*, "I would like to".
oiriúnach: "suitable, fitting". *Oiriúnach ar*, "fit for (something)". *Oiriúnach do*, "suitable for".
oiriúnaím, oiriúnú: "to suit, fit". This verb is not followed by *do* in Muskerry: *oiriúnaíonn sé thu* is preferred here to *oiriúnaíonn sé dhuit*. This verb loses its first syllable in Muskerry, i.e. /r′u:′ni:m′, r′u:′nu:/.
oirthear: "eastern part"; pronounced /ir′hər/.
óispidéal: "hospital", or *ospidéal* in GCh. Pronounced /o:sp′id′e:l/.
ola: "oil". *Ola ' chur ar dhuine*, "to anoint the sick", including in reference to the Last Rites.
ólachán: "drinking". *Seómra ólacháin*, "taproom".
olann: "wool", with *olainn* in the dative.

Glossary

olc: "bad, evil" as a noun, with *uilc* in the plural. *Is olc uait é*, "it's a bad show on your part". *Oiread san uilc orthu*, "they were sufficiently incensed (that)". *I bhfad uainn an t-olc*, a pious saying on referring to an evil.

olc: "evil" as an adjective, with *uilc* in the masculine genitive singular.

oll-fhothram: "great noise"; pronounced /ol'ohərəm/.

olla-mhaitheas: "wealth, luxury", with *olla-mhaithis* in the genitive where GCh has *ollmhaitheasa*. Pronounced /olə'vɑhəs/.

ollamh: "prepared", or *ullamh* in GCh.

ollmhaím, ollmhú: "to prepare", or *ullmhaím, ullmhú* in GCh. Pronounced /o'li:m', o'lu:/.

ollmhúchán: "preparation"; pronounced /o'lu:xɑ:n/.

ómós: "homage, respect". Compare PUL's *fomós*.

ómósach: "reverential, respectful". Compare PUL's *fomósach*.

Oráisteach: "Orangeman". Also *Oráisteach Buí*.

órd: "order", with *úird* in the genitive. *Órd Adolphuis*, "the Order of Adolphus", a decoration presented by the Luxembourgeois royal family.

órd: "sledgehammer", with *úird* in the plural.

órdanás: "ordnance".

órdóg: "thumb".

órdú: "order", with *órdaithe* in the plural. The GCh pretence that there is a difference between *órdaithe* and *órduithe* is not accepted here: both are valid spellings of the genitive singular and nominative plural of this word.

órga: "golden, gilt". The original text had *órtha* in chapters 5 and 12, where "gilt" stands in the English original, but the WM pronounciation is rather /o:rgə/.

órlach: "inch".

os cionn: "above". Pronounced /ɑʃ 'k'u:n/.

oscall: "armpit", or *ascaill* in GCh. *Ascaill* and *oscallaibh* are both found in the original text, but *osc-* is standardised on here. *Póca oscaille*, "breast pocket".

osna: "sigh". This is both masculine and feminine here.

ósta: "lodging". *Tigh ósta*, "inn, hotel", pronounced /t'i 'o:stə/; equivalent to *óstán* or *óstlann* in GCh.

oth: found in the phrase *is oth liom*, "I regret".

othar: "patient, invalid".

otharlann: "infirmary", with *otharlainn* in the dative. *Otharlann airm*, "military hospital".

othras: "sore, ulcer"; pronounced /ohərəs/. With *othrasaí* in the plural where GCh has *othrais*.

paca: "a pack" (of people).

padhal: a literary word for "horse", literally "palfrey"; *peall* in GCh. Pronounced /pəil/. *Púca padhail*, "toadstall, inedible egg-shaped fungus".

págánach: "a pagan".

paidir: "prayer", with *paidreacha* in the plural, pronounced /pɑd'ir', pɑd'ir'əxə/.

paidreóireacht: "saying prayers", with an implication of praying incessantly. Pronounced /pɑd'i'r'o:r'əxt/.

Glossary

paidrín: generally "rosary", but this translates "prayerbook" in Ch19. Pronounced /pɑdʼiʼrʼiːnʼ/.
páipéar: "paper" (often "newspaper"); pronounced /pɑːˈpʼeːr/. *Páipéar mór oifigiúil* translates "a sheet of foolscap" in Ch17.
páirteach: "involved; party to a crime".
páirtí: "partner (in business)".
paisiúnta: "passionate, hot-tempered", or *paiseanta* in GCh.
pána: "pane of glass".
Pápa (An Pápa): "the Pope".
pár: "parchment".
paráid: "parade". *Ar paráid*, "on parade".
párlús: "parlour, living room".
paróiste: "parish", pronounced /proːʃtʼi/. This word is feminine here, but masculine in GCh. *Sagart paróiste*, "parish priest".
paróisteánach: "parishioner"; pronounced /proːʃtʼɑːnəx/.
pas: "a bit".
pas: "pass or ticket", for a boat-trip. This cannot refer to a passport, as in the 19th century there were no passports, or at least none in general use.
pasáiste: "passage, passage way".
peacach: "sinner", pronounced /pʼəˈkɑx/.
peann luadha: "pencil"; pronounced /pʼaunˈluə/. Compare PUL's *pinsil*.
peannaid: "penance; pain, torment".
péarlach: "pearly"; pronounced /pʼeːrləx/.
peictiúir: "picture", adjusted from *pictiúir* in the original text. GCh has *pictiúir*.
peiribhic: "wig", or *peiriúic* in GCh. This is adjusted from *peiribhig* in the original text in line with the form found in AÓL's Irish.
peocu: "whether", from *pé acu*, or *péʼcu*. Pronounced /pʼukə/. Often followed by a relative clause. Gerald O'Nolan explained in his *Studies in Modern Irish Part 1* the difference between *ceocu* and *peocu* (see p76). *Ceocu* is used with substantival clauses (*ní fheadar ceocu ꞌ thiocfaidh sé nú ná tiocfaidh*), whereas *peocu* is used with adverbial clauses (*peocu ꞌ thiocfaidh sé nú ná tiocfaidh, fanfad-sa*). *Ceocu ꞌ thiocfaidh sé nú ná tiocfaidh* may be replaced by *é sin* (*ní fheadar é sin*); *peocu ꞌ thiocfaidh sé nú ná tiocfaidh* may not.
piara: "peer". *Tigh na bPiarai*, "the (British) House of Lords, the House of Peers".
picití: "pickets, a line of pickets", or *picéid* (the plural of *picéad*) in GCh.
piléar: "bullet", pronounced /plʼeːr/. *Piléar báis* translates "shot dead" here.
píléir: "policeman", or *pílear* in GCh.
pinse/píns: "pinch", of snuff. Both variants are found here; GCh has *pinse*.
pínsín: "fencing", or *pionsa* in GCh.
pioc: literally "a bit, a jot" has come to mean "nothing". Pronounced /pʼuk/. *Pioc ar domhan*, "nothing at all". *Níl pioc ach*, "there is nothing but".
piocaim, piocadh: "to pick". *Piocaithe glan*, "picked clean". The GCh verbal adjective is *pioctha*.
piocóid: "pick-axe".

504

Glossary

piostal: "pistol".
piseóg: "charm, spell, superstition".
piseógach: "superstitious".
piúnt: "pint", or *pionta* in GCh. With *pínt* in the genitive.
pláig: "plague, pestilence", or *plá* in GCh. PSD has *pláigh*, but the *g* is restored (or delenited) in WM Irish, possibly under English influence.
plaosc: "skull", or *blaosc* in GCh.
pléasc: "bang", pronounced /pl'iask/. *Pléasc a bhualadh ar rud*, "to get a shot/crack at something".
pléascadh: "explosion".
pléascaim, pléascadh: "to burst". *Pléascadh ar gháirí*, "to burst into laughter". With the verbal adjective *pléascaithe* where GCh has *pléasctha*.
pléascán: "explosive shell". *Pléascán deataigh*, "shell fougasse".
pléata: "pleat, fold"; pronounced /ple:tə/.
pléim, plé: "to deal with" (with *le*).
pléireacht: "cavorting, disporting oneself".
pléisiúrtha: "pleasant, cheerful, agreeable".
pluais: "den, cave".
pluda: "thick mud".
poiblí: "public". Pronounced /pob'i'l'i:/.
póirse: "passage, passage-way, corridor".
póirsín: used here of a "partition of an office table".
polaitíocht: "politics".
poll: "hole"; pronounced /poul/. With *puíll* in the plural. *Poll solais*, "porthole" of a ship, in which meaning GCh has *sliospholl*.
polla: "pillar". *Polla lampa*, "lamp-post".
pollaim, polladh: "to pierce, bore". With the verbal adjective *polltha*.
Pópach: someone with the surname "Pope".
port: "landing place, port, bank; fortified place, stronghold, military battery", with *puirt* in the genitive and in the plural.
port: "tune; something you harp on about". *An port a dh'athrú*, "to change the subject".
portach: "bog"; pronounced /pər'tax/. *An portach a thriomú*, "to drain the bog".
portán: "bank". This is listed in FGB only in the meaning of "crab". *Portáin chré*, "earthworks".
portús: "prayer book, breviary". *Dar an bportús*, "by the book!" *Do phortús a lé'*, "to say the daily office".
post: "post; post office", with *puist* in the genitive. *Oifig puist*, "post office", also found as *oifig an phuist*. *Málaí puist*, "mail bags".
prapa: "ledge, parapet", or *frapa* in GCh.
prás: "brass". *Mianaigh phráis* is used in Ch8 for "copper mines" (with lenition on *práis* added in this edition). Brass is properly an alloy of copper and zinc and thus not directly mined, but *prás* is often used to refer to copper instead of the less common word *copar*.

Glossary

preab: "start, bound", with *preibe* in the genitive and *preib* in the dative. *De phreib*, "suddenly". *Do bhain an phreab an mothú as* in Ch17 corresponds to "the shock has killed his nervous system" in the English original.

préachán: "crow"; pronounced /prʲiːˈxɑːn/.

préamh: "root", or *fréamh* in GCh. Also means "stock, race". Pronounced /prʲiav/.

préamhaím, préamhú: "to strike root, take root; to root (something somewhere)", or *fréamhaím, fréamhú* in GCh. Pronounced /prʲiaˈviːmʲ, prʲiaˈvuː/.

prínseabáltha: "high-principled", or *prionsabálta* in GCh. Also "scrupulous", of the paying of rent.

príntíseach: "apprentice".

príomh-shráid: "main street".

priúnsa: "prince", or *prionsa* in GCh. *An Priúnsa Coímhdeachta*, "the Prince Consort".

pú: an interjection expressing contempt.

púca: "hobgoblin, sprite".

púca: "pouch". *Púca padhail*, "toadstall, inedible egg-shaped fungus".

púdar: "powder", including gunpowder and hairpowder. The plural, *púdair*, is used here for "ammunition". GCh has *armlón* and *lón lámhaigh* in this meaning.

puínn: "point, particle", or "not much" in negative constructions; pronounced /piːnʲ/.

puins: "punch", the alcoholic drink. This word is indeclinable, and pronounced /punʃ/.

púnt: "pound (sterling)".

puth: "puff, whiff". This is masculine here, but feminine in GCh.

rá: "utterance", with *ráite* in the plural.

rabairneach: "extravagant, luxurious".

rabhadh: "warning"; pronounced /rou/.

racht: "a fit, an outburst". *Racht gáire do chur asat*, "to burst out laughing". *Racht a theacht ort*, "to become worked up".

radharc: "view, sight", pronounced /rəirk/. With *radharcanna* in the plural where GCh has *radhairc*.

ráfla: "rumour", pronounced /rɑːfələ/.

ragairne: "revelling, carousing". Compare PUL's *ragarnáil*.

raideadh: "volley", of shots.

raidim, raideadh: "to bestow, shower, pelt", or *radaim, radadh* in GCh.

ráil: "railing", with *rálach* in the genitive and *rálacha* in the plural. GCh has *ráille*. PUL has *ráileanna* in the plural.

ráiníonn: "to reach". This is a defective verb used impersonally with *do* to mean "to happen to be". The preterite is properly *ráinig* and not the *ráinigh* found in GCh. *Do ráinig sé greannúr go maith*, "it happened in a rather funny way". *Do ráineódh go mbeadh na daoine seascair 'na dtithibh*, "the people might be snug in their houses". Note that this verb is not used with the perfective particle *ro* here: we read *go ráinig* and not *gur ráinig*. There is no difference in pronunciation indicated, and it was traditionally correct not to use *ro* with this verb.

Glossary

ráiteas: "statement".
ráithe: "a season, three months"; pronounced /rɑːhə/.
rámh: "oar". *Maide rámha,* "oar". Pronounced rɑːv/, with /rɑː/ in the genitive.
rampar: "rampart"; pronounced /raumpər/.
rang: "row"; pronounced /rauŋg/.
rath: "good luck, bounty". *Gan rath air,* "damn it! confound it!"
ré-bhéasach: "of easy morals".
ré-nósach: "of easy manners".
ré: "quietness, calmness", or *réidhe* in GCh.
réabadóir: "destroyer, wrecker", a work not given in dictionaries.
réabaim, réabadh: "to tear, rip up, rend". Pronounced /reːbimʹ, reːbə/.
readúit: "redout"; this could be pronounced /reːˈduːtʹ/. GCh has *dúnchla* in this meaning.
reiceadóir: "auctioneer, seller", or *reacaire* in GCh.
réidh: "quiet, calm; plain; smooth, even", pronounced /reːgʹ/. Also found here as "easy". The comparative *réidhe* and plural are edited here as *ré,* /reː/.
reilig: "graveyard".
réiltheanach: "starry, starlit", or *réaltach* in GCh.
réilthín: "star", or *réalta* in GCh. The WM form is fundamentally a diminutive, but has replaced the earlier form. *Réilthín an eireabaill* in Ch16 corresponds to "tail of light" in the English original, but appears to be a form of *réalta an eireabaill,* "comet", given in FGB.
réim: "course, career". *'Na réim tínti,* "in its fiery course".
réir: "service, treatment". *Dá réir/dá réir sin,* "accordingly".
rentes: a French word meaning "income" that also refers to "stocks, bonds".
reóite: "congealed". *Fuil reóite,* "dried blood".
rí-rá: "hubbub, uproar, confusion".
rí: "forearm; wrist", with *rítheacha* in the plural. GCh has *bunrí* where it means "wrist".
riail: "rule", with *rialacha* in the plural.
rialaim/rialaím, rialadh/rialú: "to govern, rule". *Rialú* is found here, as it is in GCh, but with *rialtha* (and not *rialaithe*) as the verbal adjective. PUL often had *rialú* as the verbal noun, but finite forms were found in the first conjugation (*do riail sé*).
rialtas: "government". This word, belonging to the modern vocabulary, has /lt/ and not /lh/, although the cognate *rialthóir* has /lh/.
rialtha: "regular". *Bean rialtha,* "nun".
rialthóir: "ruler, governor".
rialú: "governance".
riamh: "ever, never". *Pioc riamh,* "not one bit".
rian: "mark, stain". *Rian méire,* "fingerprint".
riaraím, riarú: "to manage, administer".
riasc: "marsh, bogland".

Glossary

ribín: "ribbon". *Leabhar an ribín a thógaint,* "to take the Ribbon oath". *Cumann an Ribín,* "the secret society of the Ribbonmen".

rífle: "rifle", or *raidhfil* in GCh. This is not the Irish form of the word, but could be pronounced /ri:fʹilʹi/.

ríghin: "slow"; pronounced /ri:nʹ/.

ríleadh ruaille: "reeling, staggering". This reduplicative verbal noun is not specifically attested in dictionaries, but there are a large number of similar forms in this lexical area. See *ríleáil, roithleadh, rothlú* and *ruaille buaille* in FGB. DBÓC's *Sgéal mo Bheatha* has *dʹimigh sé ʹruílle rúaille an bóthar soir* (p20), edited in Coiste Litríochta Mhúscraí's 2008 edition, *Scéal mo Bheatha,* as *dʹimigh sé ʹríleadh ruaille an bóthar soir* (p14).

rilleadh: "flood, torrent", especially in *rilleadh cainnte,* "a flood or torrent of words, a flood of speech".

rilleán: "course sieve, riddle". *Luch a bheith ʹna rilleán ag piléaraibh,* "for a mouse to be riddled by bullets". The original text had *roithleán,* which is a different word meaning "wheel, whirl" and so is not accepted for "sieve" in this edition.

ríncim, rínce: "to dance". Referring both to the form of entertainment and to "dancing" of eyes when dazed.

ringear: "crowbar". *Muíntir na ringear,* "the crowbar brigade", who helped to destroy the cabins of evicted tenants.

rínn: "point, tip". *Ó sháil rínn,* "from head to toe" (literally "from heel to tip").

riocht: "guise". *Duine ʹghlacadh i riocht duine eile,* "to mistake someone for someone else".

rith síos: "to run someone down".

rith: "running", with *reatha* in the genitive. *Costas reatha,* "running cost, current expense". *Rith cínn le fánaidh,* "a headlong rush".

rithim, rith: "to run", in various senses (including how a trench should "run" or be laid out). Impersonally, *tá ag rith leis,* "he's succeeding". *Cainnt a rith chút,* "to warm to your theme". *Sin mar a ritheann sé,* "that's how it goes", of text or of a line of thought or argument. *Ritheann an t-uisce,* "the water runs off (into a drain)". *Rith le tʹanam,* "to run for your life".

robáil: "robbery".

roidín: "little thing", or *ruidín* in GCh. This is pronounced /roʹdʹi:nʹ/. Also adverbially, "to a certain extent".

roim ré: "in advance, beforehand". Pronounced /rimʹ rʹe:/.

roim: "before", or *roimh* in GCh, pronounced /rimʹ/. *Rud a bheith ann rómhat,* "for something to be waiting for you for when you get there". Note *roimena* with the third-person possessive.

roinnim, roinnt: "to share, divide". Pronounced /reŋʹimʹ, rəintʹ/. The verbal adjective here is *roinnte*; PUL had *rannta.*

roinnt: "a share; some". Pronounced /rəintʹ/ in WM Irish. Note that this usually lenites in the Irish of DBÓC And AÓL (*roinnt bhlianta*), a usage not found in PUL's works. *Roinnt chómharsan, roinnt fhear* and *roinnt sheachtainí* are standardised on here. *Roinnt fola, roinnt sóinseála, roinnt súncanna* and *roinnt*

Glossary

troithe are left as found. as *d*, *j*, *s* and *t* aren't always lenited in this way. The plural, *rannta*, /rauntə/, is also found here as "divisions" (in the military sense). GCh has *rannán* for "military division".

Róisteach: someone with the surname *de Róiste*.
rómhraim, rómhar: "to dig", or *rómhraím, rómhar* in GCh. Pronounced /roːrimʹ, roːr/.
ropaim, ropadh: "to stab, thrust".
rosc: "rhapsodical chant". *Rosc cainnte*, "a flood of speech".
rosta: "wrist".
roth: "wheel", with *rothaí* in the plural where PUL had both *rothanna* and *rothaí*.
rua-dhearg: "dark red"; pronounced /ˈruə-ˈjarəg/.
rua-dhóite: "scorched".
ruag: "chase, flight; attack, assault". *Ruag* and not *ruaig* is standardised on here (in the nominative) in line with a correction DBÓC made to the printed work. *De ruaig*, "by an attack/assault". *Ruag iúnsaithe*, "storming (of a position)". *'Na ruaig reatha*, "helter-skelter". Note that *ruag* is masculine in the nominative.
ruaigim, ruagadh: "to drive out", with *ruagtha* as the verbal adjective, pronounced /ruəkə/; *ruaigthe* and *ruagartha* are also found. PUL had *ruagaim, ruagadh*.
ruamtha: "discoloured, bloodshot". This would be *ruaimnithe* in GCh, and the finite verb is found as *ruaimním, ruaimniú*, "to go red, go bloodshot", in PUL's works. *Ruamadh* is the verbal noun generally found in Muskerry.
rúán: literally "a red thing". In other forms of Irish, *rúán alla* means "sparrowhawk", but this means "spider" in WM Irish. GCh has *damhán alla* in this meaning. *Alla* has been understood (e.g. in PSD) as a variant of *allta*, "wild".
rudaire: "knight"; pronounced /rodirʹiʹ/. The original text had *ridire*, which is the GCh form.
rudaireacht: "knighthood, chivalry", or *ridireacht* in GCh (which form stood in the original here). *Órd rudaireachta*, "an order of knighthood".
rúid: "sprint, spurt", but used here to mean "sortie". *De rúid*, "with a rush".
rúideadh: "a strong thrust" (see PSD), referring here to the thud of a volley of shot on the bank of trenches.
Rúiseánach/Rúiseach: "Russian", or *Rúiseach* in GCh. This is often found as *Ruiseánach* in the original, but a long *u* is standardised on here. Similarly, *Ruiseach*, without a long *u* was found in the original, with *Ruiseacha* in the plural: these are edited as *Rúiseach* and *Rúiseacha* here. PUL had *Rúisíneach*.
ruithneach: "glittering, gleaming". Pronounced /rihinʹəx/.
rúitín: "knuckle bone, knuckle".
rún: "secret". Usually singular, even where the sense is of keeping "secrets".
rúnaí: "secretary of state"; compare *rúnaire* in PUL's *Mo Sgéal Féin*. *Rúnaí ar Ghnóthaíbh Coigríoch*, "foreign secretary", more generally *rúnaí gnóthaí eachtracha*. *Rúnaí an Chogaidh*, "the war secretary".

Glossary

sábhálaim, sábháil: "to save"; with *sábháltha* as the verbal adjective. Pronounced /sɑːˈvɑːlimʹ, sɑːˈvɑːlʹ, sɑːˈvɑːlhə/. *Bhéarfaidh sé sábháltha sibh*, "it will get you through".
sábháltha: "safe". *Ar an bhfód shábháltha*, "on safe ground".
sabharn: "sovereign" (a monetary unit), or *sabhran* in GCh; pronounced /savərən/.
sáfach: "long handle; shaft", with *sáfaigh* in the dative.
saghas: "sort, kind". Pronounced /səis/. *Cad é an saghas í?*, "what does she look like?"
saibhir: "rich, wealthy", with *saibhre* in the plural. Pronounced /sevʹirʹ, sevʹirʹi/.
saibhreas: "wealth", pronounced /sevʹirʹəs/.
saighdiúir: "soldier"; pronounced /səiʹdʹuːrʹ/. *Saighdiúirí dearga*, "redcoats, British soldiers" (ironically including the large numbers of Irishmen serving in the British army in the Crimean War).
saighdiúireacht: "soldierly courage"; pronounced /səiʹdʹuːrʹəxt/.
saíghead: "arrow"; pronounced /siːd/.
sailím, sailiú: "to dirty, sully"; or *salaím, salú* in GCh.
sáim, sá: "to push". The preterite is edited here as *do sháigh sé*. This verb was traditionally spelt *sáithim, sáthadh*, which may explain the spelling of the preterite as *do sháith sé* in the original here; however, the pronunciation is /hɑːgʹ/. The autonomous preterite was spelt *do sáthadh* in the original text, and is adjusted here to *do sádh*.
sainnt: "greed" (*chun ruda*); pronounced /saintʹ/.
sainntiúil: "covetous"; pronounced /saintʹuːlʹ/.
Sáirdíneach: "Sardinian".
sáirsint: "sergeant".
saithe: "swarm"; pronounced /sɑhə/.
sál: "heel", with *sáil* in the dative, which form is standardised on in GCh. This is also found in Ch27 here as "palm of the hand".
salach: "dirty". Pronounced /slɑx/.
salachar: "dirt, filth", pronounced /slɑxər/.
sámh-chodladh: "sound sleep"; pronounced /ˈsɑːv-ˈxolə/.
samhail: 1. "phantom, ghostly figure"; pronounced /saulʹ/. 2. "likeness". *Mórán eile dá shamhail*, "many more like it". In the first meaning, both *samhail* and *samhailt* are found. In the second meaning, only *samhail* is found.
samhailt: "apparition, ghost"; pronounced /saulʹh/. *A shamhailt*, "an apparition of him" (compare *a shamhail*, "the likes of him").
samhlaím, samhlú: "to imagine, fancy"; pronounced /sauˈliːmʹ, sauˈluː/. Impersonally, *do samhlaíodh an liú dho*, "he imagined the shout, the shout was all in his mind".
samhlaíocht: "imagination"; also *samhlaíocht aigne*. Pronounced /sauˈliːxt/.
samhradh: "summer", with *samhraidh* in the genitive; pronounced /saurə, saurigʹ/.
sampla: "example"; pronounced /saumpələ/. *Sampla saoltha*, "a public example".
san: "that". *Tá san* is repetitive: *tá do dhóthain trioblóide ort, tá san*, "you have enough troubles, so you do".

Glossary

saol: "life, world". *Saeil* is used in the genitive here, as the mid-twentieth-century spelling change has introduced inconsistencies: the genitive is spelt *saoil* in GCh, which would give the wrong WM pronunciation. *An mbeidh saol níos feárr agam?*, "would I be better off that way?" *I lár a shaeil agus a shláinte*, "in his prime". *An fhaid a bheadh an saol 'na shaol*, "never, for as long as the world exists". *Caite ar an saol*, "evicted, thrown out at the mercy of the elements".
saontacht: "naivety, innocence".
saontaí: "naive, simple", or *saonta* in GCh.
saor-chead: "perfect liberty to do something".
saoráideach: "easy"; pronounced /səi'rɑːdʹəx/.
saothraím, saothrú: "to labour, cultivate". *An talamh a shaothrú*, "to till the soil". Pronounced /seːrʹhiːmʹ, seːrʹhuː/.
saothrú: "cultivation, development"; pronounced /seːrʹhuː/.
saothrúchán: "cultivation, culture"; pronounced /seːrʹhuːxɑːn/.
sapaeir: "sapper", or *sapar* in GCh. Adjusted from *sapaer*.
sár-fhear: "unusually excellent or manly man". Pronounced /ˈsɑːr-ar/.
sara: "before; lest", or *sula* in GCh. Likewise, *sarar* is found here for *sular*. Where *sula* was found in the original, it is adjusted here to *sara*.
sáraím, sárú: "to surpass, overtake; to contradict, prove wrong". *Ag sárú a dó a chlog*, "getting on for two o'clock". *Duine ˡ shárú fé scéal*, "to prove someone wrong on something".
sás: "snare, noose; contrivance".
sásaím, sásamh: "to satisfy". The preterite and conditional here have a slender *s*: *do sháisíodar, do sháiseódh*. PUL had a broad *s* throughout this paradigm.
sásamh: "satisfaction, reparation". *Sásamh a thabairt uait i rud*, "to give compensation or reparations for something".
Satharn: "Saturday", with *Sathrainn* in the genitive where GCh has *Sathairn*. Pronounced /sɑhərən, sɑhəriŋʹ/.
scáil: "shadow".
scaile: "nothing". *Scaile na ngrást*, "nothing, fuck all".
scáileán: "screen".
scailp: "hut".
scaipim, scaipeadh: "to scatter (transitive and intransitive)". With *scaipithe* in the verbal adjective where GCh has *scaipthe*. *Tá mo radharc ag scaipeadh*, "my vision is getting blurry".
scairt: "thicket, hedge", with *scairteacha* in the plural. Pronounced /skartʹ, skirˈtʹɑxə/.
scalaoideach: "squally", or *scalóideach* in GCh.
scamallach: "cloudy".
scannal: "scandal".
scannradh: "terror", or *scanradh* in GCh; pronounced /skaurə/ in WM. The genitive has no slender *g*, and so is edited here as *scannradh* also.
scannraím, scannrú: "to take fright"; pronounced /skauˈriːmʹ, skauˈruː/.

Glossary

scannraitheach: "frightful"; pronounced /skaurihəx/. This word is not given in dictionaries.

scannrúil: "awful, frightful", or *scanrúil* in GCh. The traditional *nn* is preserved to show the diphthong: /skauˈruːlʹ/.

scaoileadh: "loosing, discharge". See under *galar*.

scaothaireacht: "bombast, going over the top with what you're saying".

scaraim, scarúint: "to part, separate", or *scaraim, scaradh* in GCh. *Do lámha a scarúint as eastát,* "to wash your hands of an estate".

scárd: "terror, a frightened look". The form accepted in GCh is used here. Compare PUL's works where *scáird* is also found. However, *scárd* is found more widely in WM literature.

scárlóid: "scarlet (colour)"; pronounced /skɑːrˈloːdʹ/. The genitive, *scárlóide*, has adjectival force.

scata: "group, herd, flock".

scáth: "shelter". Also "fear, nervousness". *Dul ar scáth,* "to seek cover".

scathamh: "a short space of time, spell", or *scaitheamh* in GCh. PUL stated that this word was not used in dignified speech. *Le scathamh det shúil,* "at a glance".

sceach: "bramblebush", with *sceiche* in the genitive. *Sceach gheal,* "whitethorn; thorn bush".

sceadshúil: "wild, glaring eye; a peep", or *scéansúil* in GCh. Pronounced /ʃkʹaˈduːlʹ/.

scéal thairis: "a finished matter that has been fully discussed and no long needs to be raised" (see PSD for the definition). By extension, "some extraneous topic of conversation". *Do gheibhtí scéal thairis éigin chun bheith ag trácht air,* "some (extraneous) topic of discussion would be found to talk about".

scéal: "story". *Dob ionann scéal do/aige,* "it was the same with him". *Teacht as an scéal,* "to get out of it". *Pé scéal é,* "at any rate". *An scéal le déanaí,* "everything that has happened recently".

sceartadh: "an act of shouting, bursting", usually in reference to a burst of laughter; or *scairteadh* in GCh. *Sceartadh gáire do chur asat,* "to burst out laughing".

scéim, scéith: "to burst into bloom", or *sceithim, sceitheadh* in GCh. Pronounced /ʃkʹeːmʹ, ʃkʹeː(h)/. *Scéith ar dhuine,* "to inform on someone".

scéimh: "beautiful appearance".

sceímhle: "terror, dread; sudden foray, incursion". Pronounced /ʃkʹiːlʹi/. *'Sé an sceímhle é,* "it is truly terrible".

sceinnim, sceinnt: "to spring, gush; dart, fly"; or *scinnim, scinneadh* in GCh; pronounced /ʃkʹeŋʹimʹ, ʃkʹəintʹ/.

scéird: "bleak, windswept place". *Fé scéird agus duifean na gaoithe,* "exposed to the elements". *Cnuc scéirde,* "bleak mountain", has the genitive functioning as an adjective.

scéirdiúil: "bleak, windswept".

sceit: "fright".

sceón: "alarm, terror", or *scéin* in GCh.

scigiúil: "giggling, mocking, derisive".

Glossary

sciobaim, sciobadh: "to snatch"; pronounced /ʃkʹubimʹ, ʃkʹubə/. *An bás 'od sciobadh*, "being swept to your death (lit. being carried away by death)".
scíobas: "a sip".
scióból: "barn", pronounced /ʃkʹəˈboːl/.
sciolpaidh: found in *ar sciolpaidh chun*, "eager for". Pronounced /ʃkʹulpigʹ/.
sciorta: "skirt". *Sciorta casóige*, "coat-tails".
sciúird: "rush, raid"; *sciúird iúnsaithe*, "(military) advance".
sciúirse: "scourge", referring here rather to the whizzing overhead of grapeshot.
sciúng: "a choking, gasping sound", or *sciúg* in GCh.
sciúrdadh: "storming", of a fortification.
sciúrdaim, sciúrdadh: "to rush, dash".
sclábhaíocht: "manual work, toil"; pronounced /sklɑːˈviːxt/.
scleóndar: "excitement, high spirits".
scluigeóg: "a swig or draught" of a drink; or *slogóg* in GCh.
scoilt: "crack, fissure", with *scoiltheacha* in the plural. Pronounced /skohlʹ, skolʹˈhɑxə/.
scóltha: "scalded; parched".
scóraíocht: "social evening". *Scóraíocht a thabhairt uait*, "to give a ball".
scórnach: "throat", with *scórnaí* in the genitive and *scórnaigh* in the dative. The plural *scórnacha* is found here; other writers of WM Irish have *scórnaí*.
scoth: "flower, blossom". The plural, *scothanna*, is used in Ch9 here to refer to "swells", or "fashionable/stylish people".
scraith: "strip of sod, layer of turf", with *scraitheacha* in the plural where GCh has *scraitheanna*. Pronounced /skrɑh, skrəˈhɑxə~skrɑhəxə/.
scréach: "screech".
scréachach: "screeching". Note that as a feminine verbal noun, the dative is *ag scréachaigh*.
scread: "scream".
screadach: "shrieking"; pronounced /ʃkrʹəˈdɑx/.
screadaim, screadach: "to scream, shriek", pronounced /ʃkrʹadimʹ, ʃkrʹəˈdɑx/. Note that as a feminine verbal noun, the dative is *ag screadaigh* /i ʃkrʹadigʹ/. This distinction is not observed in GCh.
scríbhneóir: "writer"; pronounced /ʃkrʹiːˈŋʹoːrʹ/.
scríbhneóireacht: "act of writing"; pronounced /ʃkrʹiːˈŋʹoːrʹəxt/. *Scríbhneóireachtaí*, "writing materials".
scrím, scríʹ: "to write", or *scríobhaim, scríobh* in GCh. Note *do scrígh sé* in the preterite, where GCh has *scríobh sé*. PUL had *do scríbh sé*.
scríobaim, scríobadh: "to scrape". *Airgead a scríobadh le chéile*, "to scrape money together".
scriosaim, scrios: "to annihilate, blot out", or *scriosaim, scriosadh* in GCh. The verbal adjective, *scriosta*, can mean "ruined, impoverished". As an imperative, *scrios!*, "get lost!"
scrúdú: used here for "inspection of men on parade".
scruig: "long thin neck", or *scroig* in GCh.

Glossary

scrupall: "compunction, pity". *Is mór an scrupall é*, "it is a great pity, a great loss".
scuab: "broom".
scuaine: "flock, drove". AÓL had *scuainthe*.
scuimh: "snarl", or *scaimh* in GCh.
scuirim, scur: "to break up", or *scoirim, scor* in GCh. *Capall do scur*, "to unharness a horse".
seacht: "seven", but used as an intensifier: *níos seacht measa*, "much worse".
sealbhaithe: "confirmed", but also "certain" of something (see PSD). Pronounced /ʃaləvihi/.
sealgaireacht: "hunting"; pronounced /ʃaləgirʹəxt/.
sealúchas: "possession", with *sealúchaisí* in the plural; FGB gives no plural. This is a variant of *sealús*.
seamar: "clover", or *seamair* in GCh.
sean-aimsir (an tsean-aimsir): "the olden days".
sean-éileamh: "old claim or demand".
sean: as a noun, "ancestor, forbear".
seana-bhothán: "old hut".
seana-chaite: "faded, partly worn away; threadbare".
seana-chríonna: "grown up", of a child.
seana-mhargadh: "the old deal"; pronounced /ˈʃənəˈvɑrəgə/. *Ar an seana-mhargadh*, "on the old terms".
seana-scéal: "old story", but *an seana-scéal* is often used where English would have "the same old situation".
seana-shaol (an seana-shaol): "the old times". *Den tseana-shaol*, "old-fashioned".
seana-thaithí: "great familiarity".
seana-thigh: "old house", or *seanteach* in GCh.
seana-threibh: "old tribe, old race of people".
seanchaíocht: "gossiping, telling old stories". Pronounced /ʃanəˈxiːxt/.
seanchas: "lore, tradition; history", pronounced /ʃanəxəs/.
seang: "slender". Pronounced /ʃauŋg/.
seangán: "ant"; pronounced /ʃiŋˈɑːn/.
seanmóin: "sermon", or *seanmóir* in GCh. Pronounced /ʃanəˈmoːnʹ/.
seanndraoi: "wizard, seer".
seans: "chance, luck". *Dul ar do sheans (le rud)*, "to take your chances". *Dul ar do sheans le ceannaitheóireacht*, "to speculate". *Tá sé de sheans ort (go)*, "you are fortunate enough (that)".
seansúil: "lucky".
searbh: "bitter", or "harsh" of the way you talk to someone; pronounced /ʃarəv/. *Searbha* in the comparative in the original is adjusted in this edition to *seirbhe*, /ʃeˈrʹiː/, which is attested in AÓL's Irish.
seargaim, seargadh: "to shrivel, dry up, waste away", with the verbal adjective *seirgthe*, where GCh has *seargtha*. Pronounced /ʃarəgimʹ, ʃarəgə, ʃerʹikʹi/.
searraim, searradh: "to stretch".
searús: "bitterness", or *searbhas* in GCh. Pronounced /ʃaˈruːs/.

Glossary

searúsach: "bitter, acrimonious", or *searbhasach* in GCh. *Le magadh searúsach,* "sarcastically".
seasaím, seasamh: "to stand", or *seasaim, seasamh* in GCh. Note the preterite *do sheasaimh sé*, where GCh has *sheas sé*, and the imperative *seasaimh*, reflecting a general tendency for *-mh* to appear in the third-person singular preterite (and imperative) where the verbal noun ends in *-mh* in WM Irish. *Seasamh* also means "to last" in phrases such as *ró-maith d'iomrascálaí chun an ghráscair a sheasamh i bhfad*. *Seasamh amach*, "to come forward, stand apart". *Rud do sheasamh leat*, "for something to remain with you, to continue to stand you in good stead". *Seasamh amach i gcoinnibh duine*, "to stand up to someone".
seasamh: "a standing position". *Tháinig seasamh ann*, "he was taken aback in a way that made him stand still".
seasc: "dry" of a cow, sheep or goat, as in "not giving milk".
seascair: "cosy, snug".
seascaire: "cosiness, snugness".
seasmhach: "steady, constant; insistent", pronounced /ʃasəvəx/.
seasmhacht: "steadfastness, perseverance", pronounced /ʃasəvəxt/.
seic: "cheque"; feminine here, but masculine in GCh. *Seiceanna iasachta* here translates "foreign coupons", referring to certificates of ownership of foreign bonds.
séideán: "gust". *Sneachta séideáin*, "driving snow, snow being driven in gusts".
séidim, séideadh: "to blow". *Séideadh fé*, "to influence, inspire".
seift: "plan, idea".
seilbh: "possession, occupancy", pronounced /ʃel'iv'/. *Duine ' chur amach as seilbh*, "to evict someone". With *sealbha* in the genitive, /ʃa'lu:/.
seilp: "shelf, side-board", or *seilf* in GCh. Pronounced /ʃelp'/. CFBB shows that AÓL had *seilf*.
séimh: "gentle, graceful, mild".
séipéal: "chapel". Pronounced /ʃe:'p'e:l/.
seirbheálaim, seirbheáil: "to serve a writ". Pronounced /ʃer'i'v'a:lim', ʃer'i'v'a:l'/. *Duine ' sheirbheáil* or *seirbheáil ar dhuine*, "to serve notice on someone".
seirbhíseach: "servant", pronounced /ʃer'i'v'i:ʃəx/.
seisean: the emphatic third-person pronoun (masculine). Pronounced /ʃiʃən/.
seisear: "six people", pronounced /ʃiʃər/.
seó: "show, spectacle". *Seó shaeil*, "a vast number". *Is mór an seó é*, "it is wonderful, great".
seochas: "besides; in comparison with", or *seachas* in GCh. *Seachas* was also the original spelling, but this word is pronounced /ʃoxəs/.
seód-fháinne: "diamond ring", or a ring with a gem set in it. Also *fáinne seóid*.
seód: "jewel, valuable object". *Clocha seóid*, "precious stones", has the genitive singular. The plural is found here as both *seóid* and *seódanna*, with *seód* in the genitive plural. By contrast, PUL had *seóid* in the nominative, *seóide* in the genitive and *seóda* in the plural. See under *seóid*.

Glossary

seóid: "jewel, valuable object". This variant (which is the form adopted in GCh) is found in the dative in Ch33. Other forms are declined forms of *seód*, q.v.
seóinín: "*shoneen*", an aper of English ways (literally, "a little John").
seól: "loom". *Tá abhras eile sa tseól aige,* "he has other fish to fry".
seól: 1. "course, direction". *Ar seól,* "in motion". 2. "sail". *Crann seóil,* "mast".
seóladh: "course, direction", and thus, by extension, "address".
seóltha: "easily, gracefully".
seómra: "room", pronounced /ʃo:mərə/. *Seómra suite,* "sitting room", or *seomra suí* in GCh. Where *seómra suí* was found in the original, it is adjusted here.
seothó: "hush!" or "lullaby", but used here in *seothó tonnta* to refer to the lull of waves.
sians: "hum, low noise", or *séis* in GCh.
siar: "west; back", but also "into the innermost parts". *Deoch a chur siar ar dhuine,* "to pour a drink down someone's throat".
síbhialtha: "civil, polite", or *sibhialta* in GCh. Pronounced /ʃiːˈvʲiəlhə/.
síbhialthacht: "civility, politeness", or *sibhialtacht* in GCh. Pronounced /ʃiːˈvʲiəlhəxt/. *Úirlis síbhialthachta,* "a tool that was a product of civilisation".
sid é: "this is, here is", corresponding to *siod é* in GCh. The *d* may be pronounced either broad or slender; compare IWM §266 and §274 (line 128) for examples of both pronunciations in AÓL's Irish.
sileadh: "drip, dripping". *Ar sileadh,* "hanging down".
síleáil: "ceiling".
silim, sileadh: "to droop, hang". *Ar sileadh,* "hanging down".
sílim, síleadh: "to think". *Níor síleadh do é 'na shaol riamh,* "he never imagined it".
simné: "chimney", or *simléar* in GCh. Pronounced /ʃimʲˈiʲnʲeː/. With *simnéitheacha* in the plural.
símplí: "simple", but also "simpleminded, witless".
singil: "single". *Saighdiúir singil,* "a private soldier".
sínim, síneadh: "to stretch; lie down". *Síneadh thort,* "to lie down, stretch yourself out". *Rud do shíneadh chun duine,* "to hand something over to someone".
síním, síniú: "to sign" (a document).
sínsear: "ancestor; ancestors (in a collective sense)". *Na seacht sínsear,* "countless generations of ancestors".
sínsireacht: "ancestry; birthright". *Sínsearacht* is not accepted in this edition. Both forms were found in the original text and both forms are found in what remains of AÓL's Irish. PUL had *sínsireacht*; GCh has *sinsearacht*. *Le sínsireacht* means "for generations, over the generations" in one passage here. In another passage, *le sínsireacht* means "by right of birth".
sínte: "lodged", of crops. "Lodging" refers to the flattening of crops by the wind.
sioc: "frost"; pronounced /ʃuk/. With *seaca* in the genitive: *lá seaca,* "a frosty day". *Sioc liath,* "hoarfrost".
síoda: "silk; silken".
síog: "streak", especially found in *síog lasrach,* "a flaming streak".
siolla: "puff", e.g. of wind.

516

Glossary

sionnach: "fox"; pronounced /ʃə'nɑx/, with *sionnaigh* in the genitive. Note that LASID shows /ʃanig´/ in the genitive; AÓL had /ʃunig´/. The LASID form suggests that some speakers reinterpreted *sionnach* as *seannach*.
siopa: "shop", with *siopaithe* in the plural (where GCh has *siopaí*).
siopadóir: "shopkeeper".
síor-chasadh: "twisting/turning continually".
síor-chnósach: "constantly gathering", or *síorchnuasach* in GCh.
síor-ghlór: "constant sound".
síor-mhairtheanach: "constant", or *síormharthanach* in GCh.
síor-sceón: "constant alarm or terror". *Sceón* would be *scéin* in GCh.
síor-stealladh: "constantly pouring".
síor: "eternal, perpetual", substantivised in *de shíor*, "forever".
síos (agus) suas: "up and down", with the order of the adverbs reversed in Irish.
siosón: "session, assizes", or *seisiún* in GCh. The original text here has *seiseon*.
sirriam: "sheriff".
siséal: "chisel". Pronounced /ʃi'ʃe:l/.
sítheach: "peaceful, agreeable".
sithléice: "fatigued, exhausted (e.g. by hunger)". Pronounced /ʃil´'he:k´i/.
siúd is go: "even though, notwithstanding the fact that".
siúd: "that". As an adjective qualifying a noun, *siúd* is often used "for the purpose of expressing strong contempt or disgust" for someone or something (see NIWU, pp120-121). See also *súd*.
siúicre: "sugar", or *siúcra* in GCh. Pronounced /ʃu:k´ir´i/.
siúinéir: "carpenter".
siúl: "walk, gait".
siúlaim, siúl: "to walk". Note that this verb is normally in the second conjugation in the past tense and imperative: *do shiúlaigh sé*. *Siúlaigh leat*, "be on your way!"
siúlóid: "walking, walk".
siúnta: "joint; crevice". *Siúntaí na cómhlann*, "the crack in the door".
siúr: "sister", especially in the religious sense (used here of nuns who are ward sisters in a hospice). With *siúir* in the dative and *siúracha* in the plural.
siúráltha: "sure, certain", or *siúráilte* in GCh. Pronounced /ʃu:'rɑ:lhə/.
slabhra: "chain", pronounced /slaurə/. The genitive here is *slabhraidh*, suggesting /slaurig´/. As *Seanachas Amhlaoibh* (p114) has *claidhin an tslabhra*, "the chain-ring that passes round a horse's fetlock", this may be one of a number of words where the genitive was sometimes, but not always, given a slender *g*, as with *annró* and *geata*.
slán: "safe". *Slán go rabhair*, "may you be well", a formulaic response to an inquiry as to your health.
slaodach: "flowing", of hair.
slat: "yard (measurement)", with *slata* in the plural.
sleagh: "spear", or *sleá* in GCh. Pronounced /ʃl´a(h)/. With *sleánna* in the plural. This is used for "bayonets" in Ch30.
sleamhain: "smooth, sleek"; pronounced /ʃl´aun´/.

Glossary

sleamhaine: "smoothness, sleekness"; pronounced /ʃl'aun'i/.
sleamhnaím, sleamhnú: 1. "to slide, slip"; pronounced /ʃl'au'ni:m', ʃl'au'nu:/. *Do shleamhnaigh an aimsir orainn*, "the time slipped by, we lost track of the time". 2. "to smooth, make smooth".
slí: "way", with *slithe* in the plural. *Ar aon tslí*, "at any rate". *As an slí*, "wrong". *Slí* also refers to a "livelihood": *i slí fir oibre*, "working as a labourer".
sliabh: "mountain", with *sléibhe* in the genitive and *sléibhte* in the plural. Pronounced /ʃl'iəv, ʃl'e:, ʃl'e:t'i/. *Duine ' scuabadh chun sléibhe*, "to banish someone, drive him away".
slínn: "slate, tile", with *slinne* in the genitive. *Ceann slinne*, "a slate roof".
slinneán: "shoulder blade"; pronounced /ʃl'i'ŋ'a:n/.
slinneánach: "broad-shouldered"; pronounced /ʃl'i'ŋ'a:nəx/.
sliogán: "shell" (used here in the sense of a piece of artillery). This is also found here in the singular with collective meaning.
slíomaim, slíomadh: "to smooth, polish".
slios: "side", of a cliff. With *sleasracha*, /ʃl'asərəxə/, in the plural. *Sleasa* is found in the plural in PUL's works.
slisne: "chip or piece of something; fragment", with *slisneacha* in the plural where GCh has *slisni*. Pronounced /ʃl'iʃn'i, ʃl'iʃn'axə/.
sloigim, slogadh: "to swallow or devour", or *slogaim, slogadh* in GCh. Pronounced /slog'im', slogə/.
sloinne: "surname"; pronounced /slin'i/.
slua: "army". This is masculine here and in GCh, but feminine in PUL's works. With *sluaigh* in the genitive.
sluasad: "shovel", with *sluaiste* in the genitive and nominative plural, and *sluasaid* in the dative, which form is generalised in GCh.
smál: "smudge, stain".
smaoineamh: "thought, idea, reflection". It is worth pointing out that DBÓC altered *smaoineamh* to *cuímhneamh* in one passage. This is not the most common word for "a thought".
sméar: "berry, blackberry".
smearaim, smearadh: "to smear, daub", with the verbal adjective *smeartha*.
sméaróid: "red-hot coal, ember"; pronounced /sm'ia'ro:d'/.
smidiríní: "small fragments, smithereens".
smig: "chin". More usually *smigín*.
smigín: "chin".
smior: "marrow", e.g. of a bone. Pronounced /sm'ir/.
smiota: "piece, portion". *Smiota gáire*, "a snigger, a slight laugh". PUL had *smuta gáire* or *smut de gháire*.
smól: "covering ash, candle snuff". *Smól do chur ar phíopa*, "to light a pipe". The words *smál* and *smól* are confused in Irish: in WM Irish, it seems that *smál* refers to "smudge, stain", but *smól* covers both "covering ash, candle snuff" and "blot or stain (of sin)", which may both be regarded as more derived meanings. By

Glossary

contrast, in FGB *smál* is "covering ash; blot, smudge; moral stain" and *smól* "live coal, ember", but also "candle snuff".
smúit: "fog, mist, grime, dust". *Gan smúit gan ceó*, "unbeclouded", of the moon.
smúiteán: "misty haze".
snámhaim, snámh: "to swim". Pronounced /snɑːmʹ, snɑːv/.
snaois: "snuff".
snasta: "polished".
snáth: "thread, yard".
snáthad: "needle", or *snáthaid* in GCh; with *snáthaide* in the genitive.
sneachta: "snow", with *sneachtaidh* in the genitive.
sníomh: "spinning". *Sníomh caol a dhéanamh ar an aimsir*, "to cut it fine in terms of time".
sníomhaim, sníomh: "to spin, twist"; pronounced /ʃnʹiːmʹ, ʃnʹiːv/. *Do chroí á shníomh*, "for your heart to be wrenched".
snoím, snoí: "to waste away".
snoíodóir: "engraver, carver"; pronounced /snʲiːˈdoːrʹ/.
snoite: "emaciated, wasted away". Pronounced /snitʹi/.
so-mheanmnach: "in good spirits, cheerful". Pronounced /soˈvʹanəmnəx/.
so-thuigithe: "comprehensible, easy to understand". PUL used *so-thuisceanta* in this meaning.
só: "comfort, ease".
soc: "nozzle; point or end of a pistol".
socair: "even, still, steady". Also "placed in a settled position, arranged". PUL explained in NIWU (p100) that *socraithe* could not be used in this meaning. *Tá socair againn air sin*, "we have settled/agreed on that". *Go socair*, "steadily, slowly, quietly".
sochar: "profit; interest". DBÓC stated ("Aodh de Róiste", *An Músgraigheach*, Uimhir 3, p16) that he learnt the use of this word in the financial sense of "interest" from English-speaking learners of Irish.
socraím, socrú: "to settle, place". Pronounced /sokəˈriːmʹ, sokəˈruː/.
socrú: "arrangement". Pronounced /sokəˈruː/.
sodar: "to trot".
soicind: "second (of time)", adjusted from *second* in the original. Pronounced /sekʹindʹ/.
soílse: "brightness, effulgence, light (as an abstract noun)"; pronounced /siːlʃi/. *Do shoílse*, "your excellency".
soílseach: "bright, brilliant".
soílsím, soílsiú: "to shine; reveal". *Do soílsíodh dá aigne é*, "it became clear/it was revealed to his mind, he gained an insight into it".
sóinseáil: "change (small coins)".
sóinseálaim, sóinseáil; "to change, cash in".
soir siar: "in all directions". *Caite soir siar*, "scattered to the four winds, thrown away". *Soir siar (thairis)*, "backwards and forwards, to and fro", past a building.
soiscéal: "gospel"; pronounced /siːʃkʹeːl/.

Glossary

solaoid: "example, illustration". *Solaoidí* means "items of evidence" in Ch38 here.
solas: "light", with *soílse* in the plural. Pronounced /sola̡s, siːlʃi/.
sólásach: "comforting".
soláthraím/soláthraim, soláthar: "to get, procure; provide". Pronounced /slɑːrˈhiːmʹ, slɑːhər/. With *soláthair* in the imperative and *do sholáthraigh sé* in the preterite here, forms that straddle the first and second conjugations.
sollúnta: "solemn". Compare PUL's *solmanta*.
son: "sake". *Ar a shon san,* "nevertheless, even so, for all that". *Ar a shon go,* "even though, despite the fact that". *Cad ar a shon é,* "why it was, what it was all about".
sop: "wisp, bundle of straw, etc".
során: "wireworm". The plural, *soráin*, is used to translate "vermin" in Ch8.
sórd: "sort", or *sórt* in GCh. The original text had *sórt*, adjusted here in line with the form shown in *Sgéal mo Bheatha*.
spalpaim, spalpadh: "to burst forth, pour out". *Mionn a spalpadh,* "to curse".
spártha: "spare". *Aimsir spártha,* "time to spare".
spás: "space, gap, interval".
speabhraíd: "hallucination"; pronounced /spʹauˈriːdʹ/. *Speabhraídí ort,* "raving, imagining things".
speal: "scythe".
spéalán: "ramshackle thing".
spéir: "sky", with *spéarach* in the genitive where PUL and GCh have *spéire*.
speisialtha: "special, particular", pronounced /spʹiʹʃiəlhə/.
spiodóg: "robin", or *spideog* in GCh.
splannc: "flash of lightning", with *splainnce* in the genitive and *splanncacha* in the plural. Pronounced /splauŋk, spliŋkʹi, splauŋkəxə/. PUL, AÓL and Pádraig Ua Buachalla all had *splanncracha* in the plural. Like DBÓC, Pádraig Ua Crualaoi also had *splanncacha*.
splínnc: 1. "gleam, glimmer". 2. "splinter, shard". With *splínncreacha* in the plural. GCh has *splinc* and *splinceacha*. Pronounced /splʹiːŋkʹ, splʹiːŋkʹirʹəxə/.
spor: "spur", with *spuir* in the plural.
spota: "spot". *Ar an spota,* "on the spot, immediately".
spré: "dowry".
spréach: "spark".
spréacharnach: "act of sparkling or scintillating". This becomes *ag spréacharnaigh* in the dative.
sprid: "spirit", or *spiorad* in GCh. Spelt *spioraid* in the original.
spridiúil: "high-spirited".
spriocaim, spriocadh: the verb *spriocaim* exists in GCh only in the meaning "to fix, arrange", but is used in WM Irish to mean "to inspire", a meaning that is covered by *spreagaim* in GCh.
spriúnlaithe: "mean, shabby", or *sprionlaithe* in GCh. The traditional spelling in *sprionn-* shows the long vowel.

Glossary

spuaic: "spire, steeple". with *spuaiceanna* and *spuaici* in the plural, where GCh has *spuaiceanna*.
sráid: "street", but also "town".
sraith: "row", or "series" (in the sense of a series of numbers).
srang: "string, cord"; pronounced /srauŋg/. With *sraíng* in the dative. *Seana-shrang*, "old string or cord". *Srang aibhléise*, "electric wire".
srangscéal: "telegram", or *sreangscéal* in GCh. Pronounced /srauŋ'ʃk'ial/. With *sraíngscéal* in the dative.
srian: "reins" (as on a horse). The genitive here is *an tsriain; na srine* is also found in WM Irish. The dative here is *sriain; sréin* is also found in WM Irish. *Srian a tharrac le capall*, "to rein up a horse".
sroisim, sroisint/sroisiúint: "to reach", or *sroichim, sroicheadh* in GCh. Pronounced /sroʃim', sroʃint'~sro'ʃu:nt'/.
sruthán: "stream, brook"; pronounced /srə'hɑ:n/.
stábla: "stable"; pronounced /stɑ:bələ/.
stáca: "stack", e.g. of hay.
stad: "stop, stopping".
staf: "stiffness".
staic: "stake, post; tent-peg", with *stuiceacha* in the plural, where GCh has *staiceanna*. Pronounced /stak', sti'k'axə/. *Ar staic* (of horses), "bound to tent-pegs".
staighre: "stairs, staircase", pronounced /stəir'i/.
stailc: "sulk". *Stailc feirge*, "a silence induced by anger".
stair: "history", but also, as here, "recitation". See PUL's comment on this word in NIWU (p101): "a declamatory gush of speech, a rush of speed in running. It does not mean 'history'". PUL's claim that this word cannot mean "history" is idiosyncratic. It seems that *stair* (a foreign borrowing in the meaning of "history") and *stáir* (a native word meaning "rush, gush") have become confused in WM Irish. We find here *staracha* /stə'rɑxə/ *móra cainnte*, "elaborate passages of speech". FGB has *stáir chainte* in the singular, where *stáir* means "turn, spell; run, dash", and offers the plural *stártha*. Compare PSD, where there is no entry for *stáir*, with both *stair* and *starr* (of which *stáir* is ultimately a form) glossed as "a passage" in a book.
staithim, stathadh: "to pick, pluck", or *stoithim, stoitheadh* in GCh.
stalca: "a stiff thing", or *stalc* in GCh. *'Na sheasamh ar an mbóthar 'na stalca*, "standing on the road in a stupor". *Do dhein stalca dhe*, "he froze".
stalcach: "stubborn, sulky". Pronounced /stəl'kɑx/. This was spelt *stolcach* in the original.
stalcaim, stalcadh: "to stiffen", with the verbal adjective *stalcaithe* where GCh has *stalctha*.
stampa: "stamp"; pronounced /staumpə/.
stán: "tin". Also used to translate "zinc" in Ch5. *Mugaí stáin*, "tin cans".
stangtha: "bent"; pronounced /stauŋhə/.
staonaim, staonadh: "to abstain". *Do lámh a staonadh*, "to hold off".

Glossary

stát: "state". *Fear mór stáit,* "statesman".
station: "station", or *stáisiún* in GCh. This English word has no genuine Irish cognate. The pronunciation is as in the English spoken in Ireland.
stealla-mhagadh: "mocking, jeering" (*fé dhuine*), or *steallmhagadh* in GCh. Pronounced /ʃtʲalə-ˈvɑgə/.
steallaim, stealladh: "to pour", referring here to the raining down of bullets on a target. Also "to dash, bash": *ag stealladh le dúnta,* "to pummell fortified positions". *Stealladh as,* "to spurt out".
steille-bheatha: found in the phrase *'na steille-bheathaidh,* "as large as life". Pronounced /nə ˈʃtʲelʲiˑ-vʲahigʲ/. *Ifreann 'na steille-bheathaidh,* "a living hell".
steille-rínce: found in *ar steille-rínce,* "dancing in a frenetic fashion".
stiúicín: "stook, a group of sheaves of grain stood on end". See *stuc/stuacán* in FGB.
stiúir: "aggressive attitude, bridling". *Iad féin agus a ngunnaí ar stiúir,* "with loaded guns (lit. they and their guns set)".
stiúir: "rudder". *Mar stiúir ar rud,* "regulating, directing, guiding".
stiúraim, stiúrú: "to guide, direct", or *stiúraim, stiúradh* in GCh. The verbal adjective, *stiúrtha,* is a first-conjugation form. *Fear stiúrtha cinniúna,* literally "director of fate/destiny", is used in Ch11 where Fate (personified) stood in the original.
stoc: 1. "stock", in the sense of kept animals, cattle. 2. "stock" in the sense of stockmarket securities. 3. "stock" in the sense of "race": *seana-stoc Gaelach,* "old Gaelic stock". 4. *Stoc gunna,* "stock of a gun". 5. "bugle". The genitive is *stuic*.
stoirm: "storm"; pronounced /storʲimʲ/.
stollaim, stolladh: "to tear, tear apart", with the verbal adjective *stolltha*.
stop: "stop". *Tháinig stop roimis,* "his way was barred".
stopaim, stop: "to stop", or *stopaim, stopadh* in GCh. The verbal adjective is *stopaithe,* where GCh has *stoptha*.
strac-fhéachaint: "a cursory glance", or *sracfhéachaint* in GCh.
stracaim, stracadh: "to tear"; or *sracaim, sracadh* in GCh. Note the verbal adjective *stracaithe,* where GCh has *sractha*.
straoillín: "string, tape", or *sraoillín* in GCh.
strapa: "stile".
streanncán: "tune, strain", or *streancán* in GCh. The double *n* shows the diphthong: /ʃtrʲaunˈkɑːn/.
stríoc: "streak, stripe".
stró: "stress, exertion". *Stró do chur ar dhuine,* "to delay someone, keep him from his work, accost him in some sense".
stróinséir: "stranger", or *strainséir* in GCh.
stropa: "strap", or *strapa* in GCh.
struicín: "pinnacle, peak"; or *starraicín* in GCh.
strus: "means, wealth".
stua: "arch, ridge", with *stuanna* in the plural.
stuaim: "level-headedness, restraint".
stúálaim, stúáil: "to stow, pack, store". *Stúáil an bhaíll,* "to tidy up".

Glossary

stuama: "sensible, level-headed, grave", but with extended meanings including "dignified, restrained; patient, steady". Pronounced /stuəmhə~stuəmə/.
stuamacht: "coolness, level-headedness".
stuidéartha: "studious; steady". *Go stuidéartha*, "steadily". This would be *staidéarach* in GCh. Pronounced /sti'd'e:rhə/.
stuif: "stuff, material". This word is feminine in WM Irish, but masculine in GCh.
sú: "soot". The genitive, *súigh*, is used adjectivally to mean "sooty".
súáilceach: "virtuous".
suaimhneas: "peace, quietness", pronounced /suən'əs/. *Do shuaimhneas a cheapadh*, "to settle down".
suaimhneasach: "peaceful", pronounced /suən'əsəx/.
suaite: "exhausted".
suaitheantach: "conspicuous", or *suaitheanta* in GCh.
suaitheantas: "emblem, ensign, flag".
suaithim, suathadh: "to shake, toss about; to exhaust, tire", or *suaithim, suaitheadh* in GCh. *Ag suathadh na hinchinne*, "wearing your brain out, racking your brains trying to do something".
suaithinseach: "distinctive, showy"; a variant of *suaitheantach*.
suan: "slumber, sleep".
suarach: "insignificant; mean, contemptible"; often *suarach le rá*. *Níor shíleas go raibh rudaí chómh suarach san agus go*, "I didn't think things had come to such a pathetic point (that); what kind of world are we living in (that)".
suas: "up". *Aon ní suas go dtí fiche milleón*, "up to 20 million; some 20 million".
suasánach: "shaggy, unkempt".
suathadh: "commotion; internal emotion", or *suaitheadh* in GCh. *Suathadh beart*, "upheaval, proceedings that cause some disturbance".
súbhach: "glad, cheerful"; pronounced /su:x/.
súd: "him, that one", a pronoun that has a nuance of deprecation or admiration. *Siúd* in GCh. Also used as an adjective, *súd or siúd* depending on the broad/slender environment, in possessive contexts.
suí: "sitting". *Suí suaimhnis (ort)*, "to rest, be able to relax", as when a worry has been lifted from your shoulders. Both *chun suí* and *chun suite* are found here.
súil-fhéachaint: "glance". Note with respect to *ag tabhairt súil-fhéachaint* in Ch14 that a declined genitive is generally eschewed.
súim, sú: "to absorb". *Súite*, "saturated".
suím, suí: "to sit", or transitively, "to seat, place, locate, settle" something. The verbal adjective has a short vowel, *suite*, where the meaning is "sitting, seated".
suím: "interest". This is feminine here. PUL has *an suím*, apparently masculine, in the nominative, with *suím beag* also attested, reinforced by the confluence of homorganic consonants across the word boundary, but he has *na suime* in the genitive.
suíomh: "setting, position, layout".
suipéar: "supper"; pronounced /si'p'e:r/.
súisteálaim, súisteáil: "to thresh, flail". *Súisteáltha*, "battered, thrashed".

Glossary

súite: "absorbed, sucked in", used here of sunken eyes.
Sultan: the Turkish Sultan; *Sabhdán* in GCh.
súnc: "thrust, jolt", or *sonc* in GCh.
tábhacht: "importance"; pronounced /tɑ:xt/.
tábhachtach: "important" or "substantial, of consequence" (of a wealthy person); pronounced /tɑ:xtəx/.
tábhachtmhar: "substantial", as of a man of substance or a well-off man. Pronounced /tɑ:xtvər/.
tábhairne: "tavern, inn", usually found as *tigh tábhairne*. Pronounced /t'i tɑ:rn'i/.
tabhairt amach: "display, description". *Fear dá thabhairt amach*, "a man of his description/standing". *Tabhairt amach na Sasanach*, "the practice/procedure of the English".
tabhairt suas: "education, upbringing". *Tabhairt* is theoretically feminine, although it is not often that verbal nouns need to reveal a gender. We find *tabhairt suas maith* here, where *maith* is not lenited, as it qualifies not *tabhairt*, but the noun phrase taken as a whole.
tabharthas: "gift", or *tabhartas* in GCh. Pronounced /tourhəs/.
taca: "point of time, juncture". *Fén dtaca so*, "by this time". *Bliain ón dtaca so*, "a year from now, this time next year".
taca: "support". *I dtaca*, "as a prop, propping someone up".
tachtaim, tachtadh: "to choke".
tagaim, teacht: "to come". *Teacht ar (rud do dhéanamh)*, "to manage to do something". *Teacht thar rud*, "to mention something, refer to it". Note *ní tháinig* and *go dtáinig*: the particle *ro* was traditionally not used with this verb. *Ar tháinig* and *nár tháinig* are, however, also found here. *Teacht chút féin*, "to come to, come round (after passing out)". *Teacht ó rud*, "to get over something". The imperative is uniformly edited as *tair* here, with a slender *r*. *Tháinís* is accepted here in the second-person singular preterite. This was also PUL's form. AÓL had *thánaíos*.
tagraim, tagairt: "to refer, allude to" (used with *do*). Pronounced /tɑgərim', tɑgirt'/.
taibhreamh: "dream", with *taibhrithe* in the plural. Pronounced /təir'əv, təir'ihi/.
taibhrím, taibhreamh: "to dream"; pronounced /təi'r'i:m', təir'əv/. *Taibhrítar do*, "he has a dream". *Taibhreamh ar rud*, "to dream of something".
taibhseach: "immense"; pronounced /təiʃəx/.
taibhsím, taibhsiú: "to appear, seem"; pronounced /təi'ʃi:m', təi'ʃu:/. Used impersonally: *do thaibhsigh do*, "he had a presentiment, a foreboding".
taidhleóir: "diplomat"; pronounced /təi'l'o:r'/.
táille: "fee".
táim, bheith: "to be". An older second-person singular form *taoi* is found here, corresponding to *tá tú* in GCh. *Dá mbeadh sé air agam*, "if I really had to, if it really came to it". *Bíodh leat*, have it your way! In Ch11 we read *dar fia, ní feárr bheith saibhir*. The original text had *a bheith*. Although some native speakers of Irish have generalised the use of *a bheith* (*bheith* preceded by what looks like an infinitival particle) from the numerous instances where *bheith* is governed by a

Glossary

particle, the use of *bheith* with an infinitival particle is a grammatical error nonetheless. PUL wrote that this was wrong, and it is possible that the original text here was not DBÓC's Irish.

tairbhe: "benefit", pronounced /tɑrʹifʹi/.

tairgim, tairiscint: "to offer", pronounced /tɑrʹigʹimʹ, tɑrʹiʃkintʹ/.

tairiscint: "offer, proposal".

táirseach: "threshold of a door", with *táirsí* in the genitive and *táirsigh* in the dative.

tais: "damp".

taisce: "store, hoard; cache". *I dtaisce*, "laid by", of money. *Rud do chur i dtaisce*, "to deposit (e.g. valuables in a safe box)".

taise: "dampness, moistness", and by extension "compassion", generally in the couplet *trua is taise (do dhuine)*.

taisteal: "travelling". *Mála taistil*, "travel bag".

táithín: "tuft".

taithneamh: 1. "pleasure, liking". 2. "shining". Pronounced /tɑŋʹhəv/. *'Na lán-taithneamh*, "shining brightly".

taithneamhach: "pleasing, agreeable"; pronounced /tɑŋʹhəvəx/.

taithneamhaí: "being pleasing; agreeableness". *Cad fá nár lú taithneamhaí an aghaidh lí-bhán nua*, "the reason why the new, pallid face was no less pleasing". Pronounced /tɑŋʹhəˈviː/.

taithneann, taithneamh: "to please; to shine (e.g. of the sun)", or *taitníonn, taitneamh* in GCh. Generally in the first declension in WM, pronounced /tɑŋʹhən, tɑŋʹhəv/. With *thaithn*, /hɑŋʹ/, in the preterite.

talamh: "land". The genitive, *talaimh* in GCh, is generally found here with a slender *l*: *tailimh*, /talʹivʹ/. Where *talaimh* is found in the original, it is adjusted accordingly. The phrase *tiarnaí talúin*, "landlords", uses a little used variant genitive most frequently found in this phrase. AÓL insisted that *tiarna tailimh* in the singular and *tiarnaí talúin* in the plural were the correct forms, and this approach has been adopted here, imposing *tiarna tailimh* in the singular throughout the text. *A chuid tailimh* is frequently found here: the single instance of *mo chuid talún* is adjusted here to *mo chuid tailimh*. *Talúin* (*talmhain*) was originally the dative of *talamh*, which was a neuter noun in Old Irish, but came to be used (in some phrases) for the genitive singular, possibly because the masculine genitive singular was expected to have a slender ending. *Talúin* with a slender *n* is thus used in this edition where *talmhan* was found in the original text, in line with DBÓC's Irish in *Sgéal mo Bheatha* (p119) and AÓL's Irish (*Seanachas Amhlaoibh*, p394). Brian Ó Cuív also mentions *talúin* with a slender *n* in *Irish Dialects and Irish-Speaking Districts* (p46). PUL often has *na talún* in the genitive, apparently feminine, but this is at variance with the uses of DBÓC and AÓL.

tamall: "a period", with *tamallacha* in the plural where GCh has *tamaill*. Adverbially, *tamallacha* means "for short periods". *Tamall ... tamall eile ...*, "now X, now Y; by turns X and Y; for a time X and then for a time Y".

tanaí: "thin, flimsy".

Glossary

tanaím, tanú: "to thin".
tanaiste: "appointed successor; someone second in order or rank", or *tánaiste* in GCh. *I dtanaiste*, "nearly as good as, running it a close second".
taobh: "side". *Ar an dtaobh eile dhe*, "on the other hand". *I dtaobh thiar de*, "behind", frequently with elision of *i*, as *' dtaobh thiar de*. *Im thaobh-sa*, "as for me". *I dtaobh is go*, "because/although". *I dtaobh éigin*, "somewhere". *I dtaobh*, "regarding", which DBÓC indicated he preferred to *maidir le*. Note that this can govern a verbal noun directly, as in *táim ana-bhaoch díot i dtaobh glaoch chúm*, "I'm very grateful to you for calling in on me". *'Na thaobh san*, "for all that". *Níl aon taobh acu déanta againn*, "we haven't done either". *An taobh istigh*, "the inside". With *taoibheanna* in the plural, where GCh has *taobhanna*. PUL had *taoibh* in the plural.
taobhán: "crossbeam"; pronounced /təi'vɑ:n/.
taoide: "tide". *Le teacht agus imeacht na taoide* (where *le* governs an entire phrase), "with the ebb and flow of the tide", i.e, "when the tide turns; in the inevitable back and forth".
taoiseach: "chief, leader".
taom: "fit or period of illness".
taos: "dough". PUL had *taois*, but *taos* is more widely attested in WM.
taoscaim, taoscadh: "to pump, drain; to pour". Intransitively, *fuil ag taoscadh amach*, "blood pouring out".
tapaidh: "quick", or *tapa* in GCh. Pronounced /tɑpig'/. The comparative is *tapúla*.
tapúlacht: "quickness".
tarcaisneach: "contemptuous".
targaireacht: "prophecy", or *tairngreacht* in GCh. Pronounced /tɑrəgir'əxt/.
tarna: "second", or *dara* in GCh. The single instance of *dara* is adjusted in this edition to *tarna*.
tarrac: "drawing". *Tarrac ar bhannc* is used in Ch12 in the sense of "a run on a bank". Compare *róghlaoch ar bhanc* in de Bhaldraithe. *Ar tarrac*, "drawn", of a sword.
tarraigim, tarrac: "to pull, draw", or *tarraingím, tarraingt* in GCh. Pronounced /tɑrig'im', tɑrək/. This also means "draw" in the sense of drawing a sketch. *Tharraing* in the original text is adjusted here to *tharraig*. *Tá sé ag tarrac ar a haondéag*, "it's getting on for eleven". *Do tharraig an t-aidhbhéardaí air é*, "the agent brought it upon him". *Cainnt do tharrac chút*, "to initiate a conversation, to bring something up". *Cíos níos mó a tharrac do t'aidhbhéardaí*, "to bring in more rent for your agent". *Léas a tharrac do dhuine*, "to draw up a lease for someone". *Rud do tharrac anuas*, "to raise a topic of discussion". The verbal adjective *tarraicthe* is pronounced /tɑrik'i/. *Tarraicthe amach*, "laid out", of trenches. *Tarraicthe suas*, "spruced up, well turned out".
Tartarach: Tartar. The description of the Russians as "Tartars" reflects 19th-century views of Russians as a semi-barbarous people. A vaguely defined area including Siberia and Central Asia was known as Tartary (*an Tartair* in

Glossary

Irish according to tearma.ie). The word Tartar appears to be a conflation of Tatar (a Turkic ethnic group in parts of the Russian Empire) and the Biblical *Tartarus*.

tásc: "report", especially of someone's death.

tástálaim, tástáil: "to sample, try, test".

tathant: "to urge" (*rud do thathant ar dhuine*).

tathlaím, tathlú: "to set to rest"; pronounced /tɑl'hiːm', tɑl'huː/. This word doesn't appear to be given in FGB. *Tathlú chút*, "to settle yourself to rest".

té: "tea". PUL had *tae*, which is also the form used in GCh, but PUL's spelling appears to have been influenced by the English spelling. The pronunciation is /t'eː/.

teacht agus imeacht: "comings and goings", i.e. "visits".

teacht as: "an exit, a way of getting out of something".

teacht isteach: "income, receipts".

teachtaire: "ambassador".

téad: "rope", with *téide* in the genitive and *téadracha* in the plural. Pronounced /t'iad, t'iadərəxə/.

téagartha: "of great bulk".

teampall: "church, chapel". Pronounced /t'aumpəl/.

téanam: "come along", part of a defective verb usually found only in the imperative. *Téanam* appears to be derived from a first-person plural imperative, but is used as the equivalent of a second-person imperative in the form *téanam ort*, in a way that bears analogy with the first-person plural imperative in English "let's be having you". *Téanaidh liom*, "come along with me", is a genuine second-person imperative.

teanga: "language" with *teangain* in the dative.

teangmhaím, teangmháil: "to come into contact with something/someone; touch", used with *le*; or *teagmhaím, teagmháil* in GCh. Pronounced /t'aŋə'viːm', t'aŋə'vɑːl'/.

teann: "forceful, emphatic". Pronounced /t'aun/.

teannaim, teannadh: "to tighten, press, squeeze".

teannta: 1. "hard straits, a predicament". *I dteannta*, "in distress/in trouble". 2. support. *Is mór an teannta dhuit é*, "it will come in very handy". *'Na theannta san*, "moreover". 3. *I dteannta*, "along with". *Is beag 'na theannta é*, "not far from it".

téarma: "term"; pronounced /t'eːrmə/. *Do théarma ' thabhairt*, "to serve out your apprenticeship".

teasaí: "quick-tempered"; pronounced /t'a'siː/.

teastaíonn, teastabháil: "to be wanted or needed", or *teastaíonn, teastáil* in GCh. The *bh* may be pronounced in WM Irish: /t'as'tɑːl'~t'astə'vɑːl'/. This verb is normally used in the third person, but *teastóir uaim*, "I will want/need you", shows this verb may be used in all persons.

teideal: "title; claim". *Teideal chun ruda*, "a claim or a right to something".

teidealacht: "entitlement, a state of having titles".

téim, dul: "to go". It is worth noting that the dependent form of this verb is not always used in WM Irish in the past tense. We normally find *gur chuaigh*, but

527

Glossary

sara ndeighidh, /n'əig'/. We find *ní dheigheas* here, where *níor chuas* would be possible too. In GCh the absolute/dependent contrast is observed, as *go ndeachaigh*. *Ag dul agus ag teacht*, "coming and going", where the order of the phrases is reversed in Irish. *Raghaidh ar na hinnealthóirí (é ' dhéanamh)*, "the engineers will have to do it, the responsibility will fall on them". *Má théann sé air dom*, "if it comes to it, if it gets that far, if push comes to shove". *An mór a bhíodh ag dul dóibh*, "how much money was owed to/due to them".

téim, té': "to heat, warm", or *téim, téamh* in GCh. *Rud do thé' suas*, "to warm something up".

teímheal: "stain"; pronounced /t'i:l/.

teinn: "painful, distressing", of a topic of conversation; pronounced /t'əiŋ'/. With *teinne* in the plural, pronounced /t'eŋ'i/.

teinneas: "soreness", or *tinneas* in GCh. Pronounced /t'eŋ'əs/.

teipim, teip: "to fail". The verbal adjective is *teipithe*, where GCh has *teipthe*. Used impersonally: *do theip (leis) air*, "he failed at it".

teist: "reputation, character". *Droch-theist*, "a bad character".

teistiméireacht: "testimony" (*ar rud*).

teithim, teitheadh: "to flee", with the verbal adjective *teite* (PUL had *teithe*). *An t-arm teite*, "the retreating army".

teóra: "boundary, limit", or *teorainn* in GCh, which uses the dative. *Gan teóra*, "infinite, exceeding(ly)". *Saibhreas thar teórainn*, "immense wealth".

thall: "over (in a certain place)"; pronounced /haul/.

thar cheann: "on behalf of". Note that this is not *thar ceann* in WM Irish. The original text had *thar ceann*, which is corrected in this edition.

thar: "through, across, past". *Thoram, thorainn*, "past me, past us", where GCh has *tharm, tharainn*. *Tháirsti*, "past her". Note *thórsu*, adjusted from *thársta*, in line with the form found in *Sgéal mo Bheatha*.

theodolite: the English word for a surveying instrument is given here. FGB claims the Irish word is *teodailít*.

thíos: "below, down", but also "suffering, on the receiving end". *Thíos le rud*, "bearing the consequences of something".

thoir: "east". *Thoir, thiar agus thall*, "here, there and everywhere".

tí: "point, mark". *Ar ti*, "on the point of, intending to".

tiachán: "wallet". This is unlikely to have been a natural dialectal term. GCh has *tiachóg*.

tiarcas: found in *a thiarcais!*, "Oh God!", a way of avoiding the blasphemous *a thiarna*.

tic: "tick of a clock". Also *tic teac*, "tick-tock".

Tigh na mBocht: "the Poorhouse".

tigh: "house; building", or *teach* in GCh, which preserves the historical nominative. *Tigh* also refers here to a financing house or bank.

tímpall: "around", or *timpeall* in GCh. The broad *p* in WM Irish is preserved here: /t'i:m'pəl/.

Glossary

tímpallaím, tímpallú: "to go round, encompass, surround", or *timpeallaím, timpeallú* in GCh. Pronounced /tʹiːmˈpəliːmʹ, tʹiːmˈpəluː/. Compare PUL's *tímpallaim, tímpalladh*.
tine: "fire", with *tínteacha* in the plural where GCh has *tinte*.
tiníl: "limekiln".
tínteán: "fireplace".
tíntí: "fiery".
tionóisc: "accident". *Le haon tionóisc*, "by any mishap". *Trí thionóisc*, "by accident".
tíorántas: "tyranny", or *tíorántacht* in GCh. *Tíorántacht* (which was PUL's form) is also used here. PSD had *tíoránacht*.
tireóntaí: "tenant", or *tionónta* in GCh. The original text had a mixture of *tionóntaí* and *tineóntaí*, but DBÓC's *Sgéal mo Bheatha* had *tireóntaí* and so this is standardised on here. PUL and AÓL had *tineóntaí*. Donncha Ó Buachalla and Maidhc Pheastaí Ó Donnchú had *tionóntaí*[351]. The form shown in LASID, *tróntaí* (Vol 2, point 15, p160, question 716), seems to be derived from *tionóntaí* via elision of the vowel in the first syllable.
tírghrá: "patriotism".
tirim: "dry", pronounced /trʹimʹ/. With *trioma* in the comparative and plural, /trʹumə/, where GCh has *tirime*.
tispeánaim/tisʹeánaim, tispeáint/tisʹeáint: "to show", or *taispeánaim, taispeáint* in GCh. This is generally spelt *taispeáint* in the original text, but as DBÓC corrects one passage in Ch30 to insert *dtisʹeántar*, the dialectal form with a slender *t* (and without *p*) is used in this edition throughout. *Ar tisʹeánadh aon ní dhóibh?*, "were they awake/did they realise (they were just about to die)?"
titim, titim: "to fall", with *tititʰe* as the verbal adjective where GCh has *tite*. *Cíos a thitim amu' ort*, "to owe rent". *Titim i gceann do chos*, "to collapse".
tiubh: "thick; rapid", with *tiúbha* in the plural. Pronounced /tʹuv, tʹuː/. *Go tiubh*, "plentiful".
tiúin: "tune". *Rud do chur i dtiúin*, "to get something in tune", referring here to getting a pipe smoking.
tiúnlacan: "escort", or *tionlacan* in GCh. Transcriptions in the LS editions of PUL's works (see *Shiàna*, pp9, 112) variously indicate pronunciations of /tʹunləkən/ and /tʹuːnləkən/; GCD §576 has /tuːləkən/. *Gárda tiúnlacan*, "a guard of escort" (with no attempt to conjugate the verbal noun for the genitive).
tiúnscal: "industry, exertion", or *tionscal* in GCh. Pronounced /tʹuːskəl/.
tiúnsclach: "industrious"; pronounced /tʹuːskələx/.
tiúnscnamh: "beginning, introduction", or *tionscnamh* in GCh. Pronounced /tʹuːskənəv/. *Ráiteas tiúnscnaimh*, "introductory/prefatory statement", which was stated by DBÓC ("Aodh de Róiste", *An Músgraigheach*, Uimhir 3, p16) as a phrase he didn't use in his Irish.
tláith: "weak, languid".
tnáite: "worn-out, exhausted".

---

[351] I am grateful to Dr Seán Ua Súilleabháin of University College Cork for information on the Irish of Ó Buachalla and Ó Donnchú.

Glossary

tnúth: "yearning, longing", with *le/chun*. *Ag tnúth le*, "expecting to, longing to".
tobac: "tobacco", pronounced /tə'bɑk/. As this word is a loanword, it is not distinctively declined in the genitive. *Tobac a dh'ól*, "to smoke tobacco".
tóchaim, tóch: "to dig, root up".
tocht: "an emotional catch that stops you from speaking". *Bhainfeadh sé an tocht dem chroí*, "it would lift the weight from my heart". *Fé thocht chráite*, "with a desperate emotional catch in his voice". *Le tocht feirge*, "with a note of anger in his voice". *Tocht buartha croí*, "a feeling of heartfelt sorrow".
todóg: "cigar", stated by DBÓC ("Aodh de Róiste", *An Músgraigheach*, Uimhir 3, p16) as a word he learnt from English-speaking learners of Irish.
tógaim, tógaint/tógáilt: "to take". *An dtógfair aon ní?*, "do you want any refreshments?" *An chuma 'nar thóg an tiarna é*, "the way the lord had received him".
tógaint: "taking, building", but also "improvement, social advancement". *Tá do thógaint den tsaol ann*, "you have made your fortune!"
togha: "choice"; pronounced /tou/. *Togha fir*, "excellent man".
toghaim, toghadh: "to choose, select", pronounced /toum', tou/. The preterite is *do thoibh sé*, /də hov' ʃe:/, but *thogh sé* in GCh. The spelling in the original text, *do thoigh*, has been edited here in line with the correct dialectal form.
tógtha: "taken". *Tógtha suas le rud*, "taken up with, preoccupied with something". This is also found as *tógtha suas ag rud* here.
toil: "wish", with the genitive *toile* here, in contradistinction to the *tola* of GCh.
toilím, toiliú: "to agree", with *chun*. Pronounced /to'l'i:m', to'l'u:/.
toiltheanach: "willing".
toirmeasc: "mischief, row", pronounced /tor'im'əsk/.
tóirtéiseach: "self-important, pretentious", or *toirtéiseach* in GCh.
tóirthneach: "thunder", or *toirneach* in GCh; with *tóirthní* in the genitive and *tóirthneacha* in the plural. Pronounced /to:rhn'əx/. PUL commented in NIWU (p107) that he had never heard this word pronounced without its medial *-th-*; nonetheless, the distinction in pronunciation is exceedingly slight, with /rhn'/ realised as a devoiced /rn'/.
toisc: "intention, purpose", but generally meaning "because". This is more often used with the verbal noun (*toisc é ' bheith ann*, etc), but is found with the genitive in Ch13: *toisc fánaíocht agus éidearfeacht a smaointe*, "on account of the rambling and uncertain nature of his thoughts".
tolg: "sofa"; pronounced /toləg/.
tomáinim, tomáint: "to drive", or *tiomáinim, tiomáint* in GCh. *Tomáint leat*, "to proceed, go ahead". Both *comáinim* and *tomáinim* (with a broad *t*) are found in WM Irish.
tómhas: "a measure". Pronounced /to:s/.
tón-tar-ceann: "head over heels". GCh has *tóin thar ceann*, and the original text here had *tóin-tar-ceann*. *Rud do chaitheamh tón-tar-ceann*, "to turn something upside down". *Bád do chaitheamh tón-tar-ceann*, "to keel a boat over".

Glossary

tonn: "wave", with *tonnta* and *tonntacha* in the plural. PUL had *tonnthacha* in the plural. Pronounced /tu:n/.
tonna: "ton".
tor: "bush", with *tuir* in the plural where GCh has *toir*.
toradh-bheart: "effectiveness, ability to get things done". Compare *tora-bheartaíol* and *tora-bheartúil* in CFBB. Pronounced /torəv'art/.
toradh-bheartúil: "effective, capable, able to manage".
toradh: 1. "yield, return on a deal". Also "result, effect, upshot". *Tháinig toradh maith láithreach as*, "it produced an immediate effect". *Toradh do bheart/bhearta*, "the result of your handiwork". 2. "regard". *Ní raibh aon toradh acu ar scáth na dtrínsí*, "they disdained the shelter afforded by the trenches". *Toradh a thabhairt ar*, "to pay heed or attention to". *Puínn toradh* shows that the genitive is *toradh*, not *toraidh*, as if the base noun were *tora*.
torann: "noise, rumble, din". DBÓC stated that he did not have this word in his Irish (*An Músgraigheach*, 3, p16).
torannach: "noisy, rumbling".
torthúil: "fruitful, fertile (of fields)".
tosach: "beginning, front", pronounced /tə'sax/. *Ar tosach*, "first, in front". Phrases like *ar tosach na bhfear* and *ar tosach catha* are not accepted in this edition, and are amended as *i dtosach na bhfear* and *i dtosach catha*.
tosnaím, tosnú: "to start", or *tosaím, tosú* in GCh.
tostach: "taciturn". *Tostach* is possibly pronounced /təs'tax/, but this word is not more widely attested in WM Irish, and may have been introduced by An Gúm.
trá: "ebbing". *Le trá na fola*, "with the loss of blood".
tráchtáil: "trade, commerce". *Lucht tráchtála an airgid*, "financial traders".
traein: "train", with *traenach* in the genitive.
tráithnín: "dry grass-stalk", or *thraneen* in Hiberno-Irish. *Ní thabharfainn tráithnín air*, "I wouldn't give a fig for it, I wouldn't rate it". Pronounced /tra:n''hi:n'/.
tranglam: "tangle, clutter, disorder"; pronounced /traŋələm/.
traochadh: "abating, exhausting". *Fonn gan traochadh* here translates "unsleeping purpose".
traochta: "worn out". *Traochta ag an gcodladh*, "worn out by lack of sleep".
traoslaím, traoslú: "to congratulate". The original text had *tréaslaím, tréaslú*, which is also the form found in GCh, but the spelling is adjusted here in line with the general dialectal pronunciation.
tráth: "time, hour, period". *Ó thráth go chéile*, "from time to time".
tráthnóna: "evening", pronounced /tra:n'ho:nə/.
tráthúil: "timely, punctual".
treabhaim, treabhadh: "to plough"; pronounced /tr'aum', tr'au/. *Treabhadh leat*, "to keep plodding on". *Na tonnta gorma a threabhadh*, "to plough your way through the blue waves". Note the preterite, *threaibh*, /hr'av'/.
treabhchas: "tribe"; pronounced /tr'auxəs/.
tréan-iarracht: "a strong, forcible attempt".
tréan: "strong". DBÓC uses both *treise* and *tréine* as comparatives here.

Glossary

treas-dhúblaim, treas-dhúbailt: "to double a third time"; pronounced /tr′as′ɣuːbəlim′, tr′as′ɣuːbihl′/. Where in Ch16 we read *iad san do dhúbailt, d'athdhúbailt, do threas-dhúbailt,* the English original has "trebled and quadrupled". Logically, *dúbailt* means multiplying something by two, *athdhúbailt* is multiplying by four, and *treas-dhúbailt* is multiplying by eight.
treascraim, treascairt: "to overthrow, vanquish", or *treascraím, treascairt* in GCh. Pronounced /tr′askərim′, tr′askirt′/. *Ag treascairt a chéile go fíochmhar,* "engaged in mortal combat".
treasna: "across" or *trasna* in GCh. Pronounced /tr′asnə/. *Treasna ar na finneóga,* "across the windows".
treasnaíol: "contradicting, interrupting, arguing"; or *trasnaíl* in GCh. With *treasnaíola* in the genitive.
treathadóir: "ploughman"; or *treabhdóir* in GCh. The original spelling here was *treabhadóir,* but CFBB shows this is pronounced /tr′ahə′doːr′/.
tréigim, tréigean: "to abandon", but also "to fade, fail", with the verbal adjective *tréigthe,* /tr′eːk′i/.
treis: found in the phrase *sa treis,* "at stake, at issue". FGB has *i dtreis.*
treó: "direction; condition, state". *Treó* is feminine in WM Irish, but masculine in GCh. *Treó baíll,* "direction". *I dtreó,* "ready, in order". *An treó atá ar dhuine,* "the condition someone's in, how well or badly off he is". *Treó níos feárr a chur ar dhuine,* "to see someone better off, help him into better circumstances". *Níl aon treó orainn chun é dhéanamh,* "we have no way of doing, we are in no position to do it". *Ar aon treó le,* "in unison with, fully in line with". *Ní raibh aon treó air,* "it was in a poorly presented state, it was unpretentious in appearance".
trí chéile: "confusion; confused". *Ana-mhór trí chéile,* "rather confused or upset". *Dul tri chéile,* "to become upset/confused".
triail: "trial", with *trialach* in the genitive.
trialaim, triail: "to try, test", or *triailim, triail* in GCh. Pronounced /tr′ialim′, tr′ial′/.
trínse: "trench".
trioblóid: "trouble", pronounced /tr′ubə′loːd′/. *Trioblóid aigne,* "mental anguish". *I dtrioblóid chlainne,* "in labour/childbirth". With both *trioblóidí* and *trioblóidithe* in the plural.
trioblóideach: "troublesome"; pronounced /tr′ubə′loːd′əx/.
triochaid: "thirty"; pronounced /tr′uxid′/. GCh has *tríocha.* The original text here had *triocha.*
triomaím, triomú: "to dry". IWM shows that both /tr′i′muː/ and /t′iːr′muː/ are found in WM Irish.
trioscán: "furniture", or *troscán* in GCh.
tritheamh: "fit of laughter", with *trithí* in the plural.
troid: "fight, fighting", pronounced /trod′/. *Ba throid i gcoinnibh an tsluaigh aici é,* "she was fighting against fearful odds".
troigh: "foot (measurement)". Pronounced /trig′/. With *troithe,* /truhi/, in the plural.
trom-deatach: "thick smoke". Pronounced /′trəum-də′tɑx~′trəum-d′ə′tɑx/.
trom-ghunnadóireacht: "heavy bombardment". Pronounced /′trəum-ɣunə′doːr′əxt/.

Glossary

trom-thógáil: "heavy erection or piece of architecture", with *trom-thógálacha* in the plural. Pronounced /'trəum-hoː'gɑːlʹ/.

trom: "heavy", with *truime* in the comparative; pronounced /troum, trimʹi/.

troma-chroí: "dismay, a heavy heart".

troma-chroíoch: "heavy-hearted".

tromán: "weight". *Tromán cluig,* "pendulum of a clock".

troscadh: "fasting, abstinence; not having eaten".

truamhéil: "pity, plaintiveness", or *truamhéala* in GCh. Used in Ch17 in the sense of "a plaintive sight".

truamhéileach: "piteous, plaintive", or *truamhéalach* in GCh.

trúig: "cause, occasion". *Trúig bháis,* "cause of death".

tu, thu: disjunctive form of the second person pronoun, pronounced /tu, hu/. Always *tú* in GCh.

tua: "axe", with *tuaigh* in the genitive. This noun is masculine in WM Irish, but feminine in GCh.

tuaiplis: "blunder".

tuairim: "opinion". *Fé thuairim,* "for the purpose of, towards". *Fé thuairim na titime,* "in anticipation of the fall" (of share prices here). Adverbially, *tuairim* also means "around, approximately". *Tuairim na haoise a bheidh sí,* "her approximate age".

tuairisc: "account, description". *Tuairisc duine,* "someone's whereabouts". *Tuairisc cruínn,* "a detailed account", is without lenition on the adjective, possibly because an /ʃkxr/ cluster would be hard to pronounce. This phrase is frequently found without lenition in PUL's published works too.

tuairt: "thud, crash".

tuaraim, tuar: "to forebode, presage, portend". *Rud á thuar duit,* "something you have a foreboding about". *Ag tuar bheith in' fhear mhaith,* "showing every sign of turning out well".

tuatach: "clumsy, botched", a variant of *tútach*.

tuataíocht: "rusticity, rural ways".

tuath: "the countryside; rural district", with *tuatha* in the genitive and *tuaith* in the dative. *Lucht tuatha na hÉireann,* "the rural people in Ireland". *Fén dtuaith,* "into the countryside". PUL explained in NIWU (p46) that *fé* only means "along" where motion is expressed and so *fén dtuaith* could only be used in this sense where motion was implied (*amach fén dtuaith,* "into the countryside"); "in the country" cannot be *fén dtuaith*.

tubaist: "calamity, tragedy"; or *tubaiste* in GCh. With *tubaiste* in the genitive.

tubaisteach: "calamitous, disastrous".

tugaim, tabhairt: "to give". *Bhí lúithreacha a inchinne ag tabhairt,* "the sinews of his brain were giving way": see meaning 1i) of *tabhair* in FGB. *Ná tabhair le rá dho go,* "don't let him think (that), don't give him the chance to say (that)". *Tabhairt fé dhuine,* "to attack someone". *Tabhairt suas,* "to give (something) up". Note both *ní thug* and *níor thug,* reflecting reluctance to use the particle *ro* with this verb.

Glossary

tuí: "straw, thatch". *Ceann tuí,* "a thatched roof", with *cínn tuí* in adjectival usage.
tuigim, tuiscint: "to understand". *Do tuigeadh do,* "he realised".
tuilim, tuile: "to fill to overflowing". *Tuilte de,* "filled with".
tuilleadh: "more; an addition"; pronounced /tiľi/. Adverbially, *tuilleadh,* "more", contrasting subtly with *a thuilleadh,* "any more, any further", as indicated by DBÓC's correction to Ch11.
tuilleamh: "earnings". *Breith de réir do thuillimh,* "a judgement according to your just desserts".
tuínn: this word, notionally the dative of *tonn,* "wave", has created a new nominative in the meaning of "level marsh". *Tuínn bháite,* "beachcomber, stormy ocean wave". *Tuínn ar bogadh,* "quaking sod, marsh". *Tuínn ar bogadh a thabhairt isteach,* "to reclaim the marshland". With *tuinneacha* in the plural here. Pronounced /tiːŋ′, tiŋ′əxə/.
túirligim, túirleacan: "to descend" (including in the sense of getting off a horse), or *tuirlingím, tuirlingt* in GCh. In Ch10, *le línn tuirlingte dho* has been adjusted in this edition to *le línn túirleacan do.*
tuirse: "tiredness, fatigue".
tuirseach: "tired", pronounced /tirʹʃax/.
tuisle: "fall, trip"; pronounced /tiʃľi/. *Do baineadh tuisle as,* "he was tripped up".
tulach: "mound". Pronounced /təˈlɑx/. With *tulacha* in the plural.
tulca: "deluge". *Tulca ceóigh,* "pall of fog". *Tulca de ghruaig,* "mass of hair".
tumaim, tumadh: "to dip". Note the long vowel in monosyllabic forms such as *do thúm sé* in the preterite. The same applies before an ending starting with /h/: *túmtha,* "dipped" (spelt *tomtha* in the original text).
tur: "blunt, peremptory" and "dry" (especially in *tirim tur*).
turas: "round", but also "occasion, event", pronounced /trus/. *An turas san,* "on that occasion". With *turasanna* in the plural, where GCh has *turais.*
Turcach: "Turk"; pronounced /tərˈkɑx/.
turcail: "cart, truck". The original text had *trucail,* adjusted here in line with the form found in *Sgéal mo Bheatha.* Both *turcail* and *trucail* are found in CFBB.
turraing: "a fall". *Do baineadh turraing as,* "he fell, stumbled, was thrown down". *Turraing throm,* "a heavy thud".
túrtóg: "tussock, clump of grass", or *tortóg* in GCh. With *túrtóig* in the dative.
uachtar: "top". *An lámh uachtair a dh'fháil ar dhuine,* "to get the upper hand over someone".
uaigh: "grave". Pronounced /uəgʹ/.
uaigneach: "lonely, desolate, deserted", pronounced /uəgʹinʹəx/.
uaillbhreas: "exclamation". Pronounced /uəlʹvrʹəs/. DBÓC stated that he did not have this word in his Irish (*An Músgraigheach,* Uimhir 3, p16).
uair: "time". *Uair a' chluig,* "hour".
uaireadóir: "watch". This was not a traditional word, native speakers in WM using *watch* instead. DBÓC stated ("Aodh de Róiste", *An Músgraigheach,* Uimhir 3, p16) that he learnt this word from English-speaking learners of Irish.

Glossary

uath-riail: "autocracy, rule by a single individual". FGB has *uathrialach* in the meaning of "autonomic" (in the sense of self-regulation by the nervous system). Compare *uathlathas*, given in FGB as "autocracy". None of these words was in traditional use and they are not listed in PSD.
uath-rialthóir: "autocrat", or *uathlathaí* in GCh.
uathás: "horror", or *uafás* in GCh, pronounced /uəˈhɑːs/.
uathásach: "terrible; astonishing", or *uafásach* in GCh.
údarásach: "authoritative".
úil: "knowledge", or *iúl* in GCh. The word *úmhail*, "attention", appears to have become confused with the dative of *eól*, producing *úil*. *Rud a chur in úil do dhuine*, "to let someone know something, to make someone realise something".
uilceas: "evil, bad or poor quality", or *olcas* in GCh. *Olcas* is also found here.
uille: 1. "elbow", with *uilleann* in the genitive and *uillinn* in the dative, which form is standardised on in GCh. With *uilleanna* in the plural, where GCh has *uillinneacha. Cathaoir uilleann*, "armchair". 2. angle.
uimhir: "number", with *uimhreach* in the genitive plural. Pronounced /ivʹirʹ, ivʹirʹəx/. *In órd uimhreach*, "in numerical order".
uireasa: "want, poverty". Where *uireasbhaidh* stood in the original, it is interpreted here has having /s/, not /sp/. PUL often had *uireaspa*. Consequently, this word is /irʹəsə~irʹəspə/. AÓL had *uireasa*.
uireaspach: "needy"; or *uireasach* in GCh. Cognate words are spelt both with and without a *p*: pronounced /irʹəsəx~irʹəspəx/. AÓL had *uireasach*.
uiriste: "easy". Pronounced /iˈrʹiʃtʹi/. A lenited *fhuiriste* is edited here as *uiriste*. This has the comparative *usa*, rather than the *fusa* found in GCh.
úirlis: "tool, implement". Pronounced /uːrlʹiʃ/.
um: "about, round". *Cóta mór do chur umat*, "to put a coat on". *Do chuir uime*, eliptically without an object, "he got dressed". *Um an am san*, "at that time". *Um* is often *uim* in WM Irish, but this is not shown here. Note *umam*, /əˈmum/; *umat*, /əˈmut/; *úmpu*; and *um á* with the third-person possessive particle, /imˈʹɑː/.
umar: "trough".
úmhal: "humble, obedient". Pronounced /uːl/.
úmhlaím, úmhlú: "to humble". Pronounced /uːˈliːmʹ, uːˈluː/.
úmhlaíocht: "humility". Pronounced /uːˈliːxt/.
úncail: "uncle". An Anglophone word is found here; the traditional terms were *driothair áthar* and *driothair máthar*, as appropriate. However, *úncail* is also found on occasion in PUL's works, and thus seems to have been nativised.
únthairt: "tossing about", or *únfairt* in GCh.
úr: "your (plural)", or *bhur* in GCh. Pronounced /uːr/.
urchar: "shot". Usually pronounced /ruxər/ in WM Irish (see IWM, §421). However, *Scéalaíocht Amhlaoibh* (p346) shows that /urəxər/ is possible here too. *Gunna sé n-urchar*, "a six-shooter", in which phrase nasalisation after *sé* is preferred with a weak genitive plural.
úrlabhra: "speech", pronounced /uːrlourə/. *Gan úrlabhra*, "unable to speak".

Glossary

úrlár: "floor". *Tigh na dtrí úrlár*, "the three-storey building". *Seómra ar an úrlár*, "a room on the ground floor".
úrmhaireacht: "moistness". *Úrmhaire* is recommended in FGB.
urra: "warranty, security". The genitive *urraid* is only found in *ceann-urraid*, "leader, chief", pronounced /kʹaun ə'ridʹ/. The plural *urraithe* is used here in the meaning of "financial securities", otherwise given here as *urrúistí* (which form may be recommended).
urraim: "respect", with *urrama* in the genitive where GCh has *urraime*.
urraimiúil: "respectful", or *urramach* in GCh. PUL had *urramúil*.
urrús: "security". *Dul in urrús ar dhuine*, "to go security for someone". *Urrúistí baínnc*, "bank bills/securities". FGB lists no plural of this word. Compare AÓL's plural, *urrústaí*.
usa: "easier", or *fusa* in GCh.
usacht: "easiness"; adjusted from *fhusacht* in the original text. GCh has *fusacht*.
vaigín: "wagon".
válcaeireacht: "to walk, stroll".
villa: a foreign word is used here for a villa in Italy. De Bhaldraithe claims there is an Irish word *vile*.
Zouaves: French light infantrymen, named after a Berber tribe in Algeria.
Zulu: there is no genuine Irish word for this ethnic group, but FGB has *Súlú*.